故宫

博物院藏文物珍品全集

故宮博物院藏文物珍品全集

五彩·

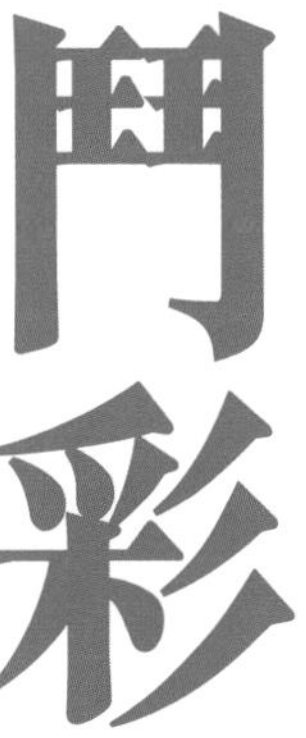

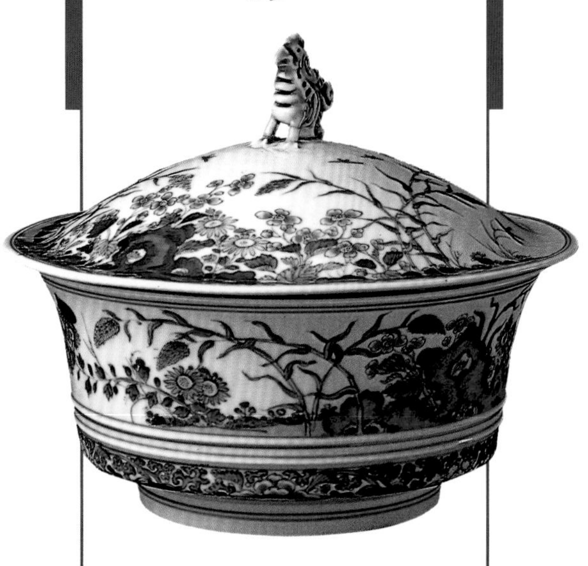

主編：王莉英

商務印書館

五彩・鬥彩

Porcelains in Polychrome and Contrasting Colours

故宮博物院藏文物珍品全集

The Complete Collection of Treasures of the Palace Museum

主　編 ………………… 王莉英
副主編 ………………… 呂成龍
編　委 ………………… 徐　巍　陳潤民　紀　偉
攝　影 ………………… 趙　山　劉志崗

出版人 ………………… 陳萬雄
編輯顧問 ………………… 吳　空
責任編輯 ………………… 林苑鶯　梁以文　梁光耀
設　計 ………………… 張婉儀
出　版 ………………… 商務印書館（香港）有限公司
香港筲箕灣耀興道 3 號東滙廣場 8 樓
http: //www.commercialpress.com.hk
發　行 ………………… 香港聯合書刊物流有限公司
香港新界大埔汀麗路 36 號中華商務印刷大廈 3 字樓
製　版 ………………… 昌明製作公司
香港北角英皇道 416 號新都城大廈 C 座 536 室
印　刷 ………………… 深圳中華商務聯合印刷有限公司
深圳市龍崗區平湖鎮春湖工業區中華商務印刷大廈
版　次 ………………… 2008 年 1 月第 2 次印刷

ISBN 978 962 07 5225 4

All inquiries should be directed to:
The Commercial Press (Hong Kong) Ltd.
8/F., Eastern Central Plaza, 3 Yiu Hing Road, Shau Kei Wan, Hong Kong.

故宮博物院藏文物珍品全集

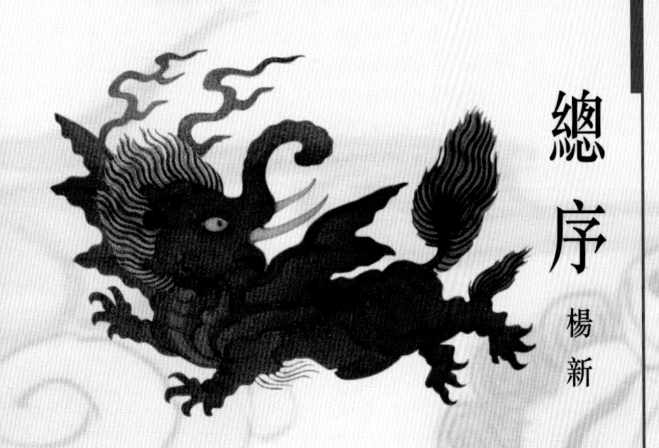

總序

楊新

故宮博物院是在明、清兩代皇宮的基礎上建立起來的國家博物館，位於北京市中心，佔地72萬平方米，收藏文物近百萬件。

公元1406年，明代永樂皇帝朱棣下詔將北平升為北京，翌年即在元代舊宮的基址上，開始大規模營造新的宮殿。公元1420年宮殿落成，稱紫禁城，正式遷都北京。公元1644年，清王朝取代明帝國統治，仍建都北京，居住在紫禁城內。按古老的禮制，紫禁城內分前朝、後寢兩大部分。前朝包括太和、中和、保和三大殿，輔以文華、武英兩殿。後寢包括乾清、交泰、坤寧三宮及東、西六宮等，總稱內廷。明、清兩代，從永樂皇帝朱棣至末代皇帝溥儀，共有24位皇帝及其后妃都居住在這裏。1911年孫中山領導的"辛亥革命"，推翻了清王朝統治，結束了兩千餘年的封建帝制。1914年，北洋政府將瀋陽故宮和承德避暑山莊的部分文物移來，在紫禁城內前朝部分成立古物陳列所。1924年，溥儀被逐出內廷，紫禁城後半部分於1925年建成故宮博物院。

歷代以來，皇帝們都自稱為"天子"。"普天之下，莫非王土；率土之濱，莫非王臣"（《詩經．小雅．北山》），他們把全國的土地和人民視作自己的財產。因此在宮廷內，不但匯集了從全國各地進貢來的各種歷史文化藝術精品和奇珍異寶，而且也集中了全國最優秀的藝術家和匠師，創造新的文化藝術品。中間雖屢經改朝換代，宮廷中的收藏損失無法估計，但是，由於中國的國土遼闊，歷史悠久，人民富於創造，文物散而復聚。清代繼承明代宮廷遺產，到乾隆時期，宮廷中收藏之富，超過了以往任何時代。到清代末年，英法聯軍、八國聯軍兩度侵入北京，橫燒劫掠，文物損失散佚殆不少。溥儀居內廷時，以賞賜、送禮等名義將文物盜出宮外，手下人亦效其尤，至1923年中正殿大火，清宮文物再次遭到嚴重損失。儘管如此，清宮的收藏仍然可觀。在故宮博物院籌備建立時，由"辦理清室善後委員會"對其所藏進行了清點，事竣後整理刊印出《故宮物品點查報告》共六編28冊，計有文物117萬餘件（套）。1947年底，古物陳列所併入故宮博物院，其文物同時亦歸故宮博物院收藏管理。

二次大戰期間，為了保護故宮文物不至遭到日本侵略者的掠奪和戰火的毀滅，故宮博物院從大量的藏品中檢選出器物、書畫、圖書、檔案共計13427箱又64包，分五批運至上海和南京，後又輾轉流散到川、黔各地。抗日戰爭勝利以後，文物復又運回南京。隨着國內政治形勢的變化，在南京的文物又有2972箱於1948年底至1949年被運往台灣，50年代南京文物大部分運返北京，尚有2211箱至今仍存放在故宮博物院於南京建造的庫房中。

中華人民共和國成立以後，故宮博物院的體制有所變化，根據當時上級的有關指令，原宮廷中收藏圖書中的一部分，被調撥到北京圖書館，而檔案文獻，則另成立了“中國第一歷史檔案館”負責收藏保管。

50至60年代，故宮博物院對北京本院的文物重新進行了清理核對，按新的觀念，把過去劃分“器物”和書畫類的才被編入文物的範疇，凡屬於清宮舊藏的，均給予“故”字編號，計有711338件，其中從過去未被登記的“物品”堆中發現1200餘件。作為國家最大博物館，故宮博物院肩負有蒐藏保護流散在社會上珍貴文物的責任。1949年以後，通過收購、調撥、交換和接受捐贈等渠道以豐富館藏。凡屬新入藏的，均給予“新”字編號，截至1994年底，計有222920件。

這近百萬件文物，蘊藏着中華民族文化藝術極其豐富的史料。其遠自原始社會、商、周、秦、漢，經魏、晉、南北朝、隋、唐，歷五代兩宋、元、明，而至於清代和近世。歷朝歷代，均有佳品，從未有間斷。其文物品類，一應俱有，有青銅、玉器、陶瓷、碑刻造像、法書名畫、印璽、漆器、琺瑯、絲織刺繡、竹木牙骨雕刻、金銀器皿、文房珍玩、鐘錶、珠翠首飾、家具以及其他歷史文物等等。每一品種，又自成歷史系列。可以說這是一座巨大的東方文化藝術寶庫，不但集中反映了中華民族數千年文化藝術的歷史發展，凝聚着中國人民巨大的精神力量，同時它也是人類文明進步不可缺少的組成元素。

開發這座寶庫，弘揚民族文化傳統，為社會提供了解和研究這一傳統的可信史料，是故宮博物院的重要任務之一。過去我院曾經通過編輯出版各種圖書、畫冊、刊物，為提供這方面資料作了不少工作，在社會上產生了廣泛的影響，對於推動各科學術的深入研究起到了良好的作用。但是，一種全面而系統地介紹故宮文物以一窺全豹的出版物，由於種種原因，尚未來得及進行。今天，隨着社會的物質生活的提高，和中外文化交流的頻繁往來，無論是中國還是西方，人們越來越多地注意到故宮。學者專家們，無論是專門研究中國的文化歷史，還是從事於東、西方文化的對比研究，也都希望從故宮的藏品中發掘資料，以探索人類文明發展的奧秘。因此，我們決定與香港商務印書館共同努力，合作出版一套全面系統地反映故宮文物收藏的大型圖冊。

要想無一遺漏將近百萬件文物全都出版，我想在近數十年內是不可能的。因此我們在考慮到社會需要的同時，不能不採取精選的辦法，百裏挑一，將那些最具典型和代表性的文物集中起來，約有一萬二千餘件，分成六十卷出版，故名《故宮博物院藏文物珍品全集》。這需要八至十年時間才能完成，可以說是一項跨世紀的工程。六十卷的體例，我們採取按文物分類的方法進行編排，但是不囿於這一方法。例如其中一些與宮廷歷史、典章制度及日常生活有直接關係的文物，則採用特定主題的編輯方法。這部分是最具有宮廷特色的文物，以往常被人們所忽視，而在學術研究深入發展的今天，卻越來越顯示出其重要歷史價值。另外，對某一類數量較多的文物，例如繪畫和陶瓷，則採用每一卷或幾卷具有相對獨立和完整的編排方法，以便於讀者的需要和選購。

如此浩大的工程，其任務是艱巨的。為此我們動員了全院的文物研究者一道工作。由院內老一輩專家和聘請院外若干著名學者為顧問作指導，使這套大型圖冊的科學性、資料性和觀賞性相結合得盡可能地完善完美。但是，由於我們的力量有限，主要任務由中、青年人承擔，其中的錯誤和不足在所難免，因此當我們剛剛開始進行這一工作時，誠懇地希望得到各方面的批評指正和建設性意見，使以後的各卷，能達到更理想之目的。

感謝香港商務印書館的忠誠合作！感謝所有支持和鼓勵我們進行這一事業的人們！

1995年8月30日於燈下

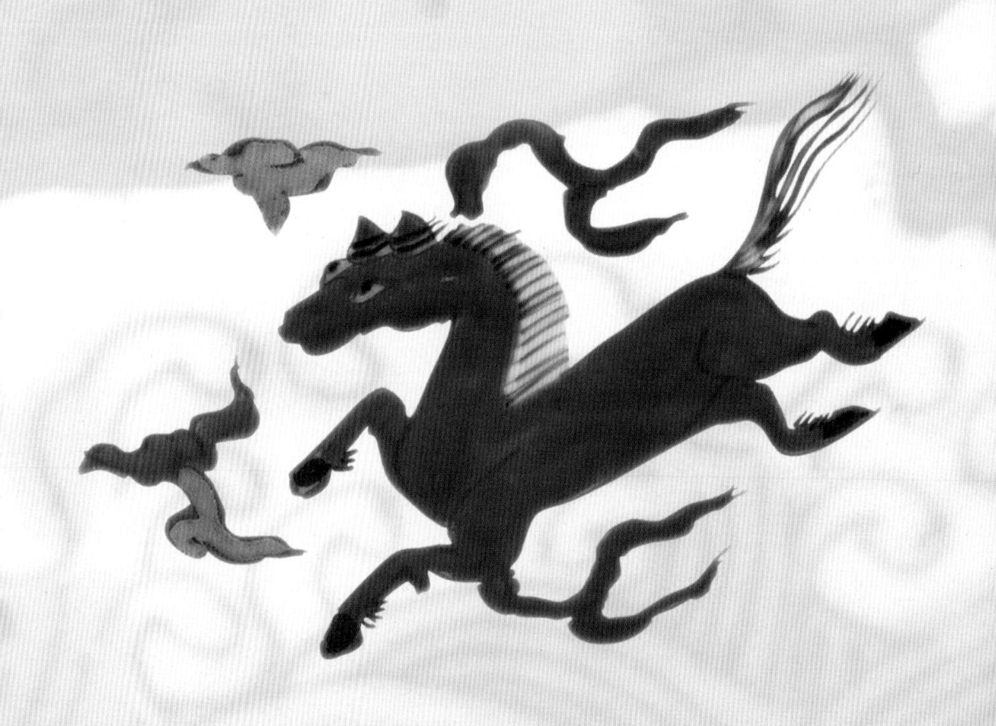

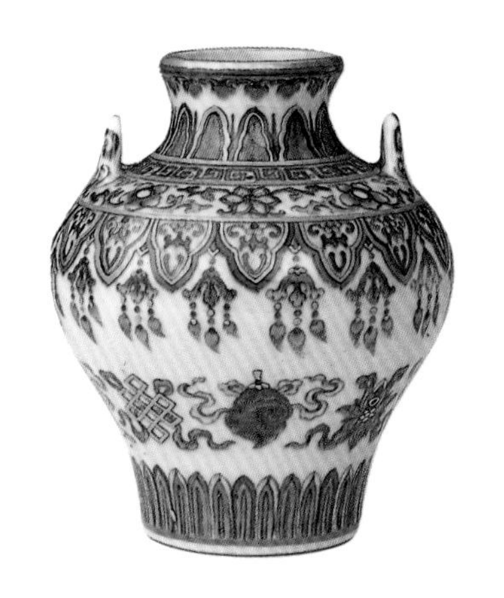

目錄

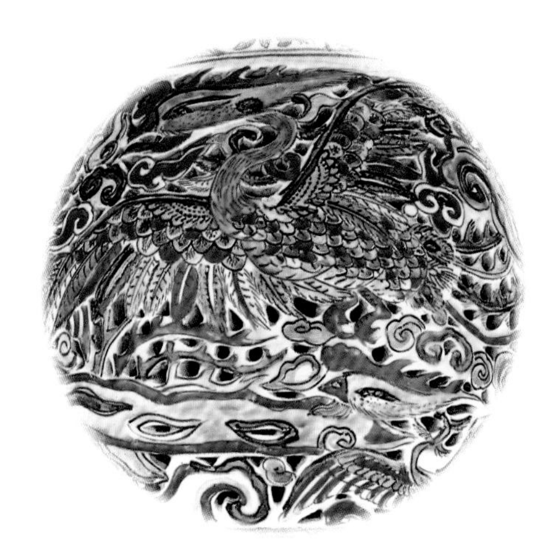

文物目錄

五彩

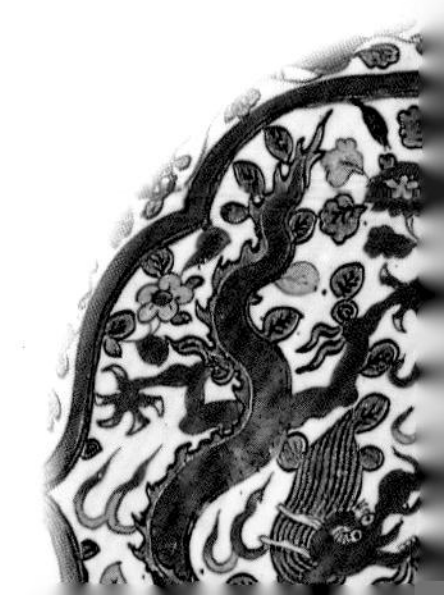

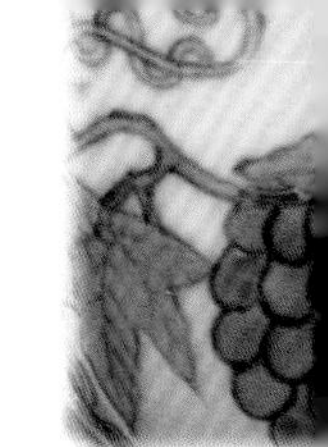

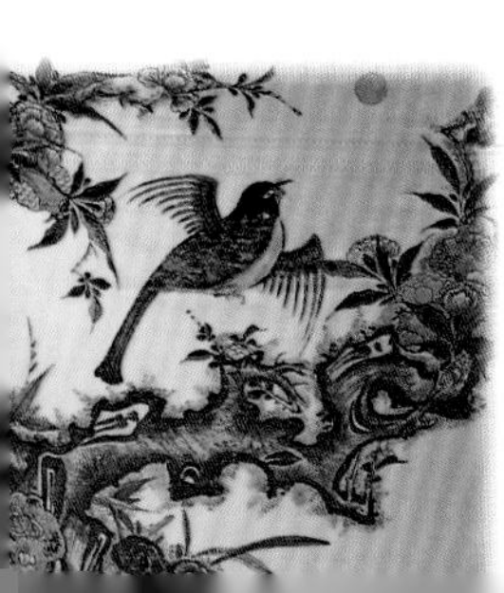

鬥彩

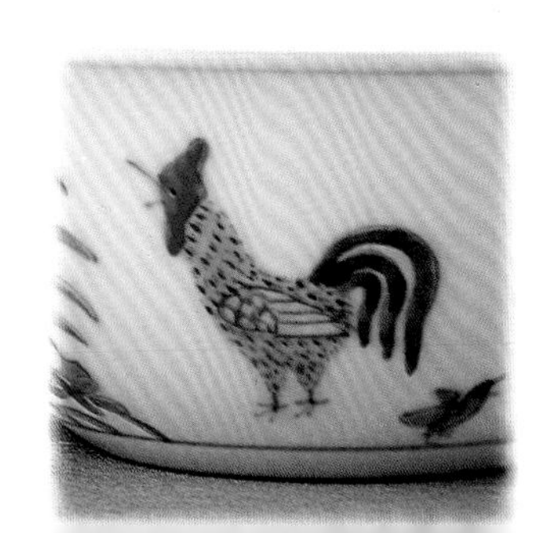

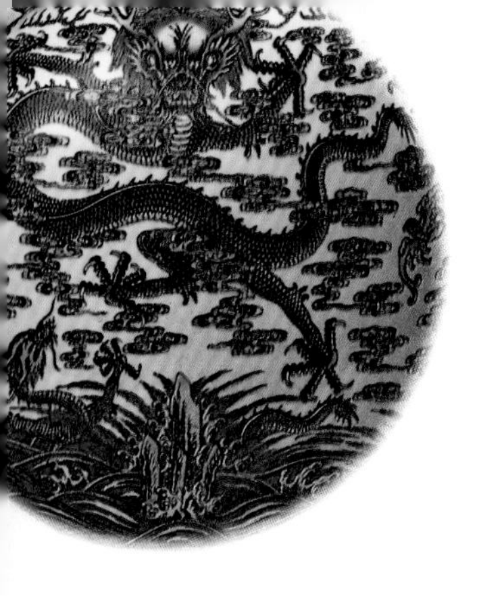

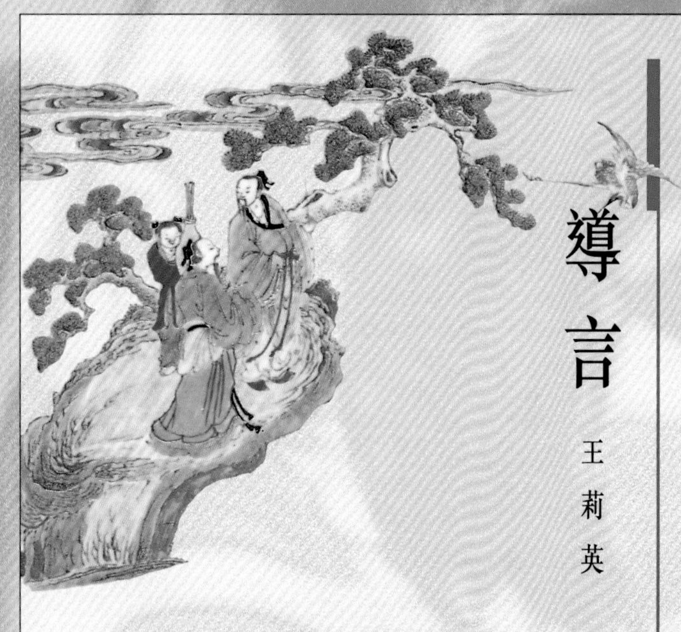

導言

五彩鬥彩概說

王莉英

中國傳統瓷器主要由兩大部類組成，一是色釉瓷，一是彩瓷。色釉瓷與彩瓷的誕生與發展集中地體現了中國古代製瓷工藝的輝煌成就。明清兩代的五彩與鬥彩是彩瓷中的名品。尤其是景德鎮御窰廠的製品精美冠於當時，深深浸潤着宮廷文化的內蘊，體現着皇室與貴族的審美情趣。

在明清時彩瓷品種很多，如青花、五彩、鬥彩、粉彩、琺瑯彩，其中五彩與鬥彩最相類，猶如孿生姐妹。它們相繼出現，“彩”的形成機理及化學成分方面基本一致，無怪明代人只以“五彩”統稱兩者。本卷將五彩與鬥彩同輯一冊。所錄250餘件器物都是故宮博物院所藏珍萃，絕大多數燒自御窰，少數出於民間窰業，亦屬出類拔萃的精品。

本卷在圖片編排結構上分為五彩、鬥彩兩大部分。每大部分以歷史時期及朝代作為縱向貫聯，而在每個歷史時期及朝代中則按作品類別作橫向展示。在每一類別中，再依不同器型次第排列。以五彩部分為例，按明清及朝代為序，然後再作分類編排（如釉上五彩、青花五彩、色地五彩、特殊品種等），在每類中又按照器型排列介紹。導言之發展史部分亦據相應的原則，按器型、用彩、裝飾、字款等次序論述。這樣的編排方法方便讀者了解五彩和鬥彩發展脈絡中重要的階段，並進而了解每一階段的發展概貌、特色和承上啟下的關係。

五彩及鬥彩的定名定義

這兩種彩瓷的定名是一個複雜的問題。五彩和鬥彩瓷器分別創燒於元代和明代，但初創時期並沒有確定的名稱。另一種說法謂五彩始燒於金代，但並沒為學界普遍接受，金代的以紅、綠色彩為飾的瓷器一般只稱為紅、綠彩。五彩一詞出現於明晚期，統稱今日所說的五彩和鬥彩，並未有劃分。此前有稱為“五色花”或“白底青花間裝五色”的。

成書於清雍正、乾隆年間的《南窰筆記》開始細分明人所統稱的“五彩”，提出“鬥彩”、“填彩”、“五彩”的新説，在當時能作這樣的分類確屬難能可貴，但表述得仍不夠準確、全面。例如把“五彩”釋為“素瓷純用彩料畫填出者”，即在白釉上用釉上彩料繪花紋的彩瓷。這對於界定以釉上彩為主的釉上五彩器是貼切的，但卻把以釉下青花與釉上彩色相配裝飾的五彩瓷排斥在外，而這種五彩瓷佔相當數量。

鬥彩一名的含義也有各種説法。乾隆、嘉慶之後，研究瓷學的囿於所見，對鬥彩作出諸般解釋，或認為“鬥”是江西土話，湊合之意，應寫作“兜”，莫衷一是。在總結前人認識經驗和對明清五彩進行系統研究的基礎上，我們可以對五彩鬥彩作出新的定義：五彩是以多種色料繪製紋飾的彩瓷裝飾工藝，又分兩大類，其中純用釉上色料繪製紋飾的是釉上五彩，以釉下青花和釉上色料繪製紋飾者習稱青花五彩。

鬥彩是一種以釉下青花綫紋為紋飾骨架和基礎色調，繼以釉上彩色完成紋飾全樣和特殊效果的彩瓷裝飾工藝。具體的做法是以青花料在器坯上繪出圖案的大樣或基礎部分，罩白釉經高溫焙燒後，再在釉上以充填、拼湊、點綴、渲染、覆蓋等繪畫方法施繪各種色料，完成圖案全樣，入彩爐經低溫烘燒而成。成品出現釉下青花與釉上彩色相拼鬥妍的特殊裝飾效果。

這一定義將青花五彩和鬥彩區別開來，雖然同樣用釉下青花配合釉上彩料，但在鬥彩中，釉下青花是構成整體裝飾的決定性主色，諸多釉上彩色都是附麗於它的。正由於釉下青花的幽倩色調佔據畫面的基礎部分，使鬥彩畫面具有鮮麗清雅之美。青花五彩中的青花只是表現局部紋飾的普通一色，是五彩瓷器未有釉上藍彩之前的藍色彩料，它和在鬥彩圖繪中以骨架形式出現的青花相比，作用截然不同，製成品的風格也不一樣。

五彩的形成機理

（一） 色彩要素

五彩均為二次燒成工藝，彩飾色料分釉下色料與釉上色料兩類。釉下色料是以氧化鈷為着色劑，並含鐵、錳等氧化物的青料（鈷土礦）。釉上色料是以銅、鐵、鈷、錳、金等礦物元素着色的低溫色料。主要色料有紅彩（礬紅和金紅）、黃彩（鐵黃和銻黃）、綠彩、藍彩、黑彩、金彩、紫彩等。

創燒期的五彩全部為釉上五彩，色調較單一，而青花五彩則直至明正德時才出現。明嘉靖、萬曆時五彩瓷有較大發展，釉上色料品種豐富且色調也多。清康熙時發明了濃艷的釉上藍彩和有黑漆光澤的黑彩，加之大量使用金彩，使五彩畫面更加富麗。

（二） 施彩方法

五彩的彩飾方法僅一種，即勾綫後平塗填色。填釉上色料時在勾綫內一筆壓一筆順序平填，要填到適合的厚度，燒後色料微隆起於瓷面，呈色鮮亮透明。釉下青料的填色方法有所不同，用桃形筆飽蘸料水平填色料，料水自然暈散，呈自然活潑的變化。

上述施彩方法，明清五彩瓷皆採用，但由於明清兩代所配色料的濃淡、深淺、厚薄與繪製的精細有別，形成的畫面裝飾效果大不相同。明五彩器大多以平塗單色表現物象，色料較濃厚，畫面色彩濃艷卻嫌呆板，缺乏立體感。（圖11）清康熙五彩瓷則以平塗多種色料表現物象，如畫山石，一面塗草綠色，一面塗翠綠色，另一面塗深綠或深紫色，將層次感表現得生動自然。（圖98）

明清五彩亦見以五彩與暗花相配為飾者，還有以雕釉飾地的器物。清代五彩裝飾中偶見填飾洋粉、胭脂紅等粉彩料者。器物以白地五彩居多，亦有少量色地五彩。明萬曆時首見色地五彩，清康熙時色地五彩見多。故宮藏品中有以東青地、米色地、黃地、紅地和片紋青釉地襯托彩飾紋樣者，別具一格。（圖148至152、159）

五彩的發展歷史

（一） 初創期的五彩（元——明代中期）

長久以來五彩始燒於明代已成定論。近十年來海內外陸續發現元代釉上五彩器，據此，五彩瓷的初創期應提到元代晚期。元代五彩既有皇家御用的精細品，也有民間外銷的粗獷器。前者均為元代卵白釉的典型器，如玉壺春瓶、墩式碗、高足杯等。畢竟元代國俗尚白，以白為吉，五彩瓷製品並不多見。

明代前期的五彩瓷至今基本不見。故宮藏品中無，景德鎮明代前期御廠窰址裏無存，南京等地大量明代前期功臣貴族墓中亦不見。這表明在明代前期，五彩是不受上層社會青睞的。明代人曹昭在《格古要論》中道："五色花者且俗甚矣"，表達了當時上層社會的審美時尚。直到正統年間，宮廷還曾嚴令"禁江西饒州府私造黃、紫、紅、綠、青、藍、白地青花等瓷器"（《明英宗實錄》），這無疑更使五彩瓷的燒製近乎空白。

至成化朝，皇室命景德鎮御窰廠不惜工本大量燒造御用瓷器，瓷器大獲發展，而鬥彩尤其大盛。伴隨着精美的鬥彩瓷的燒製，也間有釉上五彩器面世。成化五彩的彩色以紅、綠、姹紫為主，並始用孔雀綠彩，以滋潤如玉的白釉為地，襯托着色彩淡雅的紋飾，相得益彰。成化五彩傳世品罕見，故宮藏成化五彩纏枝牡丹紋罐為代表性作品。（圖1）

弘治、正德朝的五彩器有部分傳世品存世。故宮藏品中的正德五彩多用紅、黃、翠綠、孔

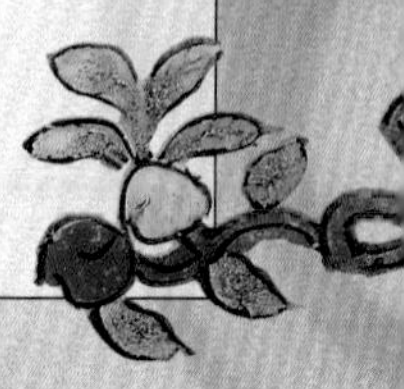

雀綠在白釉上彩繪圖案。正德五彩八仙紋香筒、正德五彩花鳥紋盤均為典型器物（圖2、3），此時亦首見青花五彩器。

（二） 興盛期的五彩（明嘉靖——萬曆）

嘉靖、萬曆時期景德鎮官、民窰業俱已發達，據記載，嘉靖朝派燒皇室用瓷額達六十萬件，加前期燒造未完成者三十餘萬件，總計約達一百萬件。如此的巨額燒造，僅靠御窰難以完成，官府便採取將宮廷額外加派燒造的"欽限瓷"用"官搭民燒"的辦法分派給民窰完成。因此在民窰燒造的五彩瓷不乏精美之作。當時民間擅長燒造彩瓷的名家有嘉靖、隆慶年間人崔國懋，號稱"崔公窰"。故宮收藏的嘉靖、萬曆五彩器，官窰器與民窰器俱有。

明中葉以後，商品經濟快速發展，商業空前繁榮，奢靡之風浸淫市井。從上層到民間均好尚追奇獵妍。嘉靖、萬曆時期彩瓷裝飾華麗濃艷之風是當時社會風氣的反映。萬曆十年（1582），宮廷命景德鎮燒造九萬六千餘件瓷器，萬曆十二年（1584）工科都給事中王敬民等要求減緩的奏摺中寫道："龍鳳花草各肖形容，五彩玲瓏務極華麗。"在這種社會背景下，嘉、萬五彩瓷確實達到了"務極華麗"的程度。此二朝情況分而言之，略如下。

嘉靖五彩器造型既有秀致的盤、碗、杯、盒、高足杯、瓶、罐，也有胎厚體大的罐，還有新創方形的方斗杯、方蓋罐、委角方盒，工藝複雜，燒製難度大。其釉上五彩以紅、綠、黃、紫、孔雀藍、黑彩描畫圖案，其中紅、綠、黃為三主色，亦有金彩，但多已脱落。通常畫面多用紅、綠二彩，黃彩只作點綴，遂使紅艷綠翠的裝飾色彩熱烈生動。嘉靖款五彩雲龍紋方蓋罐，祥雲與蟠龍皆以紅綠彩塗飾，僅在龍的肘毛處點黃。（圖5）紅彩除用於填彩，亦用於勾綫，如嘉靖五彩人物紋碗，圖紋的輪廓綫與人物的面、眼、鬚、手等皆以紅彩勾畫。（圖12）黑彩除用於勾綫，亦見用於禽鳥頸羽的彩飾。（圖8）嘉靖釉上五彩裝飾方法除勾綫平塗色彩外，還有，印花紋後在其旁配飾釉上彩紋樣，嘉靖五彩人物紋碗為代表作。（圖12）

青花五彩則以釉下藍與釉上紅、綠、黃、黑、紫、孔雀綠等色料相配彩飾圖紋。由於所用"回青"料發色濃艷，使畫面呈現紅濃、綠翠、藍艷的熱烈效果，富有活力。如嘉靖五彩纏枝花梅瓶，通體以紅、藍（青花）、淡黃、草綠、孔雀綠、淡紫等彩描繪七組紋飾，色彩濃艷華麗。（圖13）又如嘉靖五彩魚藻紋蓋罐也是嘉靖青花五彩的名品。（圖15）

裝飾大多為圖案式構圖，並以開光形式突出主題紋樣。題材主要有龍、鳳、飛鶴、魚藻、荷蓮、蓮池水禽、花鳥、人物故事、嬰戲、天馬、纏枝花、折枝花等。因嘉靖帝信奉道教，彩飾中常見鶴紋、瓔珞紋，並新興一種以樹幹盤出吉祥字的紋飾，別具一格。（圖18）

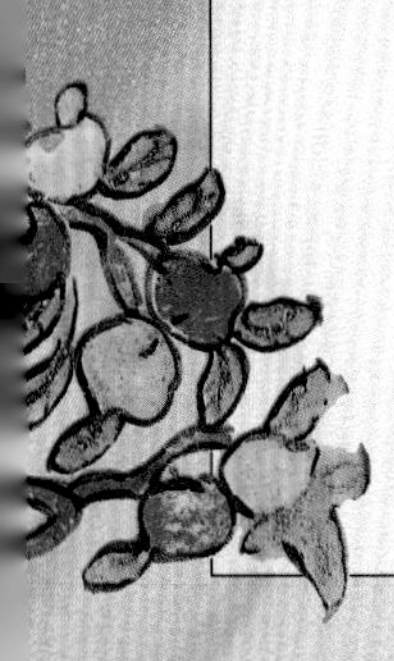

款識以青花六字雙豎行楷書為主，皆題寫於器物底部，多數款書不帶外框，少數外畫雙方框或雙圈。此外，有在器物口沿部位用青花題寫“大明永樂年製”橫款或在器物底部用礬紅題寫“萬福攸同”款。

至萬曆朝，其五彩小件器與嘉靖時類似，品種略多。大件器越加盛行，大花觚、大蒜頭瓶、大葫蘆瓶、大洗口瓶等為典型器型。筆山、筆管、印泥盒等文房用具也甚為多見。新創的造型還有壁瓶等。萬曆五彩器幾乎全是青花五彩，傳世品中釉上五彩器很少，故宮藏釉上五彩鴛鴦蓮紋盤甚為罕見。（圖22）萬曆青花五彩器構圖飽滿，常用色彩為紅、黃、淡綠、深綠、赭、紫、孔雀藍及釉下藍色，尤其突出紅色，其華麗奪目猶勝於嘉靖時。（圖49）大多器物以白地烘托諸色花紋，尤覺絢麗濃艷，構成萬曆五彩的特色。另有一種色地青花五彩，待彩飾完工後再在圖紋的空白地上填塗低溫黃釉，燒成後黃地與諸彩相映生輝，於艷麗中平添幾分含蓄柔和之美。（圖55）

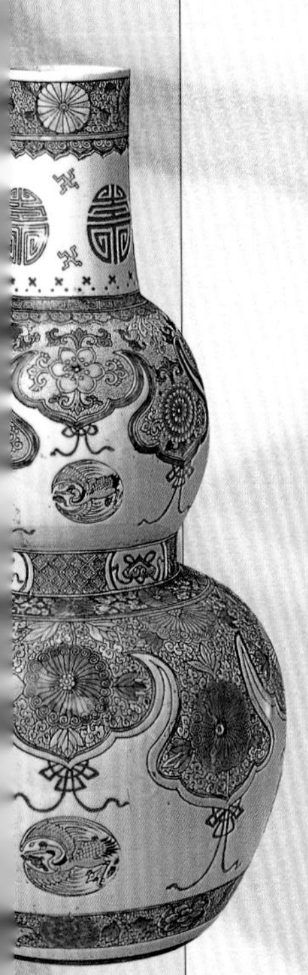

這時新創以彩飾與鏤空結合的裝飾手法，如五彩鏤空雲鳳紋瓶。（圖56）鏤空裝飾早見於西晉青瓷，然與五彩並用飾於一器則是萬曆時景德鎮窰工的傑出新作。萬曆紋飾題材與嘉靖時大體相同。

萬曆五彩瓷款識可分本朝款與仿前朝款，本朝款以青花楷書雙豎行六字雙圈款居多，一般題寫在器物的底部。亦有橫行六字的，如在五彩圓盒的底部。另有兩種特殊款識，一種青花楷書單行橫式六字長方雙框款，題於蒜頭瓶與花觚的口邊處以及長方蓋盒的底部，另有一種以荷蓮紋托長方框內楷書青花六字款題在壁瓶的背部，比較特殊。仿前朝款有青花楷書“大明宣德年製”和“大明成化年製”款。

（三） 頂峯期的五彩（清康熙、雍正時期）

康熙十九年（1680）後三藩之亂平息，景德鎮官、民窰業恢復發展，五彩瓷燒製進入頂峯階段。康熙五彩器彩飾華貴，筆綫豪勁，繪技精妙，藝術造詣極高。後人為將其與粉彩（軟彩）區分而稱之為“硬彩”。康熙五彩仍分釉上五彩和青花五彩兩類。其中釉上五彩最能顯示和代表康熙五彩的藝術特色和成就。清宮所藏康熙五彩器係為官窰或“官搭民燒”的上等品。

這時期的五彩器造型以古樸、凝重、挺勁見長。款式同於明代但有創新，如棒槌瓶、油槌瓶、攢盤、大花盆、將軍罐等是此時新作。

用色方面亦同有創新，康熙中期，釉上藍彩配製成功，色艷而濃，勝於青花。以釉上藍彩代替釉下青花是康熙五彩工藝中的一大革新，同時使用光亮如漆的黑彩與熠熠生輝的金彩都大為增強了色彩的表現力和裝飾的華貴氣派。

青花五彩雖然上承明代，但所用青料是以雲南珠明料調配出的濃淡不一的料水。珠明料是青花瓷主要青料，色澤翠艷明亮並有“墨分五色”之象，其工藝韻致迥然高出明代。釉上施彩手法雖仍是平塗，但在平塗後再於其上用重色或黑色密描細綫，形成物象色彩的深淺變化，呈象真切自然，其藝術效果明顯超越嘉靖、萬曆五彩。（圖66）

基於上述的突破，這時期的五彩設色靈活多變而又大膽誇張，不同的色彩組合表現不同的畫意和情趣。以藍、綠、紫為主色的彩飾有清新明淨之韻，如康熙五彩蘭亭會紋棒槌瓶；（圖68）以紅、藍、綠、金為主色的彩飾則有雍容高雅之致，如康熙五彩加金鷺蓮紋鳳尾尊。蓮塘景色用紅、綠、藍、紫、黑、金彩描畫，荷花為紅、紫、金色，雖有悖於自然法則，卻強調了荷塘景致多彩的美感。（圖 81）五彩設色中尤以紅彩的運用出神入化。用紅彩勾畫人物，則表現人物的神韻，如康熙五彩羣仙紋碗（圖 118）勾畫水紋，則充分表現出河溪的歡暢，如有生命。黑彩為主色的畫面意境深邃凝重，如康熙五彩竹雀紋筆筒。（圖90）

紋飾構圖方面大體可分圖案和寫實兩大類。圖案多採用均齊、或散點、或對稱的規則，寫實構圖自然生動，多有以詩文與寫實內容相配飾者，如五彩十二月花卉杯，每隻杯畫名花一株，配五言詩一首。（圖140）此外，釉上五彩亦有以五彩與暗花相配為飾。暗花有兩種，一是以暗花作地托出彩色紋飾，如康熙五彩團鶴紋葫蘆瓶，以白釉刻劃雲龍紋為地襯托彩繪圖案。（圖 144）另一種是器內壁刻劃暗紋，外壁彩繪紋飾，如五彩果蝶碗。（圖146）另有將白釉雕出錦紋襯托五彩圖紋的，別有意趣。（圖147）康熙釉上五彩大多以白色地托彩，鮮艷明麗。少數以其它色地托彩，如米色地玉壺春瓶、東青地花鳥紋花盆、片紋青釉地山水人物紋盤等，綺麗新奇。（圖148、149、150）

康熙五彩款識式樣頗多，分為本朝款、仿前朝款、堂名款、花押款等類。本朝款多以青花楷書“大清康熙年製”作六字雙豎行雙圈式或雙橫行無框式排列，大都題於器物底部，花盆類則以單行橫書長方框式題於盆沿下方。仿前朝款以仿“大明成化年製”款居多，青花楷書款為主，有六字雙豎行雙圈式或六字雙豎行雙方框式。還有暗款，於器底刻“大明成化年製”六字，無框欄。又有仿嘉靖款，青花楷書六字雙豎行雙圈式。堂名款已見有“朗潤堂”、“聚玉堂製”、“世錦堂製”、“熙朝奇玩”等，均為青花楷書。花押款於器底青花雙圈內畫葉片、海螺或臆造字樣。

五彩彩繪一直受繪畫的影響，此影響在康熙朝更見顯著。康熙五彩瓷畫有兩個突出標誌，一是它着意並成熟地運用中國畫的畫理畫法來完成意象及造型，使得瓷畫真正成為吻合傳統中國畫理論及審美標準的繪畫。二是它着意借鑑和參用西法來解決透視關係及空間感，使瓷器繪畫藝術的表現力空前加強。

實現這兩點的一個突出現象便是更直接更多量地移植或摹擬當世名家的畫稿。中國畫理的運用可見於故宮藏康熙五彩花鳥詩文筆筒（圖 91），借用高鳳翰的畫稿，可與傳世高鳳翰花卉冊《荷花圖》比照品鑑。（附圖一、二）又，故宮藏康熙五彩蘭亭會紋棒槌瓶與高鳳翰《岳墩春色》山石之擦染法相類似。（附圖三、四）另外，康熙三十五年（1696）皇帝命受西法繪畫影響的宮廷畫家焦秉貞作《耕織圖》四十六幅並題“御製耕織圖序”，而傳世康熙五彩瓷畫亦有《耕織圖》中的《舂碓》圖、《分箔》圖等，可見西洋透視畫法亦滲入瓷畫中。透過這種現象還可看出，皇帝個人的意旨和上層社會的審美觀念有着決定性的影響。

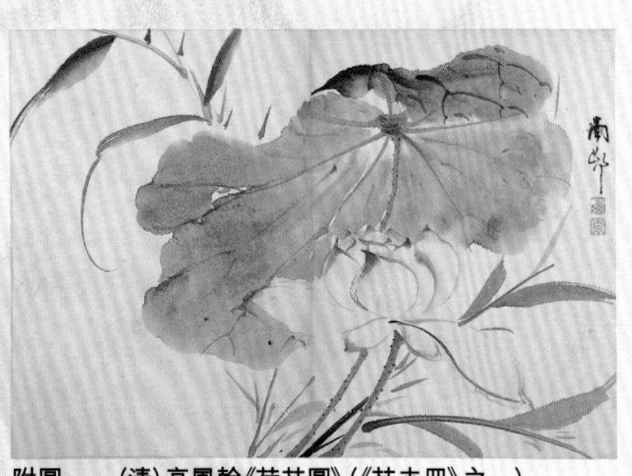

附圖一　(清)高鳳翰《荷花圖》(《花卉冊》之一)

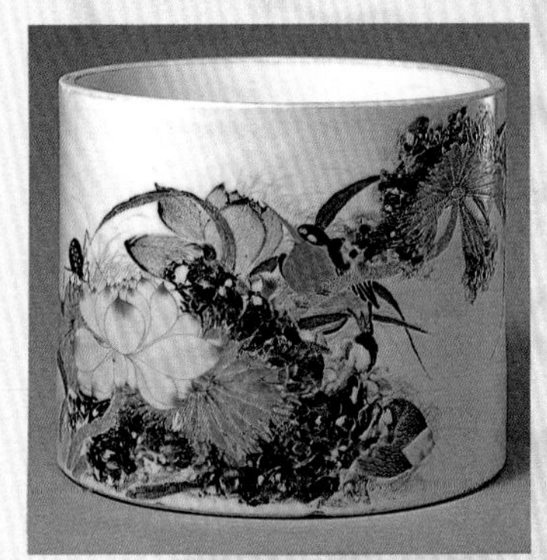

附圖二　康熙五彩花鳥紋筆筒
(參看圖91)

康熙時的畫壇，由於朝廷和上層社會所倡，以“四王”為代表的畫派被奉為“山水正宗”。王原祁等人提倡“化渾厚為瀟灑，變剛勁為柔和”。細觀康熙五彩山水，其構圖、畫理、韻格，甚至用披麻皴法以曲柔的綫條為山水造型，可謂千圖一面，均為四王山水的折射。（圖92）

雖然當時的瓷繪“作者姓氏湮佚無聞”，但他們的繪畫水平卻令人嘆為觀止。《陶雅》論：康熙“五彩能力最大，縱橫變化層出而未有窮也”，其“人物衣褶最為生動，樹則老幹槎芽，花則風枝婀娜”，而

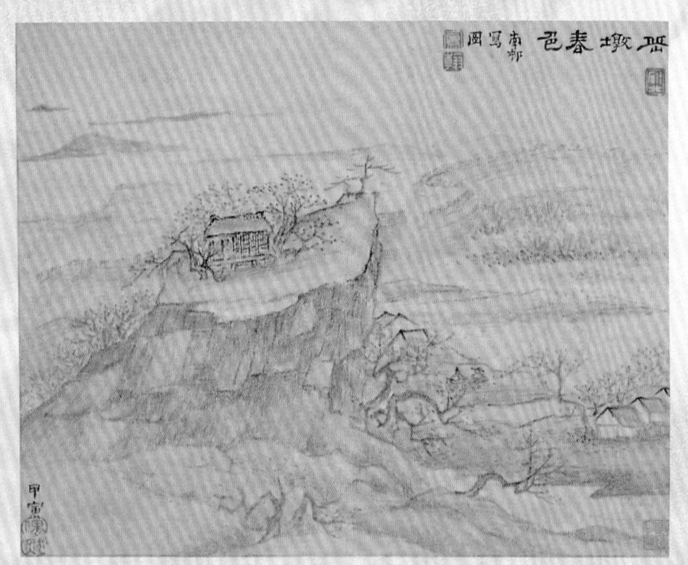

附圖三 (清)高鳳翰《岳墩春色》

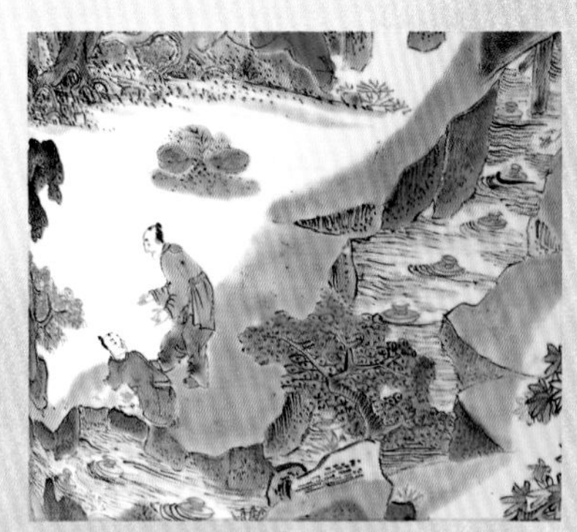

附圖四　康熙五彩蘭亭會紋棒槌瓶
(參看圖68)

“官窰人物以耕織圖為最佳”。（圖67）這些評價均是從繪畫藝術的角度論述的。綜合上述幾點，康熙五彩瓷的繪畫成就在中國古陶瓷藝術史上意義重大。它將有史以來的瓷器繪畫歷史性地推進到完全成熟的階段，並賴此促成粉彩與琺瑯彩作為古代瓷畫極品而出現。

繪畫之外，康熙五彩也同時深受市井文化藝術的影響，這主要表現在人物畫的題材及手法上。諸如《三國》、《西廂》等題材皆是民間喜聞樂見的，同時也是版畫等民間藝術常予表現的，因而康熙民窰五彩中人物畫比重甚大。所繪人物大抵皆構圖精妙，造型傳神，設色考究，尤擅以大家手筆展現眾多人物的場景。（圖97）

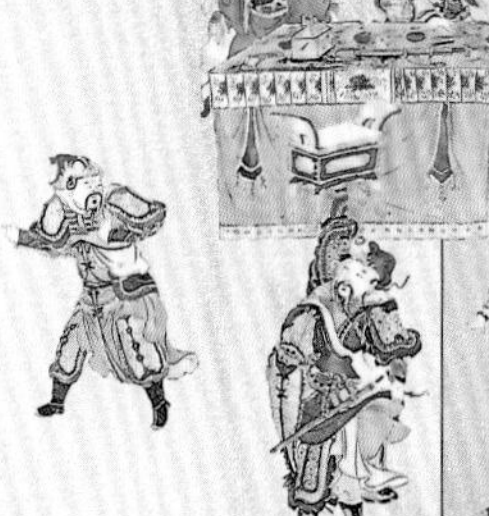

至康熙晚期粉彩燒製成功，成為雍正、乾隆時期彩瓷的主流，五彩製品便顯著減少。雖然如此，五彩工藝水平並不遜於康熙時。瓷畫用筆用色均很精湛，畫風高雅有韻致。如雍正五彩仕女紋罐，將秋桐下仕女對景幽思表現得形神具肖，耐人尋味。（圖153）但雍乾之後至清末，五彩瓷燒製每況愈下，僅在光緒朝略有起色。

鬥彩的形成機理

（一） 色彩要素

鬥彩由釉下彩和釉上彩兩類色彩組成，所用色料的化學成分和五彩相同。鬥彩初創於宣德時期，此時釉上彩色品種尚少，宣德鬥彩器上僅見黃、綠、紅、紫數種單色，且色濃少透明感。至成化朝彩色大增，且多透亮鮮明，各具特色。近代學者孫瀛洲描述其色彩：“鮮紅艷如血，杏黃閃微紅，鵝黃色嬌嫩透明而閃微綠，蜜蠟黃色稍透明，水綠、葉子綠、山子綠皆透明，姹紫色濃而無光，孔雀藍色沉，孔雀綠淺翠透明，赭紫色暗，葡萄紫色如熟葡萄而透明，油紅色重艷而有光，薑黃色濃光弱。”[1]其中的“姹紫”是成化彩色的獨特品種，後世無。嘉靖、萬曆時期鬥彩的釉上彩色以紅、綠、黃色為主，紅色深濃似棗皮，綠色閃黃透亮。清康熙時上承成化釉上彩色，又新增橘紅、赭石、翠綠、藍彩和黑彩。雍正、乾隆時彩色出新，又添粉彩彩料中的深淺胭脂紅、藕荷色、洋黃（銻黃）、洋綠（草綠）、翡翠以及藍料彩和金彩，使釉上彩越加豐美瑰麗，臻達中國古代陶瓷工藝彩色創用的高峯境界。

（二） 施彩方法

鬥彩的施彩方法除《南窰筆記》提及的填彩與“鬥”（湊其全體）彩，還有點彩、染彩、覆彩和青花加彩。技法不一，具體表現風格也就有所不同。明代鬥彩大多是一件器上兼用幾種施彩方法，使所繪紋樣盡其自然，恰到好處。如成化鬥彩三秋杯即用加彩、覆彩，點彩諸法表現三秋小景。（圖180）清代鬥彩以覆彩、點彩或覆彩、填彩方法施彩者居多，如康熙鬥彩竹節蓋罐以覆彩、填彩表現茁壯的竹幹與鮮嫩的枝葉。（圖189）

只用單一方法施彩的鬥彩器較少。成化鬥彩捲草紋瓶通體僅用一種淡綠色填繪迂曲蔓捲的蔓草紋，格外清雅。（圖160）康熙鬥彩龍紋蓋罐在青花龍體上覆蓋光亮的綠彩，素雅傳神。（圖190）

明清二朝以白地鬥彩居多，至清後期才出現色地鬥彩。以彩色地烘托鬥彩紋飾，往往艷麗嬌冶有餘，清雅韻味不足。其裝飾方法既有傳統式，即無論主紋、輔紋都用傳統施彩方法表現，也有新的以鬥彩與粉彩或以鬥彩與紅彩、鬥彩與釉裏紅結合使用的綜合裝飾法。單純的傳統式鬥彩是明清兩代鬥彩裝飾的主流，綜合性裝飾方法則只流行於清代。如康熙鬥彩龍鳳紋蓋罐（圖208）、雍正鬥彩花卉紋梅瓶（圖225）、乾隆藍地鬥彩荷蓮紋繡墩（圖259）等均為代表性作品。

鬥彩的發展歷史

（一） 始盛期的鬥彩（明宣德、成化）

在本世紀八十年代之前，鬥彩始燒於明成化年間似成定論。1988年11月景德鎮明御窰廠遺址發掘出土“大明宣德年製”款鬥彩鴛鴦蓮紋盤和成化早期仿宣德鬥彩鴛鴦蓮紋盤等典型器物，從而確立了鬥彩始於明宣德之新說。

鬥彩雖始燒於宣德時，但只是初露芳容，製品極少，彩飾工藝也未臻成熟。因為永樂、宣德時期“以騣眼甜白為常，以蘇麻離青為飾，以鮮紅為寶”，即以白釉、青花、紅釉等為主，顯然鬥彩未得皇室青睞，宮廷收藏中無所見。

及至成化年間，宮廷奢侈之風極盛，瓷器需要量很大，刺激了作為宮廷玩賞器的鬥彩瓷的發展。《明史．食貨志》載：“成化間遣中官之浮梁[(2)]景德鎮，燒造御用瓷器，最多且久，費不貲。”成化早期鬥彩製品主要模仿宣德。但自成化十七年至二十三年（1481—1487），鬥彩進入輝煌階段，在胎質、色釉、造型、繪畫、色彩諸方面都迥然高出宣德鬥彩，受到舉世推崇。

成化鬥彩的造型皆小巧，無大器。從現有故宮的藏品看，最高的瓶僅高19厘米，最大的碗徑約23厘米，最大的盤徑約18厘米，高足杯高約7.6厘米，罐高一般在8—13厘米。無論何種器，其器型都具有圓潤端莊、清雅雋秀的特色。仔細觀察，可以發現其造型的輪廓綫都是由一種柔韌的直中隱曲、曲中顯直的綫條構成，因而風貌殊異。

由於成化瓷中的鐵、鈣含量下降，成化鬥彩的胎質潔白細膩，薄輕透體。這種胎釉特質標誌着成化官窰對胎釉原料的控成技術更勝明朝前期。而採用中性火焰燒窰，使釉色乳白柔和，更能襯托鬥彩的鮮麗清雅。

彩色豐富為成化鬥彩的另一特色。其青花呈色幽倩淡雅並有透明感，而釉上彩色則有紅、黃、綠、紫四大類十四種之多。彩色配製亦靈活自如，按照器物及紋飾的風格特徵，或選用一、二種彩色，如鬥彩葡萄紋杯（圖179），或選用五、六種彩色，如鬥彩雞缸杯（圖177），無不設色精妙，令人賞心悦目。因為採用平塗法施彩不足以表現物象陰陽反側的自然形態，成化鬥彩便採用補色法，如在紅花上填繪黃色花蕊，在衣衫上填畫紫、紅色腰帶等，以增強畫面的表現力及立體感。可以説，若無成化彩色的創製和運用，便不會有爾後嘉萬五彩、康熙五彩、雍正粉彩等的工藝成就。

在裝飾技法上，成化鬥彩亦遠較宣德鬥彩豐富。尤其是釉下雙勾再在釉上填彩的方法為宣德時所無。這種雙勾填色方法顯然是借鑑了明初以來流行的銅胎嵌絲珐瑯工藝的嵌絲填料方法，這大大加強了鬥彩的裝飾效果。

成化鬥彩的裝飾紋樣變化多端，不同的器物配以不同的紋樣，既有規矩工整的圖案化構圖，也有自然隨意的寫真性構圖，僅表現花卉就有纏枝、折枝、串枝、團花、開光等多種形式。其構圖法則有二方連續、四方連續、也有寫形傳神的。裝飾題材以龍（雲龍、翼龍、螭龍、香草龍）、海怪、天馬、鴛鴦蓮池、果樹小鳥、子母雞、團蝶、蓮花、菊花、牡丹、寶相花、蓮托八寶、折枝花果、四季瑞果、嬰戲、高士、三秋小景、靈芝雲紋等為主，另有罕見的落花流水、錦盒瓜果、蓮托梵文以及五供養等等。

成化鬥彩為皇室御用玩賞品，皆題款，均以青花書寫楷款，分六字年款與“天”字款兩類。“大明成化年製”六字款題寫於器物底部，款體一致，款型有別。杯、碗、盤器六字年款皆為雙方框內雙行豎排，高足杯的年款多題寫在足底邊上，自右向左橫式排寫，無青花框綫。瓶與罐的年款為雙綫圈內雙行豎排，較為少見。“天”字款僅見於鬥彩罐，俗稱天字罐。成化鬥彩的款識筆法遒勁有力，字體結構特徵鮮明，學者孫瀛洲概括為：“大字尖圓頭非高，成字撇硬直倒腰，化字人匕平微頭，製字衣橫少越刀，明日窄平年應悟，成字三點頭肩腰。”(3)

成化鬥彩的卓越成就達到了瓷器彩繪裝飾工藝上的一個發展高峯，也是後世所難以企及的高峯。在中國古代陶瓷生產活動史上官窰的興衰直接取決於皇帝。成化帝政治上承平而轉弱，藝術上卻很有造詣。史載其繪事在“能妙之間”，曾作《一團和氣圖》及《御製一團和氣圖贊》，典型地反映出他以和為貴的思想及審美情趣。其幼年遭“奪門之變”而佞佛等也是影響他繪畫思想的潛在因素並間接或直接影響到成化鬥彩的風貌。故此成化鬥彩造型精巧圓潤，畫意高潔樸雅，彩飾清麗鮮美，與成化帝性格素養和審美情趣不無關係。明人沈德符總結得十分精當：“先是宣窰品最貴，近凡又重成窰。蓋兩朝天縱，留意曲藝，宜其精工如此。”（《敝帚齋剩語》）

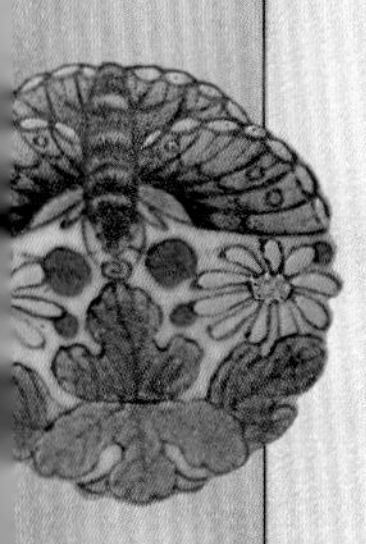

在鬥彩發展歷史上，成化鬥彩雖僅處於始盛階段，但在鬥彩瓷的審美上，它卻一舉達到頂峯，被後世奉為鬥彩的極品。成化鬥彩製作出一批蜚聲中外的稀世珍品，如雞缸杯、三秋杯、葡萄紋高足杯、高士杯、捲葉紋瓶等，尤以雞缸杯為最。其運用青花、鮮紅、葉子綠、水綠、薑黃、鵝黃等色，以精妙的填彩、覆彩、點彩和染彩技法將畫意表達得傳神生動，此器精萃無比，貴重至極。清人朱琰在《陶説》中評道："成窰以五彩為最，酒杯以雞缸為最"。雞缸杯如此珍貴，引來後世仿製不息。清康熙、雍正、乾隆、嘉慶、道光各代無不仿燒。（圖212、234）

成化鬥彩的繪畫工藝其實是比較單純的，但這種樸雅之美卻成為唯成化鬥彩方可的特色。後世的鬥彩，如康、雍、乾三代，其繪藝堪稱精湛嫻熟，然其所仿成化鬥彩只是東施效顰，自創的圖案無韻格可言。

（二） 中衰期的鬥彩（明弘治——萬曆）

弘治、正德年間的鬥彩瓷燒製從成化朝的顛峯狀態一落千丈跌入低谷。因為弘治初年一反成化風氣，《明史》載："弘治三年冬十一月甲辰，停工役，罷內官燒造瓷器。"弘治、正德鬥彩的傳世品幾不可見。

嘉靖、萬曆時期，隨着宮廷和上層社會對精細瓷器的需求以及受到對外貿易的刺激，景德鎮瓷業生產漸趨繁盛。但是由於五彩器盛行，鬥彩器的製作甚微。當時的仿成化鬥彩尚較精緻，但品種與數量皆少，僅見杯、盤、碗、爐之屬。如嘉靖鬥彩蓮紋盤、鬥彩嬰戲紋杯（圖184、186），萬曆鬥彩開光瑞果紋碗等，其造型、紋飾、色彩均與成化鬥彩器相差無幾，只是受到五彩時尚的影響而色彩略嫌濃艷。這些仿製品皆以青花書寫楷體六字本朝款。萬曆三十五年（1607）後，由於社會政治動亂，經濟凋蔽，景德鎮御窰生產衰敗不堪，鬥彩瓷生產亦終止。

（三） 復興期的鬥彩（清康熙——乾隆）

康熙朝平定三藩以後，自明末以來的戰亂逐漸平息，社會步入安定。康熙二十年（1681）在景德鎮復置御窰。康熙、雍正、乾隆三帝都親自關心瓷器燒製，先後遣內府官員臧應選、郎廷極、年希堯、唐英等人赴御廠督造，促成清代前期景德鎮御用瓷生產的高度發展，在生產質量、品種創新、工藝技術等方面都達到新的歷史高峯。鬥彩作為彩瓷的重要品種亦獲得新生。

康熙鬥彩在造型上以盤、碗、杯、罐較多，竹節式罐、賁巴壺、菱花式盆等新款式古樸凝重。其色彩豐富亮麗，承繼明代而又有所發展，釉下青花鮮艷青翠，釉上諸彩色澤鮮亮。新創橘紅色鮮明，黑彩光亮，翠綠深亮。常以覆彩、加彩、填彩方法平塗色彩，薄勻透

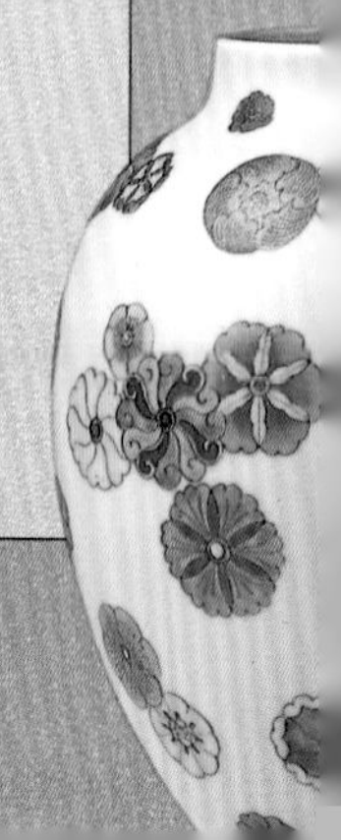

體，能見彩色下的青花綫紋。雖為平塗，但力求以深淺彩色的搭配變化來表現物象的遠近向背。如山石的陽面塗以淺淡綠色，暗面則塗深綠色或紫色，遂使山石有了層次感和立體感。（圖192）最突出之處是以國畫筆法作細膩描繪，諸如花葉的筋絡、柳絲的垂拂、水波的漣漪、人物的衣褶、樹幹的斑疤等無不精細入微。

此外，在青花廓綫內以釉裏紅與釉上諸彩相配來表現挺秀的樹幹、豐滿的鵲鳥、嬌艷的花枝等物象則是此時的獨創。（圖209）以青花與鬥彩相配裝飾器物亦首見於康熙朝，如鬥彩團龍紋碗。碗內心繪青花螭龍銜花紋，碗壁繪鬥彩團龍紋。（圖207）

裝飾構圖有兩類，一類是以串枝、團花、折枝花構成的圖案式，整齊勻稱有韻律美；一類近於國畫式，既注重實處的美，也講求虛處的美。如鬥彩落花流水紋碗，構圖疏朗，以虛當實，設色清雅，意境幽深。（圖204）紋飾題材有龍、鳳、夔龍、花蝶、雉雞牡丹、團花、落花流水、竹、子母雞、纓絡、庭園仕女以及仙人祝壽、指日高升等吉祥紋樣。另有在盤體上繪過枝竹鳳紋，在碗壁中腰繪串枝桃實紋，別具 格。（圖198、202）

康熙鬥彩款識有三種，一種是本朝六字年款，以青花雙圈雙豎行或雙橫行楷書形式題於器底，花盆類則以單行橫書形式題於盆沿內側；二是堂名款，如“御賜純一堂”款，“御賜”二字橫書，“純一堂”三字豎書，無框綫；三是書“大明成化年製”仿款。

雍正鬥彩可分作兩類。一類是仿明成化鬥彩製品，無不精緻逼肖，但缺乏成化鬥彩的內在神韻。實際上，雍正仿成化鬥彩多有所改變，往往揉進己意。如仿成化鬥彩團蝶紋罐，造型紋飾及施彩方法都模仿原器，但彩色運用上卻引入粉彩中的胭脂粉、洋黃、深淺赭色等，所繪蝴蝶較原器僅用姹紫平塗更顯美麗生動。（圖166原件，圖226仿件）另一類是本朝自創款式，也是最多的，如各式盤、碗、杯、碟、水盂、蓋碗、蓋盒、花盆、瓶、罐等，也都雋雅端秀。

其彩飾可作同樣分類。一類是承繼明代的傳統的鬥彩（圖234至236），另一類是創新的彩飾，添入粉彩色料，如胭脂紅、羌水紅、洋綠（草綠）、洋白、洋黃（銻黃）、翡翠等，以平塗和渲染方法施彩，其藝術效果既不似傳統鬥彩鮮麗單純，也不像單一粉彩柔和溫潤，而是自成一格，於淡雅粉潤中顯亮麗，於纖細嬌巧中見挺雋，既柔潤蘊蓄又光彩照人。（圖224、225、227、228）這兩類彩飾的相同點是在設色上都力求以多種彩色表達物象的美。其彩料中礬紅彩的調製一改明代以來的膠水調配法為以油調配，使所繪物象的色彩呈現由深漸淺或由淺漸深的自然暈色，強化了真實感。

這時期大多題寫“大清雍正年製”楷書青花雙圈款，就是仿成化鬥彩器亦以題寫本朝款居多。題寫“大明成化年製”青花楷書款，有雙方框和雙圈欄兩種。罐器中見有仿成化“天”

字楷款，但較為少見。

雍正鬥彩斐然奕世，形成了鬥彩工藝史上的第二個高峯，年希堯、唐英等督陶官員固功不可沒，但若無雍正帝親自垂顧便不能至此。雍正帝在勤政圖治之餘又有喜好詩畫的雅致，他直接過問瓷器燒造，又講求祥瑞之兆。這些都影響到雍正彩瓷工藝的發展與其藝術風格的形成。

乾隆朝的鬥彩風貌基本接近雍正鬥彩，以構圖繁複飽滿、色彩豐富、彩繪精緻、畫面艷麗著稱。其造型豐富，以精細小件為多，但也不乏形體高大之器。如鬥彩進寶圖大瓶，在高達70多厘米的瓶體上滿繪青花加粉彩紋飾，異常華美，可謂集成型、彩飾、焙燒工藝之大成的傑作。（圖251）

彩飾與雍正時同，但有新的特點，即在紋樣上添加金彩描畫，從而使畫面富麗堂皇，光彩奪目。（圖250、253至258）如在粉彩渲染的人物袍衫上再以金彩描繪團螭或團鶴，極盡富貴之氣。又如，色地鬥彩裝飾本已艷麗，再加粉彩，越顯華麗。（圖259）這些精美之作充分顯示了乾隆鬥彩的藝術特色。

嘉慶初年御窰廠的瓷器燒製雖因襲前朝，鬥彩中也能見到精細製品，但“喜作團彩，稍欠風致矣”。（《飲流齋説瓷》）（圖261）及至嘉慶晚期以降，社會經濟政治日趨疲弱，鬥彩瓷的燒製亦衰落不興。

註釋：

（1）孫瀛洲：〈成化官窰彩瓷的鑑別〉，《文物》，1959年。

（2）縣名，江西省。

（3）孫瀛洲：〈成化官窰彩瓷的鑑別〉，《文物》，1959年。

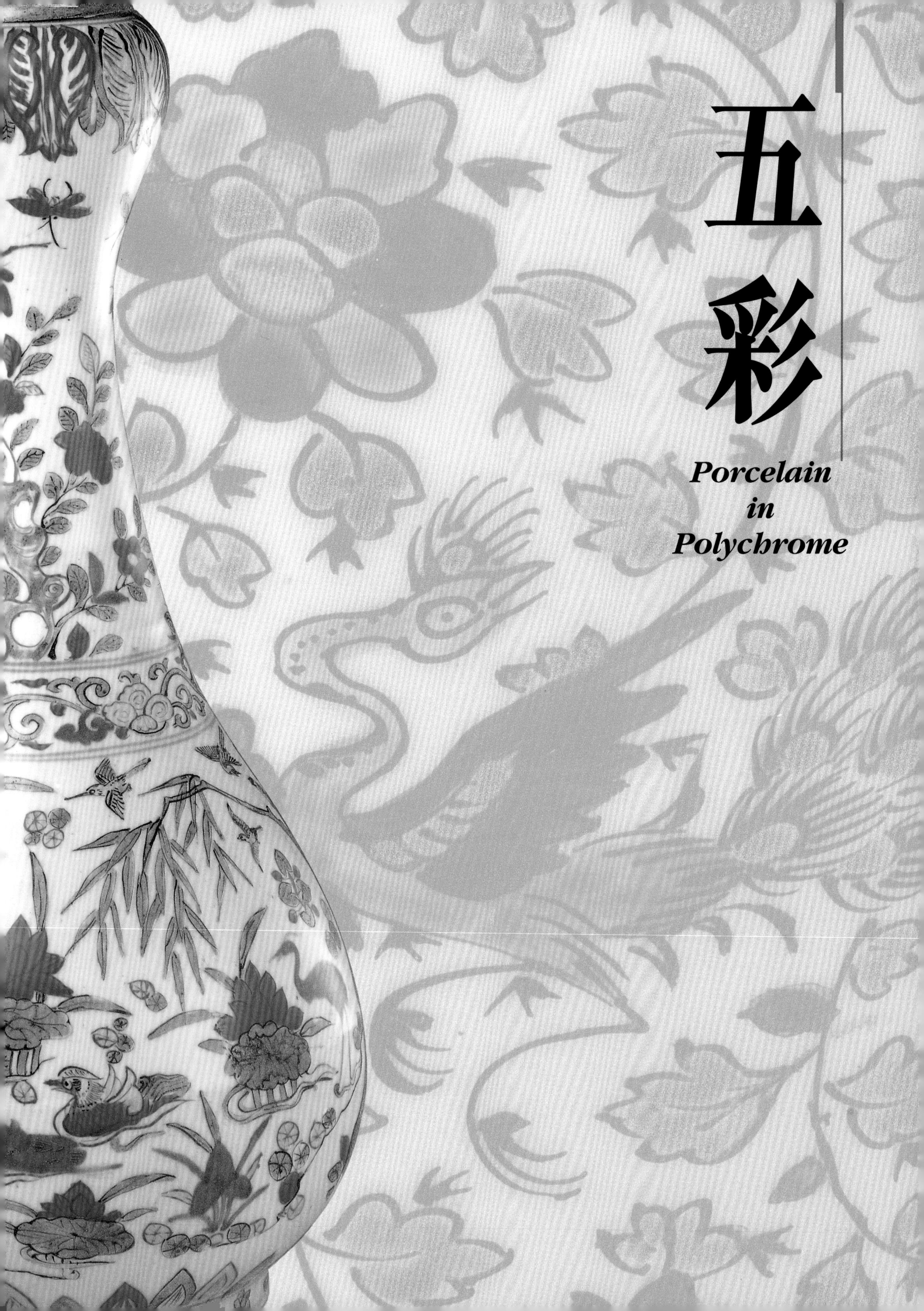

五彩

Porcelain in Polychrome

1

五彩纏枝牡丹紋罐

明成化

高10.8厘米　口徑9.9厘米　足徑12.7厘米

Polychrome jar with design of interlocking peony

Chenghua period, Ming Dynasty

Height: 10.8cm　Diameter of mouth: 9.9cm

Diameter of foot: 12.7cm

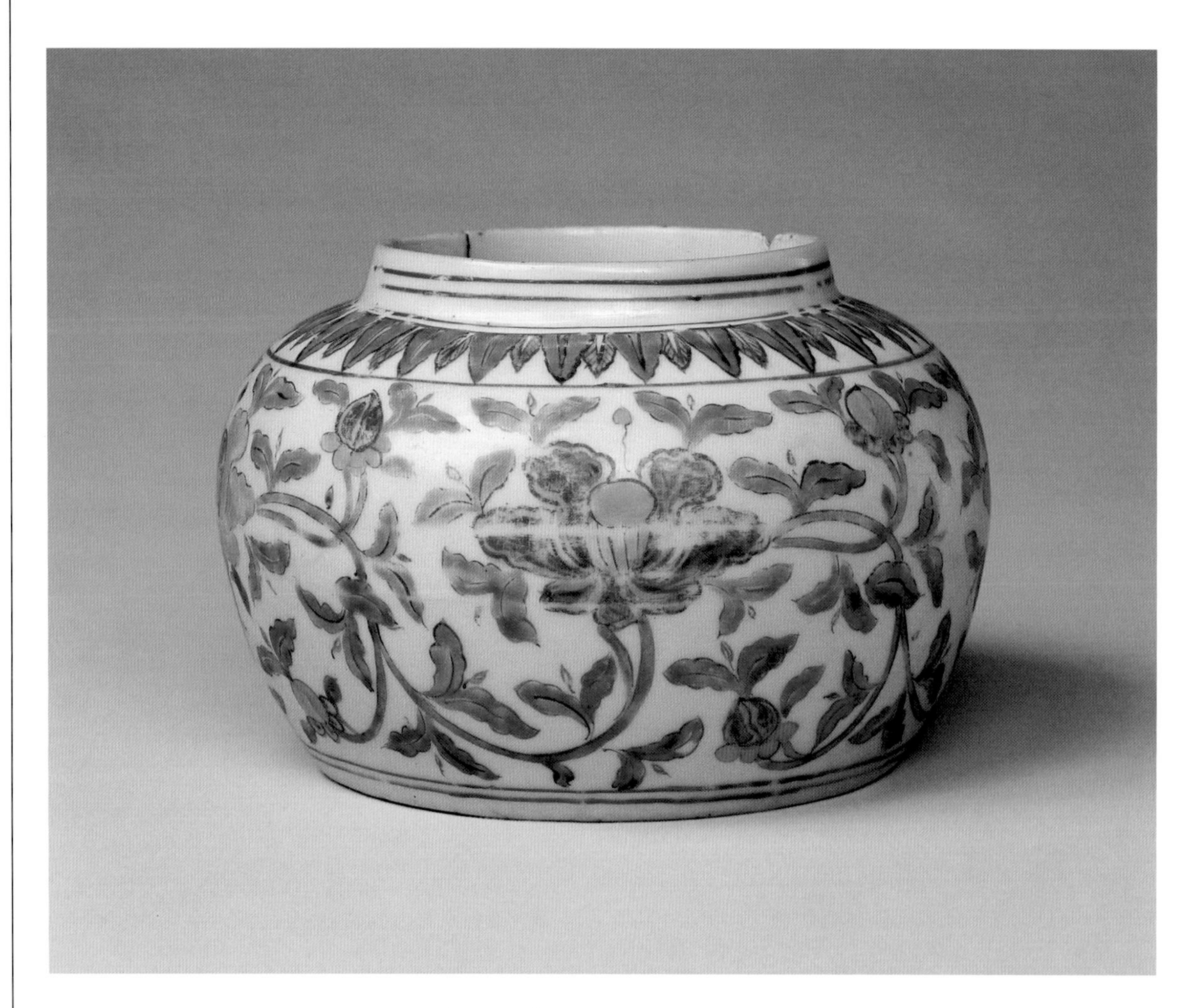

罐直口微斂，圓肩，扁腹，內圈足。內、外施白釉，釉質肥腴。腹部主體紋飾繪纏枝牡丹紋，上結四朵盛開的牡丹花，赭瓣黃蕊和黃瓣赭蕊相間排列，牡丹之間各繪兩個花苞，所有圖案均以赭彩勾邊。肩部的覆蕉葉紋亦以赭、綠二色相間排列，口部及近底處以礬紅弦綫作邊飾，底白釉略泛波浪紋，無款識。

成化彩瓷以鬥彩為多，五彩則甚罕見，傳世品中僅見少量的盤、碗、罐、玉壺春瓶等。成化五彩罐目前僅見兩件，除故宮博物院收藏的這件外，英國大英博物館亦藏有一件，二者造型、紋飾相同，均屬成化五彩瓷中的代表作。這種罐的造型源自永樂翠青釉罐，成化鬥彩器中亦有。

2

五彩桃花雙禽紋盤

明正德

高2.9厘米　口徑14.3厘米　足徑8.9厘米

Polychrome plate with design of peach blossoms and two birds

Zhengde period, Ming Dynasty

Height: 2.9cm　Diameter of mouth: 14.3cm

Diameter of foot: 8.9cm

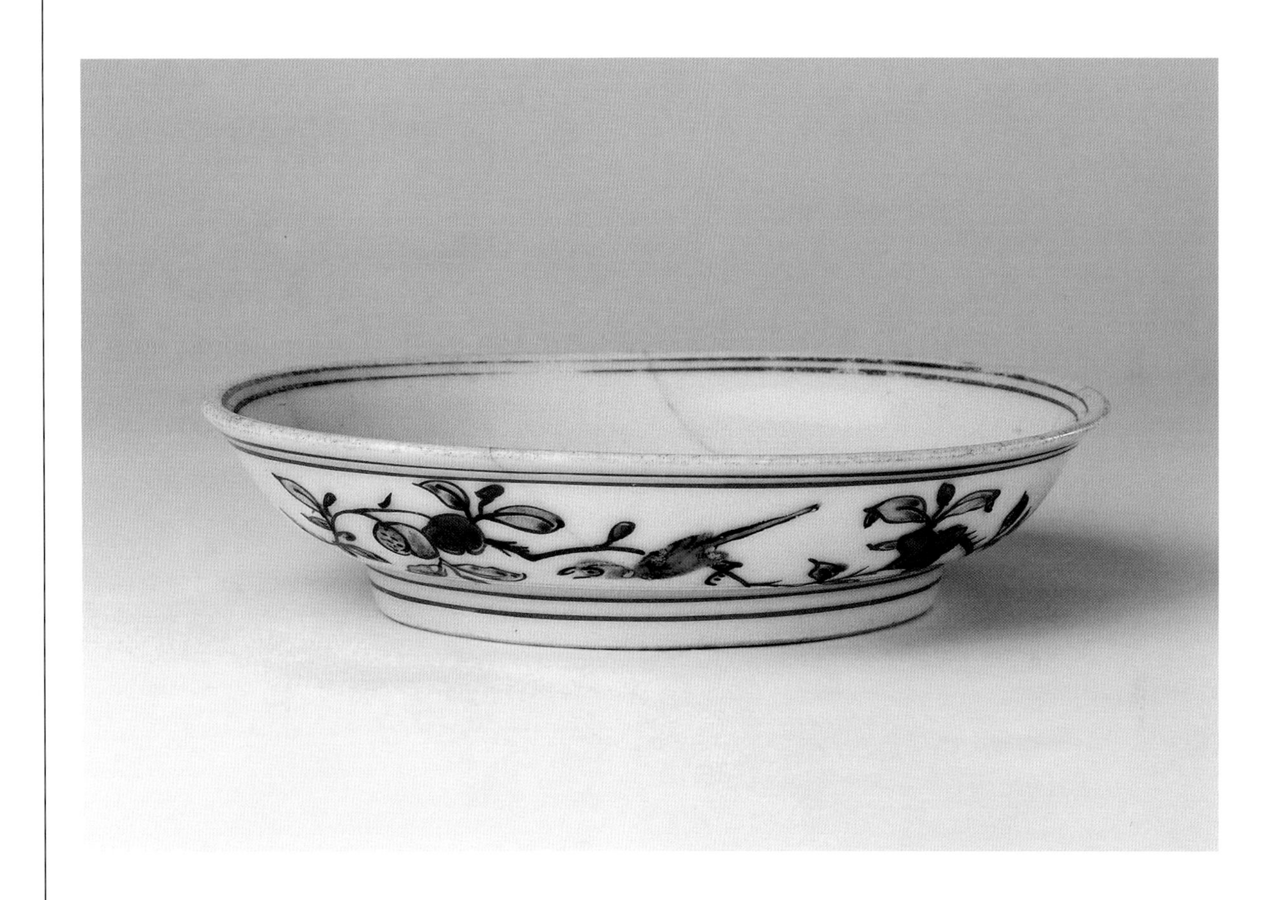

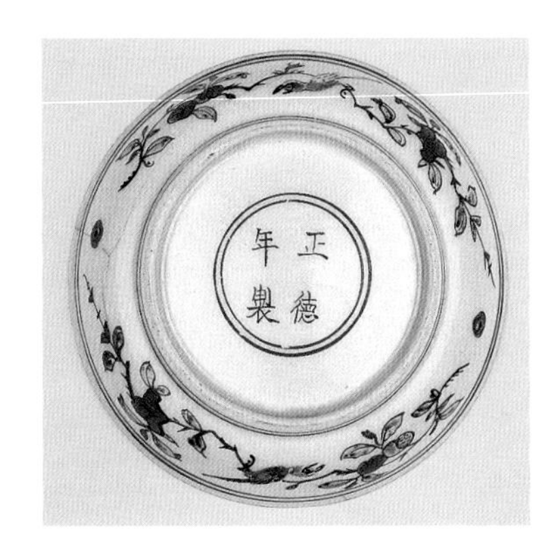

盤敞口微撇，弧壁，圈足。盤心紅彩雙圈內繪折枝花卉紋，外壁繪桃花雙禽紋兩組，上、下各有紅彩雙弦綫兩道。外底紅彩雙圈內有“正德年製”四字楷書款。

此盤紋飾清晰，綫條流暢，以紅彩為主，黃彩、孔雀綠彩作點綴。正德五彩傳世品不多，此器是研究明代五彩瓷器的重要作品。

3

五彩八仙紋香筒

明正德

高19.6厘米　口徑9.5/7.6厘米　足徑10/8.3厘米

Polychrome joss stick holder with design of the Eight Immortals

Zhengde period, Ming Dynasty

Height: 19.6cm　Diameter of mouth: 9.5/7.6cm

Diameter of foot: 10/8.3cm

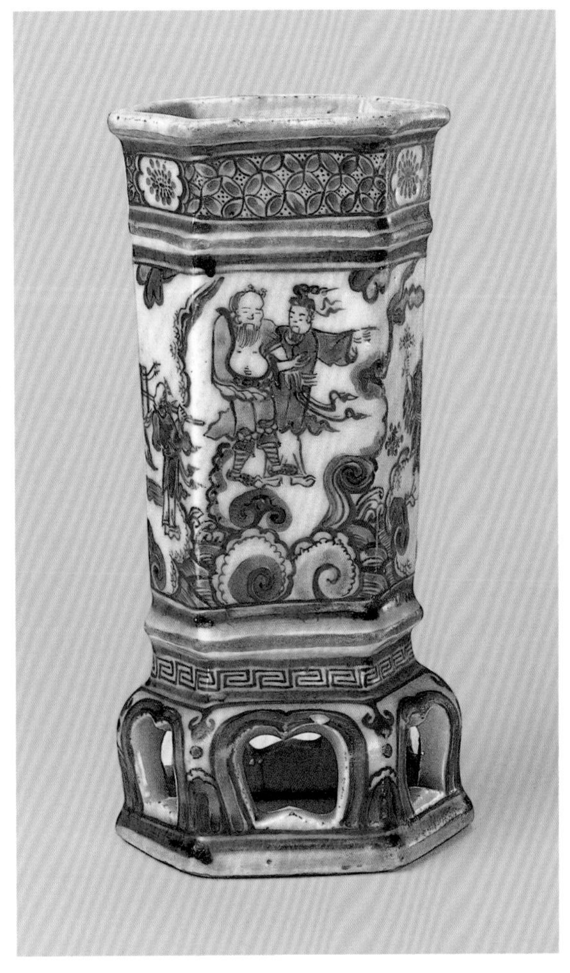

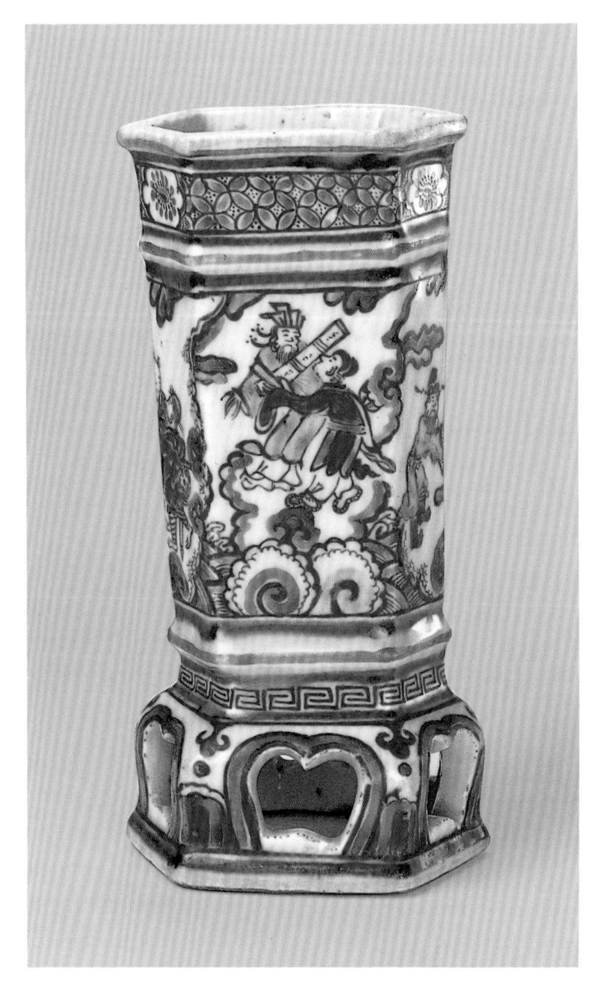

香筒呈六方形，底座上有六個蓮瓣狀鏤空紋飾。腹部主題紋飾為八仙人物，兩兩一組。口沿繪錢紋錦和四個海棠形開光，內繪朵花紋。底座繪回紋邊飾一周，無款識。

此器所繪八仙人物，神態飄逸，筆觸生動流暢。圖案設色清新艷麗，以紅、綠彩為主，黃彩作點綴，青花作邊飾，是正德青花五彩器中的典例。

4

五彩鳳穿花紋梅瓶

明嘉靖
高26.8厘米　口徑4.7厘米　足徑11厘米
清宮舊藏

Polychrome prunus vase with design of phoenix amidst flowers

Jiajing period, Ming Dynasty
Height: 26.8cm　Diameter of mouth: 4.7cm
Diameter of foot: 11cm
Qing Court collection

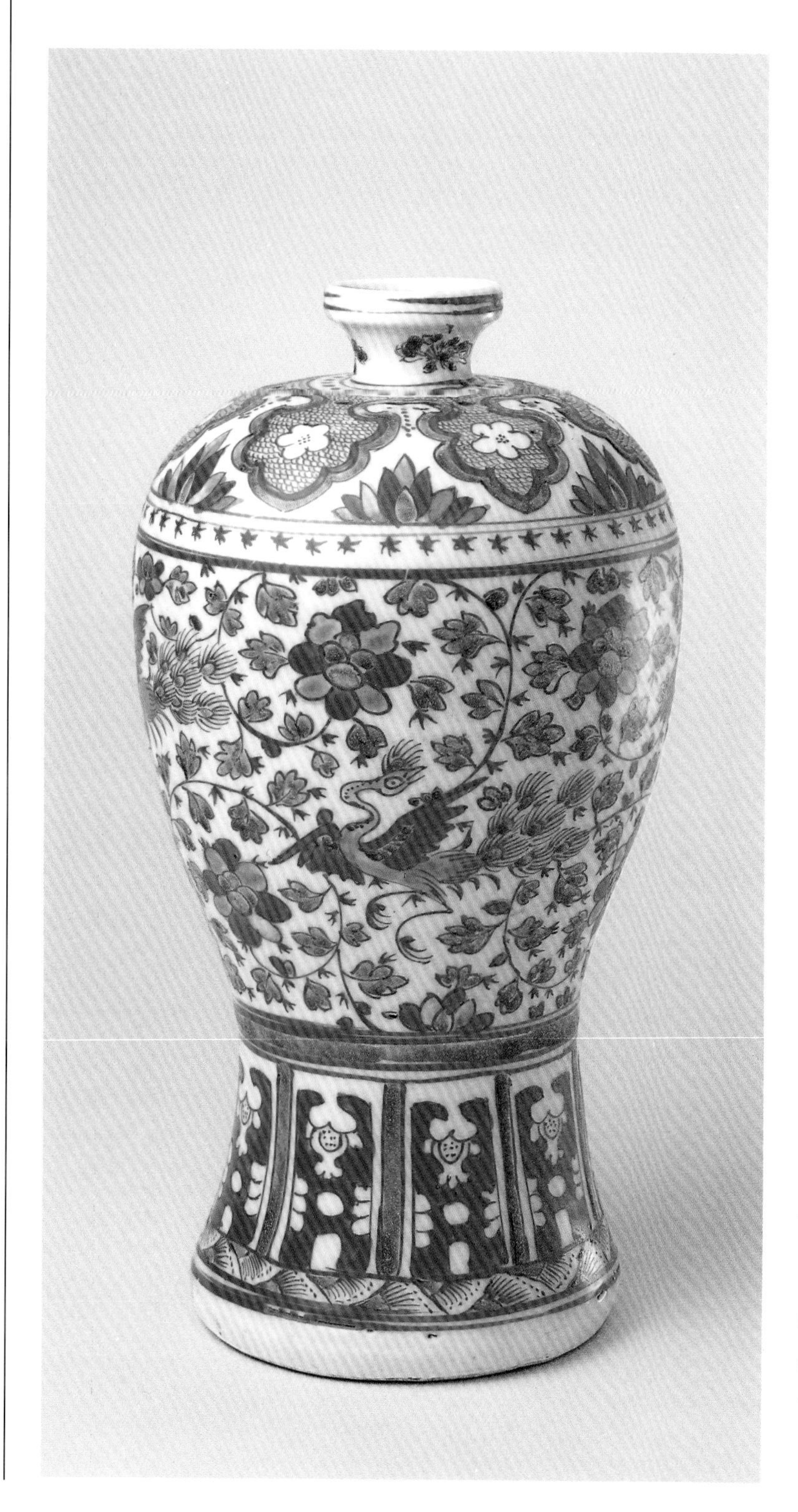

瓶洗口，細短頸，豐肩，肩以下漸收斂，腰部逐漸外撇，內圈足。此瓶紋飾以紅、綠彩為主，間施黃彩。肩部飾倒垂雲頭紋，間隙處填繪盛開的仰蓮，腹部繪鳳鳥穿飛於纏枝花蔓中，俗稱“鳳穿花”。肩腹之間接一周朵花紋，把兩部分的紋飾自然巧妙地分開。下腹至近底處分別繪變形蕉葉紋一周。無款識。

梅瓶創燒於宋代，以後歷朝歷代皆有。嘉靖的五彩梅瓶比較少見，造型與前朝不同，胎體厚重，形狀古拙，畫面繁縟，不留空白。此瓶構圖新穎，筆法流暢，用色雖然不多，但搭配得自然協調，為嘉靖五彩器中上乘之作。

5

五彩雲龍紋蓋罐
明嘉靖
通高16厘米　口邊長4.9厘米　足邊長5.7厘米
清宮舊藏

Polychrome covered jar with dragon and clouds design
Jiajing period, Ming Dynasty
Overall height: 16cm　Length of mouth brim: 4.9cm
Length of foot brim: 5.7cm
Qing Court collection

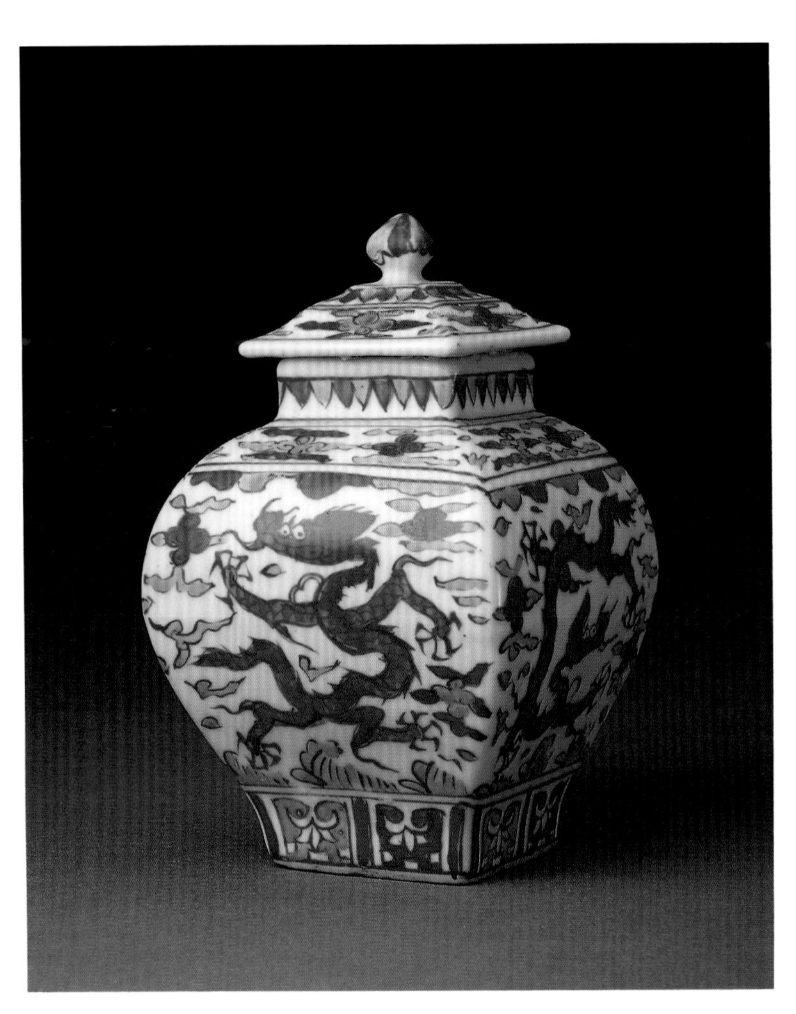

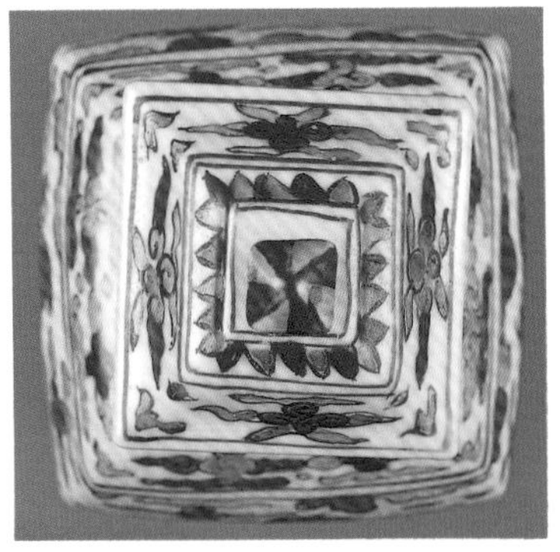

此方形罐鼓腹，四棱角呈弧綫下收，圈足。附傘形蓋，頂有寶珠鈕。紋飾主題為紅彩繪四雲龍紋，配襯以頸部蕉葉紋與肩部朵雲紋，近底處繪變形蓮瓣紋。蓋面紋飾與肩部相配。此器主要以紅、綠彩塗飾，僅在龍的肘毛處略點黃彩，充分體現了嘉靖五彩瓷紅艷綠翠的藝術特色。外底青花楷書“大明嘉靖年製”六字雙行款。

方蓋罐是嘉靖時期特有的器型之一，利用口、底的直綫和側面的弧綫在造型上體現剛柔相濟的效果，別具特色。

6

五彩團龍紋罐

明嘉靖
高39.5厘米　口徑21.5厘米　足徑18厘米
清宮舊藏

Polychrome jar with design of dragon medallions
Jiajing period, Ming Dynasty
Height: 39.5cm　Diameter of mouth: 21.5cm
Diameter of foot: 18cm
Qing Court collection

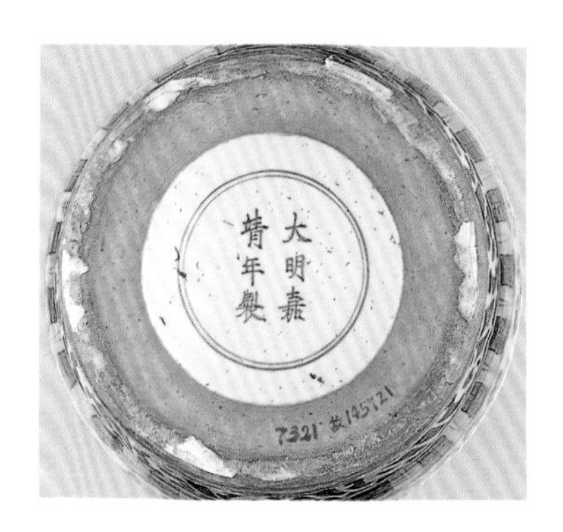

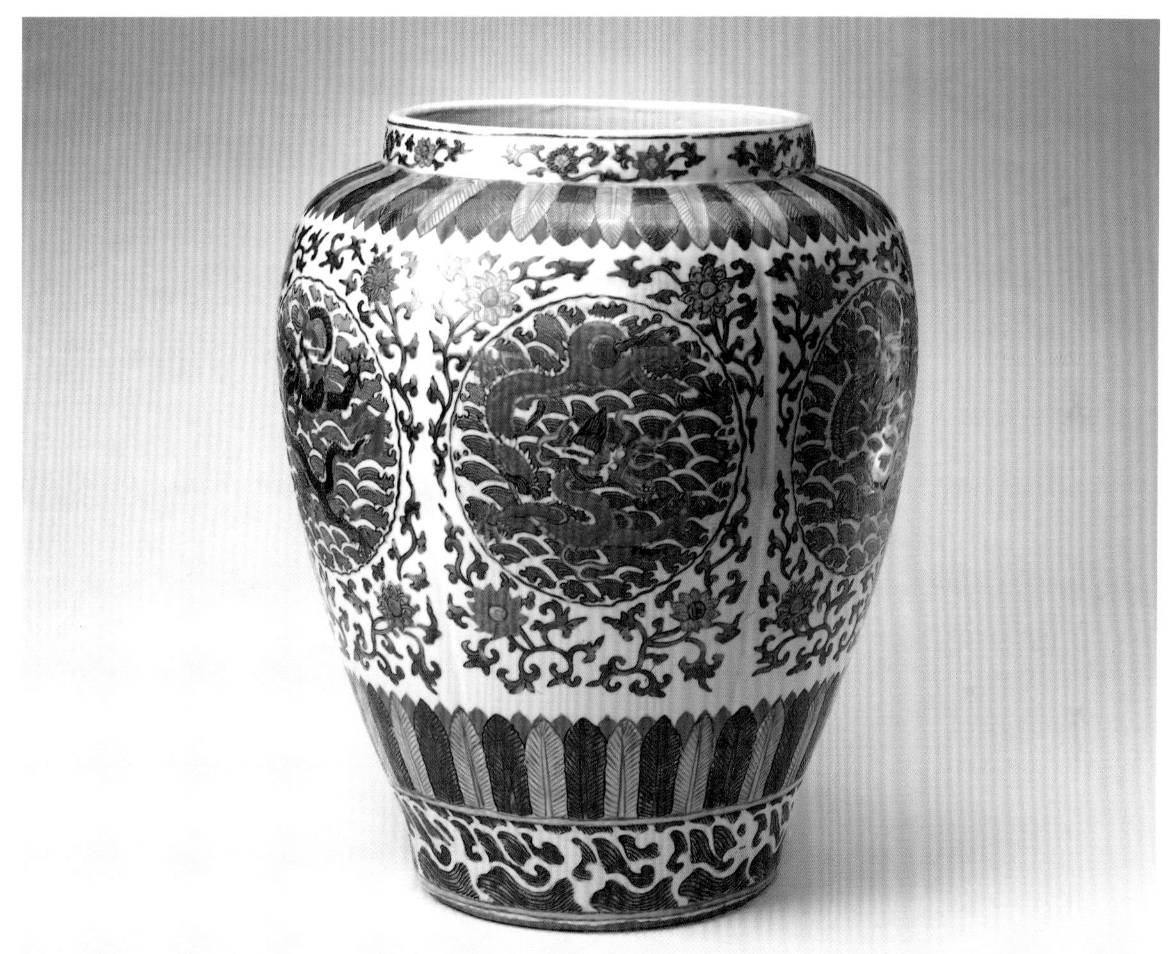

罐直口，豐肩，肩以下漸收斂，瘦底，圈足。通體以紅、黃、綠、孔雀藍等彩裝飾。罐身繪六組色彩不同的團龍海水紋，巨龍騰飛，如翻江倒海，十分威猛雄奇，周圍環繞各色折枝花。其他裝飾包括頸部繪折枝花六組，均用異色點綴花蕊，肩、脛處黃、綠相間的對稱蕉葉紋，及近底處綠彩海水紋。底心青花雙圈內楷書“大明嘉靖年製”六字雙行款。

此罐造型沉穩莊重，釉色白潤，構圖飽滿，極富裝飾性，嘉靖時如此大件之五彩器非常難得。

7

五彩海馬紋蓋罐

明嘉靖
通高18厘米　口徑8.5厘米　足徑8.7厘米
清宮舊藏

Polychrome covered jar with sea horse design
Jiajing period, Ming Dynasty
Overall height: 18cm　Diameter of mouth: 8.5cm
Diameter of foot: 8.7cm
Qing Court collection

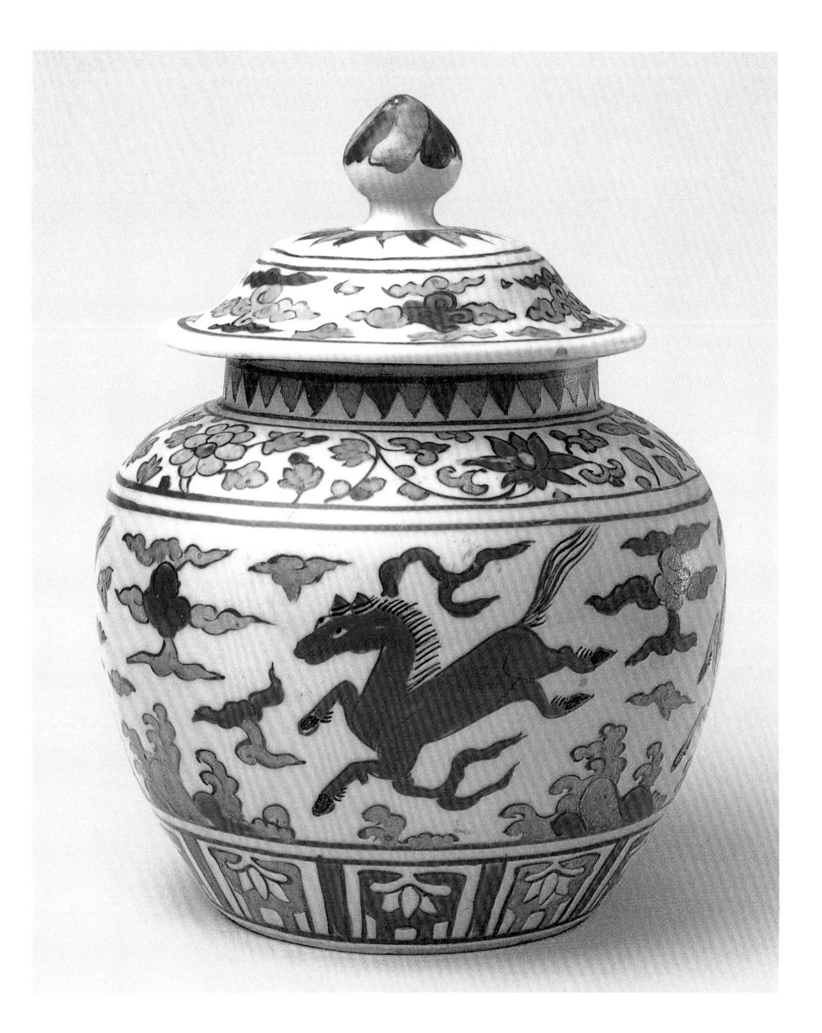

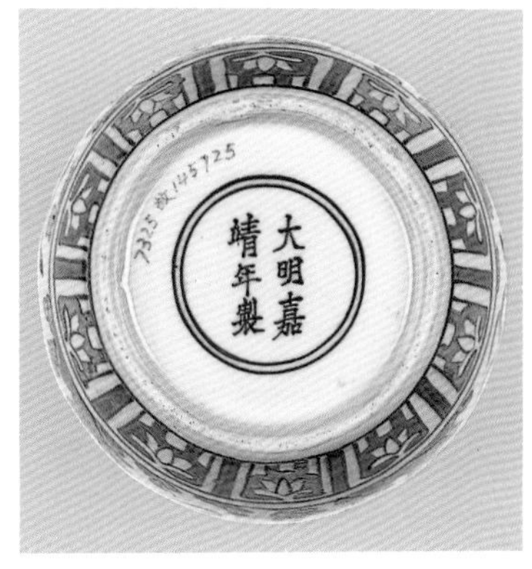

罐直口，短頸，豐肩，圓腹，內圈足。主體紋飾是四匹天馬，上有彩雲，下有海水，四馬奔躍其間，馬尾及馬鬃點以黑彩，增加了動感。四匹馬是兩紅、一黃、一紫，設色與肩部一周纏枝花紋配合，該五朵花則是兩紅、兩黃、一紫。

其他配襯紋飾包括頸及近底處有變形蕉葉紋。附傘形蓋，頂有寶珠式鈕，鈕上用紅、綠彩繪火焰紋。蓋面紋飾分二層，上層為紅、綠彩變形蕉葉紋，下層為雲紋。底青花雙圈內楷書“大明嘉靖年製”六字雙行款。

此罐造型端莊，胎堅釉潤，構圖嚴謹，色彩明快清麗，四馬極富動態。整個畫面不使用青花，屬於純釉上五彩作品。

8

五彩三友飛鶴紋盤

明嘉靖

高3.8厘米　口徑15.7厘米　足徑9厘米

Polychrome plate with design of pine, bamboo, prunus and flying crane

Jiajing period, Ming Dynasty

Height: 3.8cm　Diameter of mouth: 15.7cm

Diameter of foot: 9cm

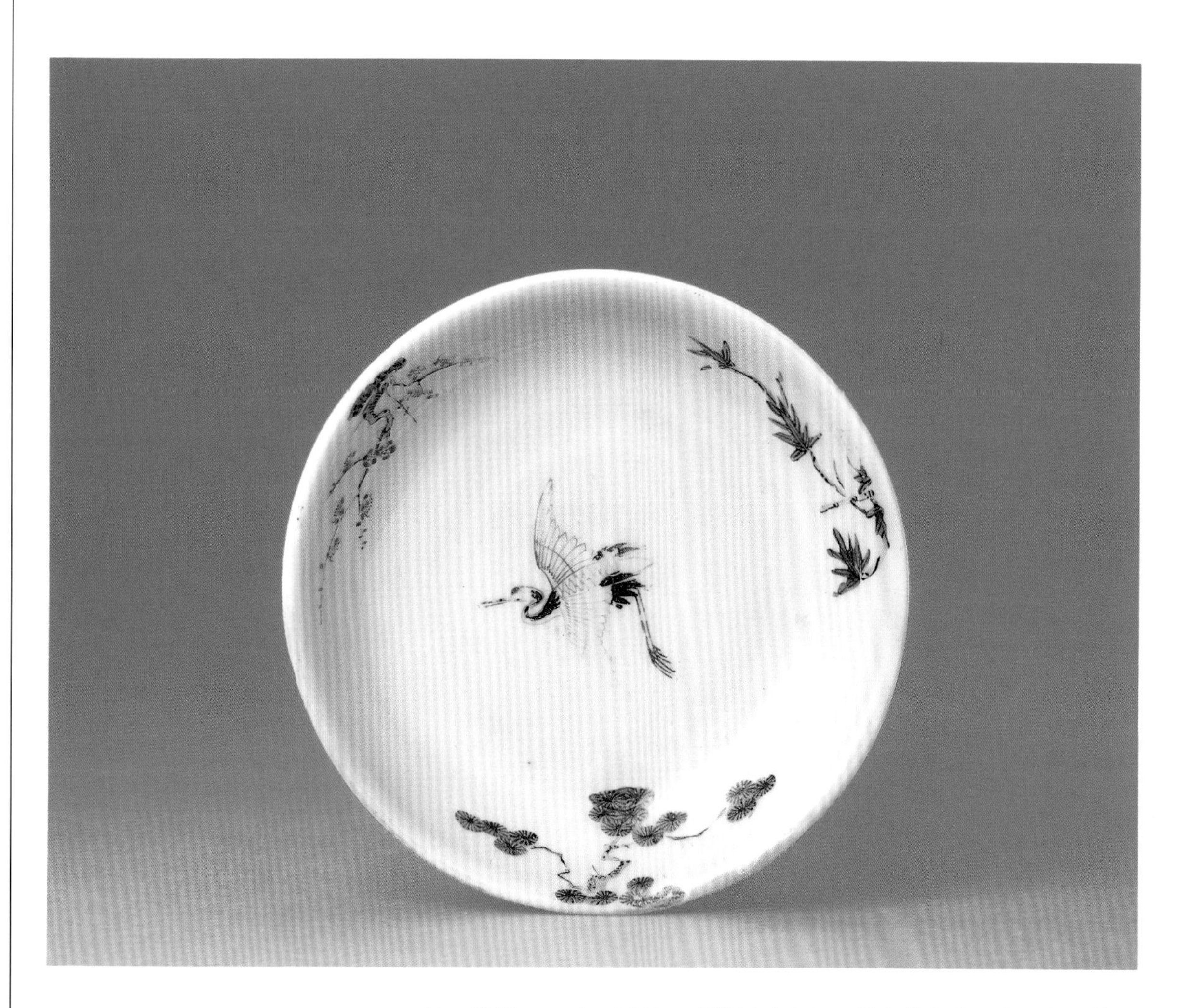

盤口微撇，弧壁，圈足。胎體厚重堅硬，器裏外白釉泛青。盤心繪一展翅飛翔的仙鶴，壁上等距佈飾松、竹、梅三友圖。紋飾施以紅、黑、孔雀綠等彩。無款識。

此盤色彩雖簡單，但搭配得當，特別是仙鶴頸羽以黑彩塗染，更顯生動優美，為嘉靖民窰五彩瓷中之精品。

9

五彩嬰戲紋碗

明嘉靖

高5.9厘米　口徑12.4厘米　足徑5.2厘米

Polychrome bowl with design of children at play

Jiajing period, Ming Dynasty

Height: 5.9cm　Diameter of mouth: 12.4cm

Diameter of foot: 5.2cm

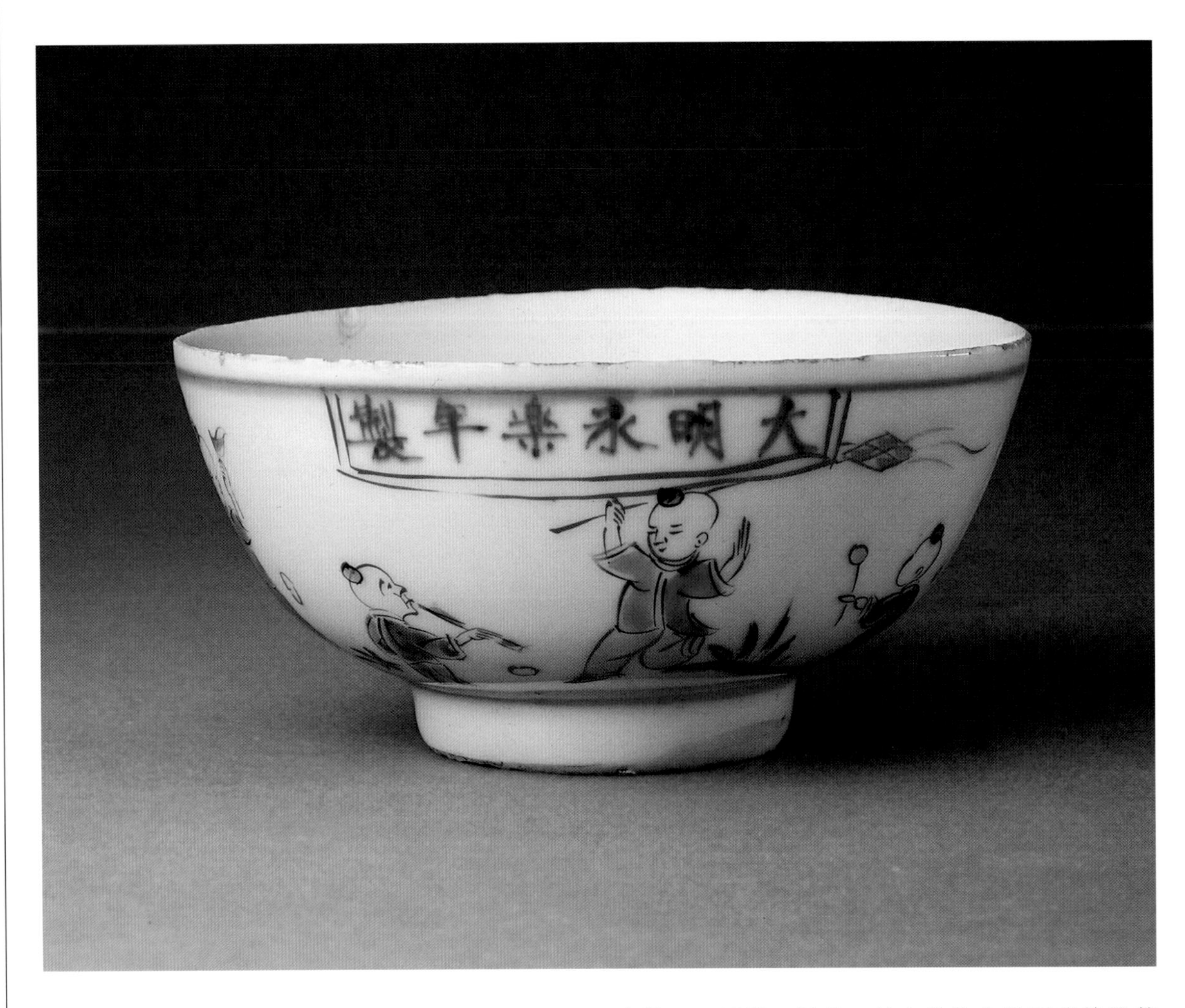

碗敞口，弧腹，圈足。外白釉地上以五彩繪嬰戲紋，間以綠草。八小童姿態各異，或放風箏，或拍球，或擊鈸。口沿青花弦綫下自右向左青花楷書“大明永樂年製”六字橫款。

此器圖案畫法稚拙，圈足裏直外斜收，處理草率，外底有明顯的跳刀痕，體現出嘉靖民窰瓷器的工藝特徵。

10

五彩纏枝蓮紋碗

明嘉靖

高6.5厘米　口徑12.2厘米　足徑4.6厘米

Polychrome bowl with design of interlocking lotus

Jiajing period, Ming Dynasty

Height: 6.5cm　Diameter of mouth: 12.2cm

Diameter of foot: 4.6cm

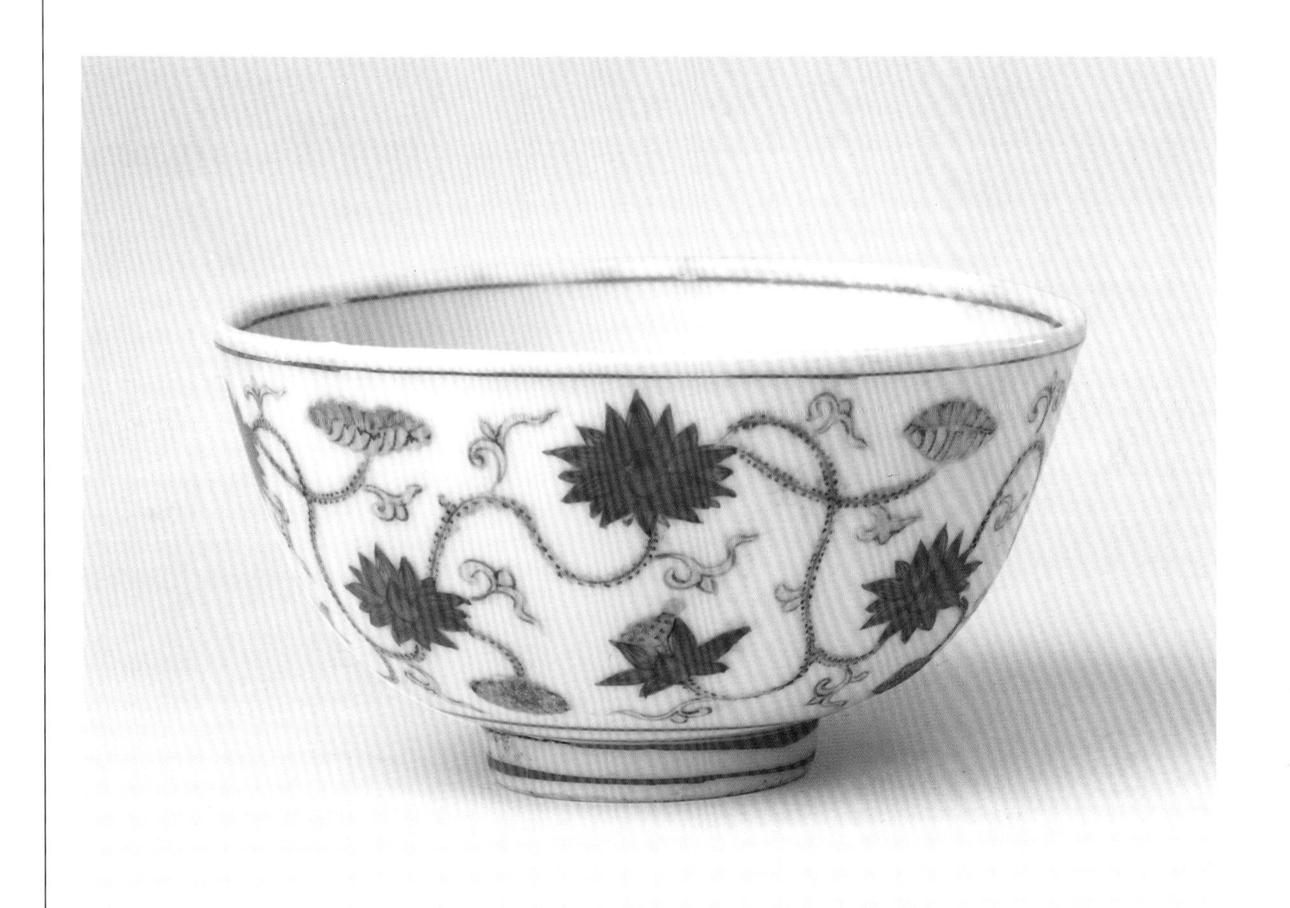

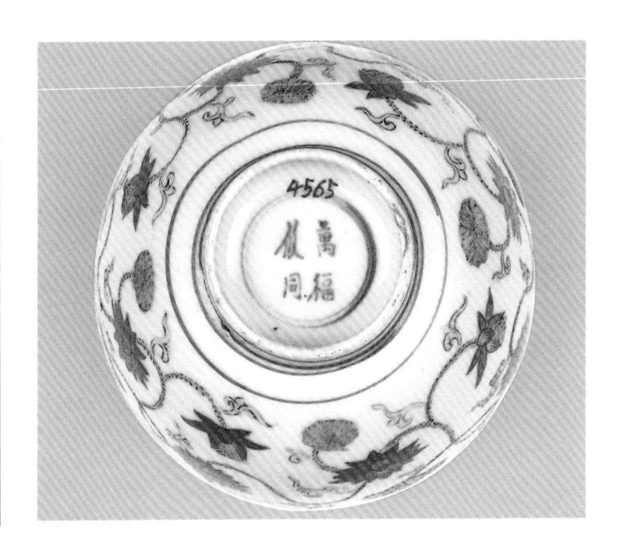

碗敞口，深腹，圈足。外壁繪八朵紅彩纏枝蓮花，枝葉以黑彩描綫，施黃、綠彩。碗心紅彩雙圈內繪一束折枝花卉，施彩與外壁相同。外底青花雙圈內楷書“萬福攸同”四字款。

此碗釉面泛青，色彩搭配協調，畫技嫻熟，纏枝蓮疏朗有致，為明代嘉靖五彩器的佳作。

11

五彩纓絡紋高足碗

明嘉靖

高10.2厘米　口徑15厘米　足徑4.3厘米

清宮舊藏

Polychrome stem bowl with design of pearl and jade necklace

Jiajing period, Ming Dynasty

Height: 10.2cm　Diameter of mouth: 15cm

Diameter of foot: 4.3cm

Qing Court collection

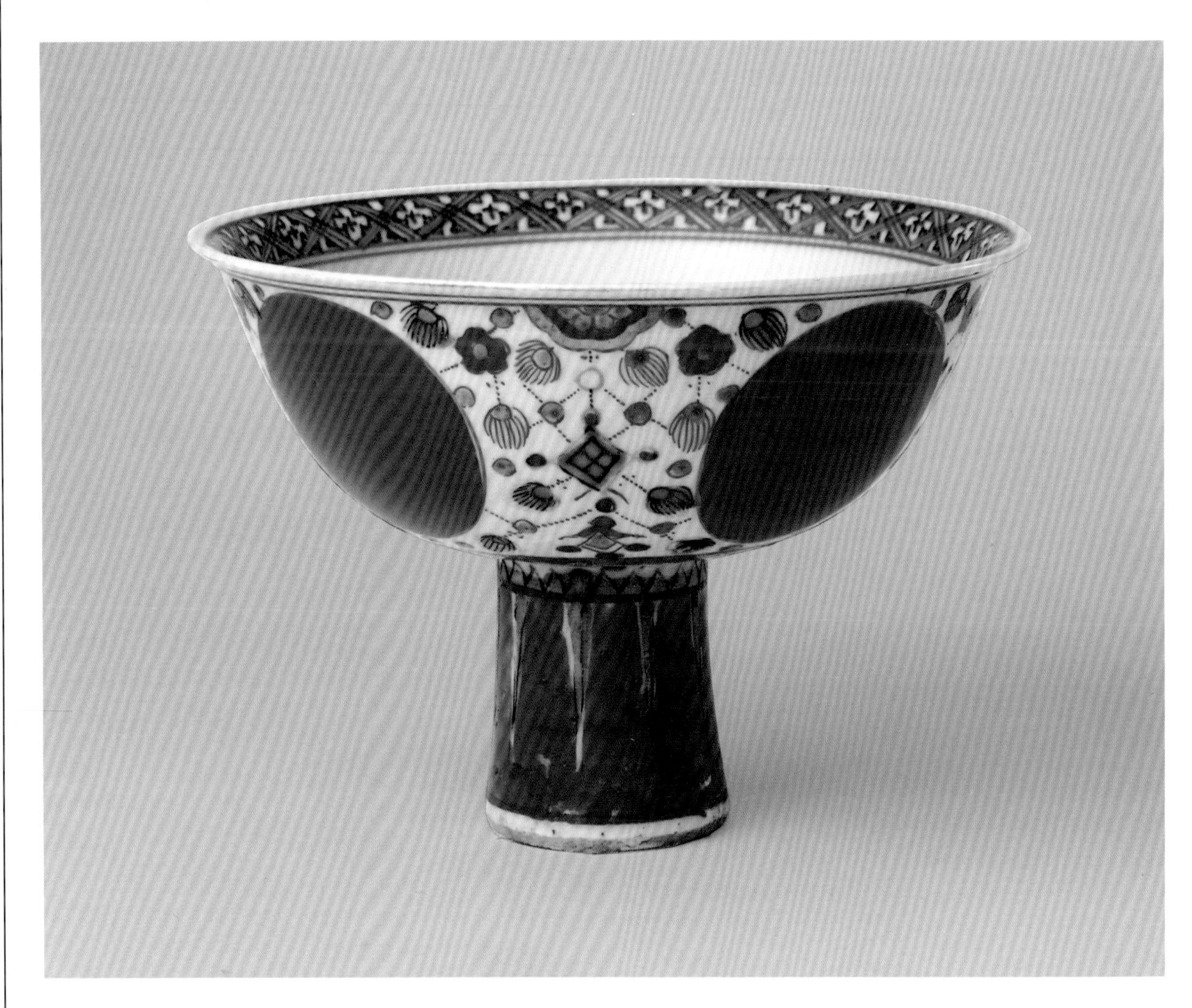

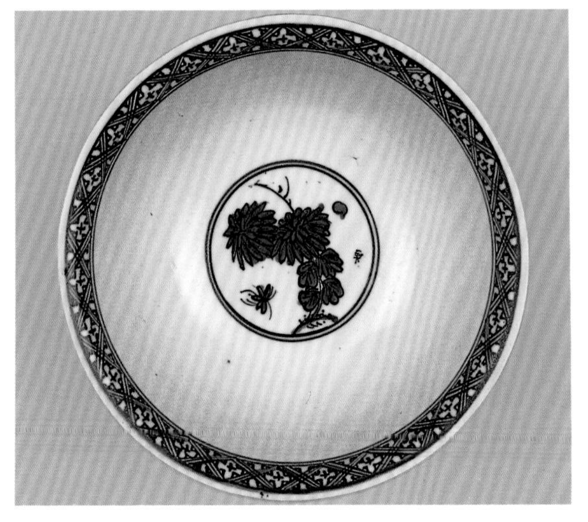

碗敞口微撇，深腹，高圈足，足內中空。此碗裝飾大量使用紅彩，色調鮮艷奪目。外壁繪五彩纓絡紋，以四個礬紅圓相間，但其上所描金花已脫落。碗心青花雙圈內繪一折枝菊及一蜜蜂。內口沿與足上分別繪菱形錦紋及蕉葉紋一周作邊飾。無款識。

12

五彩人物紋碗

明嘉靖

高10厘米　口徑21.7厘米　足徑9.6厘米

Polychrome bowl with design of figures

Jiajing period, Ming Dynasty

Height: 10cm　Diameter of mouth: 21.7cm

Diameter of foot: 9.6cm

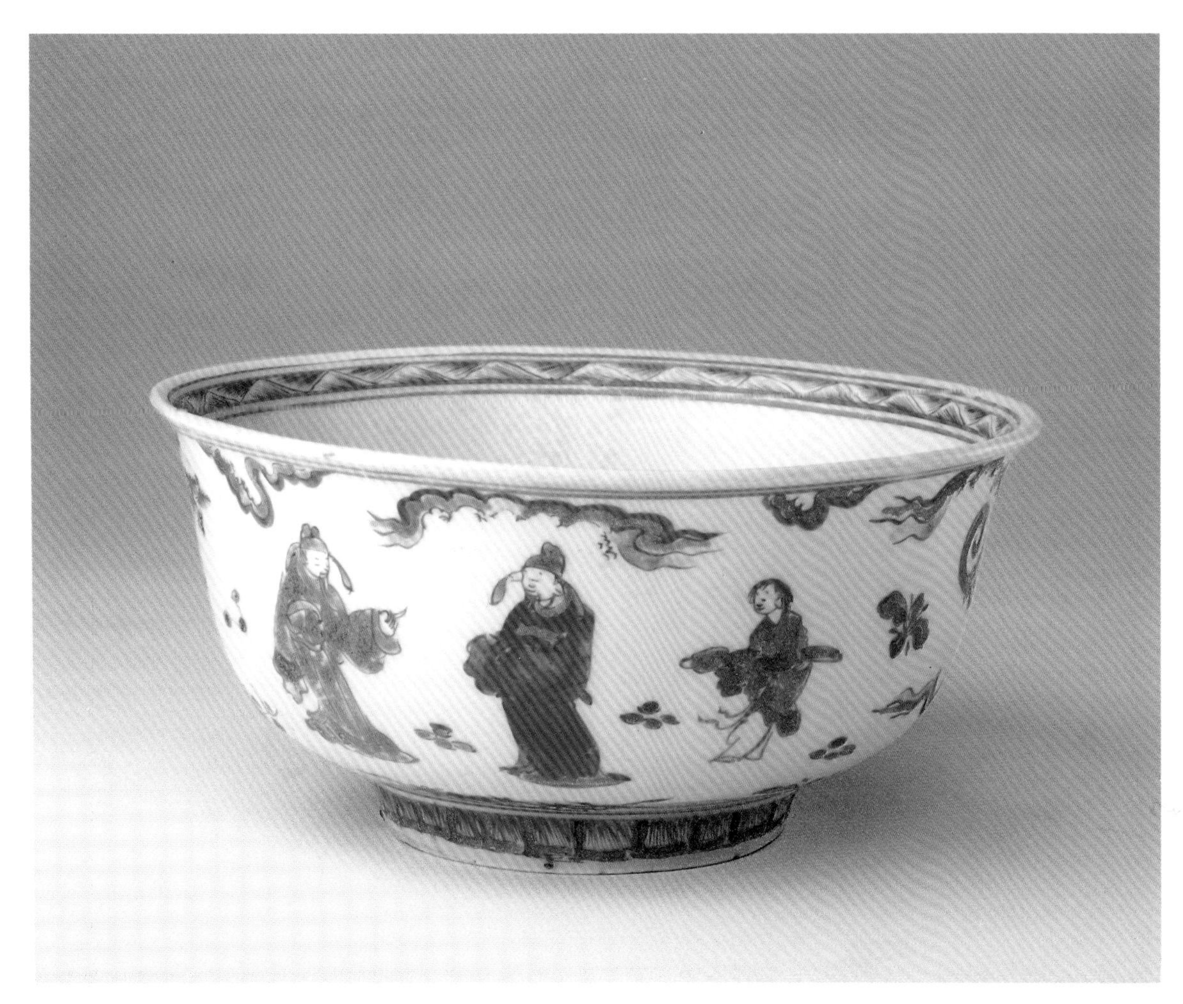

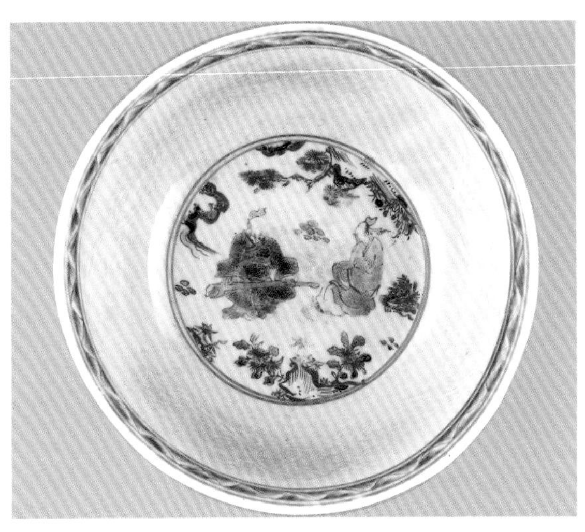

碗撇口，深腹，圈足。碗外壁繪“攜琴訪友”圖兩組。人物繪畫方法均先以紅彩勾描後填色，畫法雖顯粗簡，但神似意到。背景襯以天空彩雲、小橋流水、亭台樓閣、樹木花草等。內壁暗印纏枝寶相花五朵，碗心紅彩圈內畫兩老翁，口沿以紅彩幾何紋裝飾。足內收，無款識。

此碗造型古樸敦厚，釉質瑩潤，人物神采飄逸，為嘉靖民窰五彩器佳作。特別是內壁有暗花裝飾，在嘉靖五彩瓷中殊為少見。

13

五彩纏枝花紋梅瓶

明嘉靖
高25.4厘米　口徑5.7厘米
足徑8.3厘米
清宮舊藏

Polychrome prunus vase with design of interlocking flowers

Jiajing period, Ming Dynasty
Height: 25.4cm
Diameter of mouth: 5.7cm
Diameter of foot: 8.3cm
Qing Court collection

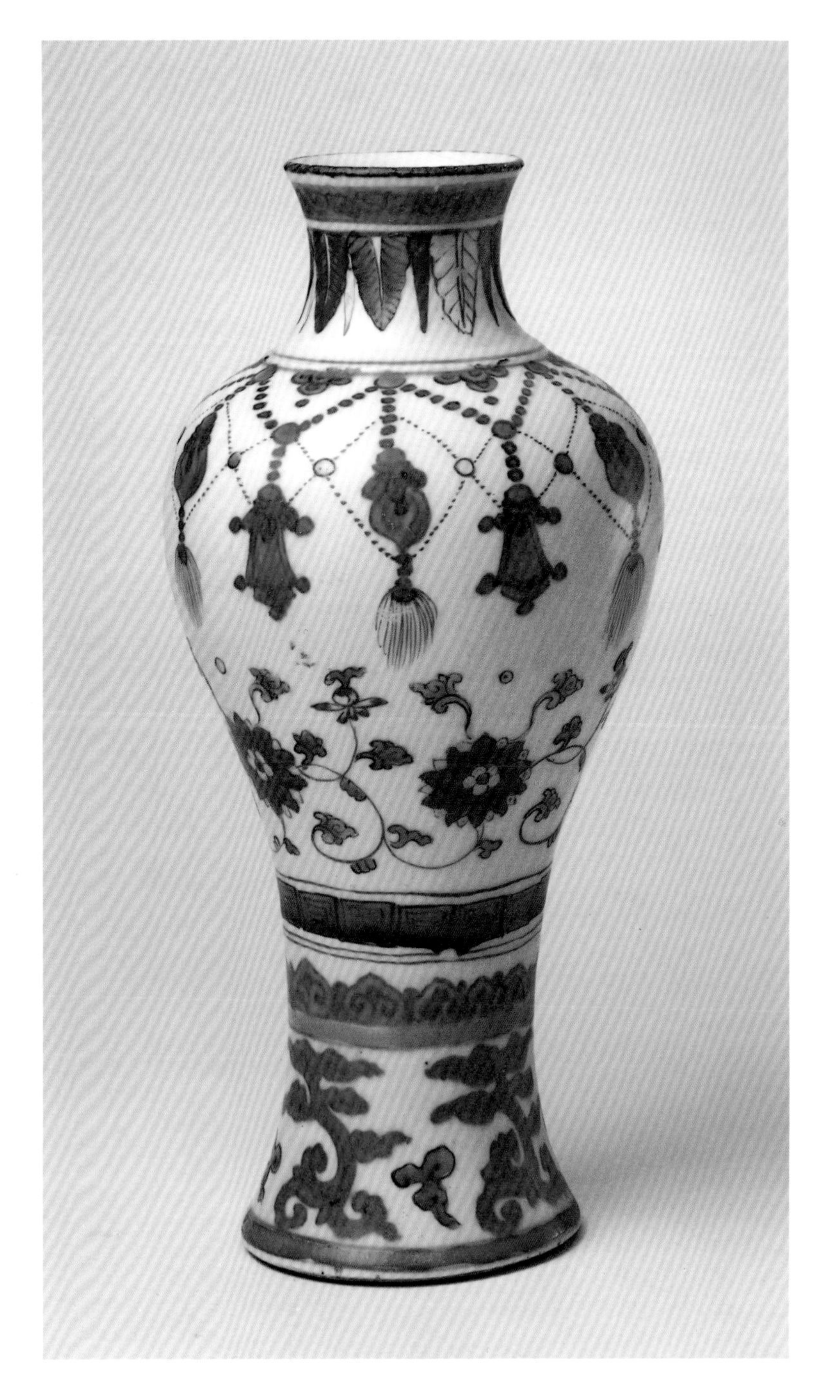

瓶口微撇，短頸，溜肩，肩以下漸收斂，底微外撇，圈足，足心內凹。主體紋飾為肩部青花繪串珠纓絡紋搭配腹部纏枝寶相花四朵，紅彩畫花，黃彩點蕊，綠葉紫莖。其他紋飾包括頸部三色蕉葉紋及近底處青花捲草紋，間以綠彩朵雲，無款識。

嘉靖朝所燒瓷器一般分為兩類，一類胎輕體薄，造型俊秀，紋飾清雅疏朗。另一類胎體厚重，造型簡樸古拙，紋飾濃艷凝重。嘉靖時瓶類較少，此瓶屬前一類，並具有濃郁的宗教色彩，為嘉靖時民窰燒製的宮廷用瓷。

14

五彩雲鶴紋罐
明嘉靖
高19.3厘米　口徑13.2厘米　足徑11厘米
清宮舊藏

Polychrome jar with design of cranes and clouds
Jiajing period, Ming Dynasty
Height: 19.3cm　Diameter of mouth: 13.2cm
Diameter of foot: 11cm
Qing Court collection

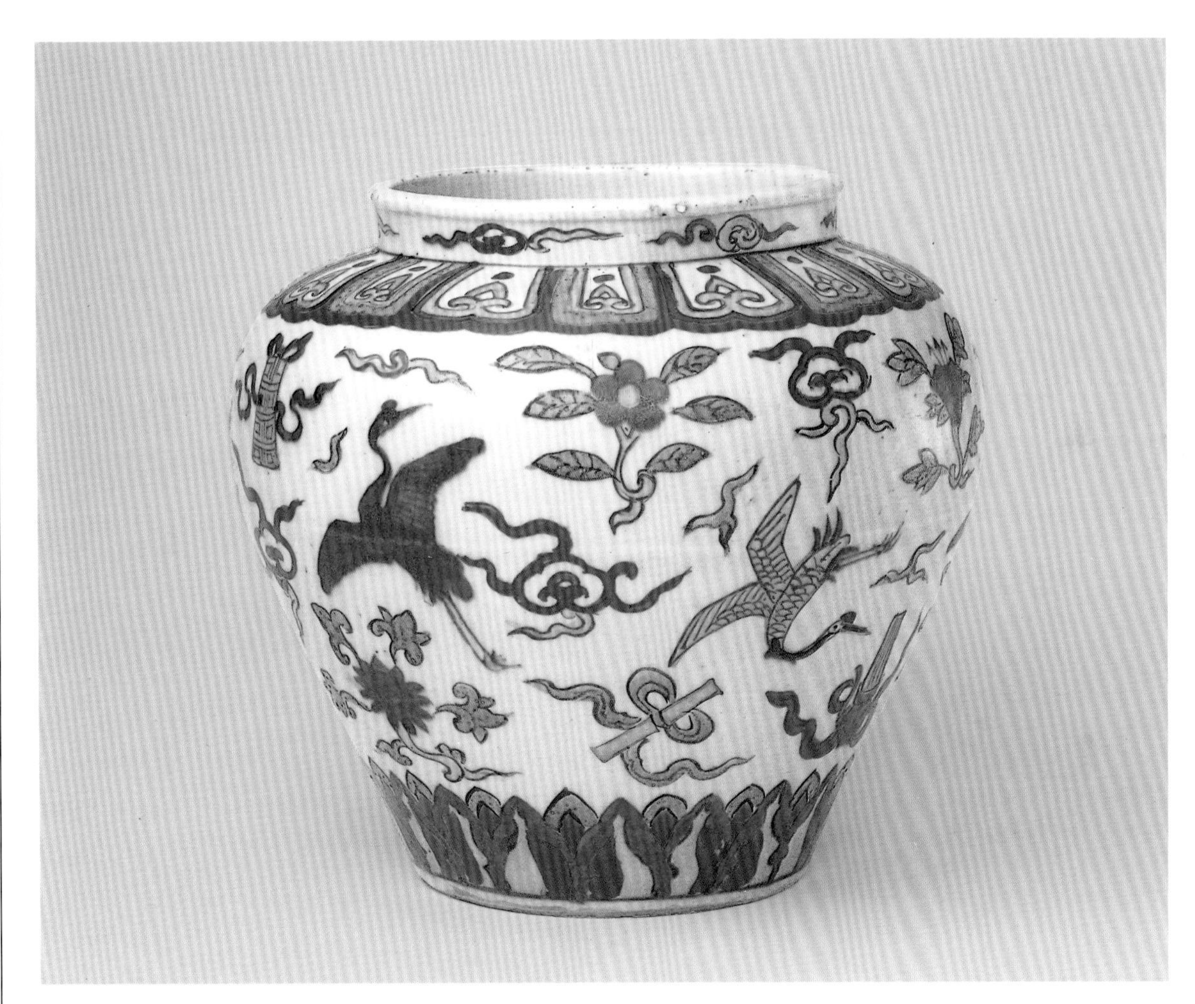

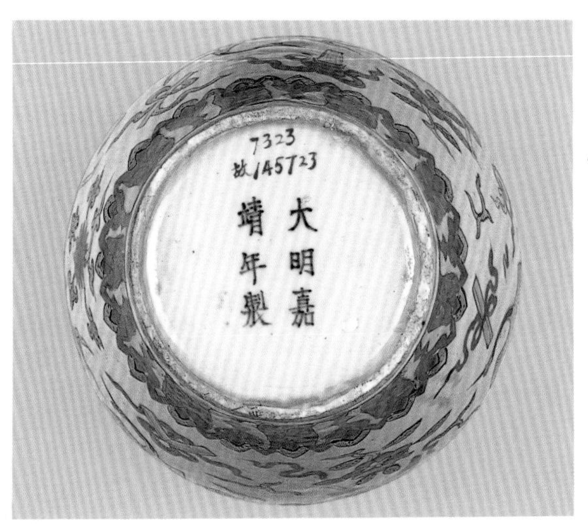

罐直口，短頸，豐肩，瘦底，內圈足。罐通體以青花加紅、綠、黃三色彩繪。腹部繪仙鶴彩雲，三為青鶴，三為黃鶴。黃鶴均先以紅彩勾畫輪廓綫，再填以黃彩，雜寶及朵花點綴其間。此主題紋飾上下分別繪變形蓮瓣紋及變形蕉葉紋一周。足底白釉青花“大明嘉靖年製”六字雙行楷書款。

此罐造型圓渾飽滿，紋飾粗獷豪放，圖案設色以青花、黃彩為主，清新雅致，具典型嘉靖五彩器特點。

15

五彩魚藻紋蓋罐

明嘉靖

通高33.2厘米　口徑19.5厘米　足徑24.1厘米

Polychrome covered jar with fish and water weed design

Jiajing period, Ming Dynasty

Overall height: 33.2cm　Diameter of mouth: 19.5cm

Diameter of foot: 24.1cm

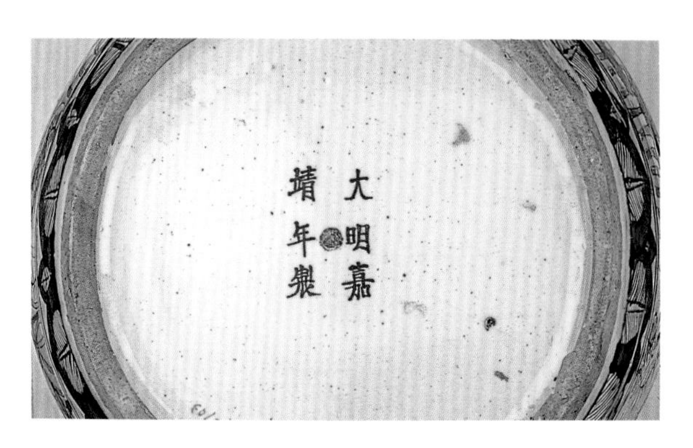

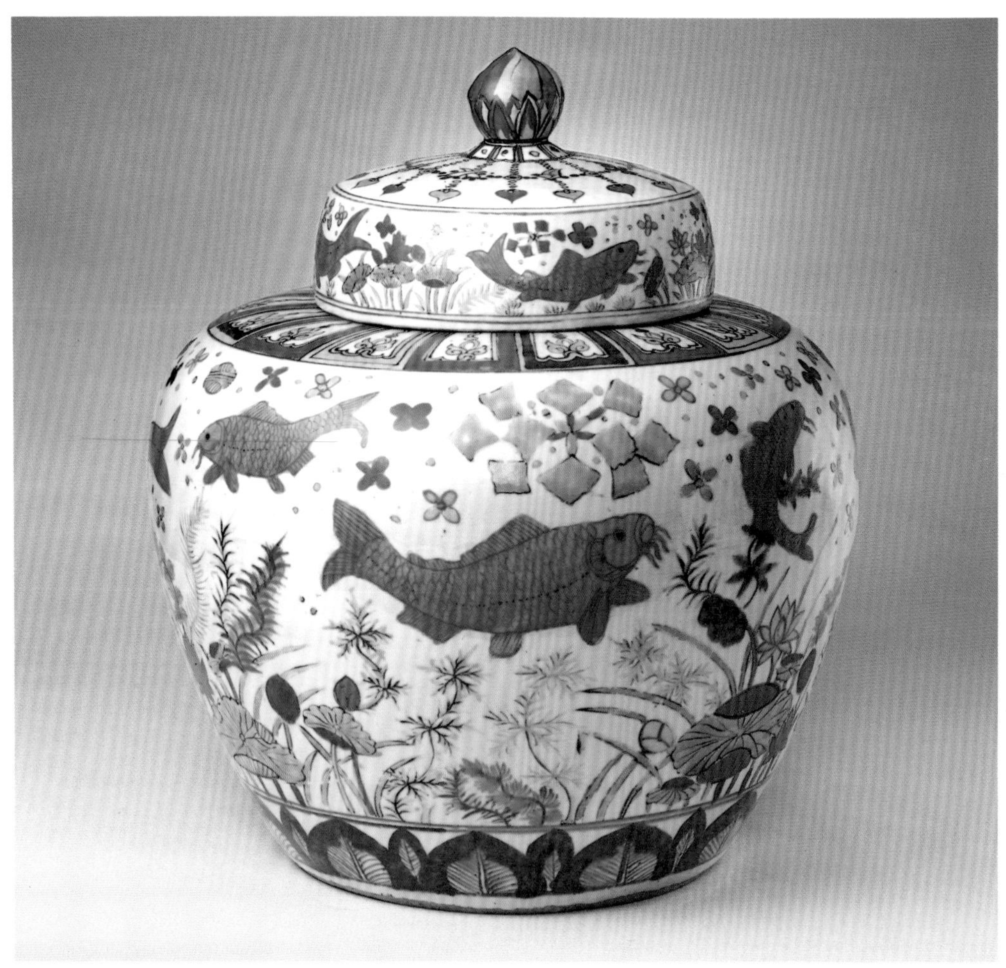

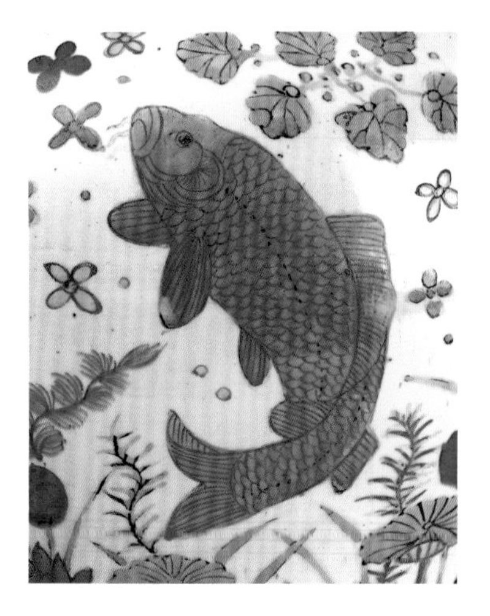

罐圓唇，短頸，豐肩，圓腹，腹以下漸斂，內圈足。罐通體以紅、黃、綠、青花等彩裝飾，腹部繪傳統魚藻紋，八尾紅色鯉魚姿態各異，極其醒目，以荷蓮、水草、浮萍作陪襯。肩部及近底處分別有變形覆蓮瓣紋與蕉葉紋作配飾。蓋為天蓋地式，中心置火焰紋寶珠鈕，蓋面飾纓絡紋，周邊飾配套魚藻紋。底心青花楷書“大明嘉靖年製”六字雙行款。

此罐體積碩大，畫法古拙，設色明快，特別是鯉魚的眼睛和腹綫以黑彩塗點，而魚身則先施黃彩，再覆以紅彩，平添一種真實感，是嘉靖官窰青花五彩瓷器中的名品。

16

五彩人物紋委角方盒

明嘉靖

通高9.6厘米　口徑11.7厘米　足徑8.2厘米

Polychrome square box with flattened angles decorated with figure design

Jiajing period, Ming Dyansty

Overall height: 9.6cm　　Diameter of mouth: 11.7cm

Diameter of foot: 8.2cm

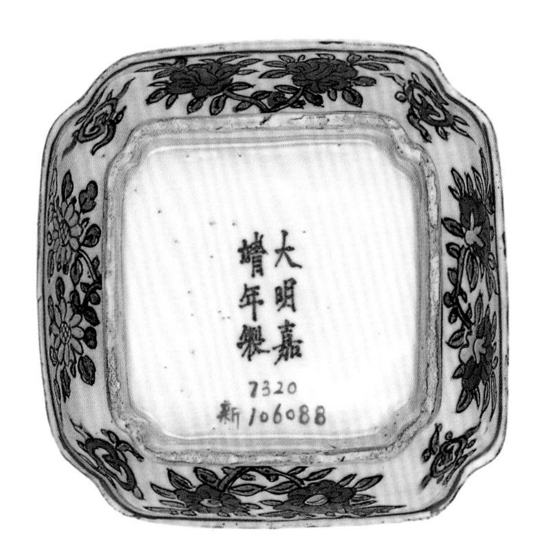

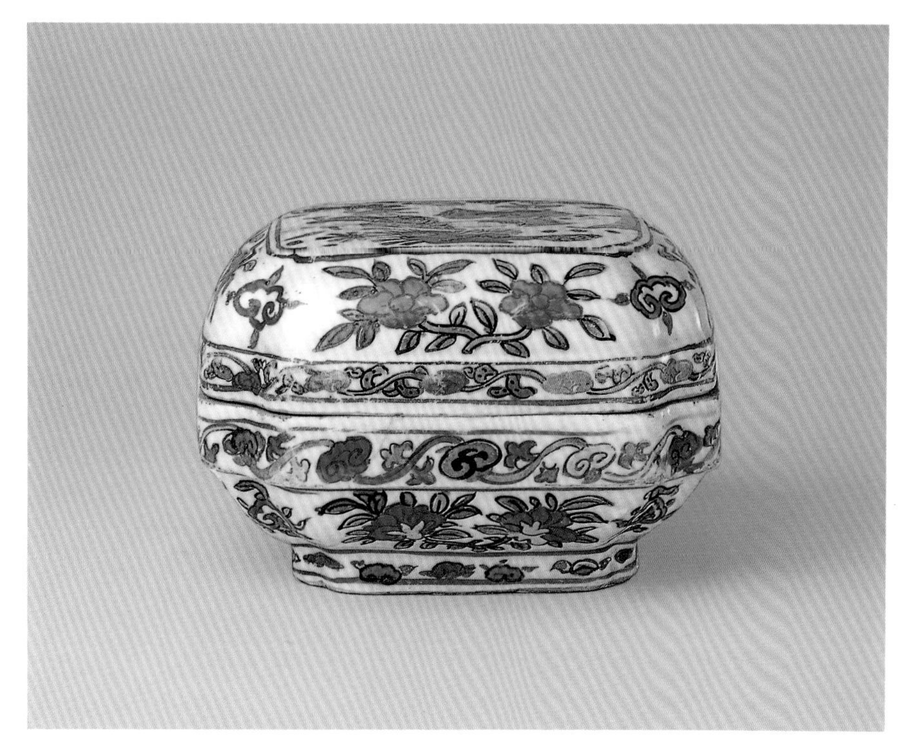

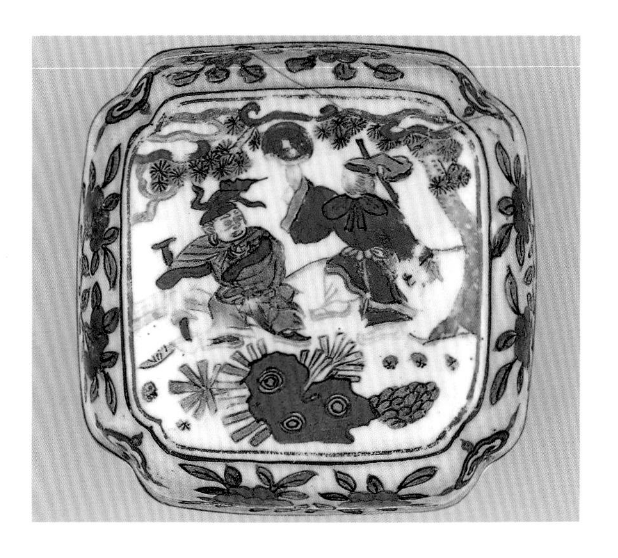

盒為四方委角形，通體五彩人物紋裝飾，圈足。盒蓋面紅彩開光內繪二武士，二人均頭戴包頭，身穿長衫，肩披斗篷，似在習武。其中一人手持寶劍，另一人手持圓錢，上有“天下太平”字樣，周圍襯以洞石、松樹、花草。圖中人物形象描繪得極為傳神，施以紅、黃、綠、青花、赭等色彩，艷而不俗。盒身主要飾花卉紋，上部為青花及紅彩的勾蓮及朵雲紋，下部為四組對稱的牡丹紋，以盒口沿邊的纏枝靈芝紋把二者相隔。足邊雲頭紋一周，外底青花雙圈內楷書“大明嘉靖年製”六字款。此盒成型較為複雜，用彩艷麗豐富，構圖頗有意趣，是嘉靖彩瓷中少有的珍品。

17

五彩雲龍紋菱花式盤
明嘉靖
高2厘米　口徑11.1厘米
足徑6厘米

Polychrome water chestnut flower-shaped plate with design of dragon and clouds
Jiajing period, Ming Dynasty
Height: 2cm
Diameter of mouth: 11.1cm
Diameter of foot: 6cm

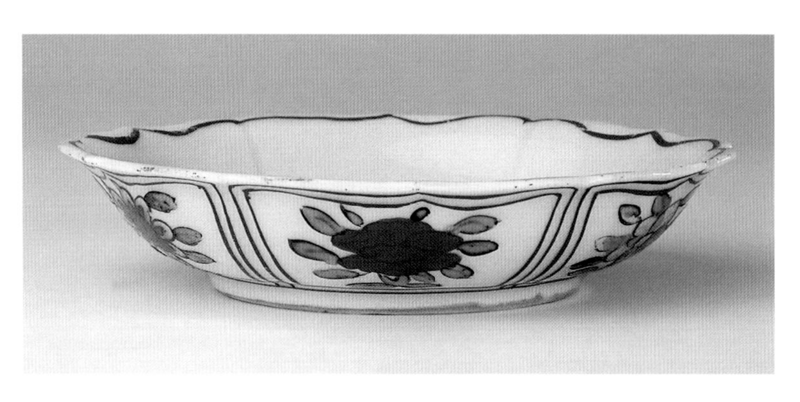

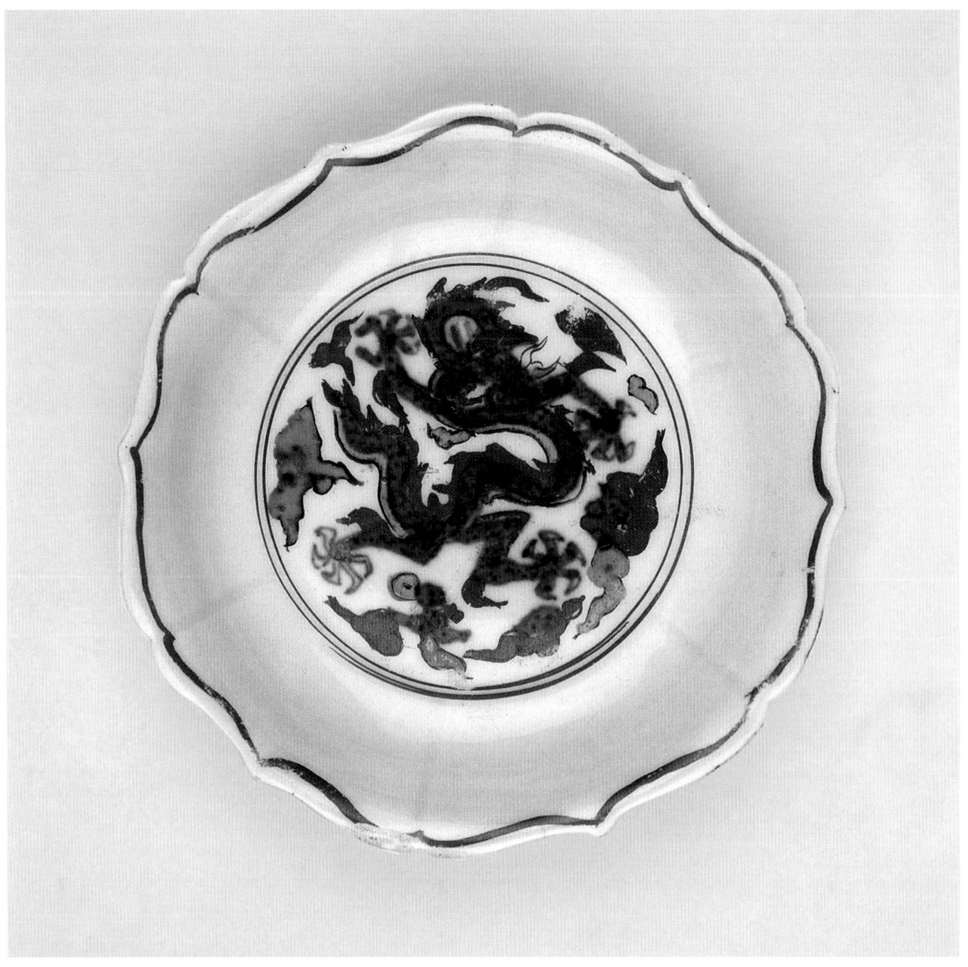

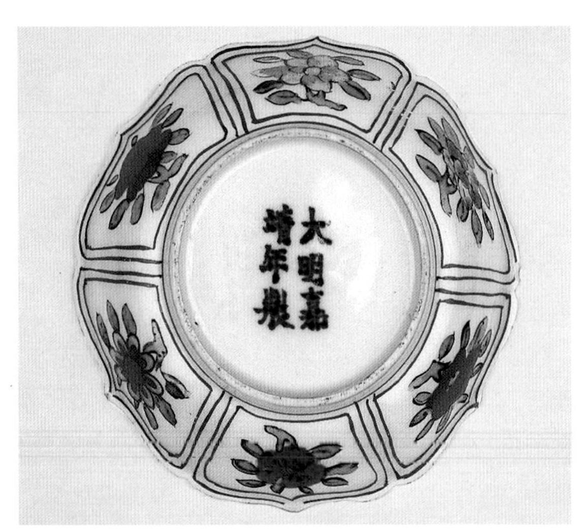

盤口為菱花式，淺腹，矮圈足。外壁有紅彩開光六組，內各繪一折枝朵花紋，分別施以紅、黃、綠、赭等色。盤心以青花、紅彩繪雲龍紋，外底青花楷書“大明嘉靖年製”六字款。

此盤製作小巧玲瓏，菱花式造型美觀實用。

18

五彩“壽”字盤

明嘉靖

高2.8厘米 口徑14.5厘米 足徑9.3厘米

Polychrome plate decorated with a peach tree shaped like character "Shou" (longevity)

Jiajing period, Ming Dynasty

Height: 2.8cm Diameter of mouth: 14.5cm

Diameter of foot: 9.3cm

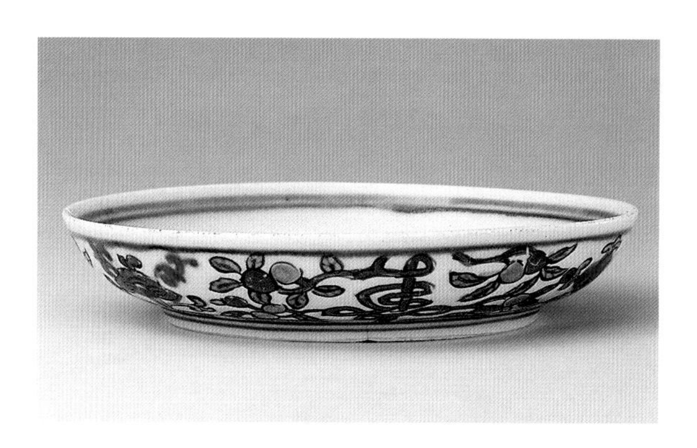

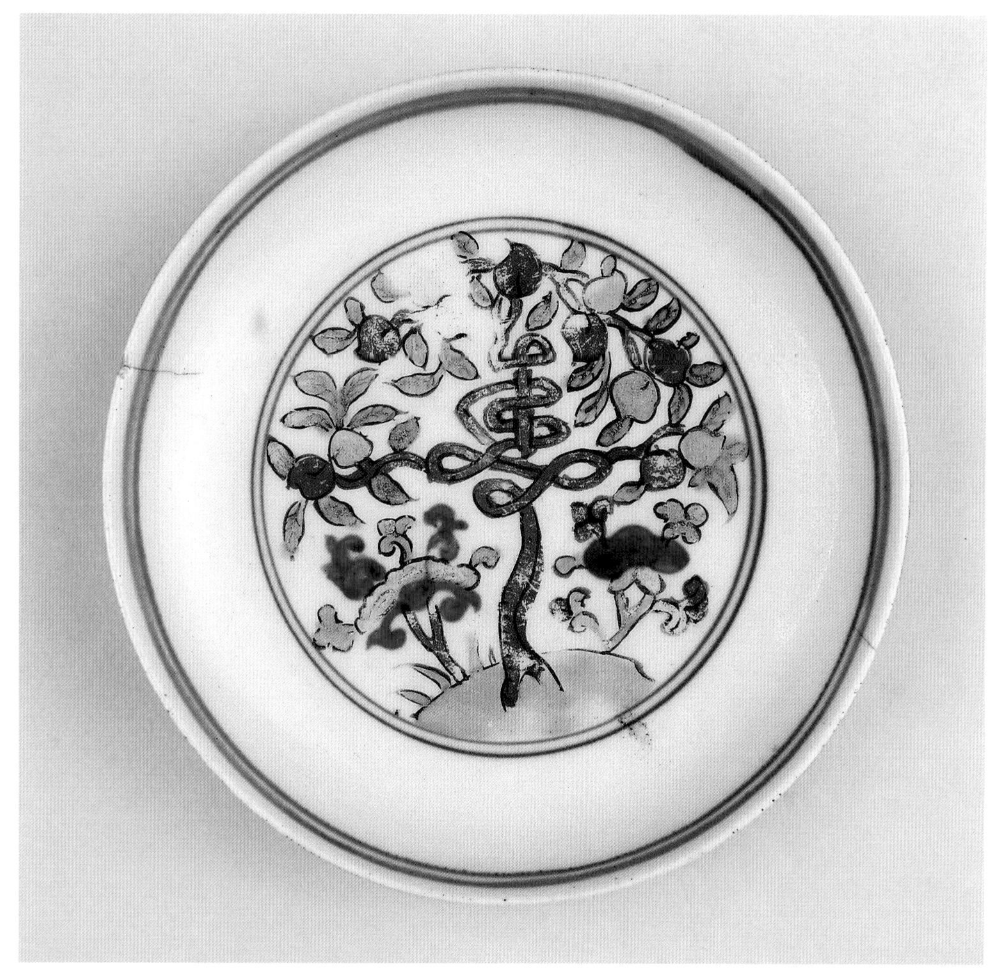

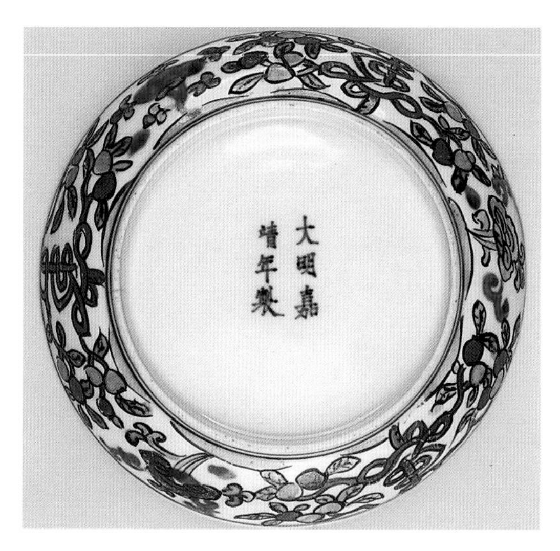

盤敞口，弧腹，圈足。通體以青花五彩裝飾。外壁繪三組“壽”字形折枝桃，間以三組折枝靈芝。盤心青花雙圈內繪一株桃樹，枝幹亦呈“壽”字形，樹上結滿壽桃，地上襯以兩組折枝靈芝。足內青花楷書“大明嘉靖年製”六字款。

整個紋飾施以紅、黃、綠、黑彩和釉下青花，色彩濃重艷麗，紋飾佈局新奇雅致，寓意吉祥長壽。

19

五彩折枝菊紋杯

明嘉靖

高3.2厘米 口徑6.8厘米 足徑3.4厘米

Polychrome cup with design of plucked sprays of chrysanthemum

Jiajing period, Ming Dynasty

Height: 3.2cm Diameter of mouth: 6.8cm

Diameter of foot: 3.4cm

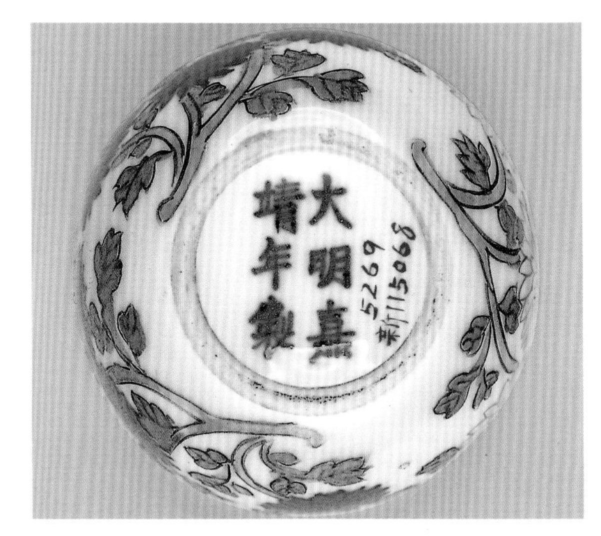

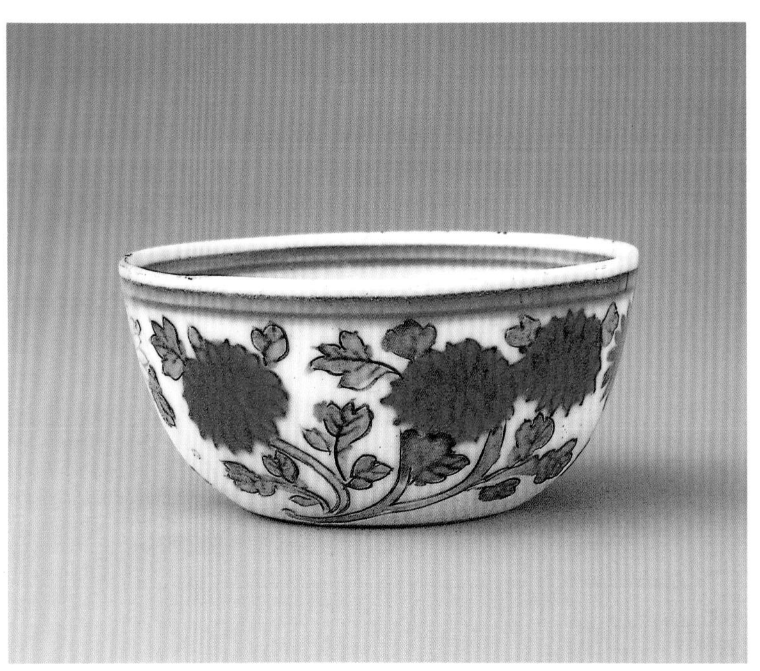

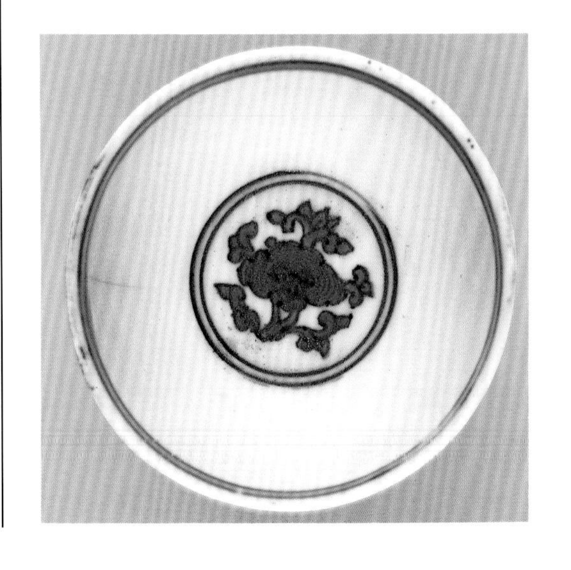

杯直口，深腹，卧足。外壁以紅、青花、黃等彩各繪折枝菊花一組，枝葉均用黑彩勾邊，內填綠彩。杯心以青花繪折枝靈芝紋。足內青花楷書“大明嘉靖年製”六字款。

20

五彩開光“壽”字嬰戲圖方斗杯

明嘉靖

高6.2厘米　口邊長11.7厘米　足邊長3.8厘米

Polychrome square cup with character "Shou" (longevity) and design of children at play within reserved panels

Jiajing period, Ming Dyansty

Height: 6.2cm　Length of mouth brim: 11.7cm

Length of foot brim: 3.8cm

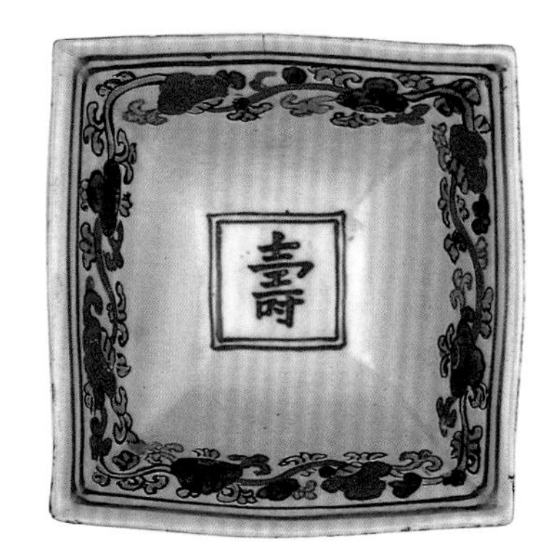

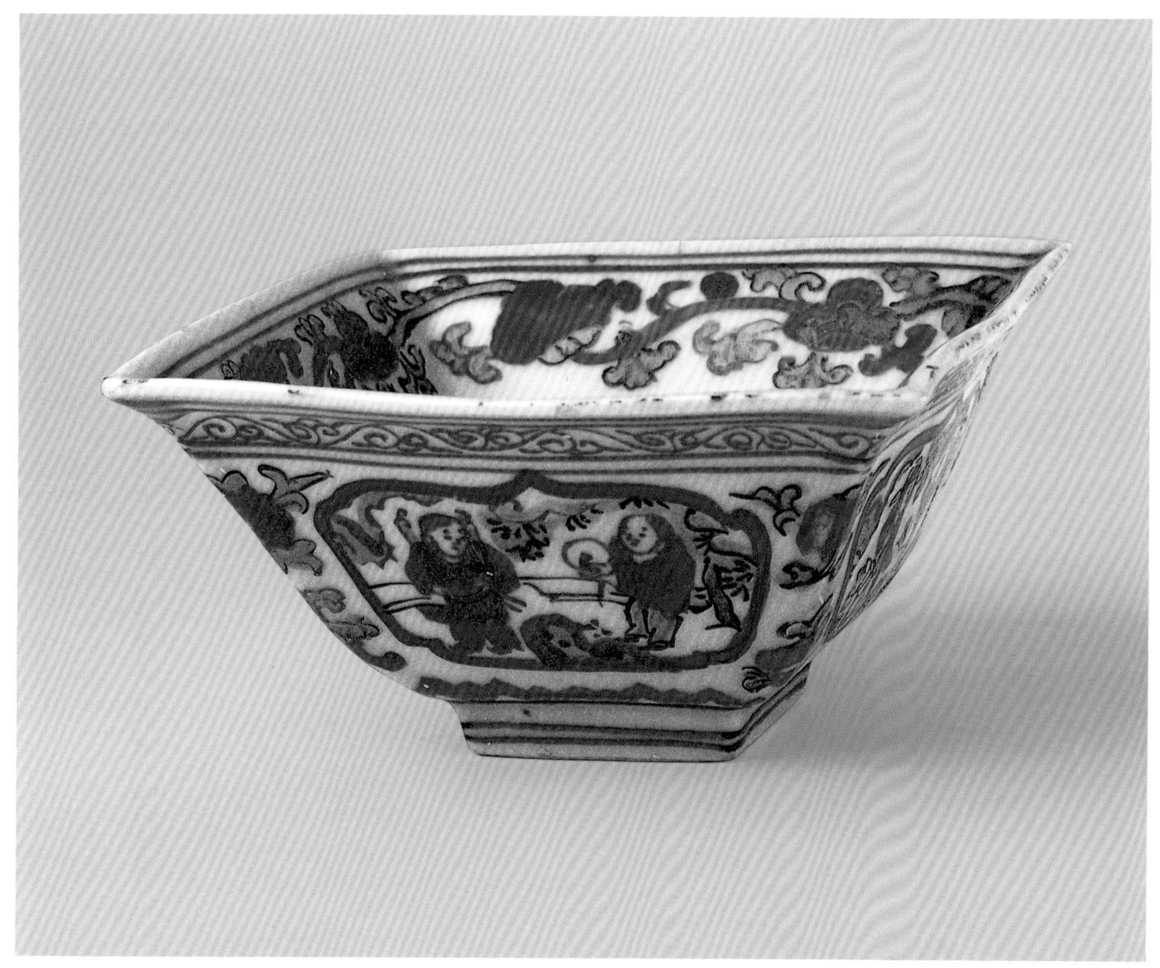

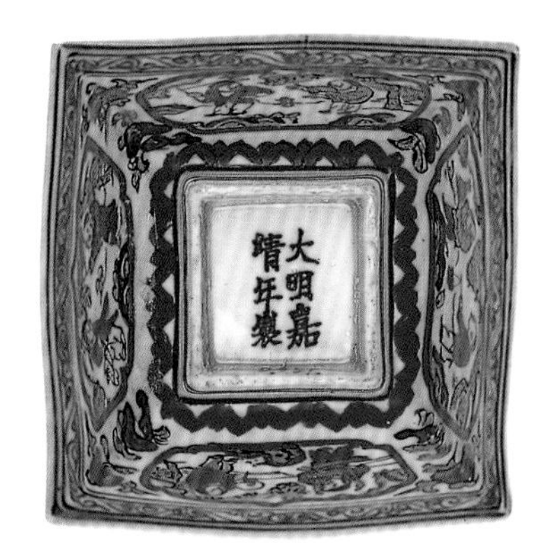

杯方口，方足，四壁起棱。杯外壁四面開光內繪嬰戲圖，以口沿處青花綫紋及五彩捲草紋作配飾。杯心青花方框內楷書一“壽”字，內口為纏枝紋一周。足內青花楷書“大明嘉靖年製”六字款。

此杯設色精美，紋飾佈局勻稱，八童子天真活潑，生動傳神。

21

五彩人物紋方斗杯
明嘉靖
高6.4厘米　口邊長11.6厘米　足邊長3.8厘米

Polychrome square cup with figure design
Jiajing period, Ming Dynasty
Height: 6.4cm　Length of mouth brim: 11.6cm
Length of foot brim: 3.8cm

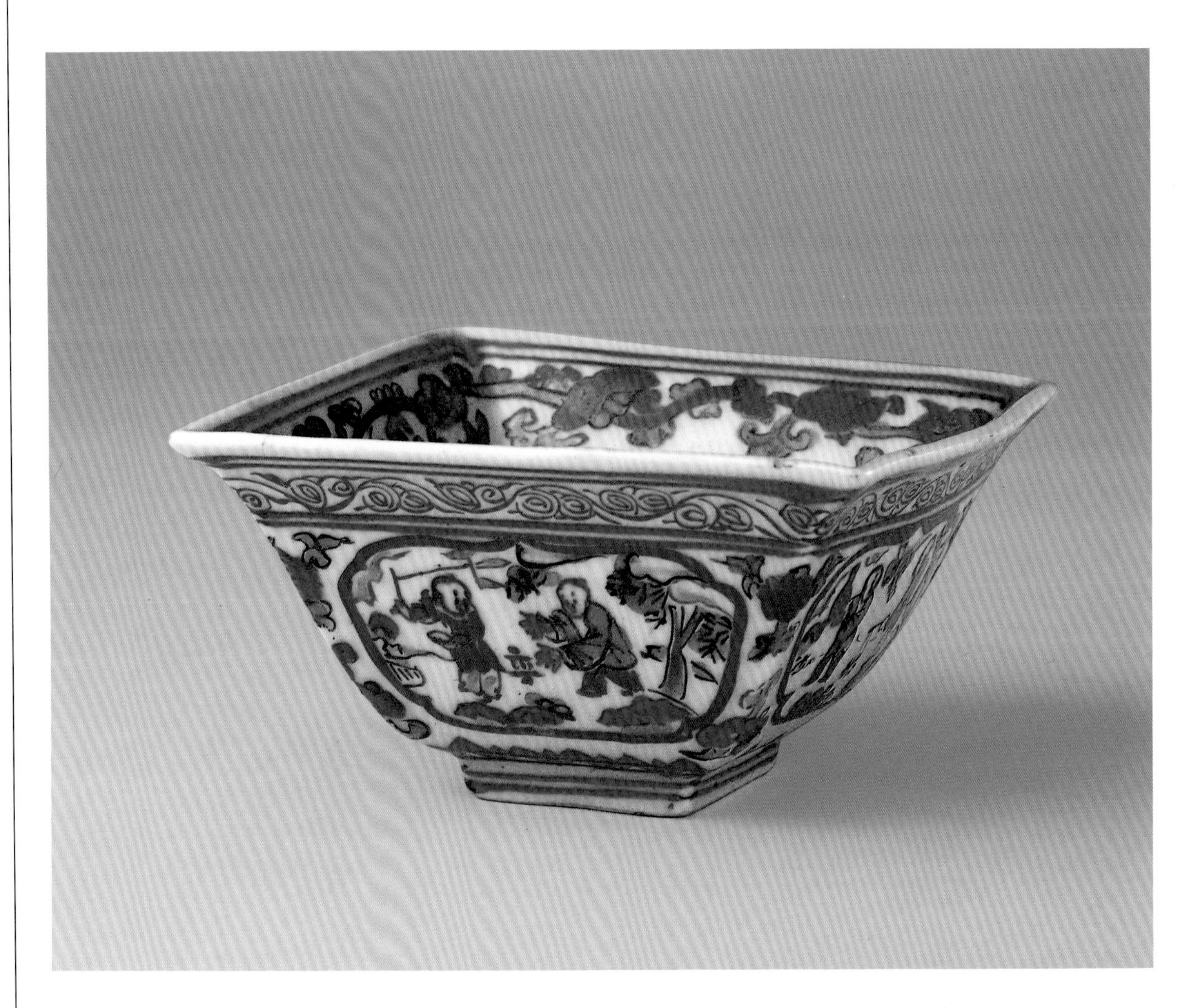

杯撇口，瘦底，方圈足。杯四壁菱形開光內繪四組主題人物畫，襯以花草樹木。開光間以折枝靈芝紋相隔，人物繪童子作各種遊戲，活潑生動。杯心青花雙方框內書一青花“壽”字，襯以口沿處青花加彩纏枝靈芝紋。外口沿與近底處均以紅彩分別繪捲枝紋及水波紋各一周。底書“大明嘉靖年製”青花六字雙行楷書款。

方斗杯是明代嘉靖時期特有的器型之一。方形杯成型工藝較複雜，產品形制規整的較少，一般都有變形。此杯整體構圖較為飽滿，青花與紅彩為主要色彩。這兩種色彩反差較大，鮮麗明亮，為嘉靖時期獨特的用彩方法。

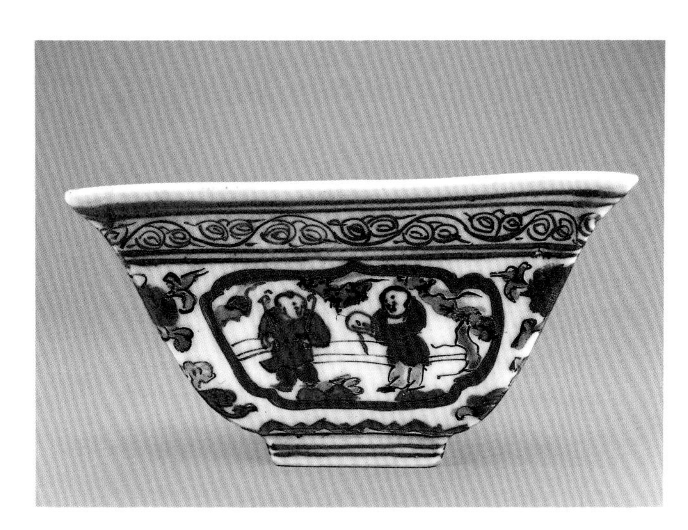

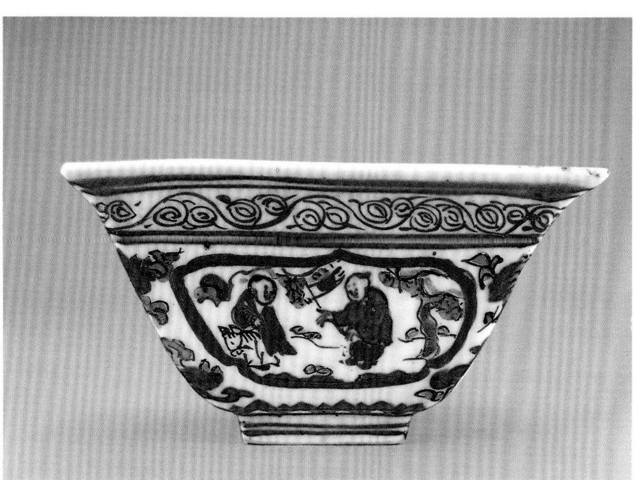

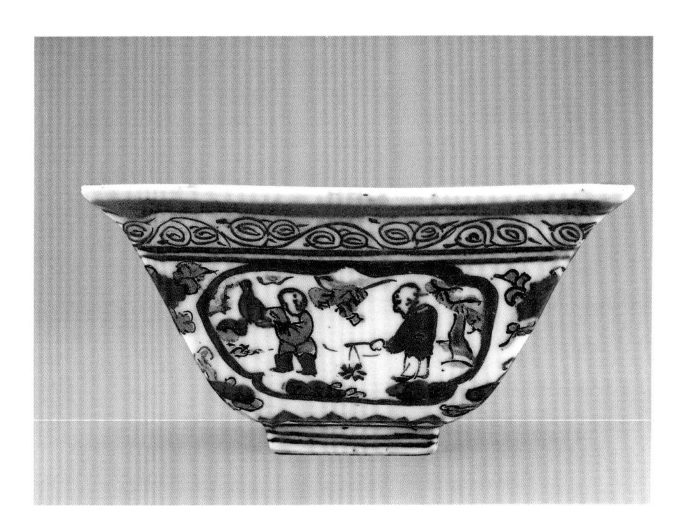

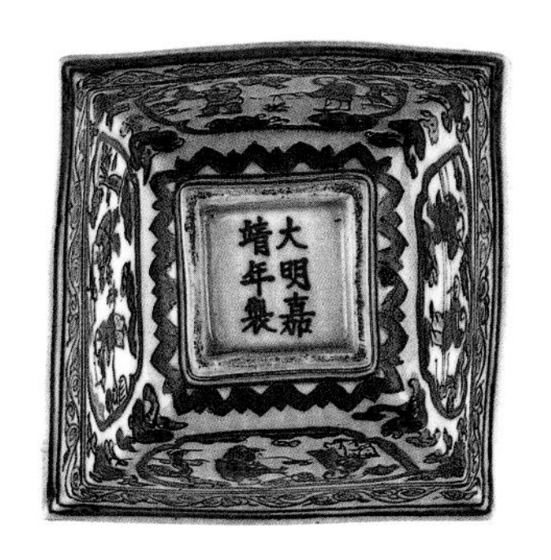
大明嘉
靖年製

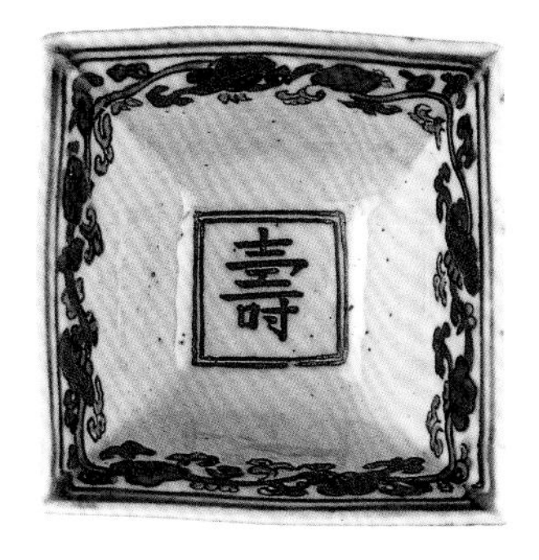
壽

22

五彩鴛鴦蓮花紋盤

明萬曆

高3.6厘米　口徑17.2厘米　足徑10.8厘米

Polychrome plate with design of mandarin ducks and lotus

Wanli period, Ming Dynasty

Height: 3.6cm　Diameter of mouth: 17.2cm

Diameter of foot: 10.8cm

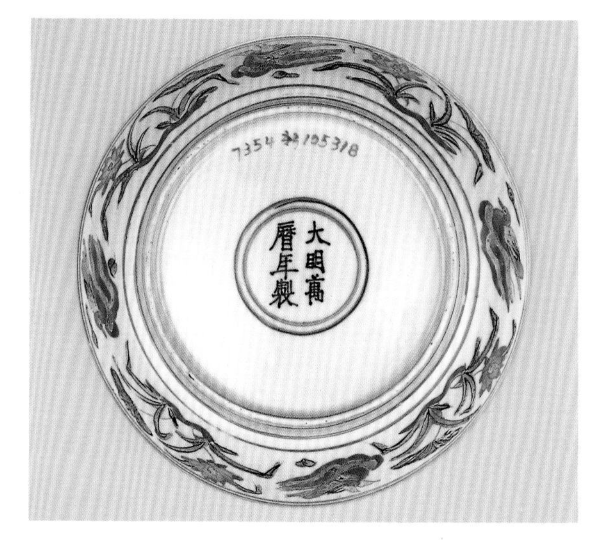

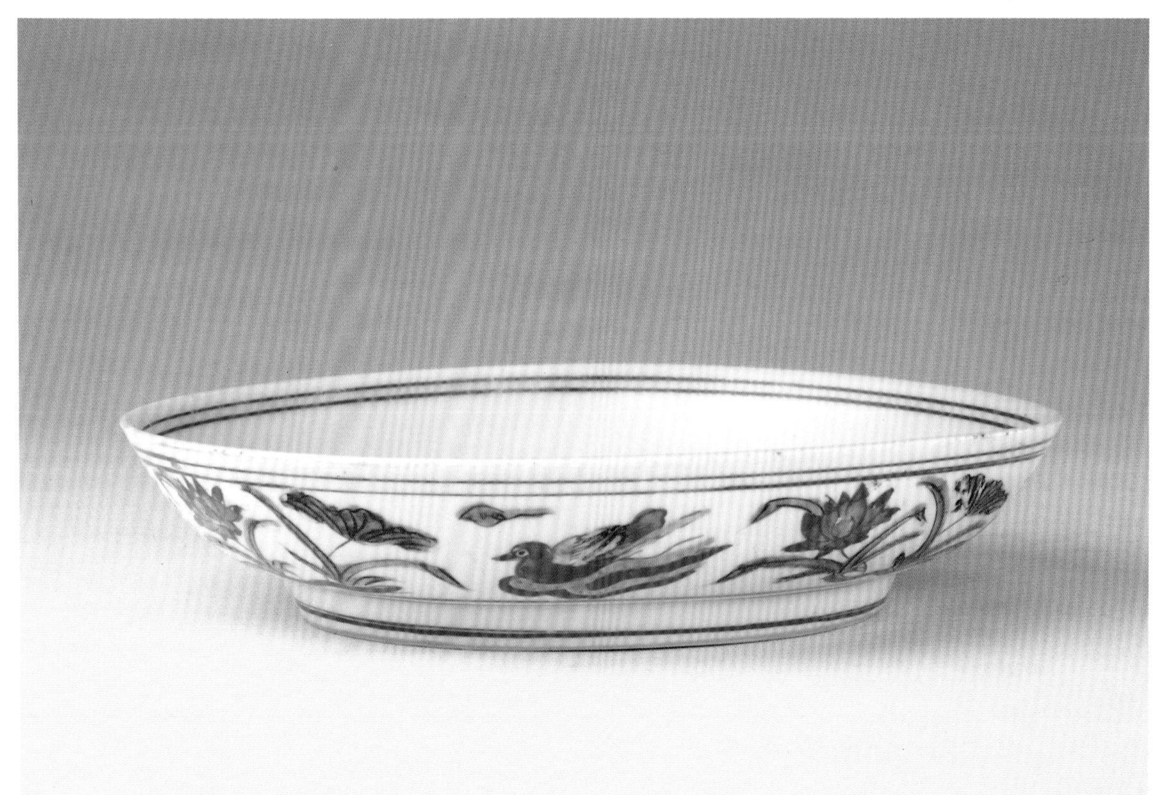

盤敞口，弧腹，圈足。外壁繪鴛鴦蓮花紋四組，下畫綫紋兩道，盤心紅彩雙圈內以礬紅、淡綠、孔雀綠、黃、黑等彩描繪鴛鴦戲蓮紋。盤底青花雙圈內“大明萬曆年製”六字雙行楷書款。

此種鴛鴦戲水圖屬於吉祥圖案的一種，製瓷業至今仍在沿用。圖中鴛鴦以大面積色塊填塗而成，除翅膀上的主羽外，幾乎不見筆綫痕。荷花與水草也基本上採用此種塗染方法，只是在葉筋及花瓣上以重色勾提，此種繪製方法與明代中後期所形成的工、寫結合的花鳥畫創作方法幾乎完全相同。由此可見瓷器彩繪與同時代繪畫藝術的發展有十分密切的聯繫，同時，這一特點對於器物的斷代與鑑識也有一定的輔助作用。

萬曆五彩瓷絕大多數為青花五彩，純釉上五彩瓷極罕見，此器即屬純釉上五彩，彌足珍貴。

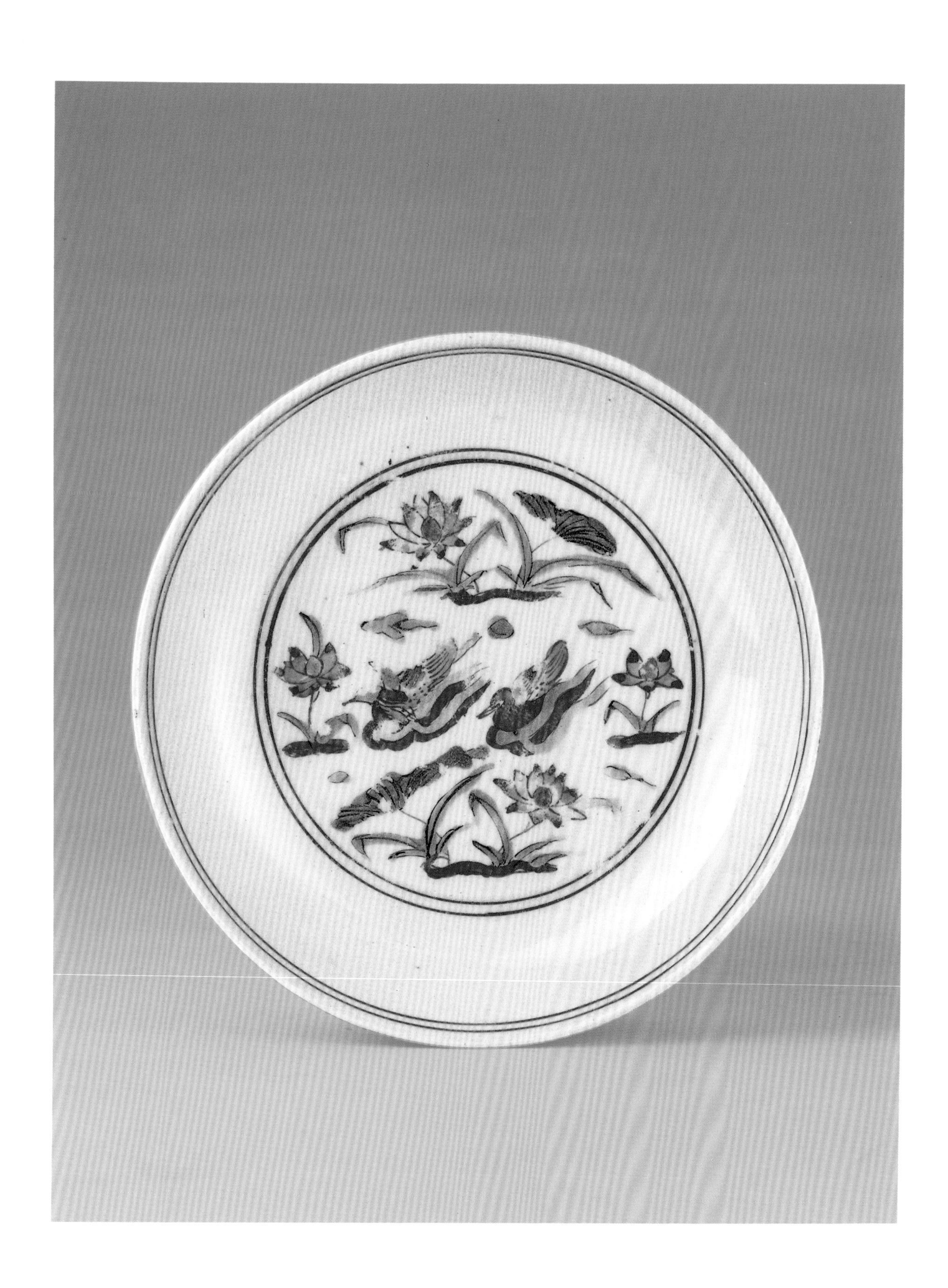

23

五彩三秋杯
明萬曆
高4厘米　口徑6.4厘米　足徑2.2厘米

Polychrome cup with design of autumn rocks, chrysanthemum and bees
Wanli period, Ming Dynasty
Height: 4cm　Diameter of mouth: 6.4cm
Diameter of foot: 2.2cm

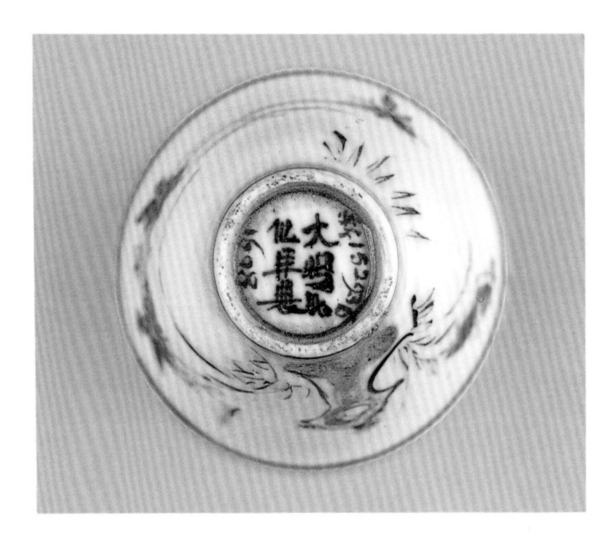

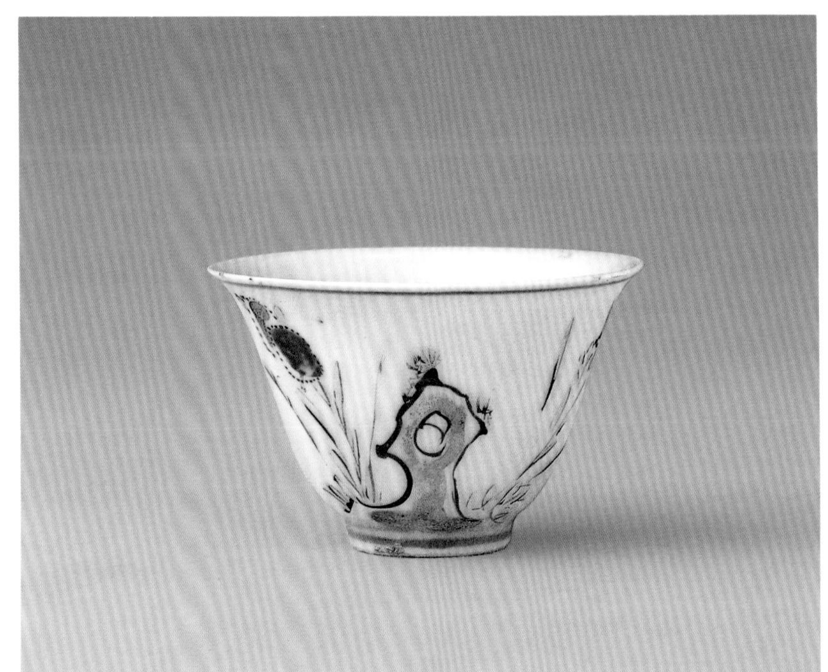

杯撇口，深腹，瘦底，圈足。以紅、黃、綠、黑等彩描繪洞石、菊花、蜜蜂等秋天景物，故名“三秋杯”。但所繪綠彩多已脱落。外底青花單圈內青花楷書“大明成化年製”六字雙行仿款。

“三秋杯”本為成化鬥彩瓷器中的名品。此杯造型和紋飾即取自成化鬥彩器，但以五彩技法裝飾，外底署成化年款，反映出萬曆朝對成化鬥彩名品的推崇。

24

五彩鷺蓮紋蒜頭口瓶

明萬曆
高44.5厘米　口徑7.5厘米
足徑14.5厘米
清宮舊藏

Polychrome garlic-head vase with design of egret and lotus

Wanli period, Ming Dynasty
Height: 44.5cm
Diameter of mouth: 7.5cm
Diameter of foot: 14.5cm
Qing Court collection

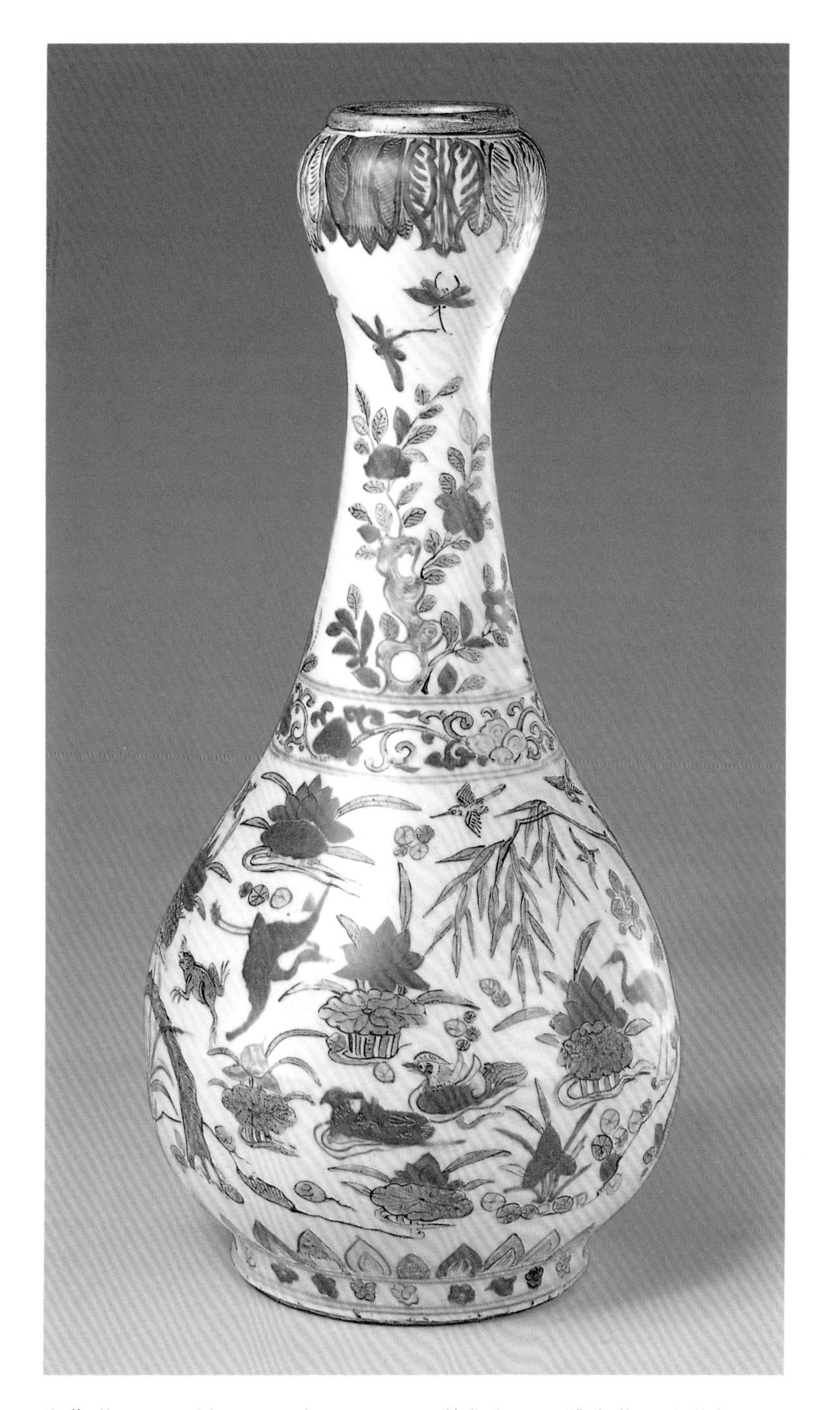

瓶為蒜頭口，長頸，圓腹，圈足。口鑲銅扣，通體青花五彩裝飾。此瓶頸部繪洞石月季，襯以蜻蜓、蜜蜂，腹部繪鴛鴦臥蓮及鷺鷥蓮花，周圍襯以樹木、花卉、水鳥。兩組紋飾以串枝靈芝紋相隔。其他配襯紋飾有變形蕉葉紋、蓮瓣紋等。大部分紋飾以黑彩勾邊，施以紅、黃、綠、淺紫等彩。底無釉，無款識。

蒜頭瓶是萬曆朝較多見的品種。此瓶圖案意境優美，既有天然情趣，又有裝飾美感。由於工藝上採用平塗技法，所繪鴛鴦、鷺鷥、花鳥等只有濃淡之別而無陰陽之分，且無渲染烘托，故具有一種獨特的裝飾風格。

25

五彩鴛鴦蓮花紋蒜頭口瓶

明萬曆

高39.8厘米 口徑8厘米 足徑13.5厘米

清宮舊藏

Polychrome garlic-head vase with design of mandarin ducks and lotus

Wanli period, Ming Dynasty

Height: 39.8cm

Diameter of mouth: 8cm

Diameter of foot: 13.5cm

Qing Court collection

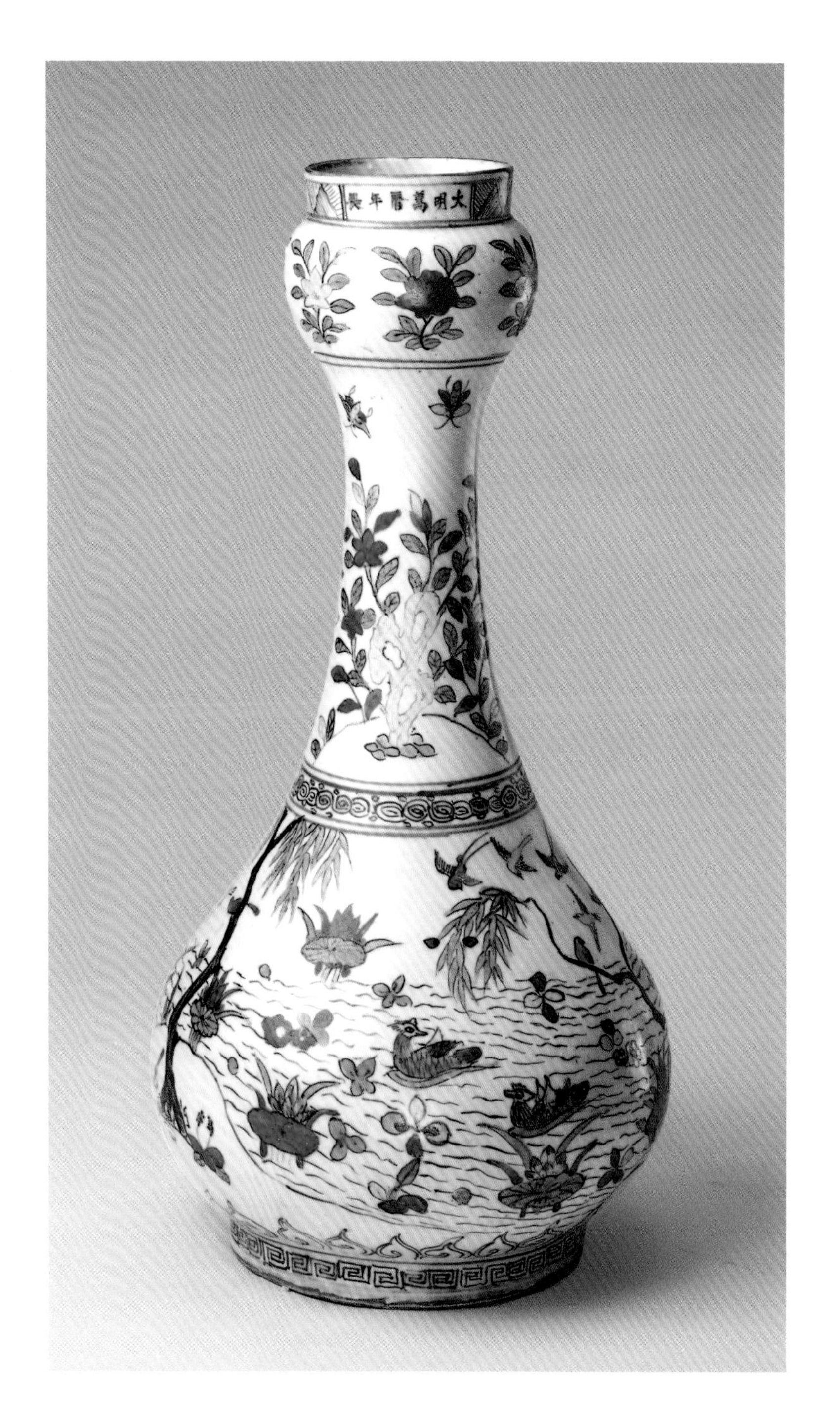

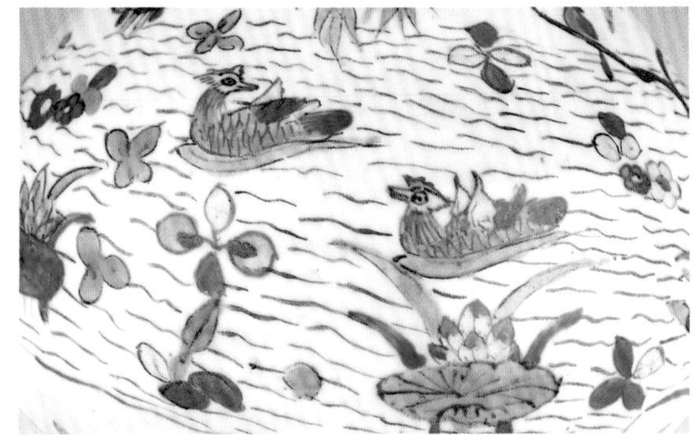

瓶為蒜頭口，長頸，圓腹，圈足。通體以青花、紅、黃、綠、紫、黑等彩裝飾。頸部繪兩組洞石花卉，腹部主題繪鴛鴦蓮花，以樹木、花卉及禽鳥點綴其間。頸、腹紋飾以變形回紋相隔。蒜頭上繪六株折枝花束，口沿有山字形錦地紋並青花長方框內橫書“大明萬曆年製”六字楷書款。

此瓶紋飾繁而不亂，色彩華麗明艷，為萬曆代表性佳作。

26

五彩魚藻紋蒜頭口瓶

明萬曆

高40.3厘米　口徑7.8厘米　足徑13.7厘米

清宮舊藏

Polychrome garlic-head vase with design of fish and water weed

Wanli period, Ming Dynasty

Height: 40.3cm

Diameter of mouth: 7.8cm

Diameter of foot: 13.7cm

Qing Court collection

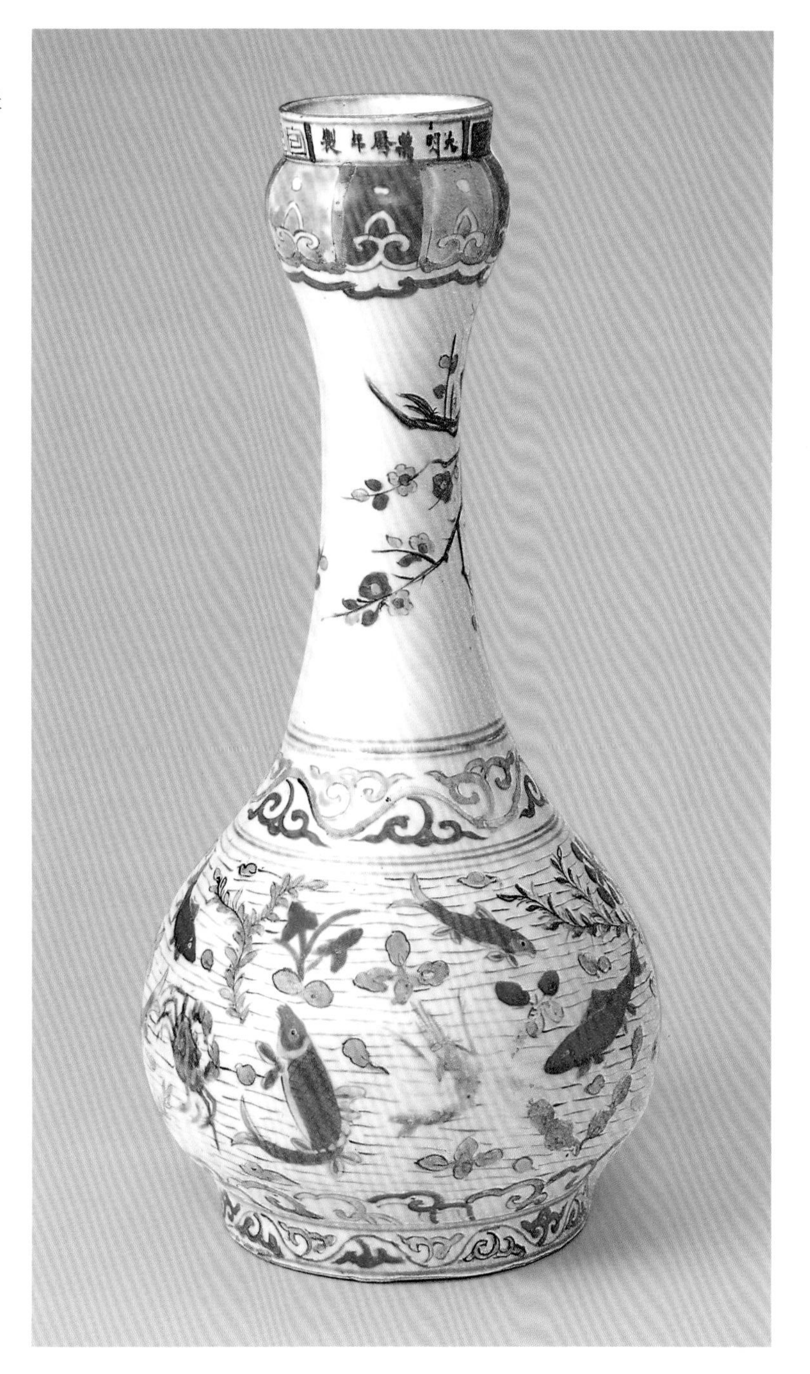

瓶為蒜頭口，長頸，圓腹，圈足。通體以青花、紅、綠、黃、黑、赭等彩裝飾，頸部繪二折枝梅，花枝疏簡，在白色底釉的襯托下越顯清雅脱俗。腹部繪魚藻蝦蟹，形象生動，構圖錯落有致。兩組紋飾以捲枝紋相間。蒜頭口上飾蓮瓣紋，口沿上青花橫書“大明萬曆年製”六字楷書款。

此瓶造型端莊凝重，優美典雅，紋飾細膩，綫條流暢，色彩清麗雅致。頸部疏淡簡逸的花紋與腹部繁密的花紋構成鮮明對比，而全瓶裝飾花紋在總體上又達到了和諧統一。這件器物代表了明代萬曆五彩大件瓷器高超的工藝和藝術水平。

27

五彩鴛鴦蓮花紋蒜頭口瓶
明萬曆
高54.5厘米　口徑8.8厘米　足徑17厘米
清宮舊藏

Polychrome garlic-head vase with design of mandarin ducks and lotus
Wanli period, Ming Dynasty
Height: 54.5cm　Diameter of mouth: 8.8cm
Diameter of foot: 17cm
Qing Court collection

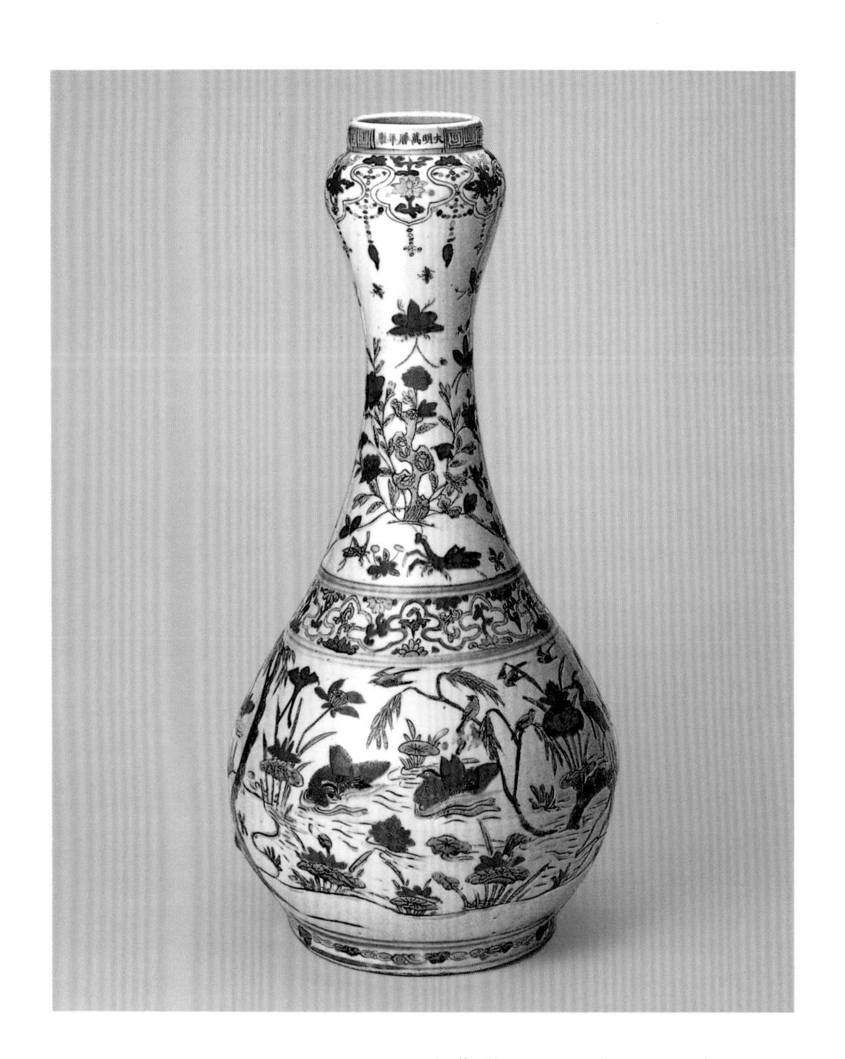

瓶為蒜頭口，長頸，圓腹，圈足。通體以釉下青花，釉上紅、黃、褐、紫、綠彩描繪紋飾。頸部繪洞石花草，以蜻蜓、蜜蜂、螞蚱、螳螂等點綴其間。腹部繪池塘風景，池中鴛鴦卧蓮，鷺鷥引頸啄食，翠鳥展翅飛翔。頸與腹相接處繪如意頭雲紋一周，內畫寶相花，蒜頭口部繪相同紋飾並襯以纓絡紋。直口邊沿畫回紋，青花長方框內橫書“大明萬曆年製”六字楷書款。

此瓶器型端莊沉穩，構圖豐滿而層次分明，紋飾精美生動，是一件難得的藝術珍品。

28

五彩龍穿花紋蒜頭口瓶
明萬曆
高46.6厘米　口徑6.7厘米　足徑14.8厘米
清宮舊藏

Polychrome garlic-head vase with design of dragon amidst flowers
Wanli period, Ming Dyansty
Height: 46.6cm　Diameter of mouth: 6.7cm
Diameter of foot: 14.8cm
Qing Court collection

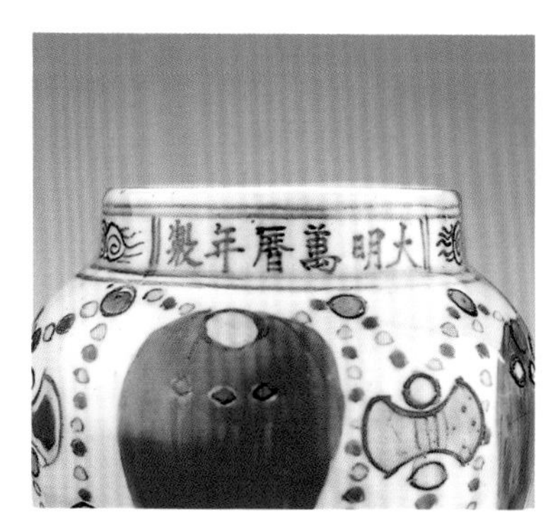

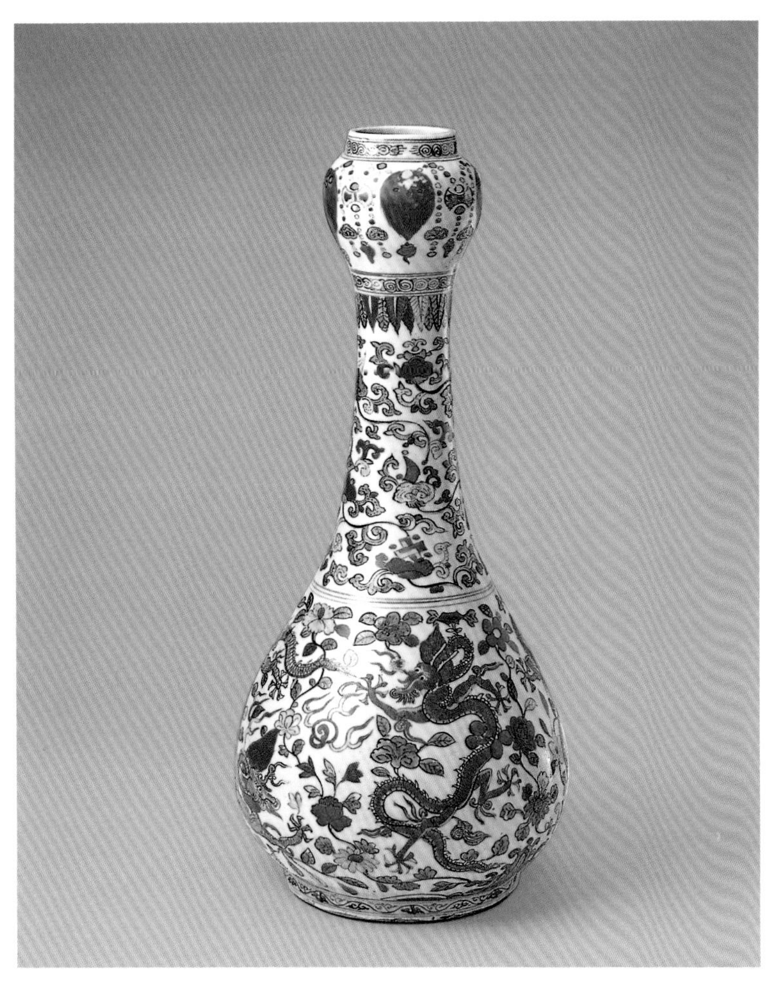

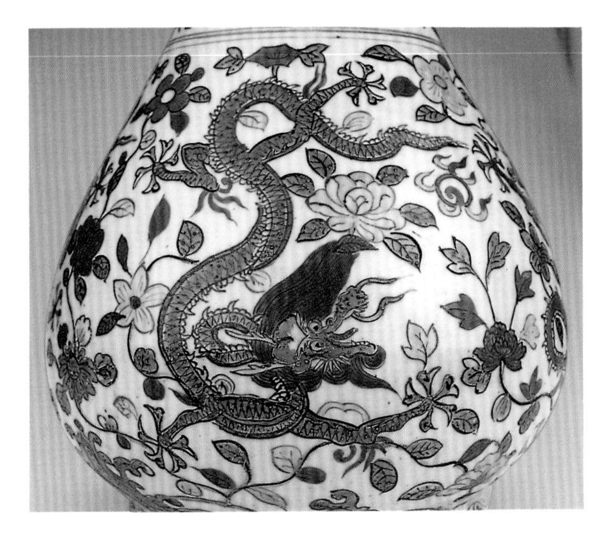

瓶為蒜頭口，長頸，圓腹，圈足。通體繪五彩紋飾，頸部纏枝花托雜寶紋與腹部龍穿花紋僅以青花弦綫相間。蒜頭口上畫纓絡紋，間隔以銀錠紋，下繪變形回紋及倒垂的蕉葉紋。口沿上勾畫回紋一周並橫書“大明萬曆年製”六字楷書款。

此瓶色彩淺淡，構圖疏朗，雖用紅、黃、綠、紫、青花等色，但與萬曆朝同時器相比，卻有一種獨特的清新明快的藝術氣息。

29

五彩“大吉”文葫蘆瓶

明萬曆
高27.2厘米　口徑3.5厘米　足徑9.3厘米
清宮舊藏

Polychrome gourd-shaped vase with characters "Da Ji" (auspicious)

Wanli period, Ming Dynasty
Height: 27.2cm　Diameter of mouth: 3.5cm
Diameter of foot: 9.3cm
Qing Court collection

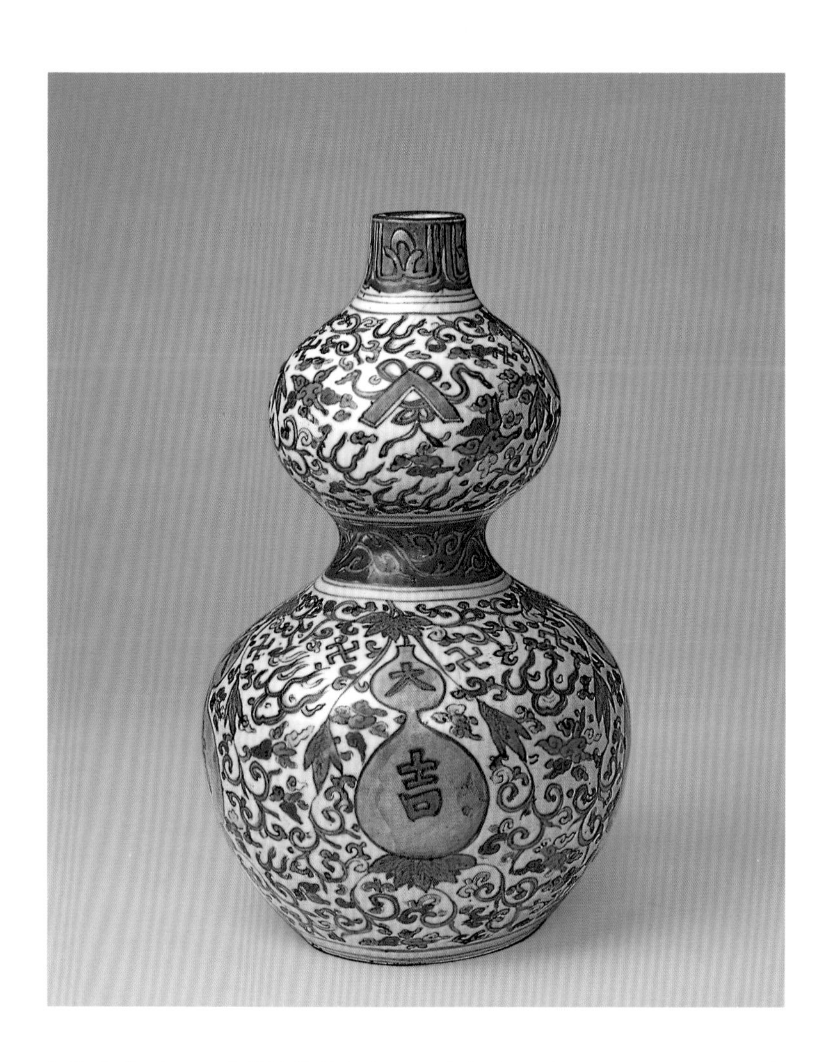

瓶為葫蘆形。通體滿繪纏枝花紋，上半部與下半部均繪有葫蘆，內書“大吉”二字，旁側襯以“卍”字。上半部除葫蘆外，還繪磬。瓶口沿與腰部分別繪蓮瓣紋及紅地青花捲枝紋。無款識。

此件器物造型新穎，與紋飾構思巧妙結合，釉彩精美而淡雅脫俗。

30

五彩雲鳳紋葫蘆式壁瓶

明萬曆

高31厘米　口徑3.7厘米　足徑11.7厘米

Polychrome wall vase in the shape of a gourd with design of phoenix and clouds

Wanli period, Ming Dynasty

Height: 31cm　Diameter of mouth: 3.7cm

Diameter of foot: 11.7cm

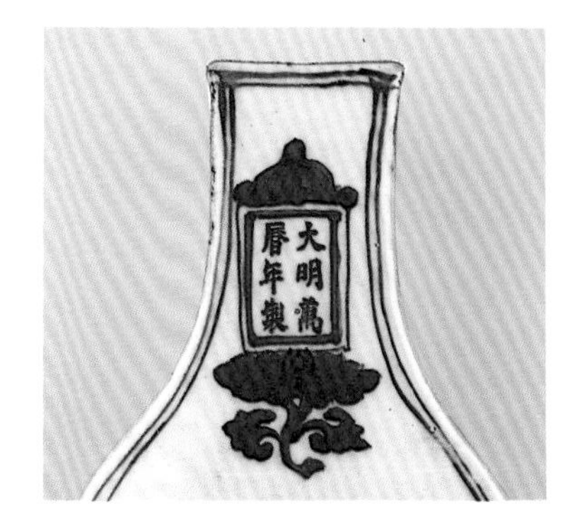

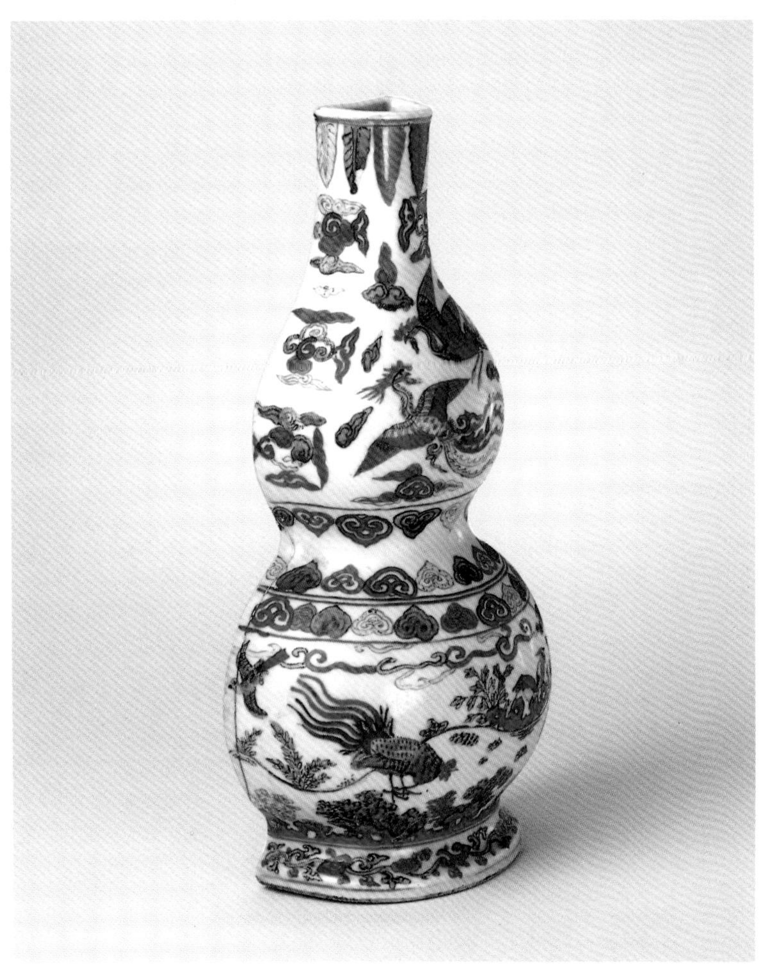

瓶為半個葫蘆形，直口，圈足。此瓶以鳳為主題，紋飾頗有特色，上半部繪雙鳳穿花紋，色彩艷麗的雙鳳飛於空中，下半部繪鳳鳥雙雙立於地面，構成了整體畫面動與靜的強烈對比。同時，下部畫面上三隻飛動、顧盼的小鳥在局部構圖上也同樣達到了動與靜的完美統一。而多道雲頭紋的運用亦恰到好處，使畫面所寓天上人間之美的巧妙構思得到了充分體現。口沿與腰部分別繪蕉葉紋及雲頭紋。瓶背面頸部青花雙欄內楷書“大明萬曆年製”六字雙行款，上覆荷葉，下托蓮花。

壁瓶是觀賞性器皿，後壁為平板型，大多有穿孔，以便將其掛在牆壁或車轎中，隨時賞玩。這種器型在清代較為流行，但在明代瓷器中並不常見。

此器造型獨特，整個畫面以釉下青花和釉上紅、綠、黃、黑、紫彩繪出，彩畫俱佳，紋飾層次雖多，但安排得恰到好處，是一件難得的觀賞器佳作。

31

五彩團花紋盤口瓶

明萬曆
高25.6厘米　口徑7.8厘米　足徑9.3厘米
清宮舊藏

Polychrome vase with a dish-shaped mouth and posy design

Wanli period, Ming Dynasty
Height: 25.6cm　Diameter of mouth: 7.8cm
Diameter of foot: 9.3cm
Qing Court collection

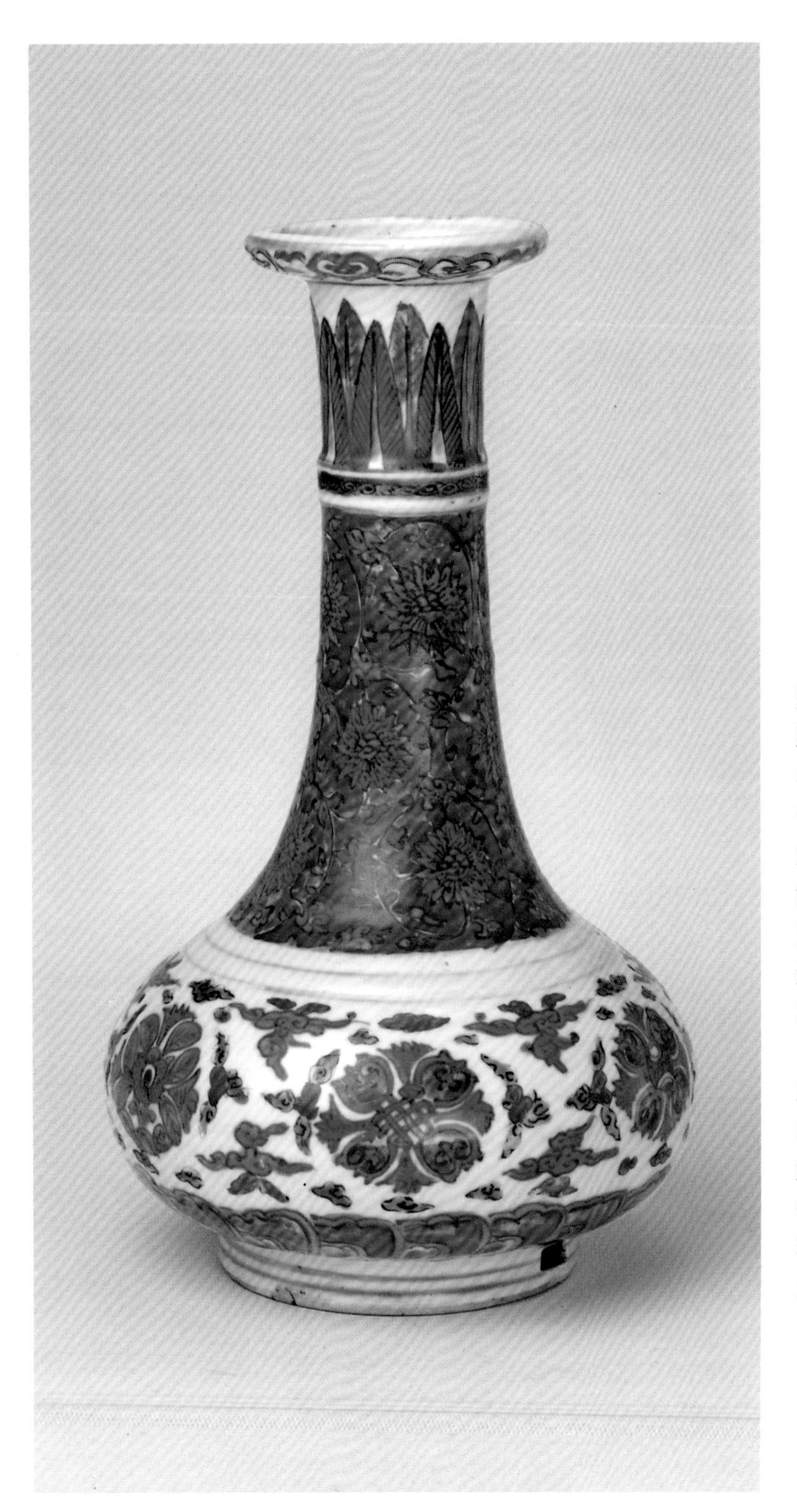

瓶盤口，長頸，扁圓腹，圈足。頸部紋飾可分為兩組，上部以青花、紅、綠彩繪上仰蕉葉紋，下部用青花繪纏枝蓮紋，空白處用紅彩填充。兩組紋飾以凸起的兩道弦紋相間。腹部繪團花六朵，間配雜寶、朵雲等紋飾，下繪變形蓮瓣紋。足上有對稱二孔，應為穿帶所用。無款識。

此器整體共有五道接痕，製作工藝較為複雜，但造型莊重沉穩，綫條流暢優美，以青花、紅、綠等彩勾畫紋飾，清麗明快，具有較強的裝飾性，是萬曆五彩瓷器之上品。

32

五彩海水雲龍紋六棱蟋蟀罐

明萬曆

高11厘米　口徑14.5厘米　足徑14厘米

清宮舊藏

Polychrome hexagonal jar for containing crickets with design of dragons, clouds and sea waters

Wanli period, Ming Dynasty

Height: 11cm　Diameter of mouth: 14.5cm

Diameter of foot: 14cm

Qing Court collection

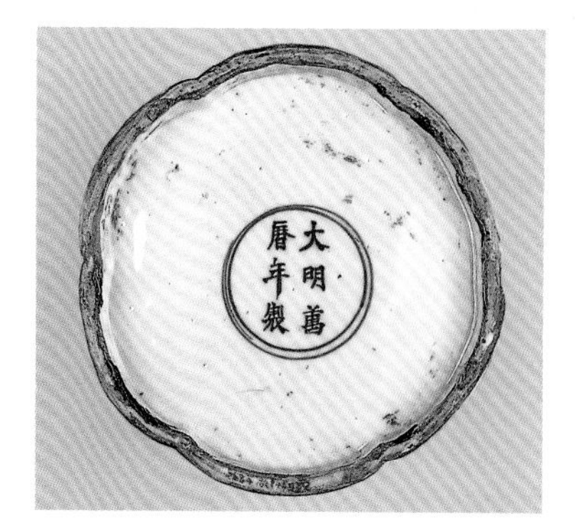

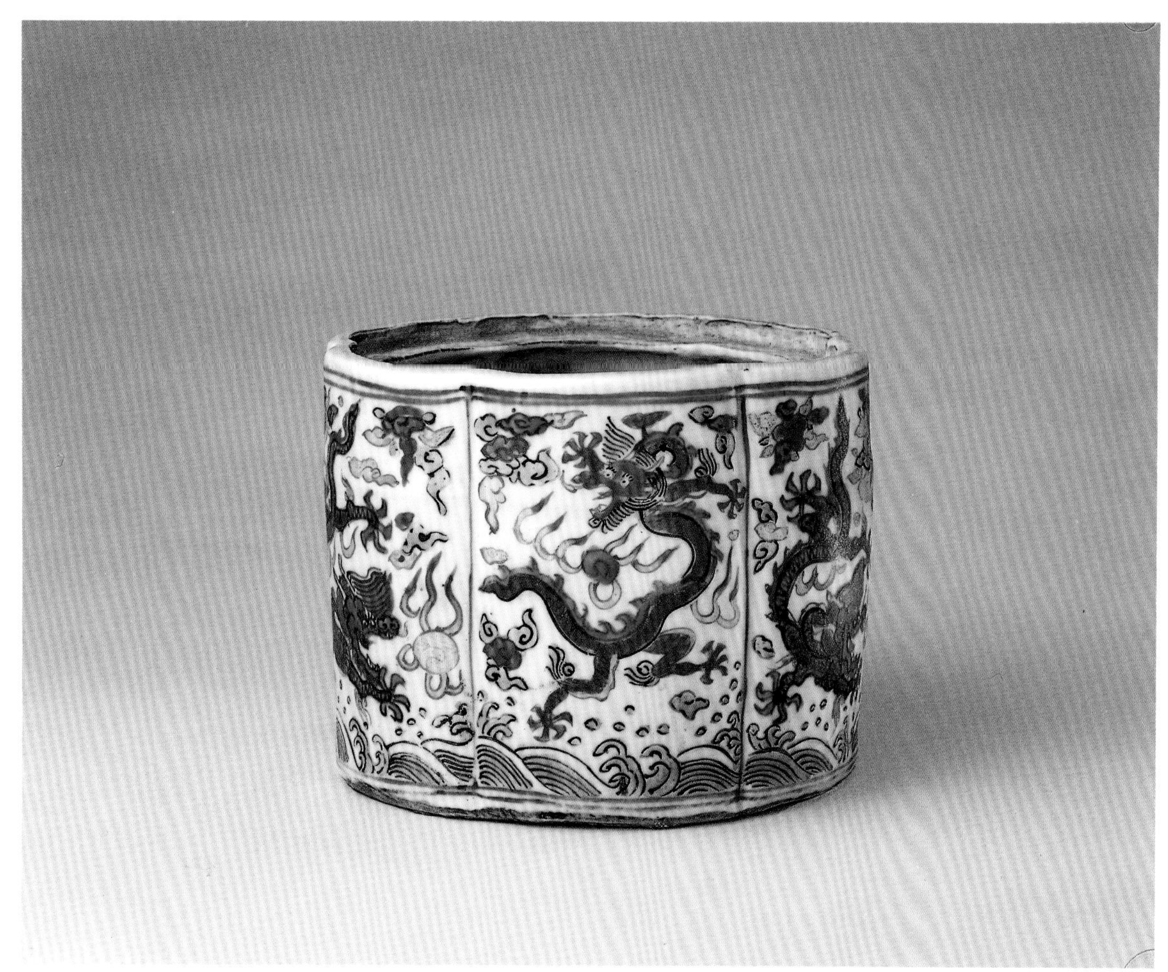

罐為瓜棱形，直腹，圈足。外腹繪六組團龍戲珠紋，三紅、三青花兩兩相對，近底處繪綠海水紋。外底青花雙圈內楷書“大明萬曆年製”六字雙行款。

此罐造型古拙，色彩艷麗，施以青花、礬紅、綠、黃等多種彩，具有鮮明的時代特徵。

33

五彩團龍紋花觚

明萬曆

高41厘米　口徑19厘米　足徑16.6厘米

清宮舊藏

Polychrome beaker-shaped vase with design of dragon medallions

Wanli period, Ming Dynasty

Height: 41cm　Diameter of mouth: 19cm

Diameter of foot: 16.6cm

Qing Court collection

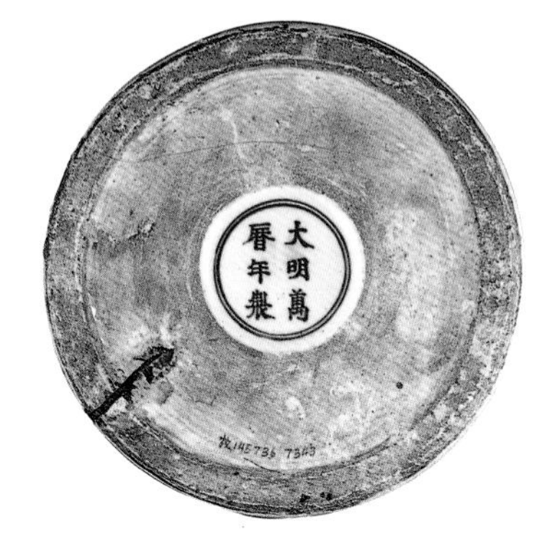

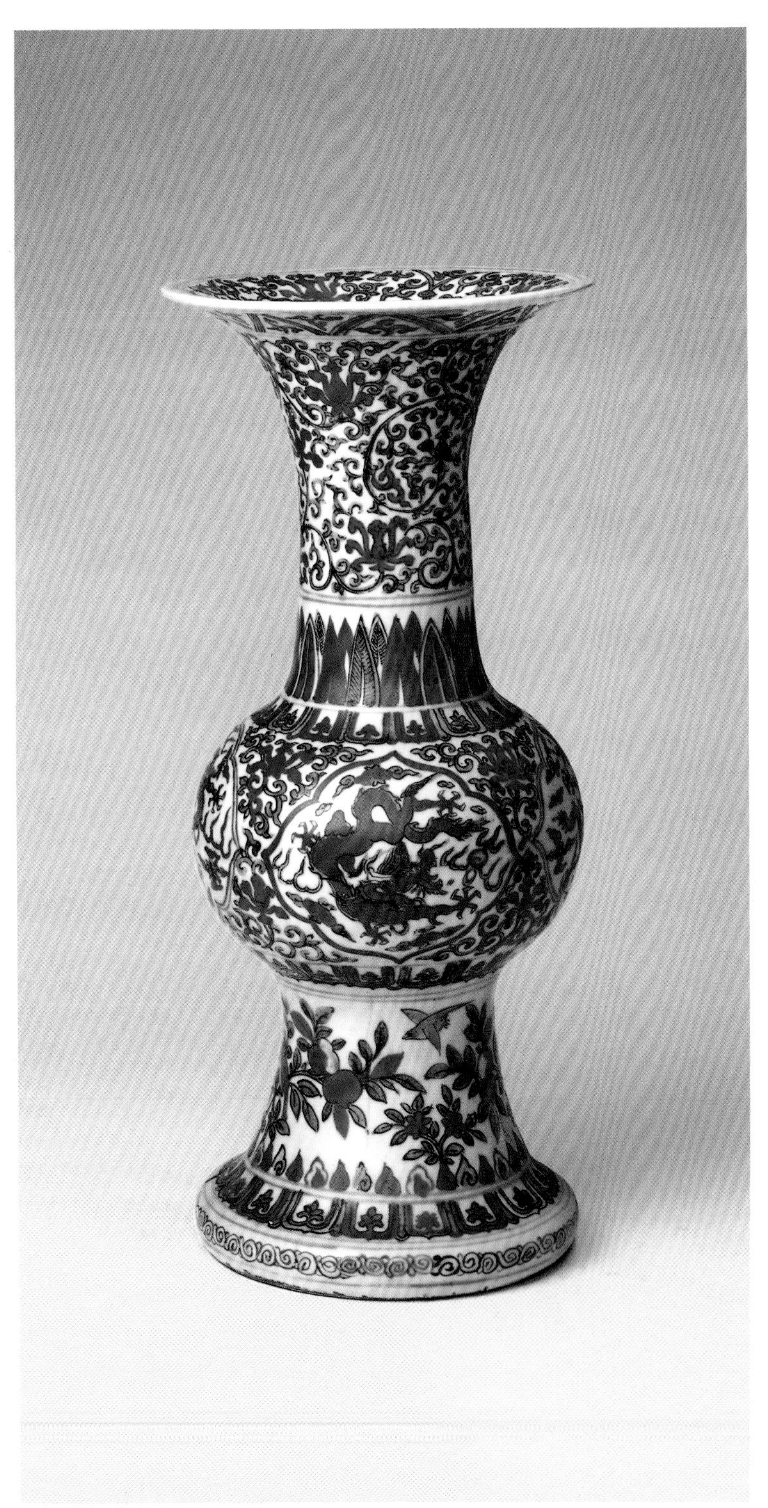

觚廣口，長頸，圓腹，下呈喇叭狀，足心內凹。觚裏口及頸外壁均繪纏枝蓮紋，蓮紋先用黑彩勾畫出輪廓綫，再填以其他色彩，莖蔓填綠彩，花朵以紅、黃彩和青花塗畫。頸下部繪蕉葉紋一周，腹部畫四個菱形開光，內各繪火珠、雲龍紋，龍兩紅、一綠、一青花，開光間繪多色捲枝寶相花紋。腹下繪折枝桃及綬帶鳥，下以紅、黃、綠、青花繪朵雲及變體蓮瓣紋，足邊以青花和紅彩間隔繪出捲葉紋一周。外底周圍無釉，中心白釉上青花雙圈內“大明萬曆年製”六字楷書款。

此觚色彩華美濃重，紋飾繁而不亂，造型凝重古拙，為萬曆朝大器中的精品。

34

五彩雲龍花鳥紋花觚

明萬曆
高58厘米　口徑17.8厘米　足徑18厘米
清宮舊藏

Polychrome beaker-shaped vase with dragons,clouds,birds and flowers design

Wanli period, Ming Dynasty
Height: 58cm　Diameter of mouth: 17.8cm
Diameter of foot: 18cm
Qing Court collection

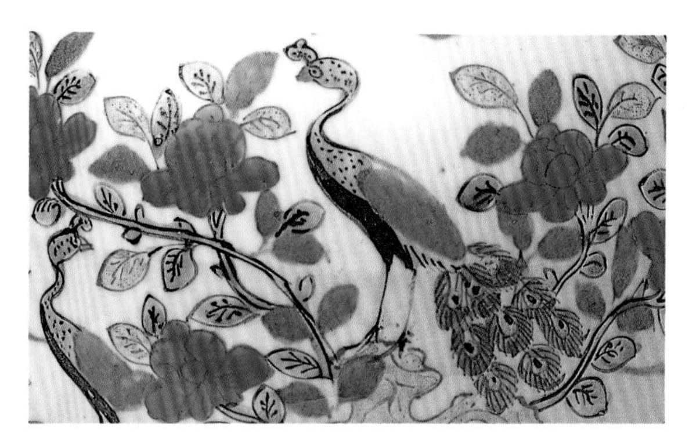

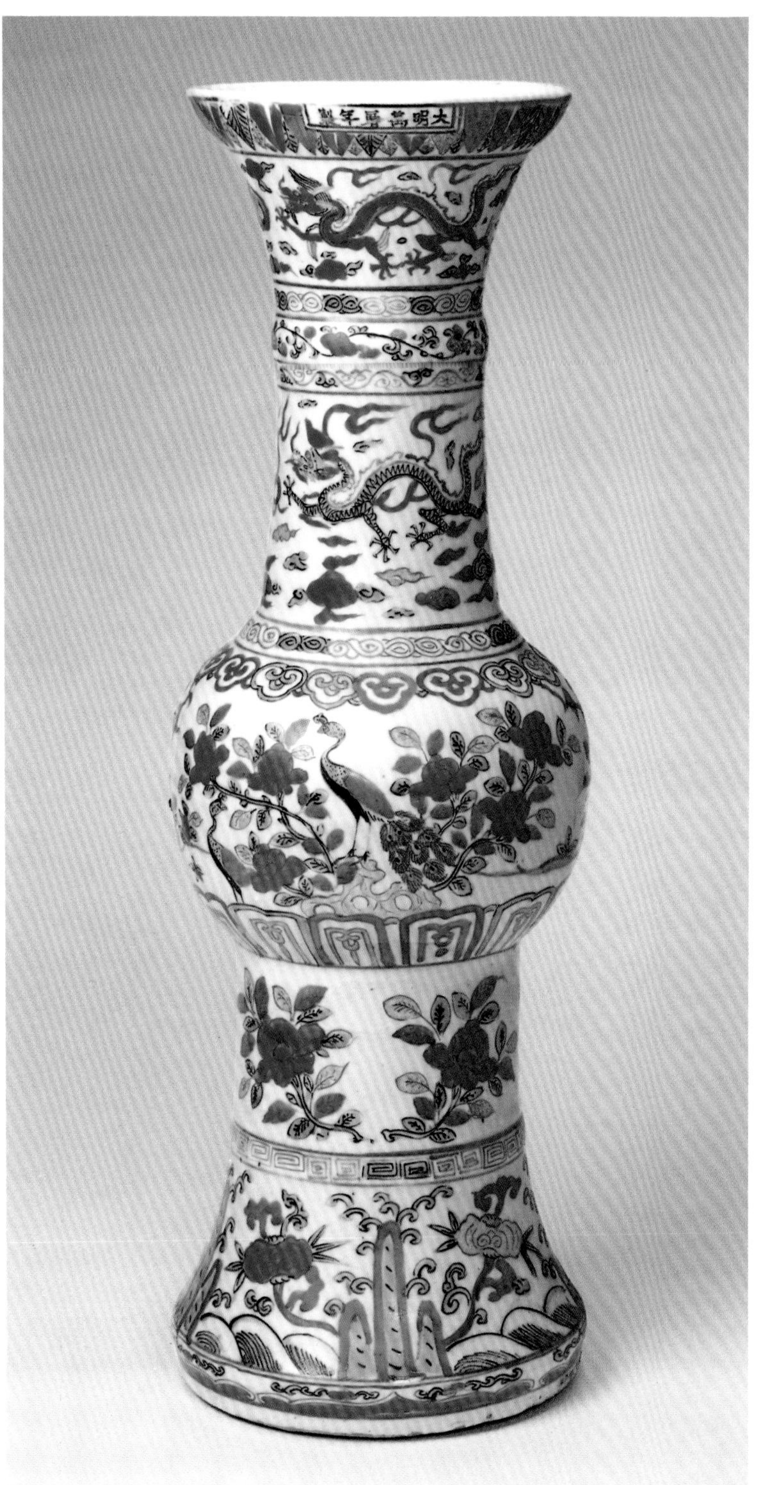

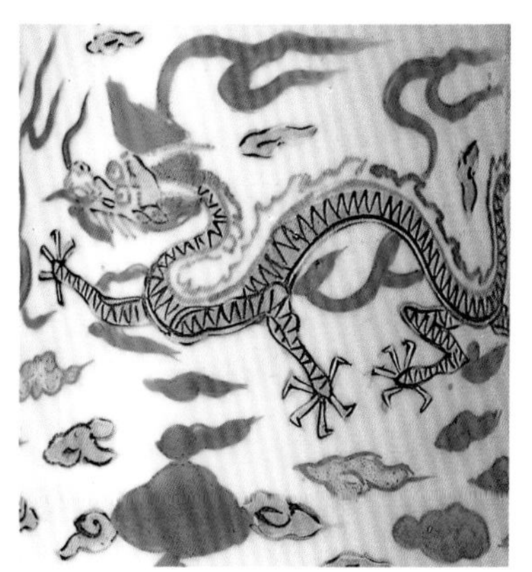

觚撇口，細長頸，圓腹，近底處微外撇，圈足。觚從口至底用蕉葉、雲頭纏枝花、回紋把畫面層層分開，共達十層，構圖飽滿。頸部繪龍戲珠及纏枝靈芝紋，腹部繪孔雀、洞石花卉，腹下繪海水、折枝花和靈芝草等。外口沿橫書“大明萬曆年製”六字青花楷書款。

此花觚仿古青銅器造型而製，紋飾佈局繁密，用彩濃重，具有明萬曆朝五彩瓷的典型特點，是這一時期的代表作品。

35

五彩松竹梅紋罐

明萬曆
高14.1厘米　口徑3.7厘米　足徑7厘米
清宮舊藏

Polychrome jar with design of pine, bamboo and prunus
Wanli period, Ming Dynasty
Height: 14.1cm　Diameter of mouth: 3.7cm
Diameter of foot: 7cm
Qing Court collection

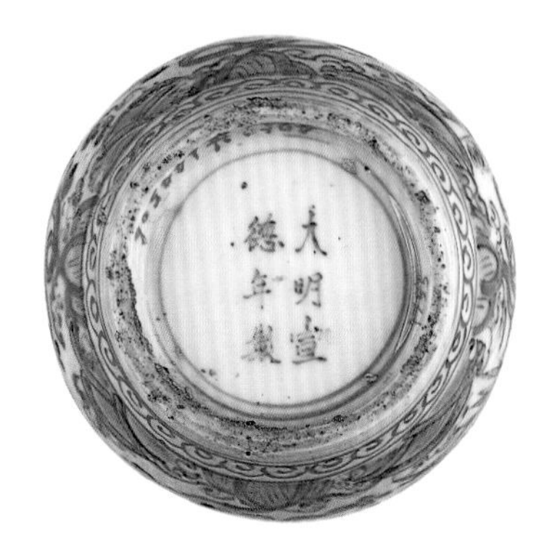

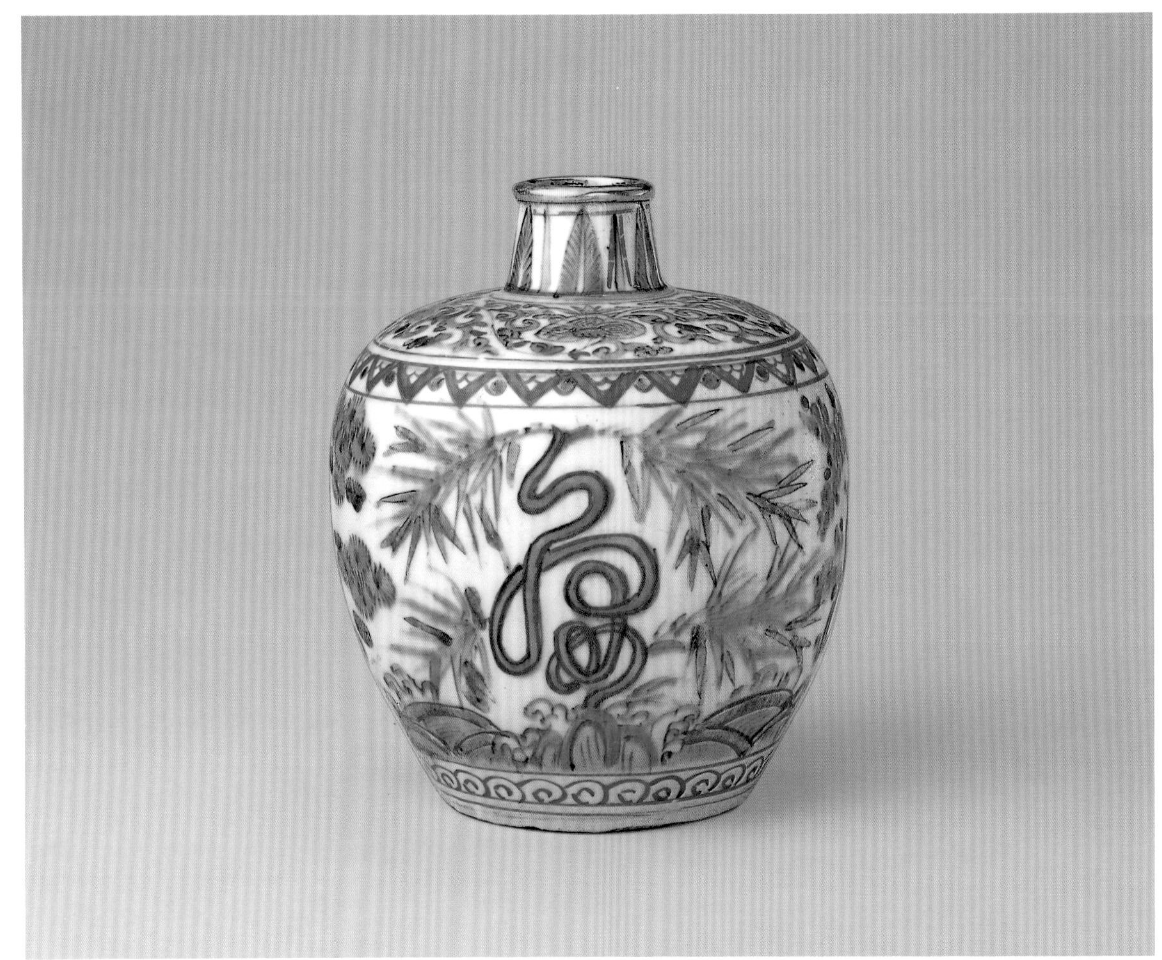

罐鑲銅口，短頸，豐肩，圓腹，腹下漸收，內圈足。通體以青花五彩裝飾。主題紋飾為腹部所繪松、竹、梅，間隙書“福”、“祿”、“壽”、“喜”四字，近底處繪捲草紋一周。頸與肩分別繪蕉葉紋及纏枝靈芝四朵，另外還有紅彩三角形花紋及捲草紋作邊飾。外底青花雙圈內楷書“大明宣德年製”六字雙行仿款。

此罐造型古拙，紋飾精美，彩色艷麗，以青花為主，紅、綠彩點綴，具有鮮明的時代特徵。

36

五彩纏枝蓮紋雙耳三足爐

明萬曆
高11.6厘米　口徑28.8厘米　足距21.5厘米
清宮舊藏

Polychrome three-legged censer with two ears and interlocking lotus design

Wanli period, Ming Dynasty
Height: 11.6cm　Diameter of mouth: 28.8cm
Spacing of legs: 21.5cm
Qing Court collection

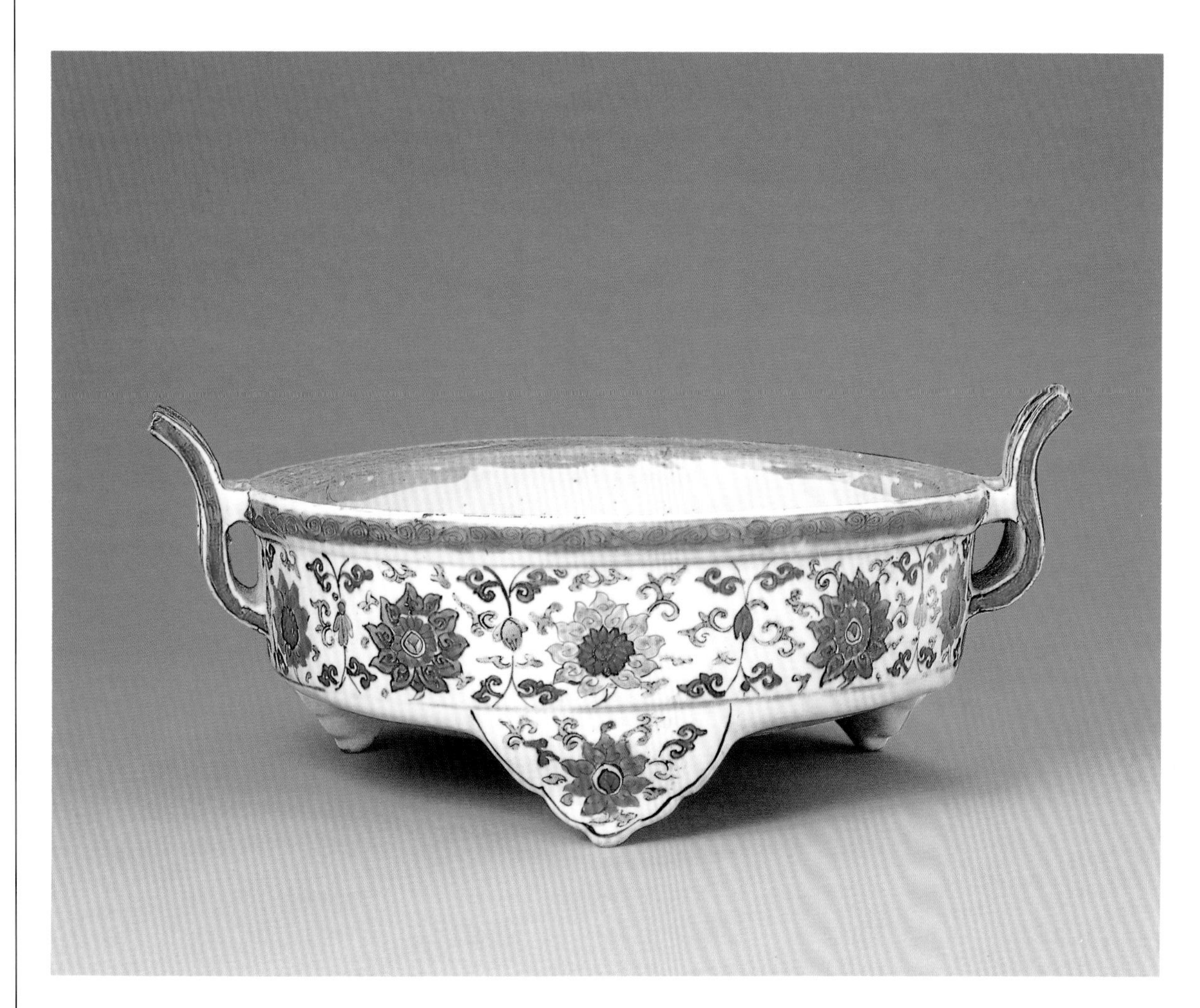

爐圓口，直壁，弧底下塌，底下承以三足，口沿兩側各置一朝天耳，耳上有矩形鏤空。口沿及外底素胎，裏白釉，外壁滿繪五彩纏枝蓮紋。無款識。

此爐胎體厚重，彩色鮮艷，釉上施紅、黃、綠彩，與釉下青花搭配，華美艷麗。

37

五彩鳳穿花紋軍持
明萬曆
高20.4厘米　口徑3.5厘米　足徑9.7厘米
清宮舊藏

Polychrome Kendi (a sacrificial vessel) with design of phoenix amidst flowers
Wanli period, Ming Dynasty
Height: 20.4cm　Diameter of mouth: 3.5cm
Diameter of foot: 9.7cm
Qing Court collection

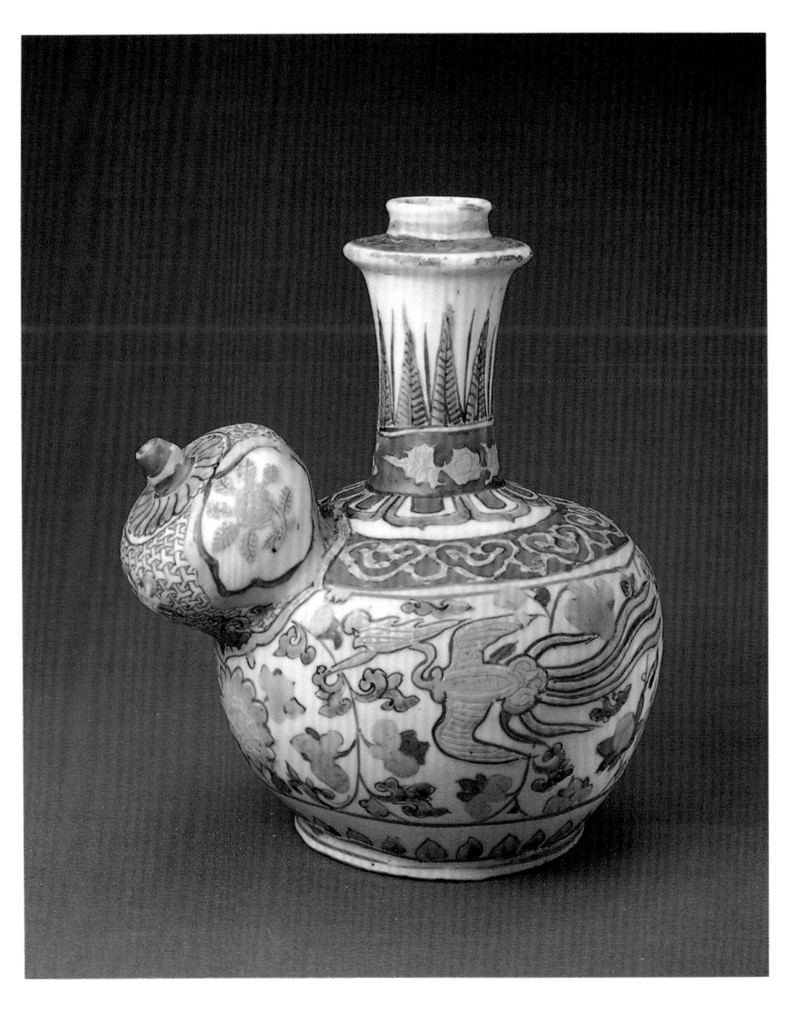

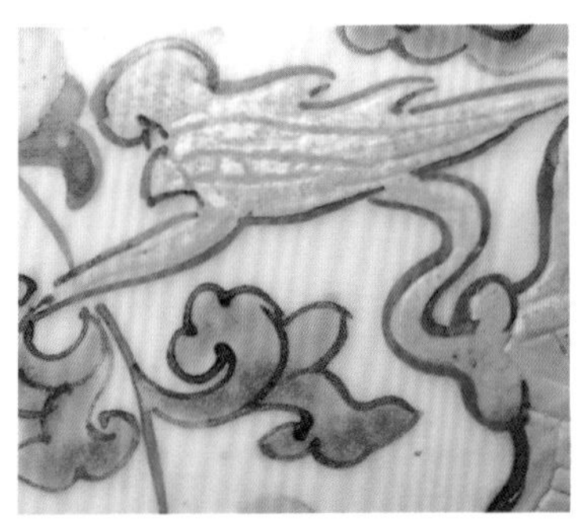

軍持小口直沿，口沿下一圈帽沿狀突棱，短頸，圓腹，一側有一乳突狀短流，圈足。通體施青花、紅、黃、綠、赭及孔雀綠等色。頸部繪變形蕉葉紋，肩繪如意頭紋和蓮瓣紋。短流上兩菱形開光內各繪折枝菊一朵。腹部的主題圖案是兩組鳳穿花紋，花紋多凸起，具有較強的立體感。無款識。

此器造型新穎，紋飾採用對稱式構圖，色彩俏麗，鮮而不艷，是萬曆民窰五彩瓷器之上品。

38

五彩花鳥紋提梁壺

明萬曆

通高20.5厘米　口徑8.7厘米　足徑11.8厘米

Polychrome loop-handled pot with bird and flower design

Wanli period, Ming Dynasty

Overall height: 20.5cm　Diameter of mouth: 8.7cm

Diameter of foot: 11.8cm

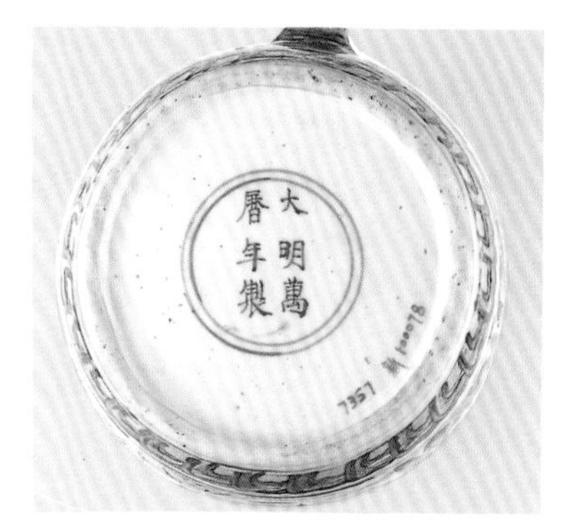

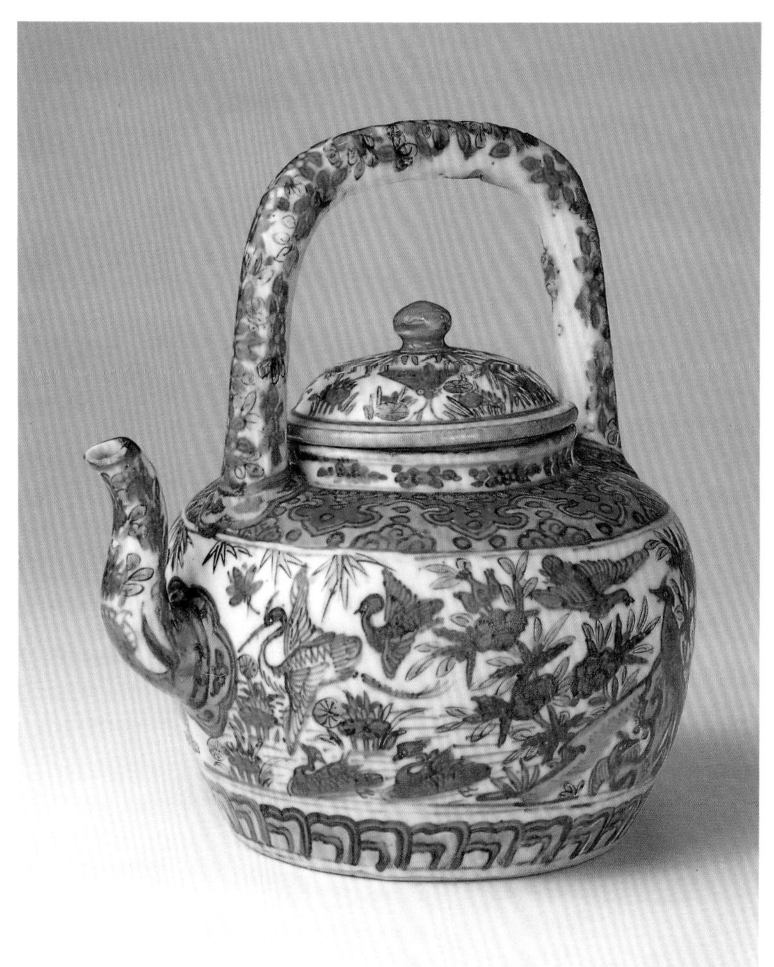

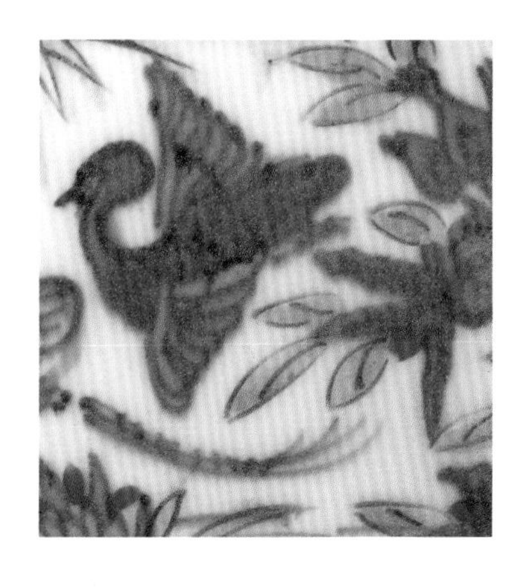

壺肩部附一提梁形柄，曲流，圓腹，腹以下漸收，淺圈足。並附蓋，蓋頂有寶珠形鈕。通體滿繪青花五彩紋飾。腹部主題紋飾為池塘景色：蝴蝶飛舞，鴛鴦戲水，周圍蓮花盛開，翠柳依依，三隻鷺鷥在樹下憩息。肩部雲頭紋及近足處輔以變形蓮瓣紋。配合壺身，蓋上亦繪花卉、水鳥、彩蝶，柄與流上均繪串枝朵花。底白釉青花雙圈內雙行楷書“大明萬曆年製”六字款。

此壺造型渾圓，構圖飽滿，包括柄、流在內整體共繪六組不同的紋飾，以釉下青花（藍色）為主，間施以紅、綠、黃等彩，均用黑彩勾邊，充分顯示出萬曆青花五彩瓷器的紋飾、色彩特徵。

39

五彩人物紋蓋盒

明萬曆

通高8.9厘米　口邊長17.5/9.7厘米　足邊長22.1/13.8厘米

清宮舊藏

Polychrome covered box with figure design

Wanli period, Ming Dynasty

Overall height: 8.9cm　Length of mouth brim: 17.5/9.7cm

Length of foot brim: 22.1/13.8cm

Qing Court collection

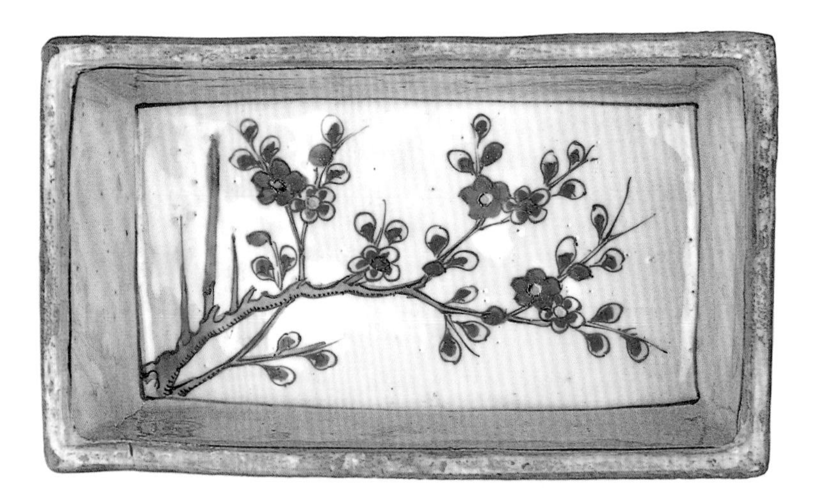

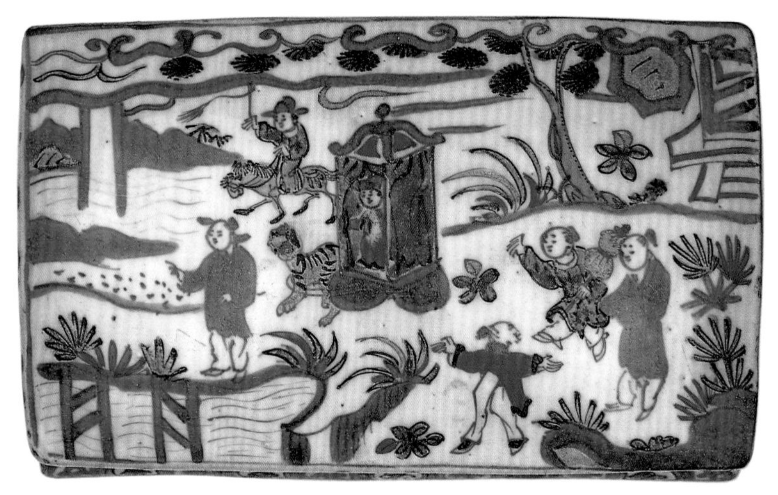

盒為長方形，盒底出邊。此器應為文房用具，裏分八格，可用來調製顏料。盒通體繪五彩紋飾，蓋面繪小橋、溪水、洞石，六人行於樹木花草中，每人身着不同顏色衣衫，神態各異。蓋四邊均繪人物畫，背景襯以山石、花草、樹木、溪水。人物綫條雖簡練，卻畫得生動傳神，充滿情趣。以紅、黃、綠、青花、赭、黑等色點染畫面，色彩艷麗。底邊繪變形蕉葉及雲頭紋各一周，底青花長方形雙框內從右至左横書“大明萬曆年製”六字楷書款。

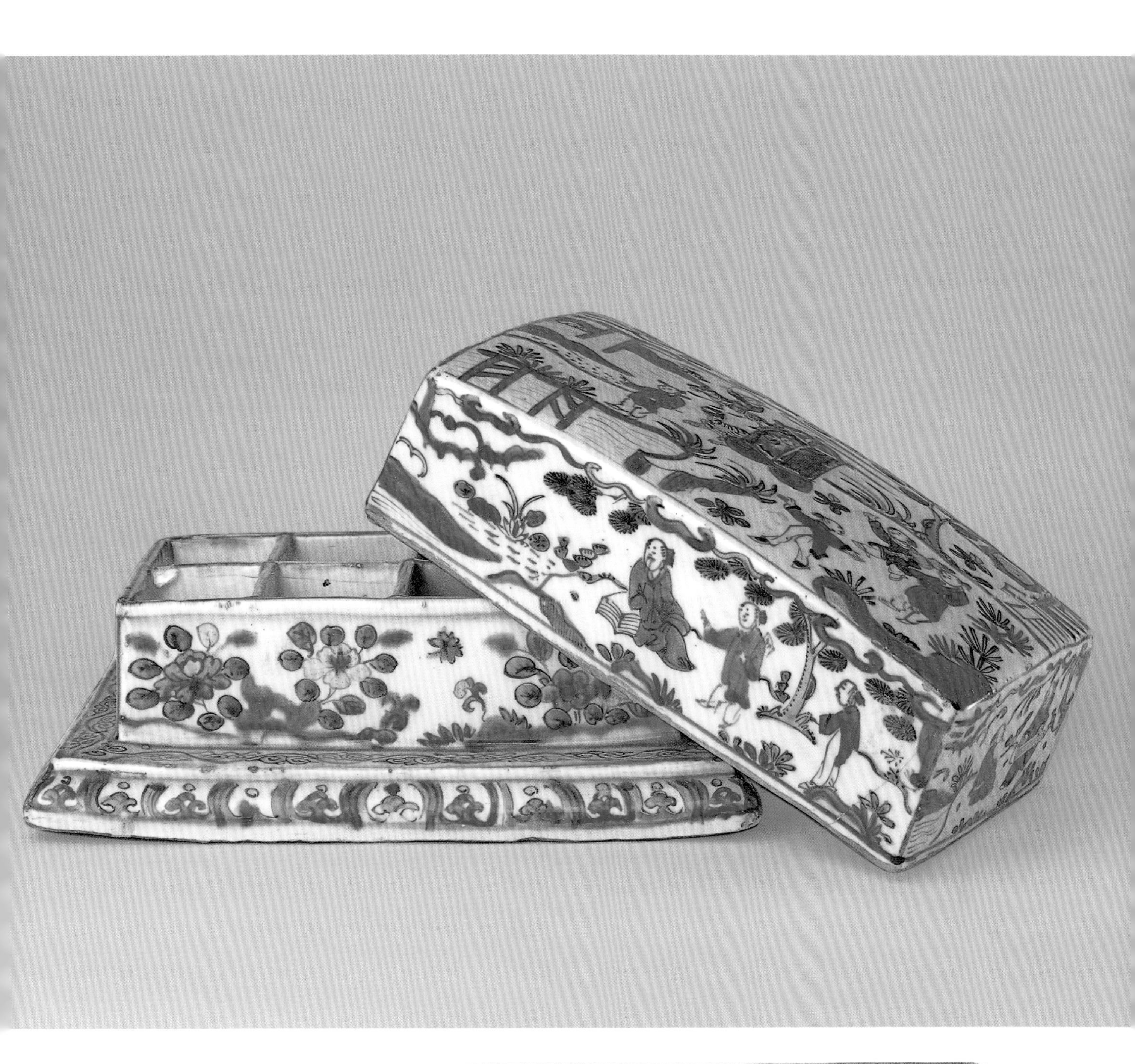

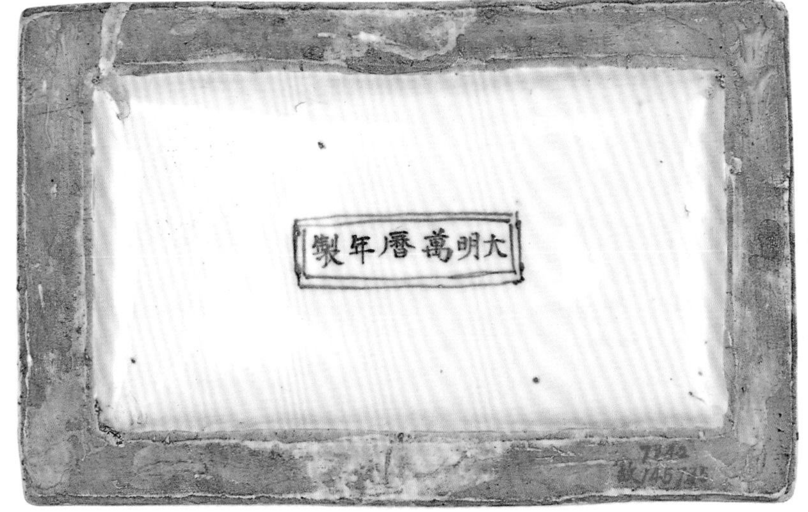
大明萬曆年製

40

五彩花鳥紋蓋盒

明萬曆

通高7.3厘米　口徑15厘米　足徑10.5厘米

Polychrome covered box with bird and flower design

Wanli period, Ming Dynasty

Overall height: 7.3cm　Diameter of mouth: 15cm

Diameter of foot: 10.5cm

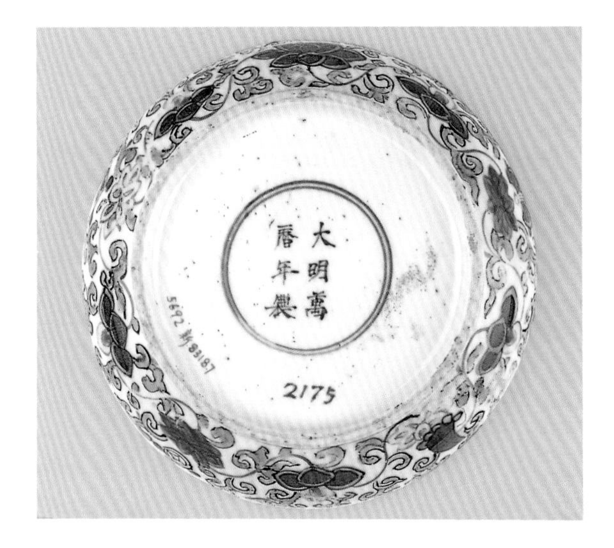

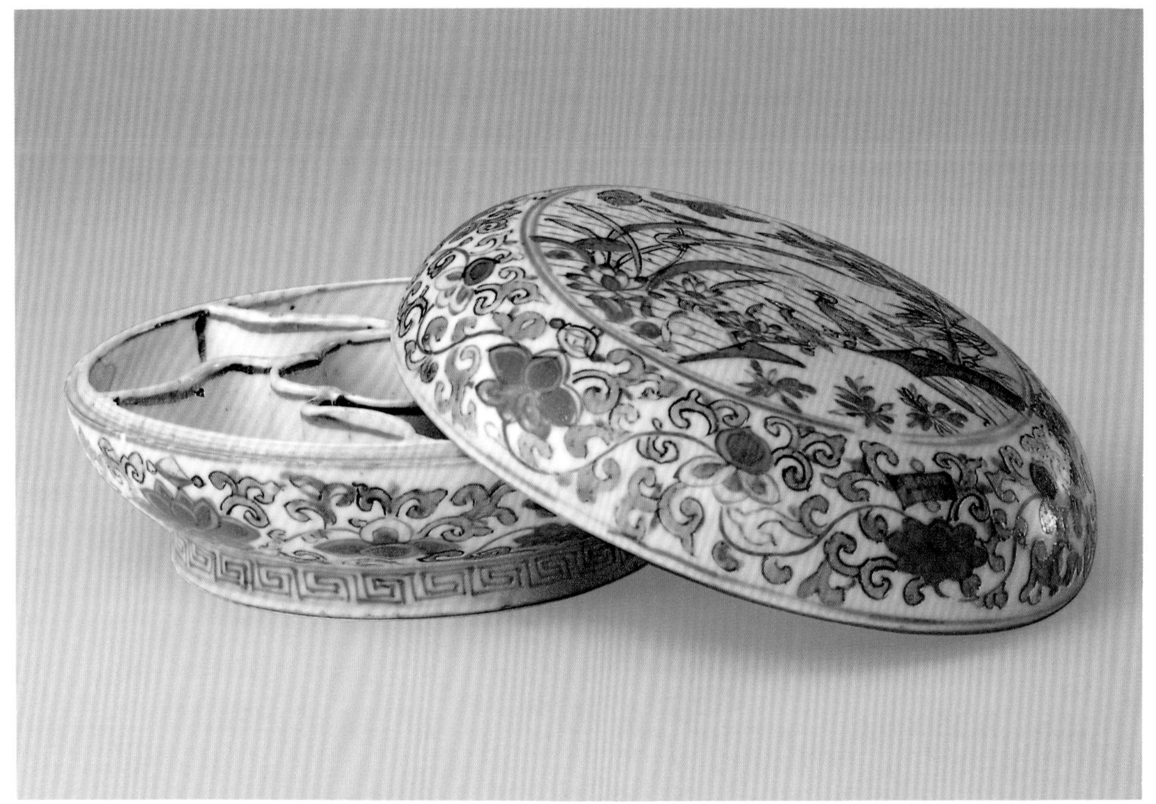

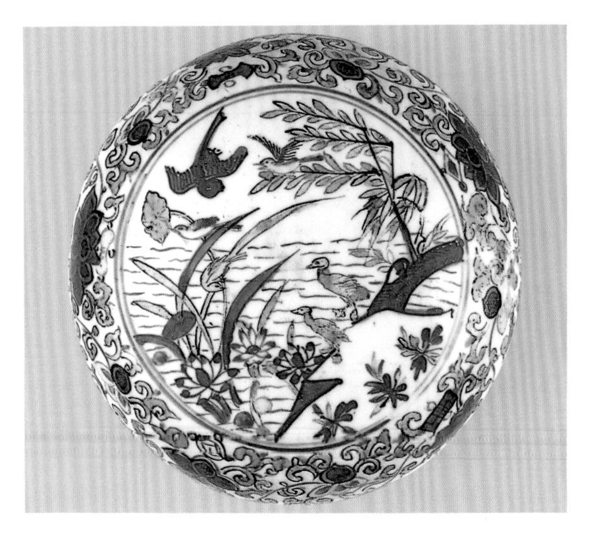

盒呈扁圓形，圈足，內有六格，中心一格為梅朵形，其餘五格為梅朵變化形。蓋面繪池塘景色，點綴以斜柳、蓮花、水禽等。盒外壁與蓋邊同繪纏枝蓮托七珍紋，互相呼應。底白釉青花雙圈內楷書“大明萬曆年製”六字雙行款。

萬曆時期的彩瓷以圖案花紋繁密、色彩濃艷而聞名，此件蓋盒即為一例。此盒滿佈彩繪紋飾，除釉下青花外，紋飾均以黑彩勾邊，內填以紅、淡綠、深綠、黑、黃、褐、紫等多種色彩，形成色彩濃艷凝重的藝術風格。

41

五彩雙龍紋水丞

明萬曆

高5厘米　口徑3.4厘米　足徑4.5厘米

Polychrome water container with double dragon design

Wanli period, Ming Dynasty

Height: 5cm　Diameter of mouth: 3.4cm

Diameter of foot: 4.5cm

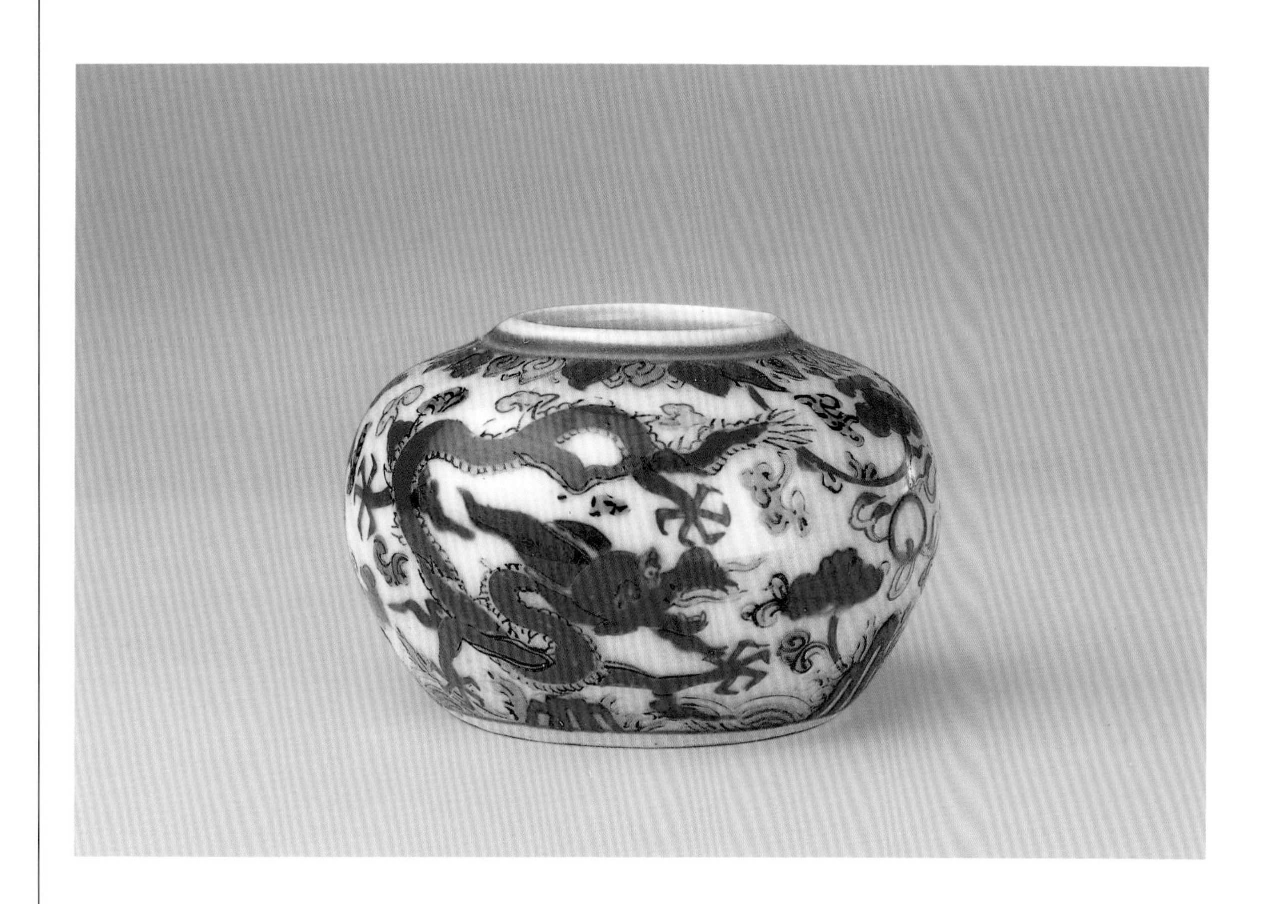

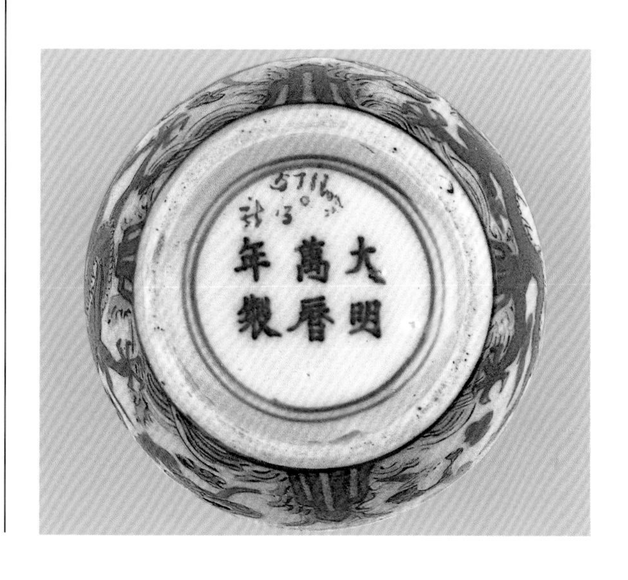

水丞斂口，溜肩，扁圓腹，內圈足。通體青花五彩裝飾，腹部主體圖案為二龍戲珠紋，襯以祥雲、靈芝、山石、海水等。紋飾多以黑彩勾邊，再平塗紅、黃、綠及孔雀綠等彩。外底青花雙圈內楷書“大明萬曆年製”六字三行款。

此水丞造型玲瓏秀巧，紋飾描繪精緻，色彩濃艷，為萬曆五彩瓷器中上乘作品。

42

五彩龍穿花紋水丞

明萬曆
高8.9厘米　口徑7.6厘米　足徑7.7厘米
清宮舊藏

Polychrome water container with design of dragon amidst flowers

Wanli period, Ming Dynasty
Height: 8.9cm　Diameter of mouth: 7.6cm
Diameter of foot: 7.7cm
Qing Court collection

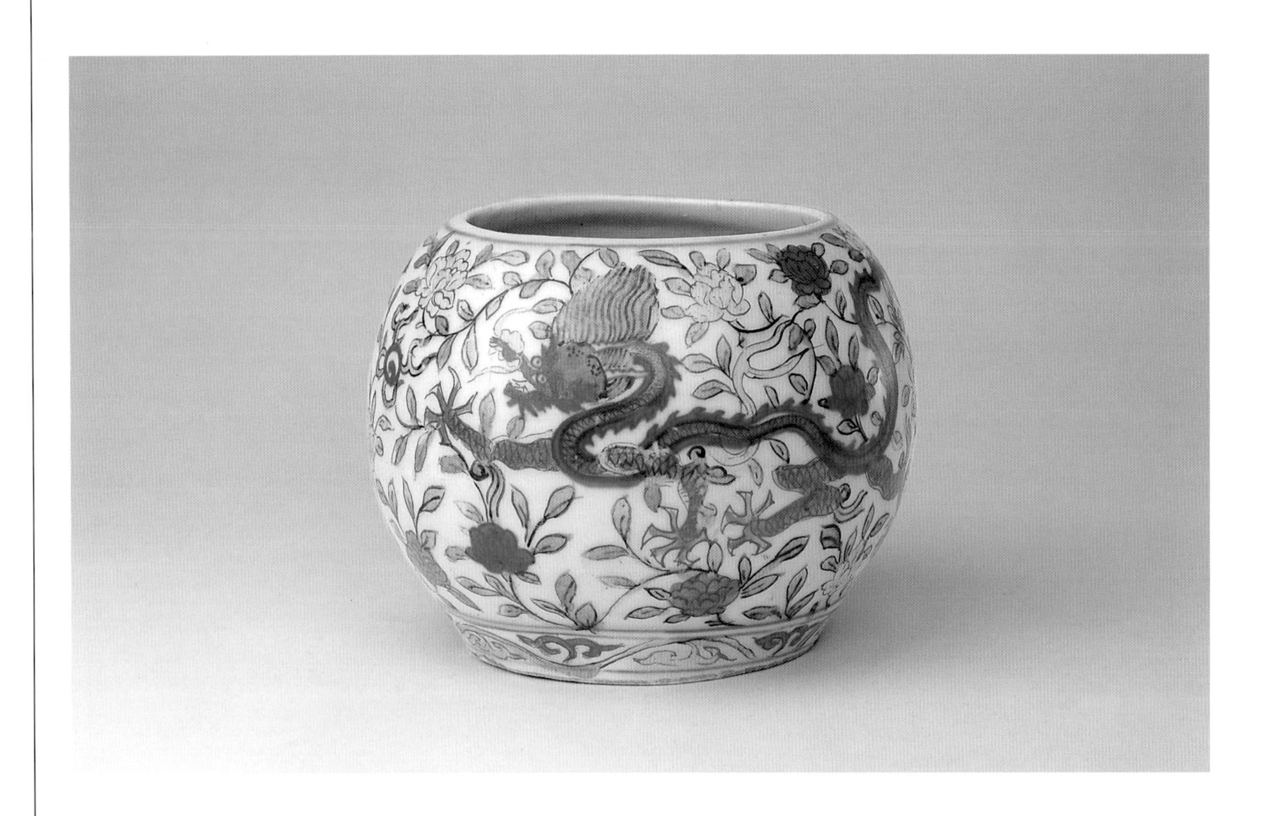

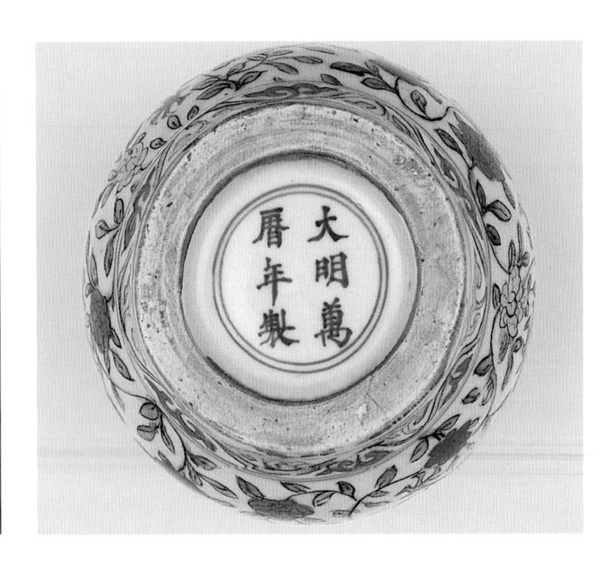

水丞斂口，圓腹，卧足。外壁繪龍穿花紋，二龍作趕珠狀，曲頸引身，張口吐鬚，並雙目圓睜，十分威武。底青花雙圈內雙行楷書“大明萬曆年製”六字款。

此水丞施以紅、黃、綠、黑、青花等常用色彩，但顏色較萬曆其他五彩器淺。在繪畫技法方面，花莖以黑彩單綫勾出，再覆以綠彩，較為獨特。

43

五彩人物紋盤
明萬曆
高2.9厘米　口徑18.9厘米　足徑12.9厘米

Polychrome plate with figure design
Wanli period, Ming Dynasty
Height: 2.9cm　Diameter of mouth: 18.9cm
Diameter of foot: 12.9cm

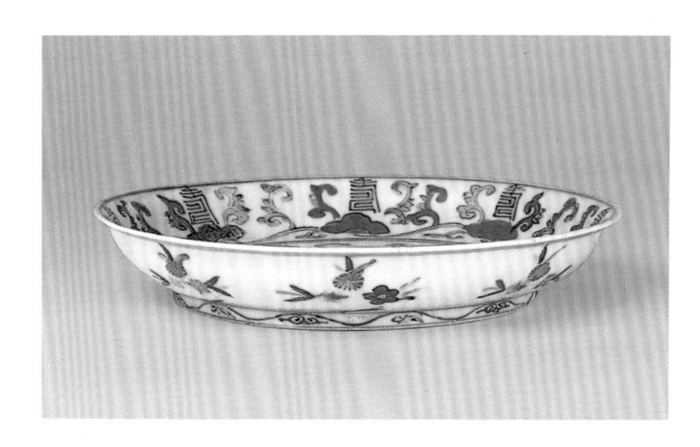

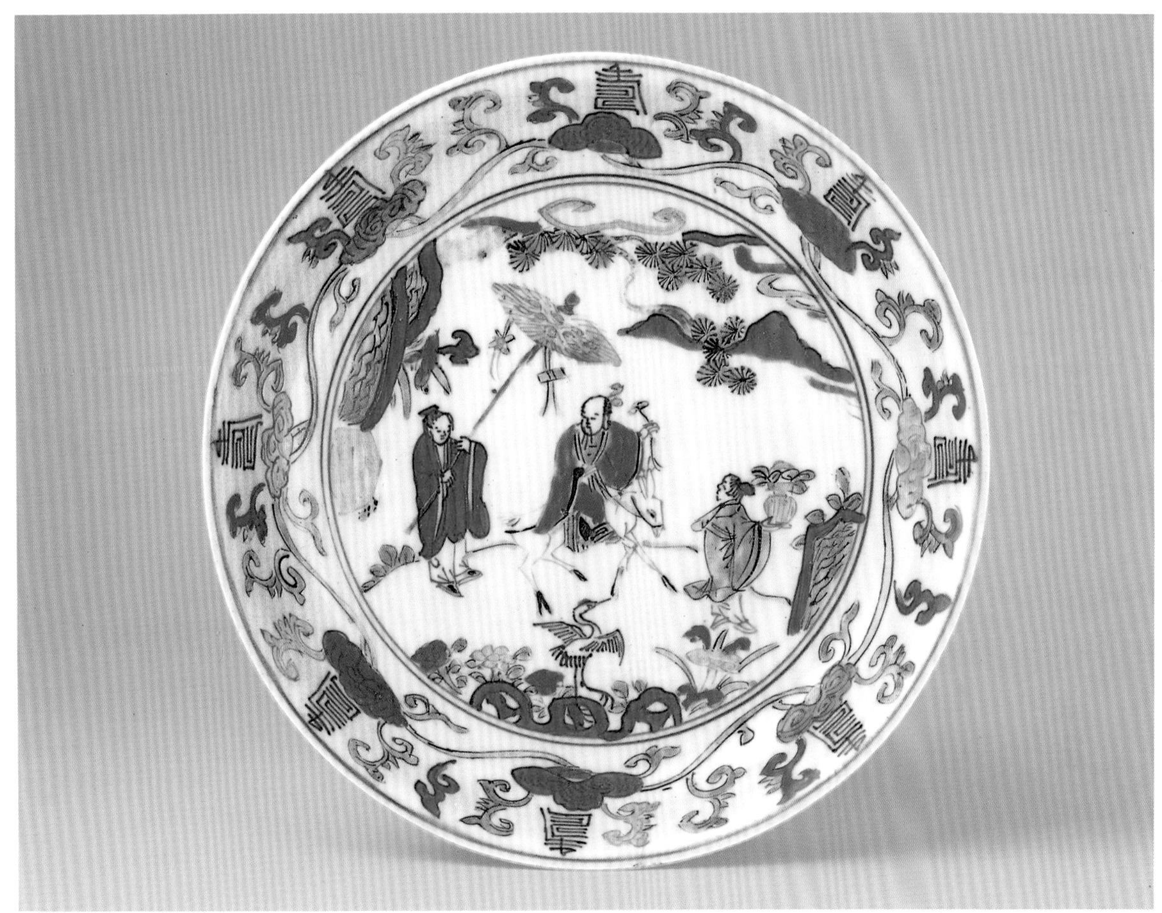

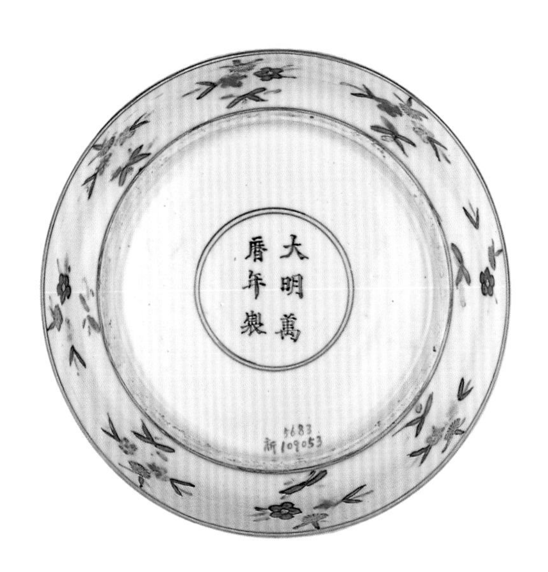

盤撇口，淺腹，圈足。盤心繪仙人祝壽圖，正中一人騎驢，身後一童持傘，驢前一童持花籃，旁有仙鶴起舞，周圍襯以山石、花草、松柏、流雲等。內壁繪纏枝靈芝托八個“壽”字，外壁繪八朵折枝花，足外牆繪捲枝紋一周。底青花雙圈內“大明萬曆年製”六字楷書款。

此盤製作精美，色彩艷麗，人物刻畫維妙維肖，寓意吉祥長壽，為萬曆五彩器的佳作。

44

五彩人物紋盤
明萬曆
高2.5厘米　口徑13.1厘米　足徑7.1厘米

Polychrome plate with figure design
Wanli period, Ming Dynasty
Height: 2.5cm　Diameter of mouth: 13.1cm
Diameter of foot: 7.1cm

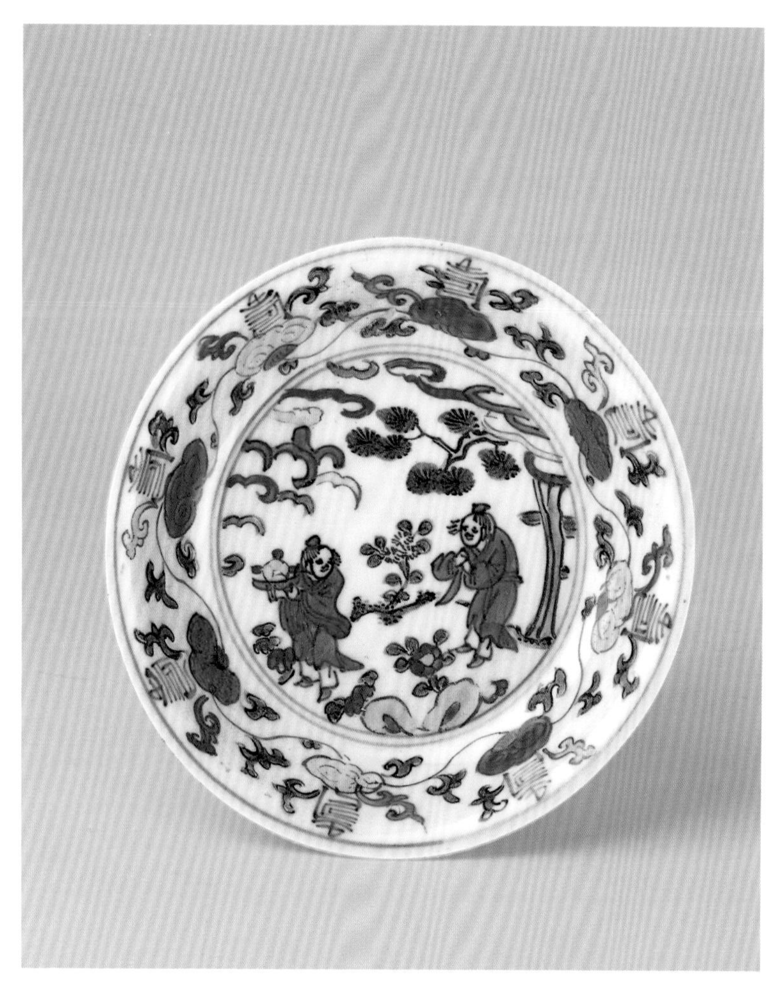

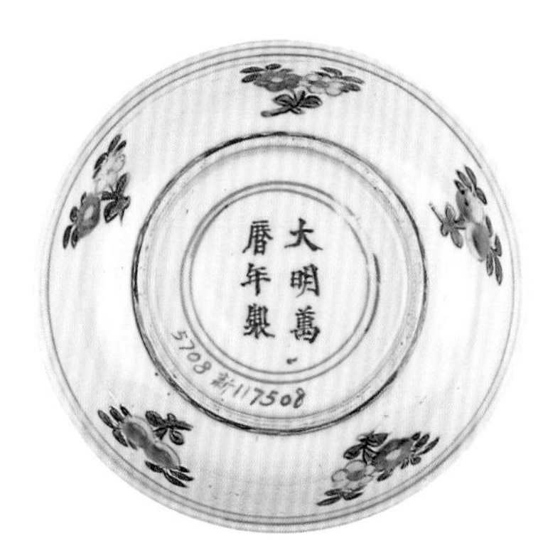

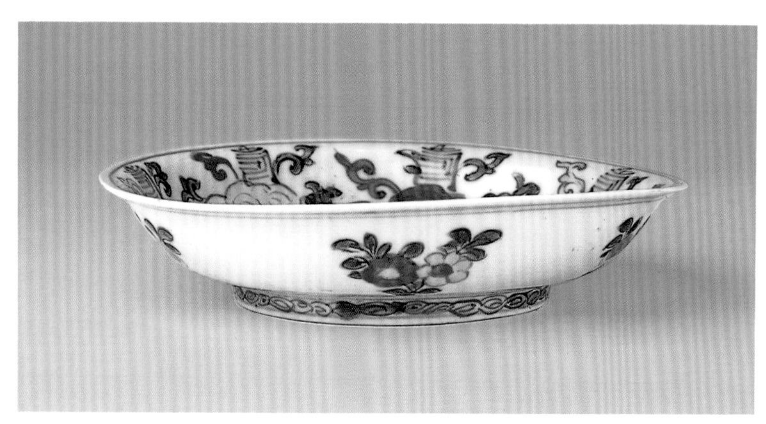

盤撇口，弧壁，圈足。盤心繪二老者，背景襯以流雲、山石和花草樹木。內壁繪纏枝靈芝托八個“壽”字，外壁繪五朵折枝花果紋，足繪變形雲紋一周。外底青花雙圈內楷書“大明萬曆年製”六字款。

此盤釉面泛青，圖案精美，紋飾用黑彩勾邊，再以單綫平塗技法施青花、紅、黃、綠等彩。

45

五彩亭台人物紋盤
明萬曆
高4.5厘米　口徑31.5厘米
足徑21.8厘米

Polychrome plate with design of figures beside a pavilion
Wanli period, Ming Dynasty
Height: 4.5cm
Diameter of mouth: 31.5cm
Diameter of foot: 21.8cm

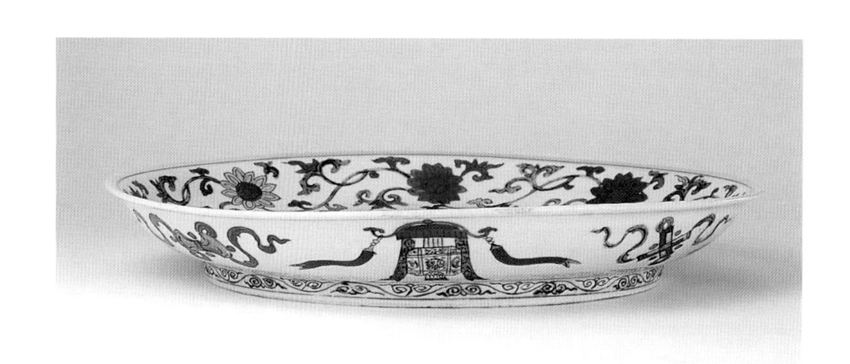

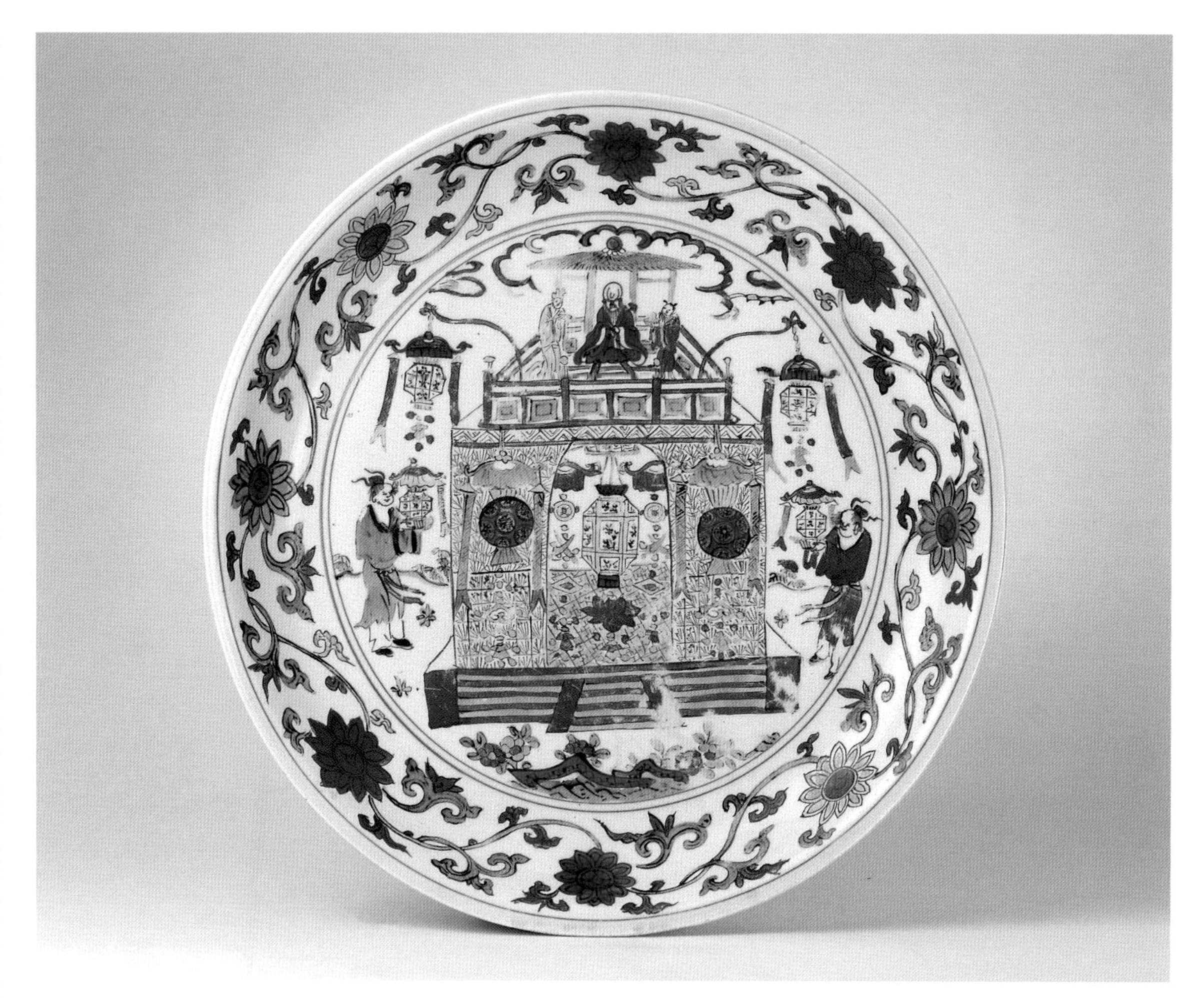

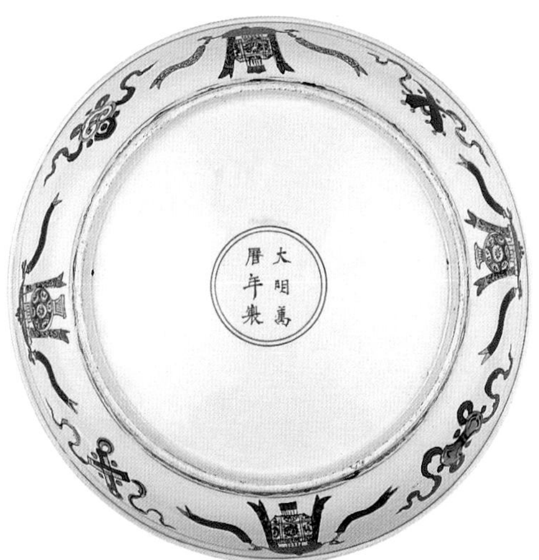

盤撇口，弧壁，圈足。盤心主題紋飾為亭台人物圖，亭台上坐一老壽星，身旁站立二侍從，亭台下兩側各有侍從高舉燈籠。盤內壁繪纏枝蓮花八朵，外壁勻稱地繪燈籠、雜寶紋各四組。外底青花雙圈內楷書“大明萬曆年製”六字款。

此盤紋飾寓意吉祥長壽，色彩濃艷，圖案繁縟，並刻畫得極細緻，是萬曆五彩瓷器中的精品。

46

五彩嬰戲紋盤
明萬曆
高2.8厘米　口徑15.5厘米　足徑8.9厘米

Polychrome plate with design of children at play
Wanli period, Ming Dynasty
Height: 2.8cm　Diameter of mouth: 15.5cm
Diameter of foot: 8.9cm

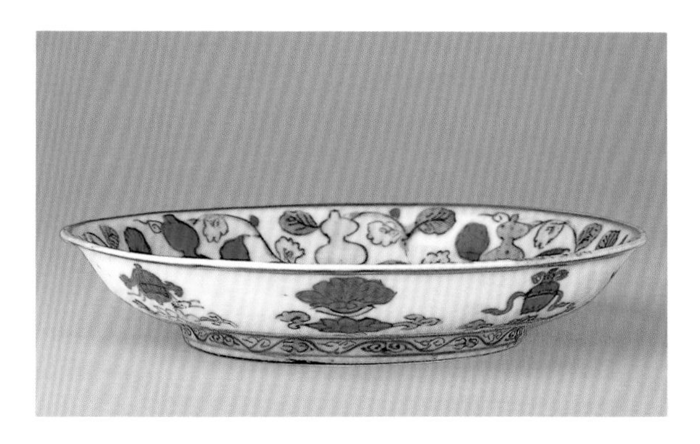

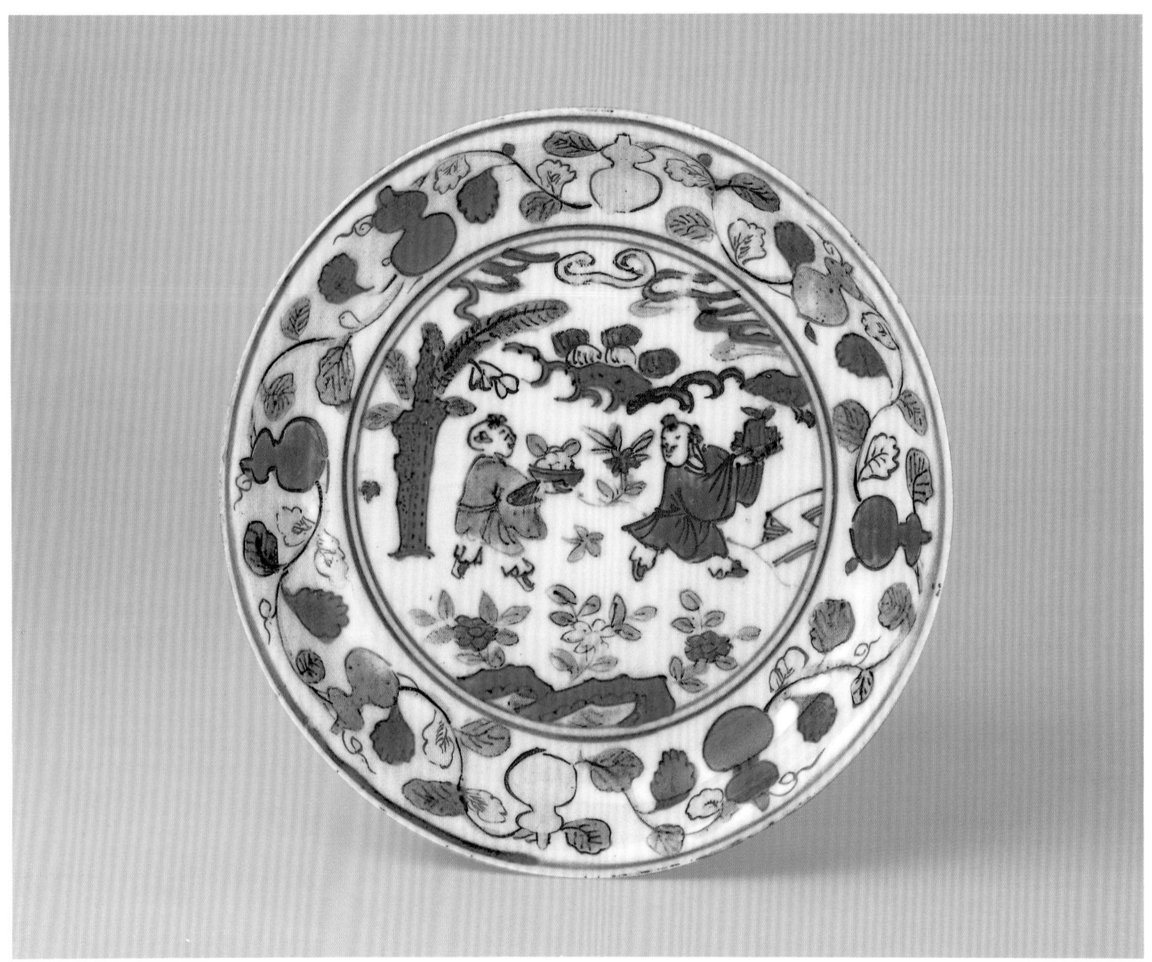

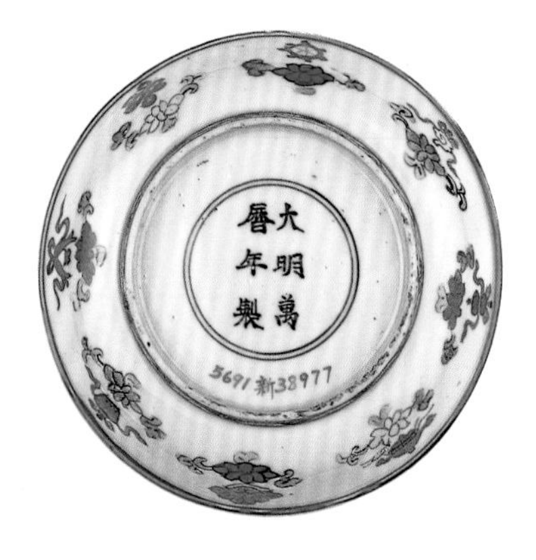

盤撇口，弧壁，圈足。內壁繪纏枝葫蘆八個，盤心繪庭園嬰戲圖，空間襯以山石、朵花、蕉葉紋，外壁繪蓮托八吉祥紋（輪、螺、傘、蓋、花、罐、魚、腸），足繪捲枝紋一周。外底青花雙圈內楷書“大明萬曆年製”六字款。

此盤色彩艷麗，紋飾施以青花、紅、黃、綠等彩。所繪人物如綠衣小童，後腦偏大，具有鮮明的時代特徵。

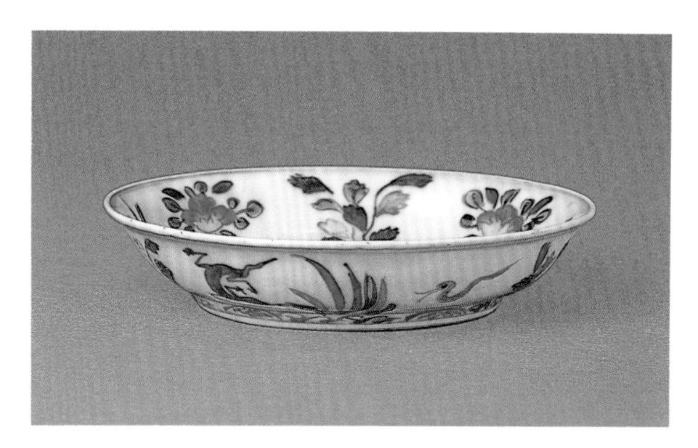

47

五彩人物五毒紋盤
明萬曆
高1.9厘米　口徑10.6厘米　足徑6.6厘米

Polychrome plate with design of a figure killing five poisonous creatures
Wanli period, Ming Dynasty
Height: 1.9cm　Diameter of mouth: 10.6cm
Diameter of foot: 6.6cm

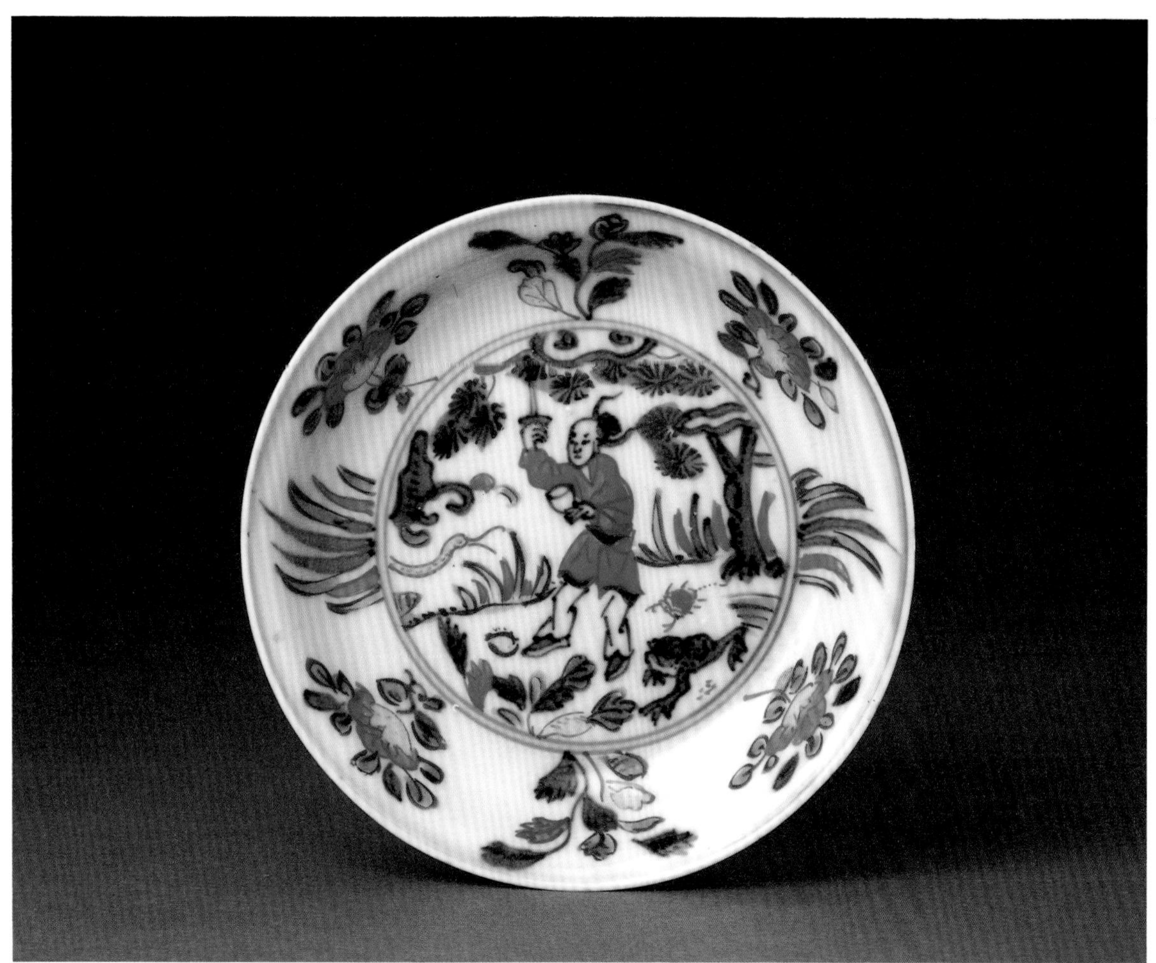

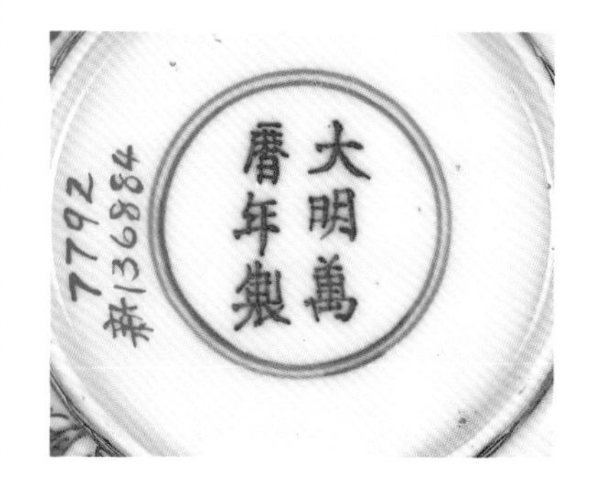

盤口微撇，淺弧壁，圈足。通體以青花五彩為飾。盤心繪張天師斬五毒圖，張天師持劍立於正中，周圍有蟾蜍、蝎子、蛇，背景繪松樹花草。內壁繪折枝花卉一周，外壁繪朵花紋六組，間以蛇、蝎子、蟾蜍、蜈蚣、壁虎等。外底青花雙圈內楷書“大明萬曆年製”六字雙行款。

此盤小巧玲瓏，色彩濃重艷麗，主題紋飾是根據張天師斬五毒而繪，是萬曆五彩瓷器中的傑作。

48

五彩五穀豐登圖盤

明萬曆

高4.1厘米　口徑28.2厘米　足徑19厘米

Polychrome plate with design of bumper harvest of all grains

Wanli period, Ming Dynasty

Height: 4.1cm　Diameter of mouth: 28.2cm

Diameter of foot: 19cm

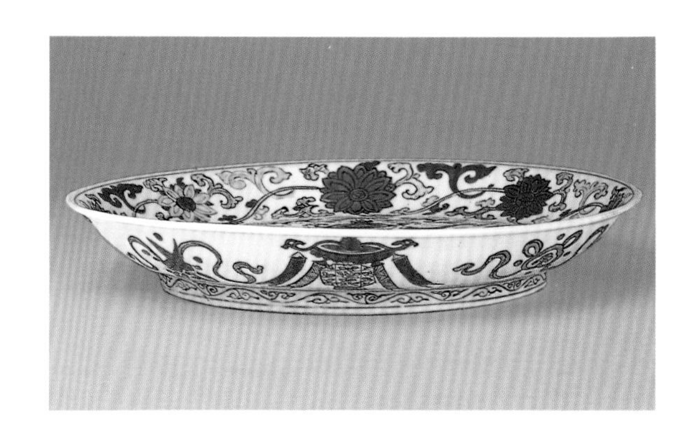

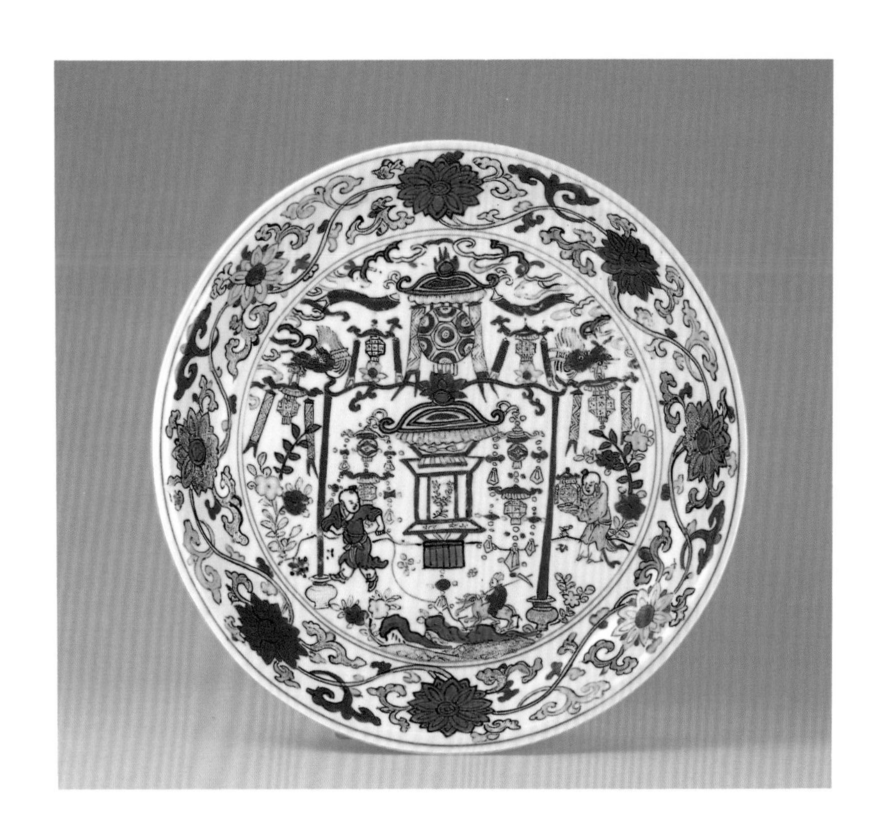

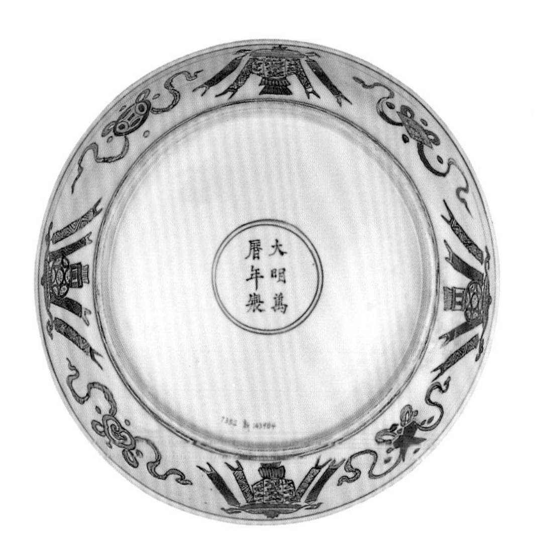

盤為淺形，撇口，圈足。盤心青花雙綫圈內繪一雙龍木架，架上懸掛各式燈籠，其下一老僧騎象，旁有二侍從，地上山石花草雜陳其間。內壁繪纏枝蓮八朵，外壁繪燈籠及八寶紋飾各四組，足外牆捲枝紋一周。外底青花雙圈內楷書“大明萬曆年製”六字雙行款。

從紋飾內容分析，此盤所表現的當是人們借“風燈”與“豐登”之諧音，寓意五穀豐登、豐衣足食的美好願望。紋飾構圖飽滿，繪畫極為工細，用色豐富考究，代表了明萬曆時期五彩瓷器的工藝水平。

49

五彩龍穿花紋盤

明萬曆
高7.2厘米　口徑47厘米　足徑28.1厘米
清宮舊藏

Polychrome plate with design of dragon amidst flowers
Wanli period, Ming Dynasty
Height: 7.2cm　Diameter of mouth: 47cm
Diameter of foot: 28.1cm
Qing Court collection

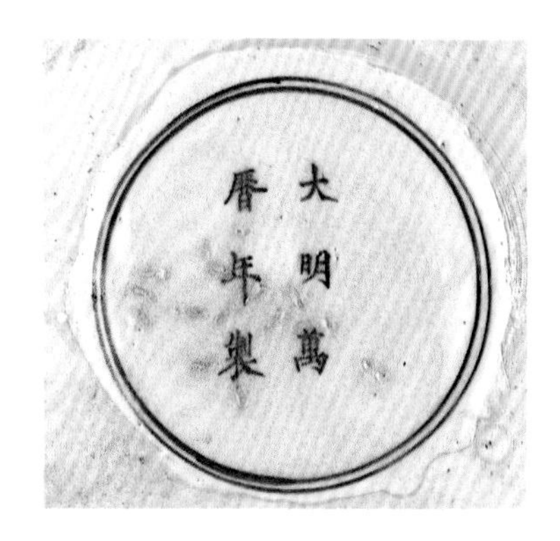

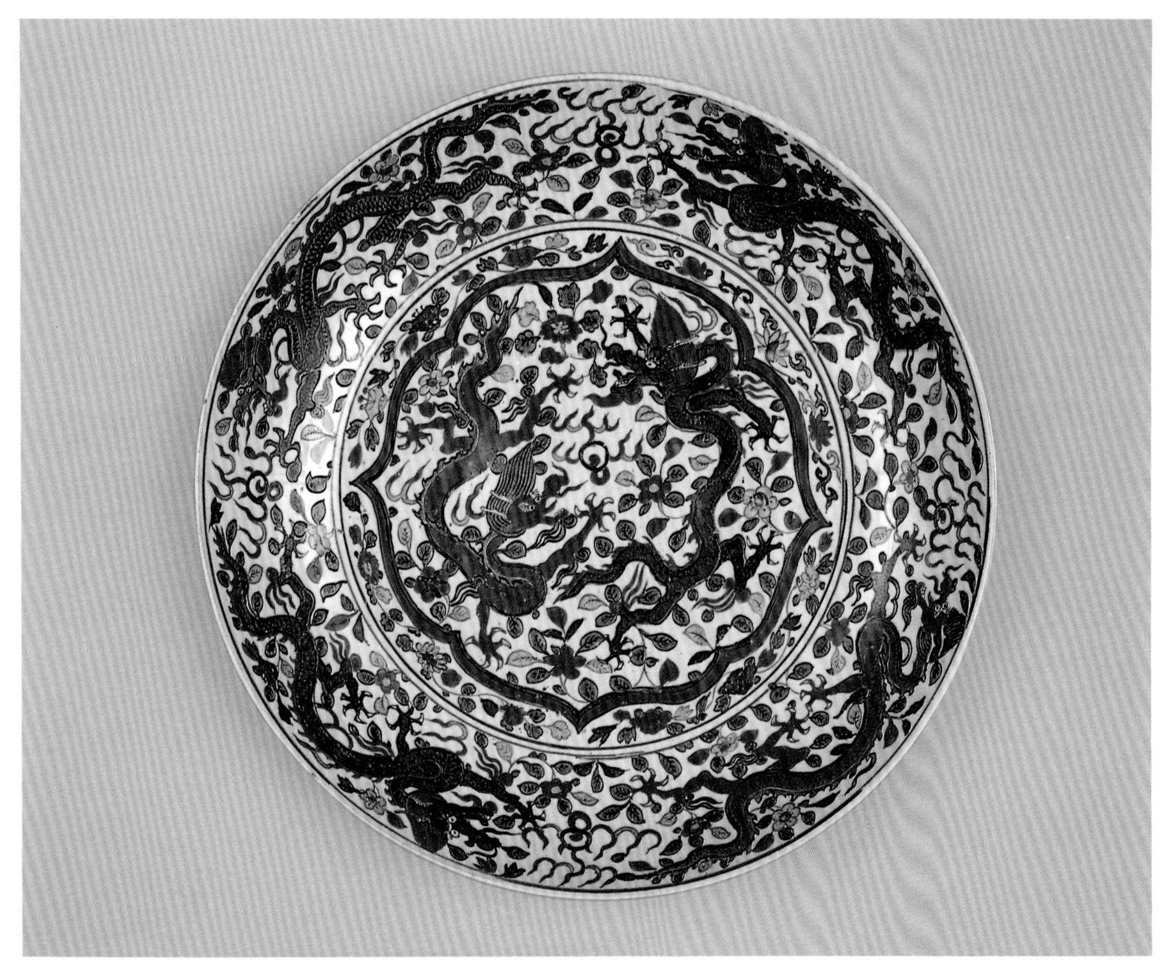

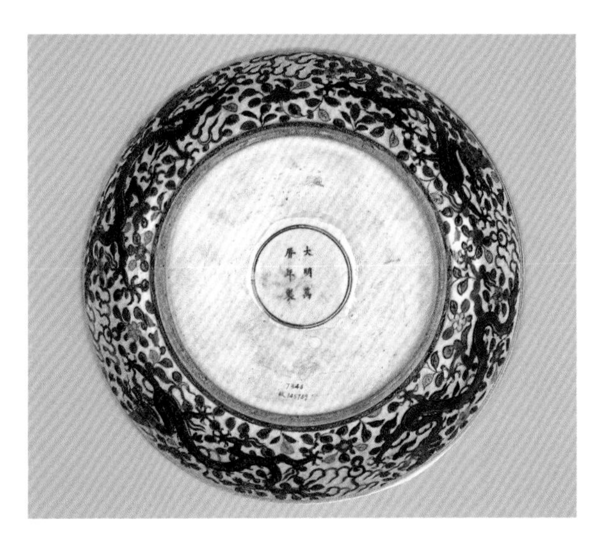

盤敞口，淺腹，圈足，細白沙底。此盤主體紋飾俗稱龍穿花，所繪四行龍相互追逐戲珠，姿態生動。盤外壁紋飾與內壁相同，只是四行龍穿花方向相反。盤心雙圈與菱形開光間以纏枝蓮、菊花、牡丹及牽牛花等陪襯戲珠雙龍紋。底中心施以亮白釉，白釉上青花雙圈內楷書“大明萬曆年製”六字款。

此盤構圖飽滿，畫面突出紅彩，艷麗奪目，為萬曆五彩瓷器中之精品。

50

五彩龍鳳紋盤

明萬曆
高4.3厘米　口徑23.8厘米
足徑15.7厘米

Polychrome plate with design of dragon and phoenix

Wanli period, Ming Dynasty
Height: 4.3cm
Diameter of mouth: 23.8cm
Diameter of foot: 15.7cm

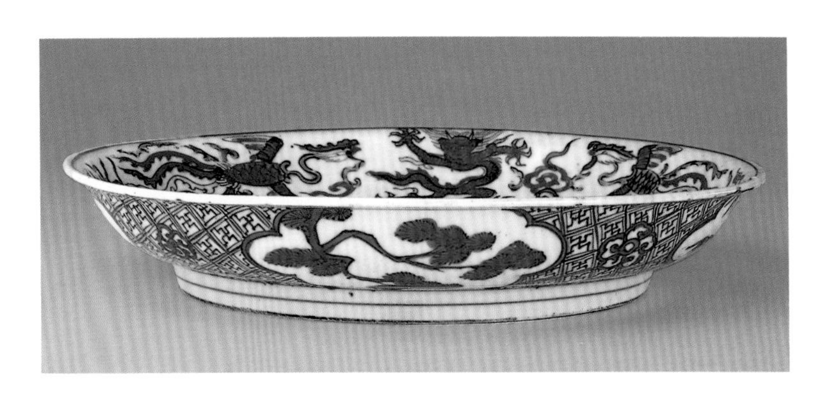

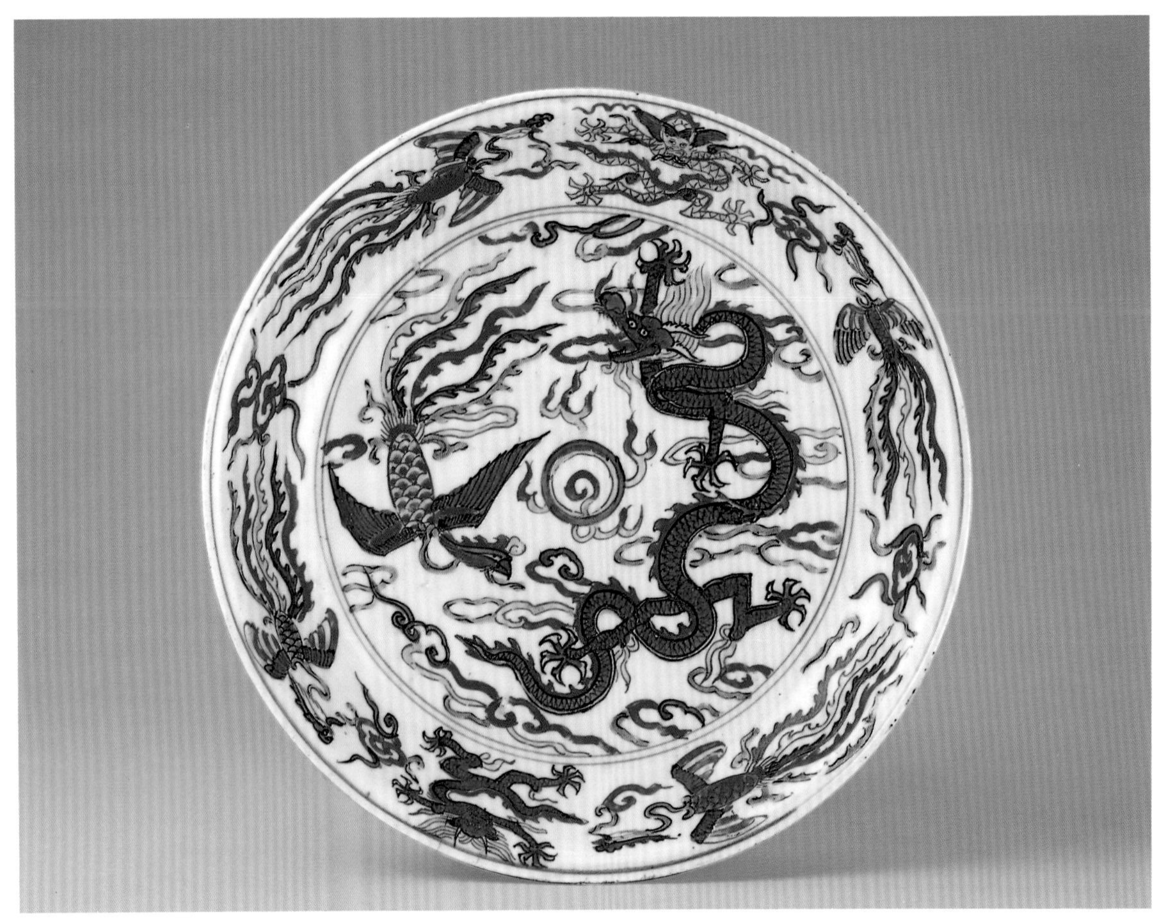

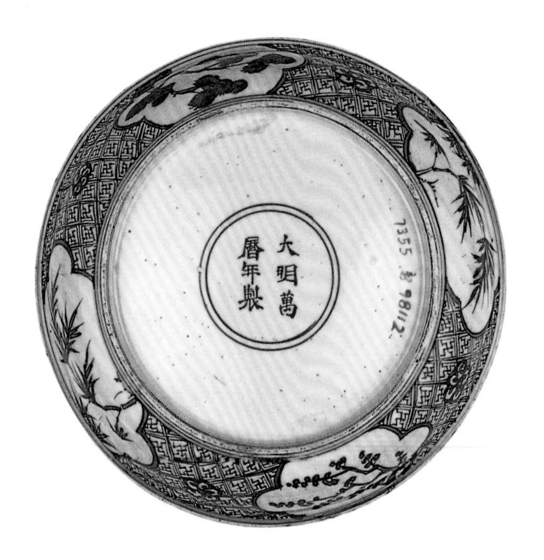

盤撇口，弧腹，圈足。盤以龍鳳紋裝飾，內壁彩繪龍鳳戲珠彩雲紋，盤心青花雙圈內繪一對龍鳳騰躍於祥雲瑞靄之間，外壁青花繪纏枝蓮花紋。外底青花雙圈內楷書“大明萬曆年製”六字雙行款。

此盤紋飾含有龍主陽為天、鳳主陰為地之意。從此一主體圖案以及周邊襯景的華麗富貴，可斷定此盤為明代宮中帝王御用之物。此器紋飾、構圖精巧別致，色彩華麗明艷，製作精細，是明代宮中御用五彩瓷器中的一件代表性作品。

51

五彩盆花紋碟
明萬曆
高1.5厘米　口徑8.6厘米
足徑4.3厘米

Polychrome dish with potted-flower design
Wanli period, Ming Dynasty
Height: 1.5cm
Diameter of mouth: 8.6cm
Diameter of foot: 4.3cm

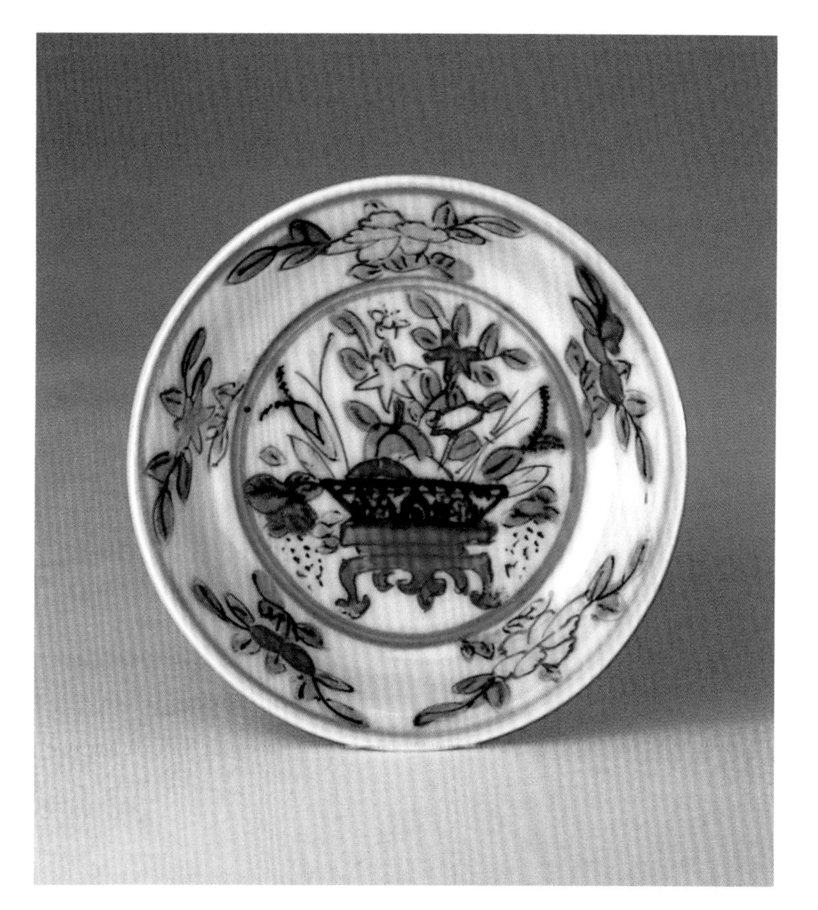

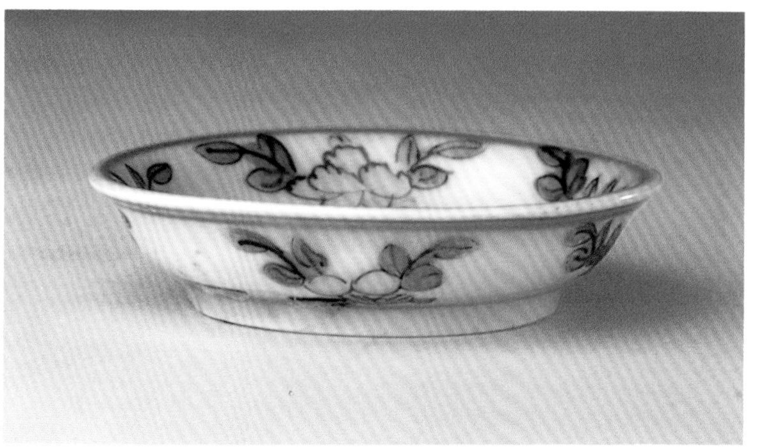

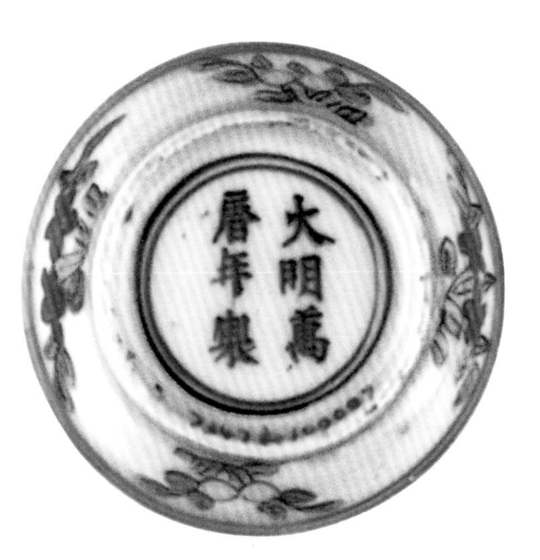

碟為淺式，敞口，口沿外撇，盤心平坦，圈足。盤心雙圈內畫一几，上面擺放花卉盆景，紋飾施以紅、綠、黃、青花、黑等色，內外壁均繪折枝花，並以青花弦綫裝飾口沿。足底白釉上青花雙圈內楷書“大明萬曆年製”六字雙行款。

此盤造型小巧玲瓏，色彩艷而不俗，款識書寫頓挫轉折，勁健有力。

52

五彩人物紋碗
明萬曆
高3.1厘米　口徑9.6厘米　足徑4.6厘米
清宮舊藏

Polychrome bowl with figure design
Wanli period, Ming Dynasty
Height: 3.1cm　Diameter of mouth: 9.6cm
Diameter of foot: 4.6cm
Qing Court collection

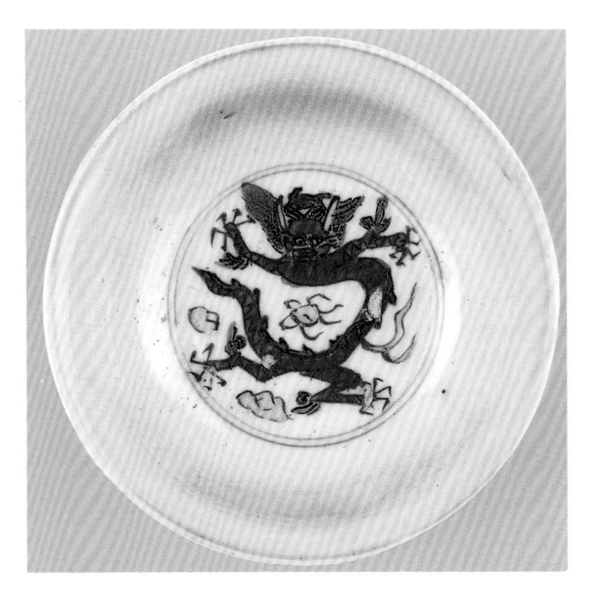

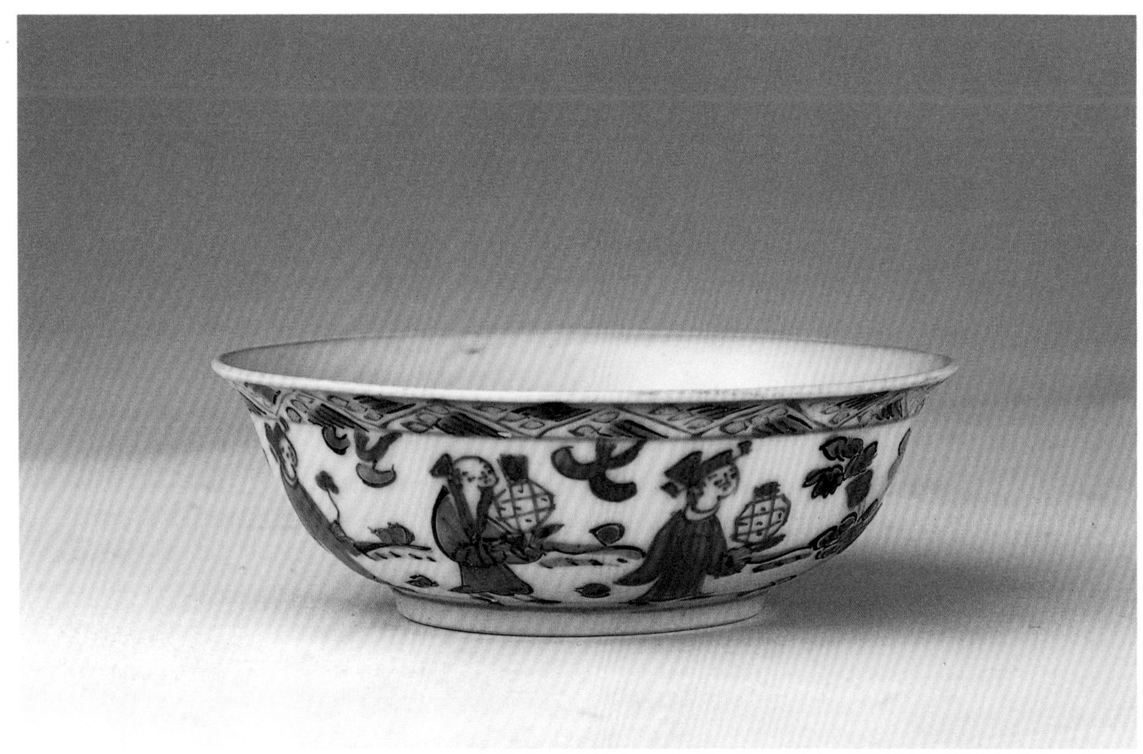

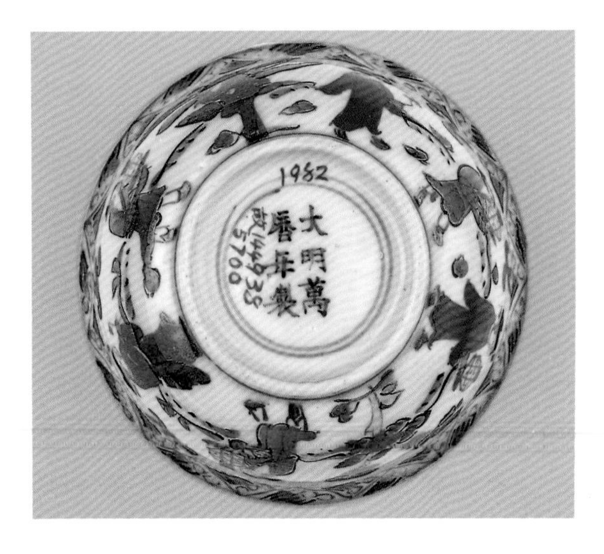

碗撇口，弧壁，圈足。碗心繪正面紅龍一條，外壁以菱形花紋作邊飾，繪六人，手捧靈芝或燈籠，周圍襯以花草樹木。外底青花雙圈內楷書“大明萬曆年製”六字款。

萬曆五彩瓷題材廣泛，既有花卉、動物，也有文字、宗教題材和山水風景，而反映現實生活的人物畫也較為常見。此碗即以人物為題材，畫面主題鮮明，寓意吉祥。

53

五彩人物圖碗

明万歷

高7.1厘米　口徑16.5厘米　足徑6.3厘米

Polychrome bowl with figure design

Wanli period, Ming Dynasty

Height: 7.1cm　Diameter of mouth: 16.5cm

Diameter of foot: 6.3cm

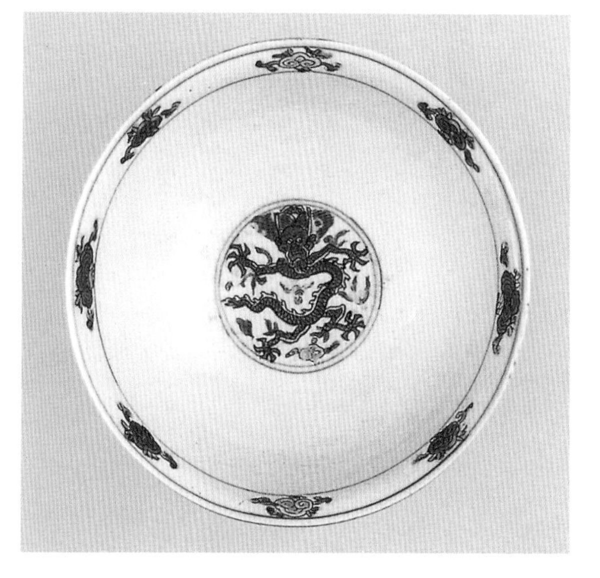

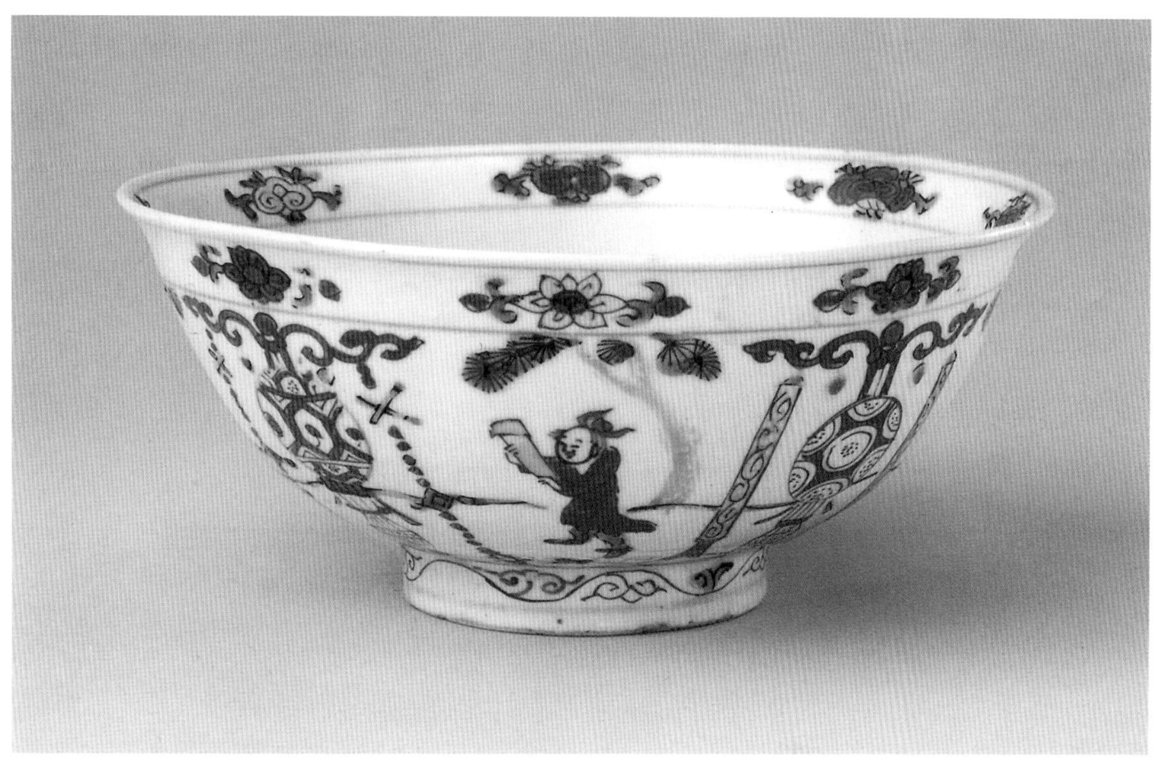

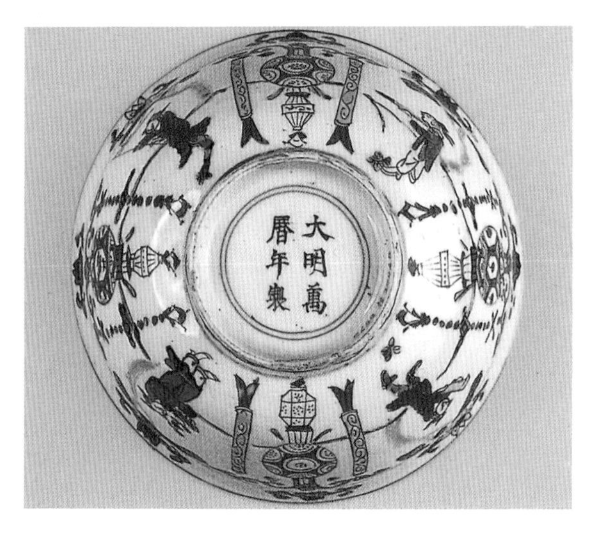

碗撇口，深弧腹，圈足。內、外以青花五彩裝飾。碗心青花雙圈內繪雲龍紋，外壁繪四燈籠，間以松下人物。人物或托盆花，或觀畫，或舉旗。內外壁分別以折枝靈芝及折枝蓮花作邊飾。圈足外牆繪卷枝紋，底書青花雙圈“大明万歷年製”六字雙行楷書款。

54

五彩魚蓮紋碗
明萬曆
高9厘米　口徑21.2厘米　足徑9.2厘米
清宮舊藏

Polychrome bowl with fish and lotus design
Wanli period, Ming Dynasty
Height: 9cm　Diameter of mouth: 21.2cm
Diameter of foot: 9.2cm
Qing Court collection

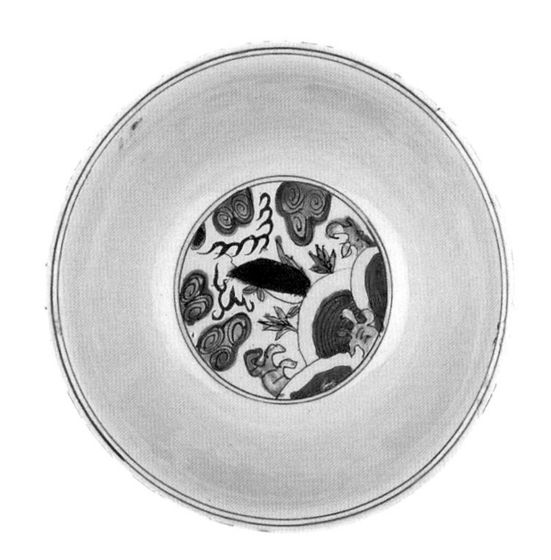

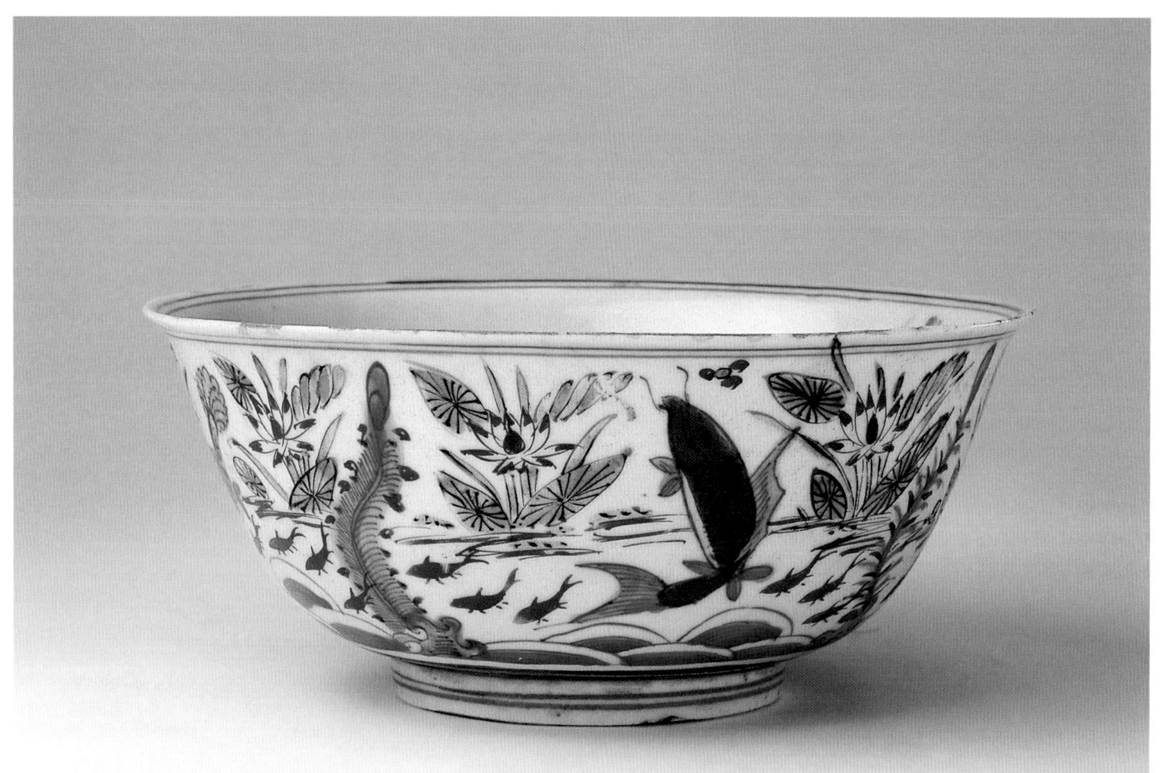

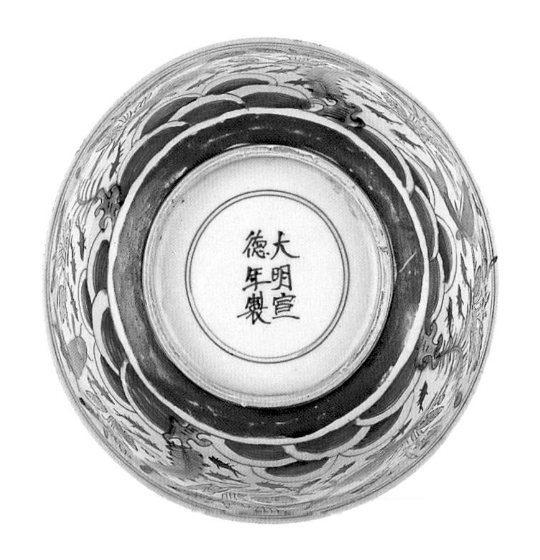

碗撇口，深腹，圈足。碗心繪五彩魚藻紋，外壁為相同題材，以青花描繪海水，紅彩繪畫鯖、鮊、鯉、鱖四種魚，蓮花施綠彩。除常見的青花雙弦綫外，近底處亦有紅彩弦綫作邊飾。外底青花雙圈內楷書“大明宣德年製”六字仿款。

魚是萬曆瓷器中常用的一種紋飾，既可作主題紋飾，亦可作輔助，寓意“富貴有餘”、“年年有餘”。

55

黃地五彩雲龍紋盤
明萬曆
高3厘米　口徑14.7厘米　足徑9.2厘米
清宮舊藏

Polychrome plate with dragon and cloud design over a yellow ground
Wanli period, Ming Dynasty
Height: 3cm　Diameter of mouth: 14.7cm
Diameter of foot: 9.2cm
Qing Court collection

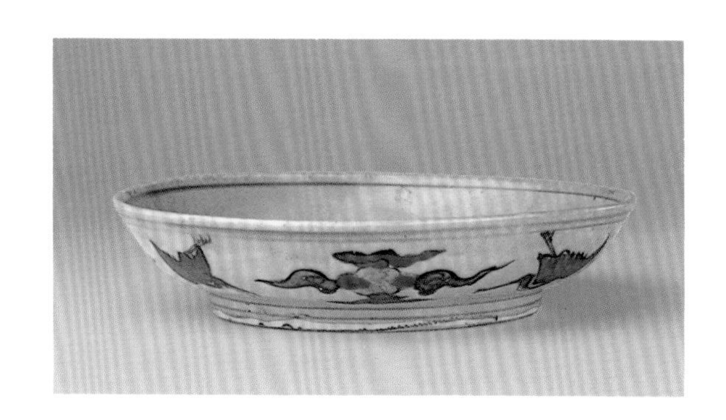

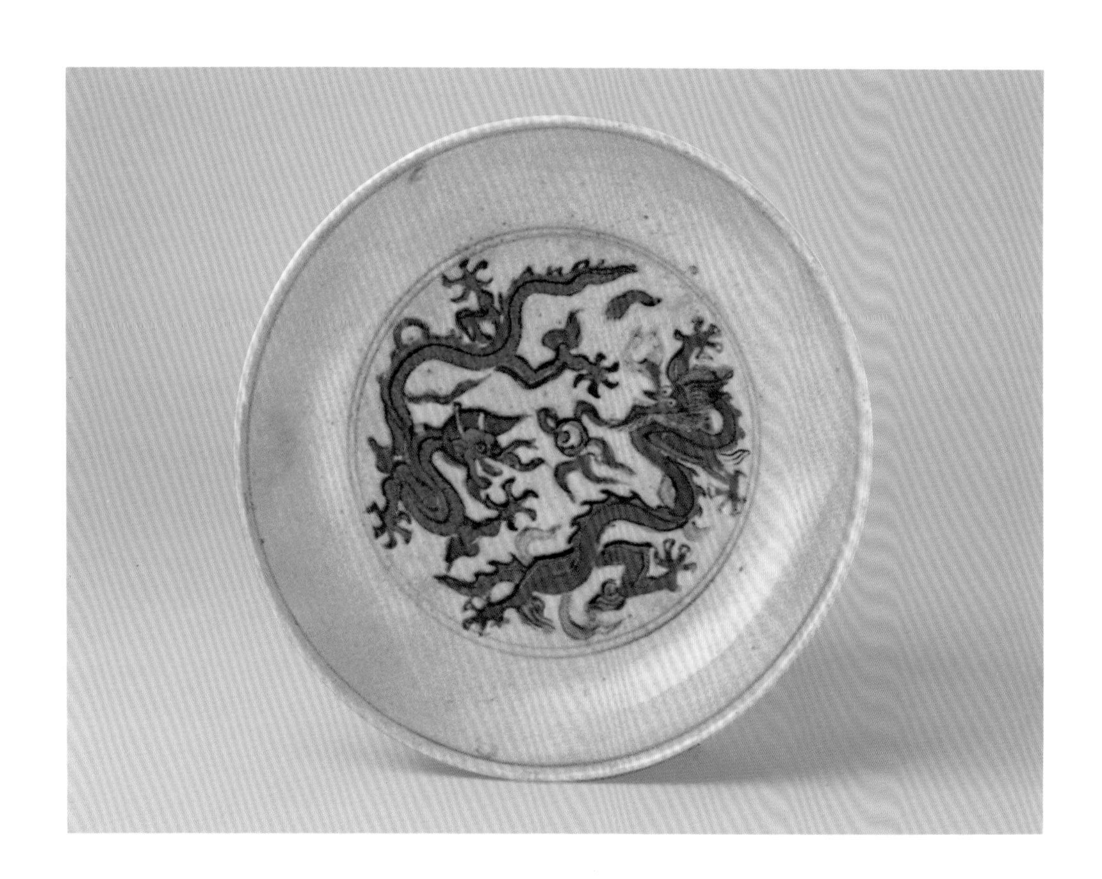

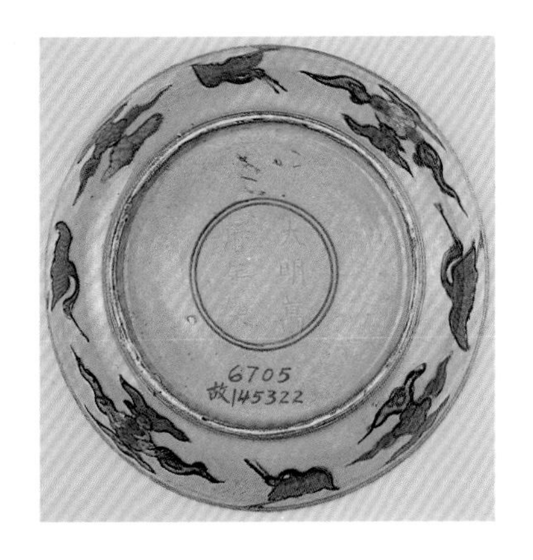

盤敞口，弧壁，圈足。裏、外黃釉地五彩裝飾，盤心繪二龍戲珠紋，外壁飛鶴與朵雲相間排列。外底黃釉地青花雙圈內暗刻“大明萬曆年製”六字雙行楷書款。

萬曆五彩瓷多以白釉為地，黃地繪五彩的器物尚不多見，此品種為萬曆朝所獨有，是由黃釉青花所衍生。其作法可能是先燒成青花紋飾，再以紅、綠、黑彩於釉上描繪紋飾，最後於空白處填以黃釉。與白釉五彩相比，黃地五彩具有含蓄柔和的藝術效果。此盤不僅設色精美，而且筆法工細，並寓意吉祥長壽。

56

五彩鏤空雲鳳紋瓶
明萬曆
高49.5厘米　口徑15厘米　足徑17.2厘米
清宮舊藏

Polychrome vase with design of phoenix and clouds in open work
Wanli period, Ming Dynasty
Height: 49.5cm　Diameter of mouth: 15cm
Diameter of foot: 17.2cm
Qing Court collection

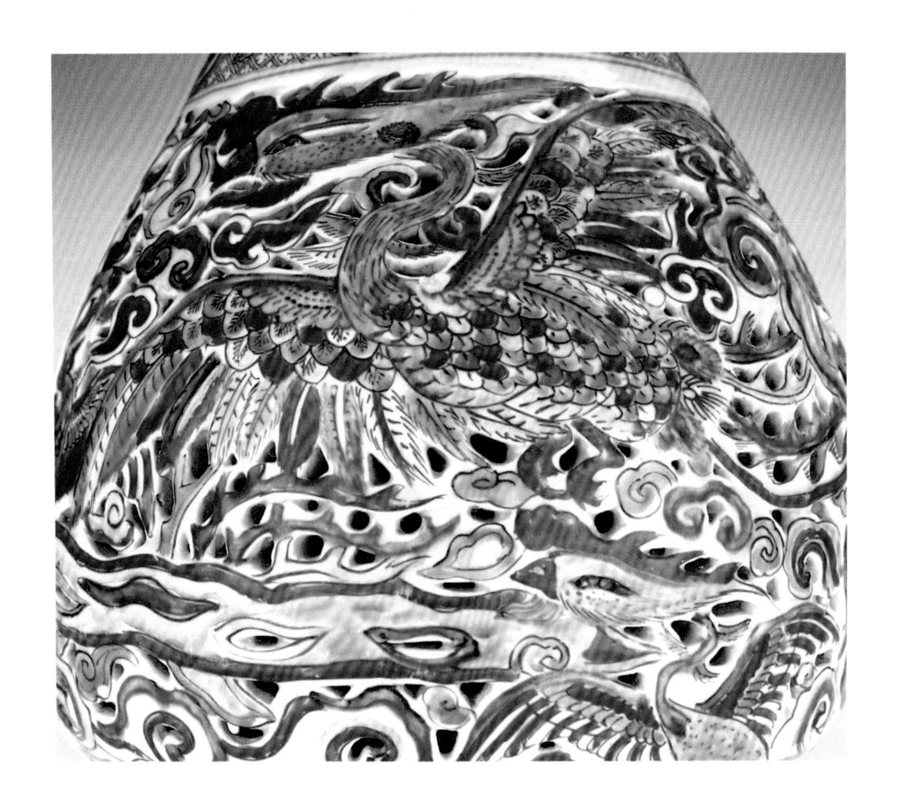

瓶洗口，長頸，兩側置獅面耳，長圓腹，圈足。此器運用鏤雕與彩繪相結合的裝飾手法，所繪紋飾有七層。洗口鏤雕雲頭紋一周，施以紅、黃、青花三色。頸部紅彩錦地紋，鏤雕蝴蝶、花果並繪蕉葉紋。前後頸以青花對稱書寫兩“壽”字，下繪錦地如意頭及雜寶，腹部鏤雕鳳鳥，近底處鏤雕開光並繪以朵花、雜寶。無款識。

此瓶製作工藝十分複雜，鏤雕紋飾繁而不亂，與施彩搭配得巧妙和諧，用紅、黃、綠、青花、孔雀綠、赭、紫、黑諸多色彩把整個器物烘托得艷麗華美，特別是九隻展翅翻飛的鳳鳥格外美麗傳神，有呼之欲出之感。此瓶尚有一獨特處，即獅面耳對稱附於瓶頸兩側，獅鼻處可穿環。此瓶無論造型設計、鏤雕工藝水平或施彩用色方法都屬上乘，是一件難得的藝術珍品。

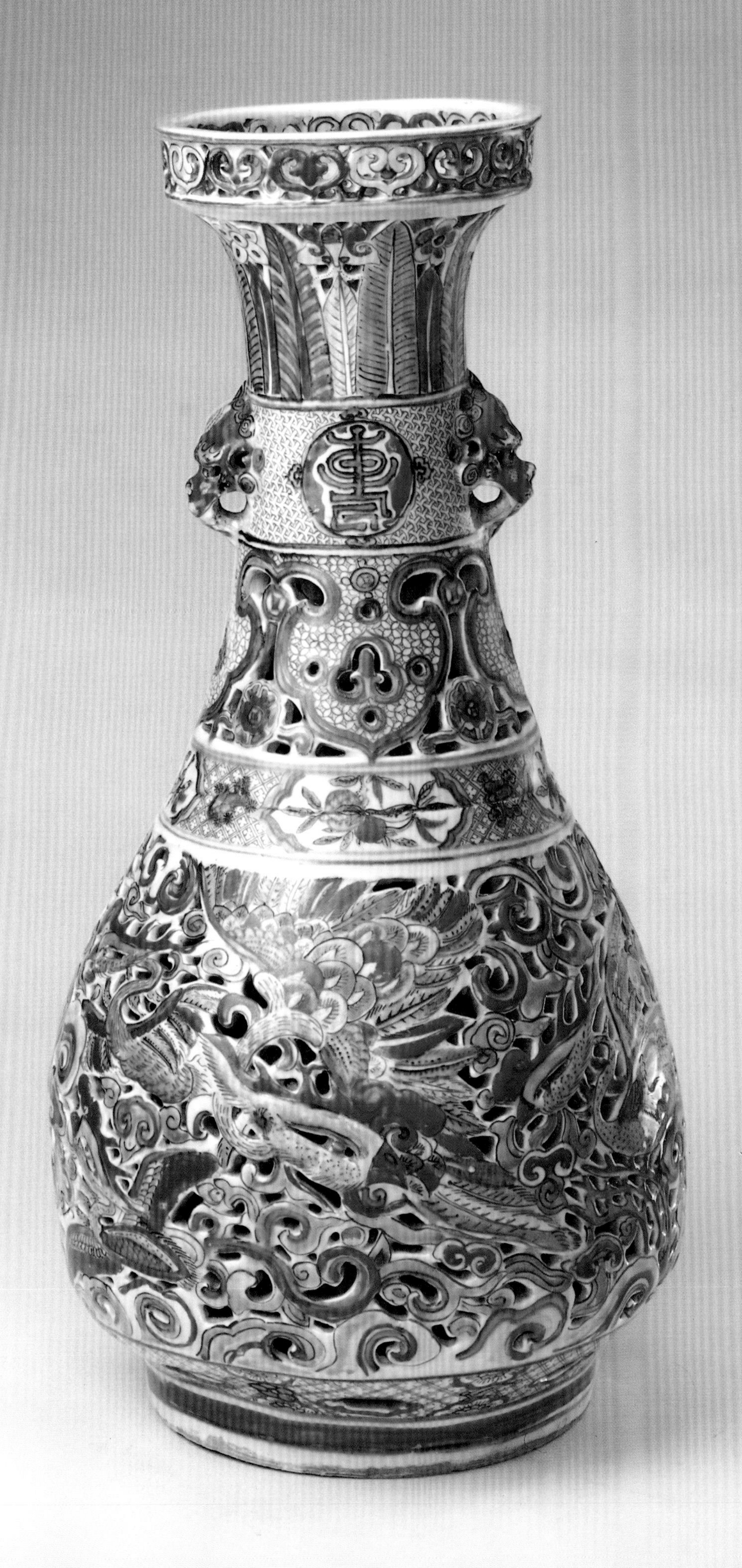

57

五彩人物紋海棠式盤

明天啟
高2.3厘米　口徑18.2/11.7厘米
足徑14.8/8厘米

Polychrome begonia-flower-shaped plate with figure design

Tianqi period, Ming Dynasty
Height: 2.3cm
Diameter of mouth: 18.2/11.7cm
Diameter of foot: 14.8/8cm

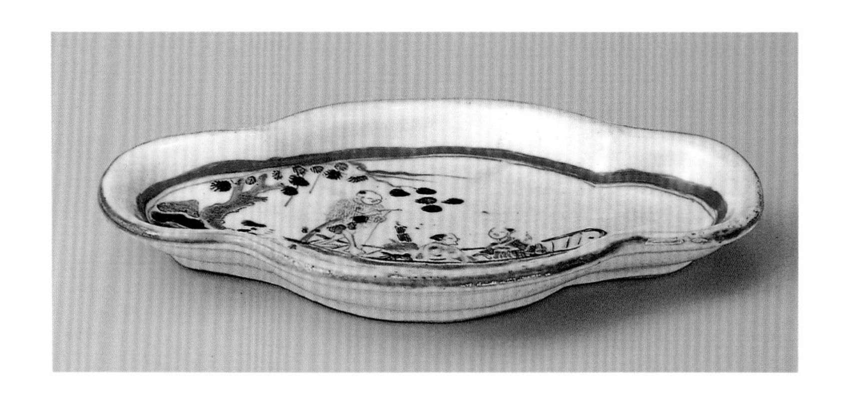

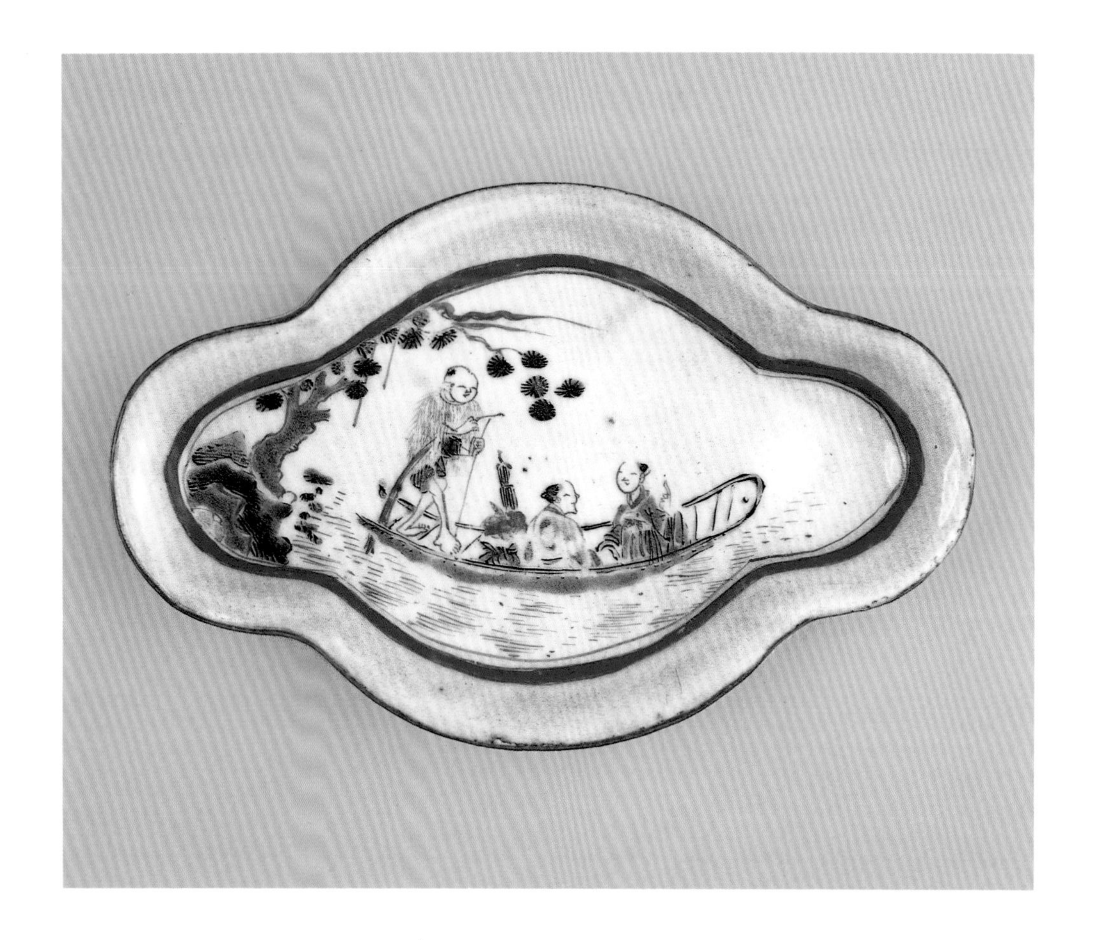

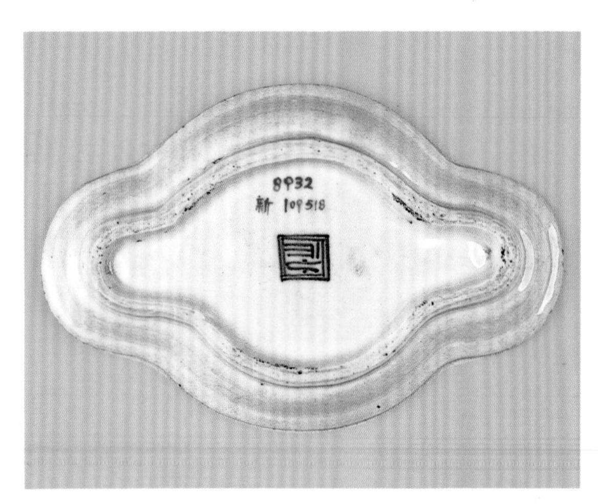

盤為海棠式，敞口，淺腹，圈足。口沿施醬色釉，盤心紅彩海棠式開光，內繪一船夫在江中划船，船上坐有二人交談，岸邊襯以松樹、山石。外底有青花花押款。

此盤人物描繪生動傳神，色彩艷麗，以紅彩為主，黑、綠彩作點綴，是天啟五彩瓷器中的典型作品。

58

五彩人物紋菱形盤
明天啟
高2.8厘米　口徑18.5/14厘米　足徑11.5/8厘米

Polychrome rhombus plate with figure design
Tianqi period, Ming Dynasty
Height: 2.8cm　Diameter of mouth: 18.5/14cm
Diameter of foot: 11.5/8cm

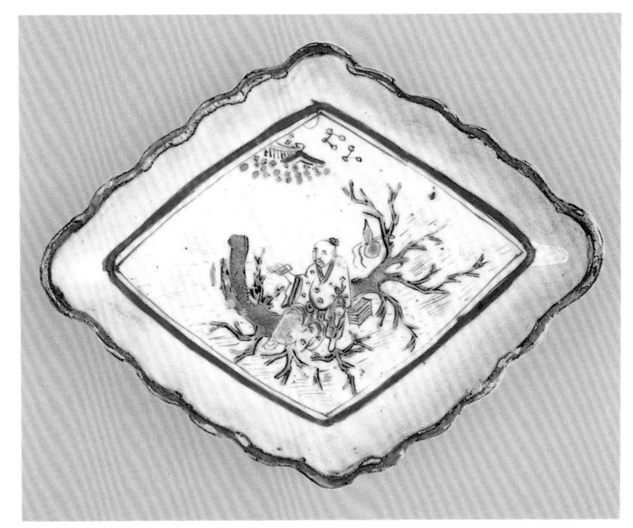

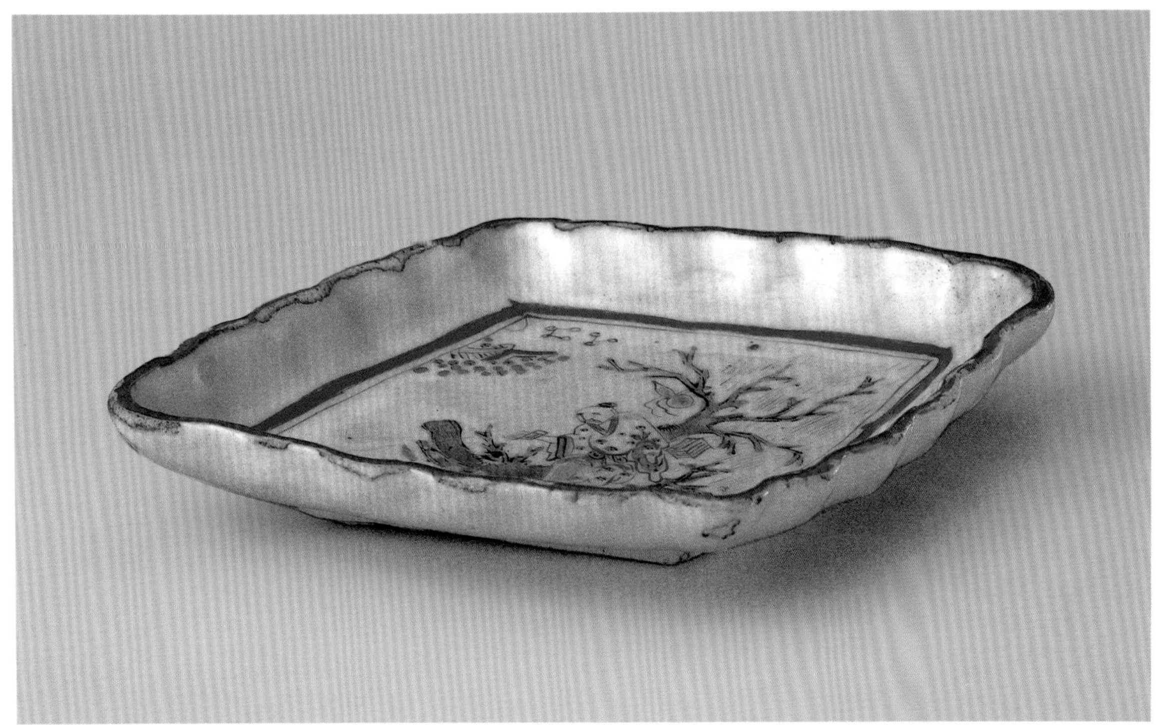

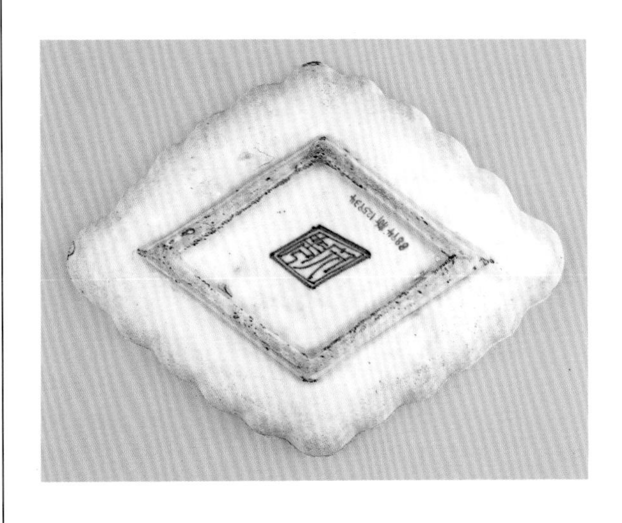

盤為菱形，花瓣式口，淺壁，菱形底。外壁白釉無紋飾。盤心五彩裝飾，菱形開光內繪一高士坐木槎上，周圍襯以海水。外底為花押款。

此盤造型別致，紋飾簡明，釉色雖以紅彩為主，而兼施綠彩，但整體色彩淡雅，時代特徵明顯。

59

五彩洞石花卉紋筒式瓶

清順治

高20.7厘米　口徑5.1厘米　底徑5.9厘米

Polychrome cylindrical vase with design of rocks and flowers

Shunzhi period, Qing Dynasty

Height: 20.7cm　Diameter of mouth: 5.1cm

Diameter of foot: 5.9cm

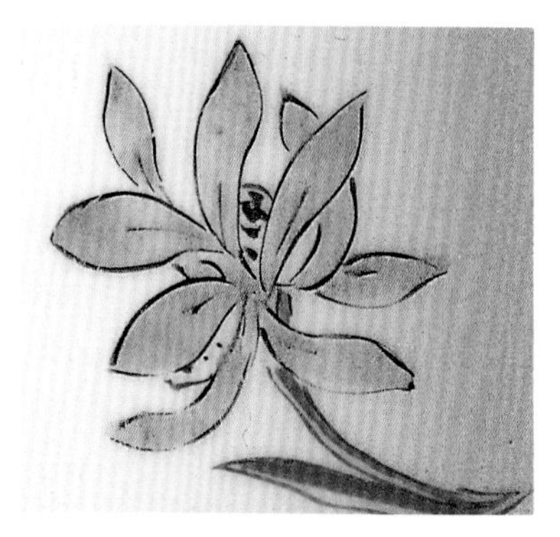

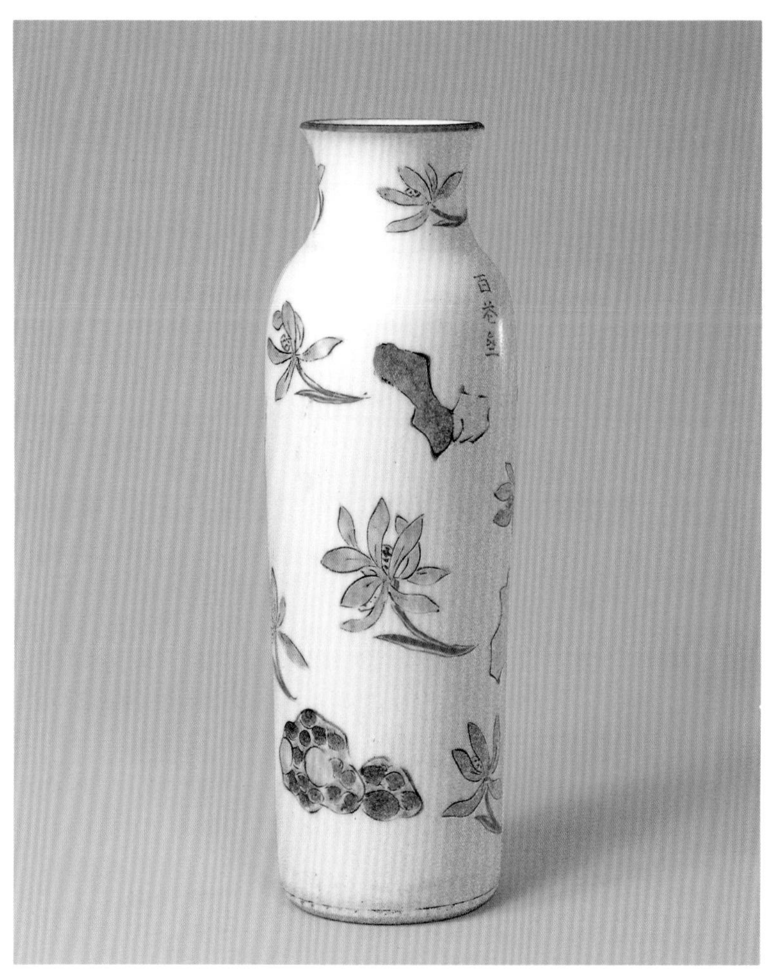

瓶口微撇，束頸，筒腹，平底略內凹。口沿塗醬色釉。內施白釉，外壁五彩裝飾，外底無釉。此瓶主要紋飾為洞石和折枝花卉，呈散點式佈局。圖案多以褐彩勾綫，折技花均以紅彩繪花莖、花心，綠彩繪花瓣，山石則施以淡黃、草綠、淡紫等彩，肩部有紅彩楷書“百花齋”豎行款。

筒式瓶的雛形出現於明萬曆時，是清順治、康熙時最為流行的器型。“百花齋”是順治瓷器上特有的堂名款。

60

五彩錦地開光花卉紋筒式瓶

清順治

高36.1厘米　口徑11.3厘米

足徑11厘米

Polychrome cylindrical vase with design of flowers within reserved panels over a brocade ground in open work

Shunzhi period, Qing Dynasty

Height: 36.1cm

Diameter of mouth: 11.3cm

Diameter of foot: 11cm

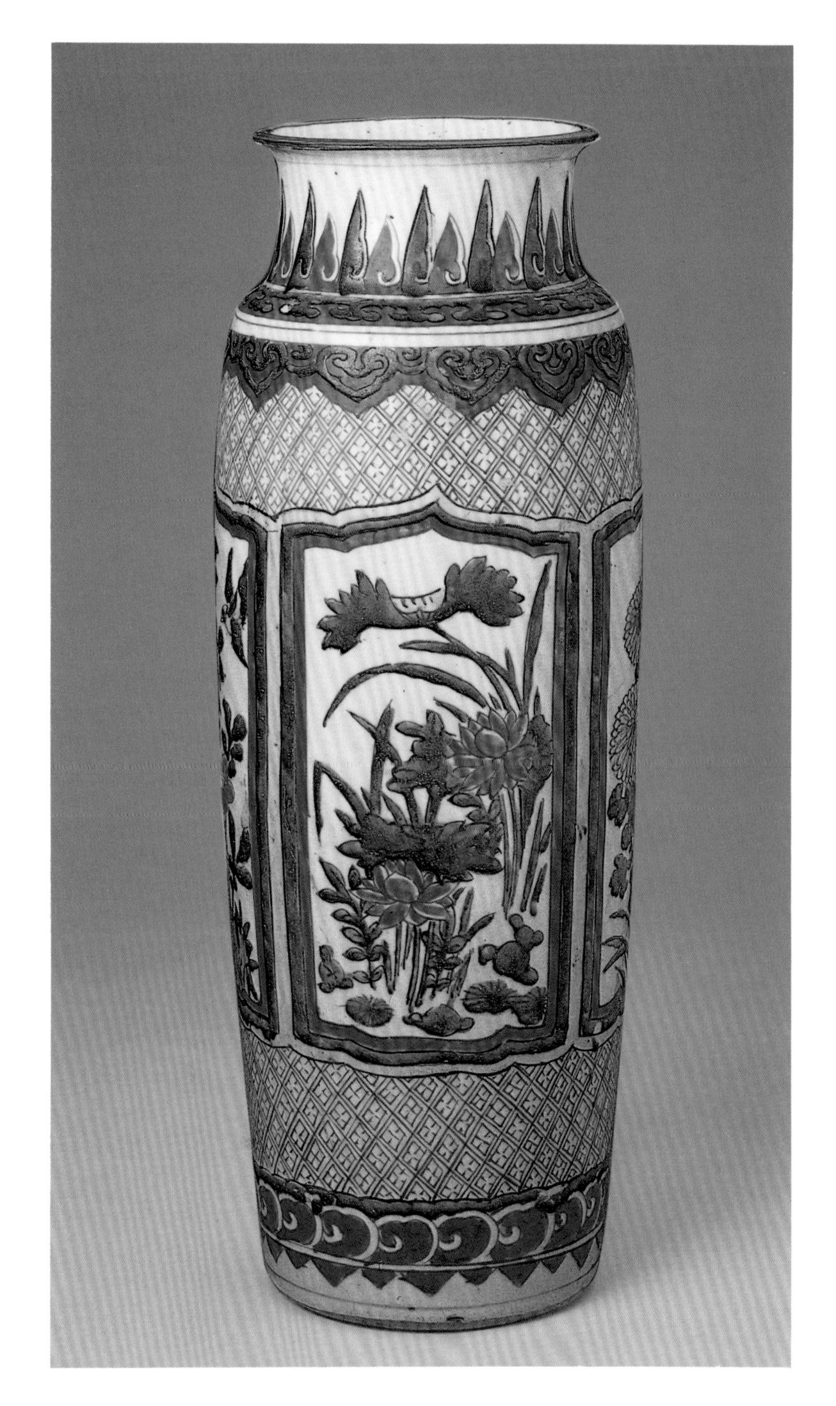

瓶撇口，短頸，溜肩，直腹，平底內凹。口沿施醬釉，裏白釉，外五彩裝飾。主體紋飾為腹部錦地四開光內繪洞石四季花卉紋，其他配襯紋飾包括頸部變形蓮瓣紋，肩部如意頭紋及近底處變形雲頭紋等。底素胎無款識。

此瓶造型古樸，圖案四面開光對稱，施彩艷麗，突出礬紅和綠彩，清初時代特徵明顯。

61

五彩牡丹紋尊
清順治
高58厘米　口徑19.5厘米　足徑18厘米

Polychrome Zun (jar) with peony design
Shunzhi period, Qing Dynasty
Height: 58cm　Diameter of mouth: 19.5cm
Diameter of foot: 18cm

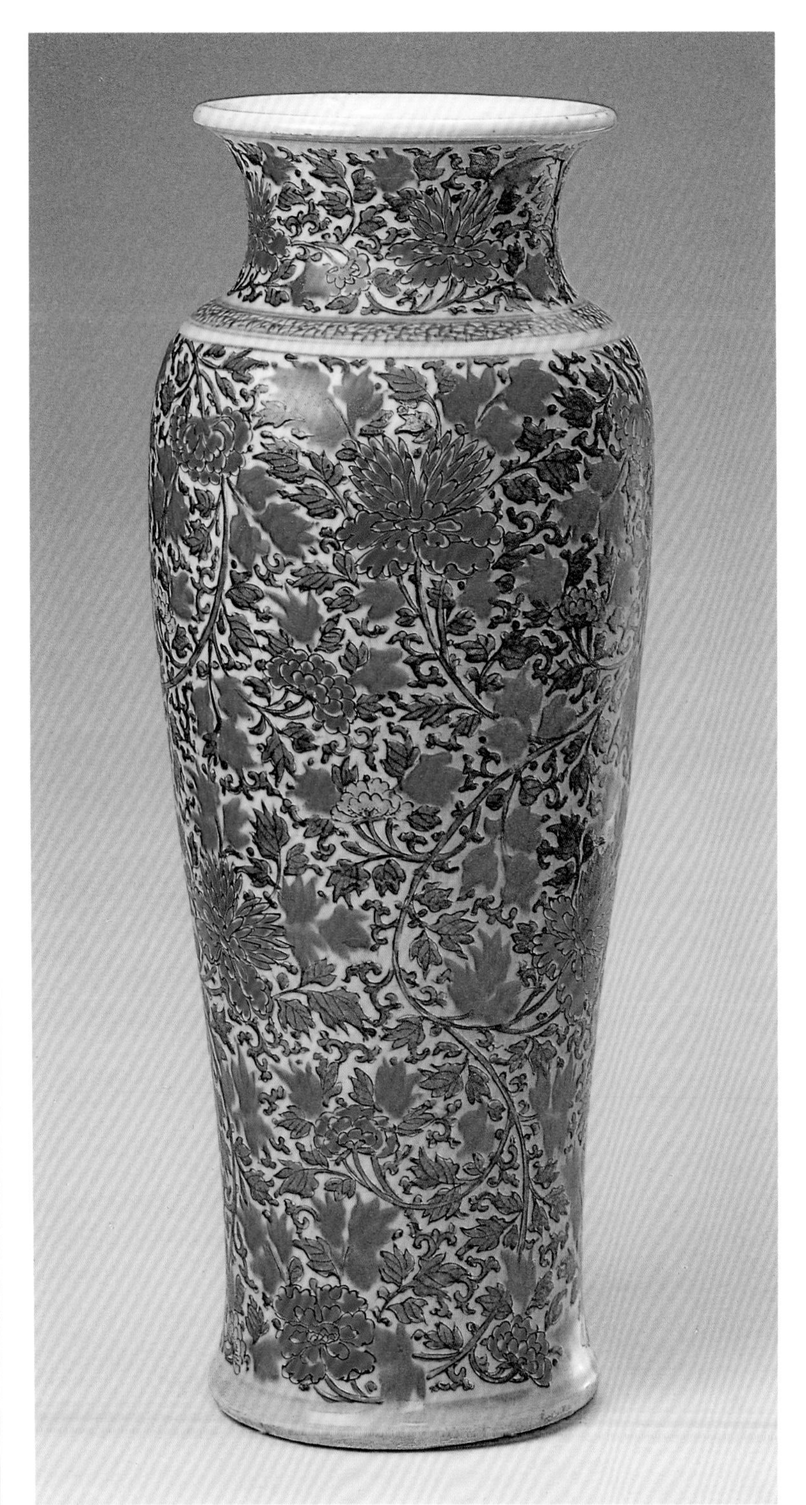

尊唇口外撇，短頸，豐肩，直腹，腹下漸斂，脛部至底略向外撇，圈足。尊為白釉地，釉色白中泛青。通體繪牡丹紋數十朵，以綠彩、青花描畫枝葉，紅、黃、紫等色繪牡丹花，僅於肩部飾青花錦紋一周。所飾牡丹花基本上是以繁密的圖案形式表現，然與敦厚古樸的器型渾然一體。

此器雖無款識，但從器型、紋飾及五彩用色諸方面考察，當為清代初期之作。五彩瓷器發展至清代康熙年間在紋飾中已較少用青花，而此器卻大量使用了青花，由此推測，此器的燒製年代為清初順治年間，最晚也應造於清康熙初年。

62

五彩花鳥紋筒式瓶

清順治

高35.3厘米　口徑12.5厘米　足徑12厘米

清宮舊藏

Polychrome cylindrical vase with birds and flowers design

Shunzhi period, Qing Dynasty

Height: 35.3cm　Diameter of mouth: 12.5cm

Diameter of foot: 12cm

Qing Court collection

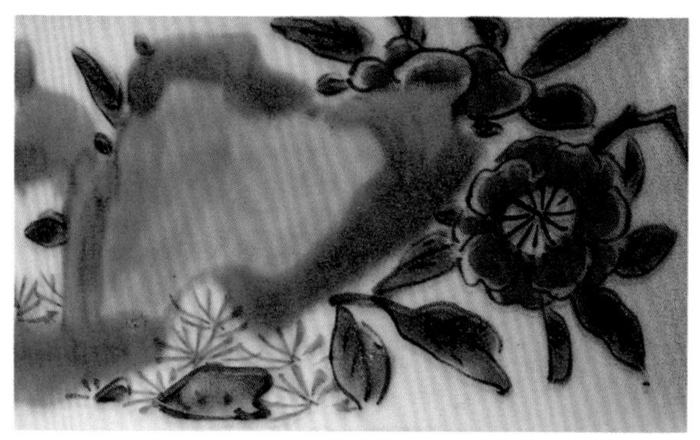

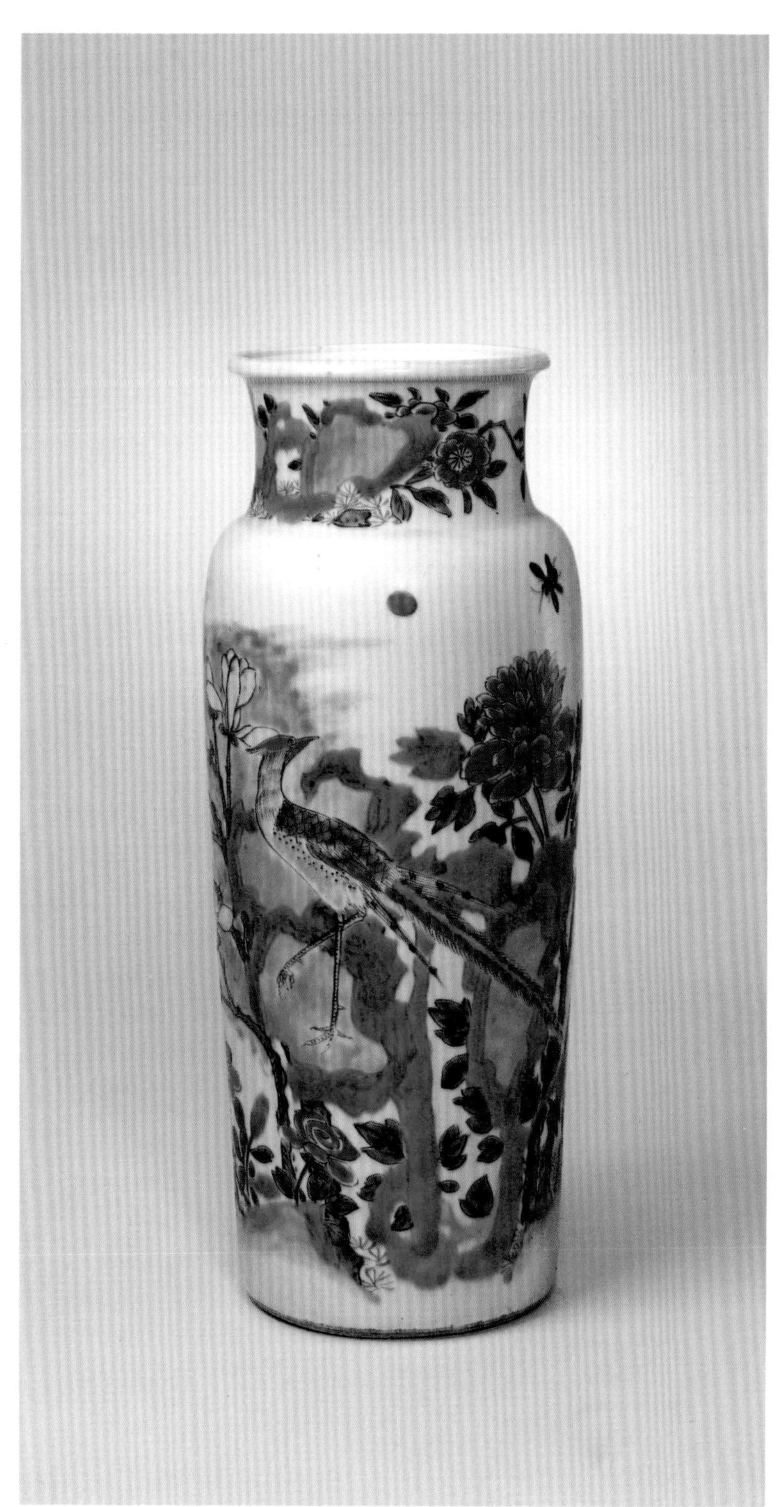

瓶唇口外撇，短頸，溜肩，直腹，平底內凹。腹部青花山石上立一雉雞，點綴以牡丹、玉蘭等，頸上襯以洞石花卉紋。底素胎無款識。

此瓶造型古拙，具有清代早期特徵。

63

五彩加金折枝花果紋梅瓶

清康熙
高36.1厘米　口徑5.7厘米　底徑13.6厘米
清宮舊藏

Polychrome prunus vase decorated with plucked sprays of flowers and fruits and gold colour added

Kangxi period, Qing Dynasty
Height: 36.1cm　Diameter of mouth: 5.7cm
Diameter of foot: 13.6cm
Qing Court collection

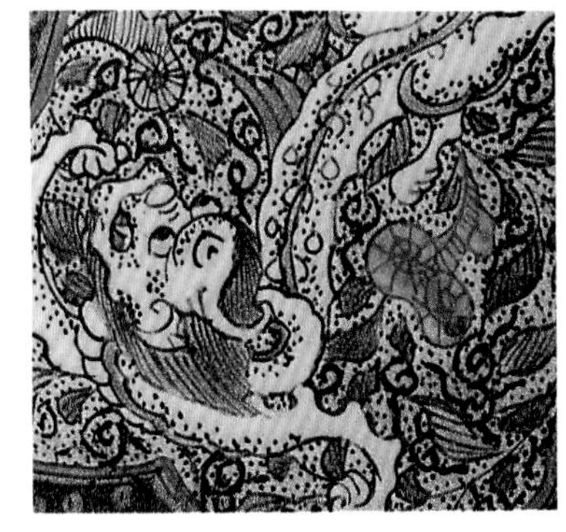

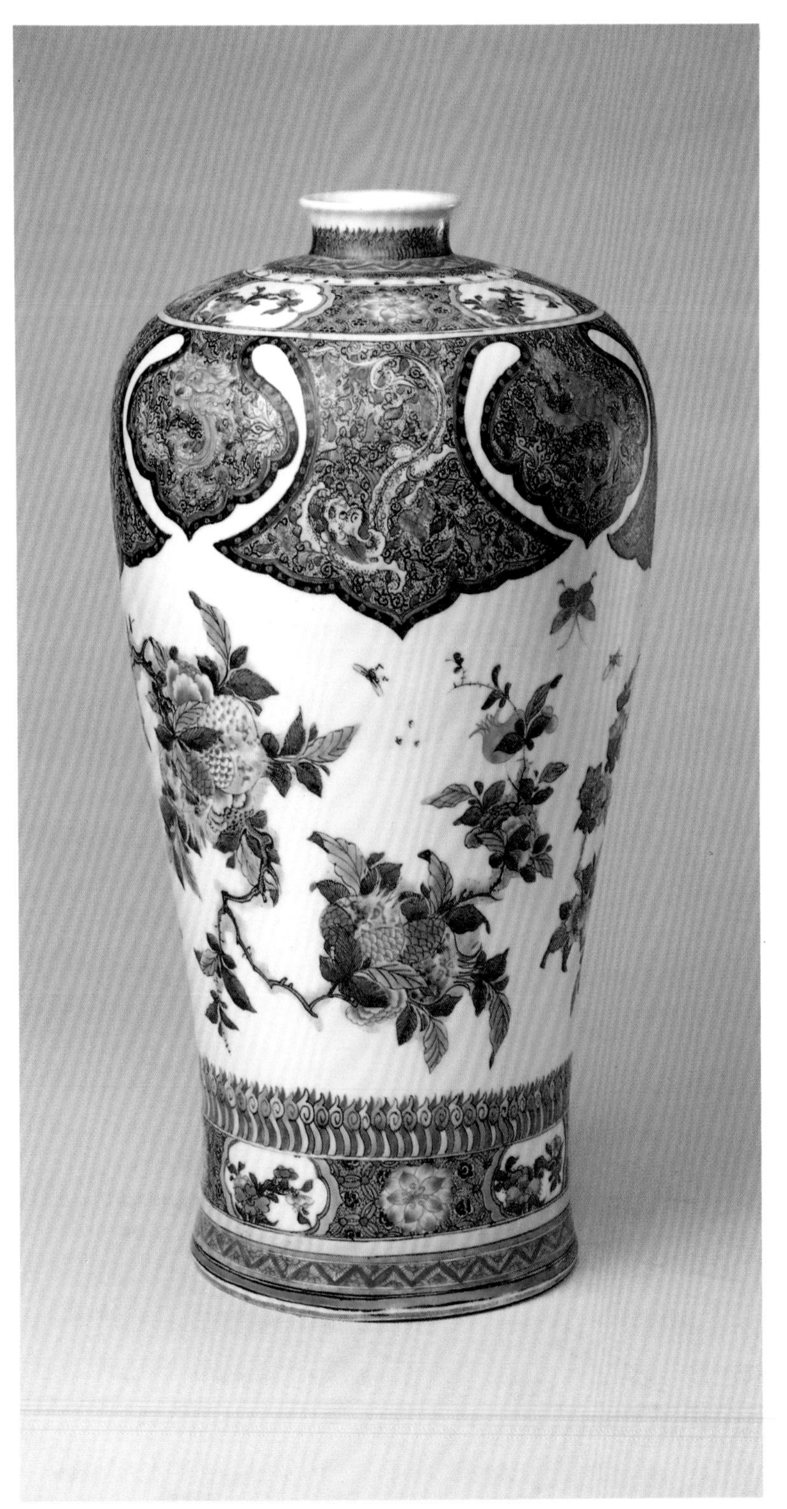

瓶口、頸短小，豐肩，肩下圓鼓，腹下漸收斂，底部微外撇。頸、肩及足部紋飾相同，逐層繪變形水紋、蓮瓣紋及錦地四開光，內繪荷花紋，形成上下呼應之勢。肩下繪垂雲紋，其中加金彩描繪捲枝花葉紋地及螭龍螭鳳紋。瓶身以折枝桃和折枝石榴裝飾，花葉繁茂，果實纍纍。空白處襯以彩蝶、蜂蟲，原有紅彩“恭晉豈元老仁兄清玩李芳捷具”款字及印章兩方，後均被磨去。

此瓶紋飾繁複，施彩豐富，通體以純釉上紅、綠、黃、藍、黑、紫、金等彩描繪紋飾，而金彩的使用令畫面更加富麗華美。

64

五彩蝴蝶紋梅瓶
清康熙
高36厘米　口徑7.1厘米　足徑12.2厘米
清宮舊藏

Polychrome prunus vase with butterfly design
Kangxi period, Qing Dynasty
Height: 36cm　Diameter of mouth: 7.1cm
Diameter of foot: 12.2cm
Qing Court collection

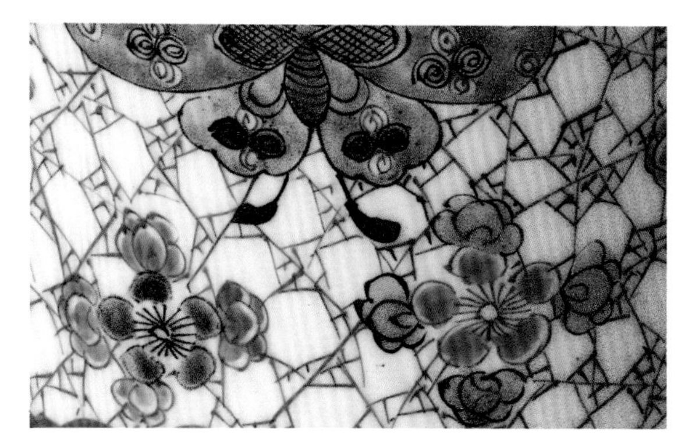

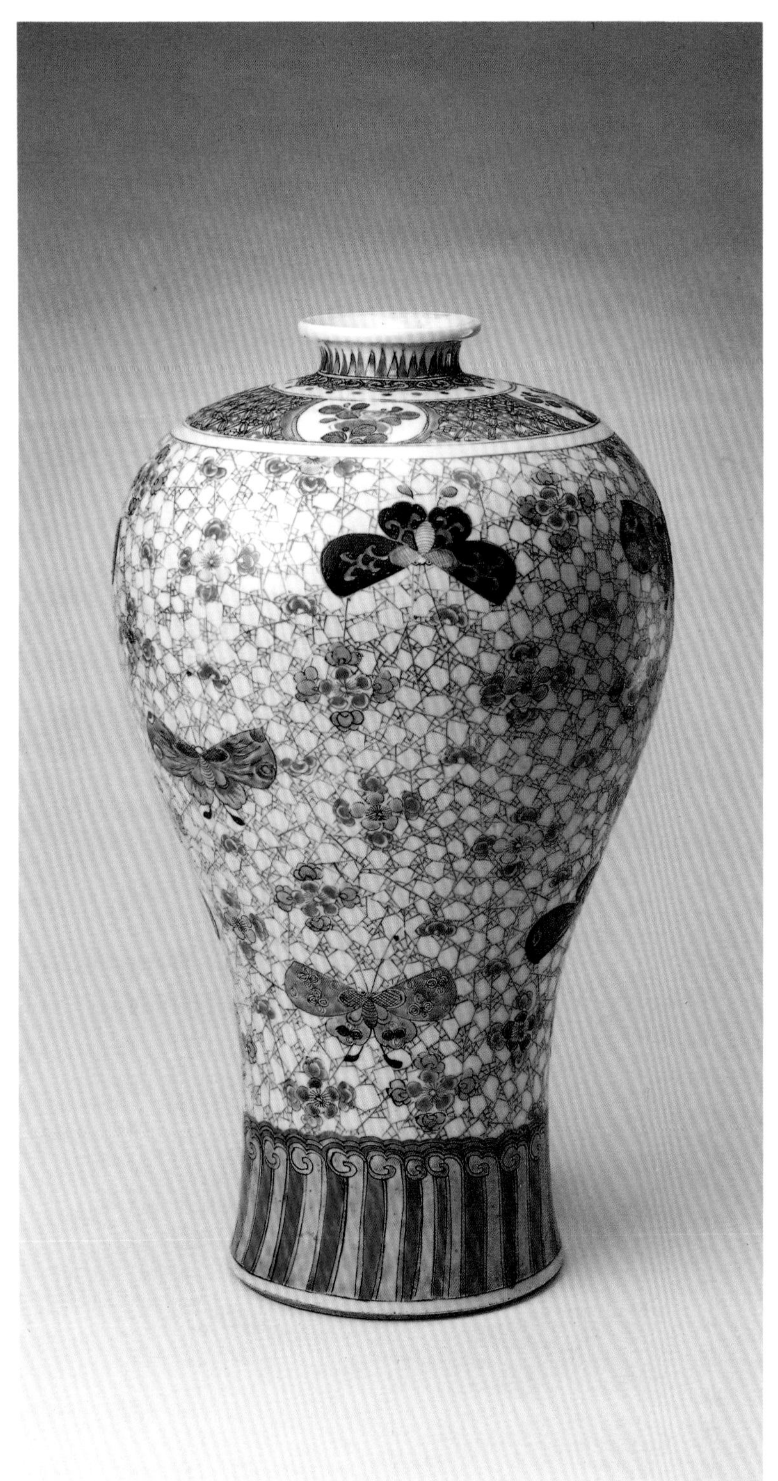

瓶小口外撇，短頸，豐肩，肩以下漸收斂，近底處微外撇。器身主要繪冰梅地上托蝴蝶紋，肩部四開光內繪折枝花，外錢形錦紋為地。頸部及近底處以紅、綠彩分別繪蕉葉紋和變形雲頭花瓣紋。無款識。

此瓶特點在於它的繪畫構思別出心裁，一般康熙五彩均為白地上繪各種圖案，而此瓶則是先在白地上勾勒出冰裂紋，再繪以梅花、蝴蝶，構思巧妙。畫法上運用中國傳統工筆畫技法，工整纖細，而用彩亦甚豐富，有紅、黃、藍、黑、赭、紫等諸多顏色，五彩斑斕，堪稱一件風格獨特的藝術珍品。

65

五彩雉雞牡丹紋棒槌瓶

清康熙

高46.4厘米　口徑11.2厘米　足徑12厘米

Polychrome club-shaped vase with design of pheasants and peony

Kangxi period, Qing Dynasty

Height: 46.4cm　Diameter of mouth: 11.2cm

Diameter of foot: 12cm

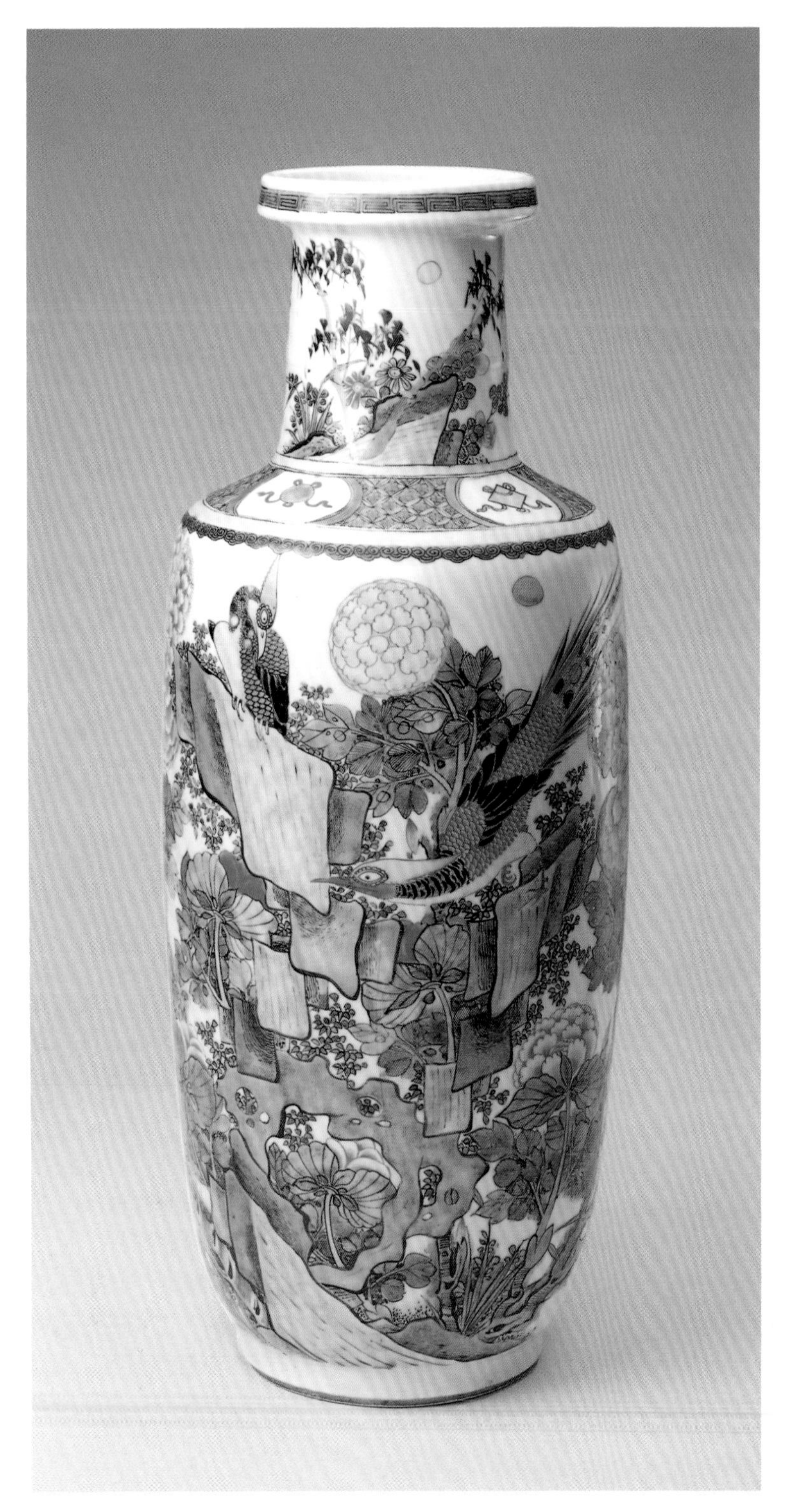

瓶洗口，直頸，折肩，肩以下略內斂，圈足。其形因似洗衣用的木棒槌而稱棒槌瓶。瓶頸部與瓶身紋飾雖不盡相同，但同樣以山石花卉為題材，肩部一周錢紋錦地開光內繪雜寶紋把二者相隔。瓶身花紋以雉雞牡丹為主，雉雞立於山石上，畫面左側一對小鳥相對棲息花枝上，一對蝴蝶飛於花間，花鳥、蝴蝶畫法皆纖細。紋飾施以紅、綠、藍、紫、金等色，艷麗多彩。此瓶以牡丹、雉雞、蝴蝶（蝶諧音“耋”）為紋飾，寓意富貴長壽。無款識。

66

五彩花鳥紋棒槌瓶

清康熙
高48.1厘米　口徑13.6厘米　足徑15.1厘米
清宮舊藏

Polychrome club-shaped vase with birds and flowers design

Kangxi period, Qing Dynasty
Height: 48.1cm　Diameter of mouth: 13.6cm
Diameter of foot: 15.1cm
Qing Court collection

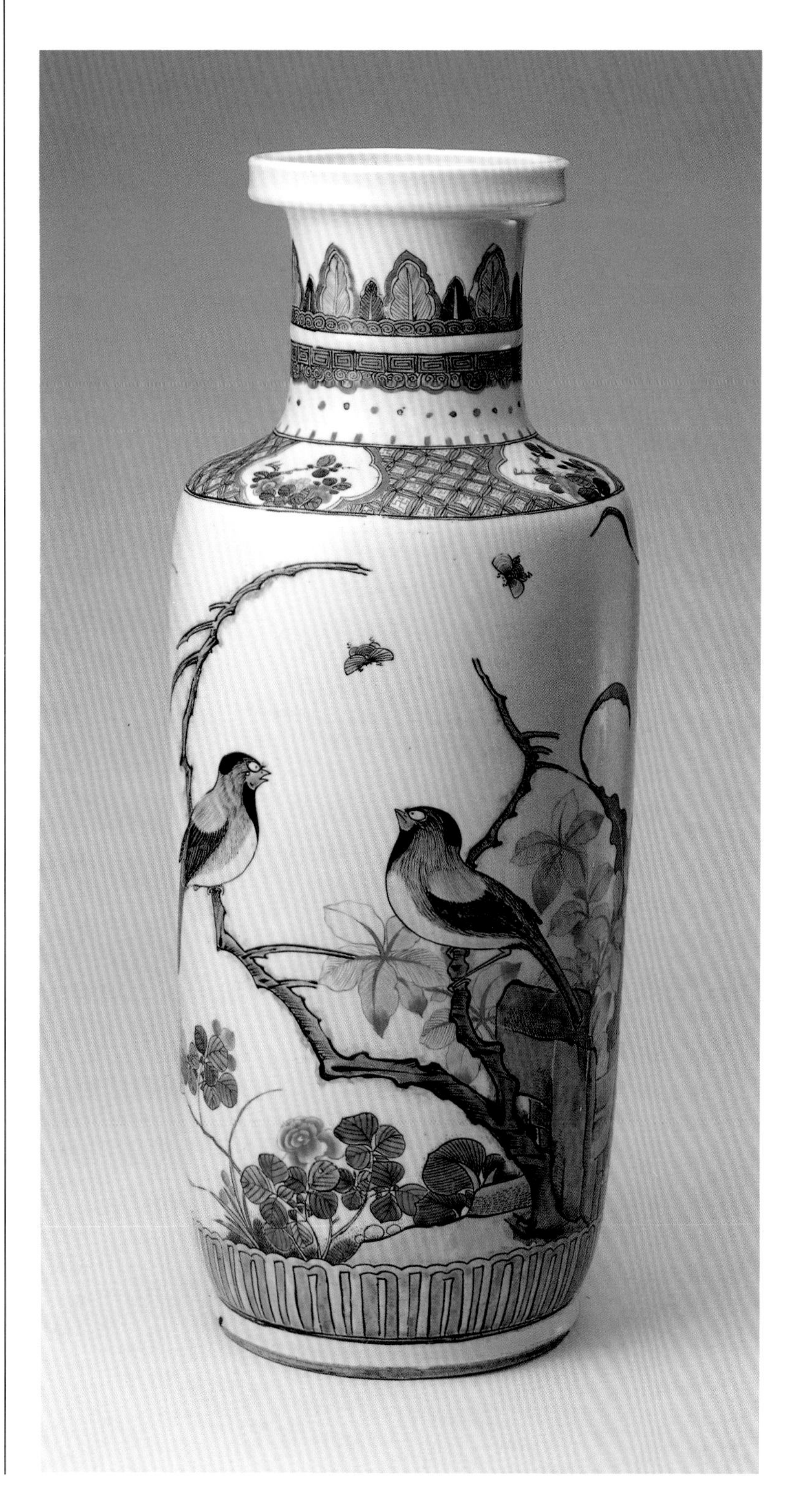

瓶洗口，直頸，折肩，瓶體為直筒形，圈足。瓶頸分別以蕉葉紋、渦紋、回紋、雲頭紋及彩點裝飾，中間留白一圈，將紋飾分為上下兩層。瓶肩滿繪萬字錦地紋並梅花式開光，內畫折枝花卉。瓶身五彩繪奇石花草，兩隻小鳥棲息於枝幹上，蝴蝶、蜜蜂、蜻蜓、蟈蟈等點綴其間。足邊飾變形蕉葉紋一周，無款識。

花鳥圖案是康熙五彩瓷器中常見的題材，因能充分地展現五彩豐富艷麗的色彩特點。此瓶造型穩重大方，紋飾佈局疏密有致。通體以藍、綠、黃、紅、紫、黑、金彩描繪紋飾，色彩豐富；樹幹、花草、小鳥等先平塗色彩，再於其上用更深的顏色密描細綫，使所繪物象逼真自然，其藝術效果尤勝於明嘉靖、萬曆五彩。

67

五彩耕織圖棒槌瓶

清康熙

高46.5厘米 口徑12.3厘米 足徑13.2厘米

Polychrome club-shaped vase with ploughing and weaving pattern

Kangxi period, Qing Dynasty

Height: 46.5cm Diameter of mouth: 12.3cm

Diameter of foot: 13.2cm

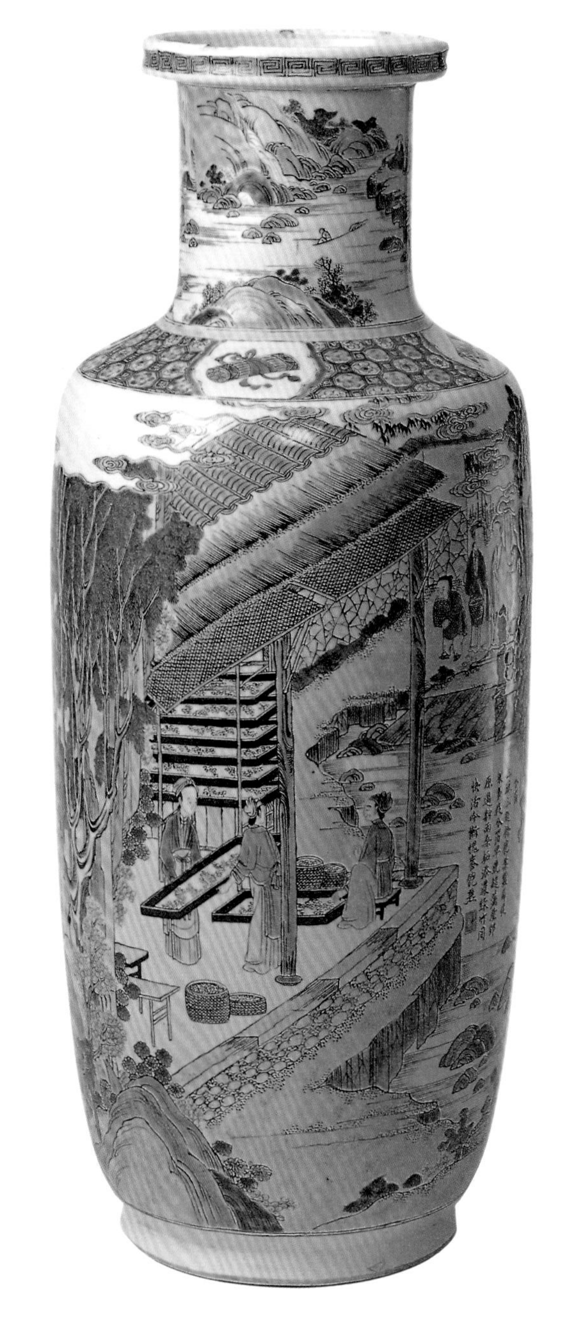

瓶洗口，直頸，折肩，瓶身垂直，近足處漸收，圈足。頸部與瓶身皆繪人物畫，以肩部梅花錦紋開光相間。頸部繪通景山水人物畫，一面遠山近水清晰可見，紅日高掛，一葉扁舟泊於江心，上坐一人獨釣；另一面山石之間掩映着幾間茅草屋，老者執杖而望，是一幅意境絕妙的山中小景。瓶身繪耕織圖二組，並題“舂碓”、“分箔”五言詩兩首。“舂碓”圖繪農夫碓米勞作的場景，人物動作不同，卻刻畫得非常細膩生動；“分箔”圖描繪弄蠶繭的景象，孩童頑皮好動的天性及婦女穩重、端莊的不同神態表現得淋漓盡致。整幅畫面採用黑、翠、紫、紅、褐、淺綠等多種色彩表現，人物表情、姿態，一山一石、一水一木均刻畫得細緻入微。

康熙時宮廷畫家焦秉貞曾繪《耕織圖》，分“耕”與“織”各二十三

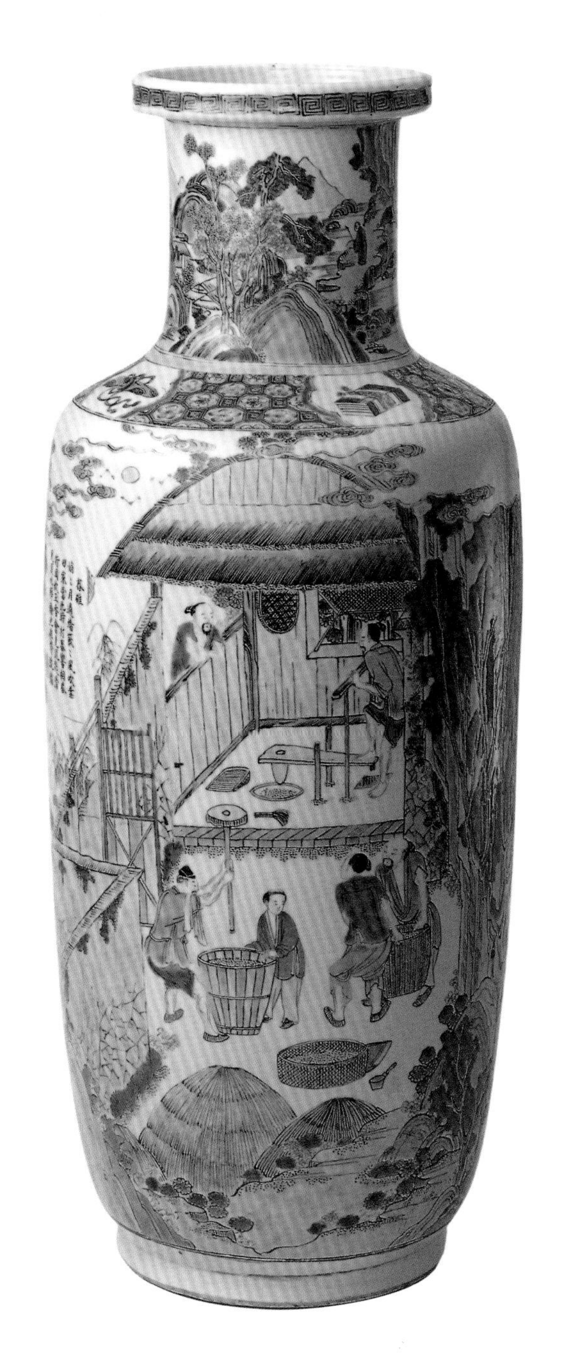

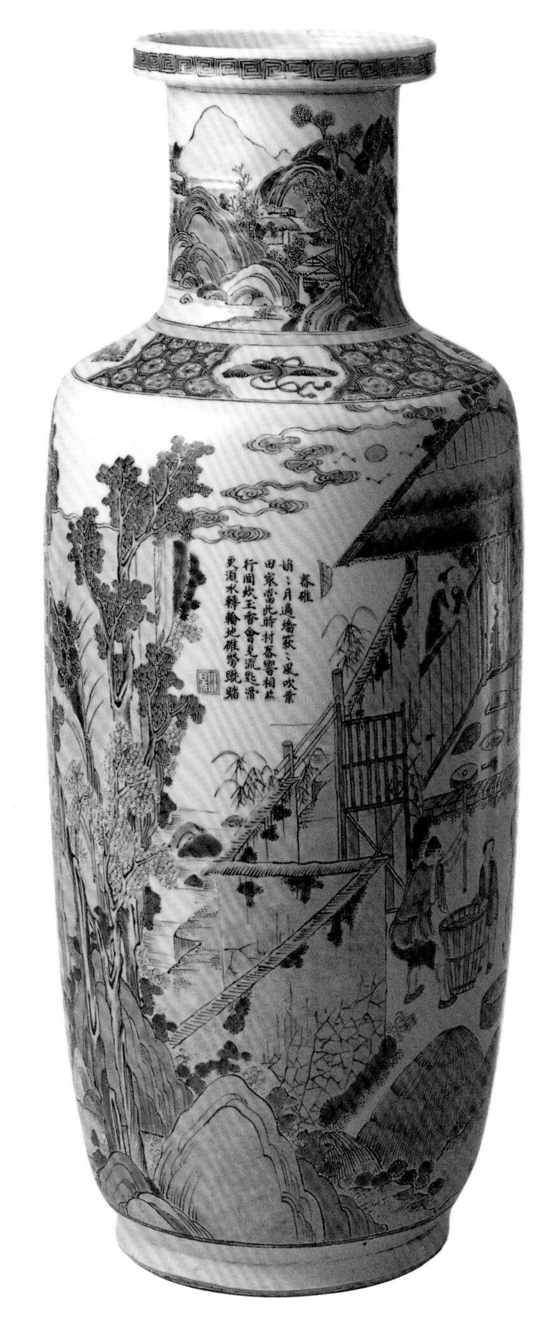

幅，描寫耕織的全部生產過程，每幅均配有康熙皇帝御製詩一首。《耕織圖》在瓷繪中出現始於康熙五十一年以後，此瓶上的主體畫面僅為《耕織圖》中的二組。二詩分錄如下：

　　春碓

娟娟月過牆　簌簌風吹葉　田家當此時　村舂響相答

行聞炊玉香　會見流匙滑　更須水轉輪　地碓勞蹴踏

　　分箔

三眠三起餘　飽葉蠶局促　眾多搶分箔　早晚磓滿屋

郊原過新雨　桑柘添濃綠　竹間快活吟　慚愧麥飽熟

從繪畫藝術角度而論，康熙五彩耕織圖中以所繪人物受到評價最高。從此瓶所繪人物來看，人物面目表情及衣褶生動自然，人體各部分比例協調， 能印證上述評價。

68

五彩“蘭亭會”紋棒槌瓶

清康熙

高44.7厘米　口徑12.8厘米　足徑14.8厘米

清宮舊藏

Polychrome club-shaped vase with design of figures "Meeting in the Orchid Pavilion"

Kangxi period, Qing Dynasty

Height: 44.7cm　Diameter of mouth: 12.8cm

Diameter of foot: 14.8cm

Qing Court collection

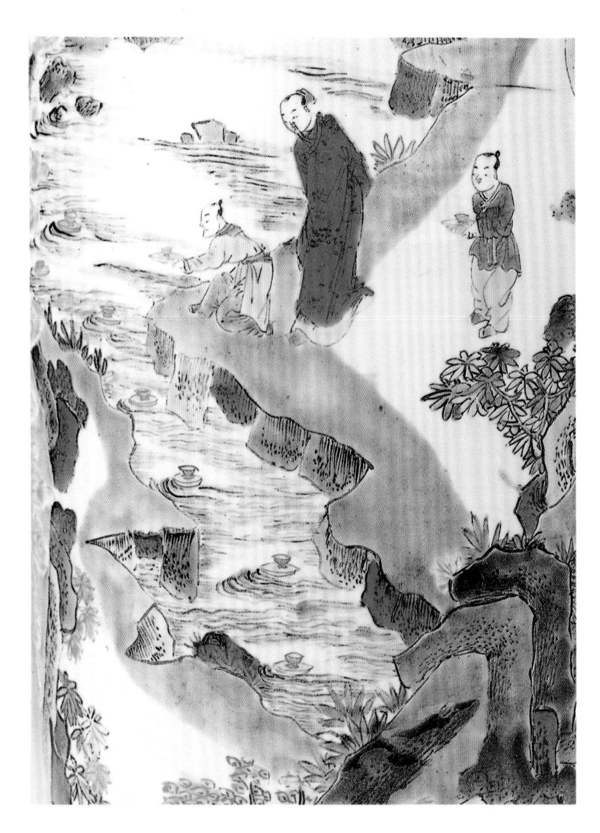

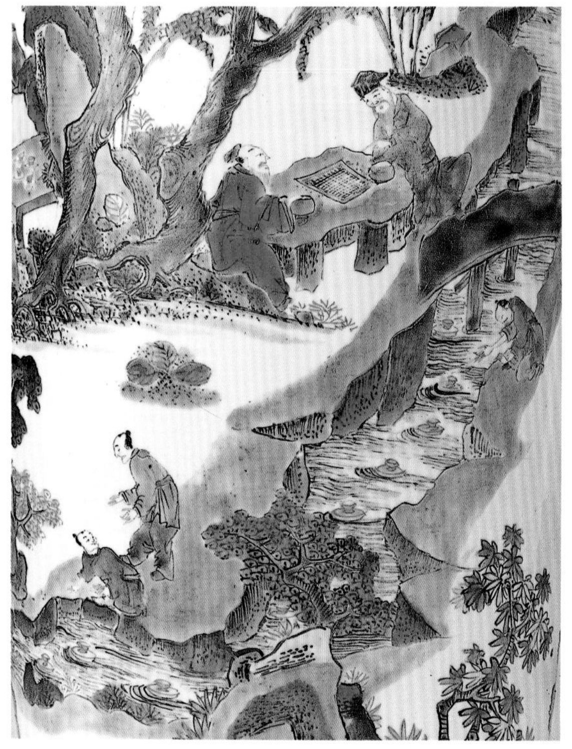

瓶洗口，直頸，斜肩，瓶身直如截筒，圈足。頸部中間留白一圈將紋飾分為上下兩層，分別為朵花地和錦地兩面開光紋飾，開光相錯而置，其中分別畫花蝶小景、山水人物、漁舟垂釣。瓶肩為六方形錦地四面開光裝飾，其中各畫一變形螭。瓶身繪王羲之“蘭亭修禊”的人物故事畫。畫中文人雅士撫琴、對弈、斟酒、吟詩，童子隨侍左右，意境幽雅。樹石、人物皆以黑彩勾邊，綫條細膩流暢，再填以藍、綠、紫等主要色彩，有清新明淨之韻，為康熙五彩瓷中佳品。無款識。

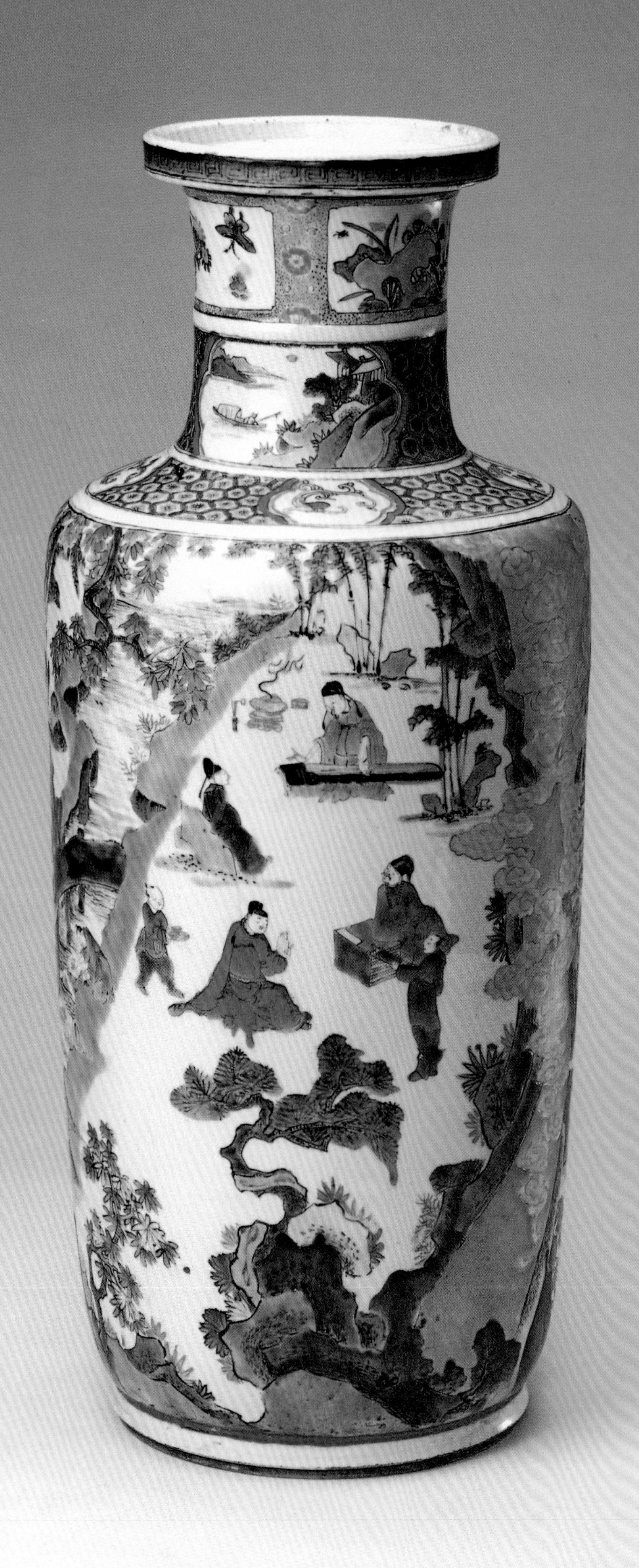

69

五彩人物紋棒槌瓶

清康熙

高43.9厘米　口徑13厘米

足徑15.2厘米

Polychrome club-shaped vase with figure design

Kangxi period, Qing Dynasty

Height: 43.9cm

Diameter of mouth: 13cm

Diameter of foot: 15.2cm

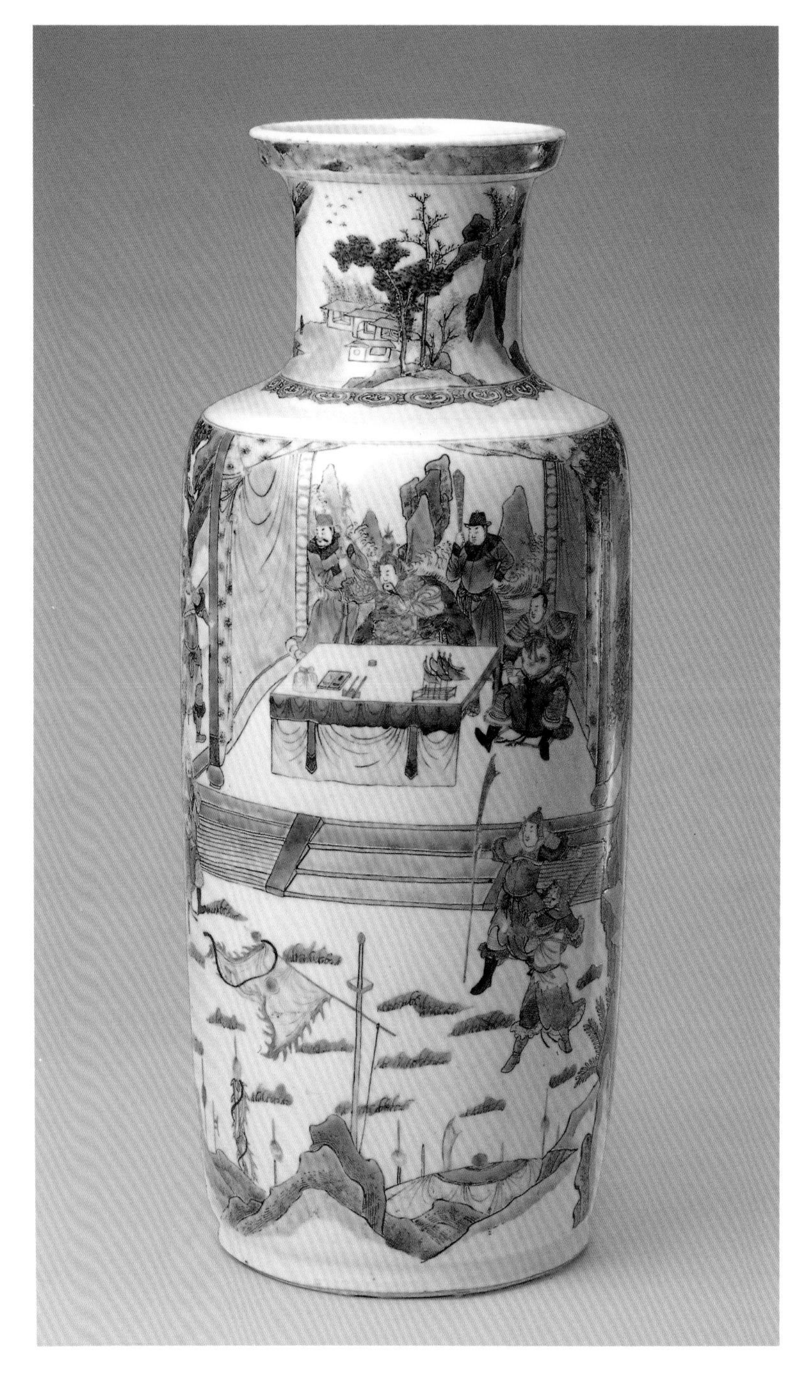

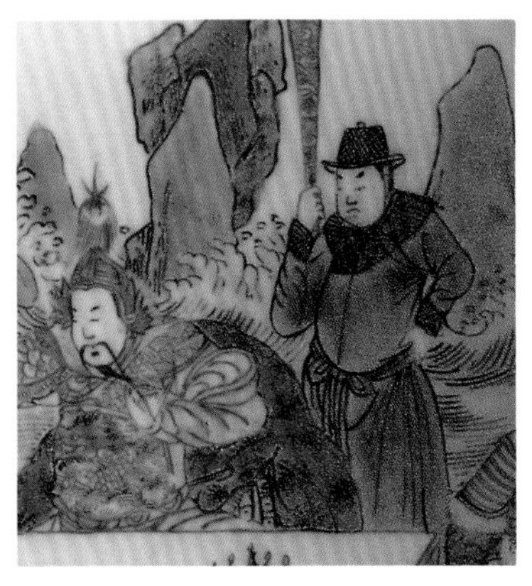

瓶洗口，直頸，斜肩，圈足。瓶口以藍、綠色冰裂紋裝飾。頸部繪山水人物，平坡茅屋，樹綠花紅，竹林掩映，高士遠眺。瓶身繪通景人物圖，圖中一武將坐於帳內，其隨從立於身後。畫面空白處襯以山水樹石，與瓶頸所繪山水人物相呼應。瓶肩以綠、黃色繪如意頭紋飾一周，把上下兩組山水人物畫分隔開。底無款識。

此瓶構圖飽滿，色彩豐富，以黑彩勾畫山水、人物的輪廓，再以五彩平塗敷色。清代康熙五彩在繼承前代傳統工藝基礎上發明了釉上藍彩，並改進了黑彩的施彩方法，增強了色彩的對比效果，使色彩更加豐富艷麗，真正達到了中國傳統五彩瓷器的頂峯。

70

五彩螭龍穿花紋棒槌瓶

清康熙
高44厘米　口徑11.9厘米
足徑12.3厘米

Polychrome club-shaped vase with design of hydras amidst flowers

Kangxi period, Qing Dynasty
Height: 44cm
Diameter of mouth: 11.9cm
Diameter of foot: 12.3cm

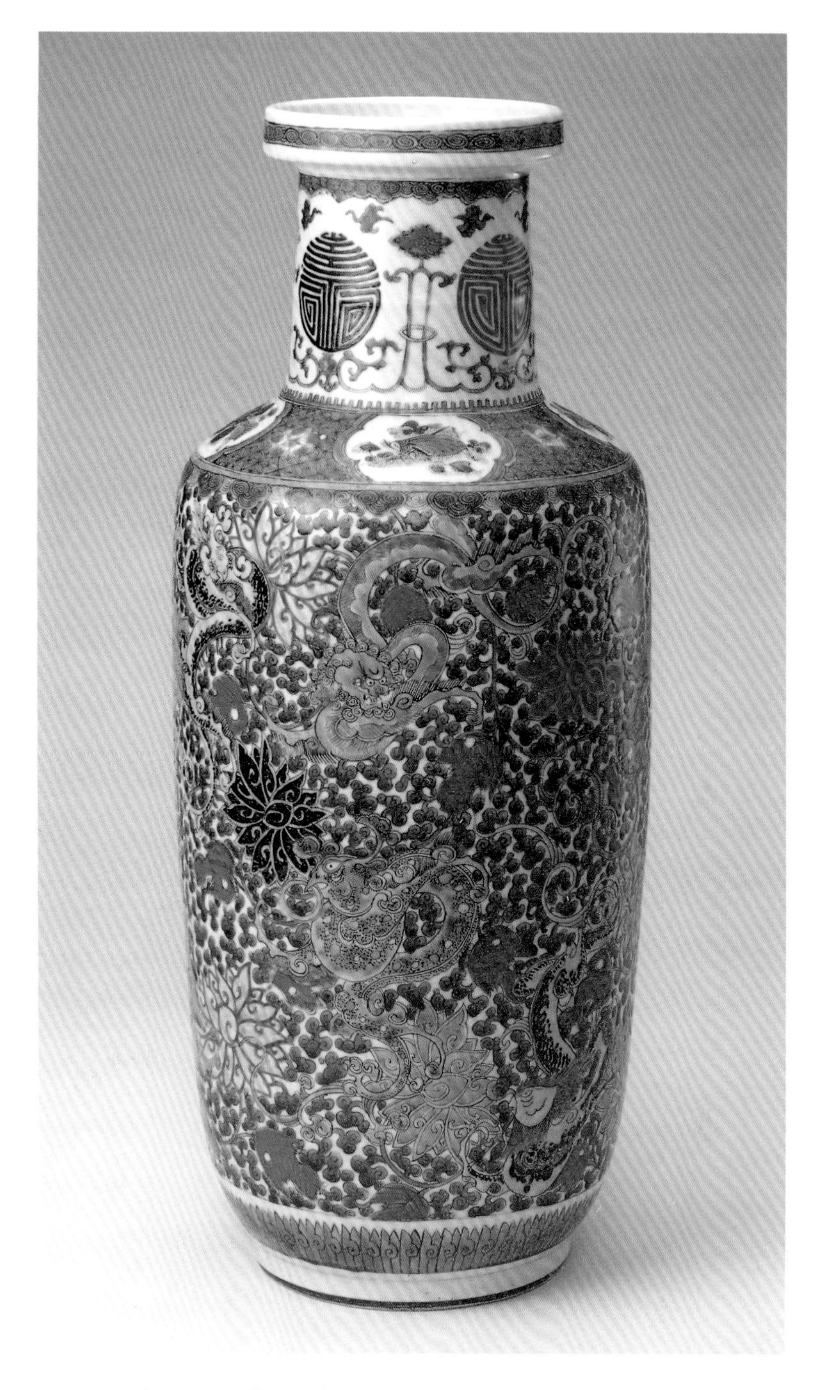

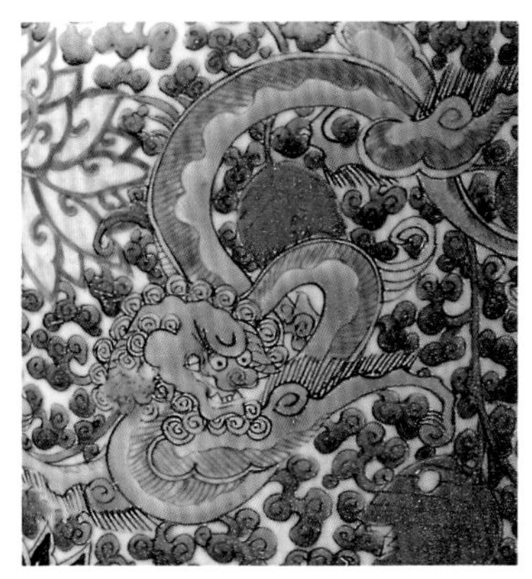

瓶洗口，直頸，斜肩，瓶身呈直筒形，腹下略收，圈足。頸繪四個團“壽”字，空隙處補以勾蓮紋及蝙蝠紋，寓福壽雙全之意。肩部為錦紋朵花地四開光，內各繪花卉蟲草。瓶身滿繪纏枝蓮地紋，十條不同姿態的螭龍穿插飛躍，隱現其間。其他配襯紋飾有口部回紋及足處變形蕉葉紋各一周。

從此瓶紋飾看，當屬宮廷用觀賞瓷。其器型規整端莊，敦厚質樸，用色華麗鮮艷而不俗。釉上彩繪細密繁複，但安排得錯落有致，體現出清代五彩裝飾的特點。此器雖無款識，但從器型、質地、紋飾等方面來看，當為清代康熙時期所燒製。

71

五彩漁家樂紋棒槌瓶

清康熙

高26.5厘米　口徑7.1厘米　足徑8.3厘米

Polychrome club-shaped vase with design of fishermen with joy

Kangxi period, Qing Dynasty

Height: 26.5cm　Diameter of mouth: 7.1cm

Diameter of foot: 8.3cm

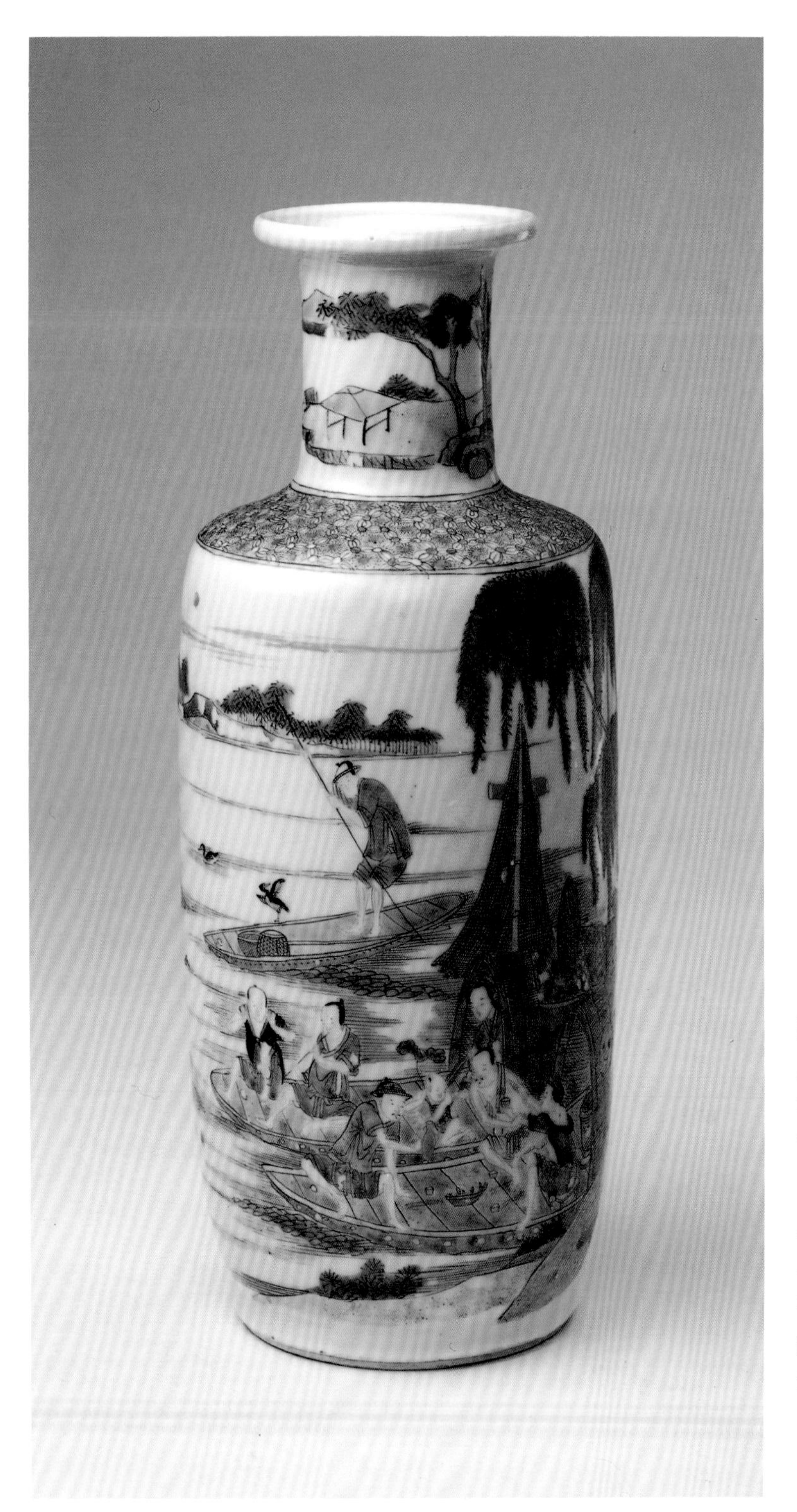

瓶洗口，直頸，折肩，直腹，圈足。頸部山水垂釣圖與腹部主題漁家樂圖以花卉錦紋相隔。外底青花雙圈無款識。

此瓶人物刻畫生動，以綠彩為主，兼施紅、紫彩，人物衣服和漁鷹用黑彩，太陽則以金彩點綴。漁家樂圖生活氣息濃厚，在清康熙瓷器中較為常見。

72

五彩博古紋棒槌瓶
清康熙
高26.1厘米　口徑7.7厘米　足徑7.4厘米

Polychrome club-shaped vase with design of antiquities
Kangxi period, Qing Dynasty
Height: 26.1cm　Diameter of mouth: 7.7cm
Diameter of foot: 7.4cm

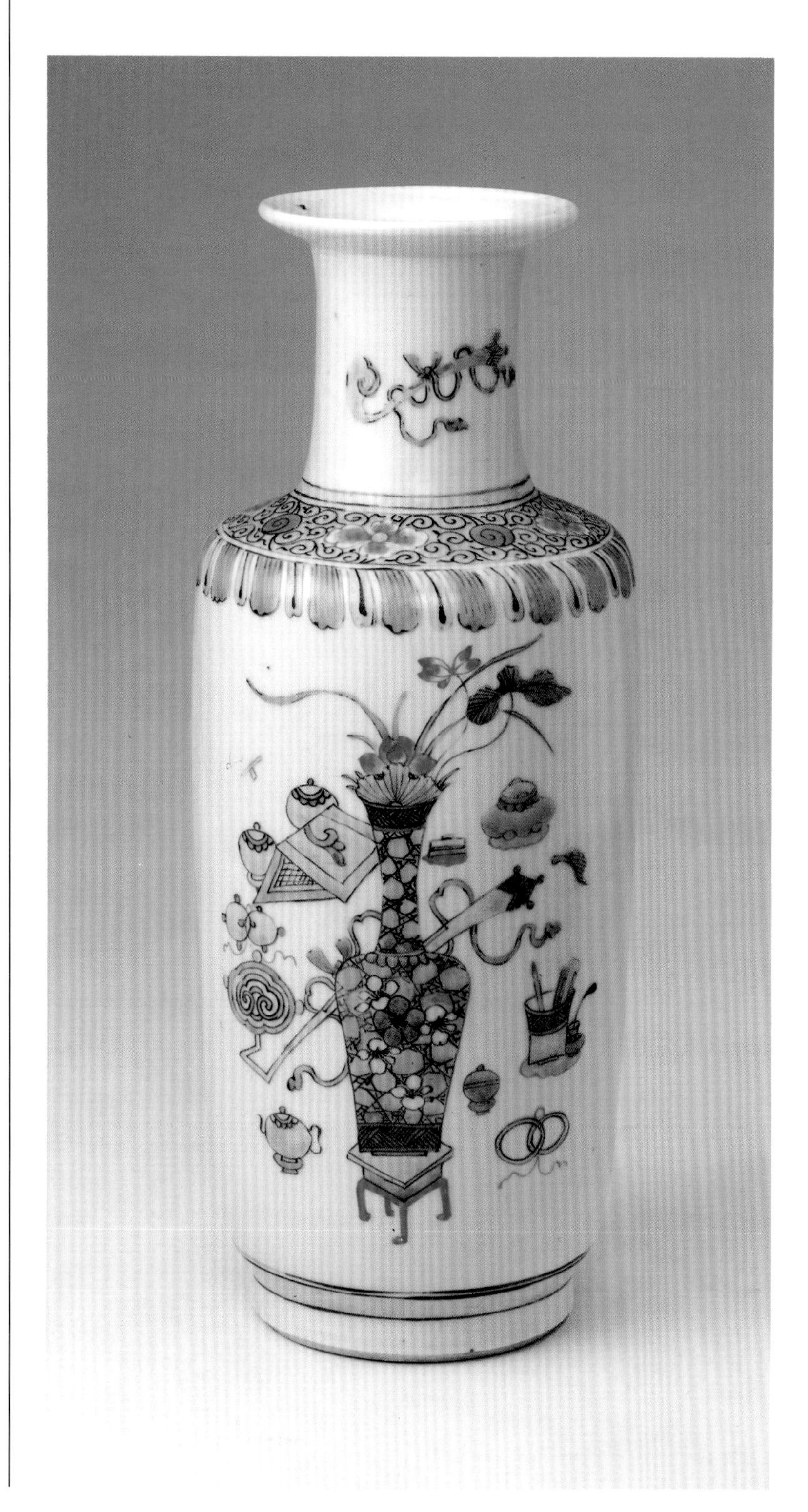

瓶盤口，直頸，折肩，直腹，圈足。頸繪必定如意和雜寶紋，肩部繪捲草朵花紋和變形蓮瓣紋各一周，腹部兩面用紅、黃、綠、黑等彩繪博古圖兩組。無款識。

博古圖，即繪瓷、銅、玉、石等古器物的畫，在清代康熙瓷器中普遍流行，以凸雕和彩畫來表現最為常見，多寓意吉祥。此瓶畫面明朗大方，色彩濃淡協調，具有鮮明的時代特徵。

73

五彩"福"、"壽"圖棒槌瓶

清康熙

高46厘米　口徑11.5厘米　足徑15厘米

清宮舊藏

Polychrome club-shaped vase with design of characters "Fu" (Happiness) and "Shou" (Longevity)

Kangxi period, Qing Dynasty

Height: 46cm　Diameter of mouth: 11.5cm

Diameter of foot: 15cm

Qing Court collection

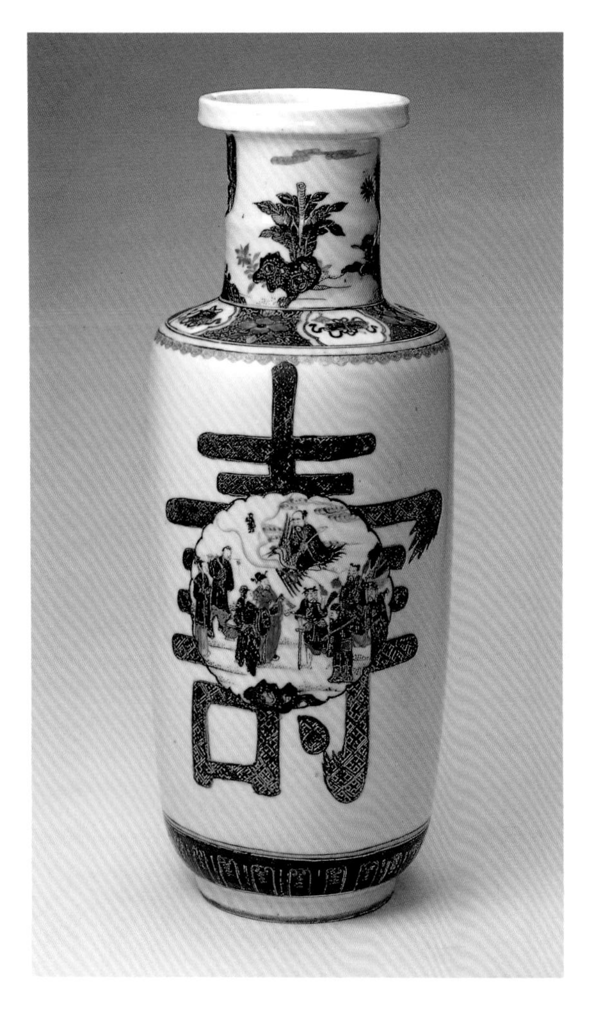

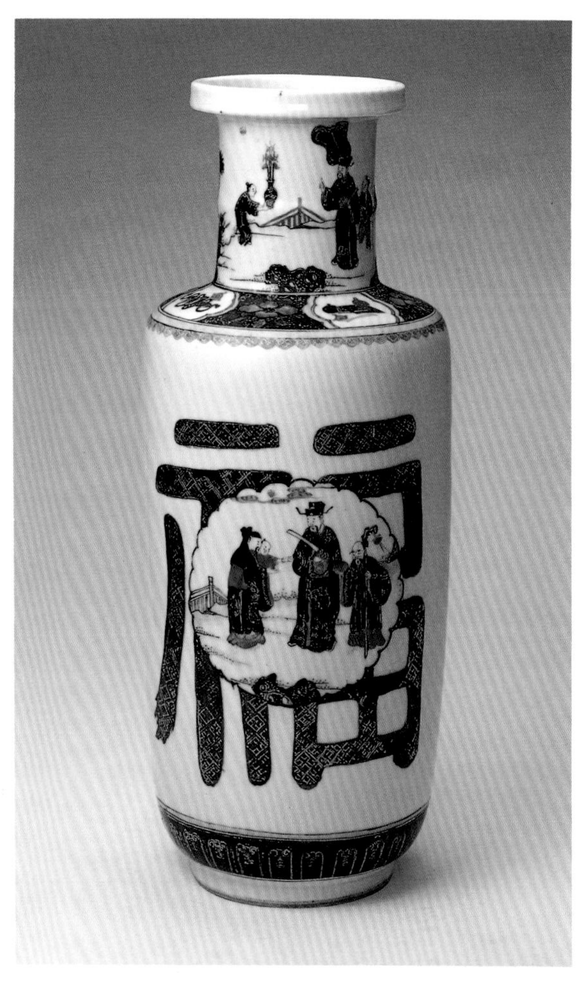

瓶洗口，直頸，頸中部凸棱一周，折肩，直腹，圈足，足裏白釉。通體以黑彩加金描繪紋飾，頸部繪"平陞三級"圖，紋飾以花瓶（平）、笙（昇）和三戟（級）組成，寓意官運亨通，連昇三級。肩部黑、紅彩梅花地襯托四個海棠形開光，內繪琴棋書畫。瓶身兩面用黑彩分別書"福"、"壽"二字。字中心各有一圓形開光。"福"字開光內繪"福祿壽"圖，"壽"字開光內繪"八仙慶壽"圖，近底處用金彩及黑、紅彩繪蓮瓣紋一周。無款識。

釉上黑彩為康熙朝首創，這種黑彩黑亮如漆，從工藝上看比單純的釉上五彩藝術效果更佳。此瓶黑彩與金彩並用，更添藝術魅力。

74

五彩雉雞牡丹紋瓶

清康熙
高45厘米　口徑12.3厘米　足徑14厘米
清宮舊藏

Polychrome vase with design of pheasants and peony

Kangxi period, Qing Dynasty
Height: 45cm　Diameter of mouth: 12.3cm
Diameter of foot: 14cm
Qing Court collection

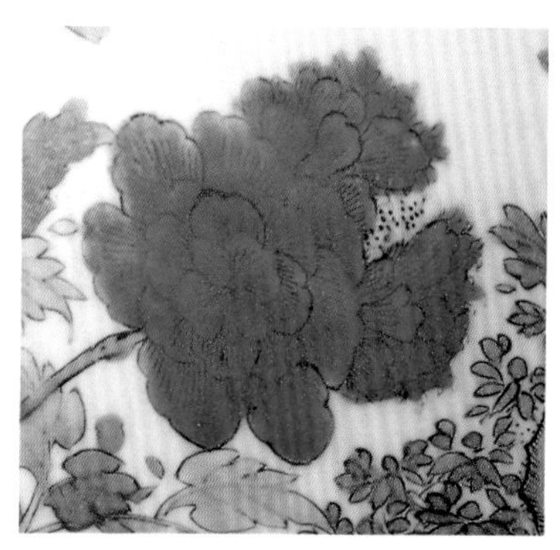

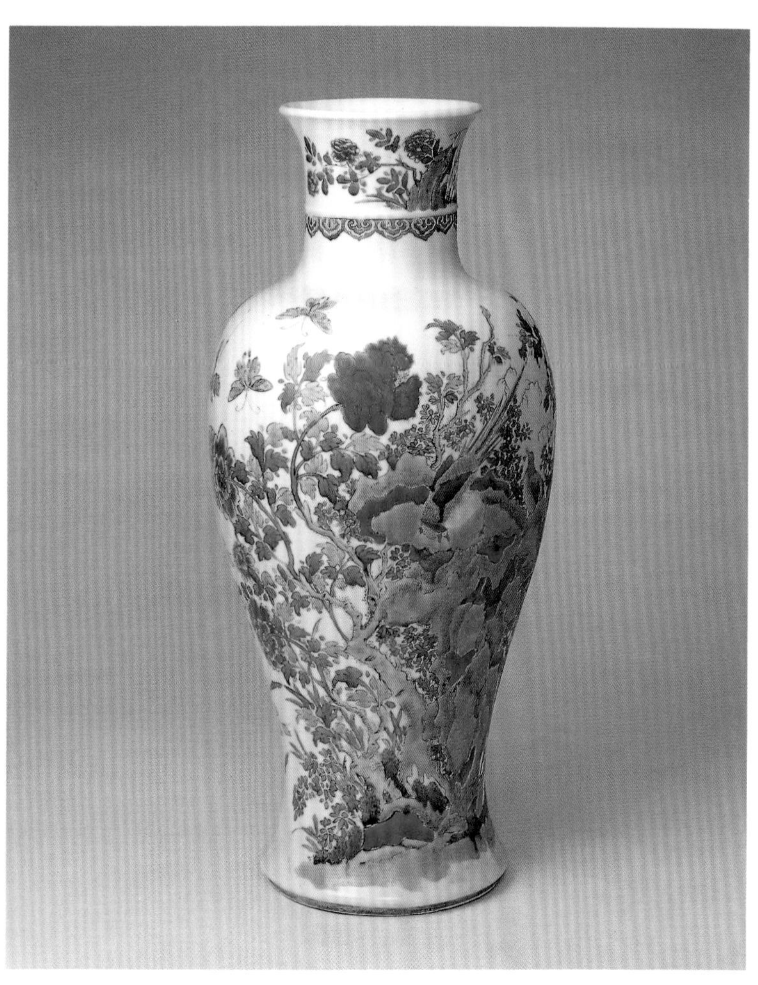

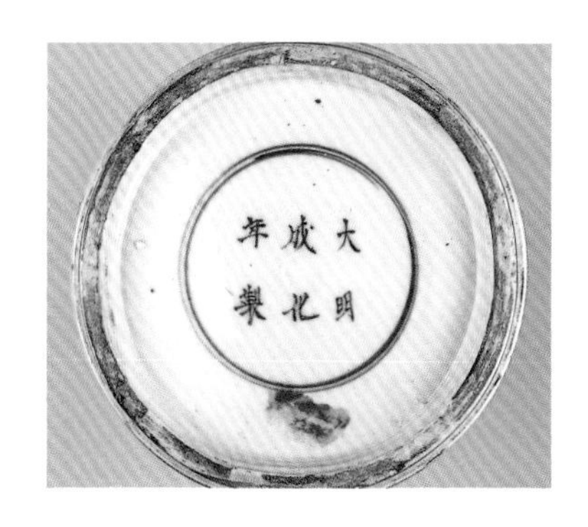

瓶撇口，直頸，頸部凸起弦紋一道，圓肩，肩下漸斂，至脛部外撇，圈足。器內外及底部均施白釉，釉色純正潔白，通體五彩裝飾。器身主體繪七株牡丹，蜂蝶飛舞其間，一雙雉雞棲息於山石上。頸部為配套花卉竹石圖，凸紋之下另飾垂雲紋一道。外底青花雙圈內楷書“大明成化年製”仿款。

此瓶造型端莊古樸，紋飾畫工精細，用色考究。主體紋飾雖寓意富貴吉祥，但頸部的竹石垂雲卻使畫面平添一種雅逸清新之氣。此瓶不僅紋飾精美，構圖疏密有致，且與器型相配，二者在平面與立體上都達到了和諧統一，是康熙時期五彩瓷器中的精品。

75

五彩加金三獅紋直頸瓶

清康熙

高42.3厘米　口徑4.1厘米　足徑12.5厘米

Polychrome straight-necked vase with tri-lion design and gold colour added

Kangxi period, Qing Dynasty

Height: 42.3cm　Diameter of mouth: 4.1cm

Diameter of foot: 12.5cm

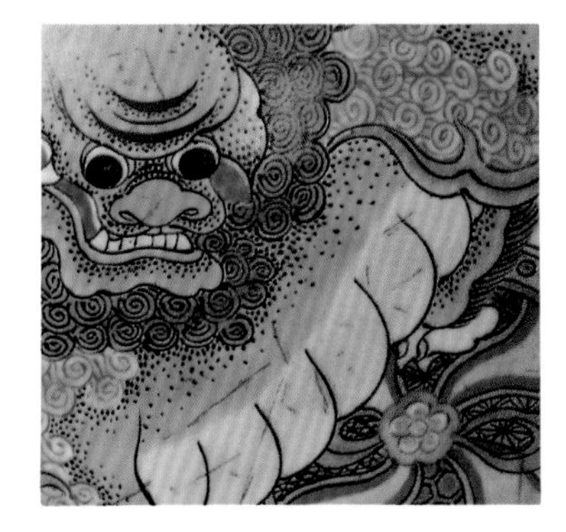

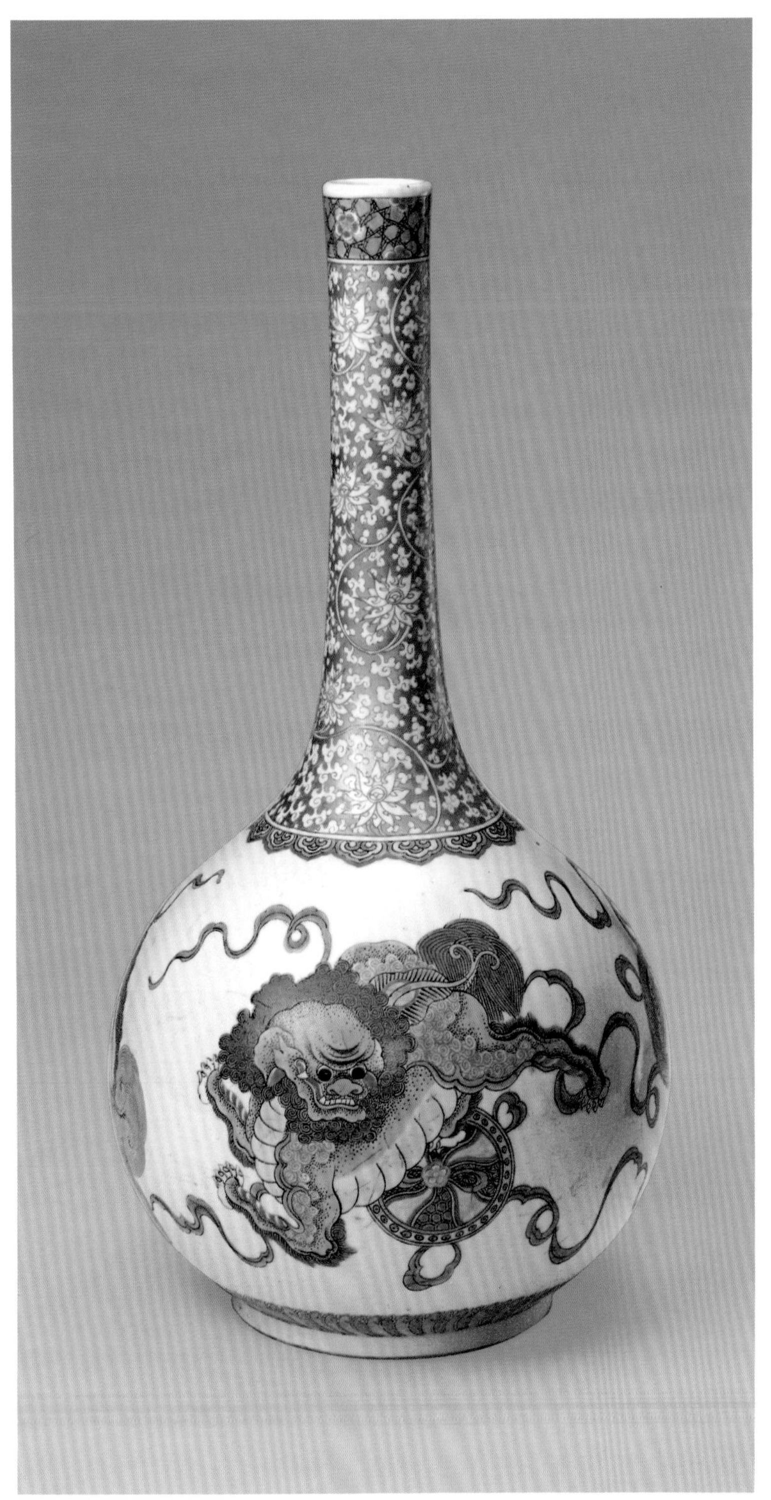

瓶直口，細長直頸，鼓圓腹，圈足。瓶頸飾紅彩描金勾蓮紋，綫條纖細流暢，金彩熠熠。腹部飾五彩三獅戲球圖，獅子造型彪悍誇張，作跳躍狀。獅子以渦紋表現鬃毛，粗綫條紅彩描畫獅腹，簡單的葉紋和纏枝紋表現獅子脊背，彩球亦用渦紋描繪，以飄動的彩帶表現球的動感。瓶口部以翠綠冰裂紋地上點綴紅彩朵梅作飾，足部繪變形蕉葉紋一周，無款識。

此瓶造型優美，華麗的金彩和大量的紅、綠、黃、藍等色對比，使色彩更加鮮艷奪目。整體色彩和紋飾皆表現一種活躍、熱烈的氣氛。

76

五彩加金雲龍紋直頸瓶

清康熙
高42.2厘米　口徑4.2厘米　足徑12厘米
清宮舊藏

Polychrome straight-necked vase with dragon and clouds design and gold colour added
Kangxi period, Qing Dynasty
Height: 42.2cm　Diameter of mouth: 4.2cm
Diameter of foot: 12cm
Qing Court collection

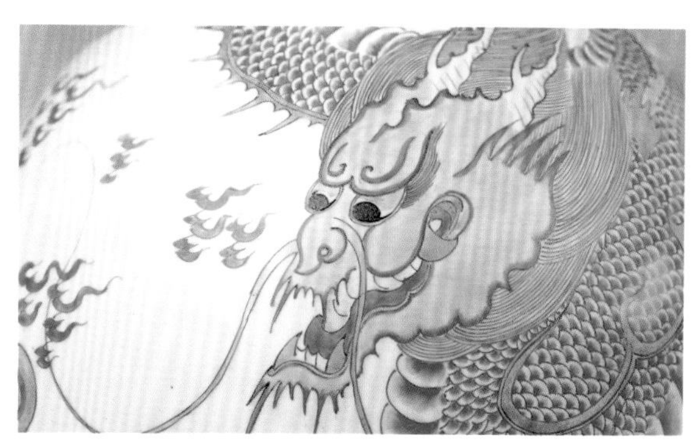

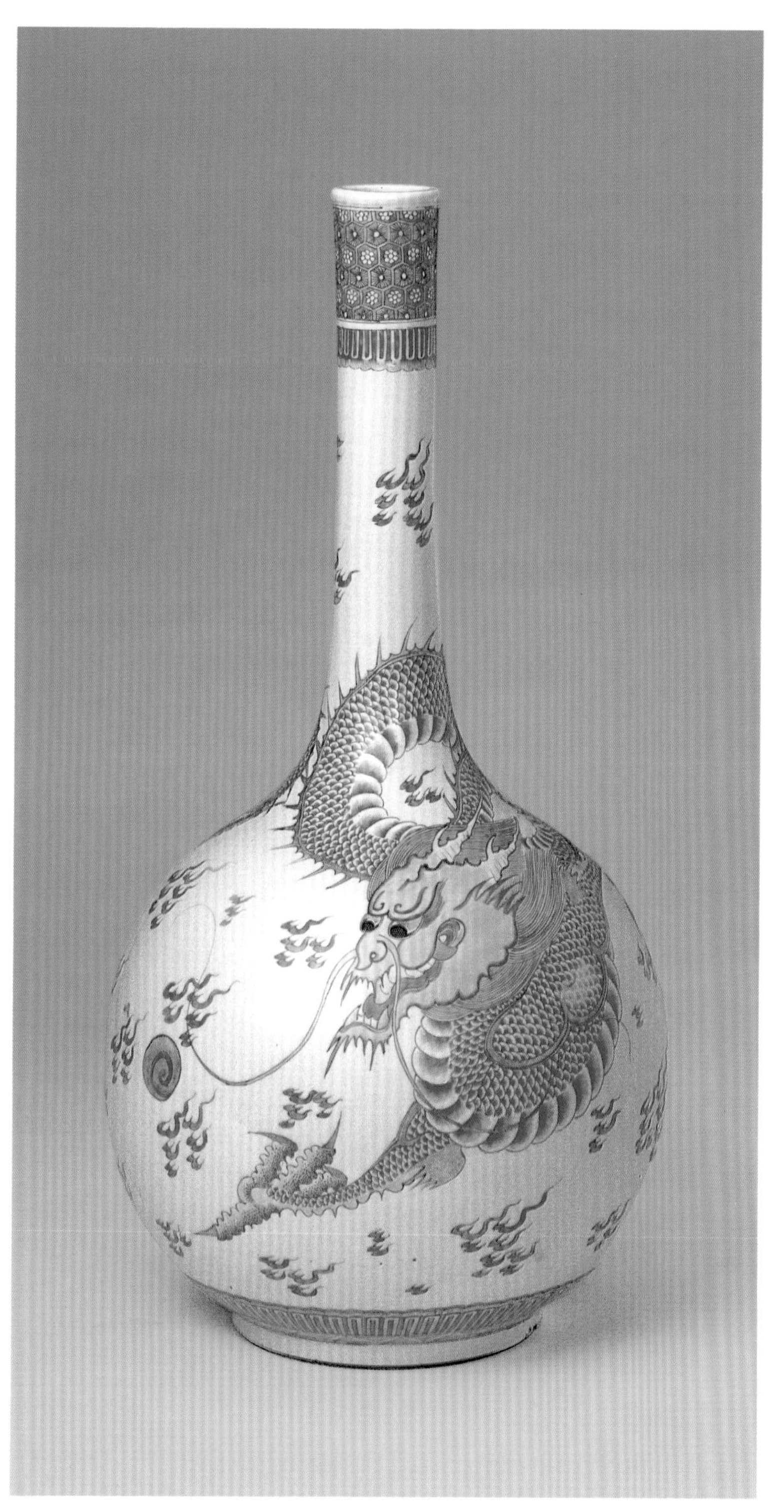

瓶直頸，溜肩，球形腹，圈足。外口沿下為龜背錦紋裝飾，其下為變形蕉葉紋。腹部主題繪一描金礬紅彩飛龍及火雲紋飾。龍體盤繞於球形腹上部，龍曲頸引身，怒目圓睜，張口吐舌，其鬚髯細長，迎風後展，龍體鱗片層層密密，清晰可見，龍爪張馳有力，給人鋒利無比之感。其前一火珠躍動於空中，周圍襯以火雲紋，遍及器身。無款識。

此瓶底釉潔白光亮，紋飾均用紅彩勾邊，並以紅彩填塗為主，間施以綠彩、金彩，突出了龍的威猛。其畫筆工細、嫻熟，龍的神態刻畫得生靈活現。由於明代崇尚火德，因而在龍、獅及獸身上多帶有火焰紋，清代亦沿續此習。

77

五彩纏枝蓮“壽”字葫蘆瓶

清康熙

高42.2厘米　口徑7.7厘米

足徑10.3厘米

Polychrome gourd-shaped vase with design of interlocking lotus and characters "Shou" (longevity)

Kangxi period, Qing Dynasty

Height: 42.2cm

Diameter of mouth: 7.7cm

Diameter of foot: 10.3cm

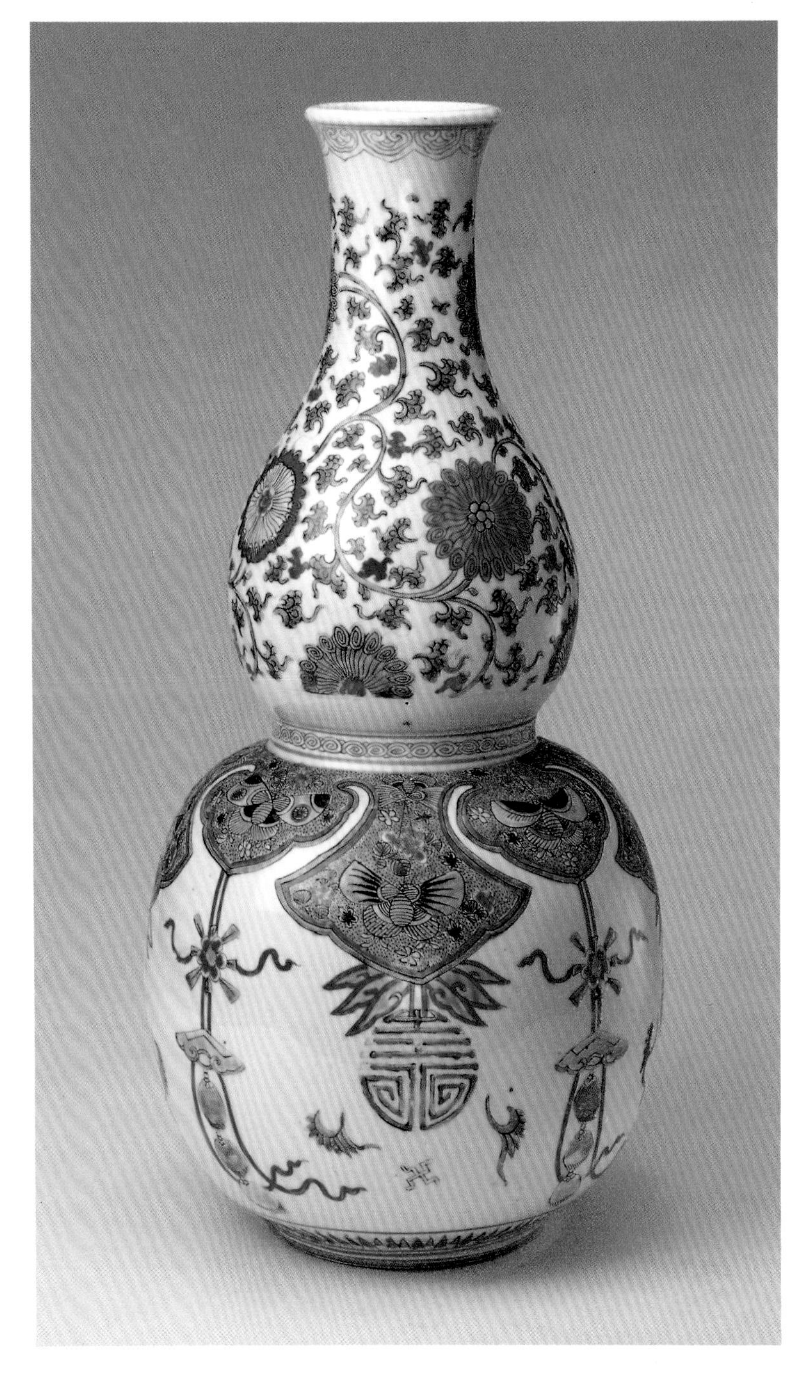

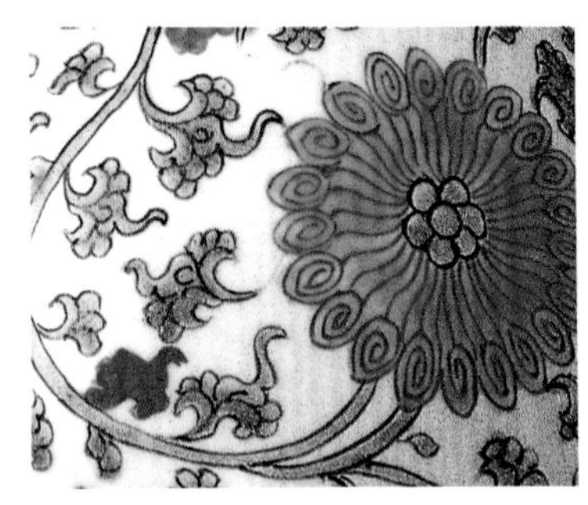

葫蘆形，撇口，束腰，圈足。主要紋飾可分為上下腹兩部分，上腹繪纏枝菊花，下腹繪倒垂如意雲頭紋，雲頭內繪綠地花蝶，其下有四組朵花、磬組成的纓絡紋飾，以團“壽”字相隔。其他配襯紋飾有口部紅彩如意頭紋，束腰處連雲頭紋及底部紅、綠彩相間的幾何形蕉葉紋。外底青花雙圈無款識。

康熙五彩以紋飾優美而著稱，此瓶纏枝菊花自然流暢，色彩變化豐富，是一件精美的藝術品。

78

五彩纏枝蓮紋葫蘆瓶
清康熙
高42厘米　口徑7.6厘米　足徑13.4厘米
清宮舊藏

Polychrome gourd-shaped vase with design of interlocking lotus
Kangxi period, Qing Dynasty
Height: 42cm
Diameter of mouth: 7.6cm
Diameter of foot: 13.4cm
Qing Court collection

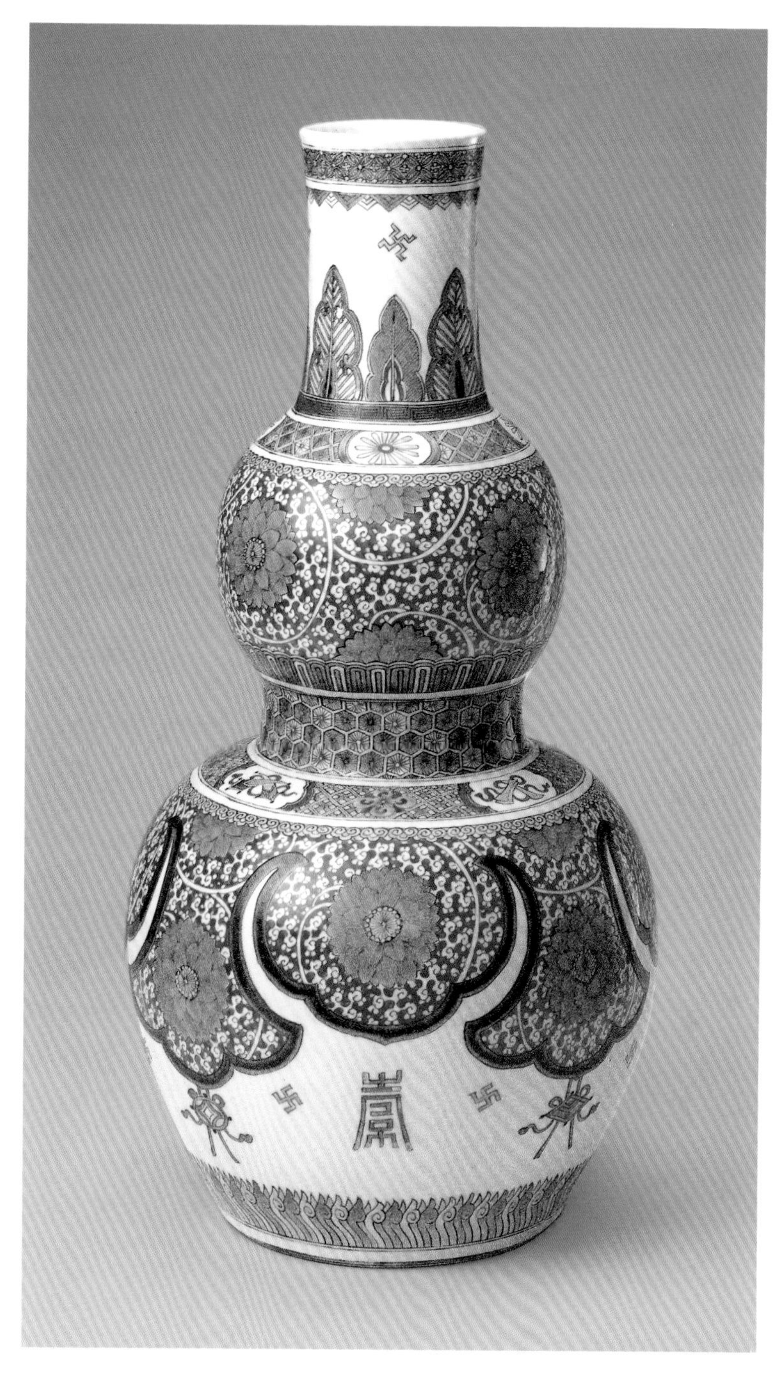

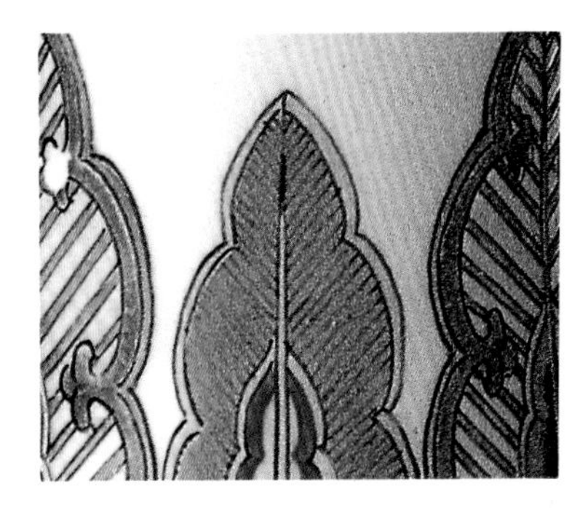

葫蘆形，口微撇，長頸，束腰，圈足。葫蘆上腹以纏枝蓮及蓮瓣紋為飾，下腹四組倒垂如意頭及垂雲肩，也以相同紋飾裝飾，下腹下半空白處有“卍”、“壽”字及八寶紋。上下腹部上沿均有斜方錦地紋並四開光的邊飾。頸部飾以蕉葉紋，腰部繪龜背錦紋，近底處有變形蓮瓣紋。無款識。

此器施彩典雅細膩，色彩鮮明，屬純釉上五彩。整個器型豐滿大方，紋飾圖案對稱規整，比例協調。

79

五彩“壽”字纓絡紋葫蘆瓶

清康熙

高19.5厘米　口徑3.3厘米　足徑5.5厘米

清宮舊藏

Polychrome gourd-shaped vase with pearl and jade necklace design and characters "Shou" (longevity)

Kangxi period, Qing Dynasty

Height: 19.5cm　Diameter of mouth: 3.3cm

Diameter of foot: 5.5cm

Qing Court collection

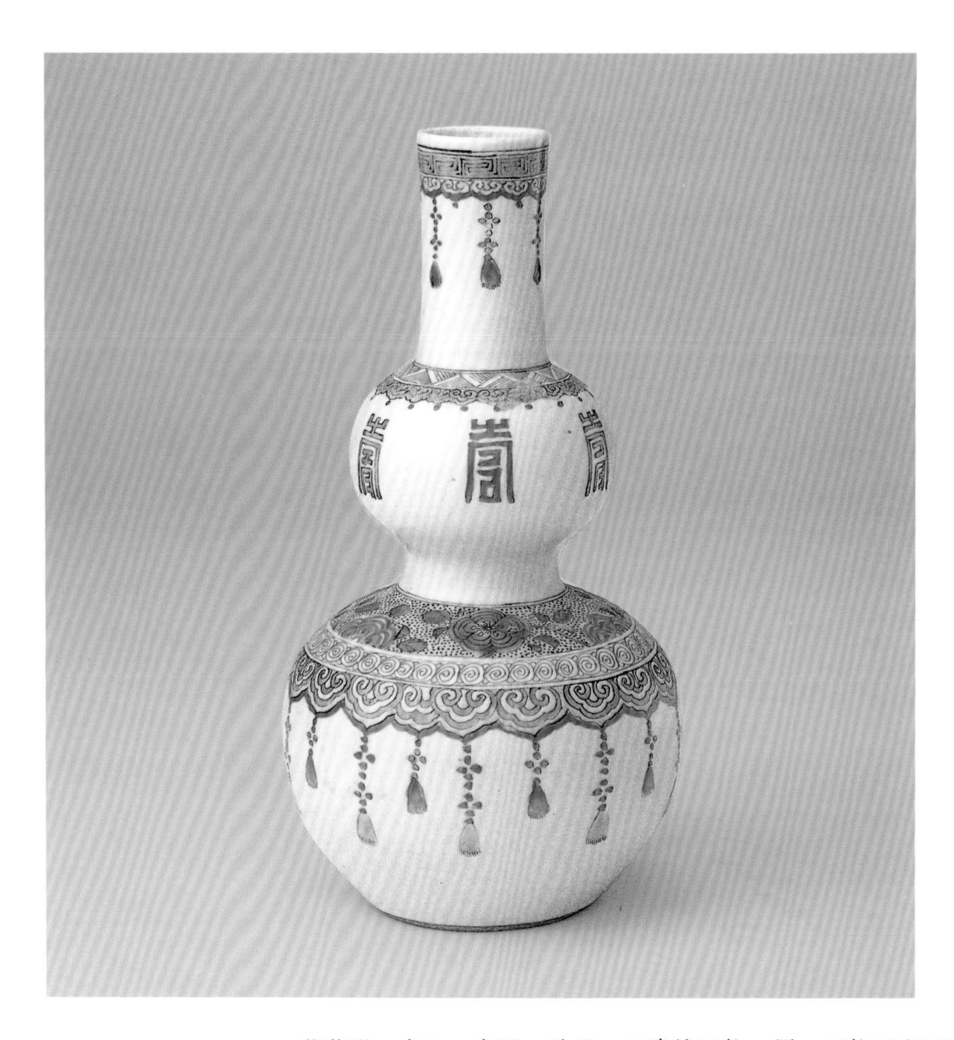

葫蘆形，直口，束腰，卧足。口邊繪回紋一周，回紋下和下腹部相應繪如意雲纓絡紋飾，瓶身上部紅、綠彩相間篆書六“壽”字，下部繪梅花錦及渦紋各一周。外底暗刻“大明成化年製”六字仿款。

以“壽”字做瓷器的裝飾在明、清兩朝廣為流行。康熙朝的“壽”字已不是一般的漢字，而是圖案化和藝術化了，被視為吉祥符。這件葫蘆瓶上的“壽”字書法結構勻稱，巧妙地與纓絡紋組合在一起，表現出嫺熟的藝術技巧。

80

五彩桃紋瓶
清康熙
高19.5厘米　口徑6.5厘米　足徑5.8厘米

Polychrome vase with peach design
Kangxi period, Qing Dynasty
Height: 19.5cm　Diameter of mouth: 6.5cm
Diameter of foot: 5.8cm

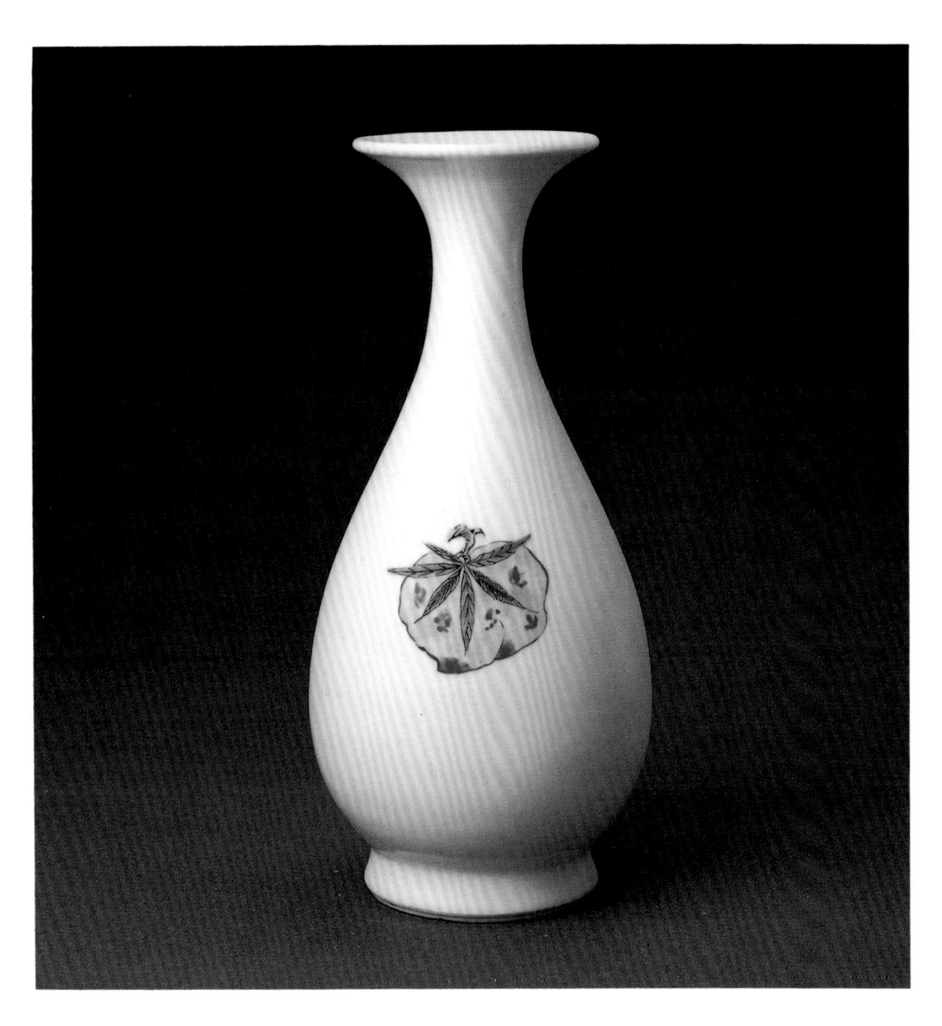

瓶撇口，束頸，溜肩，肩以下漸廣，圓腹，圈足略高，二層台底。肩、腹部繪五彩桃實紋三組，桃施紅彩，綠彩繪葉，黑彩繪桃枝。無款識。

康熙五彩盡改古拙之風，趨向輕盈秀麗。此瓶造型秀美，紋飾簡樸，色彩淡雅，寓意“多福多壽”。

81

五彩加金鷺蓮紋鳳尾尊

清康熙

高44厘米　口徑22.5厘米

足徑13.5厘米

Polychrome phoenix-tail Zun (jar) with egret and lotus design and gold colour added

Kangxi period, Qing Dynasty

Height: 44cm

Diameter of mouth: 22.5cm

Diameter of foot: 13.5cm

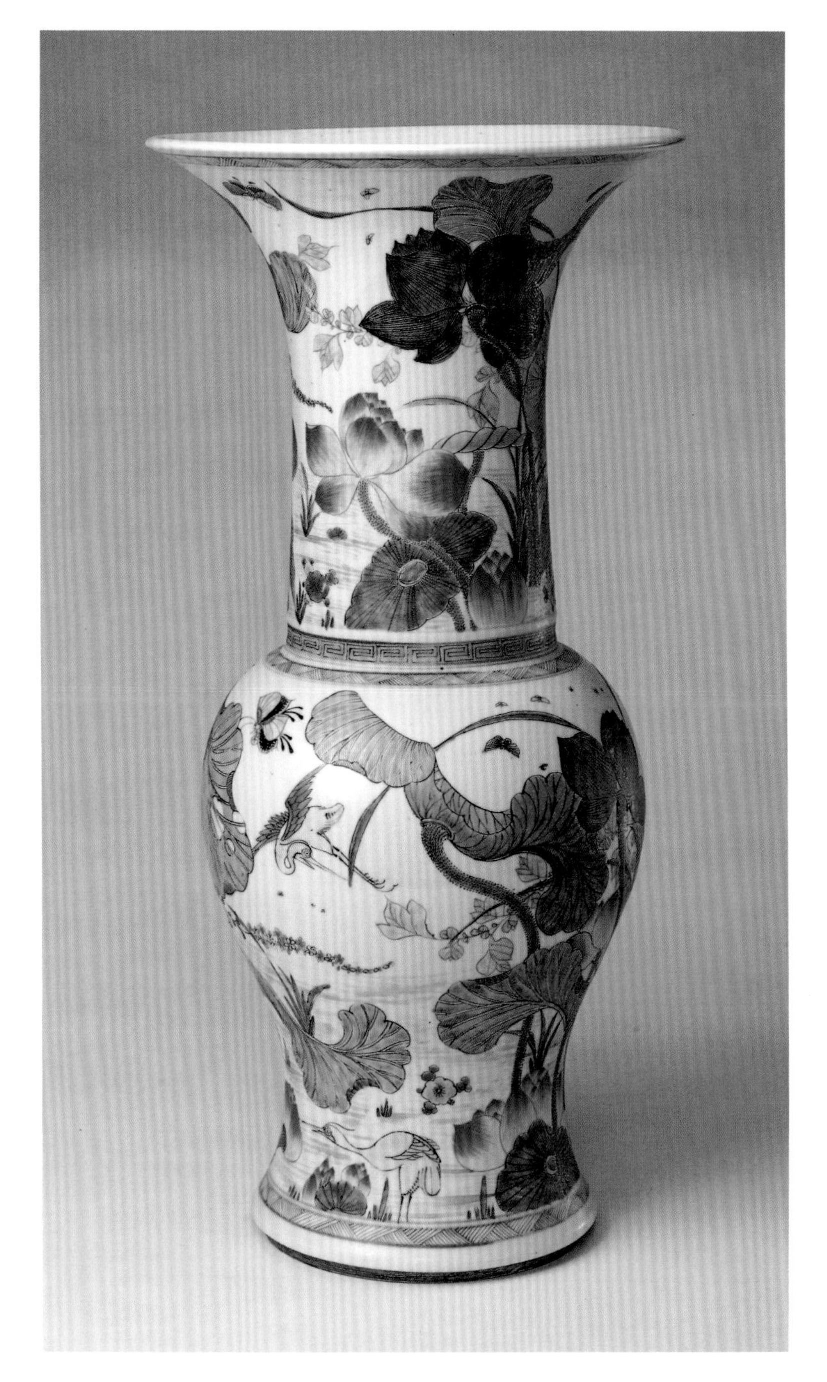

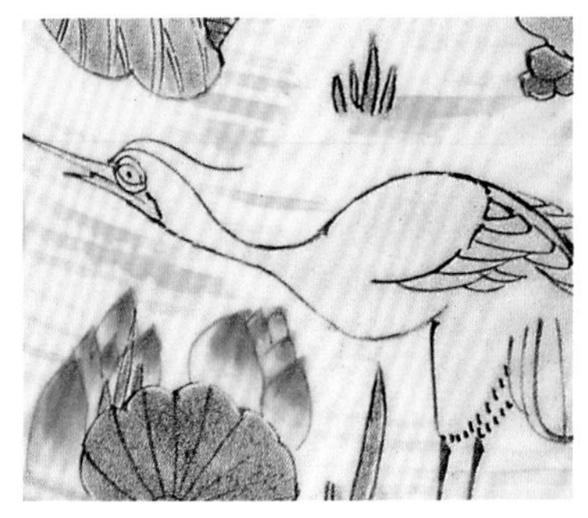

尊侈口外撇，直頸，小溜肩，圓腹，腹下漸斂，近底處外撇，圈足。尊通體彩繪荷塘花鳥圖，分頸、腹兩組：頸部繪荷塘蓮花、蓮蓬、荷葉及翠鳥、蜜蜂，腹部繪荷塘蓮花和鷺鷥、彩蝶、蜜蜂等。無款識。

此尊設色十分考究，紅彩、金彩、紫彩繪製的蓮花富麗華貴，荷葉用翠綠、草綠和水綠三種綠彩繪製，虛實有致，陰陽向背，自然生動，立體感強。器物造型端莊，綫條流暢自然。畫面運用了寫實與誇張相結合的表現方法，細緻之處見大膽，具有很高的藝術性。

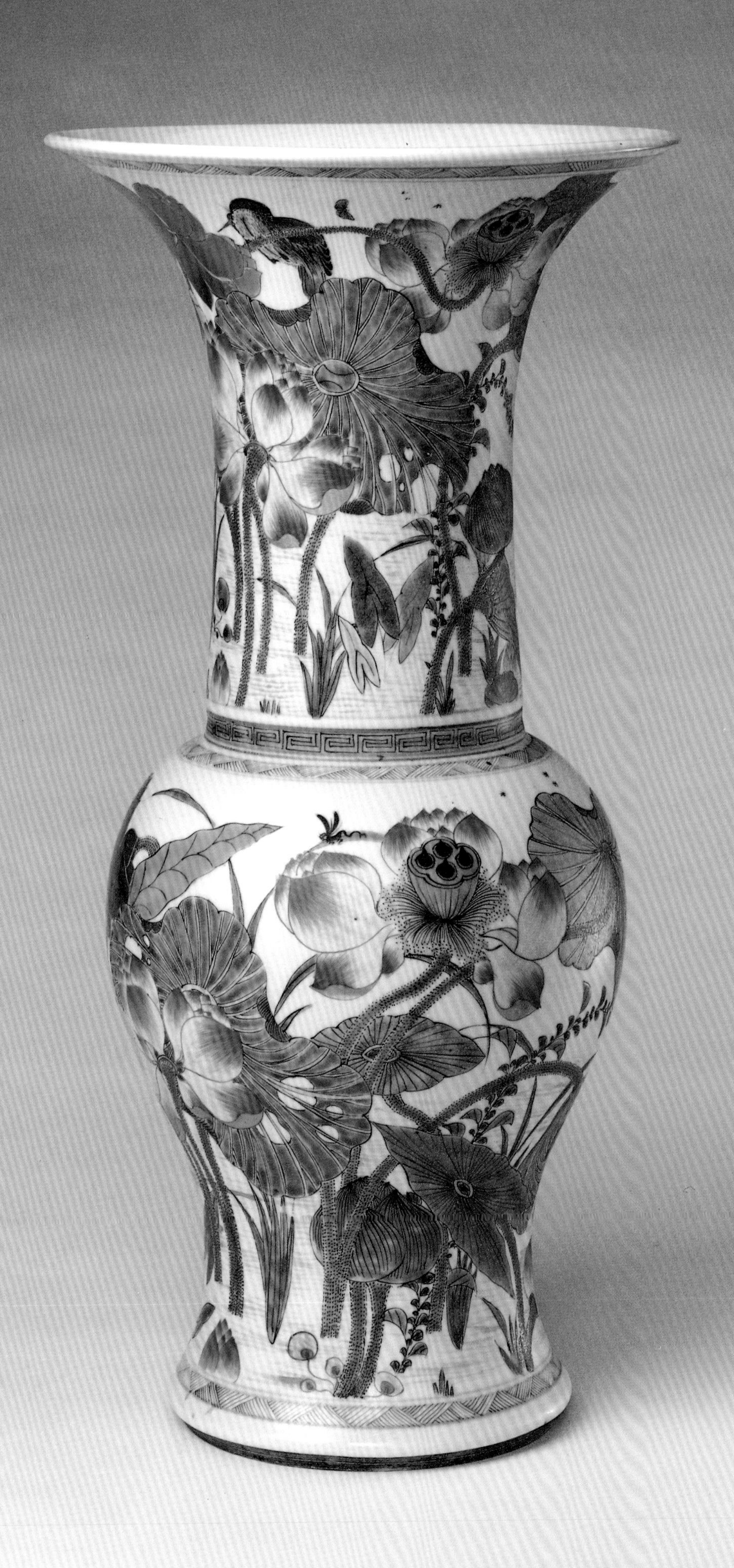

82

五彩加金獸面紋尊

清康熙

高41.5厘米　口徑21.6厘米

足徑14.9厘米

清宮舊藏

Polychrome Zun (jar) with animal mask design and gold colour added

Kangxi period, Qing Dynasty

Height: 41.5cm

Diameter of mouth: 21.6cm

Diameter of foot: 14.9cm

Qing Court collection

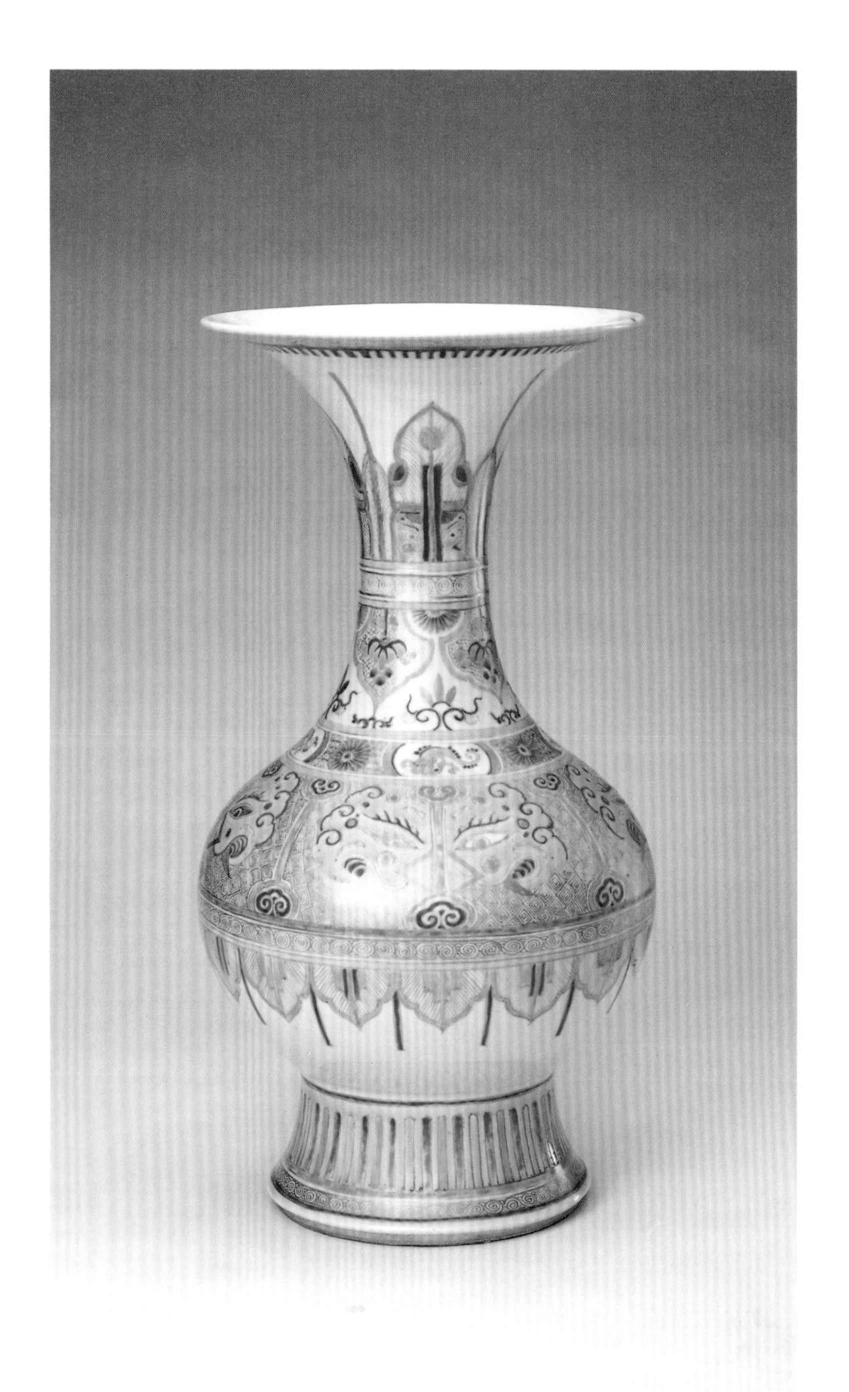

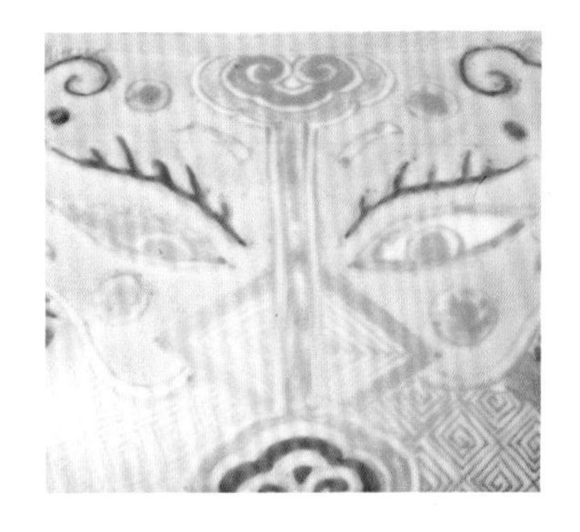

尊廣口外撇，細頸，圓腹，近底處外撇，高圈足。通體紅、綠彩加金裝飾。器身紋飾仿銅器花紋，頸部兩組，上部繪上仰蕉葉、饕餮及魚鱗紋，下部繪垂雲紋，雲頭內各繪一圖案式花朵，兩組紋飾間以勾雲紋。肩部菊花錦紋及四開光內各繪一螭龍。腹部紋飾兩組，上半部為饕餮紋，下半部為下垂蕉葉紋，兩組紋飾間以雲紋一周。脛部為紅、淺綠相間的豎條紋。無款識。

此尊所繪紋飾以描金、淺綠和紅彩為主，間以淡紅彩，色彩淡雅，綫條流暢，造型古樸。

83

五彩人物故事紋花觚

清康熙
高44.8厘米　口徑23.4厘米
足徑15.2厘米

Polychrome beaker-shaped vase with design of characters from a Chinese drama

Kangxi period, Qing Dynasty
Height: 44.8cm
Diameter of mouth: 23.4cm
Diameter of foot: 15.2cm

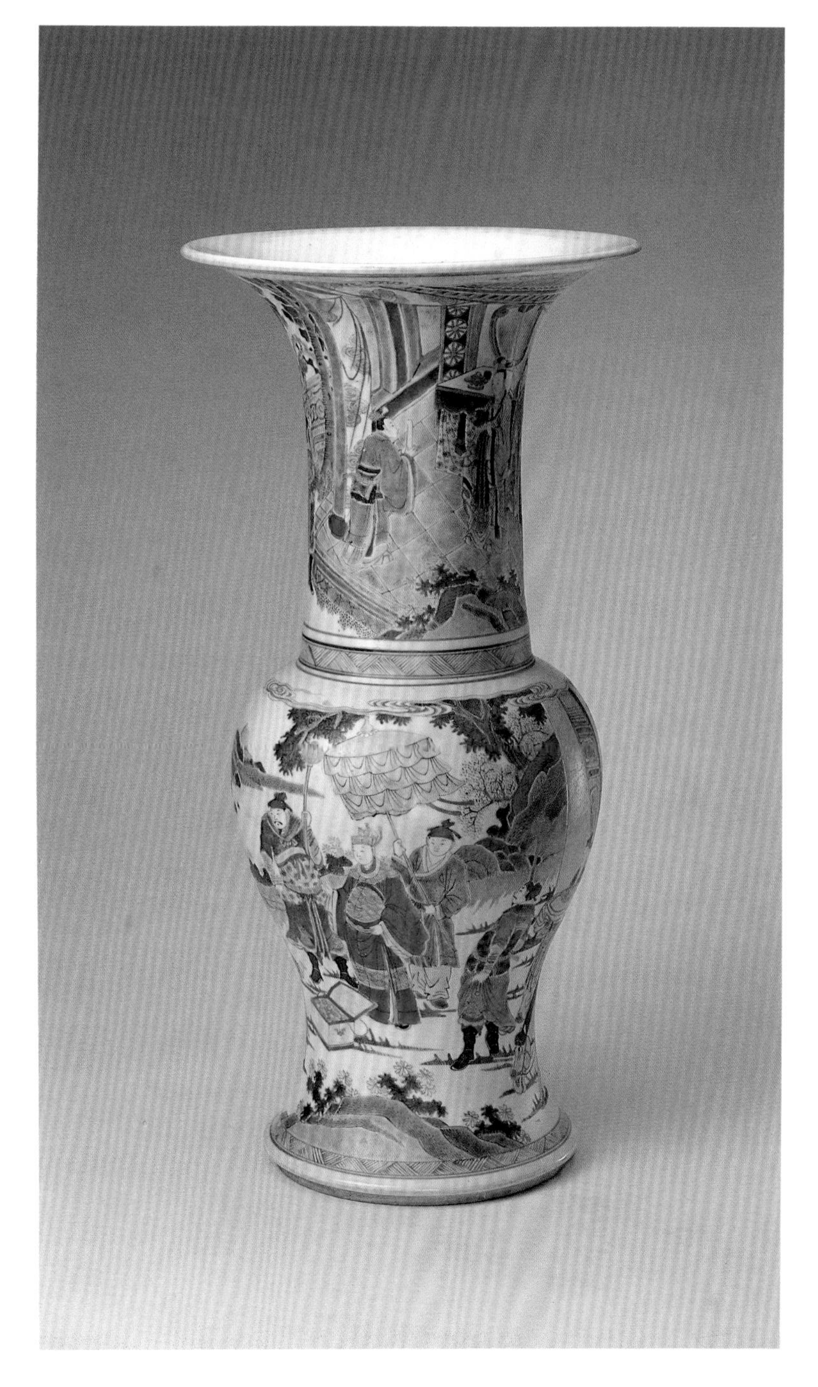

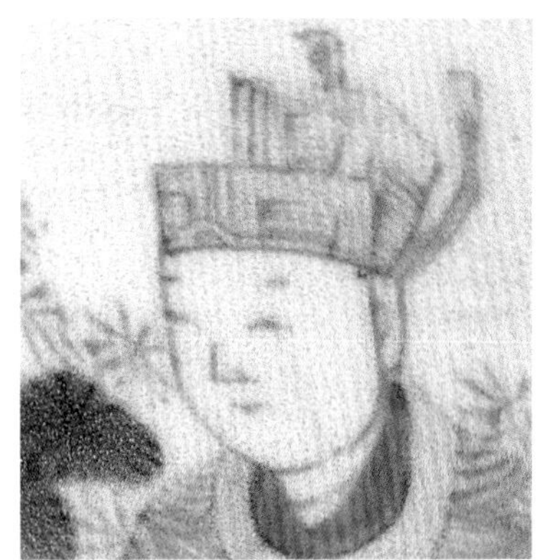

觚撇口，長頸，鼓腹，腹下漸收，近底處微外撇，二層台式底。頸部繪《西廂記》中“送生趕考”圖，腹部繪“張生搬兵”圖，以幾何三角紋和回紋作邊飾。無款識。

此觚色彩艷麗，以釉上藍彩為主，紅、黃、綠、紫、黑、金等彩點綴，人物神態逼真，是康熙人物故事題材瓷畫的優秀作品。

84

五彩竹雀紋茶壺

清康熙
通高18.7厘米　口徑8.2厘米
足徑10.8厘米
清宮舊藏

Polychrome tea pot with design of bamboo and sparrow

Kangxi period, Qing Dynasty
Overall height: 18.7cm
Diameter of mouth: 8.2cm
Diameter of foot: 10.8cm
Qing Court collection

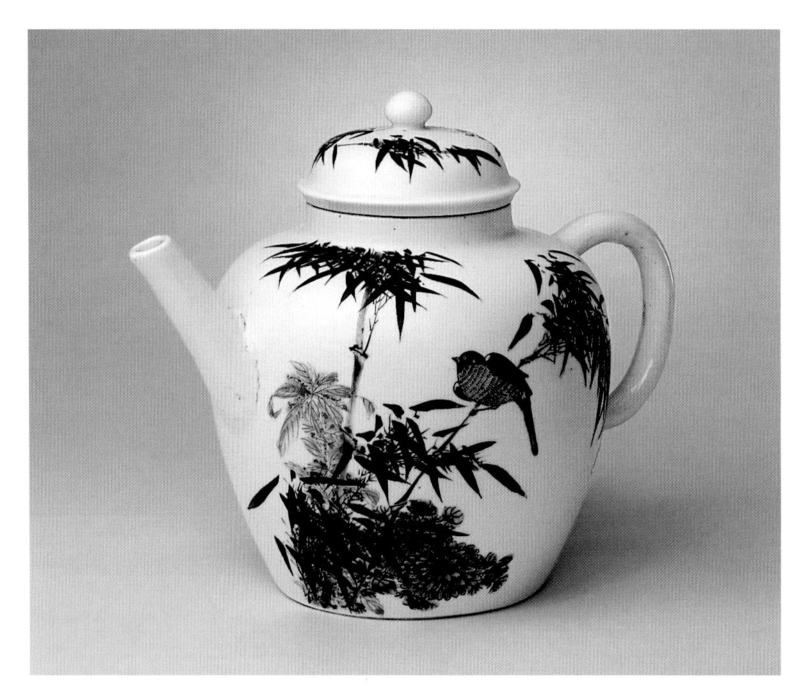

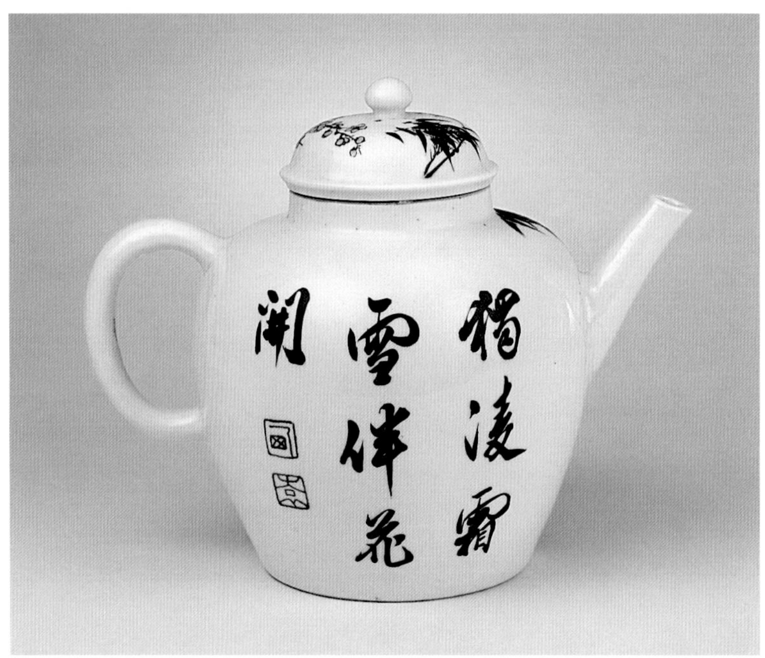

壺圓形蓋，寶珠形鈕，直口，圓肩，鼓腹，腹以下漸收，淺圈足，直流，彎柄。壺身一面繪梅、竹、雀紋，所繪麻雀紅喙赤爪，胸部則以黃彩、黑彩點繪，背部羽毛以黑彩、綠彩勾畫。壺身另一面以黑彩行書題詩一句：“獨凌霜雪伴花開”。無款識。

壺身所繪紋飾以黑彩或紅彩勾邊，上填以紅、綠、黃、褐、黑等色，尤其突出黑彩的使用，是康熙五彩瓷中的特殊品種。

85

五彩獸面紋鐘
清康熙
高9.8厘米　口徑10.8厘米　架高29.5厘米　架寬26.4厘米
清宮舊藏

Polychrome bell with design of animal mask
Kangxi period, Qing Dynasty
Height: 9.8cm　Diameter of mouth: 10.8cm
Height of stand: 29.5cm　Width of stand: 26.4cm
Qing Court collection

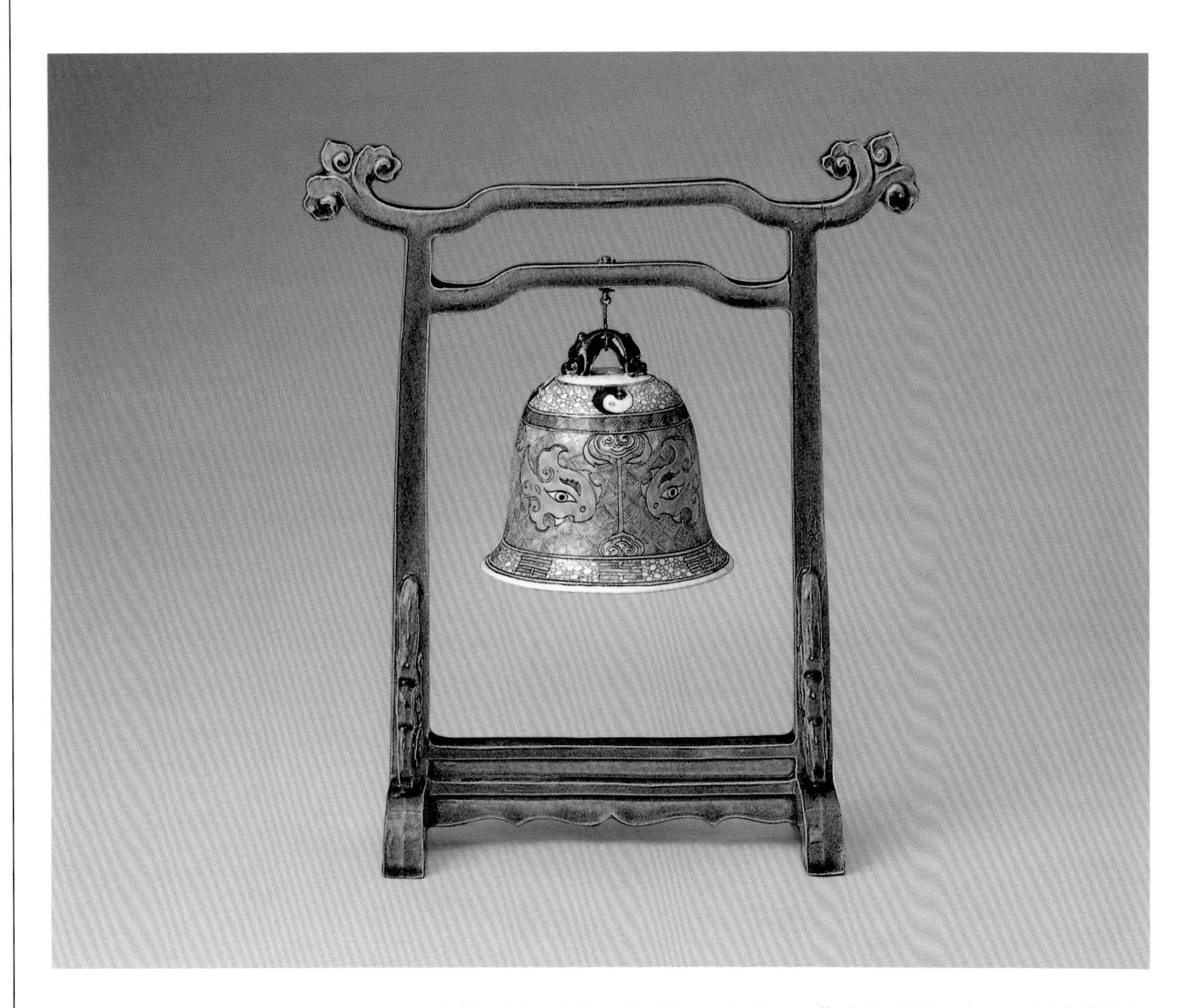

鐘仿青銅器造型，鐘頂留一小孔，鈕為藍釉瑞獸。自上而下共繪四層紋飾，上層冰裂紋地上以綠、藍、金彩繪八卦紋，第二層綠彩繪仰覆三角紋，腹部紅彩斜方回紋錦地上綠彩繪四獸面，獸面間繪上仰下覆式如意紋，下層紅彩冰裂紋地上黃、黑彩繪陰陽魚紋各四個。每層紋飾均以黑綫相隔，架仿紫檀木架造型，上施孔雀綠釉。無款識。

此鐘造型古樸，紋樣具有古銅器之韻致，體現了康熙五彩瓷工藝的高超水平。

86

五彩加金獸面紋方薰

清康熙

通高21.8厘米　口邊長16.2厘米　足距15.8厘米

清宮舊藏

Polychrome square censer with animal mask design and gold colour added

Kangxi period, Qing Dynasty

Overall height: 21.8cm　Diameter of mouth: 16.2cm

Spacing between legs: 15.8cm

Qing Court collection

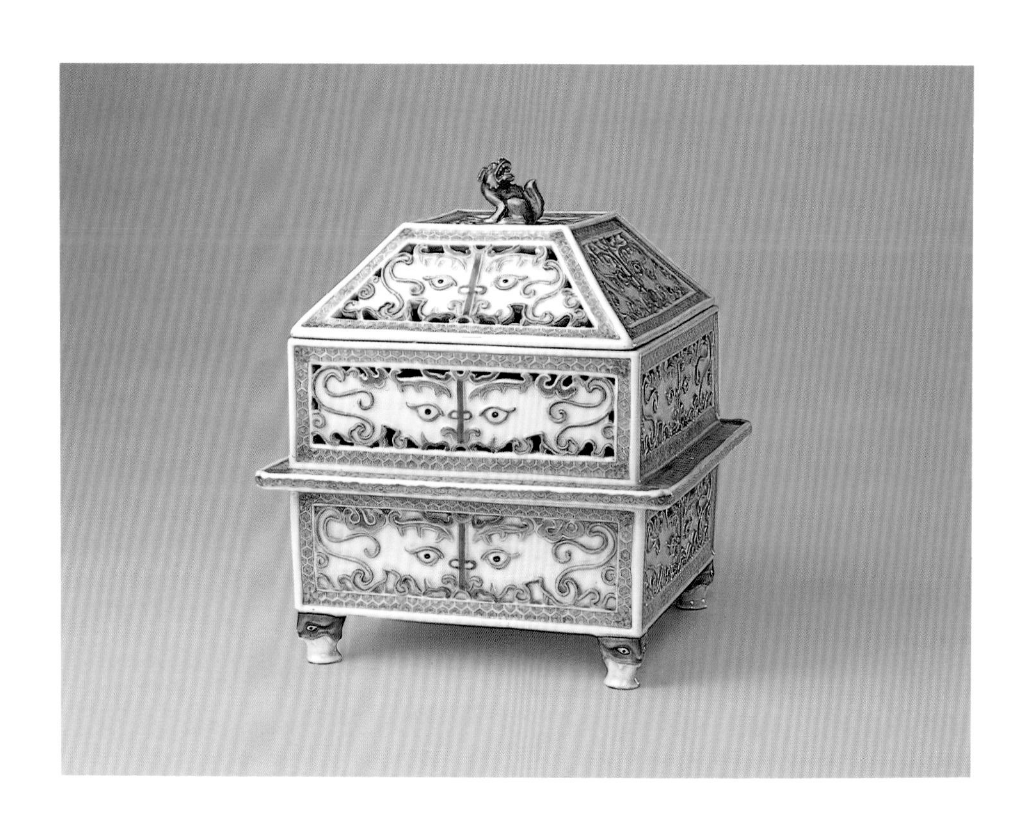

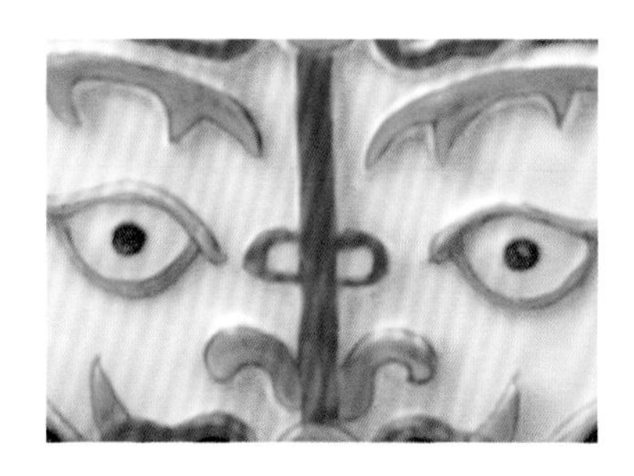

薰呈四方形，中部四面凸出平沿一周，將薰分為兩等分，上部為四面鏤空獸面紋，以金彩描邊，四面邊飾均為礬紅彩龜背錦紋，四角各繪金彩梅花一朵。下部紋飾與上部相同，但不鏤空，四角承以綠彩獸足。四面凸出的平沿上繪礬紅彩錦紋，角上各飾金彩蓮花一朵。蓋為覆斗形，四面鏤空的獸面紋與薰體的獸面紋相呼應，蓋頂為一金彩獅鈕，其四爪露白，側首張口露齒，紅舌清晰可見，尾巴上翹，坐於蓋頂，威武雄猛。

此尊造型及紋飾均仿青銅器，製作精細，施有礬紅彩、綠彩、金彩等。

87

五彩加金錦地開光蓮花紋枕

清康熙

高15.6厘米　長40.8厘米　寬15.6厘米

Polychrome pillow with paneled lotus design and gold colour added over a brocade ground

Kangxi period, Qing Dynasty

Height: 15.6cm　Length: 40.8cm

Width: 15.6cm

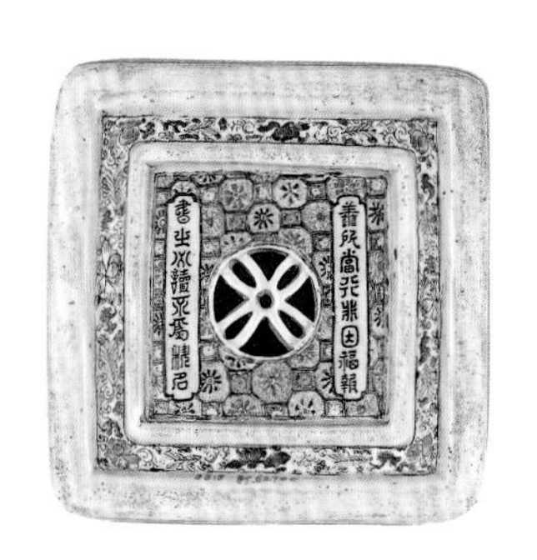

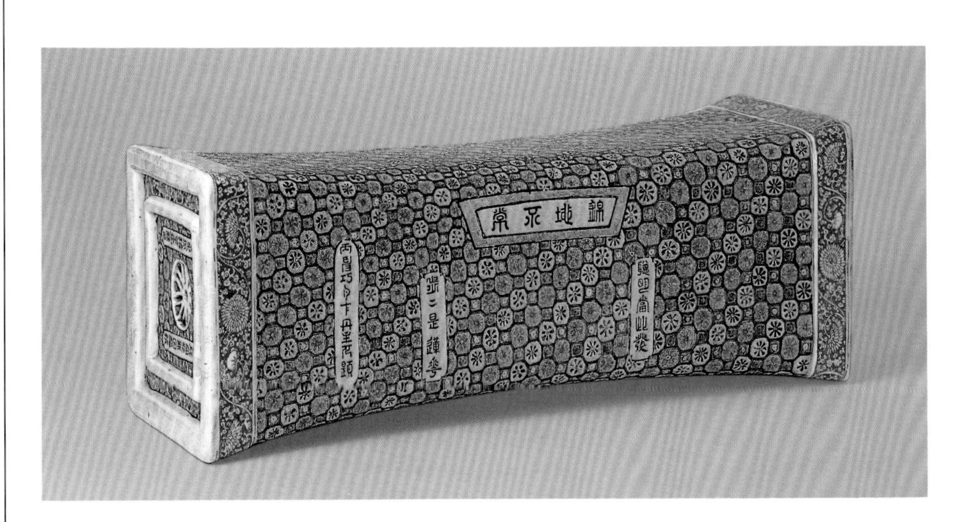

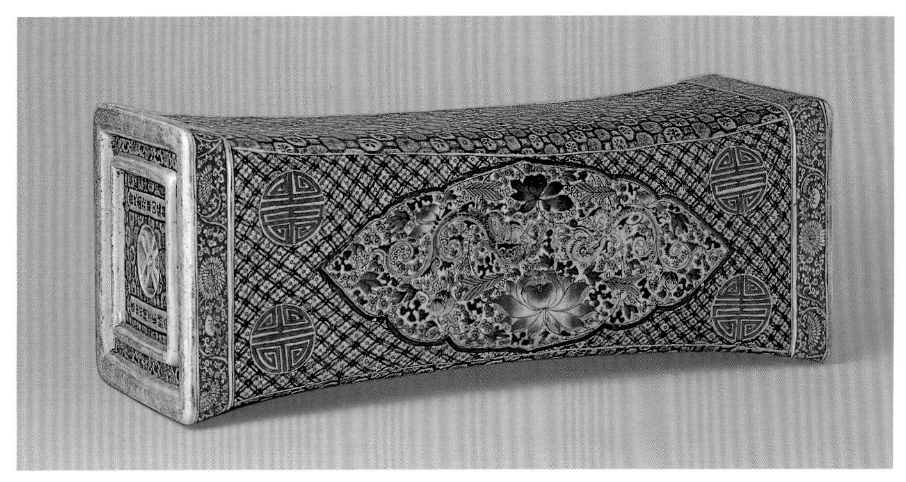

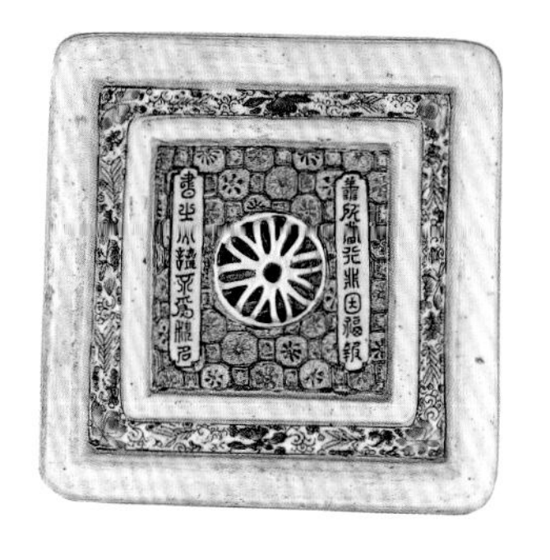

枕為長方形，兩頭略高，中部略低。枕面紋飾以礬紅彩錦地為主，間施以紅、綠彩加金彩裝飾。其中一面四角各書一團“壽”字，中間有菱形開光，內繪加金纏枝蓮及二異獸。另一面錦地上有篆書題字，左為“聰明當此發”，右為“步步是蓮花”，橫書“錦地永常”，右側書“丙申巧月卞丹主人題”。枕兩頭以礬紅彩纏枝菊紋作邊飾，兩側各凸起一方形框，有紋飾兩層，外繪纏枝蓮紋，內繪錦紋，中心均有鏤空朵花形紋飾，一為防止瓷枕在燒製過程中炸裂作透氣之用，二為美觀，鏤空朵花兩邊篆書題字二句，左為“義所當行　非因福報”，右為“書之必讀　永為清名”。

88

五彩山水人物紋筆筒

清康熙

高15.1厘米　口徑17.7厘米　底徑17.9厘米

Polychrome brush holder with landscape and figure design

Kangxi period, Qing Dynasty

Height: 15.1cm　Diameter of mouth: 17.7cm

Diameter of bottom: 17.9cm

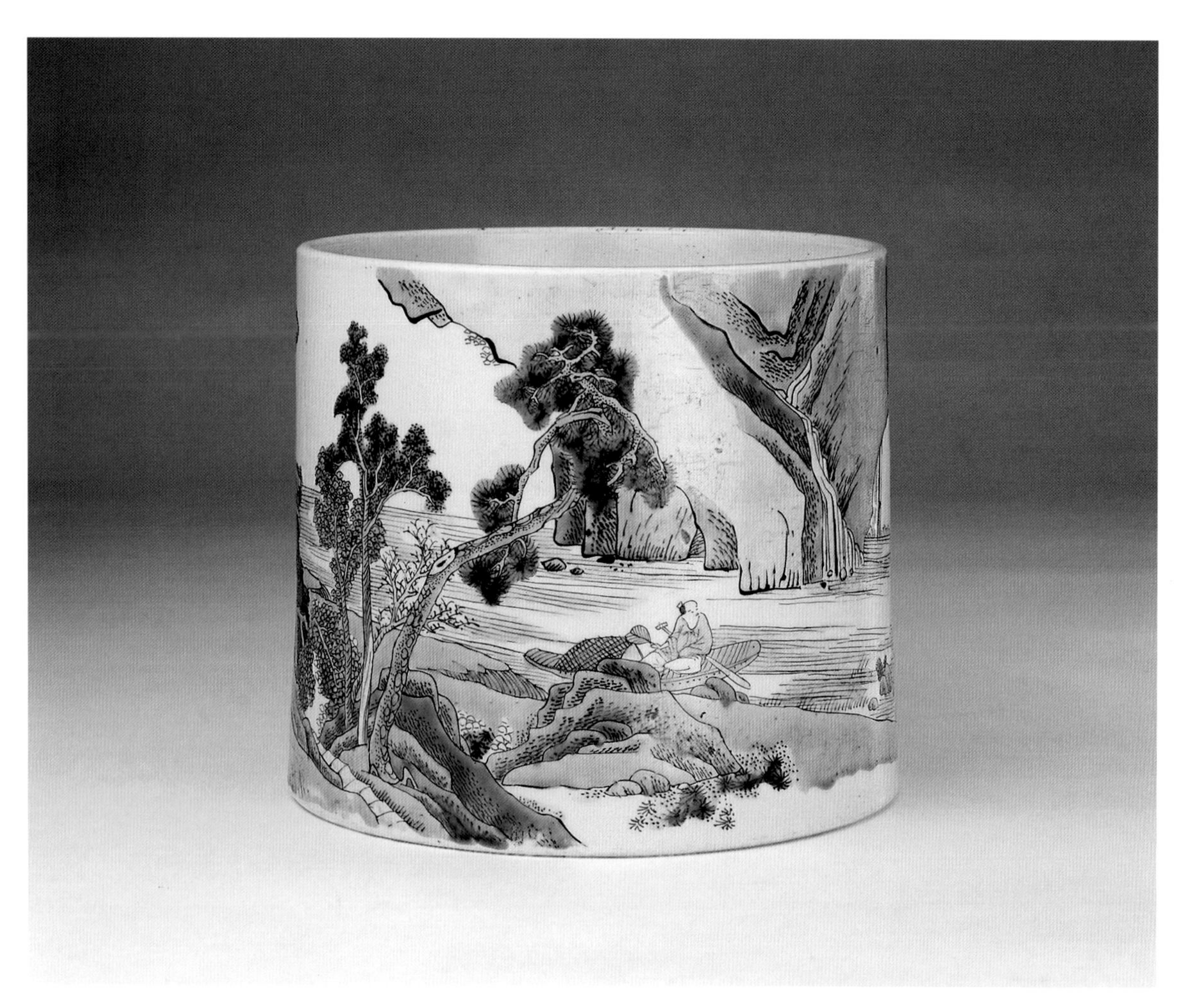

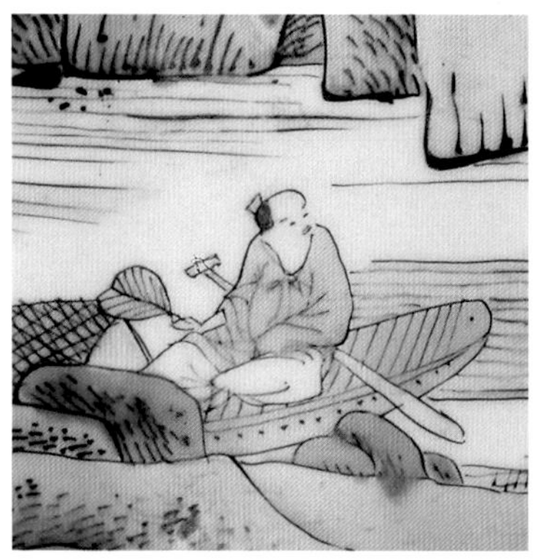

圓筒形，腰部略內收，玉璧形底。胎體厚重堅硬。通體繪五彩山水人物圖，畫面中有兩隻漁船，其中一船上有漁夫手執蒲扇而坐，另一船上的漁夫手執竹竿立於船頭，岸上山石旁佇立二人。

筆筒畫面境界開闊，設色上大量使用綠、紫、藍等彩，黑、紅、黃彩作點綴，繪畫工細精美。

89

五彩花鳥紋筆筒

清康熙

高14厘米　口徑10.5厘米　底徑10.5厘米

Polychrome brush holder with birds and flowers design

Kangxi period, Qing Dynasty

Height: 14cm　Diameter of mouth: 10.5cm

Diameter of bottom: 10.5cm

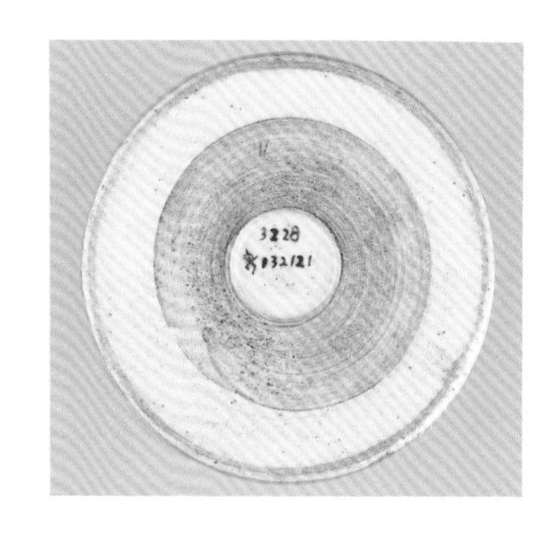

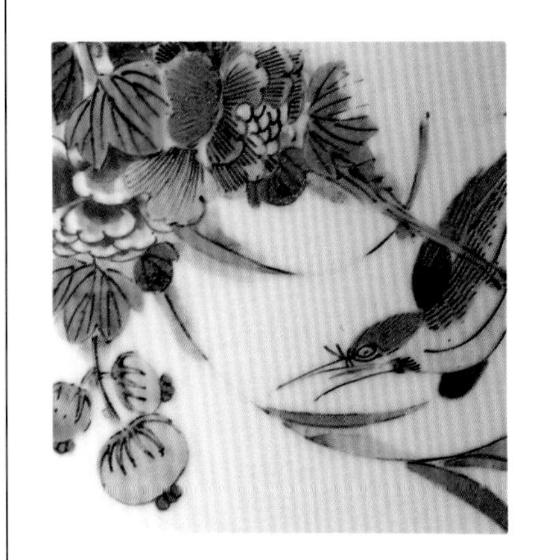

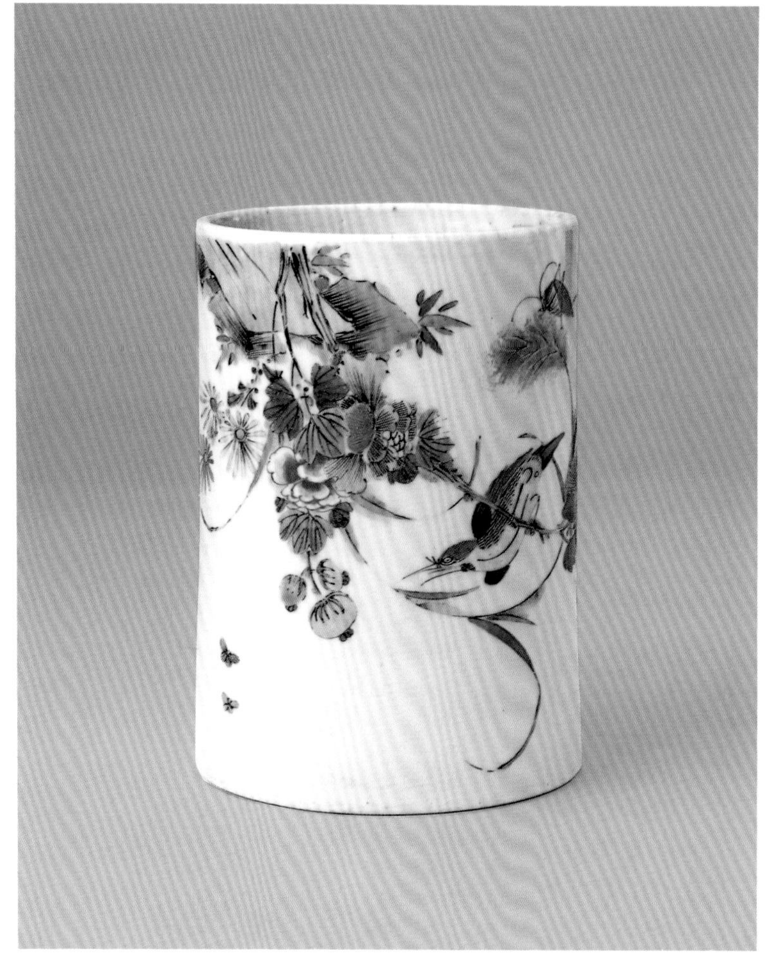

圓筒形，口底相若，玉璧形底。外壁一面用五彩描繪花鳥圖，一面用黑彩草書五言詩二句：“並無思別意，只是亦花心。”落款“葦石”並紅彩“福”字閒章一方。無款識。

此筆筒紋飾將詩、書、畫三者巧妙地結合在一起，具有較高的藝術欣賞價值。

90

五彩竹雀紋筆筒

清康熙

高14.2厘米　口徑18.4厘米　底徑18厘米

清宮舊藏

Polychrome brush holder with bamboo and sparrow design

Kangxi period, Qing Dynasty

Height: 14.2cm　Diameter of mouth: 18.4cm

Diameter of bottom: 18cm

Qing Court collection

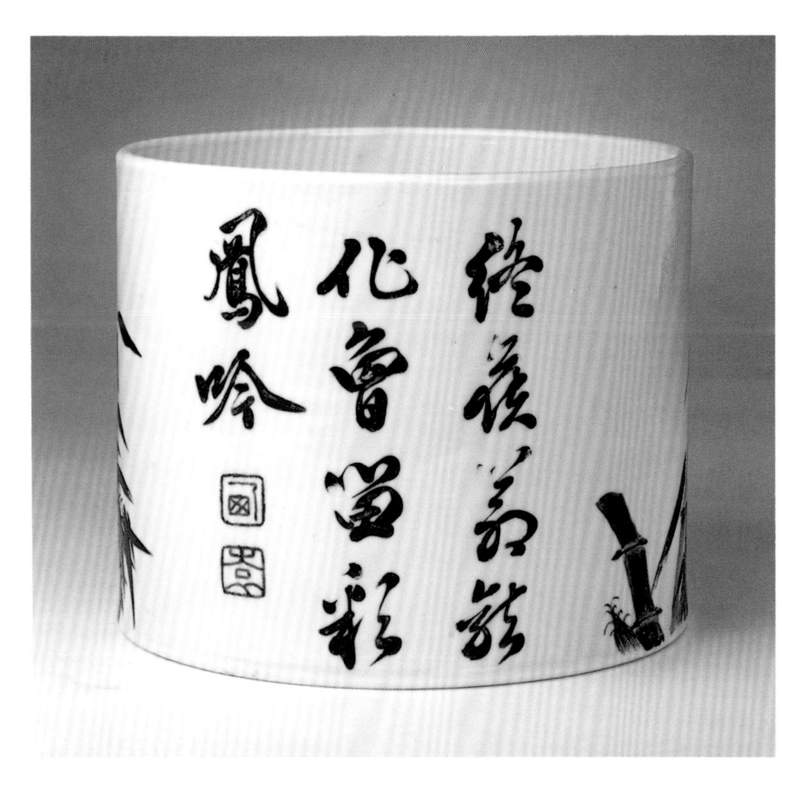

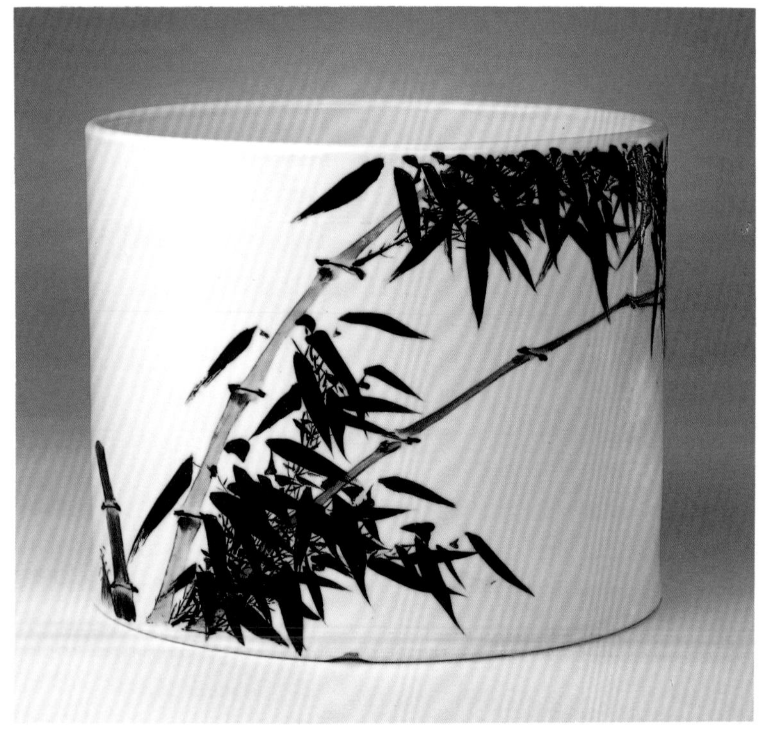

圓筒形，平底。此筆筒以黑彩為主，畫墨竹兩枝，竹幹粗壯，竹葉茂盛，透過竹葉隱約可見嫩枝新發，生機勃勃。墨竹枝葉以黑彩描繪，潤以綠彩和赭石色少許，風格蒼勁瀟灑。空白處行書題“終獲萬龍化，曾留彩鳳吟”詩二句，下有“西”、“園”陽文聯珠方印。無款識。

筆筒本為文具，將詩、書、畫、印巧妙地結合，越添文人情趣。

91

五彩花鳥紋筆筒

清康熙

高14.5厘米　口徑17厘米　底徑17.2厘米

Polychrome brush holder with bird and flowers design

Kangxi period, Qing Dynasty

Height: 14.5cm　Diameter of mouth: 17cm

Diameter of bottom:17.2cm

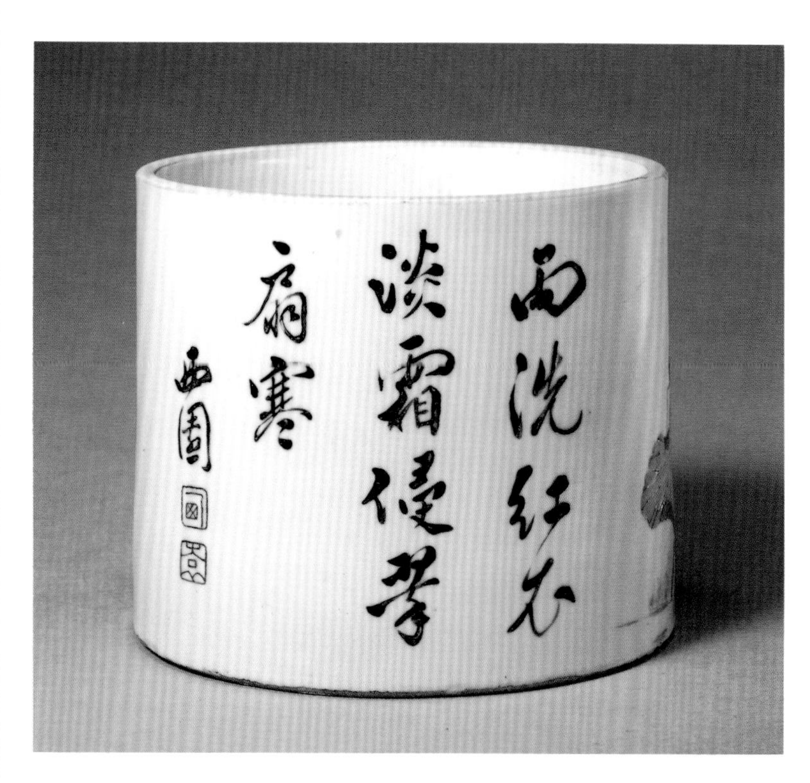

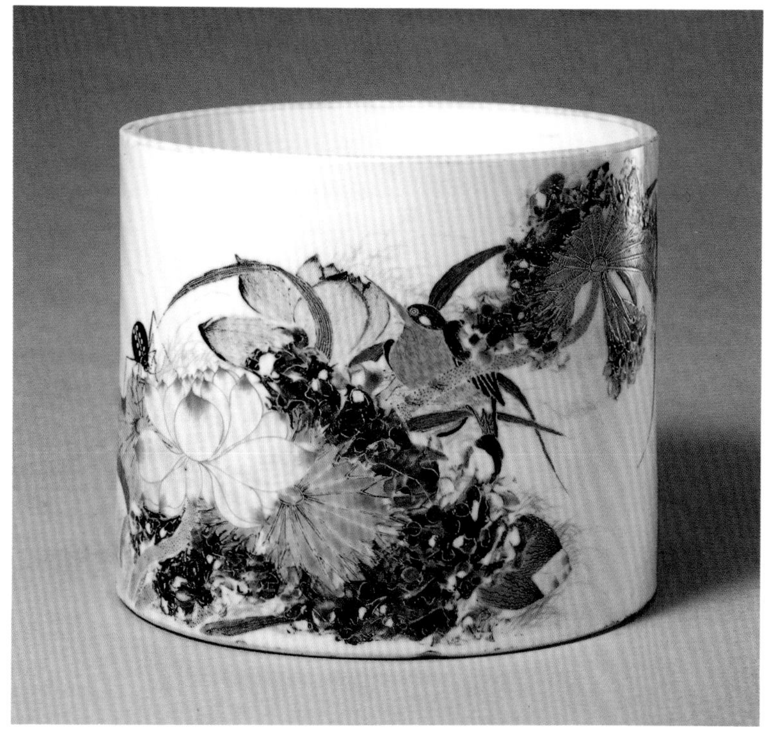

圓筒形。底中心有一內凹圓臍，臍內施白釉，臍周圍一圈無釉。外壁一面以紅、綠、黑、赭等彩描繪秋色中的殘荷、水鳥、螞蚱、蜻蜓、甲殼蟲等，另一面以黑彩題五言詩二句：“雨洗紅衣淡，霜侵翠扇寒。”句末落黑彩“西園”款和“西”、“園”兩方紅章。“西園”是清代著名畫家高鳳翰（1683－1749年）的字。

此筆筒所繪圖案筆法蒼勁老到，係繪瓷工匠借用高鳳翰的畫稿風格而成，題詩與畫意相得益彰。

92

五彩加金山水花鳥紋缸

清康熙

高31.7厘米　口徑35.9厘米　足徑20.6厘米

Polychrome urn with design of landscape, birds and flowers and gold colour added

Kangxi period, Qing Dynasty

Height: 31.7cm　Diameter of mouth: 35.9cm

Diameter of foot: 20.6cm

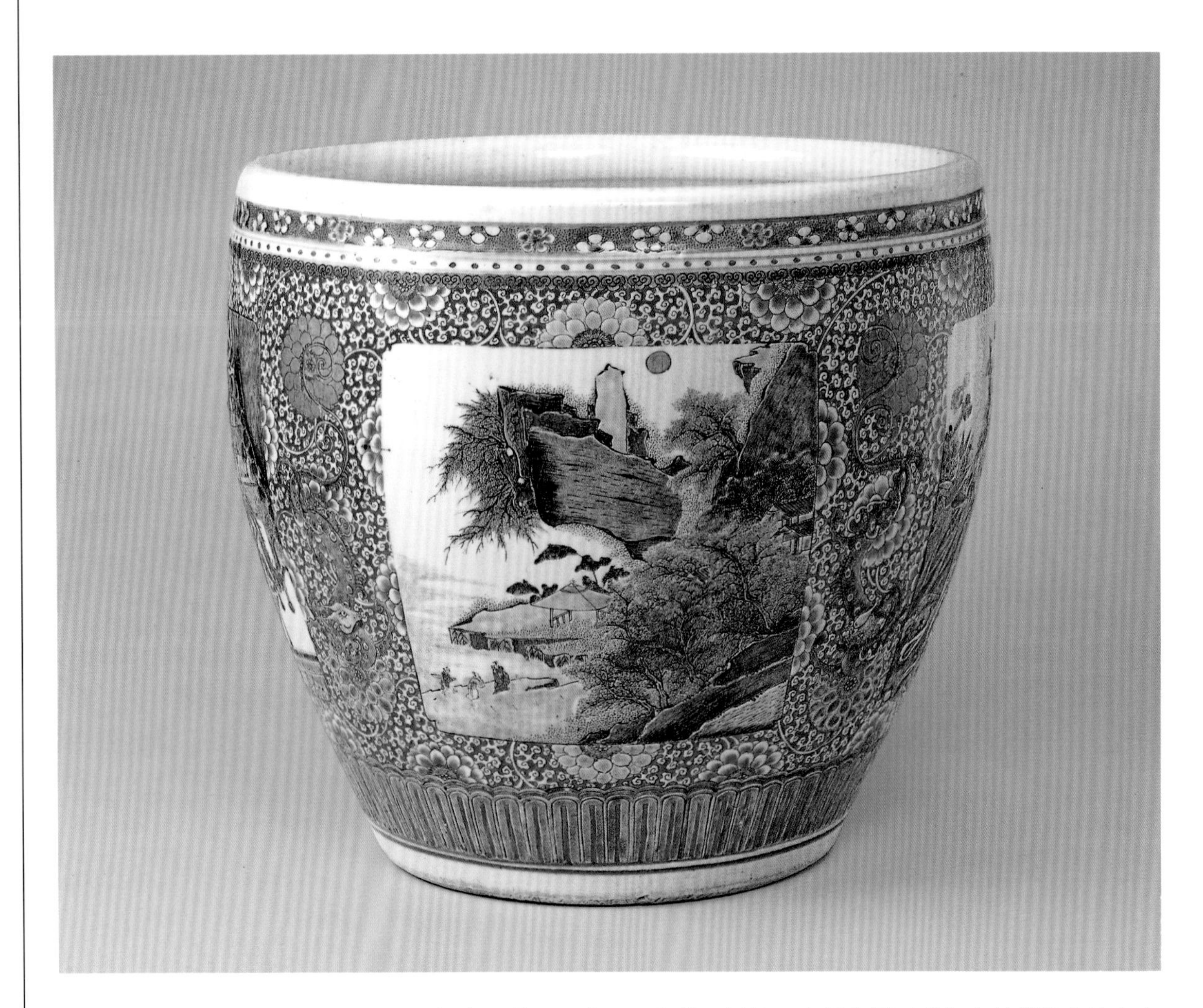

缸直口微收，腹以下內斂，圈足。腹部主題五彩加金螭龍穿花地上有四個委角方形開光，內繪花卉、鳥蝶、博古、魚龍、月梅及秋景山水人物等。口沿與近足處分別以綠地朵梅紋及變形蓮瓣紋作邊飾。

此缸紋飾豐富飽滿，金彩使纏枝蓮紋更加富麗華美。山水、花鳥圖案與開光形式巧妙結合，突出了主題，是康熙五彩瓷中裝飾紋樣頗具特色的作品。

所繪山水，分層塗色，層層皴染，用筆沉着，蒼潤挺秀，深受清初四王畫風之影響。

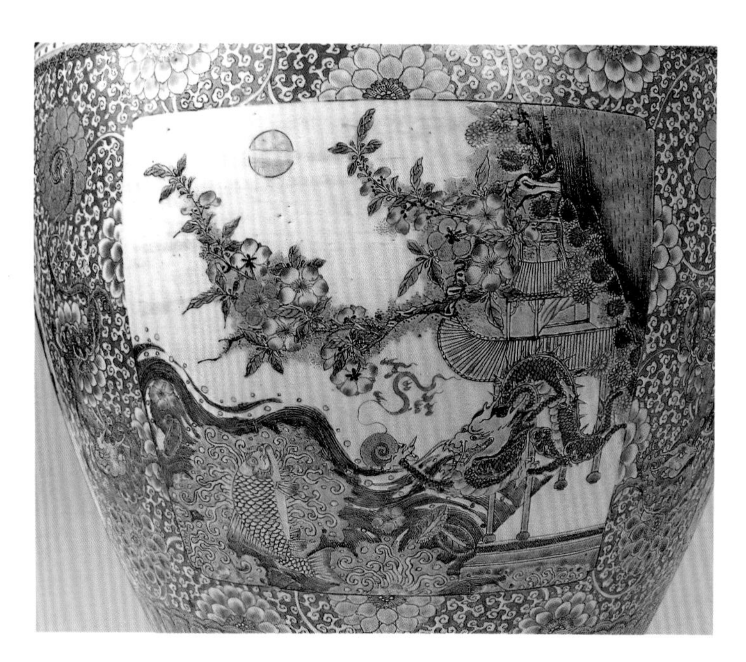

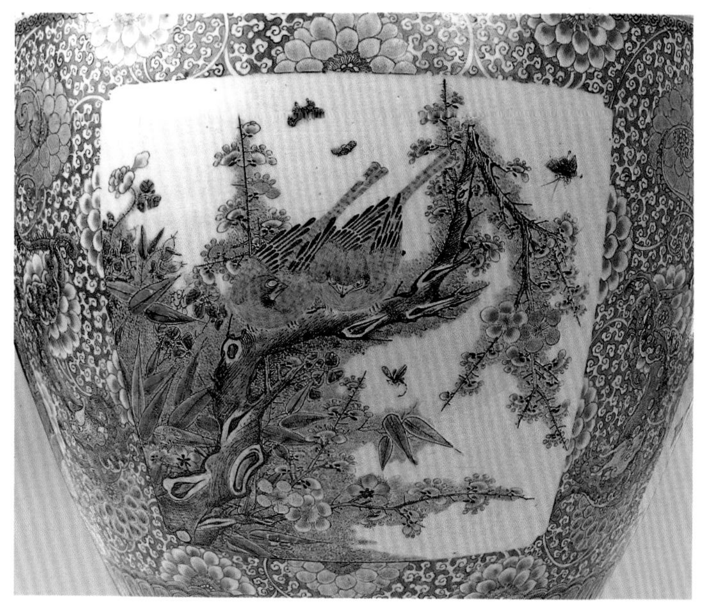

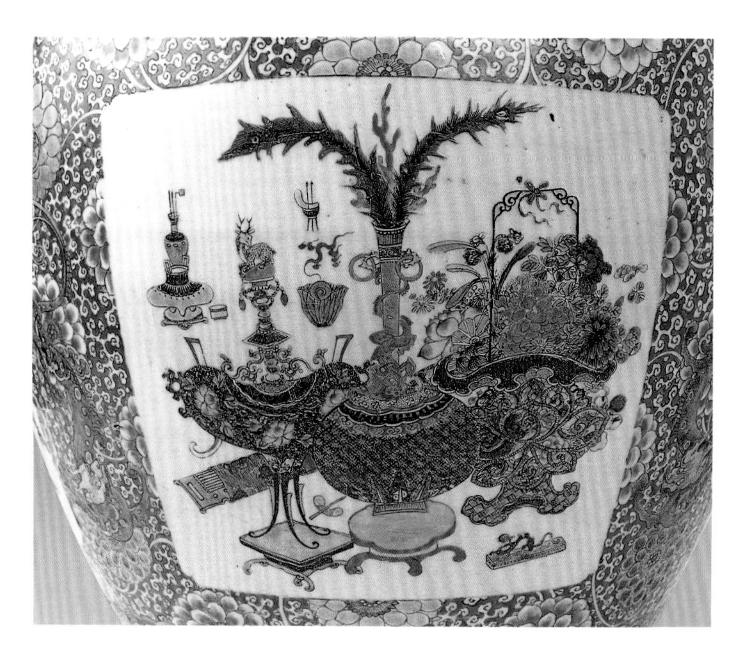

93

五彩山水人物紋缸
清康熙
高16.6厘米　口徑22.2厘米　足徑12.9厘米

Polychrome urn with figure and landscape design
Kangxi period, Qing Dynasty
Height: 16.6cm　Diameter of mouth: 22.2cm
Diameter of foot: 12.9cm

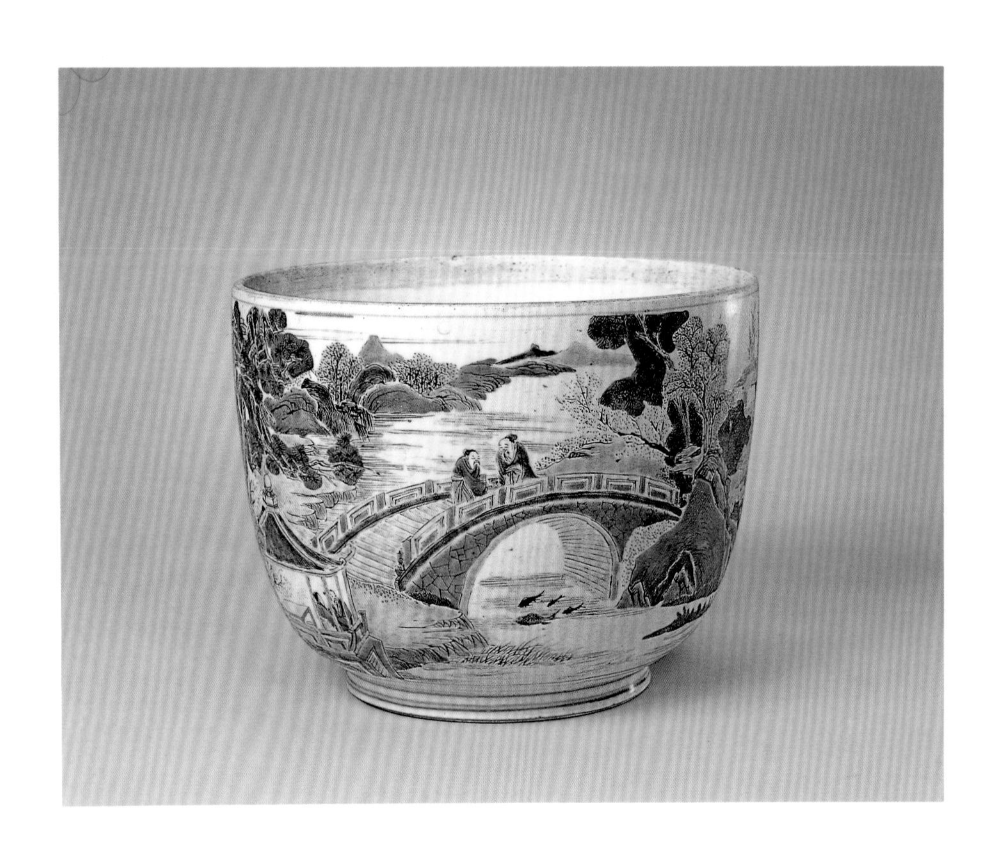

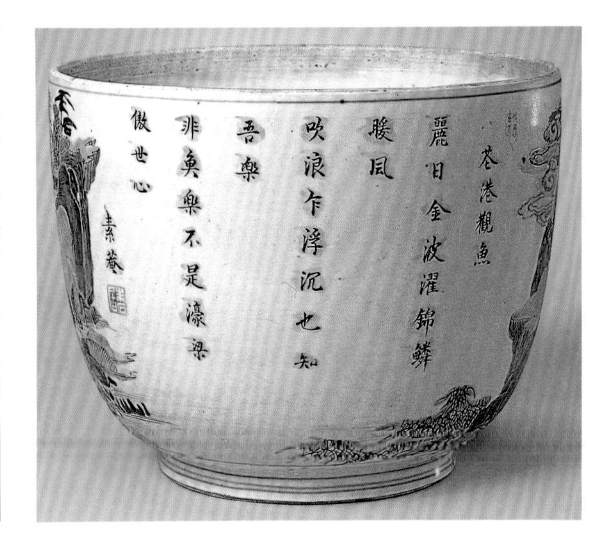

缸直口，深腹，圈足。外壁一面繪有小橋，伸延至一亭。橋上與亭內皆有人觀魚，周圍繪有山石、花草、翠竹、樹木、小船、流雲等。另一面黑彩題詩句：“花港觀魚。麗日金波濯錦鱗，暖風吹浪乍浮沉。也知吾樂非魚樂，不是濠梁傲世心。素菴。”下有“米石居”白文印一方。外底青花雙圈無款識。

94

五彩海水瑞獸紋橢圓花盆

清康熙
高16.5厘米　口徑35.2/28.2厘米　足距25/18.8厘米
清宮舊藏

Polychrome oval flower pot with design of auspicious animals in sea waters

Kangxi period, Qing Dynasty
Height: 16.5cm　Diameter of mouth: 35.2/28.2cm
Spacing between legs: 25/18.8cm
Qing Court collection

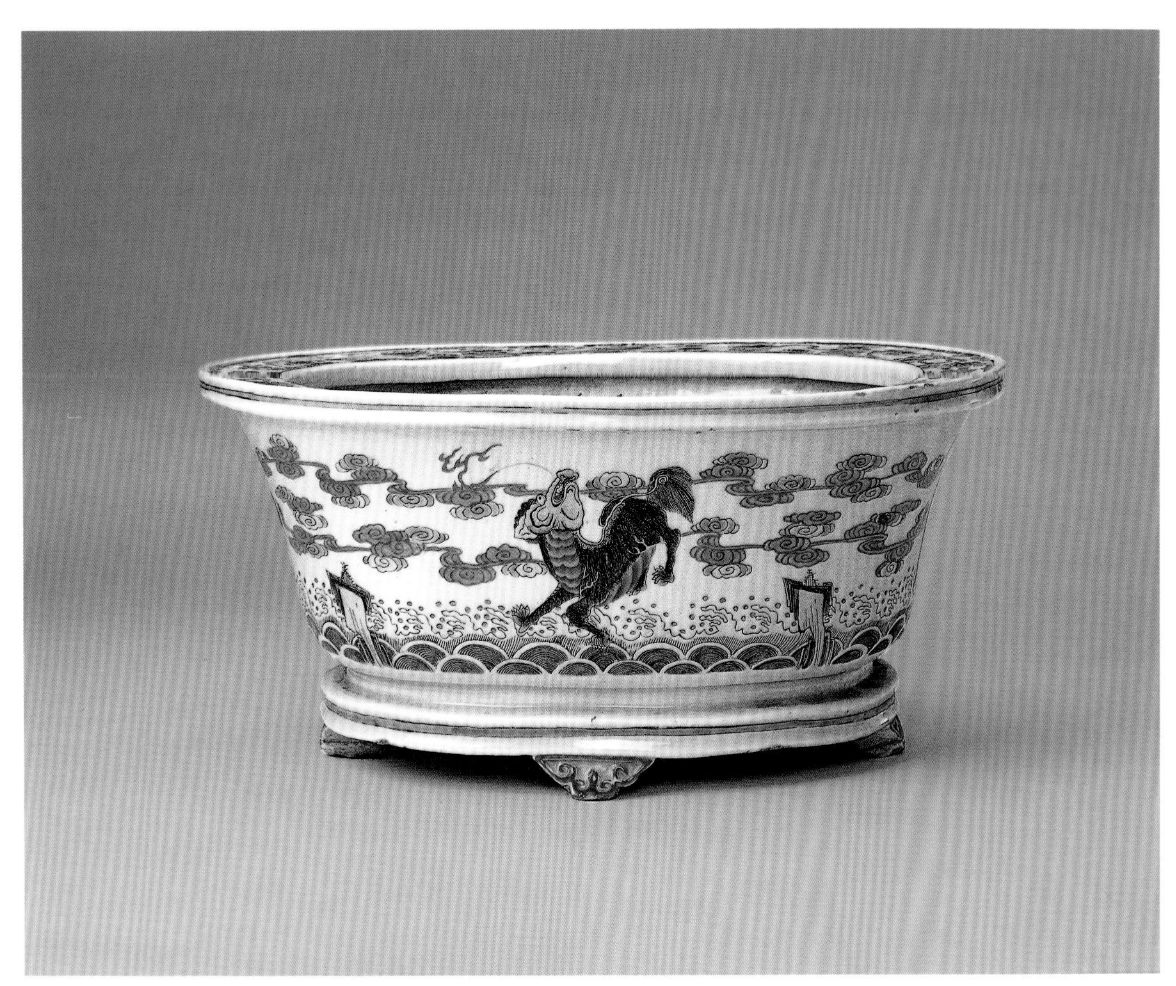

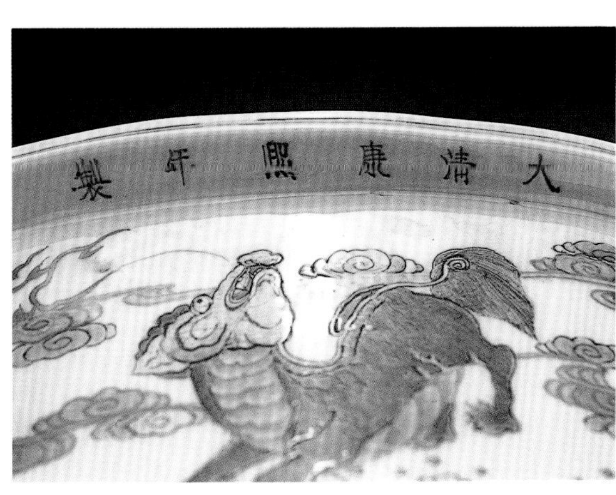

盆為橢圓形，板沿口，口沿邊凹進一周，腹上廣下斂，折底出沿，下承四個如意形雲頭足，底面無釉，中心有一孔。盆裏施半截釉。盆身主題紋飾為四瑞獸騰躍於海水中，口中吐火。板口上繪五蝠靈芝祥雲紋，口沿下從右至左青花橫書"大清康熙年製"六字楷書款。

康熙朝花盆式樣繁多，大器多見，此花盆即頗具時代特色，造型美觀實用，設色濃重艷麗，花紋新穎，為康熙朝五彩瓷的代表作。

95

五彩加金花鳥紋八方花盆

清康熙

高32厘米　口徑51.5厘米　底徑35.6厘米

清宮舊藏

Polychrome octagonal flower pot with bird and flower design and gold colour added

Kangxi period, Qing Dynasty

Height: 32cm　Diameter of mouth: 51.5cm

Diameter of bottom: 35.6cm

Qing Court collection

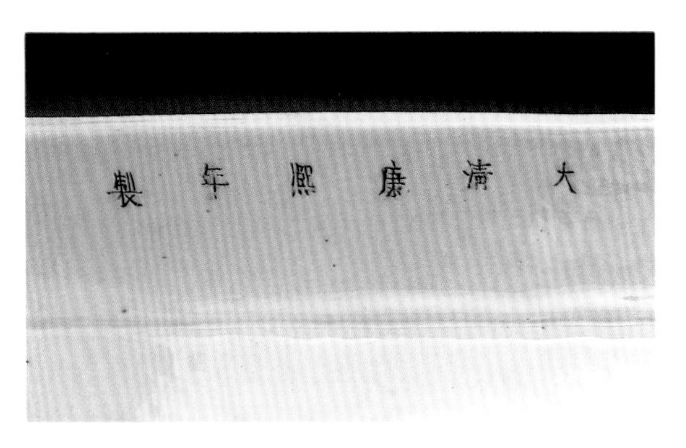

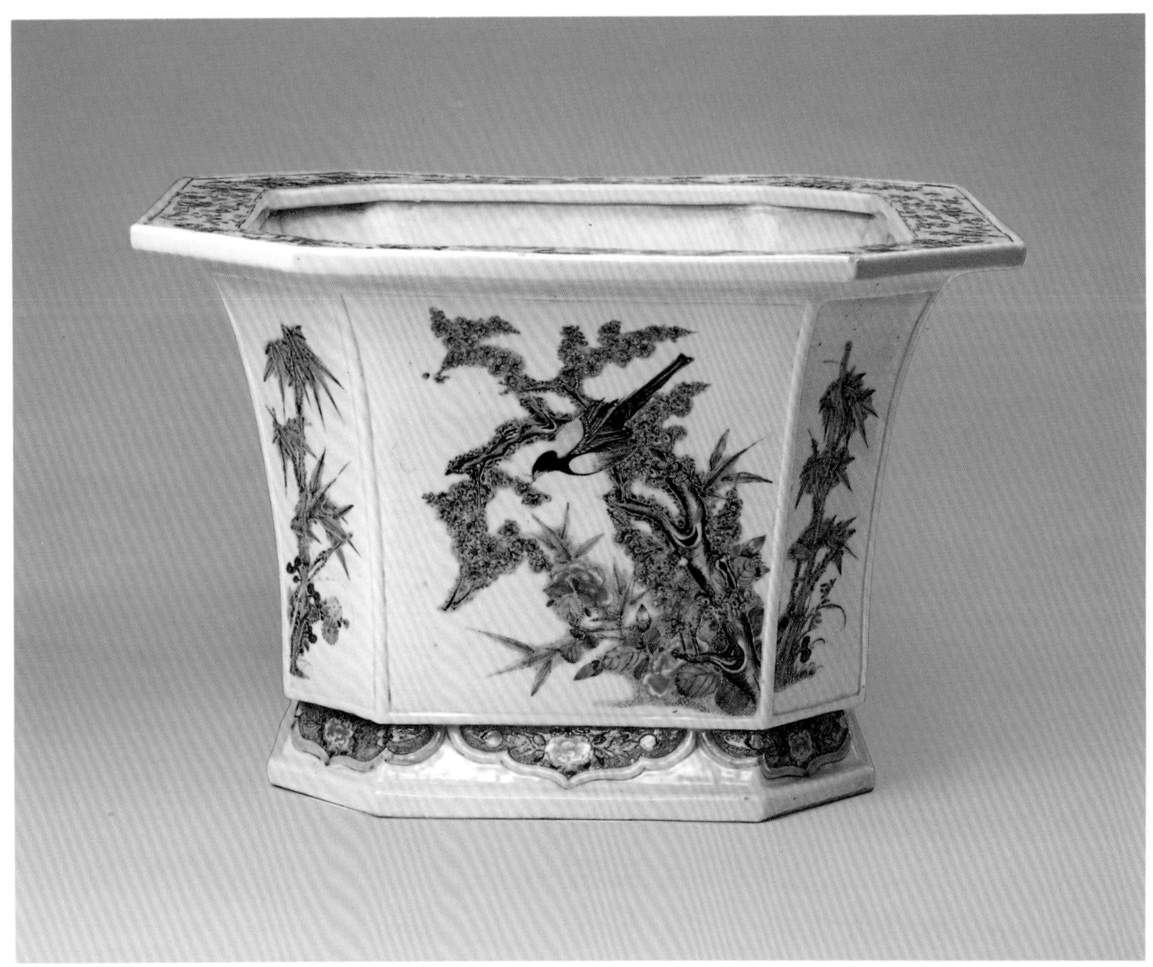

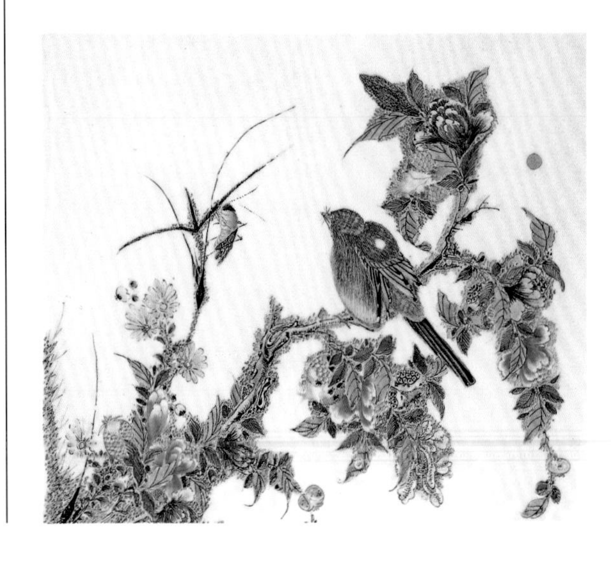

盆為八方折沿形，重底。外部五彩加金裝飾。盆身四正面以花鳥為題材，分別繪玉蘭綬帶、鷺鷥蓮花、菊花石榴、梅竹山鵲，四較窄的側面均繪以靈竹，在構圖上與花鳥主題畫面相協調，並使整個器物透出一股清雅之氣。折沿上繪桃四株及雲鶴等紋，足繪八垂雲紋，內各繪折枝花一朵，口沿下黑彩橫書“大清康熙年製”六字楷書款。

此盆為陳設器皿，一般作為花盆等的外側套盆使用，其裝飾比較注重清淡雅致的風格特點。盆沿與足的裝飾性圖案畫法工細，五彩加金使器物越顯富麗精美，但在盆身畫面花卉與靈竹的調合下，又顯得清新脫俗。

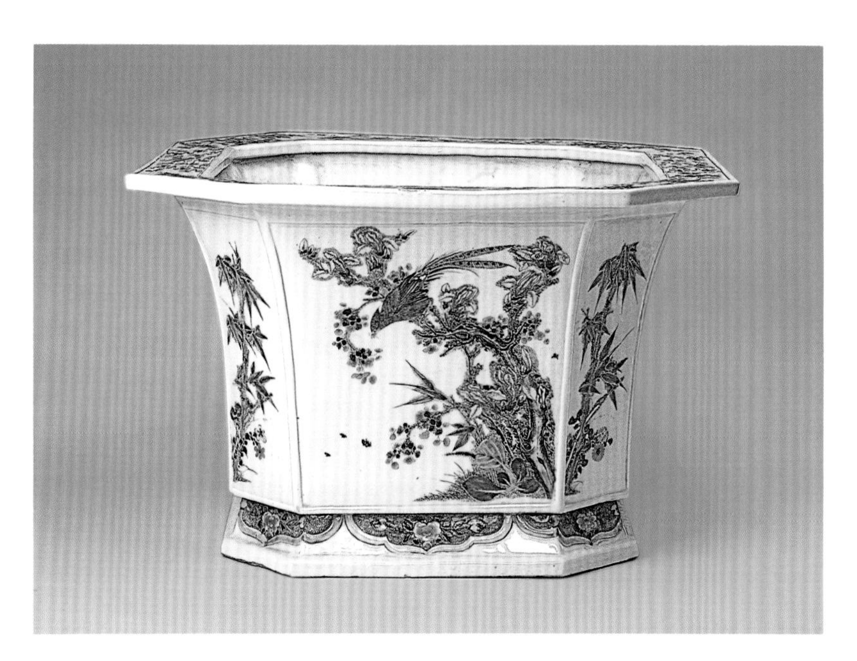

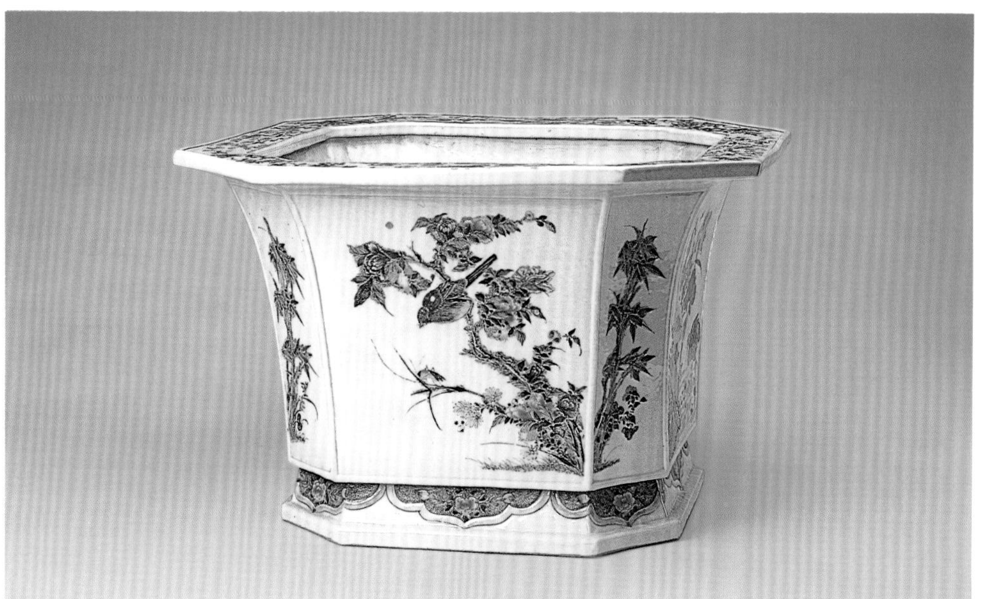

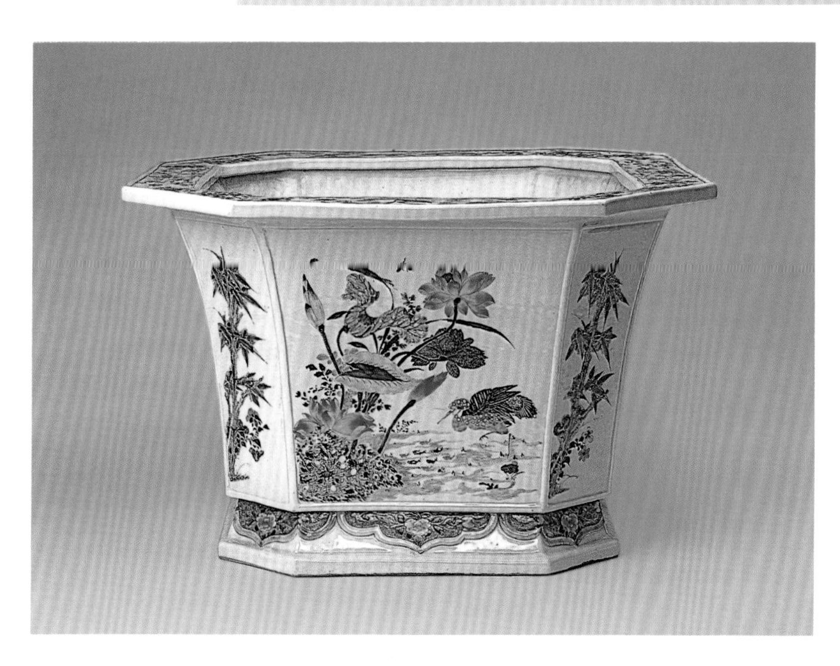

96

五彩加金花蝶紋攢盤

清康熙
高2.6厘米　通徑49.8厘米
清宮舊藏

Polychrome plate with flower and butterfly design and gold colour added

Kangxi period, Qing Dynasty
Height: 2.6cm　　Full length: 49.8cm
Qing Court collection

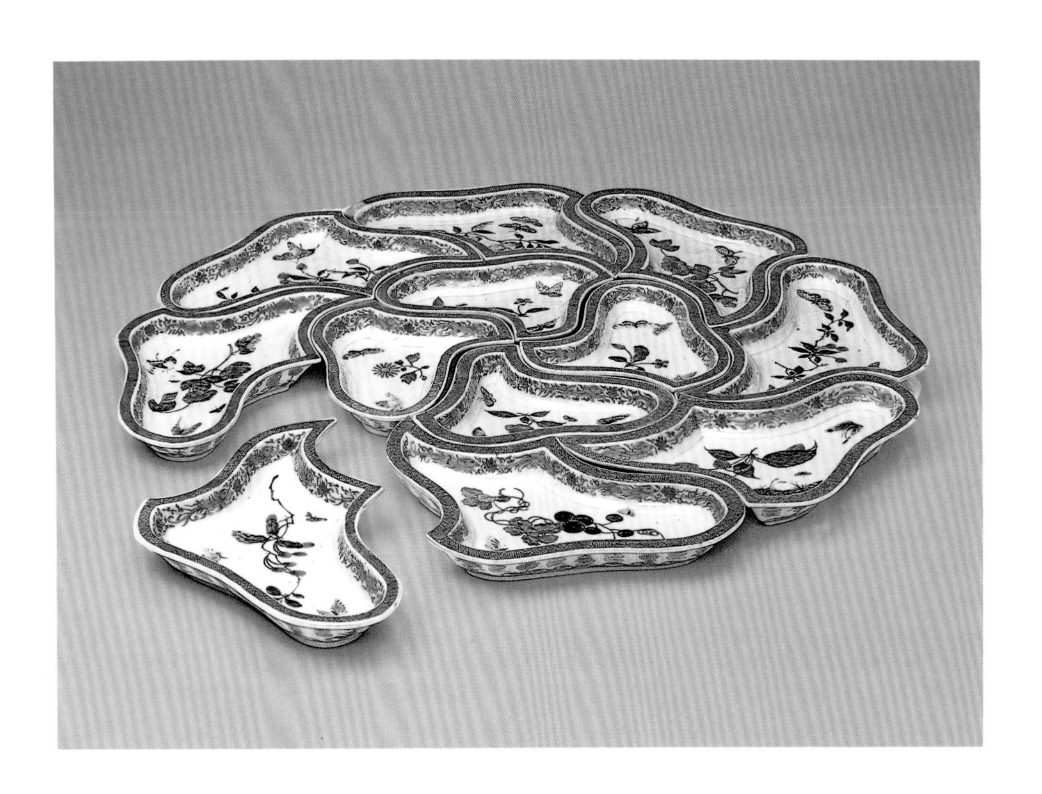

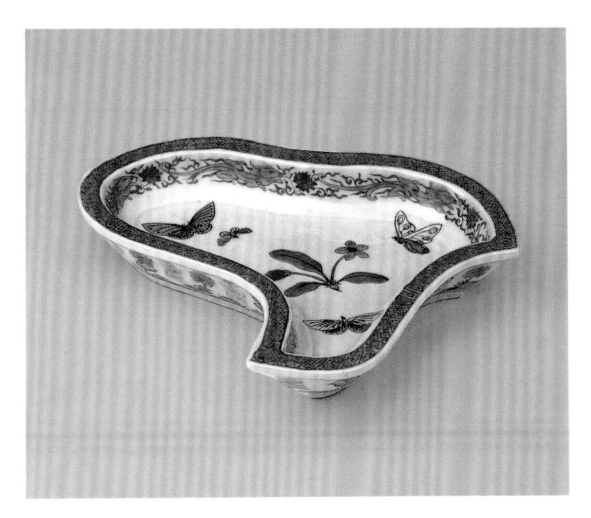

盤呈葵花形，為兩組相同的花瓣形小盤攢成，分內外兩層，計十二個。每個小盤均為折沿、平底、圈足，無款識。

每個小盤的沿面上均以描金團“壽”字錦地紋裝飾。外壁為紅彩描金八寶篆“壽”字，內壁紅彩繪蓮花螭虎紋花邊一周。盤心分別繪菊花、蜀葵、櫻桃、草莓、紅棗、葡萄等，空白處點綴翩飛的彩蝶。

此攢盤色彩絢麗，濃淡相宜，以勾邊平塗敷色的方法描繪花卉、彩蝶，堪稱康熙五彩瓷的精美之作。

97

五彩“臨潼鬥寶”紋盤

清康熙

高7.7厘米　口徑51.3厘米　足徑32.1厘米

Polychrome plate with design of characters from a Chinese drama

Kangxi period, Qing Dynasty

Height: 7.7cm　Diameter of mouth: 51.3cm

Diamter of foot: 32.1cm

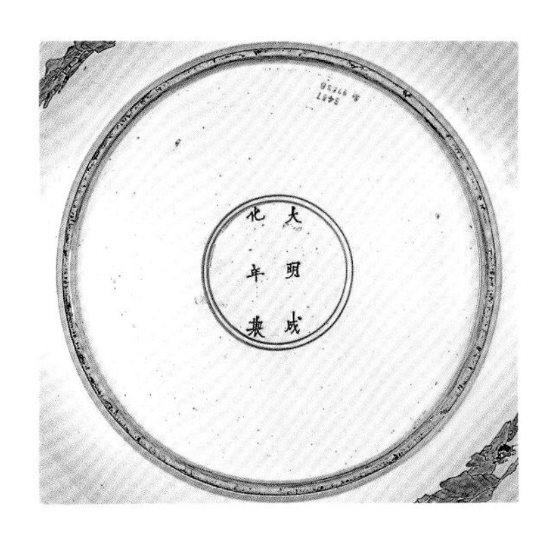

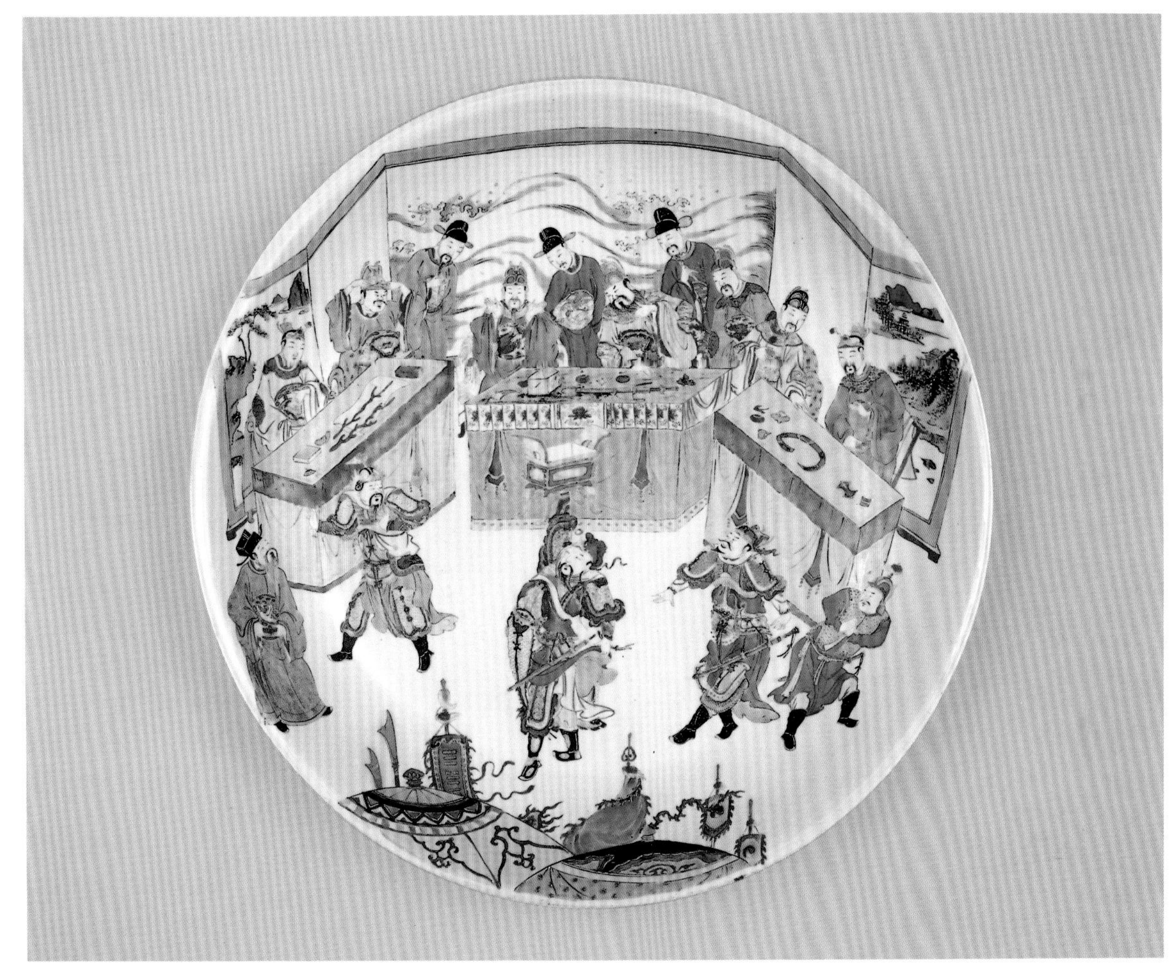

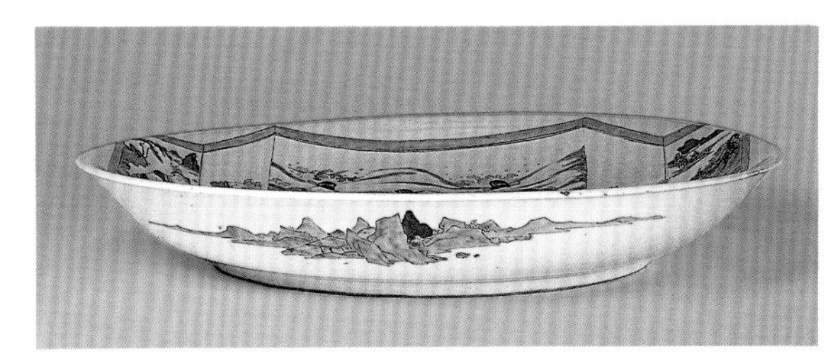

盤撇口，圈足。外壁繪兩組山水人物畫，構圖疏朗，景色清幽，取平遠之勢。盤內繪“臨潼鬥寶”歷史故事圖，背景為春秋時代，秦穆公為了吞併諸侯，設計邀請十七國諸侯於秦國的臨潼（今陝西省），借比賽寶物以定輸贏。楚國的伍子胥在會上施展文才武藝，力舉千斤鼎，威懾秦穆公，各國諸侯才得以安然返國。此故事後亦借喻誇耀豪富奢侈，爭強好勝。

圖中心即為身材魁偉的伍子胥單臂舉鼎示人，圍觀的文臣、武將或立或坐，達十五人，皆投以讚許的目光。人物姿態各異，形神兼備，衣飾繁複，綫條柔細流暢，反映出高深的人物畫繪畫功力。設色以紅、黃、藍、綠等彩為主，敷以黑彩裝飾人物的鞋帽，色調濃艷和諧。背景襯托為一大型屏風，中間置三條布幔相圍的桌案，案上分別擺放書函、畫卷、珊瑚、寶劍、玉帶、杯盞等珍玩。外底青花雙圈內“大明成化年製”六字楷書仿款。

98

五彩人物故事紋盤

清康熙

高7.1厘米　口徑38厘米　足徑23.6厘米

Polychrome plate with design of a scene from a story

Kangxi period, Qing Dynasty

Height: 7.1cm　Diameter of mouth: 38cm

Diameter of foot: 23.6cm

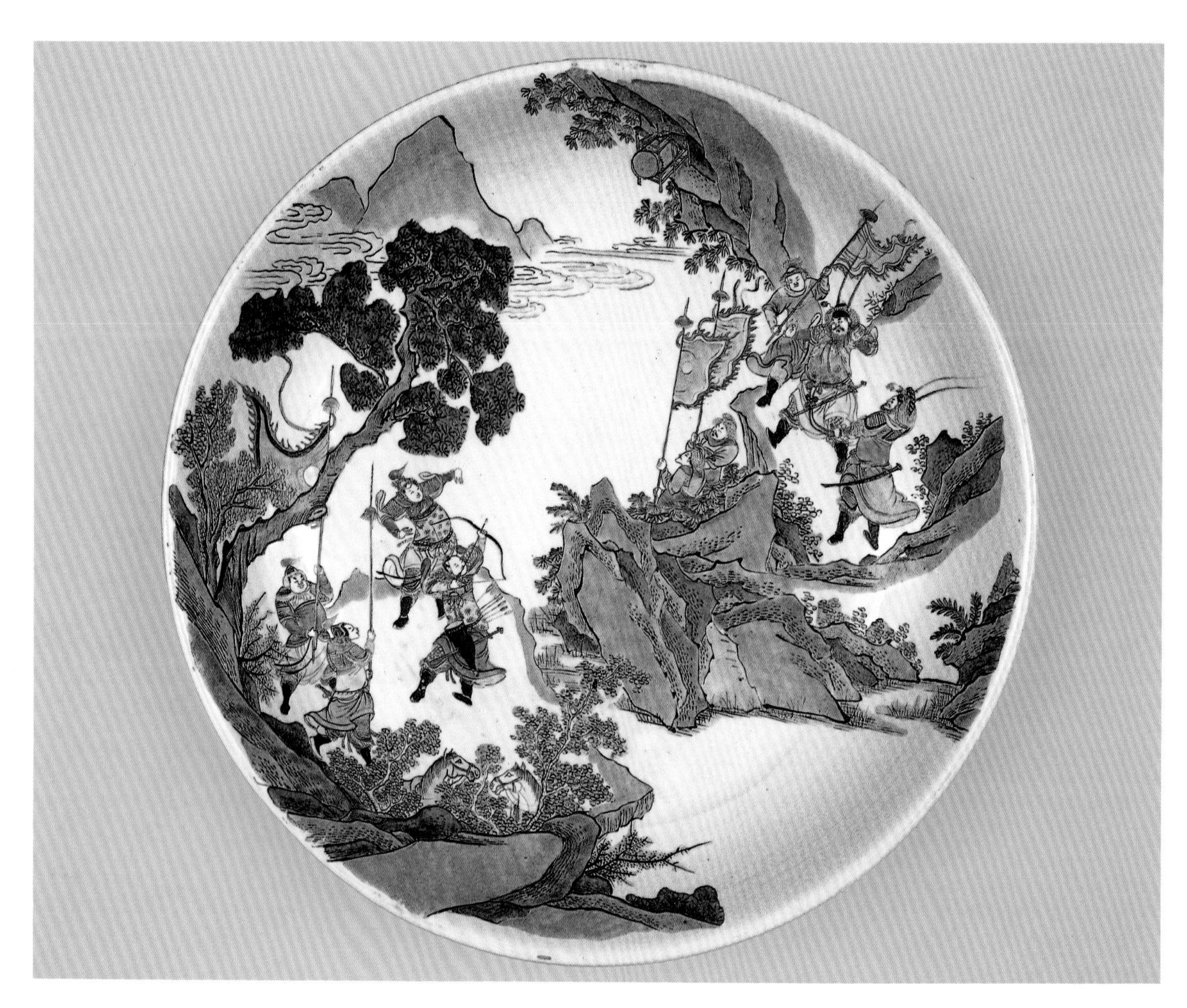

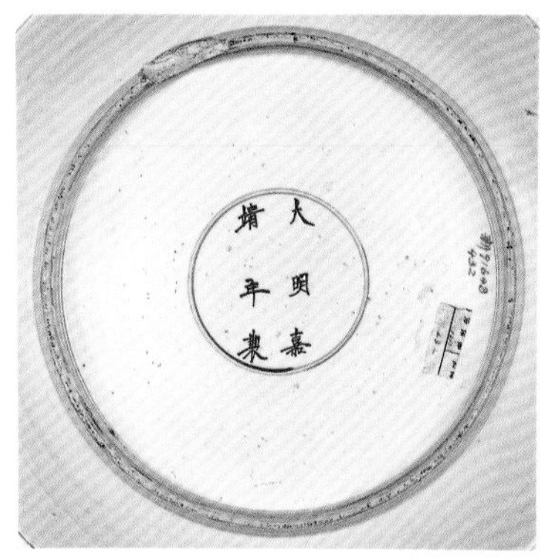

盤敞口，弧壁，圈足。盤內繪武將九人在山間交戰，背景襯以山石、松樹、野花和流雲。外底青花雙圈內“大明嘉靖年製”六字楷書仿款。

此盤色彩素雅古樸，以綠彩為主，紅、黃、赭、黑彩點綴，人物繪畫着重於狀貌和神情的表現，受當時版畫藝術的影響而採用單綫平塗技法，是康熙五彩瓷器中頗具特色的作品。

99

五彩人物故事紋盤

清康熙

高6.1厘米　口徑37.8厘米　足徑22.8厘米

Polychrome plate with design of characters from a Chinese drama novel

Kangxi period, Qing Dynasty

Height: 6.1cm　Diameter of mouth: 37.8cm

Diameter of foot: 22.8cm

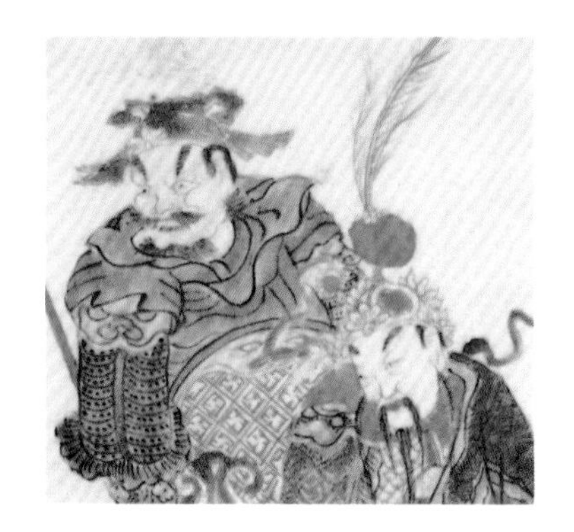

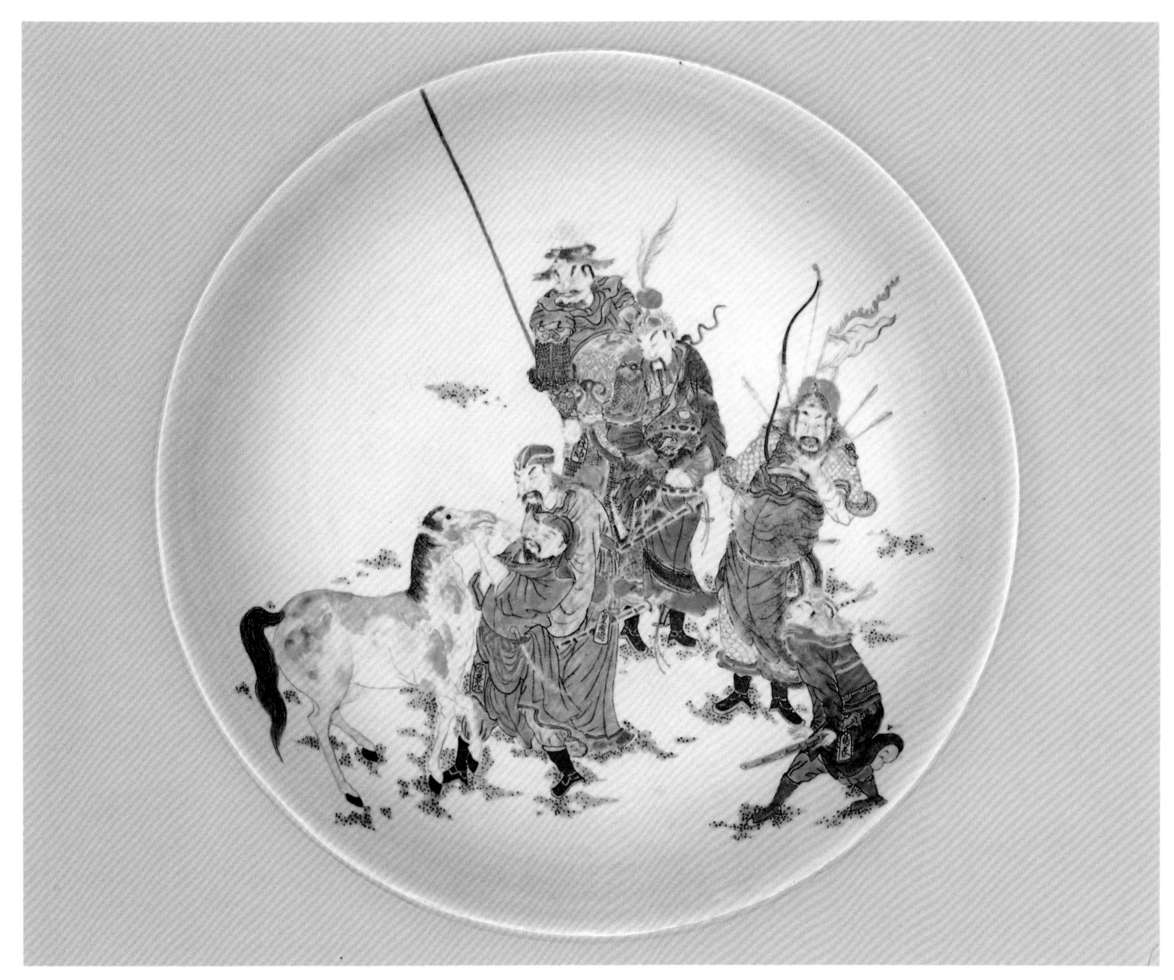

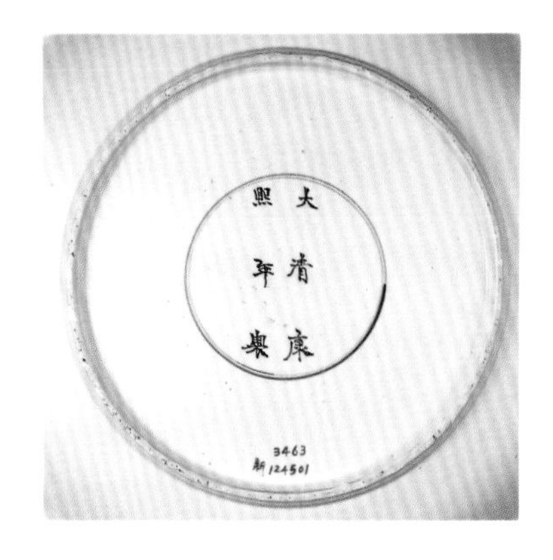

盤撇口，弧壁，圈足。盤內五彩描繪《水滸》人物六人，每人腰間均掛一名牌，分別為秦明、盧俊義、林冲、楊春、皇甫端、段景柱。六人正圍觀駿馬。外底青花雙圈內楷書"大清康熙年製"六字雙行款。

康熙五彩中這種描繪古代文學名著中征戰習武場面的繪畫被稱為"刀馬人"，畫法受明末畫家陳洪綬的影響，綫條簡潔遒勁，頗有力度，人物形象栩栩如生。

100

五彩漁舟唱晚圖盤

清康熙

高2.9厘米　口徑20.7厘米　足徑13.8厘米

Polychrome plate with design of a fishing boat at sunset

Kangxi period, Qing Dynasty

Height: 2.9cm　Diameter of mouth: 20.7cm

Diameter of foot: 13.8cm

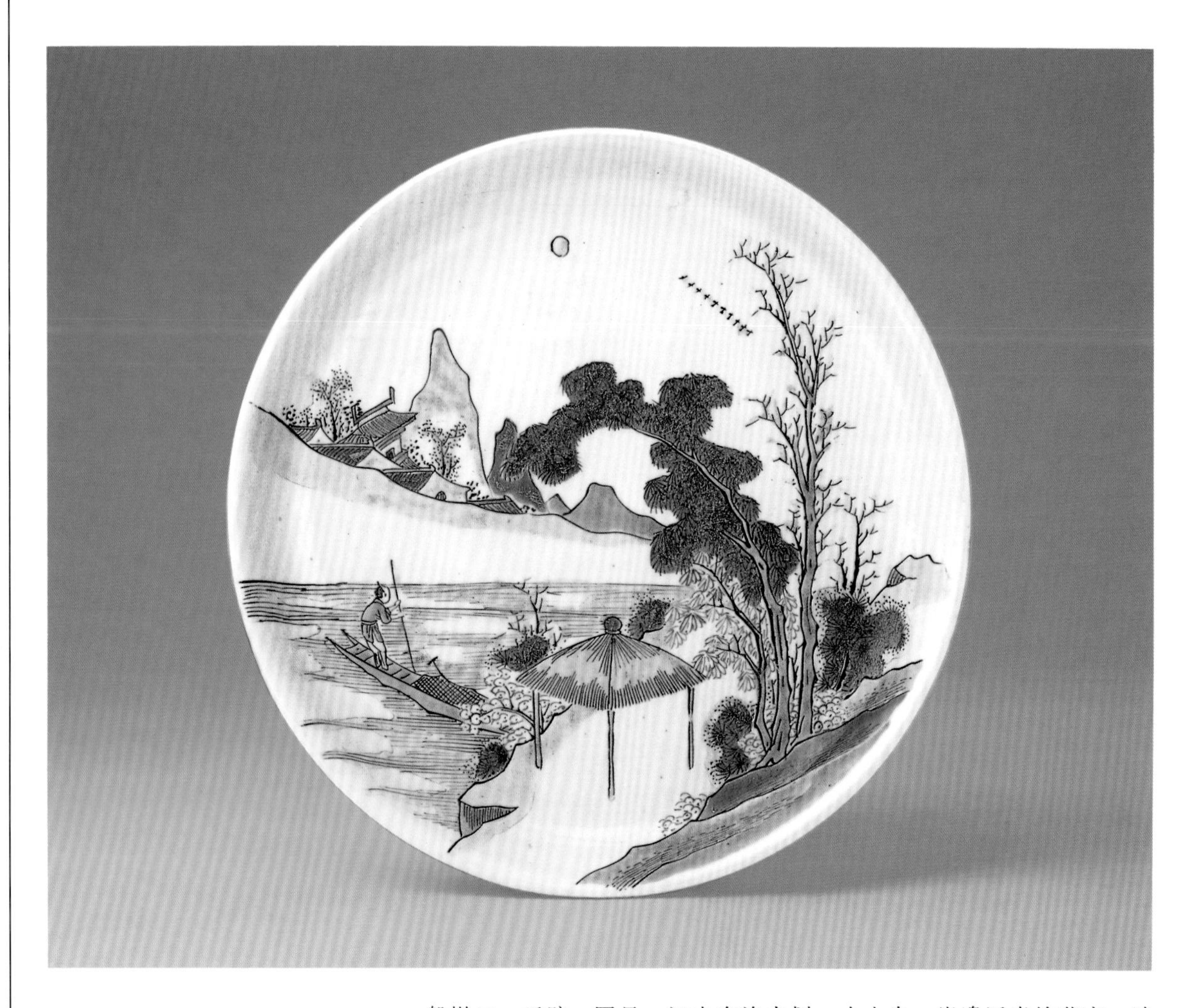

盤撇口，弧壁，圈足。江中有漁夫划一小木舟，岸邊近處繪茅亭，遠處有樓閣，皆環以山石、花卉、樹木，夕陽之下，宛如一幅“漁舟唱晚”圖。畫面整體佈局疏朗，意境清幽，具有濃厚的生活氣息，無款識。

101

五彩仕女童子紋盤

清康熙
高2.6厘米　口徑15.3厘米　足徑10.5厘米

Polychrome plate with design of a noble woman and a child

Kangxi period, Qing Dynasty
Height: 2.6cm　Diameter of mouth: 15.3cm
Diameter of foot: 10.5cm

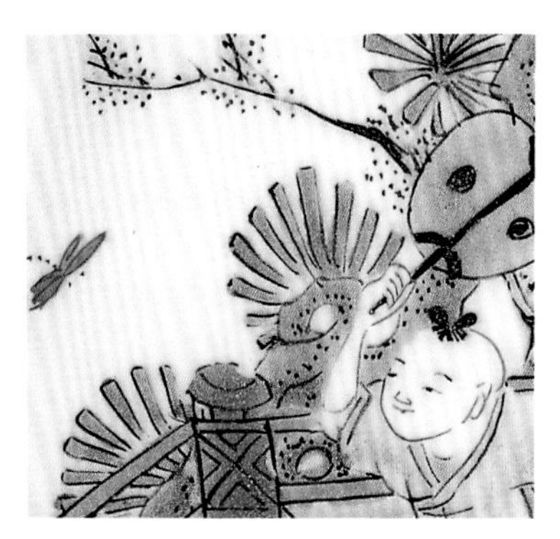

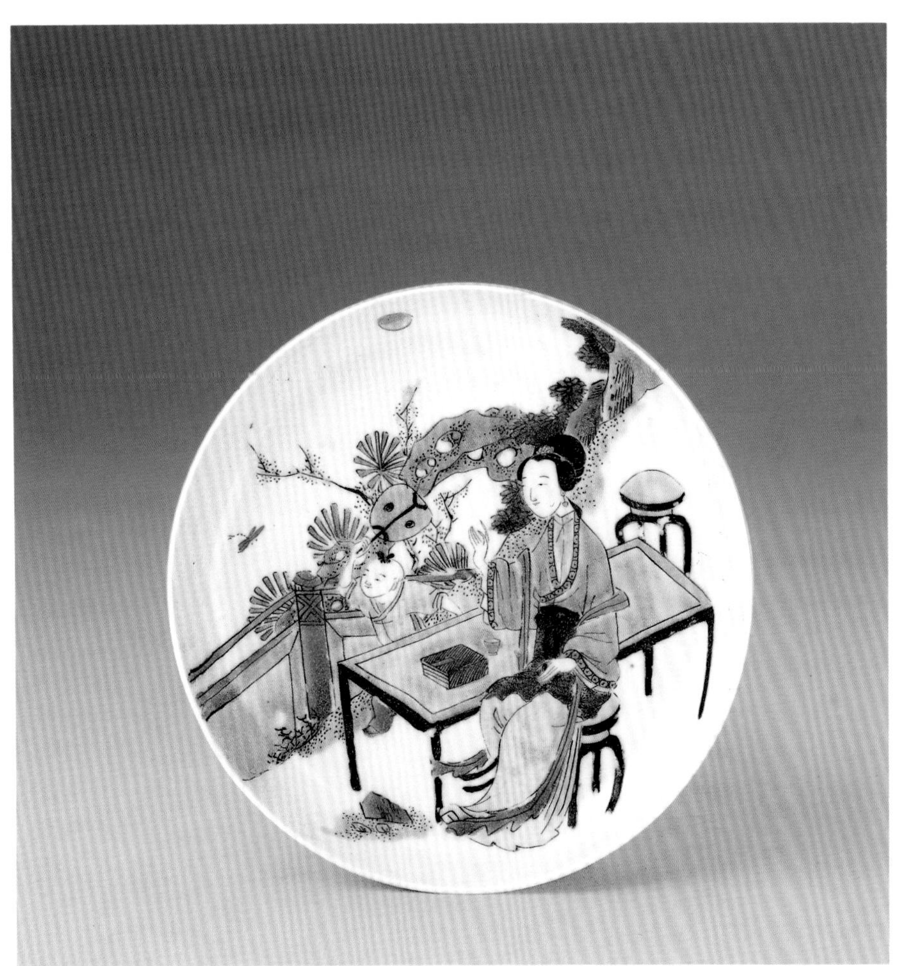

盤敞口，淺壁，圈足。盤裏繪頑童撲蜓圖，夕陽下庭園中，一貴婦坐於几案旁，一頑童執扇撲捉蜻蜓，周圍襯以洞石、芭蕉、欄杆。底無款識。

此盤構圖嚴謹，筆法瀟灑，生活情趣濃厚，以綠、藍、黑為主要色調，素雅清新。

102

五彩仙女獻壽紋盤

清康熙

高7.1厘米　口徑39.6厘米　足徑25.7厘米

Polychrome plate with design of fairy maidens offering birthday congratulations

Kangxi period, Qing Dynasty

Height: 7.1cm　Diameter of mouth: 39.6cm

Diameter of foot: 25.7cm

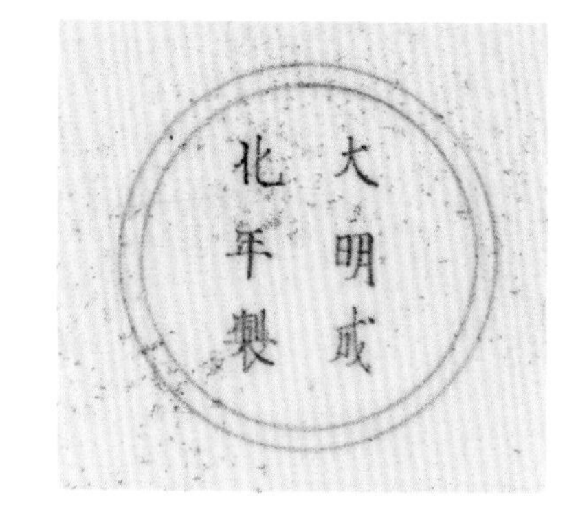

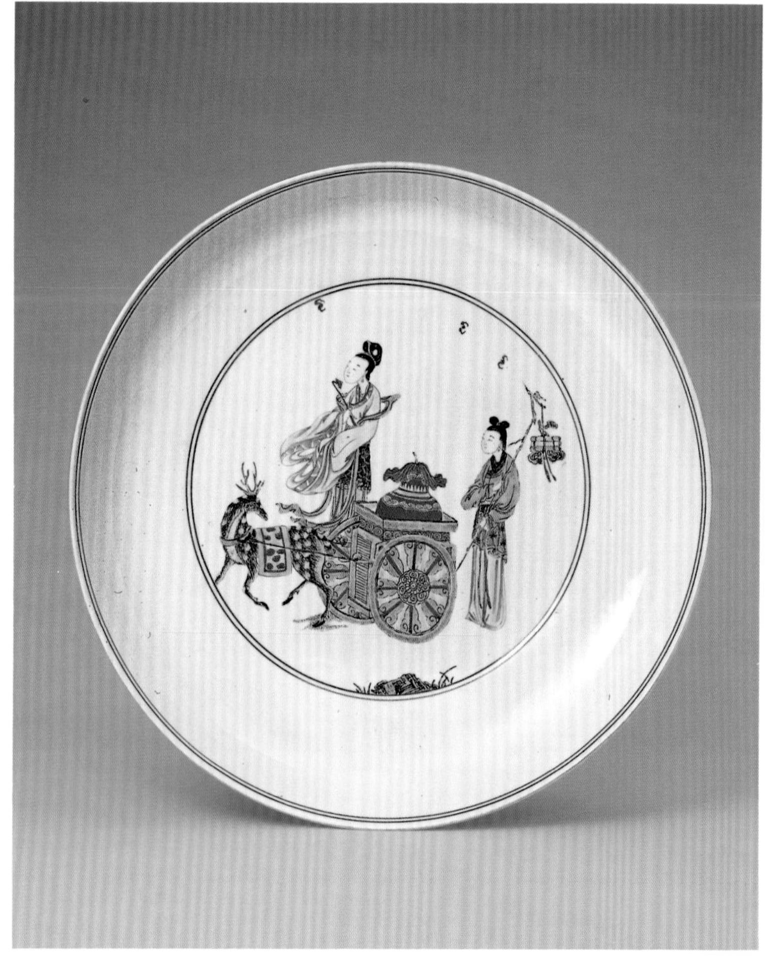

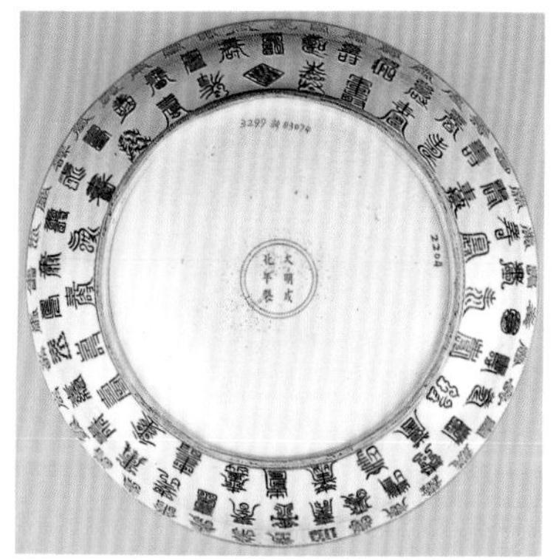

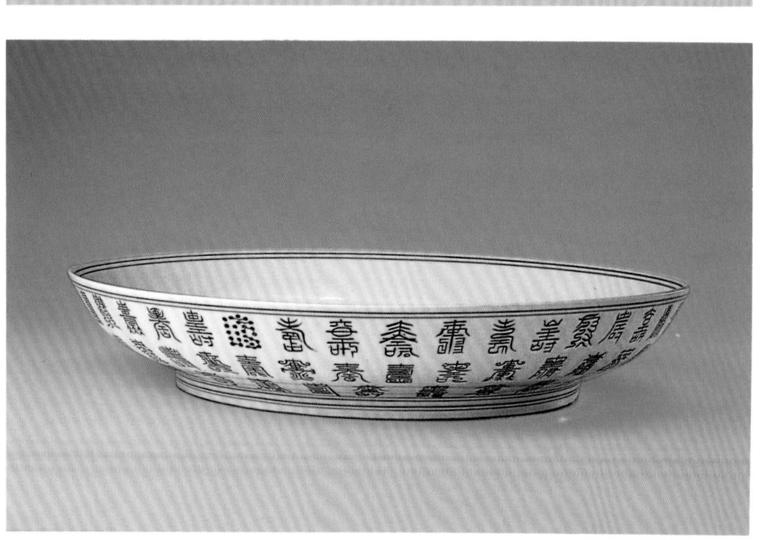

盤敞口，圈足。盤口處繪青花雙弦綫，盤壁素白無紋飾，盤心青花雙圈內繪一鹿車，車上馱一酒罎，覆以荷葉作蓋。一女子懷抱如意行於車側，車後一女子執杖而行，杖上掛一靈芝及三手卷，空間處以蝙蝠作點綴。盤外壁用赭彩書不同字體“壽”字一百個，以青花雙綫分為三排。外底青花雙圈內楷書“大明成化年製”六字仿款。

從器型、紋飾、色彩諸方面考察，此器當為清初康熙年間所製。所繪內容以蝙蝠喻“福”，以鹿諧音“祿”，以酒諧“久”，加上“壽”字及枴杖、靈芝等吉祥物，表現了古人祈盼吉祥如意、福祿壽齊全的美好願望。此盤繪畫技法高超，人物造型優美，動態鮮明，色彩亮麗，構圖勻稱。人物的創作方法還保留有明代晚期仕女畫的風格特徵。

103

五彩仙女獻壽紋盤

清康熙
高2.6厘米　口徑24.9厘米　足徑16.8厘米
清宮舊藏

Polychrome plate with design of fairy maidens offering birthday congratulations

Kangxi period, Qing Dynasty
Height: 2.6cm　Diameter of mouth: 24.9cm
Diameter of foot: 16.8cm
Qing Court collection

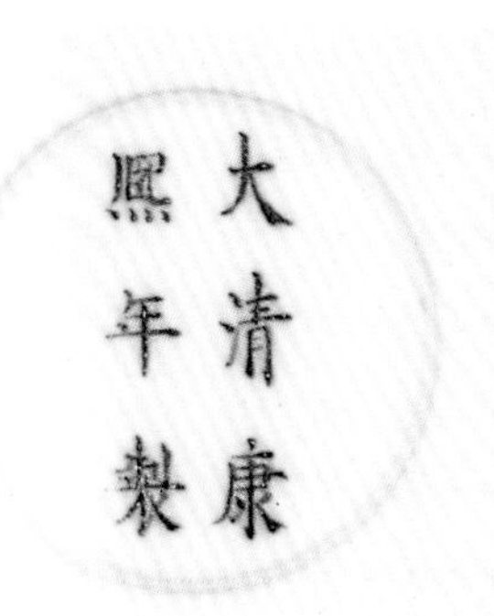

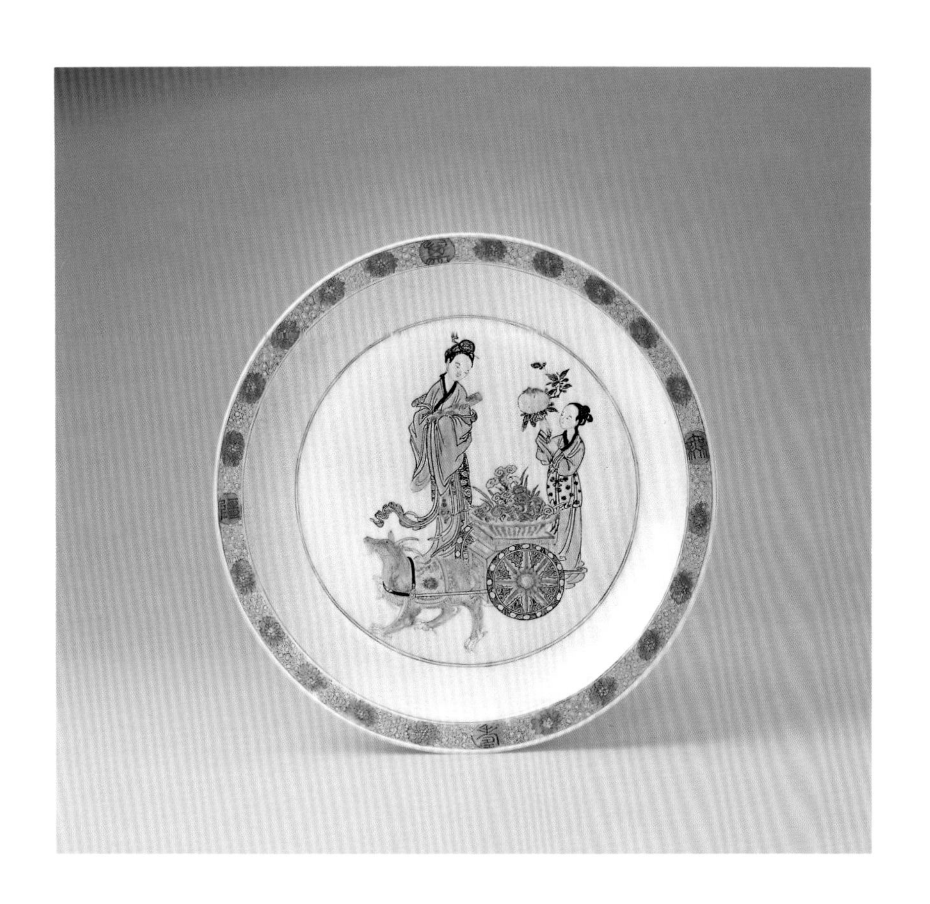

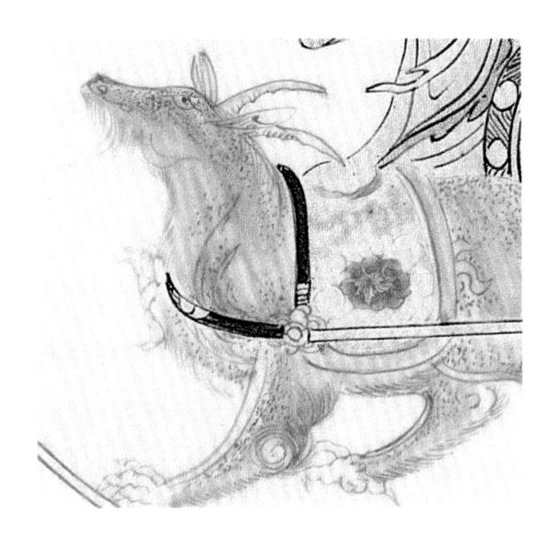

盤為淺形折沿，盤心坦平，圈足。盤沿面紅彩繪六方形朵蓮錦地紋，四面分書篆體“萬壽無疆”四字。盤心紅彩雙圈內五彩繪一馱罏鹿車，罏上滿載聖草、靈芝。麻姑，即古代傳説中的仙女，懷抱錦卷端立車側，侍女旁立，手執一折枝桃，桃實碩大。外底青花雙圈內楷書“大清康熙年製”六字雙行款。

此盤釉色光亮，所繪麻姑、侍女體態嬌媚，衣紋飄動，筆法勁健，色彩鮮柔，“賀壽”主題突出，無論人物彩繪還是釉色都具有較高的工藝水平。

104

五彩開光祝壽圖盤

清康熙

高6.1厘米　口徑35.4厘米　足徑20.5厘米

Polychrome plate with design of celebrating birthday within a reserved panel

Kangxi period, Qing Dynasty

Height: 6.1cm　Diameter of mouth: 35.4cm

Diameter of foot: 20.5cm

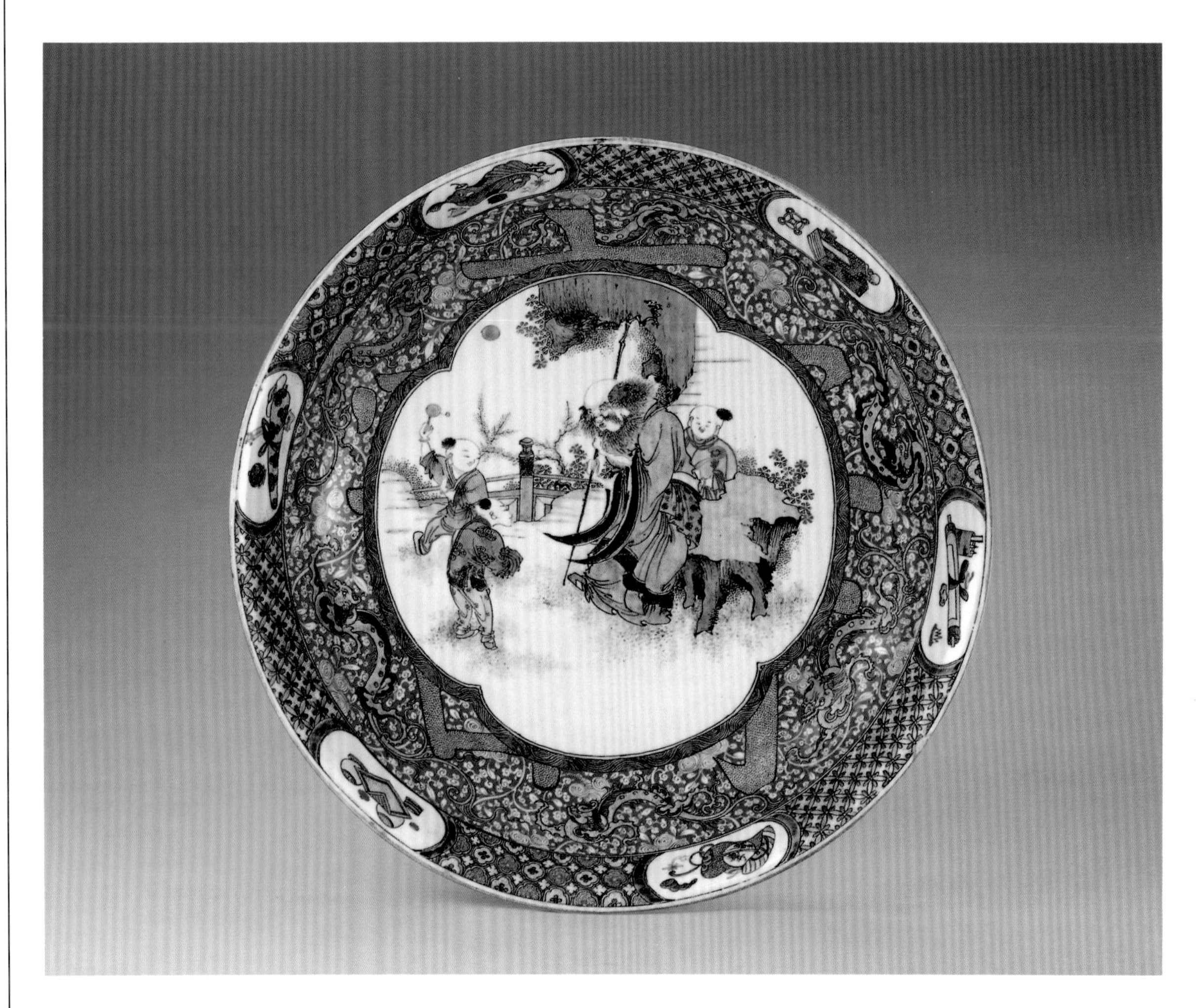

盤口微撇，弧壁，圈足。盤心主題圖案為“壽”字開光祝壽圖，內繪一柱杖老壽星及三個祝壽小童，周圍襯以花卉、欄杆、山石紋。開光外有兩層裝飾紋樣，外層為朵花錦紋地並六個橢圓形開光，內繪琴棋書畫、葉形扇和古錢紋等，內層繪六條紅彩螭龍穿躍於纏枝靈芝間。外底青花雙圈內有花押款。

此盤紋飾繁密，色彩明麗，寓意吉祥長壽。

105

五彩人物鹿紋盤
清康熙
高5.5厘米　口徑36厘米
足徑19.8厘米

Polychrome plate with design of figures with a deer
Kangxi period, Qing Dynasty
Height: 5.5cm
Diameter of mouth: 36cm
Diameter of foot: 19.8cm

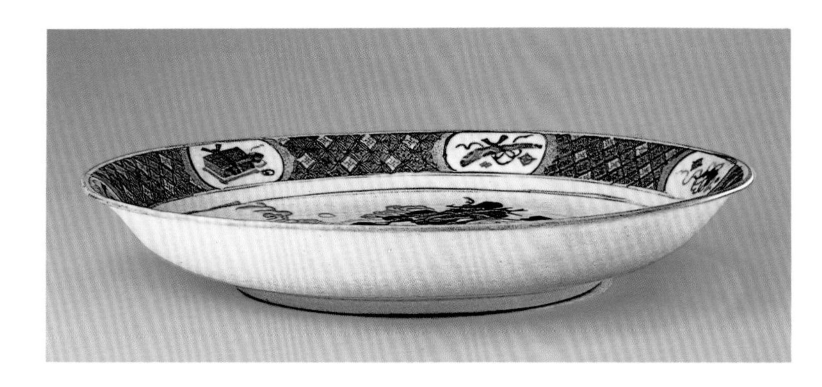

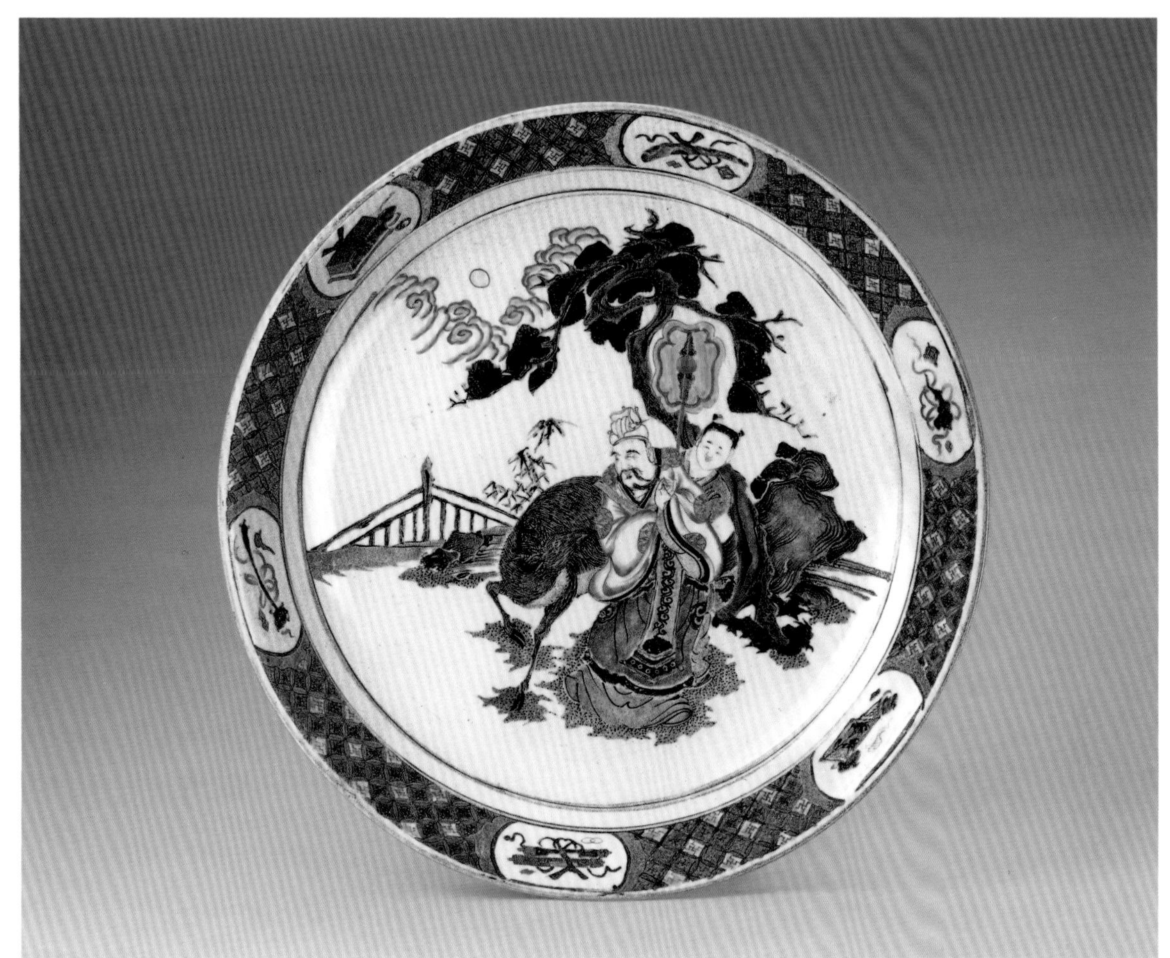

盤敞口，弧壁，圈足。盤心繪一福星，身後站一執扇侍童，右側有一小鹿，空間襯以山石、欄杆和松、竹。口沿飾以萬字錦紋並六個橢圓形開光，內分別繪琴棋書畫、樹葉和如意紋，外底青花雙圈內有海螺形花押款。

此盤紋樣描繪細緻精美，設色艷麗柔和，佈局大方，主題鮮明，寓意“福祿雙全”。

106

五彩龍紋盤

清康熙

高7.2厘米　口徑47厘米　足徑28.2厘米

Polychrome plate with dragon design

Kangxi period, Qing Dynasty

Height: 7.2cm　Diameter of mouth: 47cm

Diameter of foot: 28.2cm

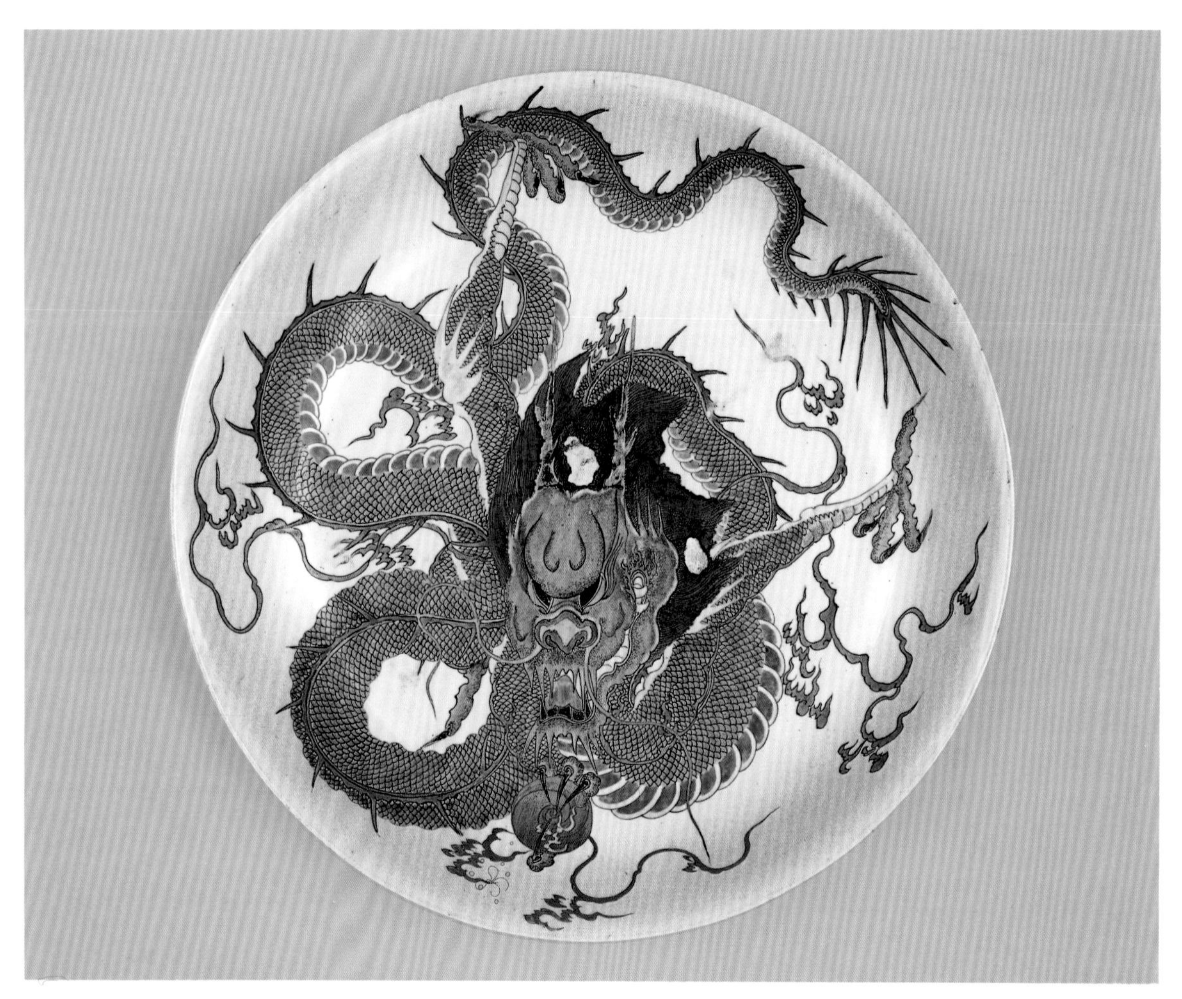

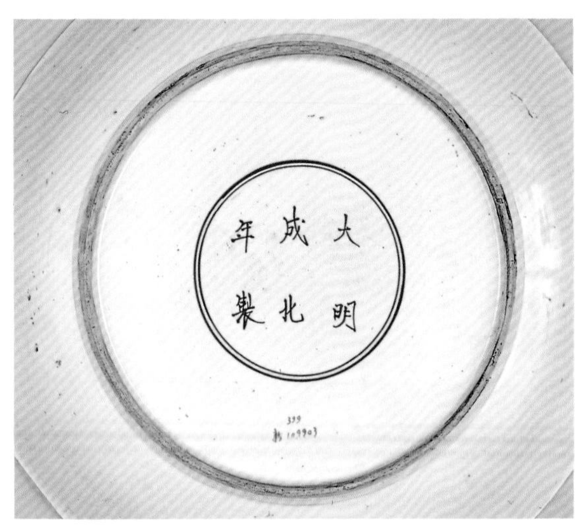

盤撇口，弧壁，圈足。盤內繪一條五彩加金正面戲珠龍，龍首俯視，尾上甩。所繪戲珠龍，張牙舞爪，神態兇猛，綫條流暢匀稱，富有韻律感。用色亦甚豐富，龍首施綠彩，龍身紫、紅彩，龍脊為釉上藍彩，黑彩點睛，火珠施金彩。外底青花雙圈內楷書“大明成化年製”六字仿款。

107

五彩雲龍紋盤

清康熙

高1.1厘米　口徑10.7厘米　足徑6.7厘米

Polychrome plate with design of dragon and clouds

Kangxi period, Qing Dynasty

Height: 1.1cm　Diameter of mouth: 10.7cm

Diameter of foot: 6.7cm

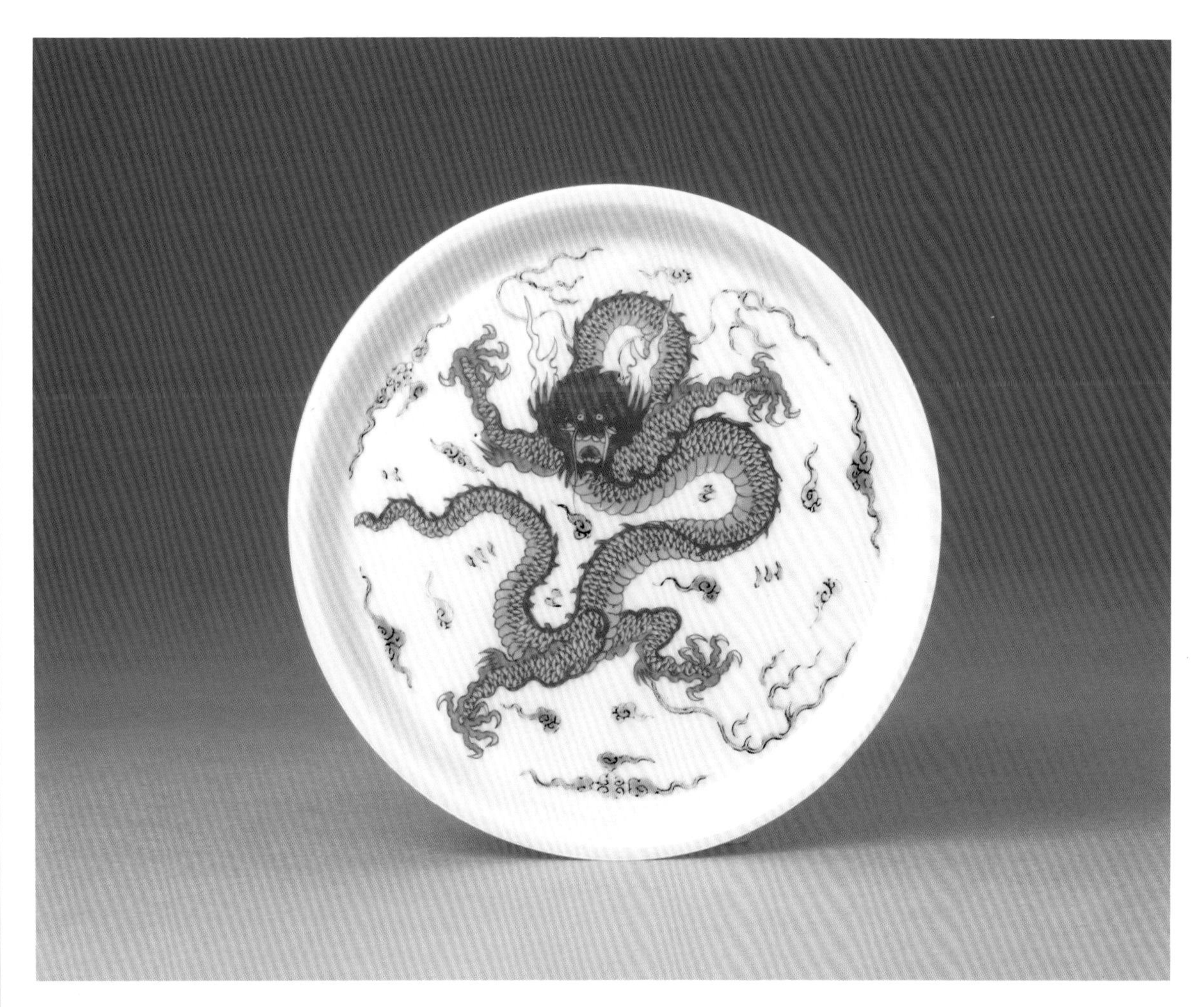

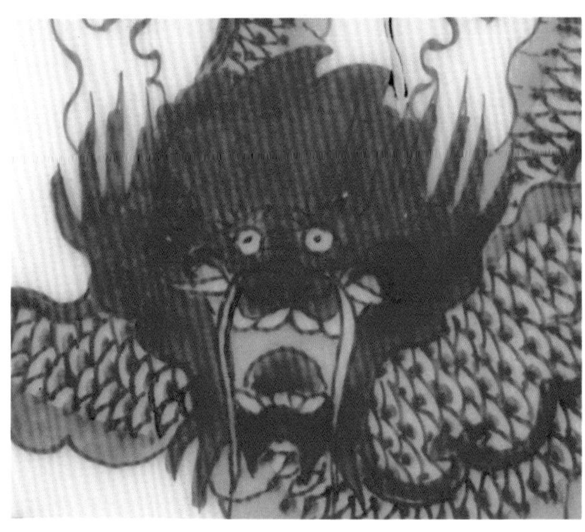

盤撇口，淺斜壁，圈足。盤心紅彩繪行龍一條，空隙處用黃、綠、赭等色繪朵雲及火珠紋。沙底，無款識。

此盤製作精美，釉色光亮，色彩艷麗悅目。主要以紅彩描繪行龍，更顯其神態兇猛，氣勢淩厲，是康熙五彩瓷器的上乘之作。

108

五彩蛟龍出海紋盤

清康熙

高6.6厘米　口徑39厘米　足徑22.2厘米

Polychrome plate with design of flood dragon playing with a ball on waves

Kangxi period, Qing Dynasty

Height: 6.6cm　Diameter of mouth: 39cm

Diameter of foot: 22.2cm

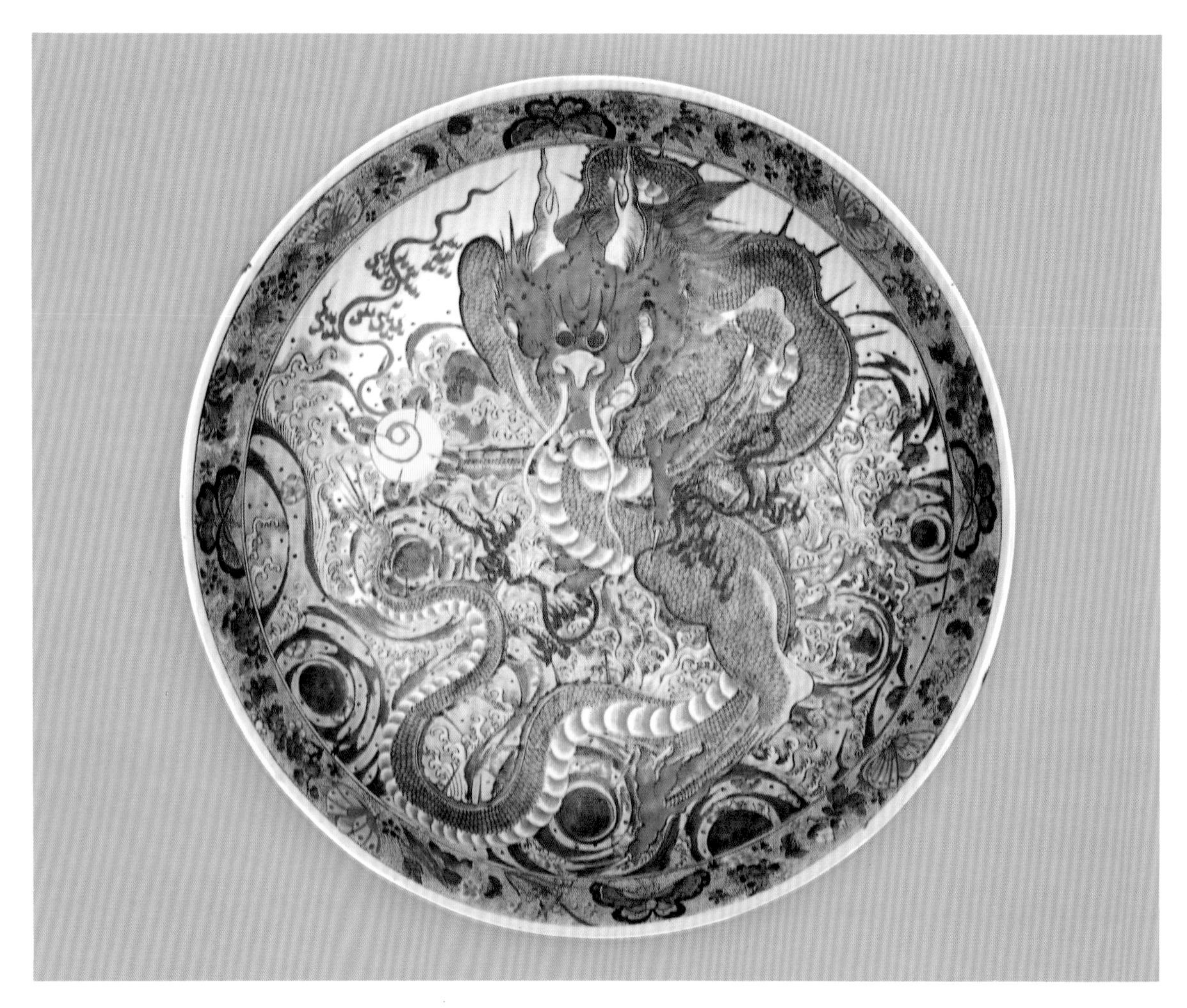

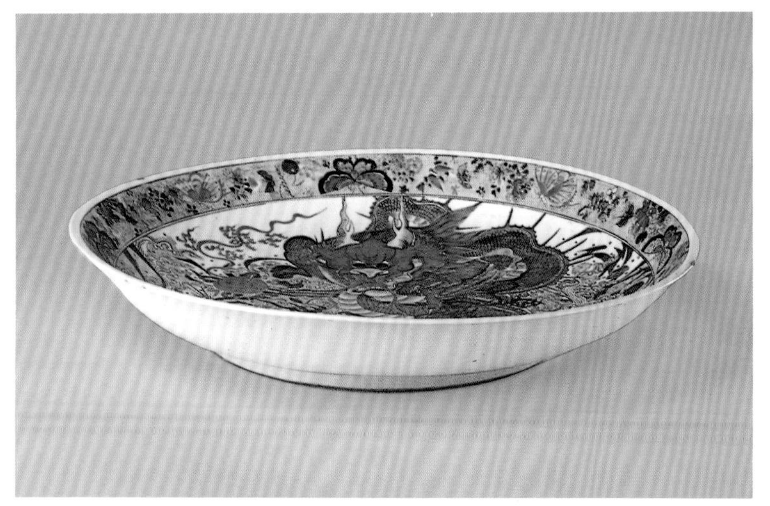

盤口微撇，弧壁，圈足。盤口沿繪綠地花卉紋一周，大小不同、色彩各異的蝴蝶飛舞其間。盤心繪海水龍戲珠紋，火珠及龍鬚上施金彩。外底青花雙圈內有海螺形畫押款。

此盤蛟龍狀貌兇猛，姿態生動，筆力勁健，設色考究，填色準確，金彩的運用使畫面更為醒目。

109

五彩花鳥紋盤

清康熙

高2.5厘米　口徑25.2厘米　足徑16.2厘米

Polychrome plate with birds and flowers design

Kangxi period, Qing Dynasty

Height: 2.5cm　Diameter of mouth: 25.2cm

Diameter of foot: 16.2cm

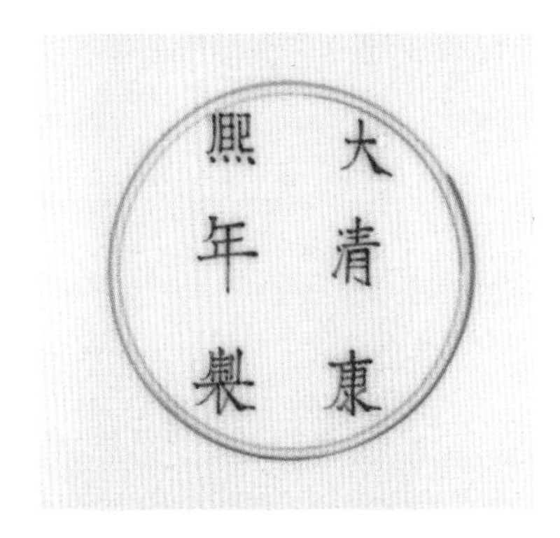

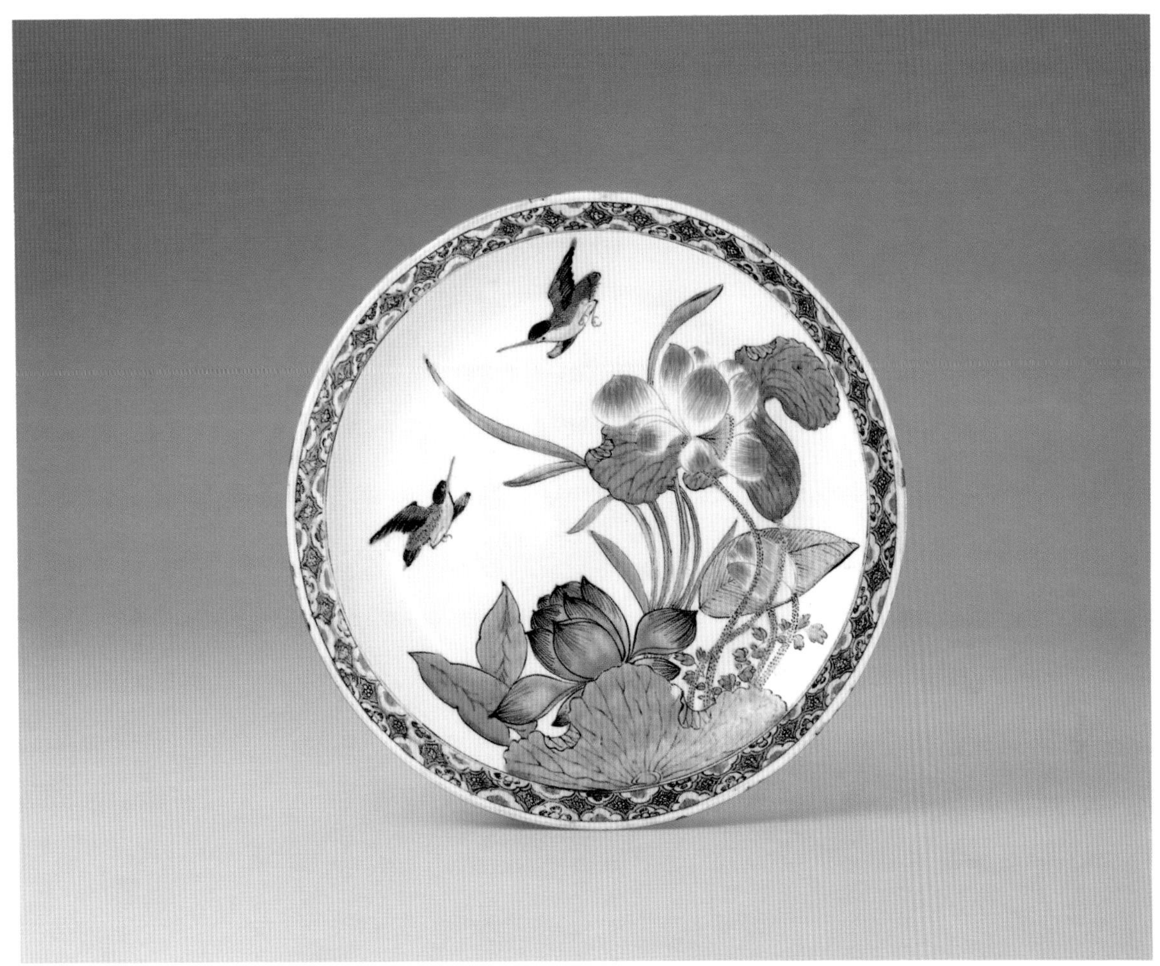

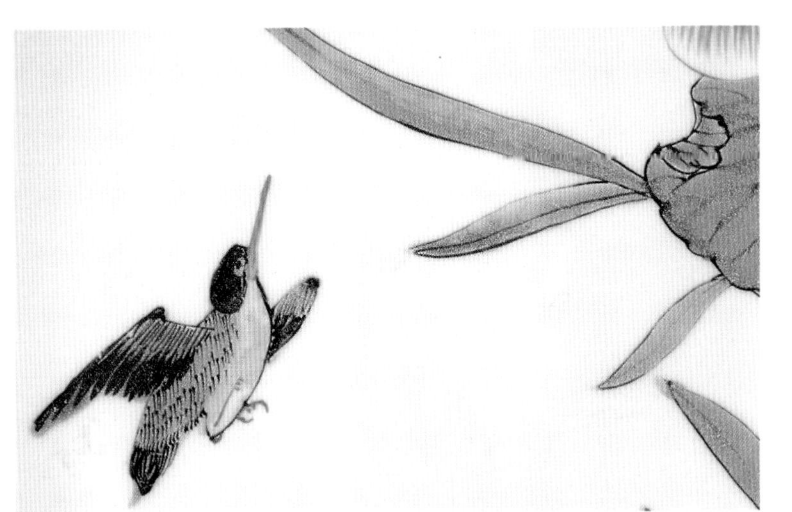

盤折沿，淺腹，圈足。盤心主題為荷蓮紋，兩隻小鳥花側對飛，口沿處飾錦紋一周。外底青花雙圈內有“大清康熙年製”六字楷書款。

康熙瓷器中大量運用荷蓮紋，繪法多樣。此盤筆法流暢飄逸，寫生效果極佳。

110

五彩竹鵲紋盤

清康熙

高3厘米　口徑21厘米　足徑12厘米

Polychrome plate with bamboo and magpie design

Kangxi period, Qing Dynasty

Height: 3cm　Diameter of mouth: 21cm

Diameter of foot: 12cm

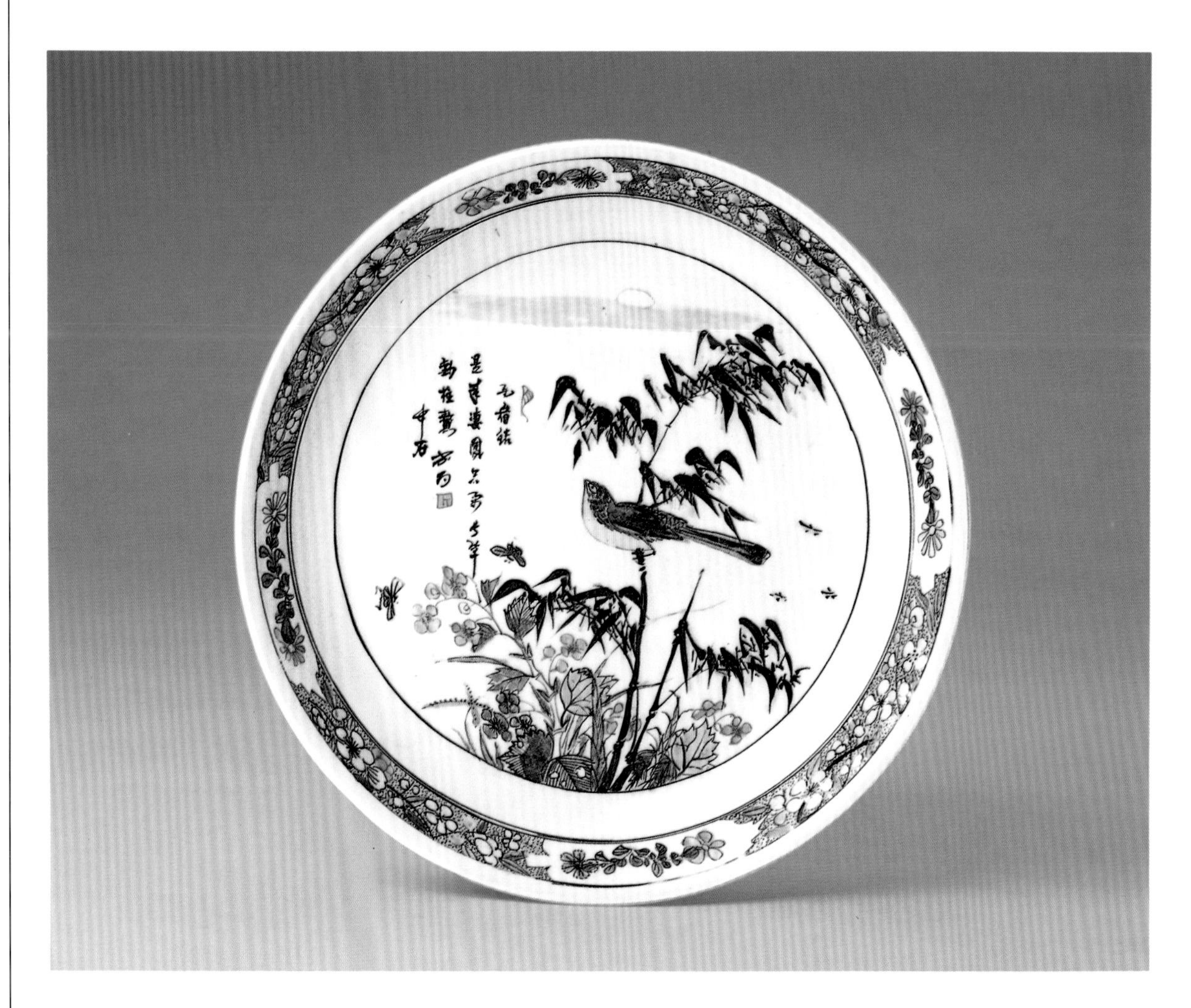

盤撇口，弧壁，圈足。外壁光素無紋。盤心主題圖案繪竹鵲花蝶紋，襯以蜜蜂和海棠花，空白處黑彩書七言詩兩句。口沿邊飾繪梅花地托四樹葉形開光，內繪折枝花。無款識。

此盤裝飾上突出用黑彩，紅、黃、綠、紫彩作點綴，構圖舒展，色彩絢麗，詩與畫相配，頗似國畫一般。

111

五彩加金花鳥紋盤

清康熙

高3.6厘米　口徑26.4厘米　足徑15.2厘米

Polychrome plate with birds and flowers design and gold colour added

Kangxi period, Qing Dynasty

Height: 3.6cm　Diameter of mouth: 26.4cm

Diameter of foot: 15.2cm

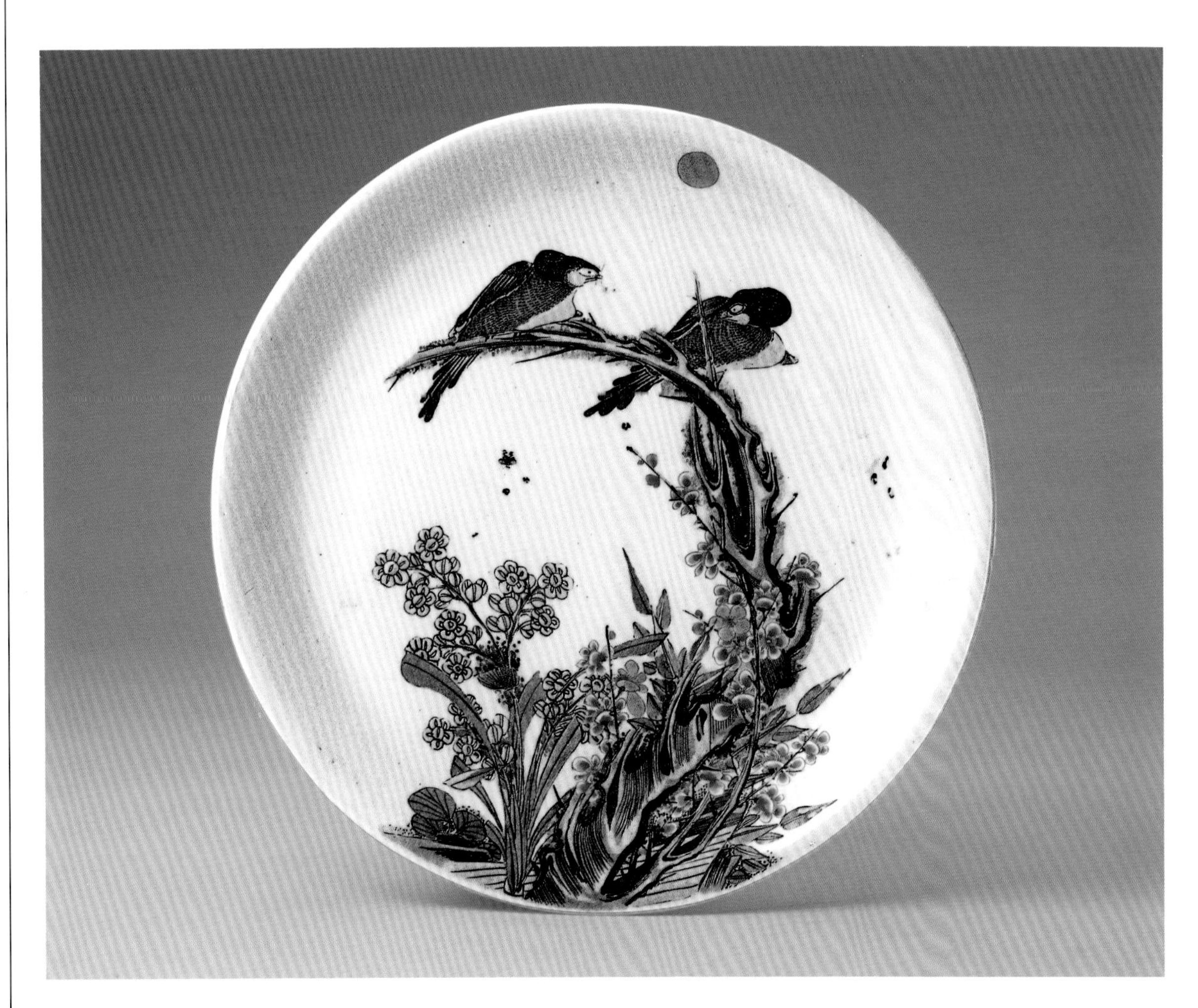

盤撇口，弧壁，塌底，圈足。盤整體施白釉，釉色白中泛青。外壁光素，盤心黑彩繪一枯樹，樹上雙鳥對棲，鳥身施黑、黃彩，樹邊以紅彩和金彩繪梅花，黃、黑彩繪水仙，綠彩繪竹及山石，金彩繪太陽。外底青花雙圈內有花押款。

此盤色彩豐富鮮艷，繪畫技法嫻熟，紋飾清新明快，情趣高雅。

112

五彩加金折枝桃紋盤

清康熙
高4.9厘米　口徑28.9厘米　足徑8.2厘米
清宮舊藏

Polychrome plate with design of plucked peach sprays and gold characters
Kangxi period, Qing Dynasty
Height: 4.9cm　Diameter of mouth: 28.9cm
Diameter of foot: 8.2cm
Qing Court collection

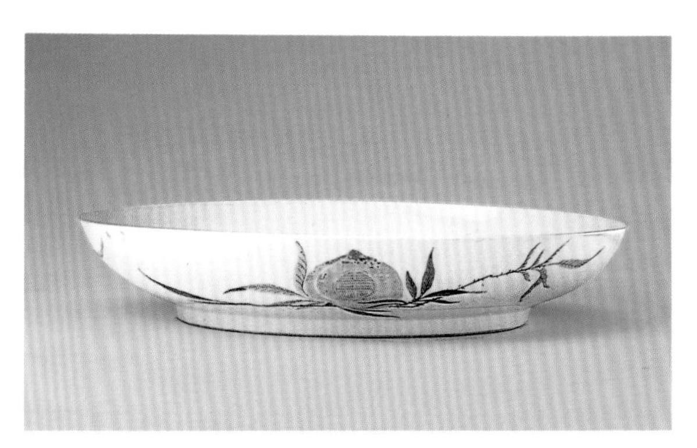

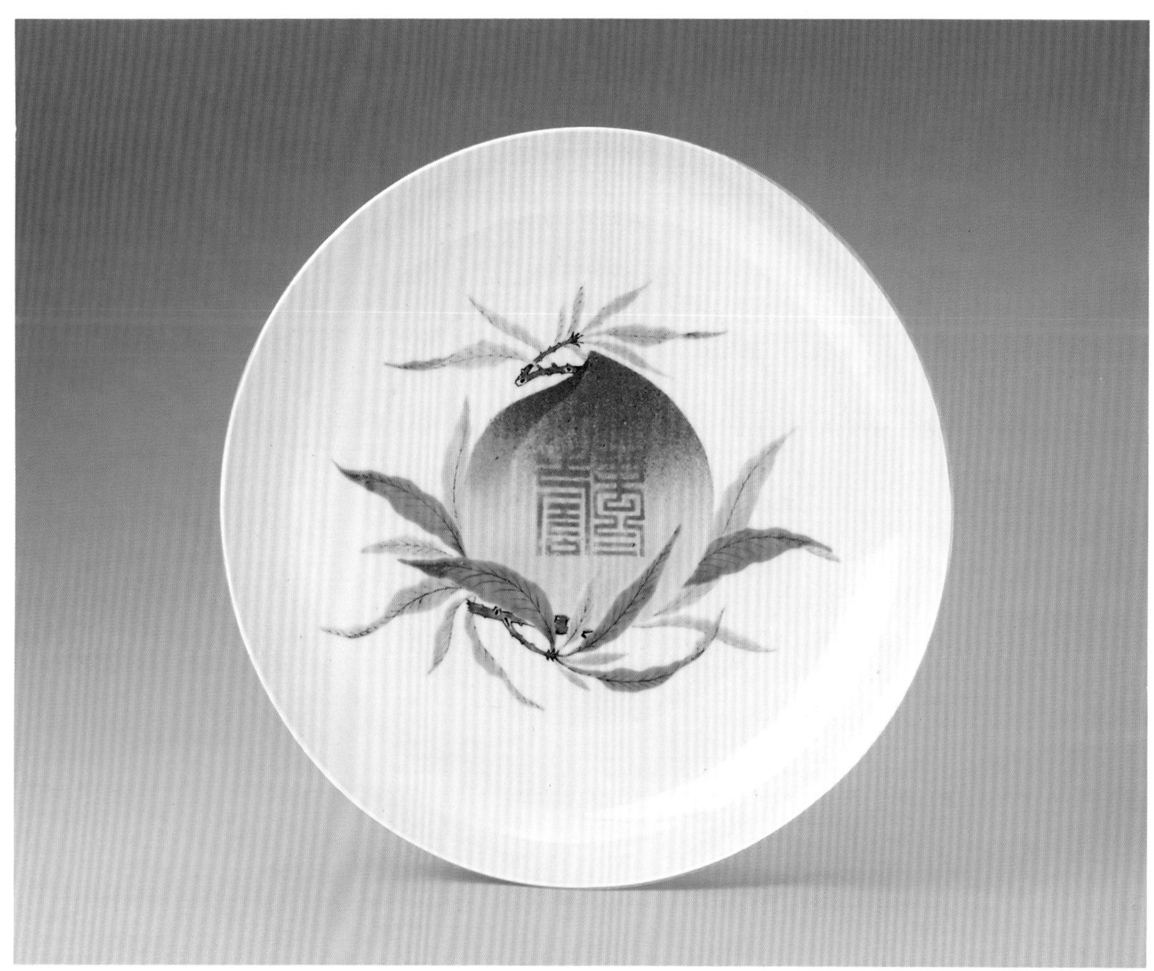

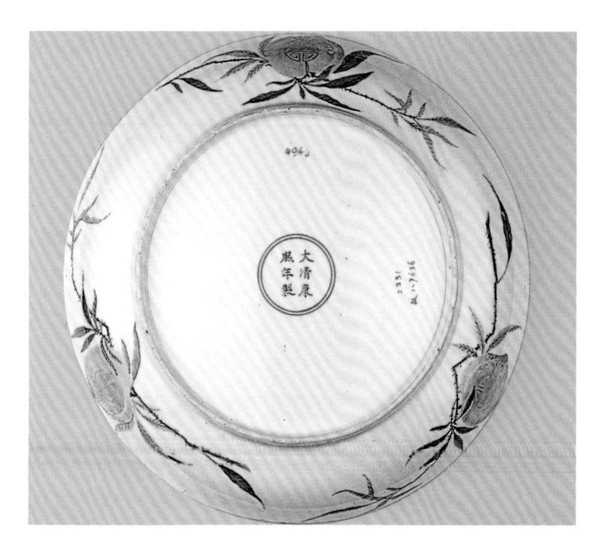

盤敞口，弧壁，圈足。盤心繪一折枝桃，枝幹用赭色，葉用翠綠和草綠，桃用紅、黃、綠彩，葉脈用黑彩，桃中心金彩篆書“萬”、“壽”二字。外壁亦繪折枝桃，共有三枝，桃中心均用金彩篆書一“壽”字，桃尖均塗以紅、黃彩，以示桃子的成熟。外底青花雙圈內“大清康熙年製”六字楷書款。

此盤色彩素潔淡雅，紋飾寓意“福壽雙全”。

113

五彩過枝果紋盤

清康熙

高3.3厘米　口徑15.7厘米　足徑9厘米

清宮舊藏

Polychrome plate with design of overextended branches of fruits

Kangxi period, Qing Dynasty

Height: 3.3cm　Diameter of mouth: 15.7cm

Diameter of foot: 9cm

Qing Court collection

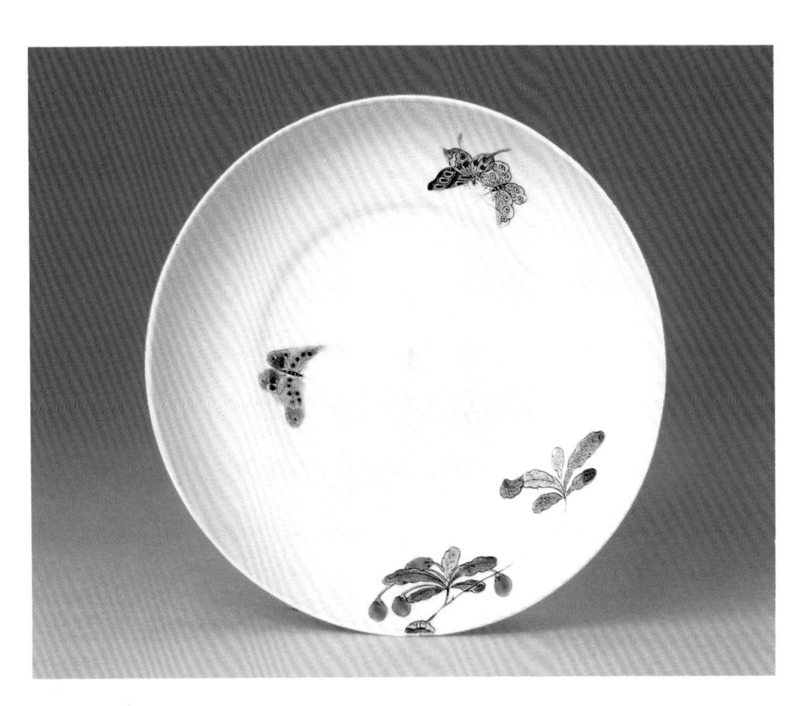

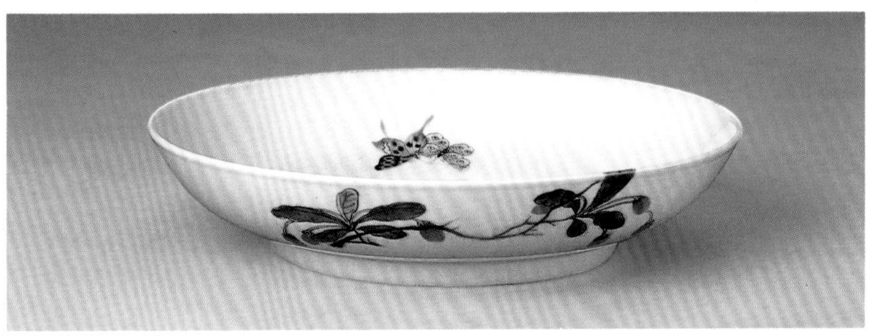

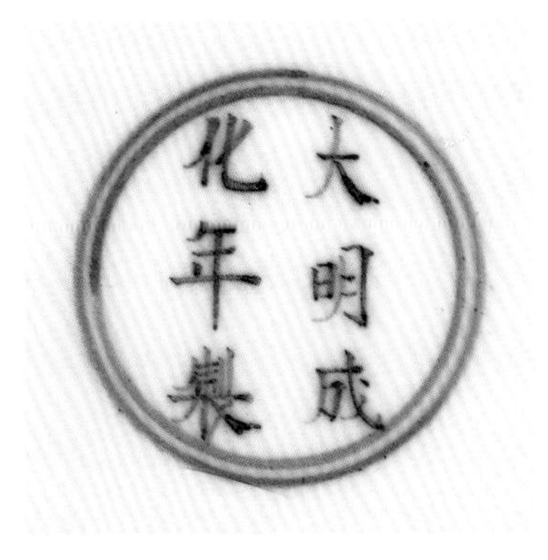

盤敞口，弧壁，圈足。外壁繪一枝枸杞延伸至內壁，果施紅彩，枝施綠、黑彩，盤內繪蝴蝶三隻，外壁兩隻。外底青花雙圈內“大明成化年製”六字楷書仿款。

此盤胎體輕薄，紋飾描繪精細，佈局疏朗，意境幽雅，尤其是採用過枝花技法裝飾圖案，別具情趣。過枝法即自器物內壁至外壁或器身至器蓋，枝幹相連，花葉相屬，渾然一體。

114

五彩魚藻紋菊瓣盤

清康熙

高4.4厘米　口徑27.6厘米　足徑15.8厘米

Polychrome chrysanthemum-petal-shaped plate with design of fish and water weed

Kangxi period, Qing Dynasty

Height: 4.4cm　Diameter of mouth: 27.6cm

Diameter of foot: 15.8cm

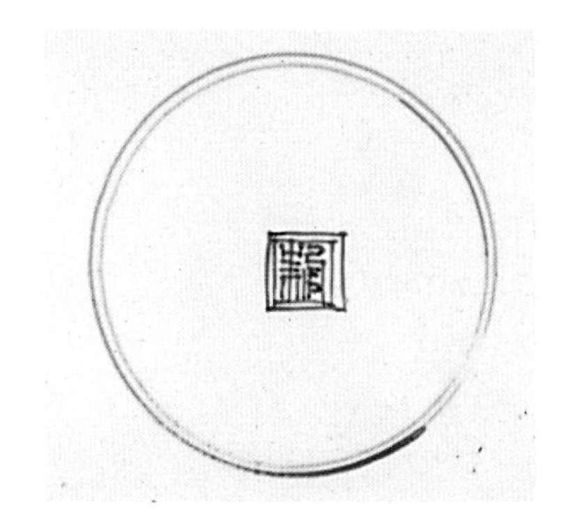

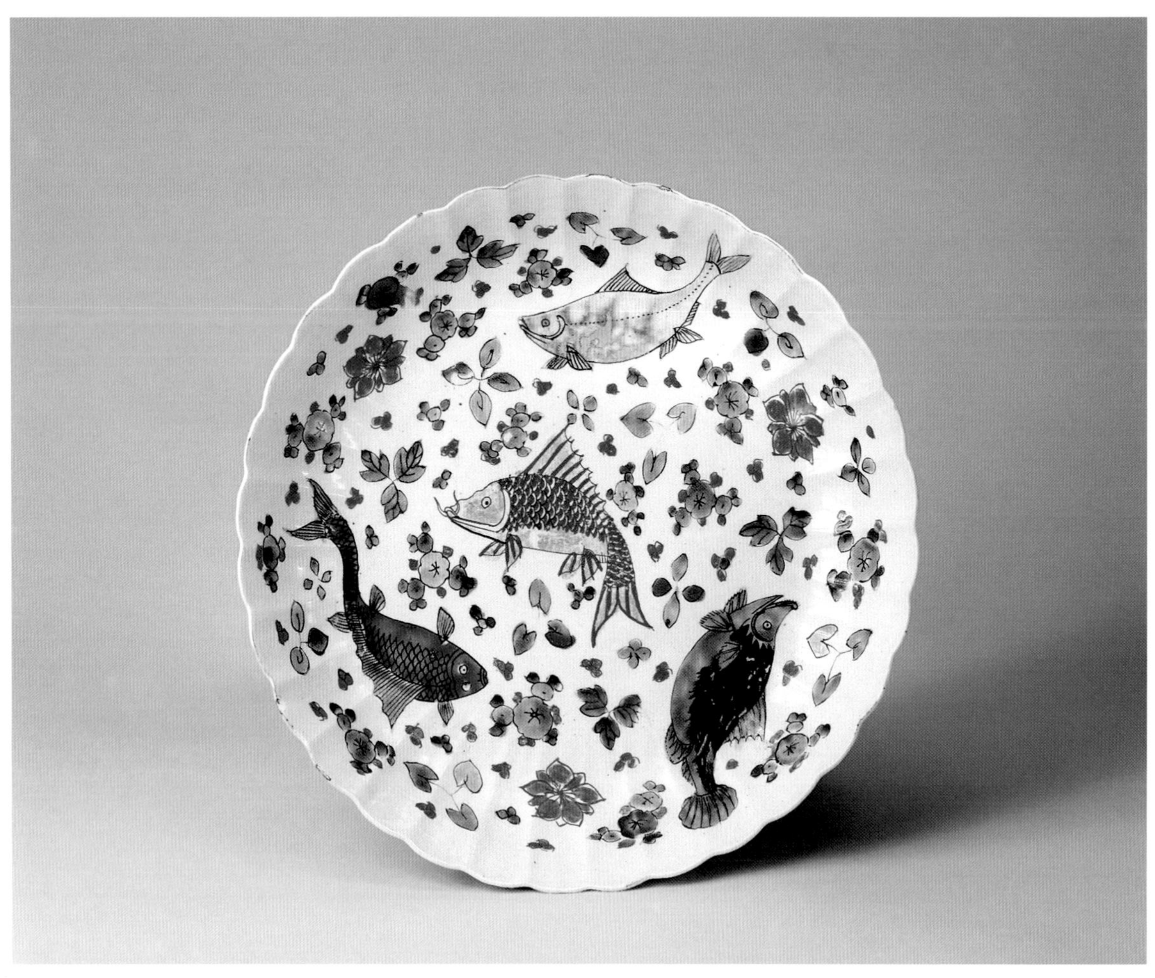

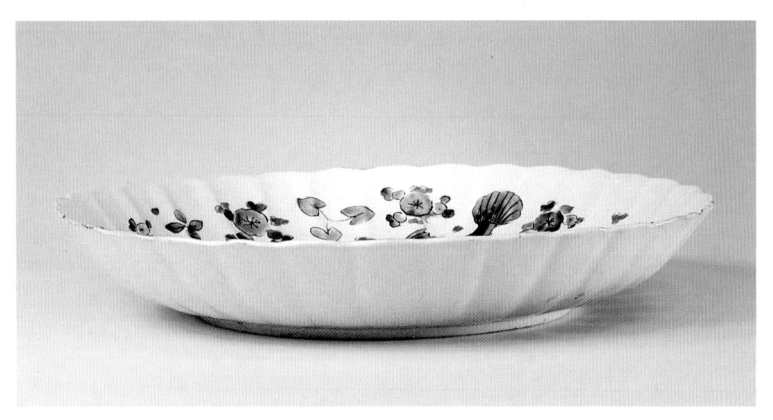

盤為菊瓣形，弧壁，圈足。盤內主要畫有鯖、鮊、鯉、鱖四種魚，周圍滿繪水藻紋。外底青花雙圈內為花押款。

四魚形態各異，施以紅、藍、黑、綠彩，色彩協調，尤其是將新配製的釉上藍彩引入畫面，色艷而濃，勝於青花，更富表現力。

115

五彩花蝶紋盤

清康熙

高6.2厘米　口徑35.5厘米　足徑21.3厘米

Polychrome plate with flower and butterfly design

Kangxi period, Qing Dynasty

Height: 6.2cm　Diameter of mouth: 35.5cm

Diameter of foot: 21.3cm

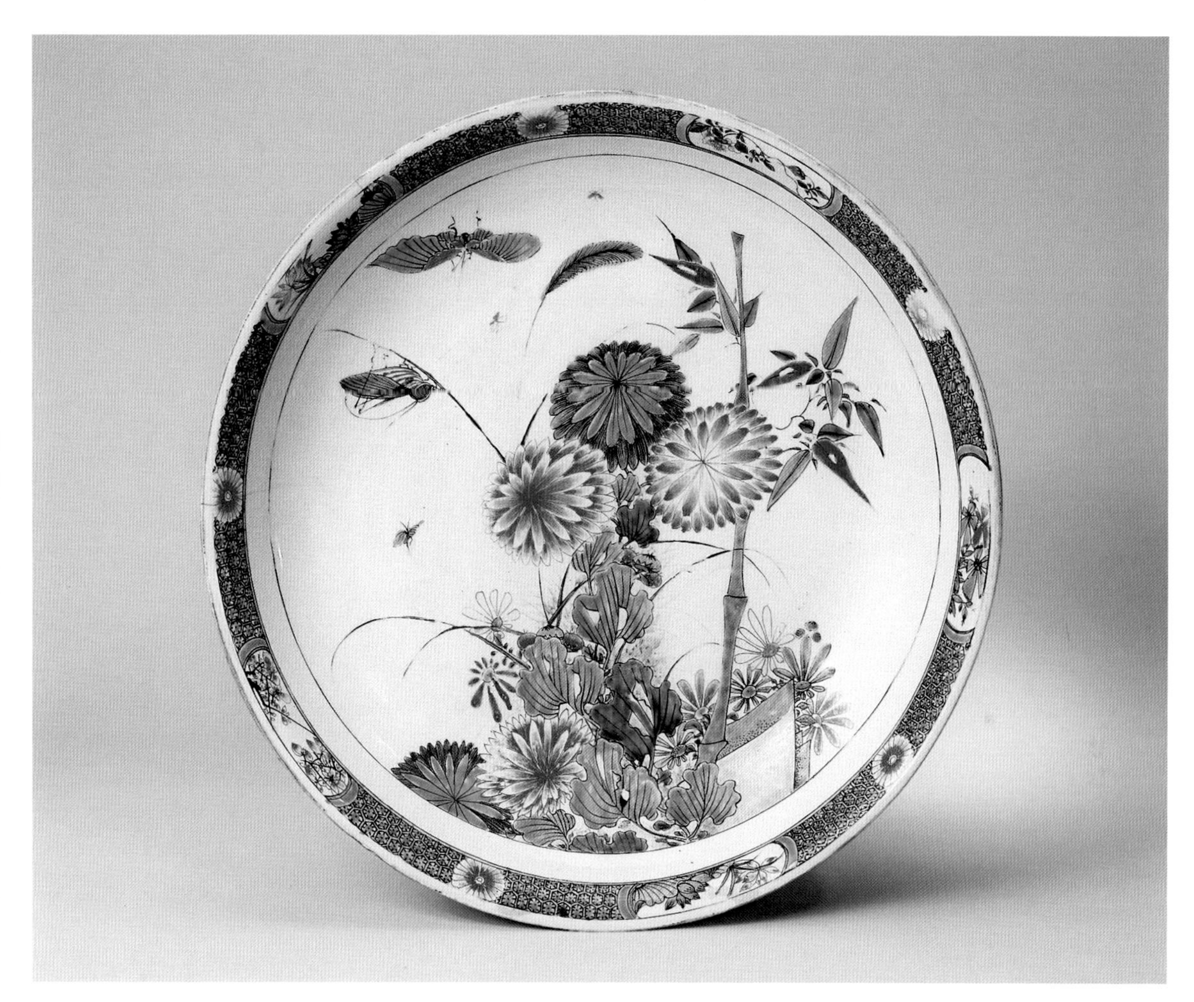

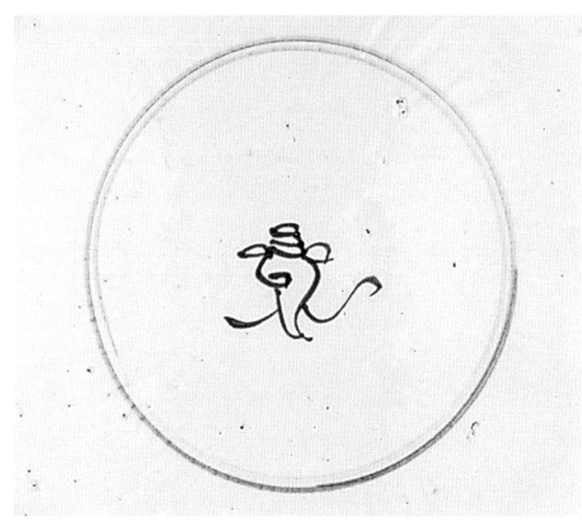

盤口微撇，弧壁，圈足。口沿飾以龜背錦地開光，內繪四季花卉，盤心主題圖案繪菊花翠竹紋，點綴以蝴蝶和蟈蟈。外底青花雙圈內繪一海螺花押款。

畫面構圖疏朗，紋飾優美，突出使用紅、綠二彩，輔以黃、黑、藍等彩，色調明艷。此器體現了康熙五彩瓷高超的藝術水平。

116

五彩花籃紋盤

清康熙

高6.3厘米　口徑38厘米　足徑21.8厘米

Polychrome plate with design of a basket of flowers

Kangxi period, Qing Dynasty

Height: 6.3cm　Diameter of mouth: 38cm

Diameter of foot: 21.8cm

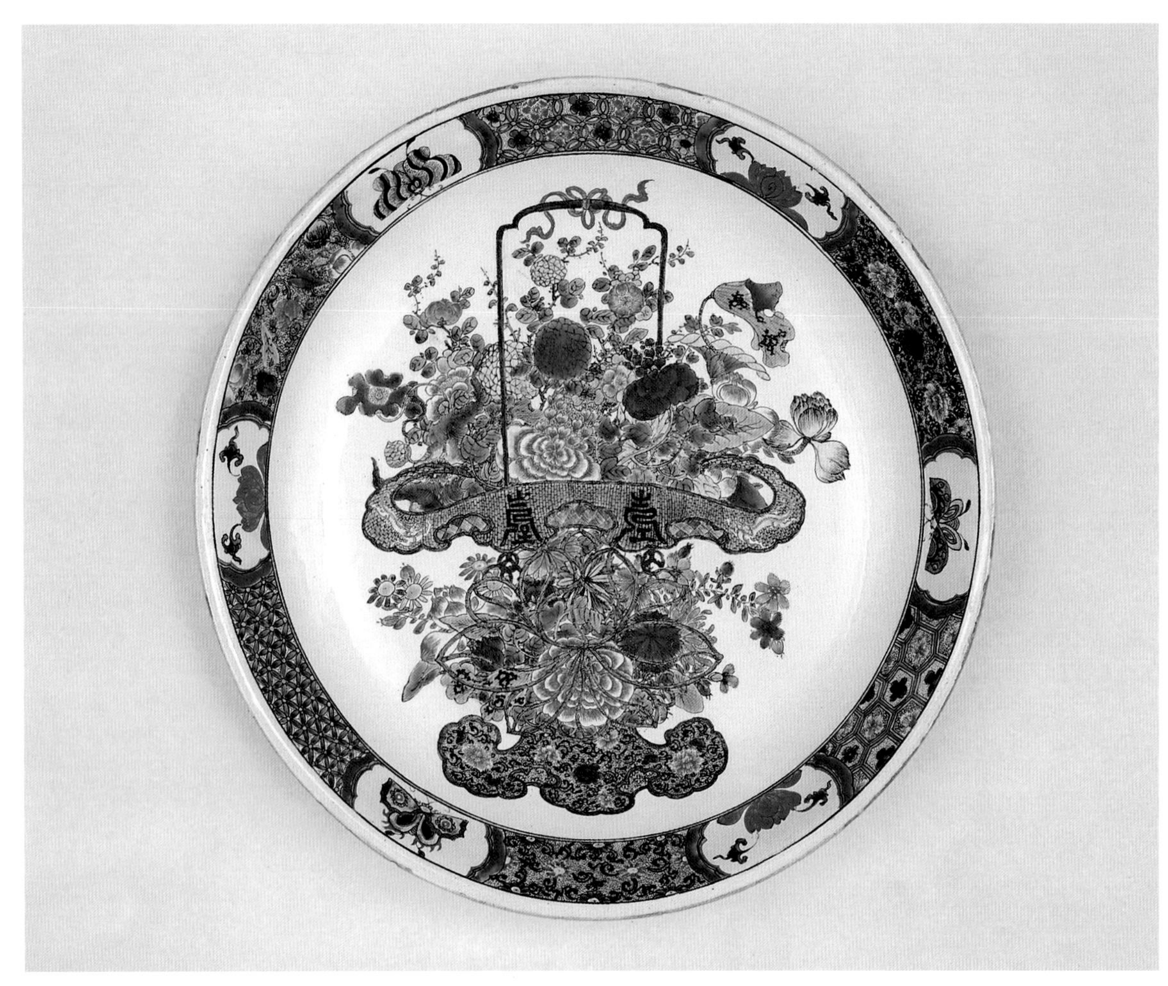

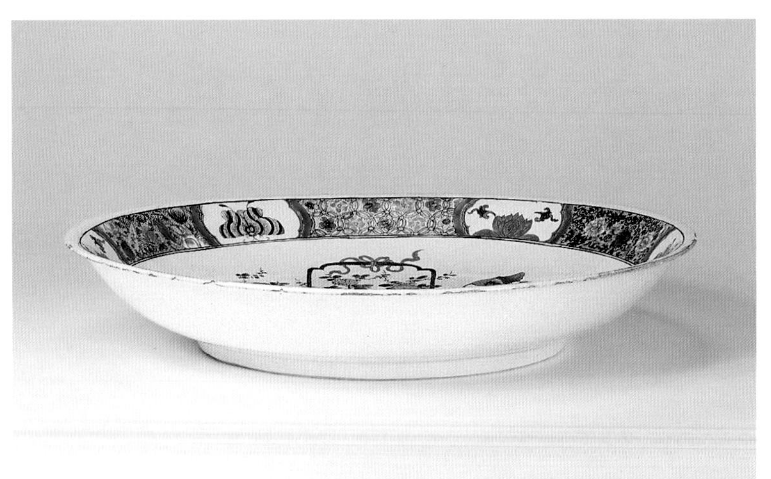

盤敞口，弧壁，圈足。口沿飾織錦地托六個橢圓形開光，內繪各式荷花及蝴蝶紋。盤心黑彩雙圈內繪花籃圖，花籃內滿插雙犄牡丹、梅花、繡球、蓮花、芙蓉等花，籃正面黑彩篆書雙“壽”字。外底青花雙圈內繪蕉葉形花押款。

此盤構圖飽滿，疏密有致，紋飾注重寫實，設色考究，花朵邊沿均點以金彩，華麗耀目。

117

五彩花鳥紋碗
清康熙
高8.4厘米　口徑16.2厘米　足徑7.1厘米
清宮舊藏

Polychrome bowl with design of birds and flowers
Kangxi period, Qing Dynasty
Height: 8.4cm　Diameter of mouth: 16.2cm
Diameter of foot: 7.1cm
Qing Court collection

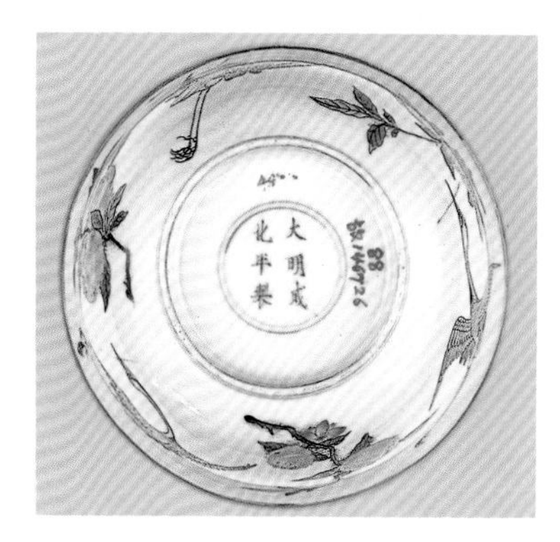

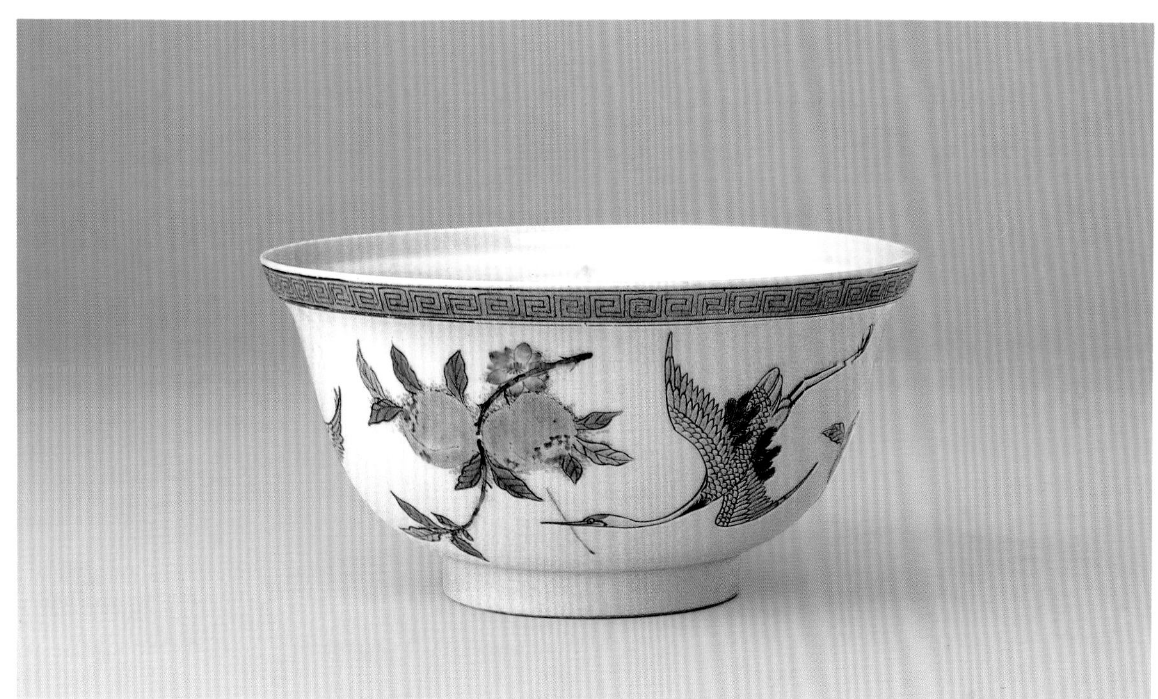

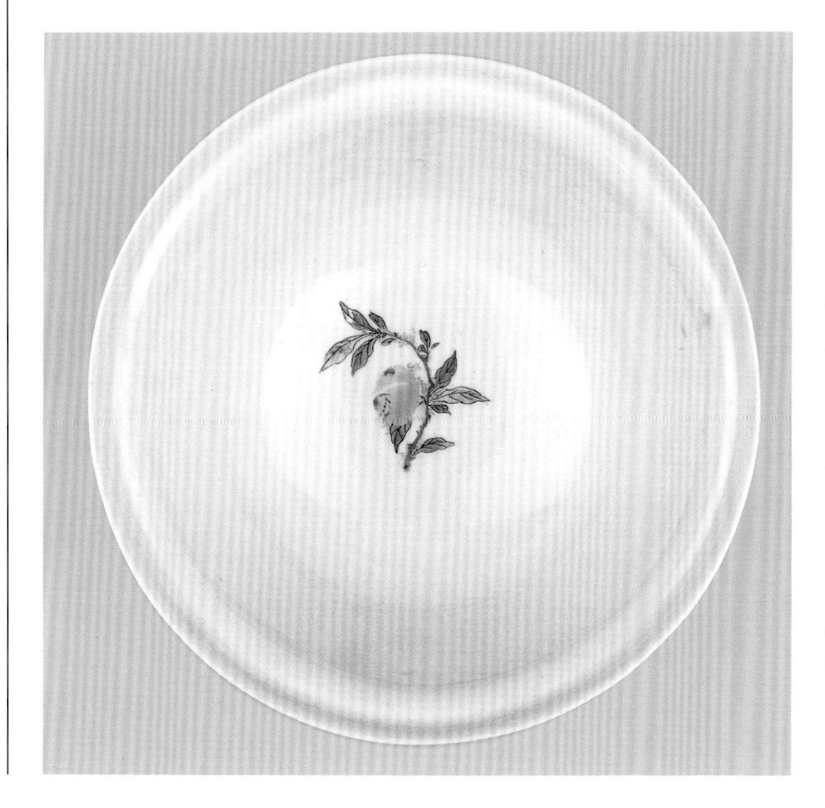

碗撇口，深腹，圈足略高。碗心繪一束折枝桃，外口沿繪綠地黑彩回紋一周，腹部繪三仙鶴，間以三株折枝桃，飛鶴均口啣金籌。全器施紅、綠、黃、紫、黑彩。外底青花雙圈內“大明成化年製”六字楷書仿款。

此碗紋飾優美，施彩淡雅，寓意長壽。

118

五彩羣仙紋碗

清康熙

高8.3厘米　口徑18.7厘米　足徑8.1厘米

清宮舊藏

Polychrome bowl with design of immortals

Kangxi period, Qing Dynasty

Height: 8.3cm　Diameter of mouth: 18.7cm

Diameter of foot: 8.1cm

Qing Court collection

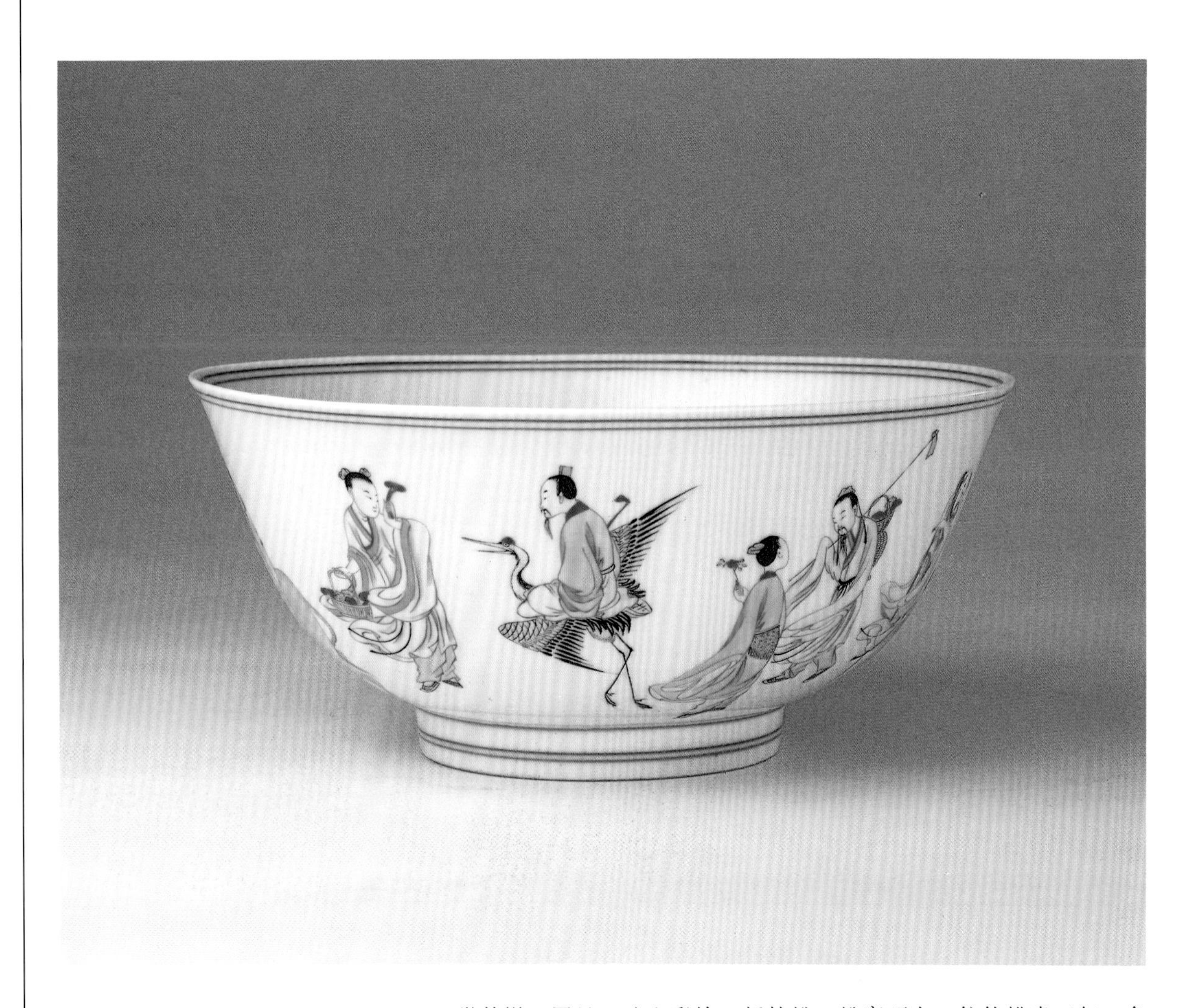

口微外撇，圈足。碗心彩繪一折枝桃，桃實碩大。紋飾描畫工細，色彩淡雅，少許紅彩點染桃尖，突出了桃實的質感。外壁五彩繪八仙等神仙人物，依次排列。人物輪廓以紅彩勾畫，加以平塗敷色，亦以紅彩為主要色調，輔以綠、紫、黑、深紅等彩。無款識。

人物衣紋綫條細勁流暢，姿態各異，表情刻畫細膩，生動傳神。釉色光潤透明，人物彩繪裝飾清雅精細，獨具風格。

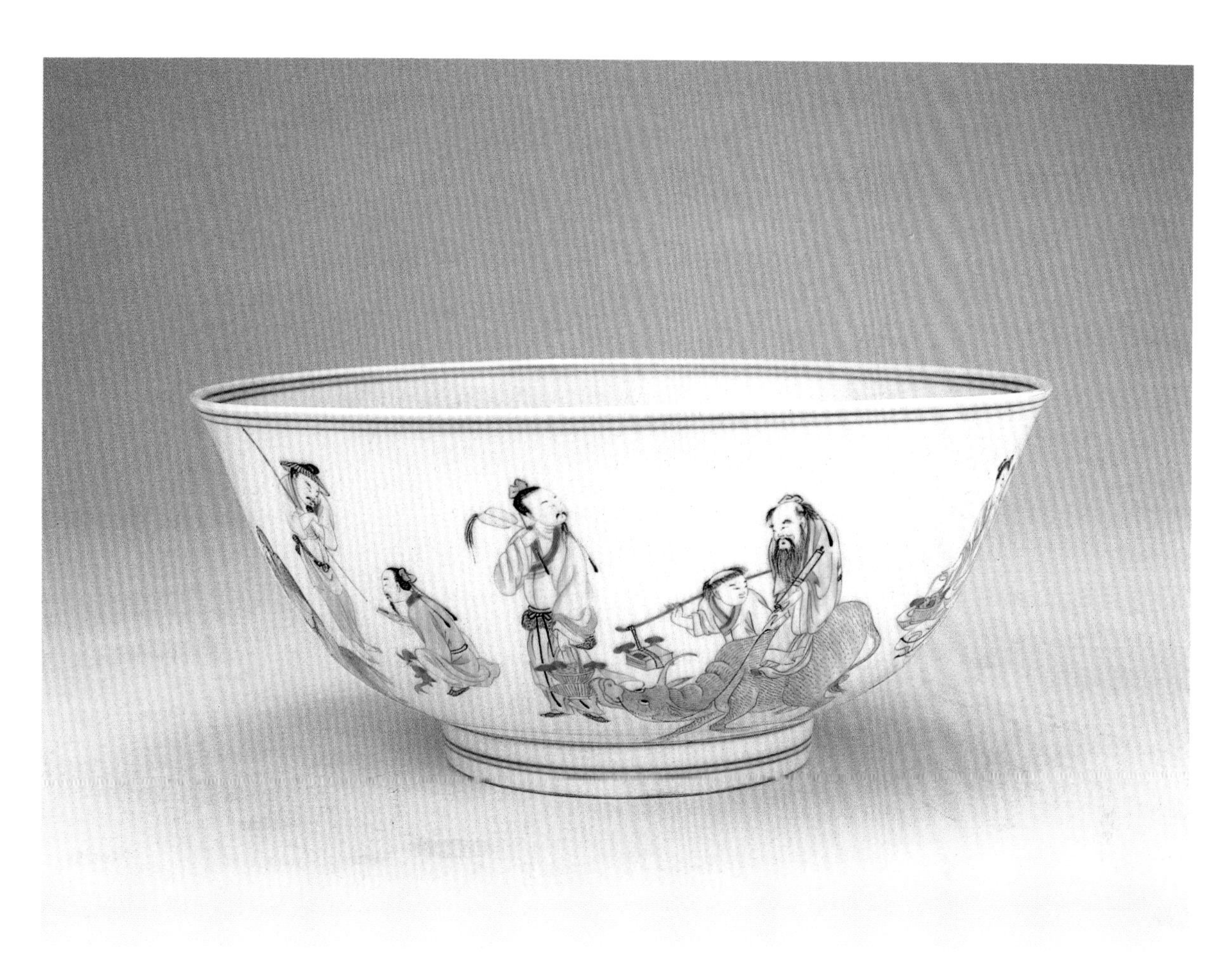

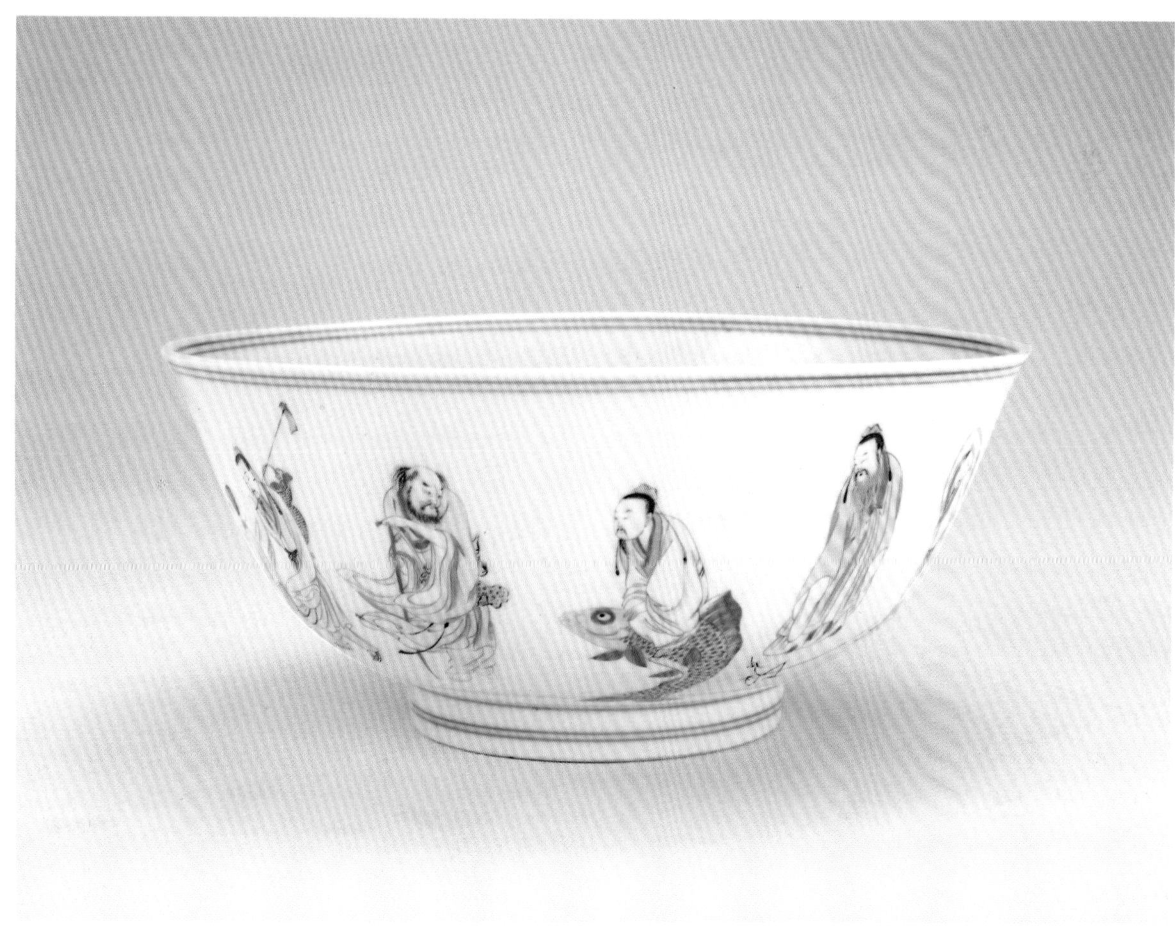

119

五彩嬰戲紋碗
清康熙
高9.8厘米　口徑21厘米　足徑7.2厘米
清宮舊藏

Polychrome bowl with design of children at play
Kangxi period, Qing Dynasty
Height: 9.8cm　Diameter of mouth: 21cm
Diameter of foot: 7.2cm
Qing Court collection

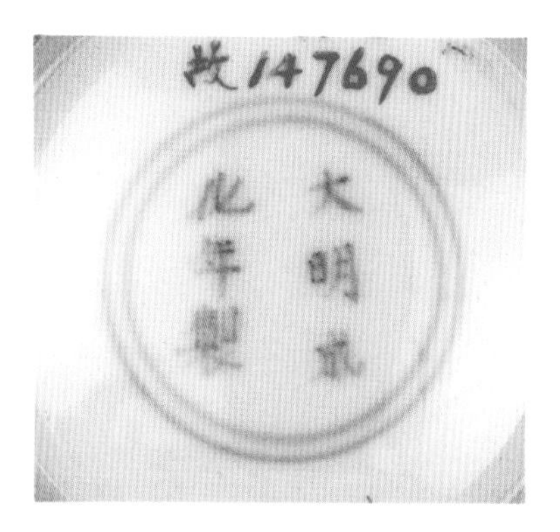

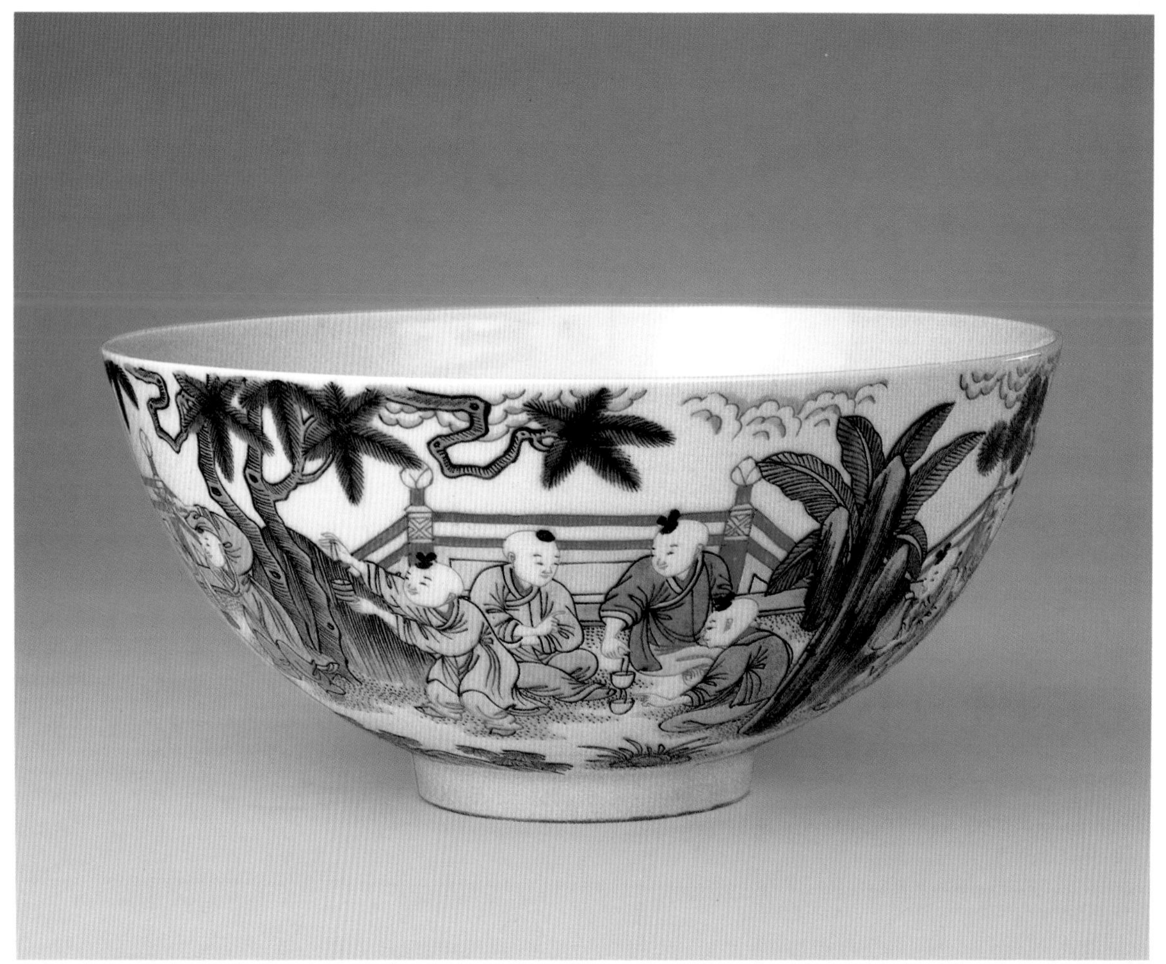

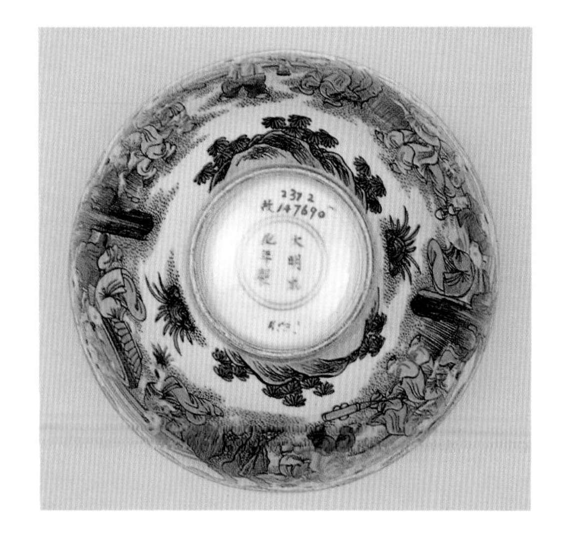

碗敞口，口以下漸收，圈足。碗外壁所繪四組十六子嬰戲圖紋飾更是構思巧妙，在圓形器上以松石、蕉葉、花草、欄杆等將四組小童分隔開來，構成如連環畫般的畫面。足底心青花雙圈內楷書“大明成化年製”仿款。

此碗器型規整，釉面潔潤，胎體輕薄，製作精美。人物刻畫細膩，面部表情豐富，衣飾綫條勁健有力，加之五彩亮麗的效果，越增添了器物的藝術魅力。

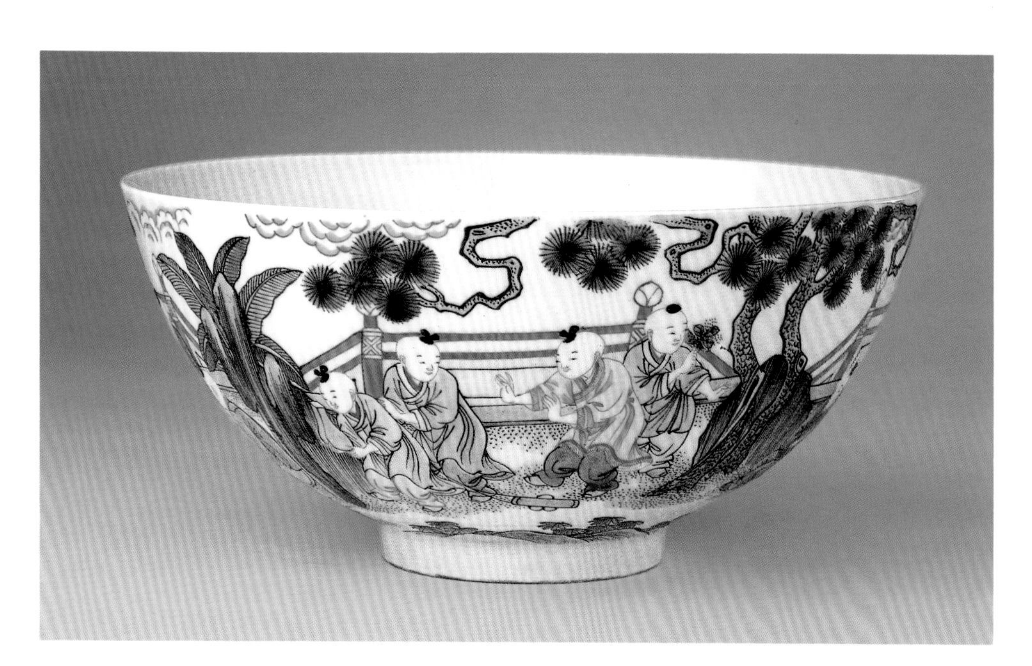

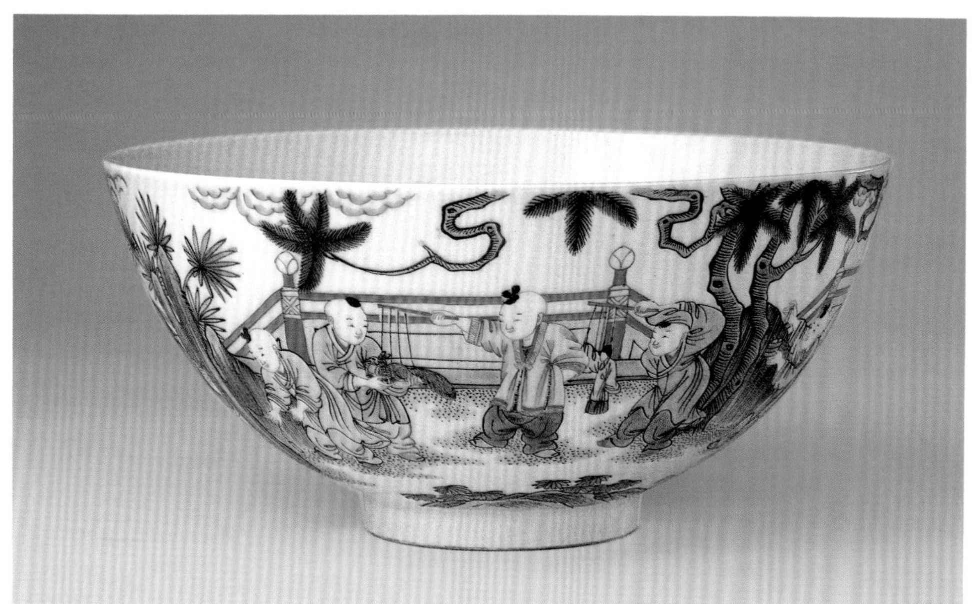

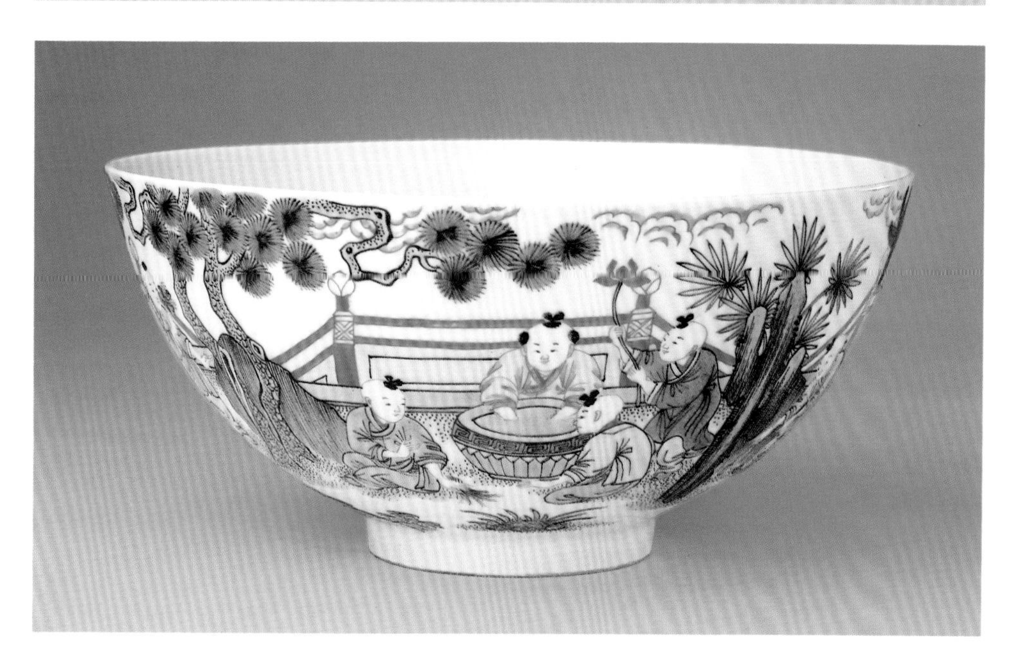

120

五彩花蝶紋杯
清康熙
高4.9厘米　口徑7.5厘米　足徑3厘米
清宮舊藏

Polychrome cup with design of flowers and butterflies
Kangxi period, Qing Dynasty
Height: 4.9cm　Diameter of mouth: 7.5cm
Diameter of foot: 3cm
Qing Court collection

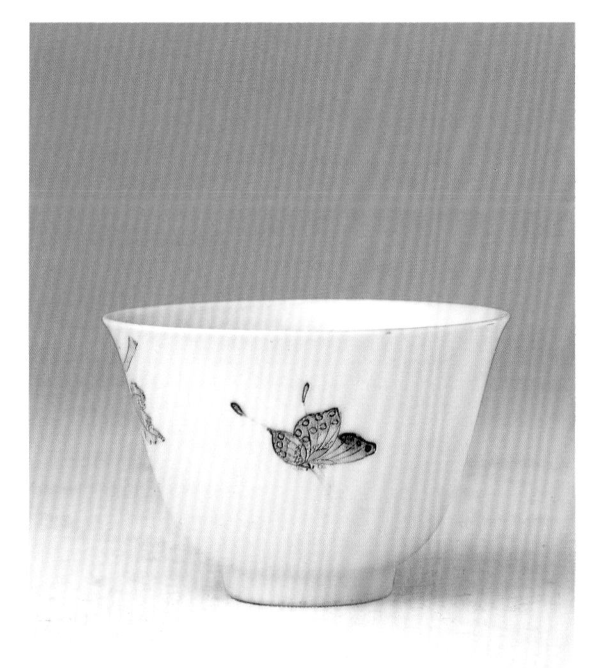

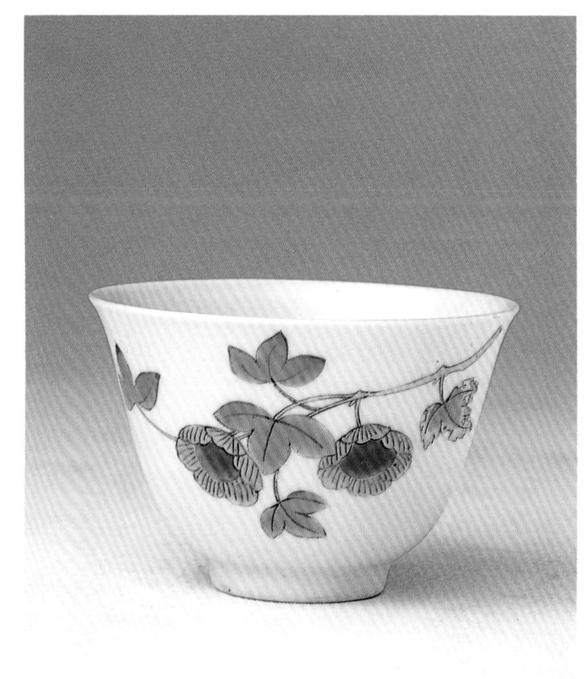

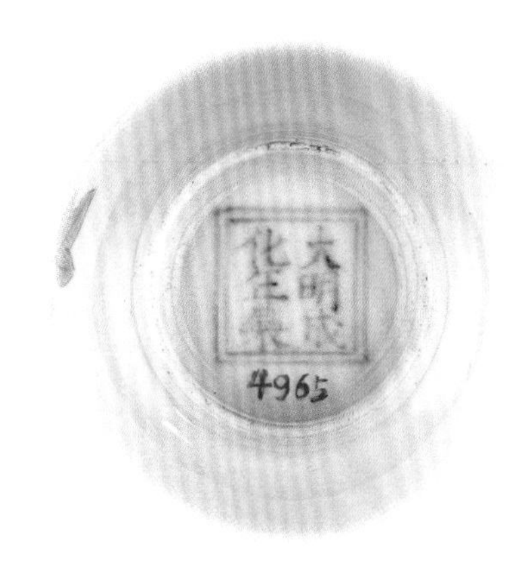

杯侈口，深腹，圈足。外壁一面繪折枝木棉花，綠葉紅蕊，另一面繪兩隻彩蝶。外底青花雙方欄內有“大明成化年製”六字楷書仿款。

此杯胎薄體輕，小巧玲瓏，繪畫精細，是康熙五彩瓷的代表作品。

121

五彩山水人物紋杯

清康熙

高10.5厘米　口徑9厘米　足徑3.5厘米

Polychrome cup with design of figures and landscape

Kangxi period, Qing Dynasty

Height: 10.5cm　Diameter of mouth: 9cm

Diameter of foot: 3.5cm

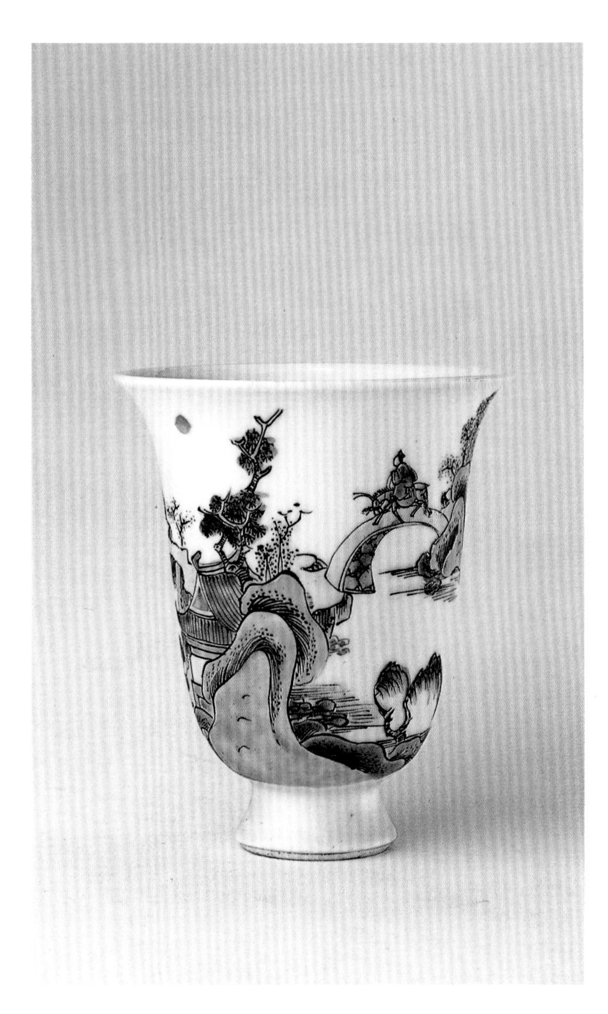

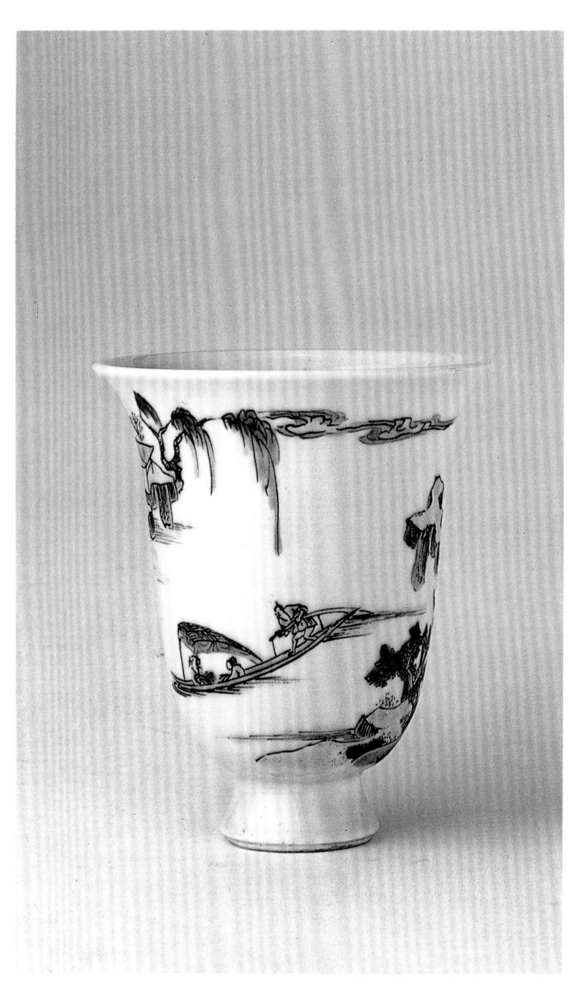

杯撇口，深腹，圈足，二層台底。杯一面可見有人騎驢過橋；另一面繪流水輕舟，上載客人，岸邊山石間繪樓閣、茅亭，伴以樹木花朵，天上彩雲輕飄。無款識。

此杯釉色瑩潤，設色以綠彩為主，紋飾簡樸大方，是康熙五彩瓷中的佳作。

122

五彩蝴蝶紋瓶

清康熙

高44厘米　口徑12厘米　足徑13厘米

清宮舊藏

Polychrome vase with design of butterflies

Kangxi period, Qing Dynasty

Height: 44cm

Diameter of mouth: 12cm

Diameter of foot: 13cm

Qing Court collection

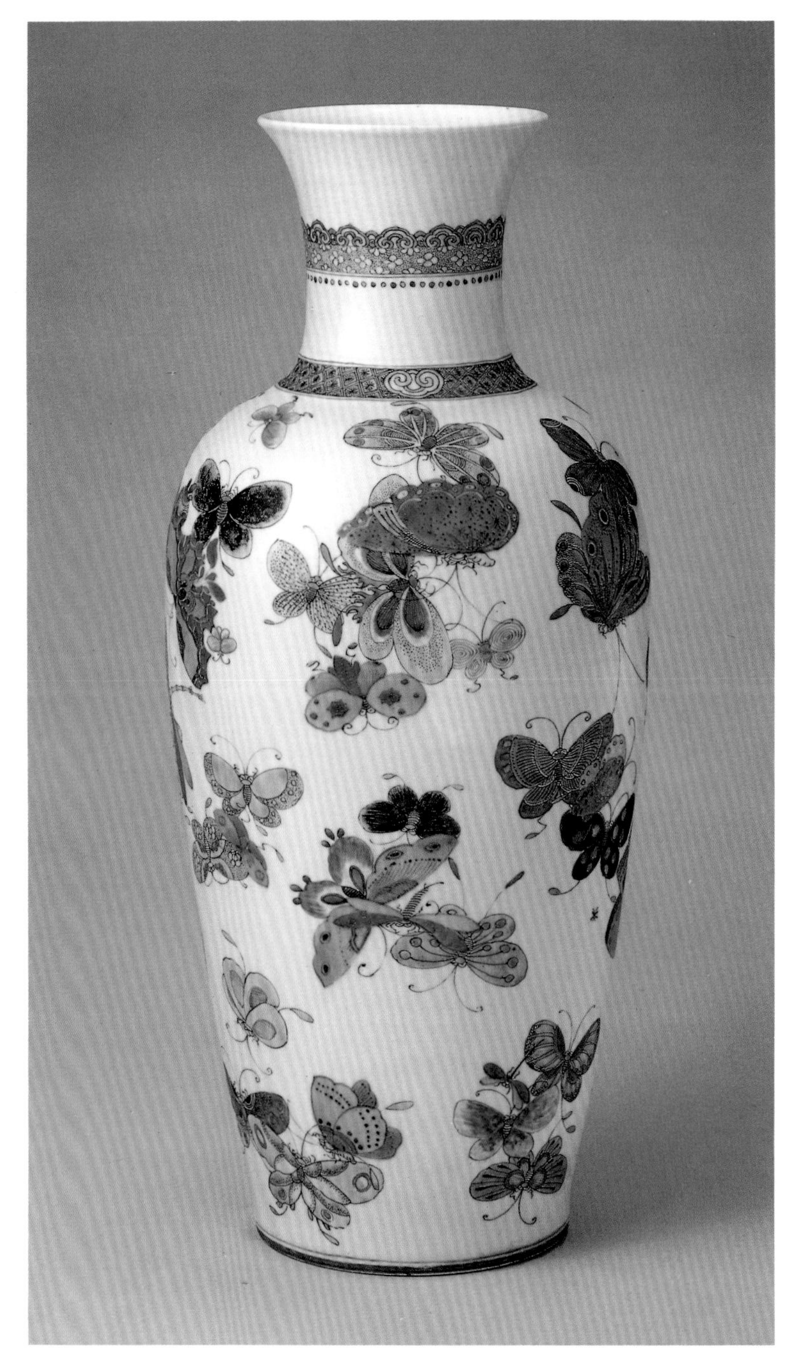

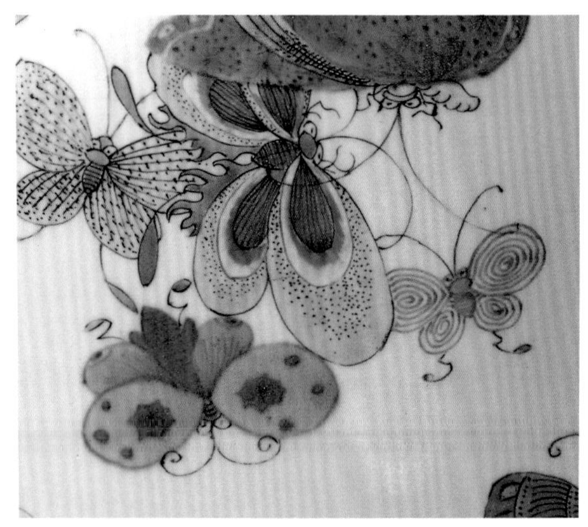

瓶口微侈，直頸，圓肩，肩以下漸收，圈足。通體青花五彩裝飾，器身滿繪大小五彩飛蝶，間雜以蜻蜓等昆蟲。頸部配襯紋飾有如意雲頭紋、朵花、圓點紋等，頸與肩結合處繪錦地垂雲紋一道。外底青花雙圈內繪靈芝。

此瓶又稱“百蝶瓶”，以百蝶諧音“百耋”，寓祝壽之意。全瓶以洗練的寫生筆法描繪出百隻蝴蝶，形象生動，用色極為豐富，有的在翅膀紅色斑紋上點以金彩，有的在綠色翅膀上點綴黑彩魚子紋，還有的用青花加彩的方法處理，這些在清代五彩瓷器中十分罕見，故此瓶是康熙五彩瓷中之精品。

123

五彩花鳥紋瓶

清康熙

高40厘米　口徑7.5厘米　足徑12.4厘米

清宮舊藏

Polychrome vase with design of birds and flowers

Kangxi period, Qing Dynasty
Height: 40cm
Diameter of mouth: 7.5cm
Diameter of foot: 12.4cm
Qing Court collection

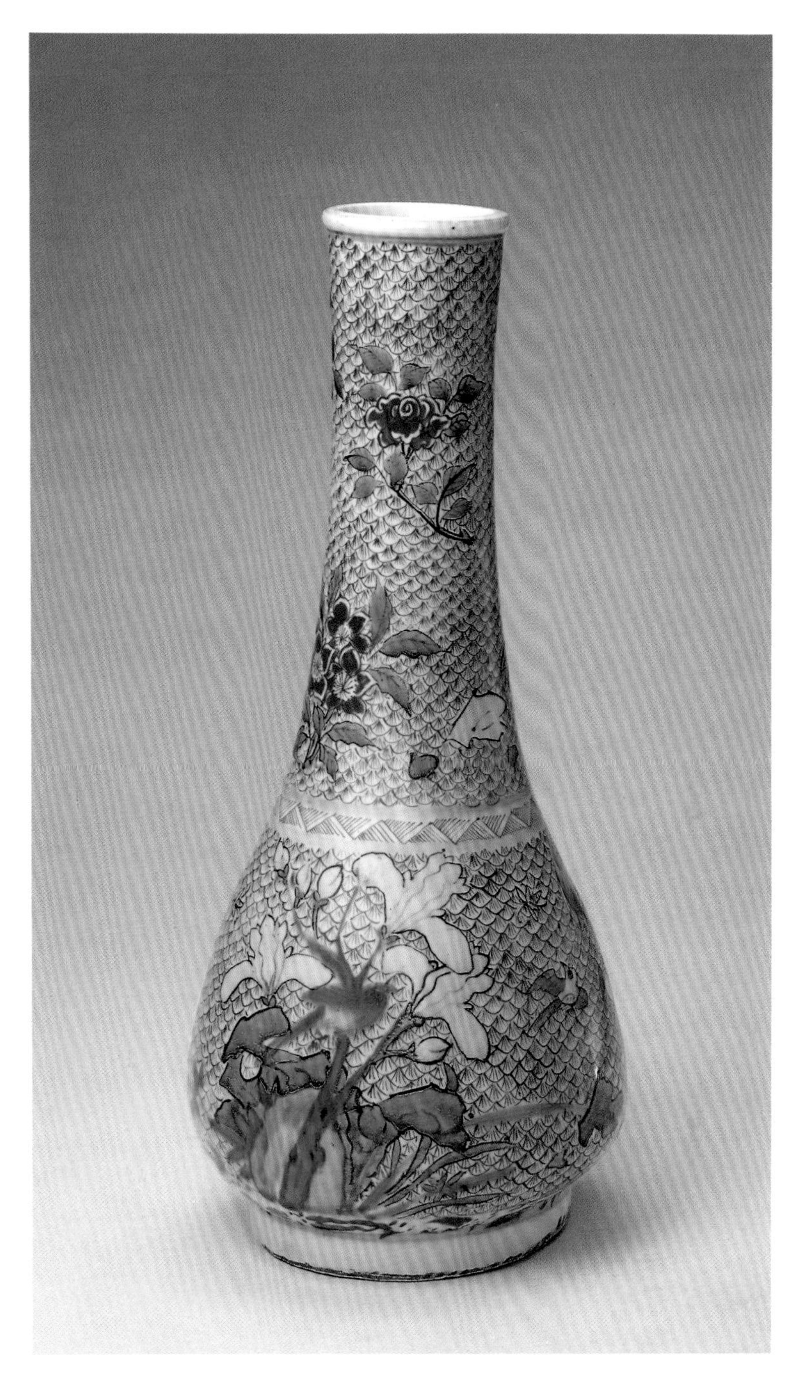

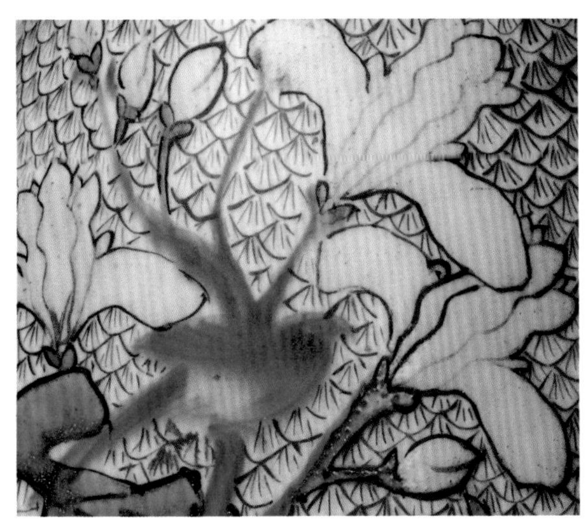

瓶唇口，長頸，垂腹，圈足，通體以紅彩錦地五彩裝飾。紋飾分頸、腹兩部分。頸部以紅、黃、綠彩繪折枝石榴和折枝牡丹花，腹部用青花、紅、綠彩繪洞石花鳥兩組，　組繪洞石蘭花，一組繪洞石月季，襯以雀鳥、蝴蝶。頸、腹紋飾以紅彩三角形幾何紋相隔。無款識。

康熙五彩以色彩多變、色調鮮明而在清代彩瓷中獨樹一幟。此瓶於紅彩錦地上繪花鳥紋，裝飾新穎，色彩鮮艷，花紋繁縟，極具觀賞性。

124

五彩雉雞牡丹紋鳳尾尊

清康熙

高45厘米　口徑22.7厘米

足徑14.7厘米

Polychrome phoenix-tail-shaped vase with design of pheasants and peony

Kangxi period, Qing Dynasty

Height: 45cm

Diameter of mouth: 22.7cm

Diameter of foot: 14.7cm

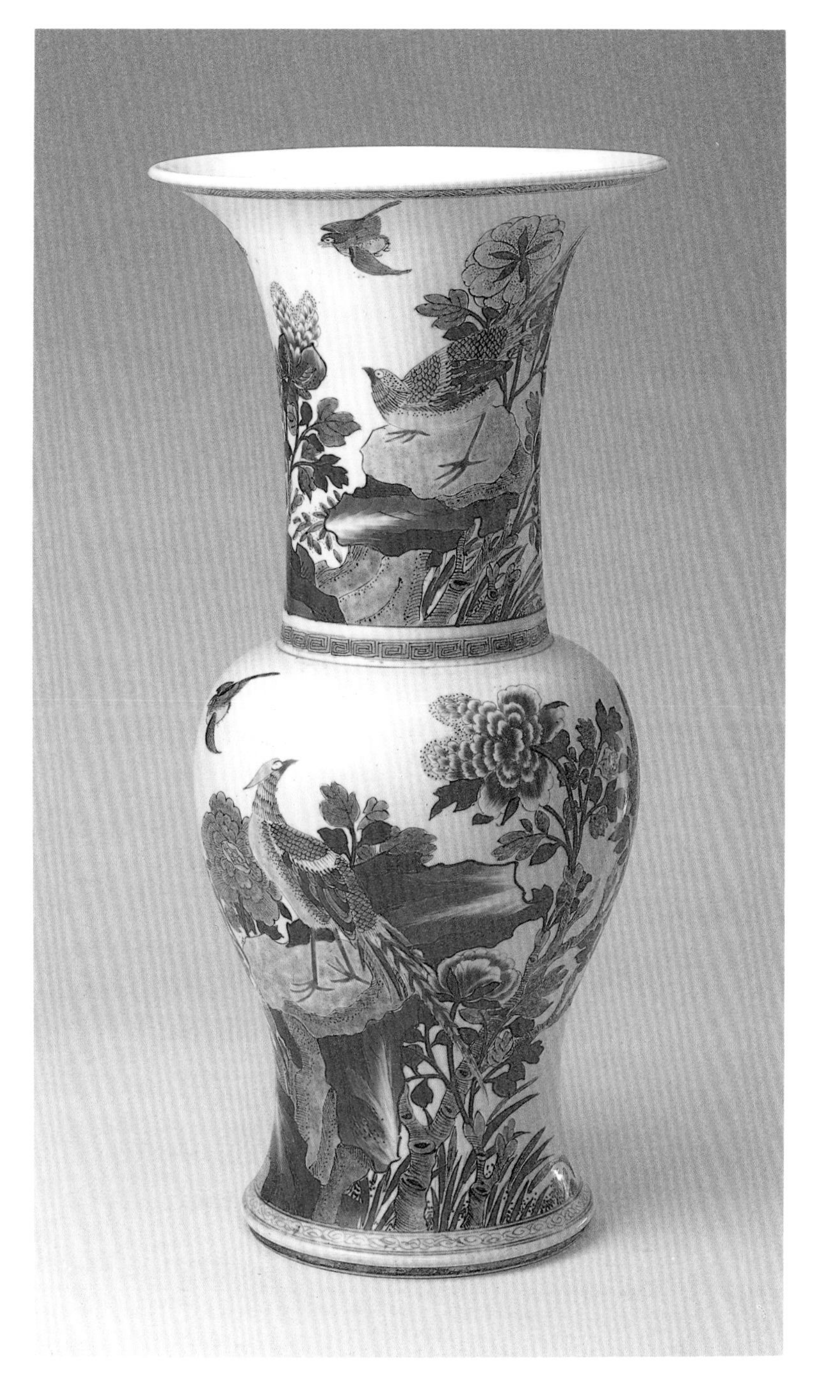

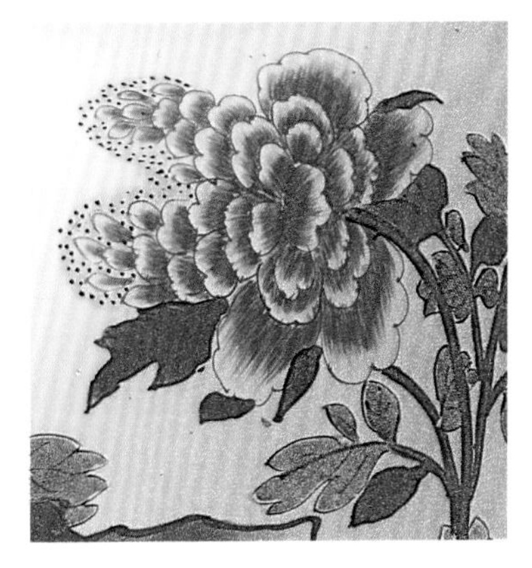

尊廣口外撇，頸部細長，上豐下狹，肩部圓而豐潤，至腹部漸斂，近底處又漸外撇，圈足，無款識。俗稱鳳尾尊。頸部與腹部均繪盛開的牡丹，花間襯以山石，雉雞立於其上，空中小鳥低飛。兩組畫意大致相同。通體青花色調青翠，紅、黃、綠、紫諸色純正。口與肩部兩條裝飾性花紋既具裝飾作用，同時又將兩個畫面間隔開，使整體圖案層次清晰又和諧統一。

此尊器型規整，莊重典雅。清朝康熙年間瓷器造型有了極大的發展，器型繁多，僅瓶尊一類就有鳳尾尊、觀音尊、棒槌瓶、玉壺春瓶、梅瓶等等，且多為五彩器。此尊即為這一時期鳳尾尊的典型作品。

125

五彩纏枝牡丹紋鳳尾尊

清康熙

高46.5厘米　口徑21.8厘米

足徑13.3厘米

Polychrome phoenix-tail-shaped vase with design of interlocking sprays of peony

Kangxi period, Qing Dynasty

Height: 46.5cm

Diameter of mouth: 21.8cm

Diameter of foot: 13.3cm

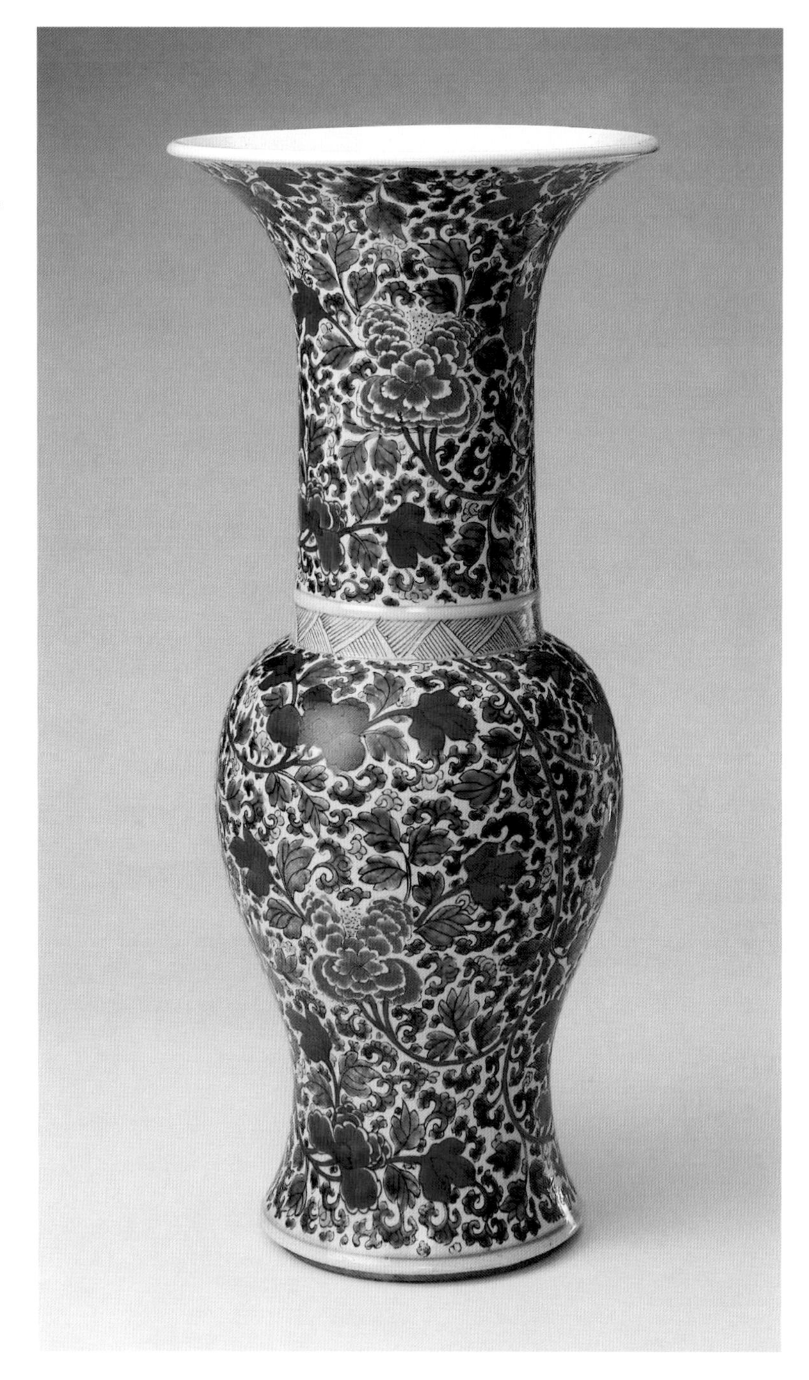

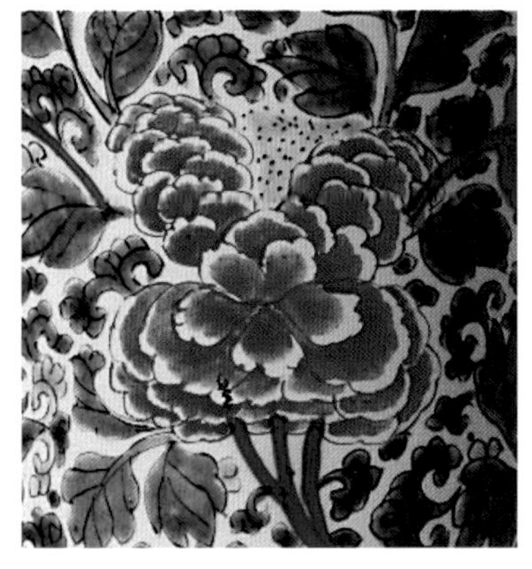

尊撇口，長頸，圓肩，肩以下漸斂，至脛部復向外撇成圈足，無款識。通體繪纏枝牡丹紋，頸與腹之間以紅彩繪幾何紋，並凸起一道弦紋，將紋飾一分為二，表現出清晰的層次感。此器花朵的鮮艷色彩與枝葉所用的冷色調產生較人的反差，使畫面越顯亮麗明快。器型莊重簡樸，美觀大方，胎薄質堅而釉色瑩潤，是康熙五彩瓷器中具代表性的作品。

126

五彩博古團花紋花觚

清康熙
高41.5厘米　口徑19.1厘米
足徑12.7厘米
清宮舊藏

Polychrome beaker with design of antiquities and floral medallions

Kangxi period, Qing Dynasty
Height: 41.5cm
Diameter of mouth: 19.1cm
Diameter of foot: 12.7cm
Qing Court collection

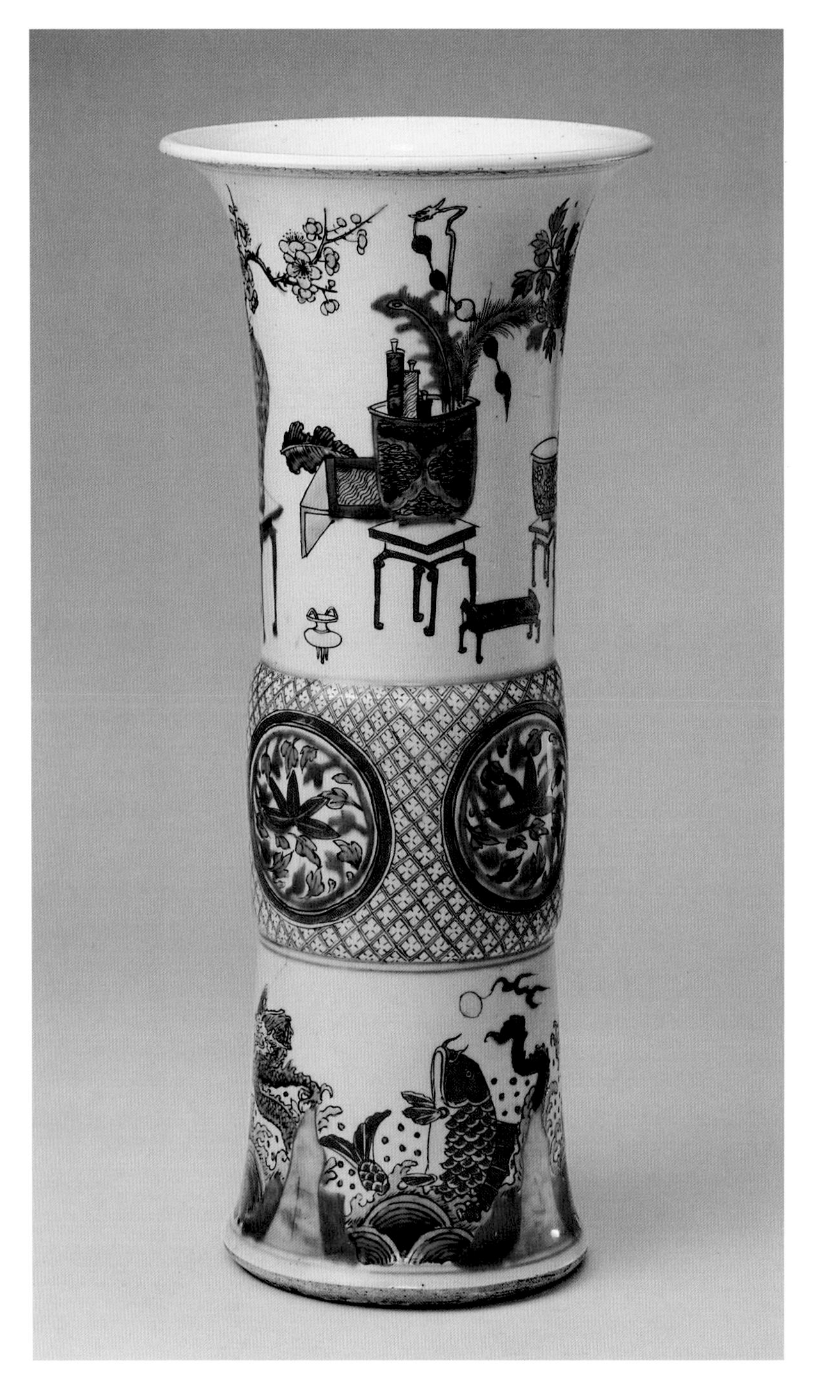

觚撇口，直頸，腹微鼓，腹下漸外撇，圈足，通體青花五彩裝飾。紋飾自上而下共分三層，頸部繪琴棋書畫、鑼、梅花、平安如意等博古圖，腹部紅色菱形錦地並四個團形開光，內繪團蓮紋，腹下繪海水江崖、魚龍變幻圖。無款識。

此觚仿青銅器式樣燒製而成，胎體堅硬，造型莊重古樸。博古圖與花卉紋並用，頗具特色，這種佈局也反映了康熙瓷繪不拘泥於固有形式而注重變化的裝飾風尚。

127

五彩嬰戲紋花觚

清康熙

高25.5厘米　口徑13.3厘米　足徑9.2厘米

Polychrome beaker with design of children at play

Kangxi period, Qing Dynasty

Height: 25.5cm　Diameter of mouth: 13.3cm

Diameter of foot: 9.2cm

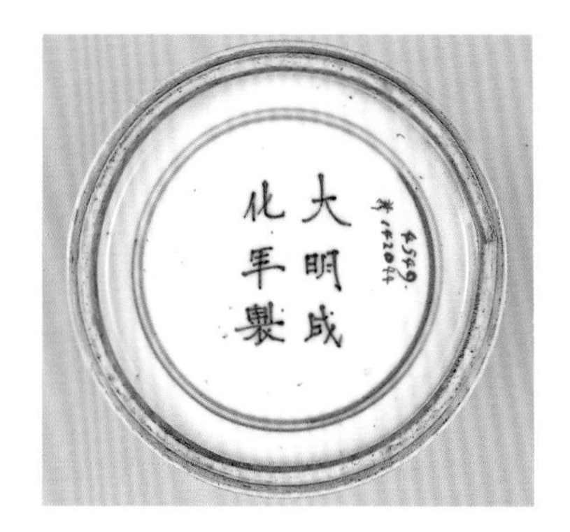

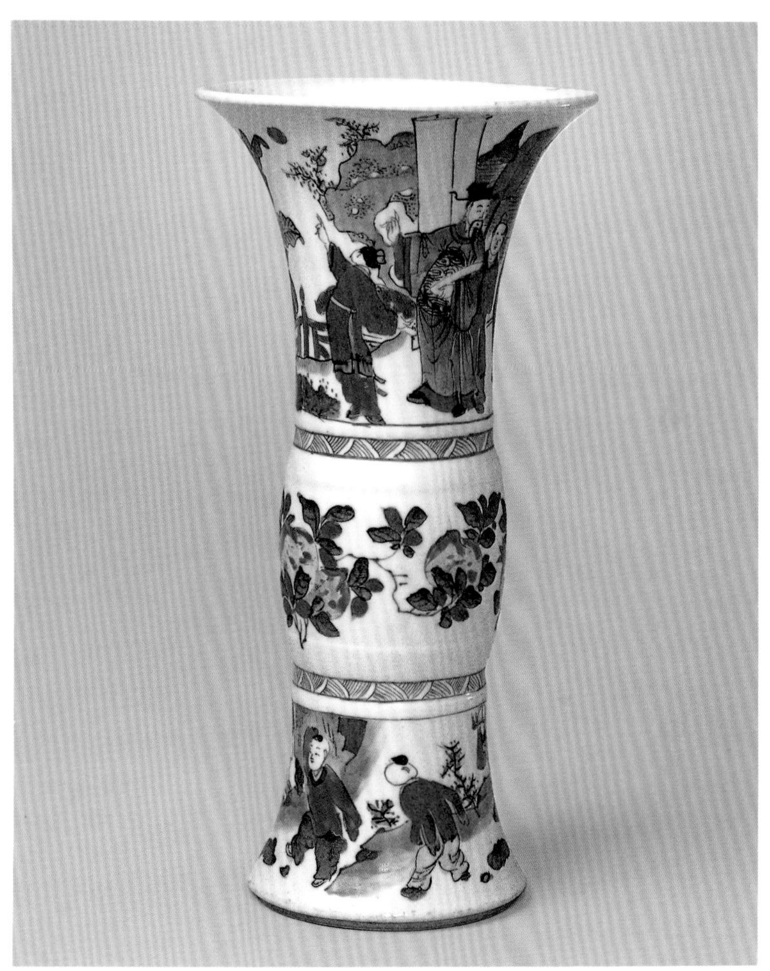

觚撇口，直頸，腹略鼓，腹下收斂，近底處外撇，圈足。通體青花五彩裝飾，紋飾可分為三部分，上部繪人物紋，圖中人抬手指向紅日，寓意“指日高昇”，腹部繪折枝桃及石榴，寓意“多子多福”，下部為嬰戲圖，各層紋飾間以幾何形圖案相隔。外底青花雙圈內楷書“大明成化年製”六字雙行仿款。

128

五彩“陳平賣肉”圖蓋罐

清康熙

通高12厘米　口徑4.6厘米　足徑4.5厘米

Polychrome covered jar with design of the tale "Chen Ping Selling Meat"

Kangxi period, Qing Dynasty

Overall height: 12cm　Diameter of mouth: 4.6cm

Diameter of foot: 4.5cm

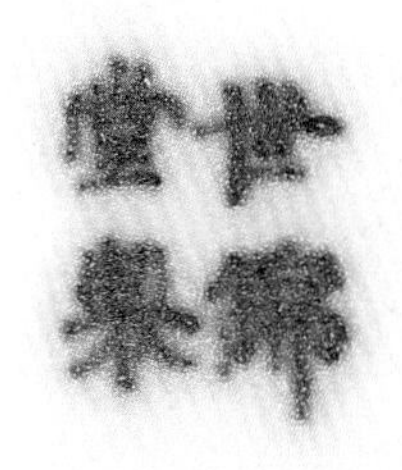

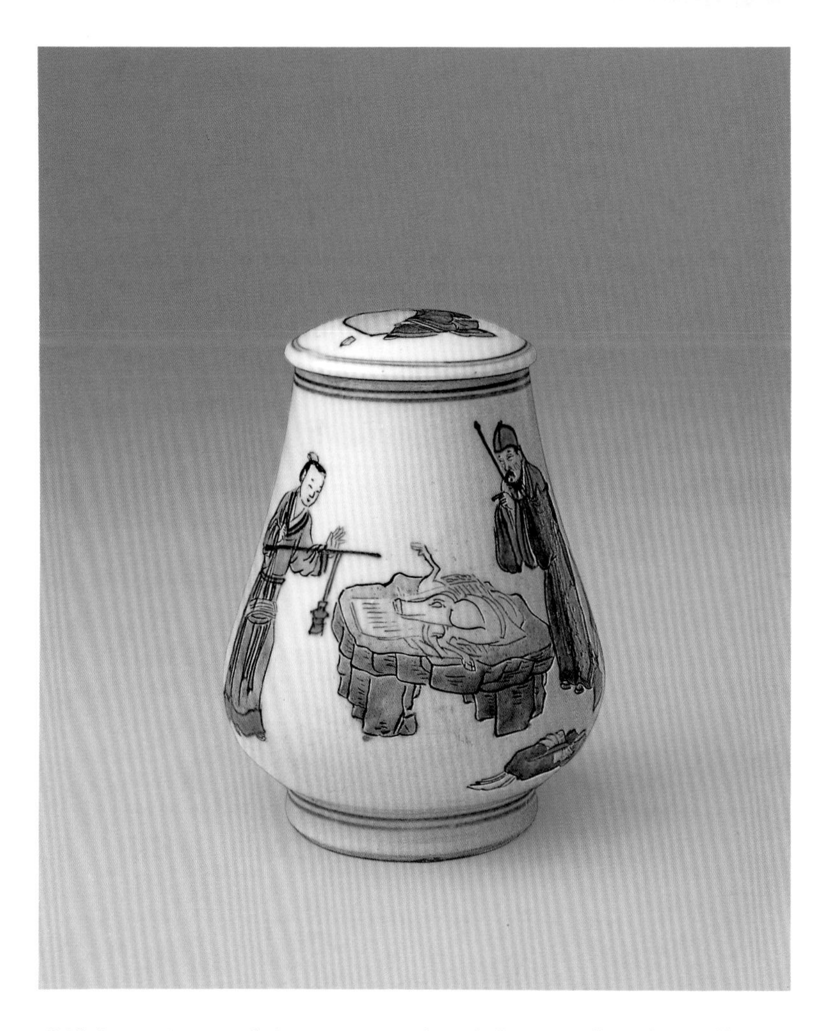

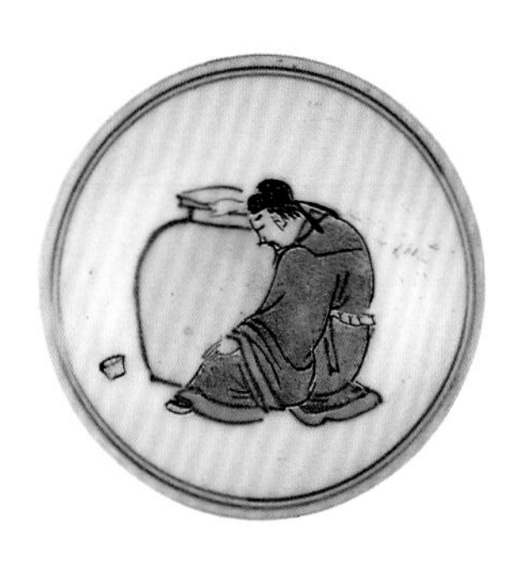

蓋罐直口，短頸，垂腹，圈足。器身以青花、紅、綠、紫、黑等彩裝飾。一面繪“陳平賣肉”圖，另一面青花書寫文字三行，右邊為“陳平”二字，左邊兩行為“何哉翁，識孺子，宰天下，有如此”。蓋面繪一人倚酒罎而坐，似已喝醉，酒杯亦被棄置一旁。外底青花楷書“世錦堂製”四字款。

此罐人物描畫精工，色澤淡雅，把“陳平賣肉”的歷史故事形象地反映出來。

129

五彩嬰戲紋蓋罐

清康熙

通高42.5厘米　口徑12.5厘米

足徑17.7厘米

Polychrome covered jar with design of children at play

Kangxi period, Qing Dynasty

Overall height: 42.5cm

Diameter of mouth: 12.5cm

Diameter of foot: 17.7cm

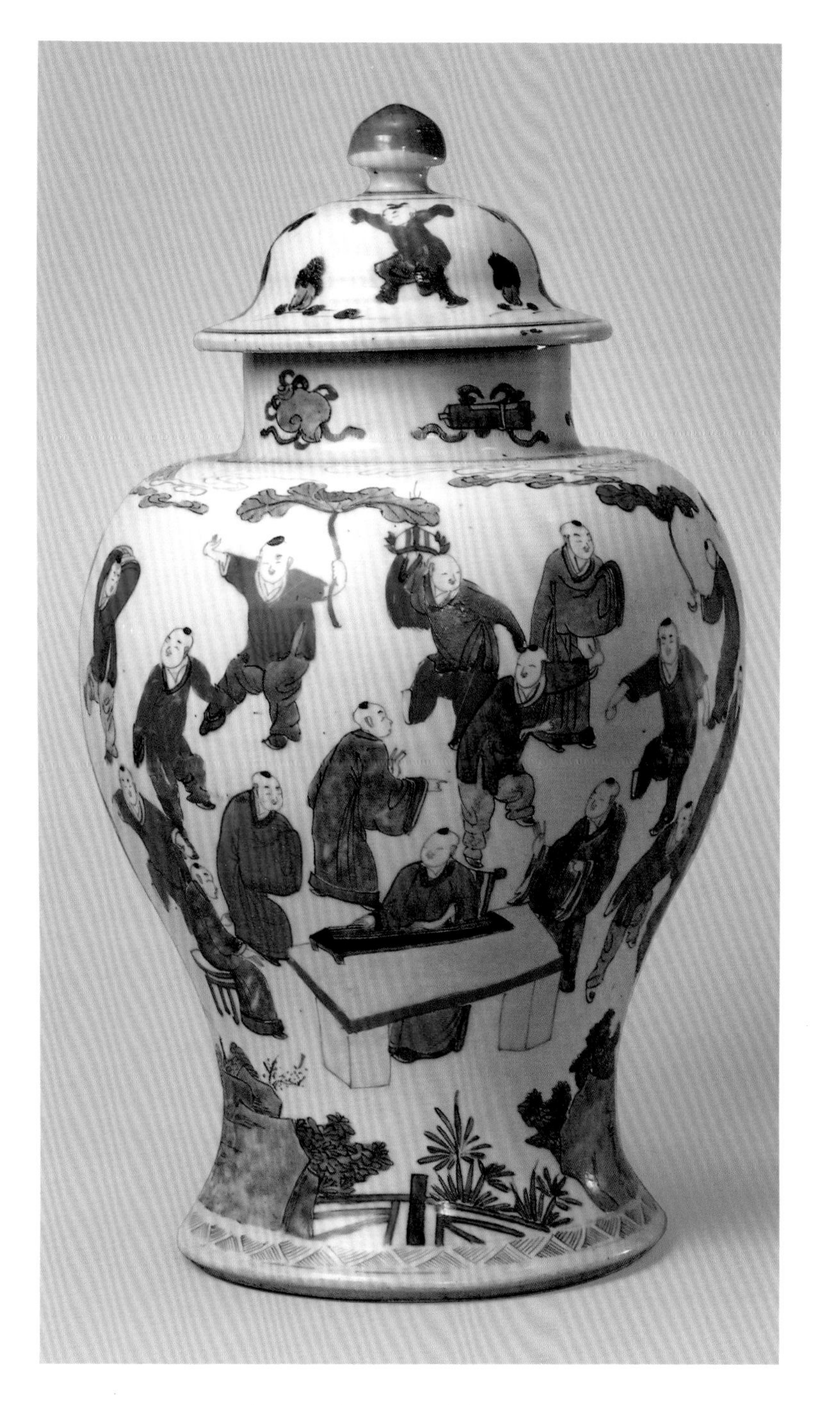

蓋罐圓口，直頸，豐肩，鼓腹，腹下收斂，近底處外撇，平底內凹。此罐造型別致，俗稱將軍罐。通體青花五彩裝飾，罐身及蓋皆飾以嬰戲圖，小童神態、動作各異，近底處配襯山石欄杆，唯頸部繪雜寶作邊飾。外底白釉無款識。

130

五彩嬰戲紋套盒

清康熙

通高13.6厘米　口徑10.5厘米　足徑10厘米

Polychrome four-layered box with design of children at play

Kangxi period, Qing Dynasty

Overall height: 13.6cm　Diameter of mouth: 10.5cm

Diameter of foot: 10cm

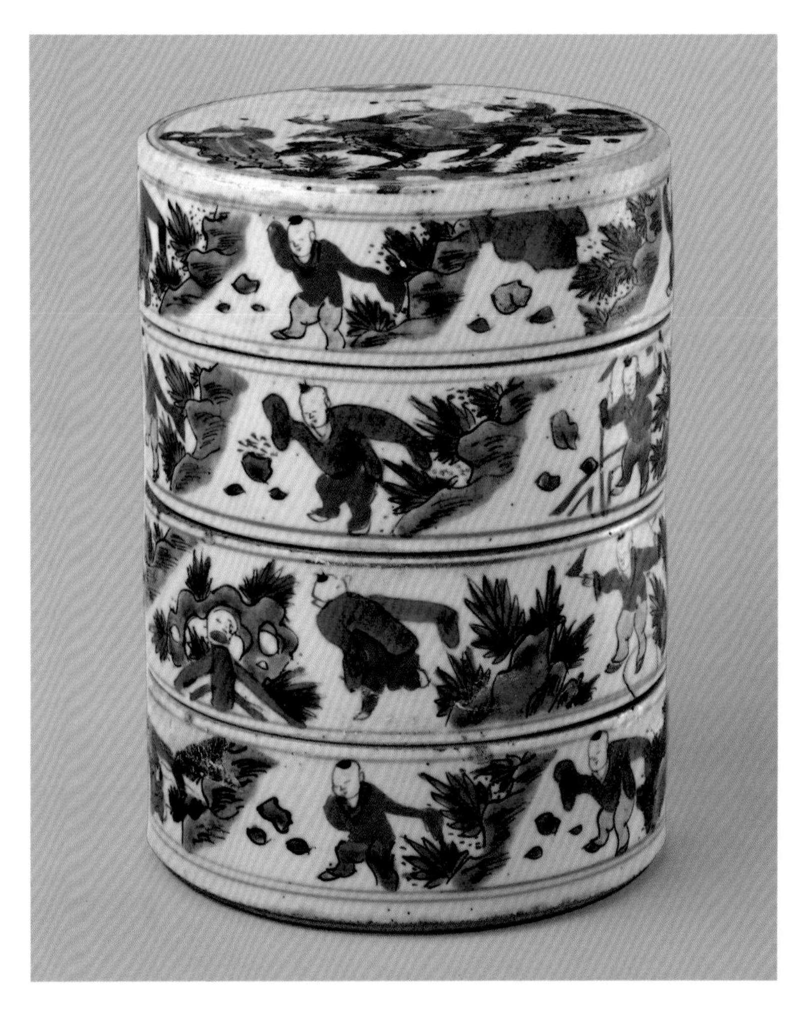

盒為圓柱形，連蓋共四層，子母口，圈足。蓋直口，平頂。蓋面繪麒麟送子圖，外壁均繪童子習武圖，周圍襯以山石、花卉、欄杆。外底白釉青花雙圈無款識。

套盒使用紅、黃、綠、黑、青花多種色彩描繪紋飾，所繪小童神態生動，是一件實用與觀賞相結合的藝術品。

131

五彩嬰戲仕女紋印泥盒

清康熙

通高5.2厘米　口徑11.7厘米

足徑6.7厘米

Polychrome box for vermilion seal paste with design of a beautiful woman looking after children at play

Kangxi period, Qing Dynasty

Overall height: 5.2cm

Diameter of mouth: 11.7cm

Diameter of foot: 6.7cm

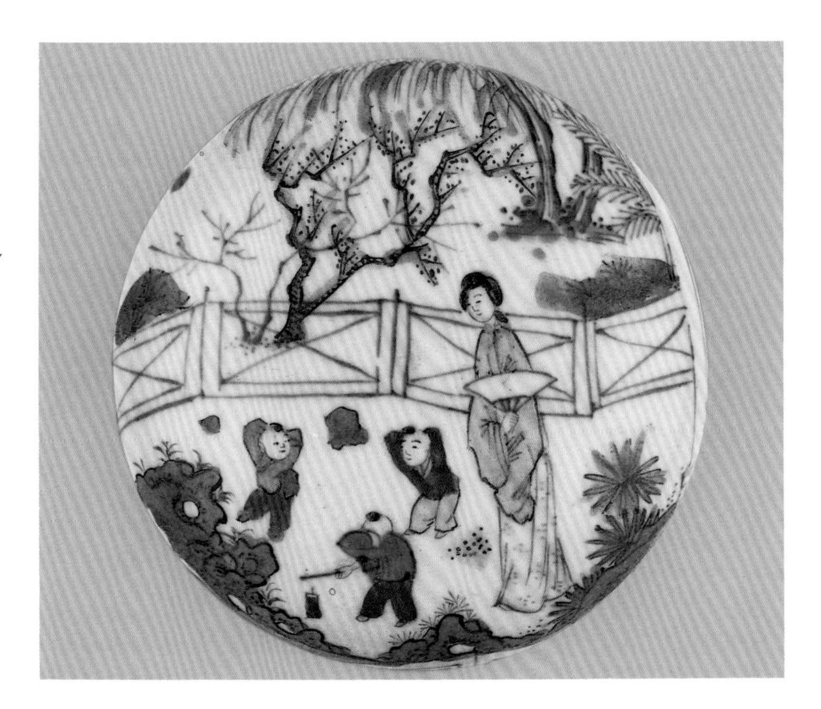

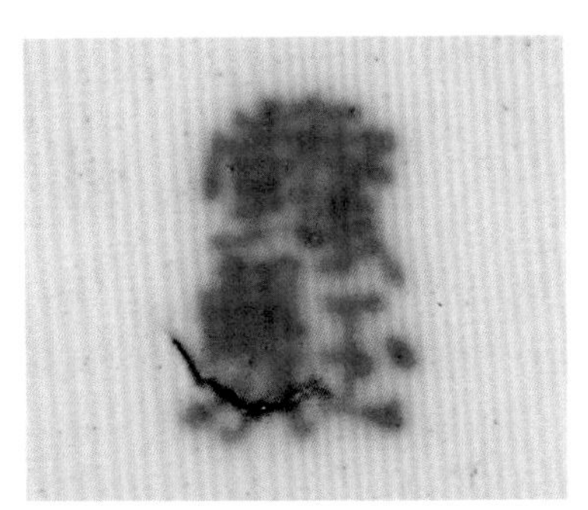

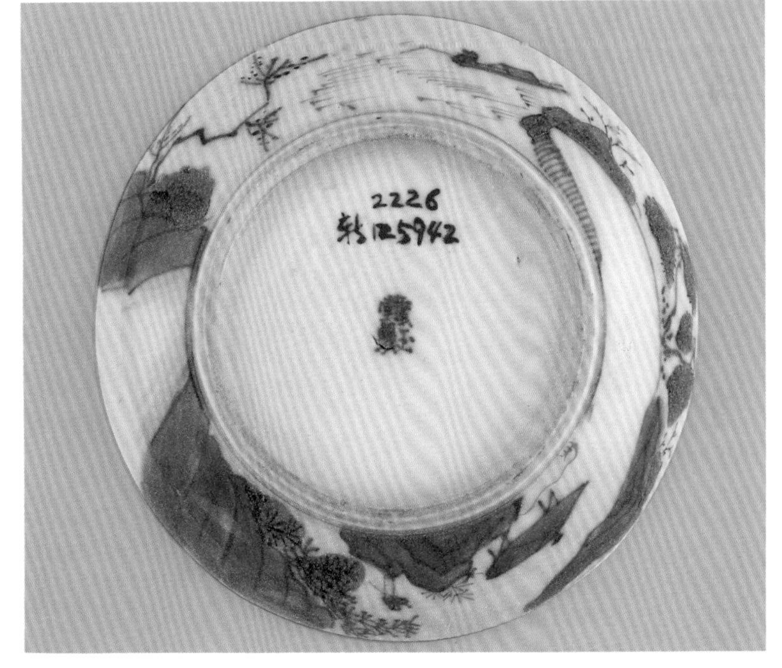

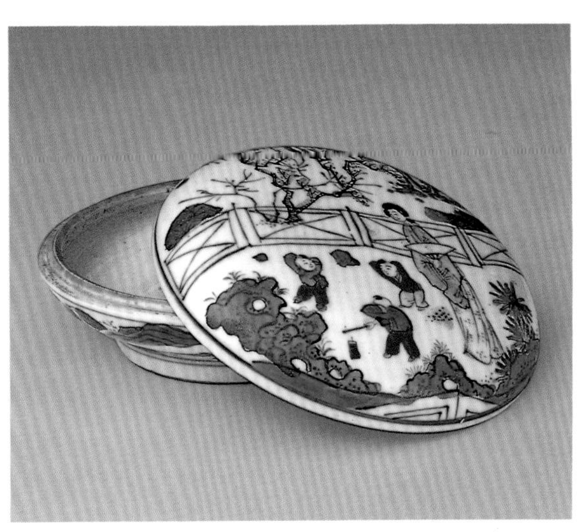

盒扁圓形，上下子母口蓋合，圈足微內斂。通體青花五彩裝飾。蓋面繪嬰戲圖，內容主要為小童玩鞭炮，一執扇婦人伴隨身後，周圍襯以垂柳、梅花、洞石、欄杆。三小童皆用手捂耳，生動地表現出小孩子放鞭炮時的神情姿態。盒身繪寒江獨釣及梅花山石紋。外底青花楷書“聚玉堂製”四字款。

此盒彩繪以青花為主色，紅、黃、綠、黑彩點綴，畫面佈局疏朗，人物描繪生動傳神，具有民俗畫風格。

132

五彩仕女紋印泥盒

清康熙

高5.5厘米　口徑11厘米　足徑5.8厘米

Polychrome box for vermilion seal paste with beautiful women design

Kangxi period, Qing Dynasty

Height: 5.5cm　Diameter of mouth: 11cm

Diameter of foot: 5.8cm

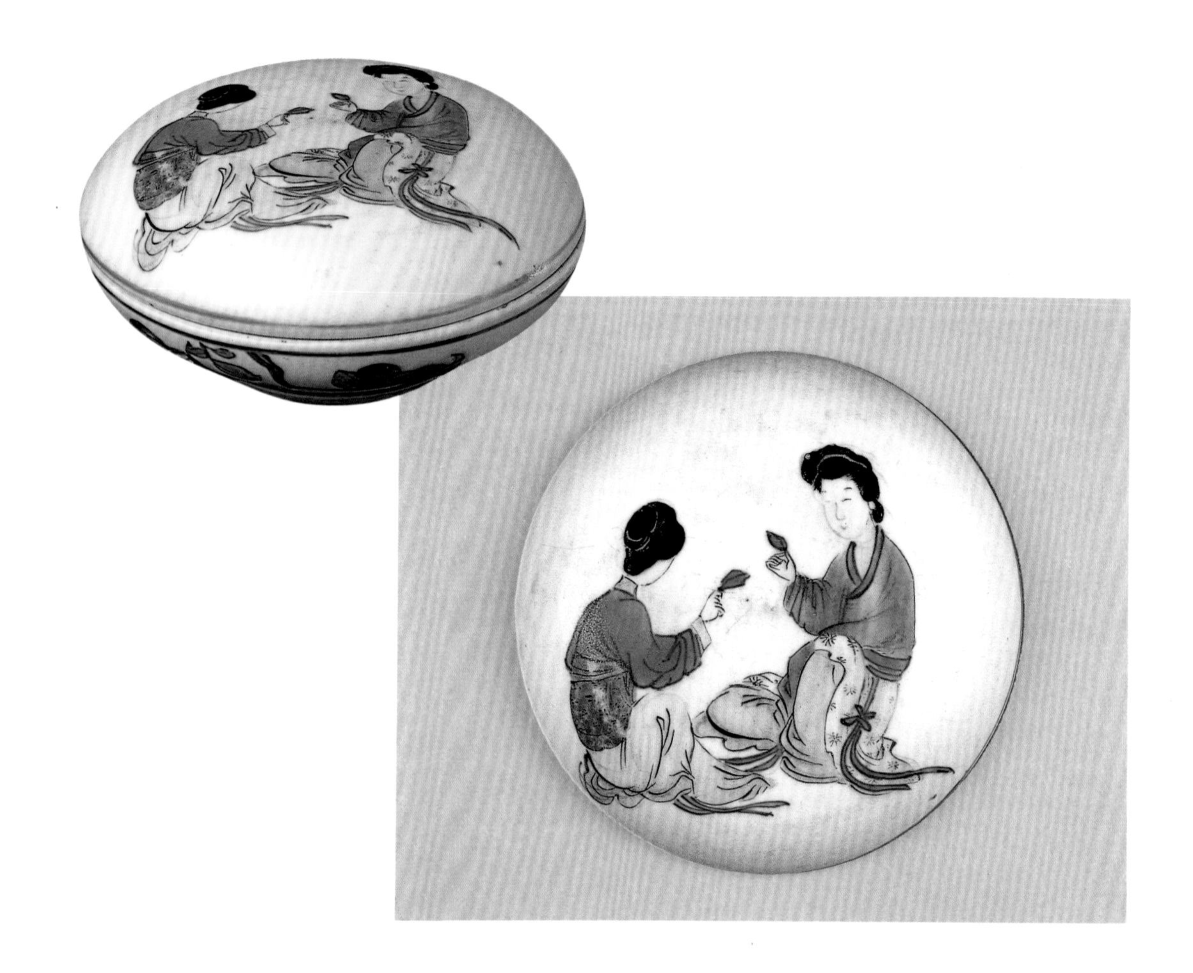

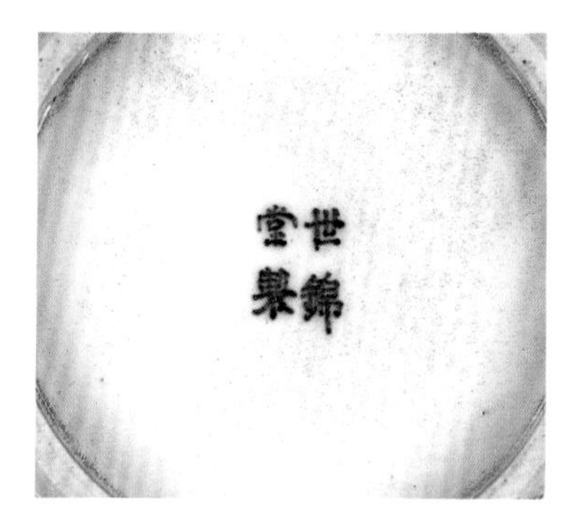

盒扁圓形，上下子母口蓋合，圈足內斂。蓋面繪二仕女相對而坐，手中各執一樹葉。外壁繪二束折枝果。外底青花楷書“世錦堂製”四字款。

此盒所繪仕女面貌清秀，姿態優雅，服飾綺麗，特別是以濃重的黑彩描繪仕女之髮，使人物形象更加生動逼真。

133

五彩龍鳳戲牡丹紋盤

清康熙

高5.7厘米　口徑32.4厘米　足徑22.8厘米

Polychrome plate with design of dragon and phoenix flying among peonies

Kangxi period, Qing Dynasty

Height: 5.7cm　Diameter of mouth: 32.4cm

Diameter of foot: 22.8cm

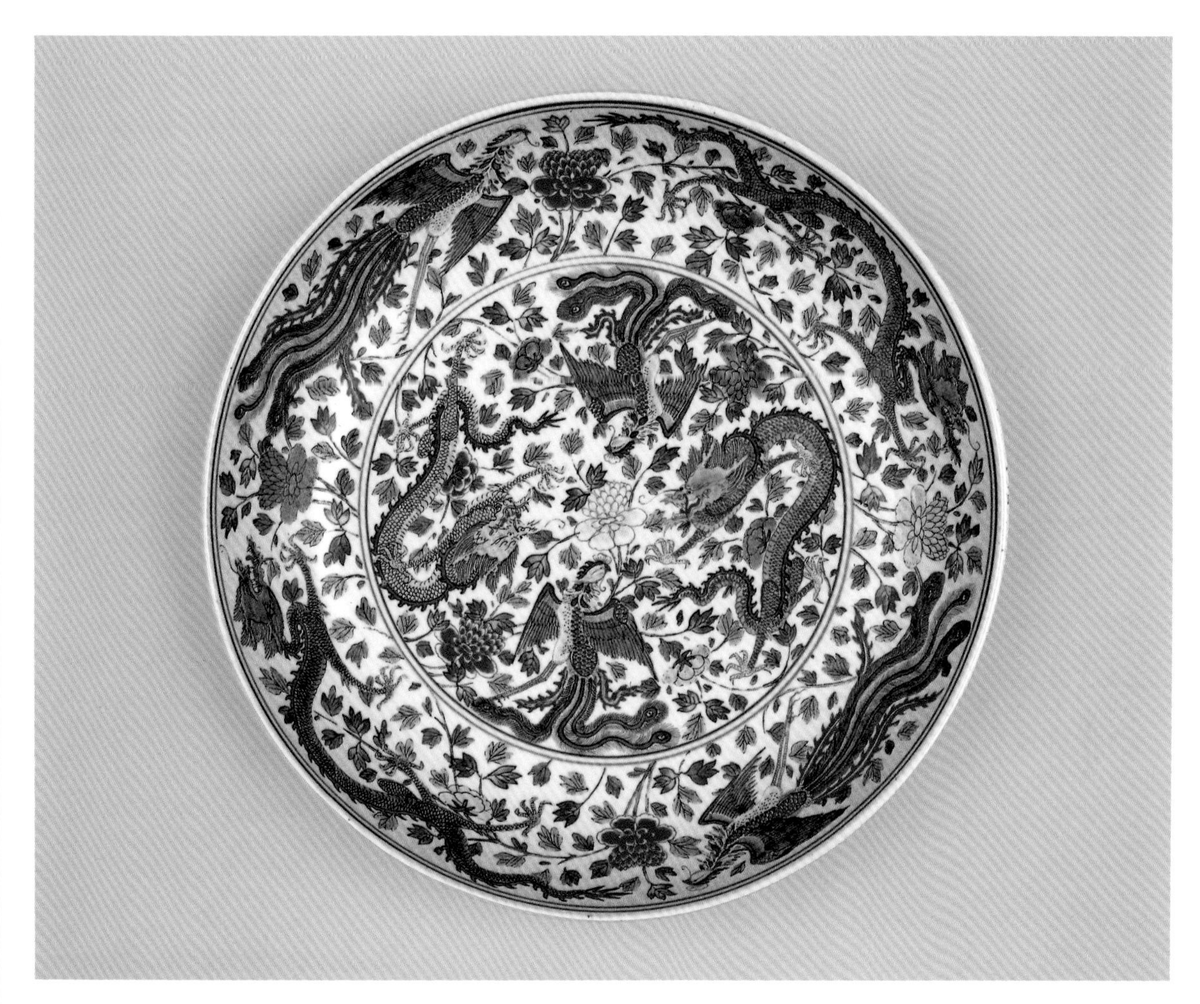

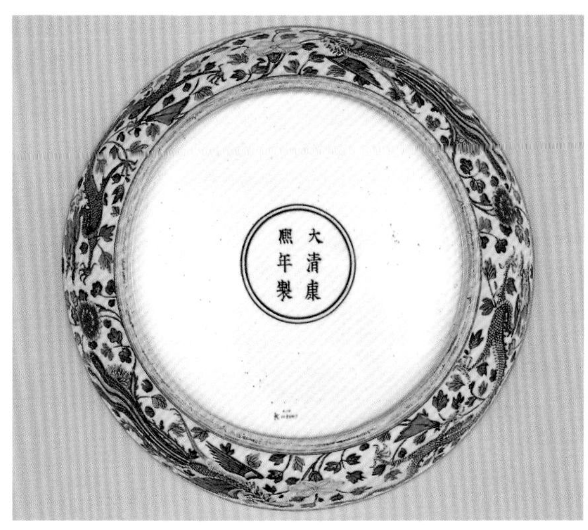

盤廣口，弧壁，圈足。盤心青花雙圈繪龍鳳穿於牡丹花間，內、外壁紋飾與盤心相同。外底青花雙圈內"大清康熙年製"六字楷書款。

此盤龍鳳紋描繪繁縟精細，施彩濃重艷麗，是典型的御用器。

134

五彩魚藻紋盤
清康熙
高3.4厘米　口徑16厘米　足徑10厘米
清宮舊藏

Polychrome plate with design of fish and water weed
Kangxi period, Qing Dynasty
Height: 3.4cm　Diameter of mouth: 16cm
Diameter of foot: 10cm
Qing Court collection

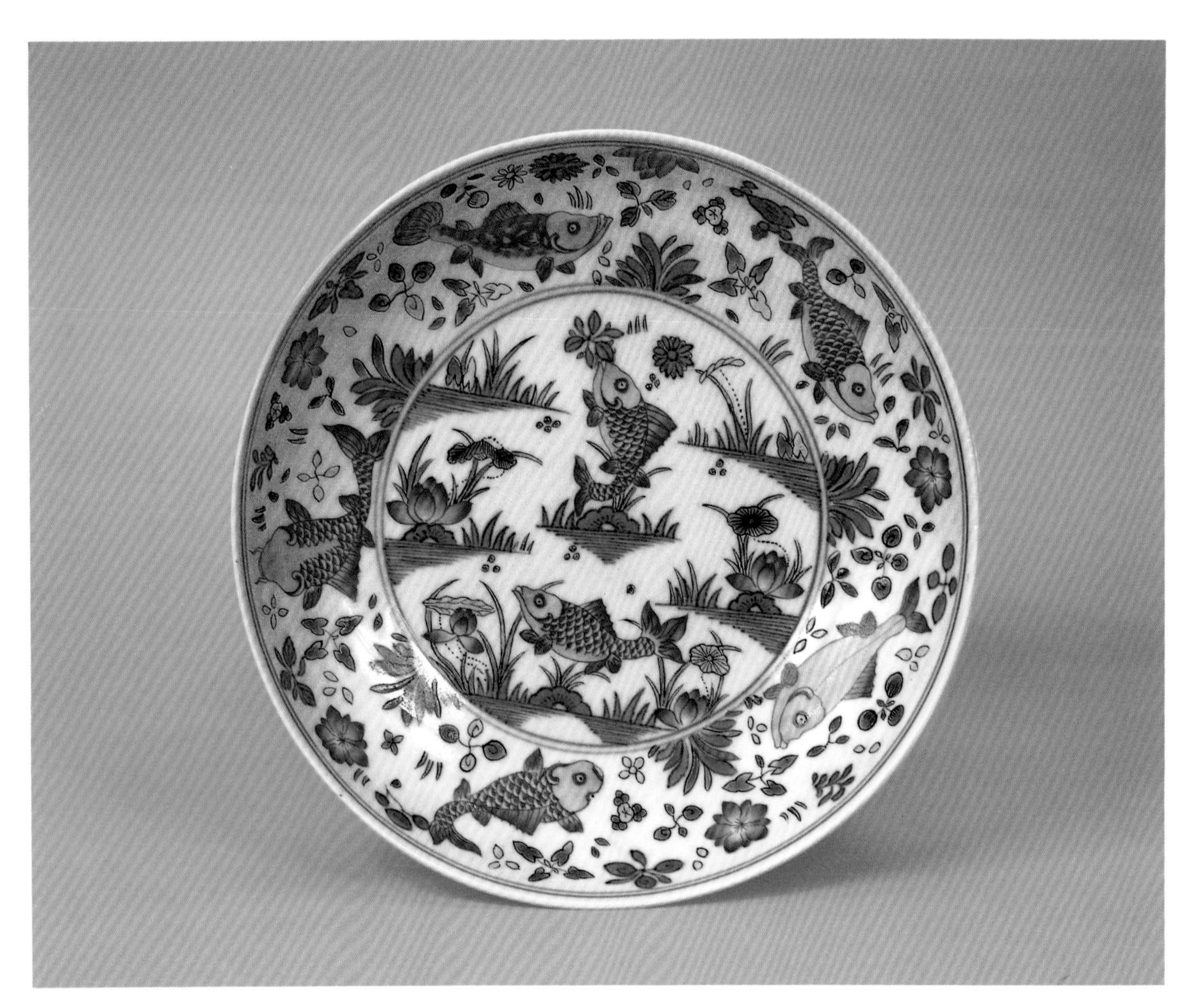

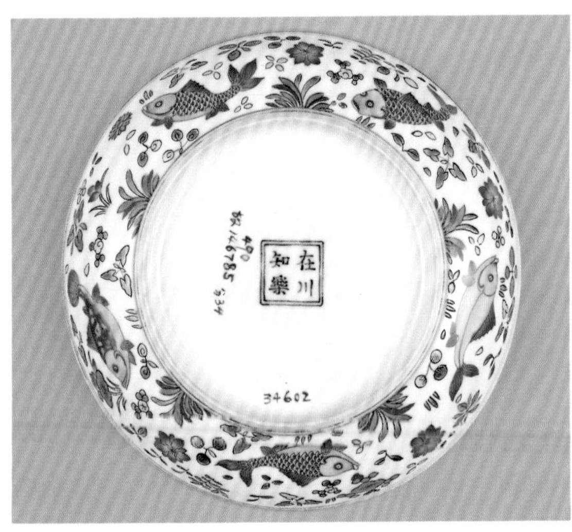

盤敞口，弧腹，圈足。盤內外均為五彩魚藻紋裝飾，內、外壁繪五條魚穿游於水藻間，盤心青花雙圈內繪雙魚穿游於荷蓮間。外底青花雙方框內青花楷書“在川知樂”四字雙行款。

此器上的青花在整個圖案中作為藍彩使用，與釉上紅、綠、黃、黑彩相配，顯得色彩繽紛。魚均以紅彩描繪，黑彩點睛，生動傳神。所署“在川知樂”吉語款也頗合畫意。

135

五彩龍鳳紋碗

清康熙

高5.2厘米　口徑10.4厘米　足徑4.8厘米

Polychrome bowl with dragon and phoenix design

Kangxi period, Qing Dynasty

Height: 5.2cm　Diameter of mouth: 10.4cm

Diameter of foot: 4.8cm

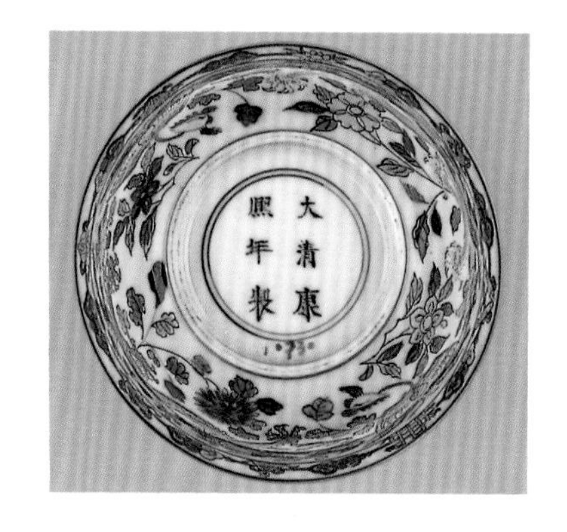

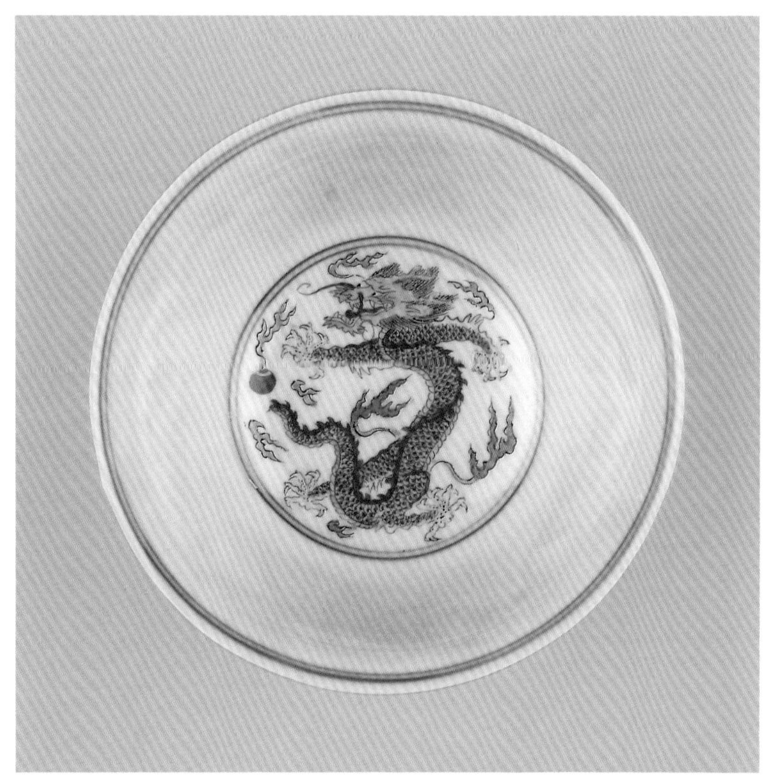

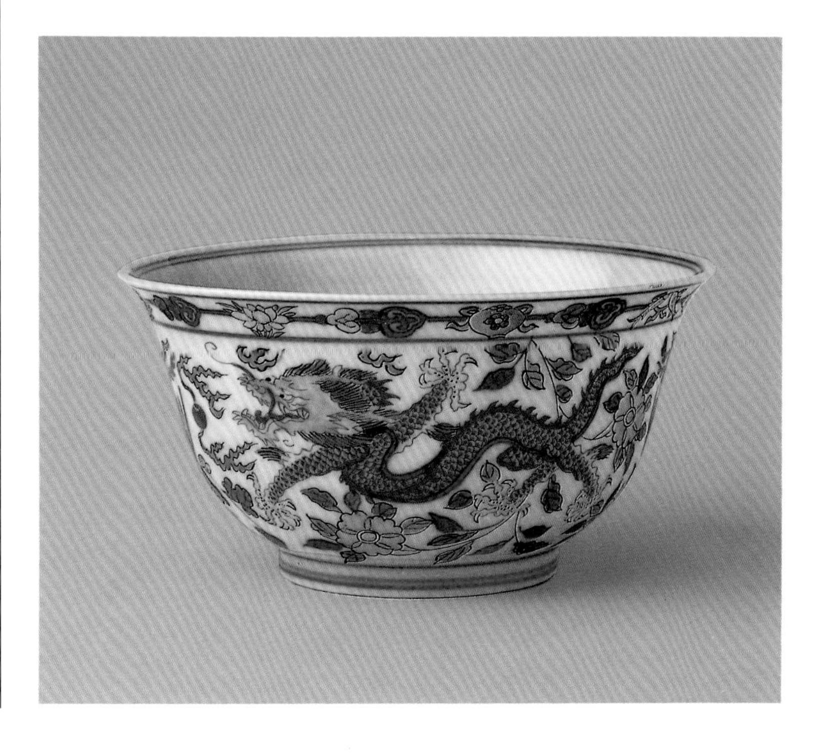

碗撇口，弧壁，圈足。口沿繪八吉祥靈芝頭邊飾，腹部繪二組龍鳳戲珠紋，空隙處繪火雲及纏枝花卉紋。碗心青花雙圈內繪行龍趕珠紋。外底青花楷書“大清康熙年製”六字款。

此碗造型端莊，胎質潔白，釉色鮮亮，圖案筆法工整。龍鳳紋為御用瓷裝飾圖樣，故此碗是宮廷用瓷的品種之一。

136

五彩龍鳳紋碗

清康熙
高6.5厘米　口徑16.4厘米
足徑5.8厘米

Polychrome bowl
with dragon and phoenix design

Kangxi period, Qing Dynasty
Height: 6.5cm
Diameter of mouth: 16.4cm
Diameter of foot: 5.8cm

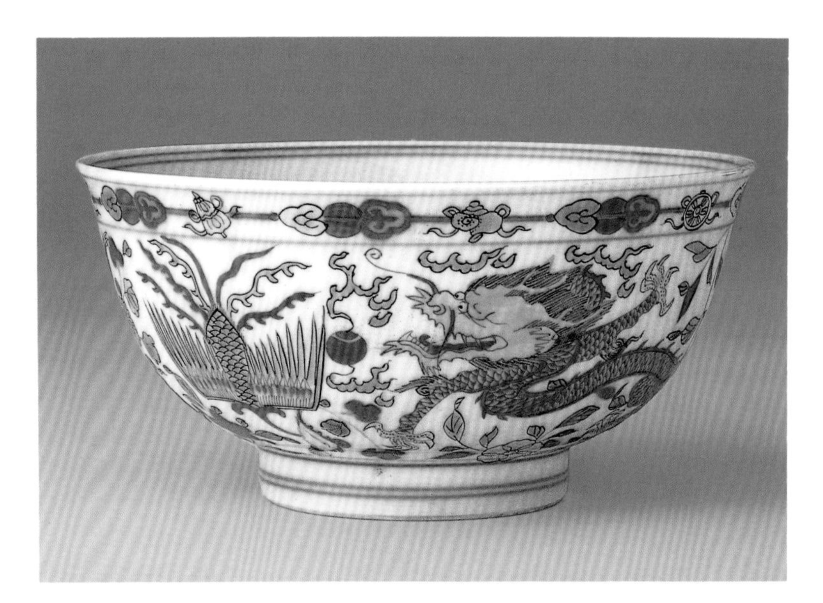

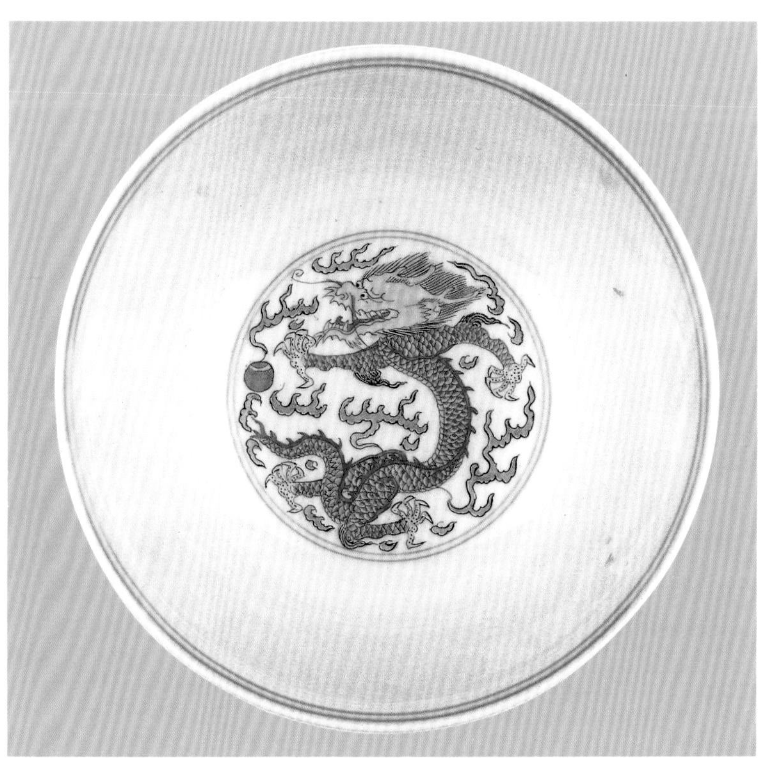

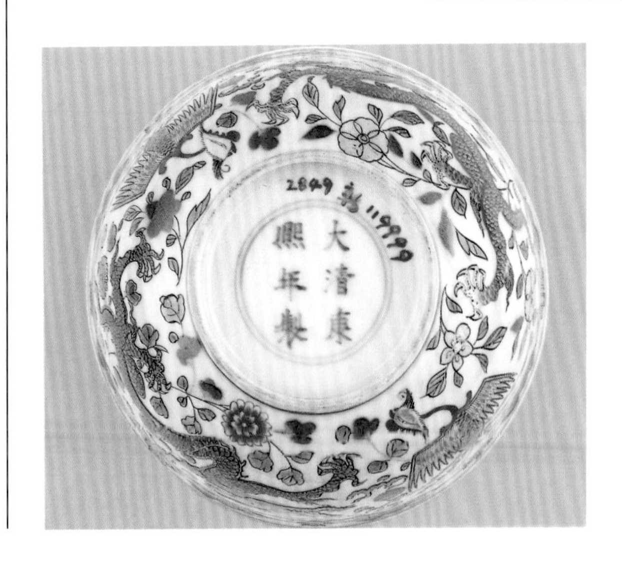

碗撇口，弧壁，圈足。通體青花五彩裝飾。碗外壁主體紋飾為朵花間龍鳳戲珠紋，碗心青花雙圈內繪行龍趕珠紋，龍作側立式，紅身，黑髮，黃爪。外口沿以串枝八寶（鐘、螺、傘、蓋、花、罐、魚、腸）和靈芝頭作邊飾。外底青花雙圈內“大清康熙年製”六字楷書款。

以紅、綠、青花共相配描繪的紋樣色彩艷麗，畫工精細，為康熙朝典型的官窰器，以後各朝都有沿襲此風格的器物。

137

五彩魚藻紋碗

清康熙

高6.8厘米　口徑12.7厘米　足徑6厘米

Polychrome bowl with design of fish and water weed

Kangxi period, Qing Dynasty

Height: 6.8cm　Diameter of mouth: 12.7cm

Diameter of foot: 6cm

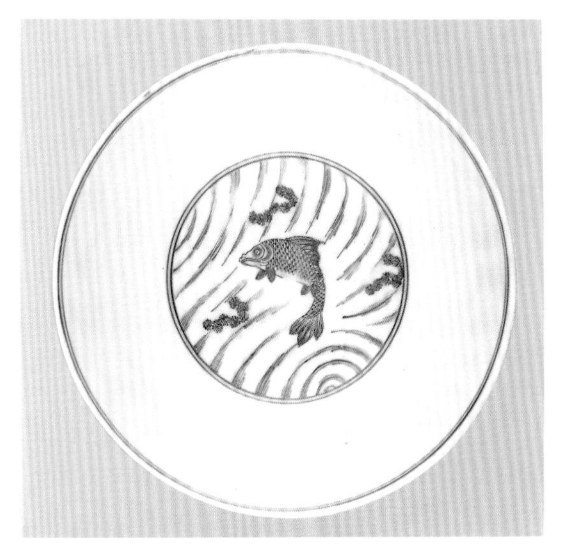

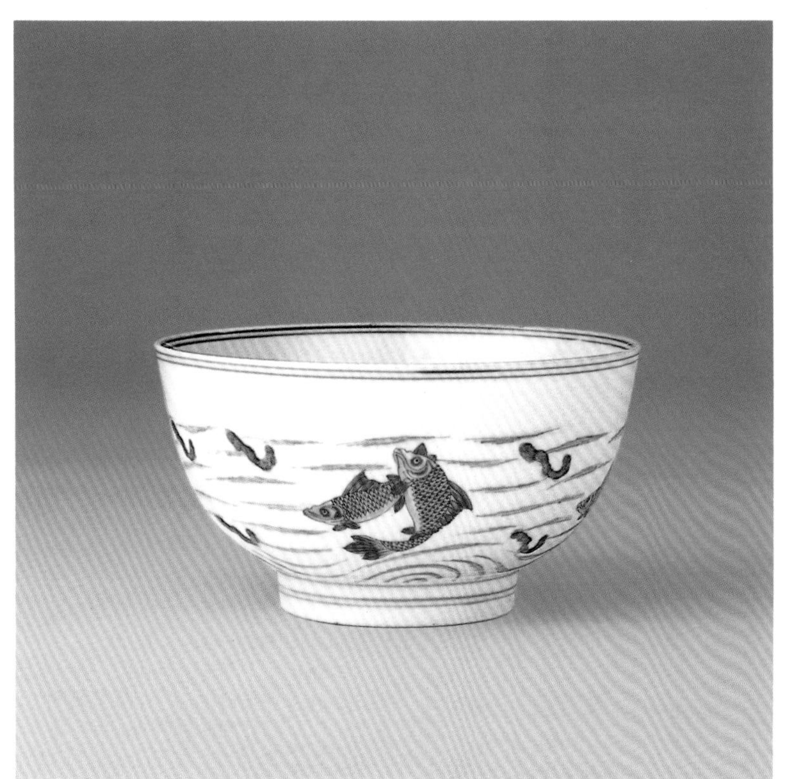

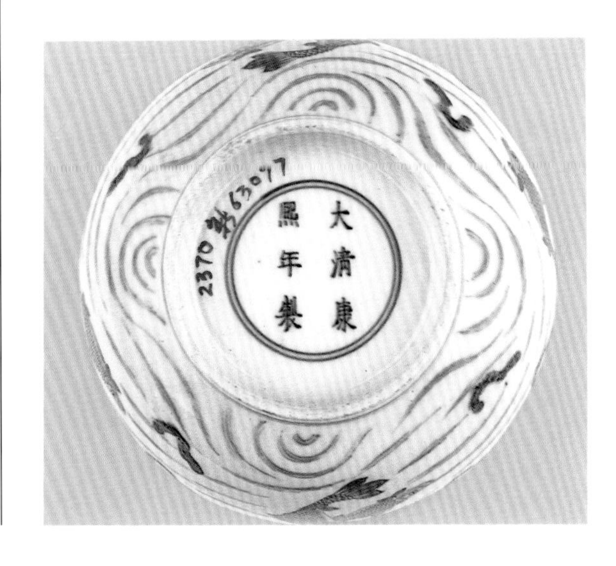

碗敞口，深腹，圈足略高。外壁與碗心繪相同魚藻紋。外壁有紅彩魚六尾，碗心則僅一尾，均以黑彩點睛，四周有青花海水及綠彩水草紋，外底青花雙圈內楷書“大清康熙年製”六字款。

138

五彩花果紋碗
清康熙
高9.5厘米 口徑19厘米 足徑7.9厘米

Polychrome bowl with design of flowers and fruits
Kangxi period, Qing Dynasty
Height: 9.5cm Diameter of mouth: 19cm
Diameter of foot: 7.9cm

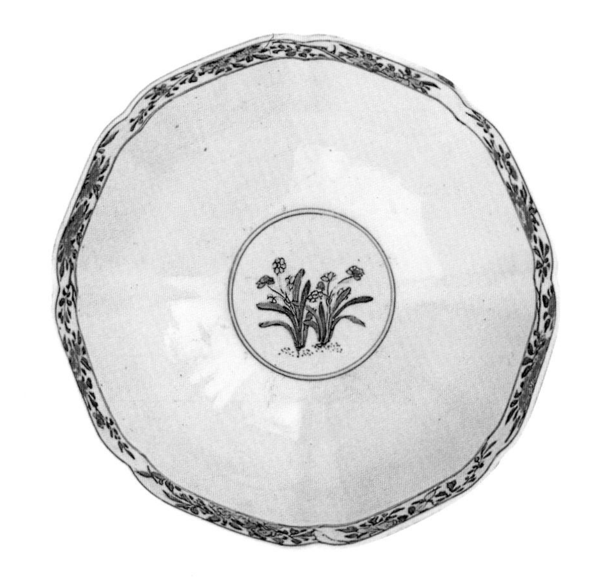

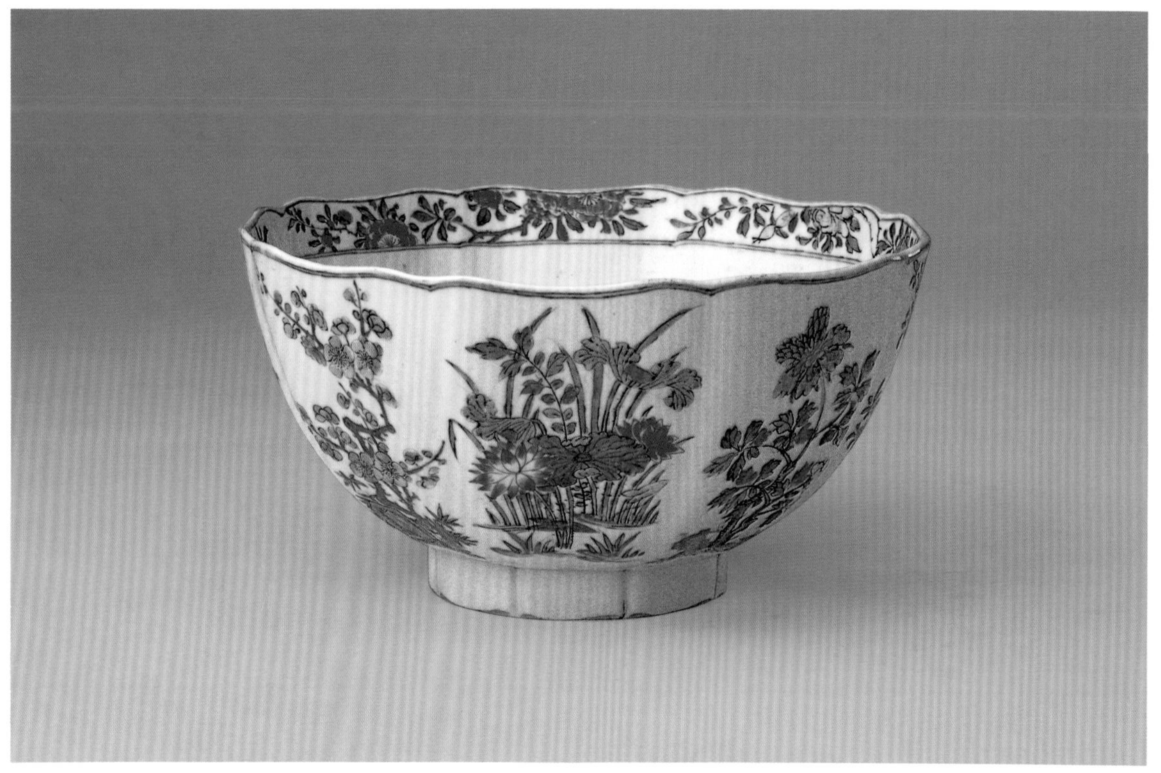

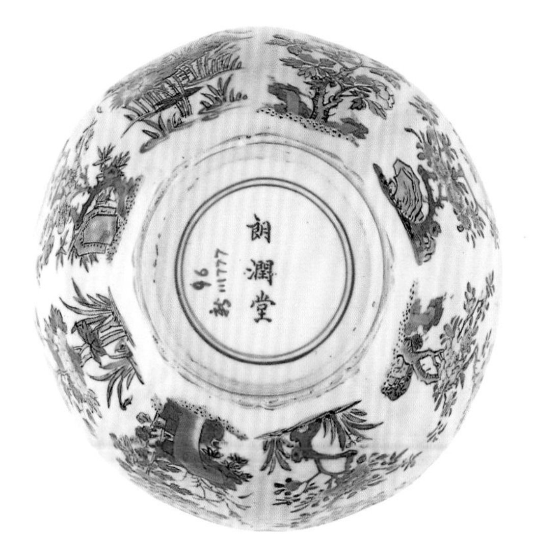

碗敞口，深腹，呈八瓣菱花式，圈足。碗外壁繪石榴、菊花、雙犄牡丹、桃花、芙蓉、梅花、蓮花、月季花各一組，花下部有青花山石。裏口沿以折枝四季花卉作邊飾，碗心青花雙圈內繪水仙花一束。外底青花雙圈內有“朗潤堂”三字楷書款。

此碗花紋描繪精細，花的形態於規矩中見變化，圖案效果強。

139

五彩花鳥紋蓋碗
清康熙
通高17厘米　口徑19.7厘米
足徑8.3厘米

Polychrome covered bowl with bird and flower design
Kangxi period, Qing Dynasty
Overall height: 17cm
Diameter of mouth: 19.7cm
Diameter of foot: 8.3cm

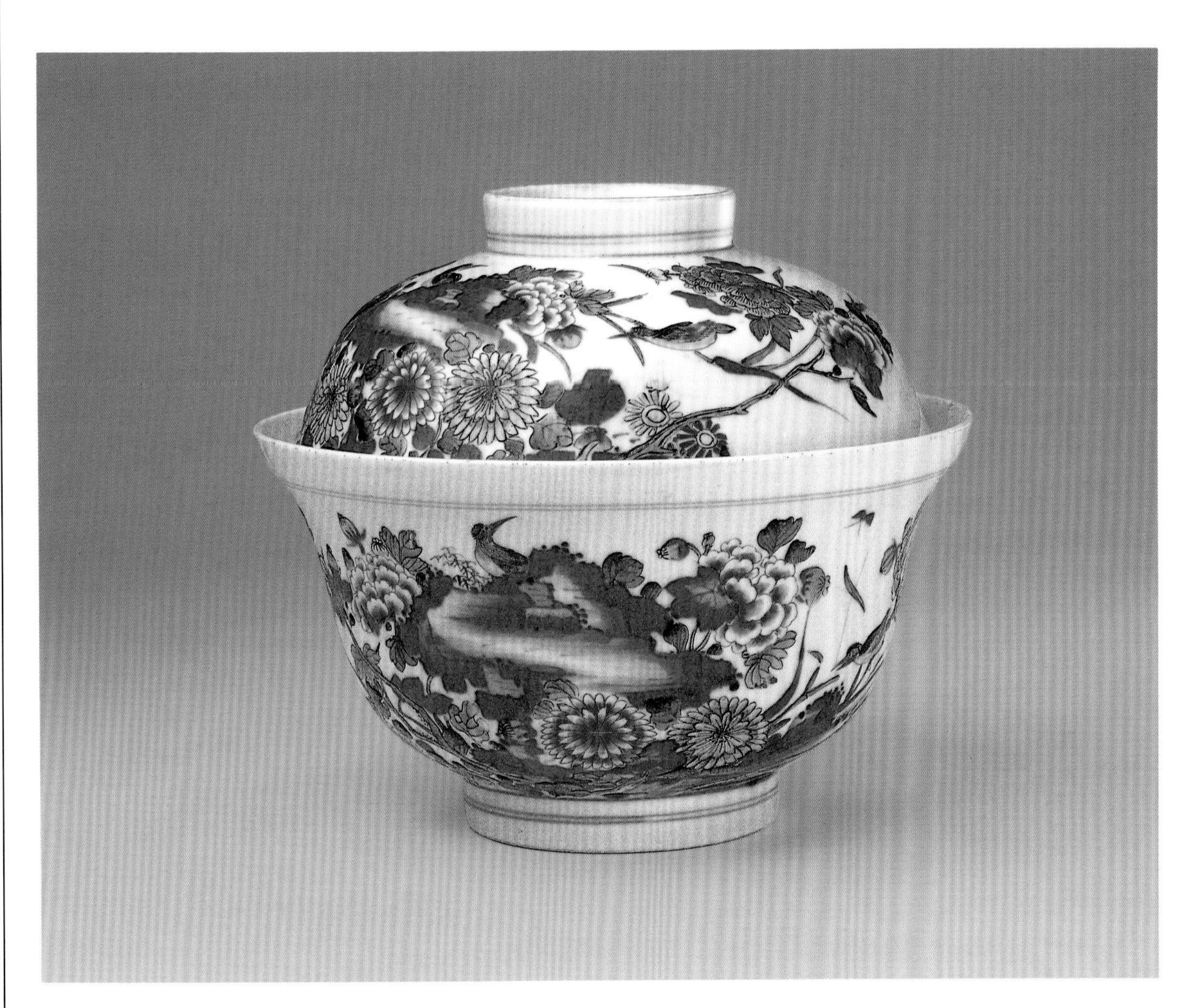

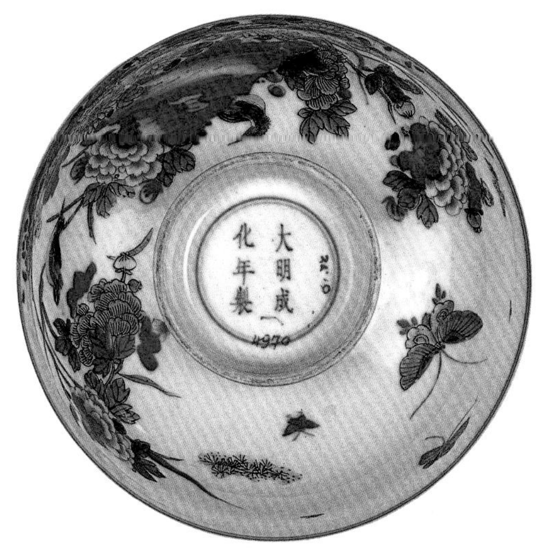

碗撇口，折沿，深腹微鼓，蓋呈倒扣的碗狀，圈足。蓋及碗均以青花五彩描繪山石花鳥紋。山石上立一雀鳥，周圍雙犄牡丹、菊花各四朵，十枚花蕾，一展翅欲飛之雀鳥和四飛蝶點綴其間。口沿下和足牆上以青花雙弦綫作邊飾。外底青花雙圈內有“大明成化年製”六字楷書仿款。

這種蓋碗是康熙時期的特有造型。此碗畫面緊湊而又富於變化，紋飾自然生動，用色精緻富麗，表現出嫻熟的繪畫技巧。

140

五彩十二月花卉紋杯

清康熙

高4.9厘米　口徑6.7厘米　足徑2.6厘米

清宮舊藏

Polychrome cups with design of flowers of twelve months—narcissus in January, magnolia flowers in February, peach blossom in March, peony in April, pomegranate blossom in May, lotus in June, orchid in July, sweet osmanthus in August, chrysanthemum in September, hibiscus in October, monthly rose in November, Plum blossom in December

Kangxi period, Qing Dynasty

Height: 4.9cm　Diameter of mouth: 6.7cm

Diameter of foot: 2.6cm

Qing Court collection

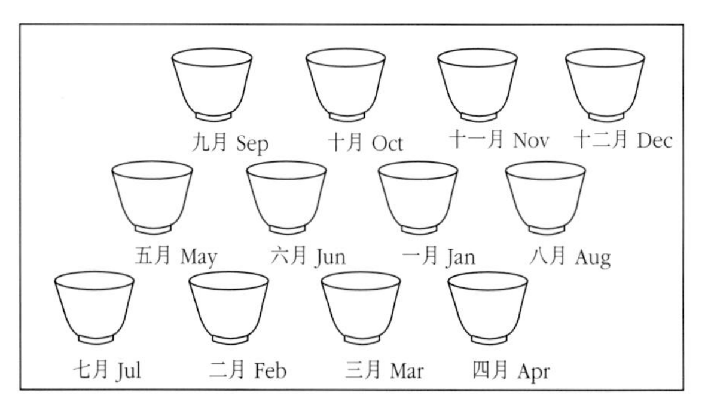

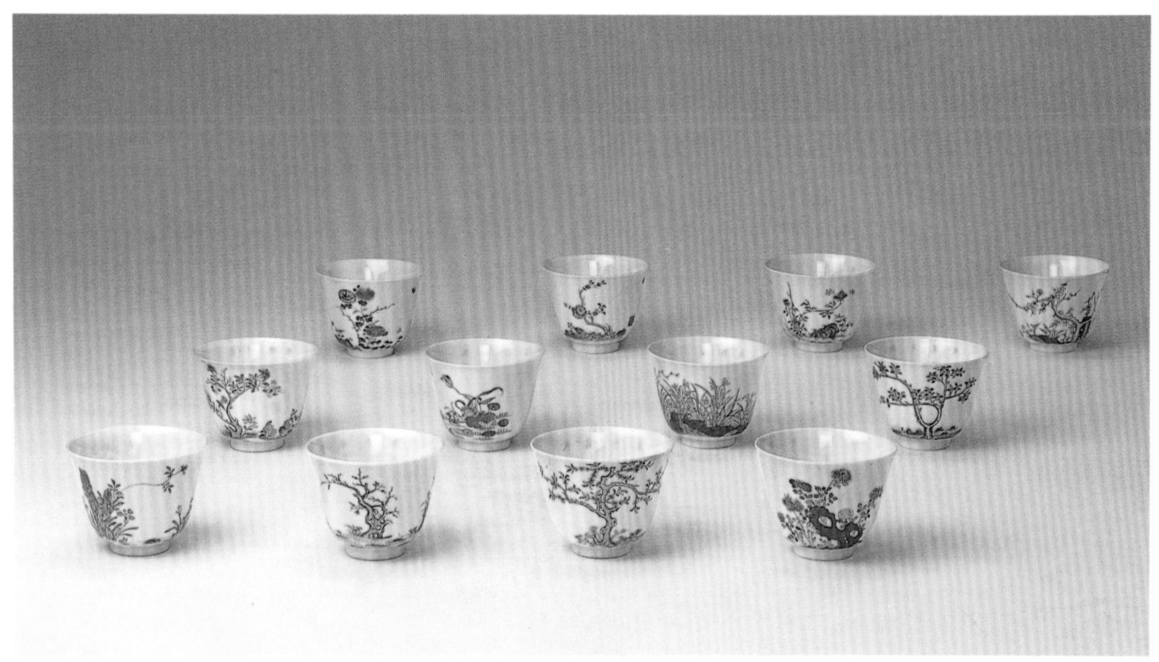

花卉紋杯一套十二隻，大小相同。杯造型秀巧玲瓏，胎薄體輕。通體青花五彩裝飾。十二隻杯上分別描繪代表十二個月的花卉，並配以相應的詩句。一月水仙，詩曰：“春風弄日來清書，夜月淩坡上大堤”，二月玉蘭，詩曰：“金英翠萼帶春寒，黃色花中有幾般”，三月桃花，詩曰：“風花新社燕，時節舊春濃”，四月牡丹，詩曰：“曉艷遠分金掌露，暮香深惹玉堂風”，五月石榴花，詩曰：“露色珠簾映，香風粉壁遮”，六月荷花，詩曰：“根是泥中玉，心承露下珠”，七月蘭草，詩曰：“廣殿輕發香，高台遠吹吟”，八月桂花，詩曰：“枝生無限月，花滿自然秋”，九月菊花，詩曰：“千載白衣酒，一生青女香”，十月芙蓉，詩曰：“清香和宿雨，佳色出晴煙”，十一月月季，詩曰：“不隨千種盡，獨放一年紅”，十二月梅花，詩曰：“素艷雪凝樹，清香風滿枝”。每首詩後均有一方形篆書“賞”字印，外底青花雙圈內書“大清康熙年製”六字楷書款。

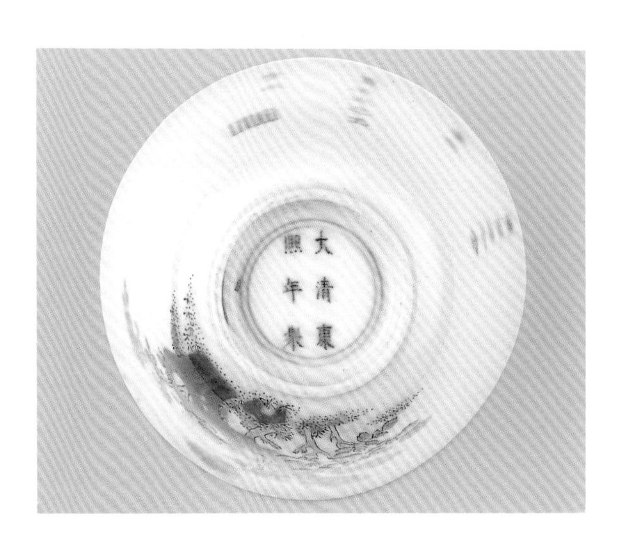
大清康熙年製

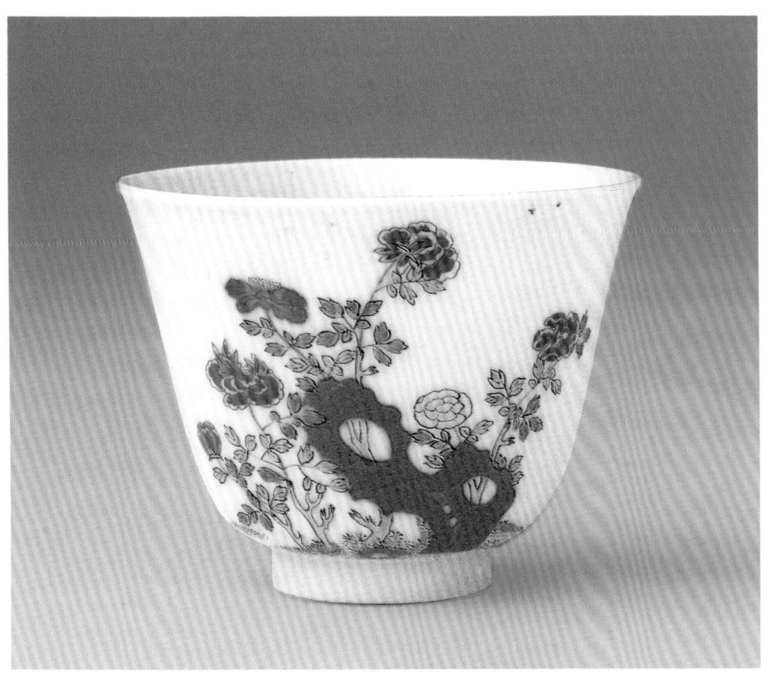

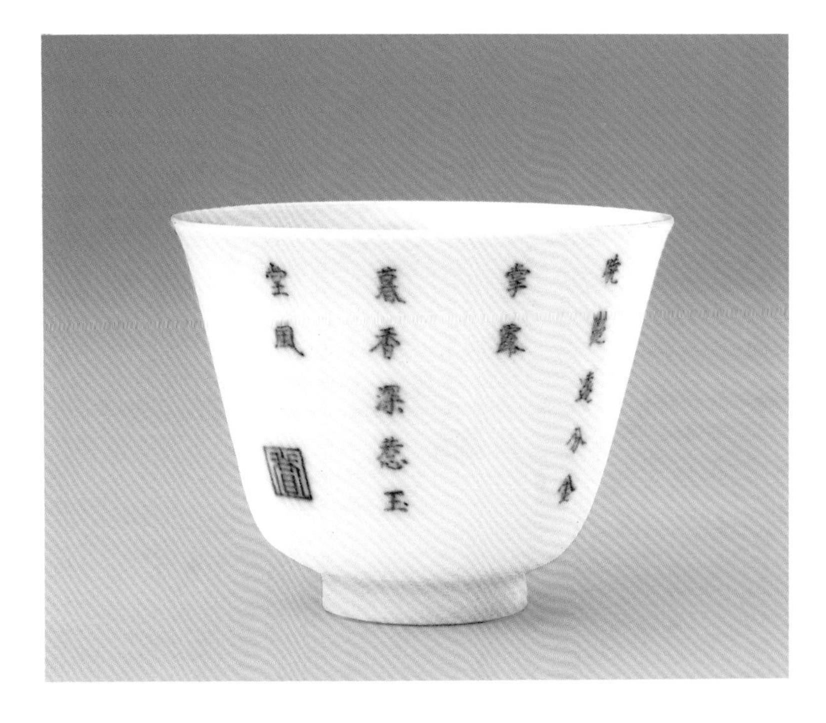
曉艷遠分金
掌露
暮香深惹玉
堂風

141

五彩梅花詩句杯

清康熙
高4.8厘米　口徑6.5厘米　足徑2.7厘米
清宮舊藏

Polychrome cup with plum blossoms design and verses
Kangxi peroid, Qing Dynasty
Height: 4.8cm　Diameter of mouth: 6.5cm
Diameter of foot: 2.7cm
Qing Court collection

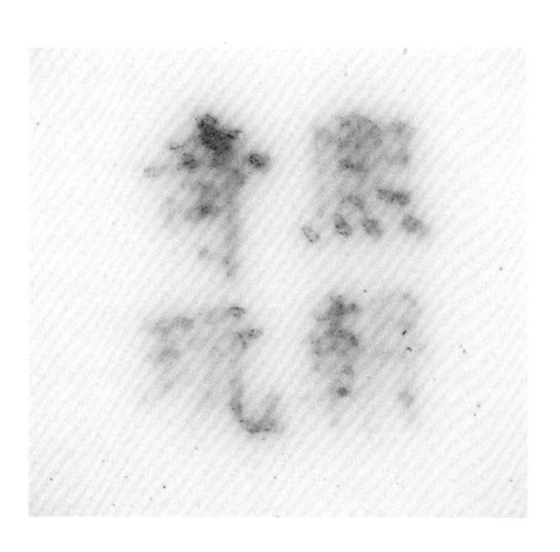

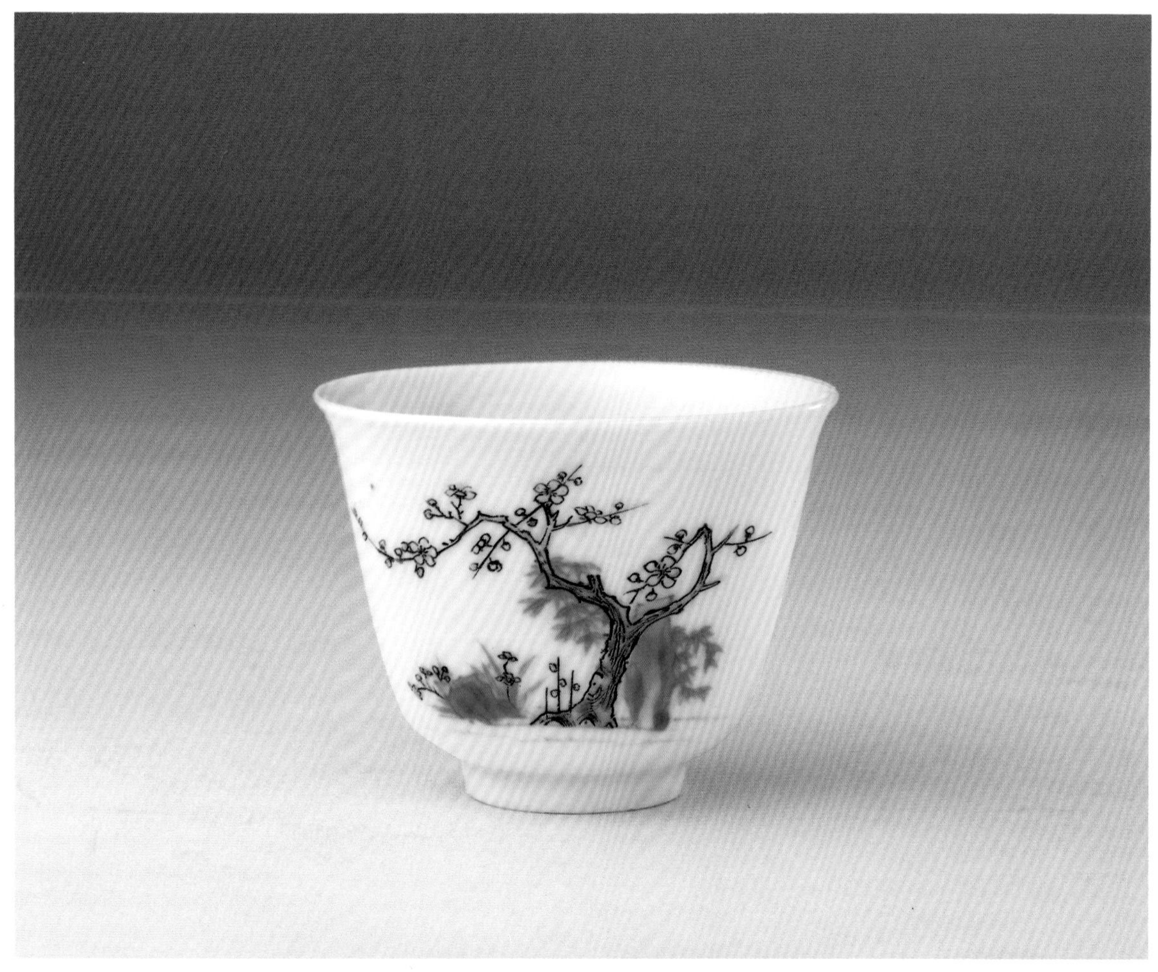

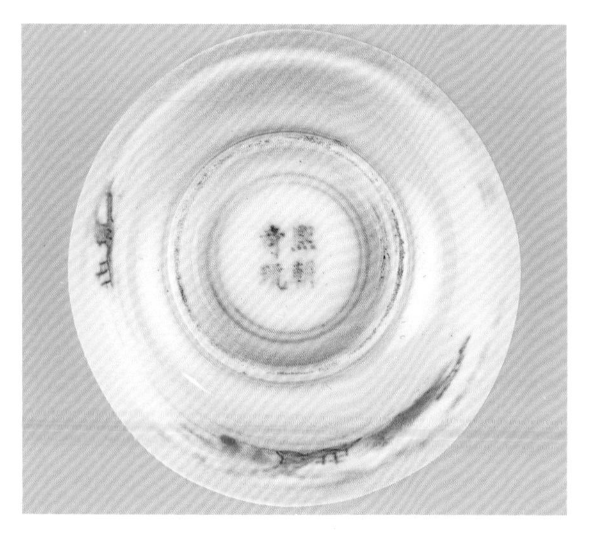

杯撇口，深腹，淺圈足。外壁一面繪五彩梅花，襯以青花竹石、蘭草紋，另一面青花楷書五言詩二句："素艷雪凝樹，清香風滿枝"，詩與畫融於一體。外底青花雙圈內"熙朝奇玩"四字楷書款。

此杯胎釉極薄，近於脱胎，色彩柔和雅致。

142

五彩游魚紋鈴鐺式杯

清康熙

高7.5厘米　口徑7.9厘米　足徑2.7厘米

Polychrome bell-shaped cup with design of swimming fish in water

Kangxi period, Qing Dynasty

Height: 7.5cm　Diameter of mouth: 7.9cm

Diameter of foot: 2.7cm

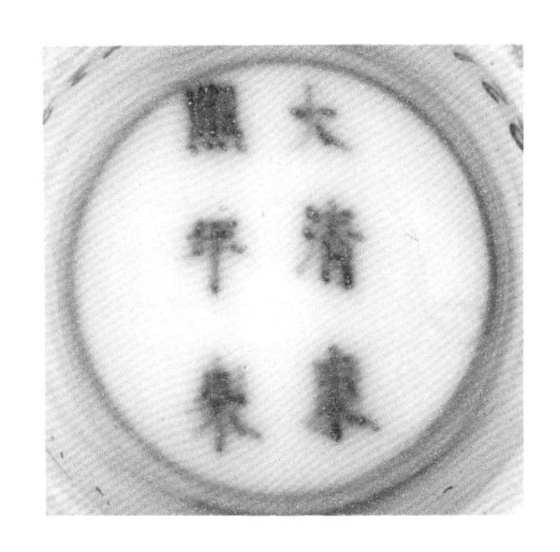

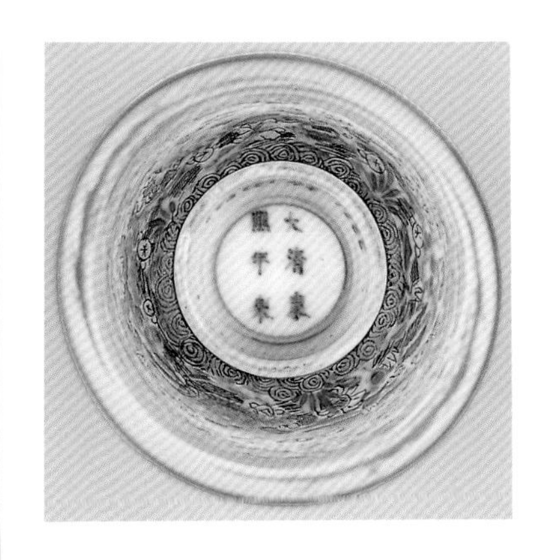

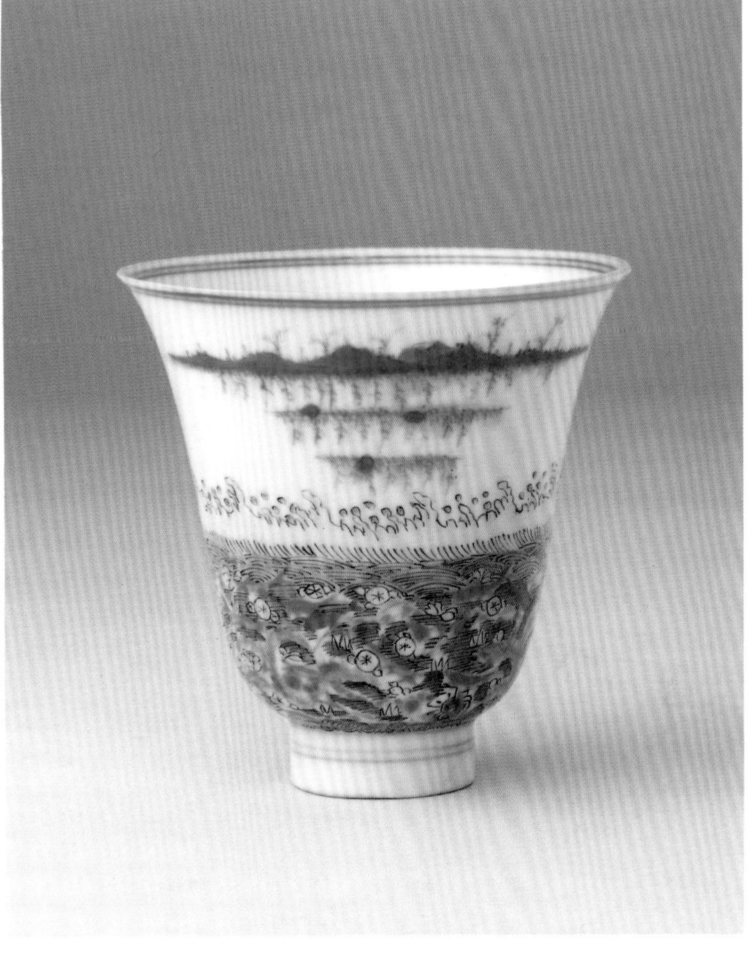

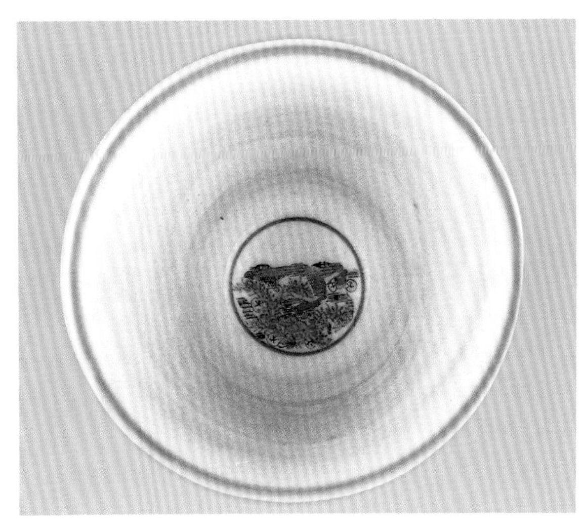

杯敞口，深腹，小圈足。杯胎體輕薄，造型優美，形似鈴鐺，俗稱“鈴鐺杯”，又名“金鐘杯”。通體青花五彩裝飾。外壁口沿下青花繪山水倒影，中部用黑、綠彩繪浪花紋，下腹以紅、淺黃、青花、紫彩繪荷塘池蓮圖，有蓮花、游魚、蟹、蝦等。杯心青花單圈內繪與外腹配套的水藻游魚紋，外底青花雙圈內有“大清康熙年製”六字楷書款。

這種式樣小杯在康熙朝廣為流行，除五彩外，亦有用青花描繪紋飾。

143

五彩加金凸雕博古棒槌瓶

清康熙

高45厘米　口徑12.4厘米

足徑12.2厘米

清宮舊藏

Polychrome club-shaped vase with design of antiquities in relief and gold colour added

Kangxi period, Qing Dynasty

Height: 45cm

Diameter of mouth: 12.4cm

Diameter of foot: 12.2cm

Qing Court collection

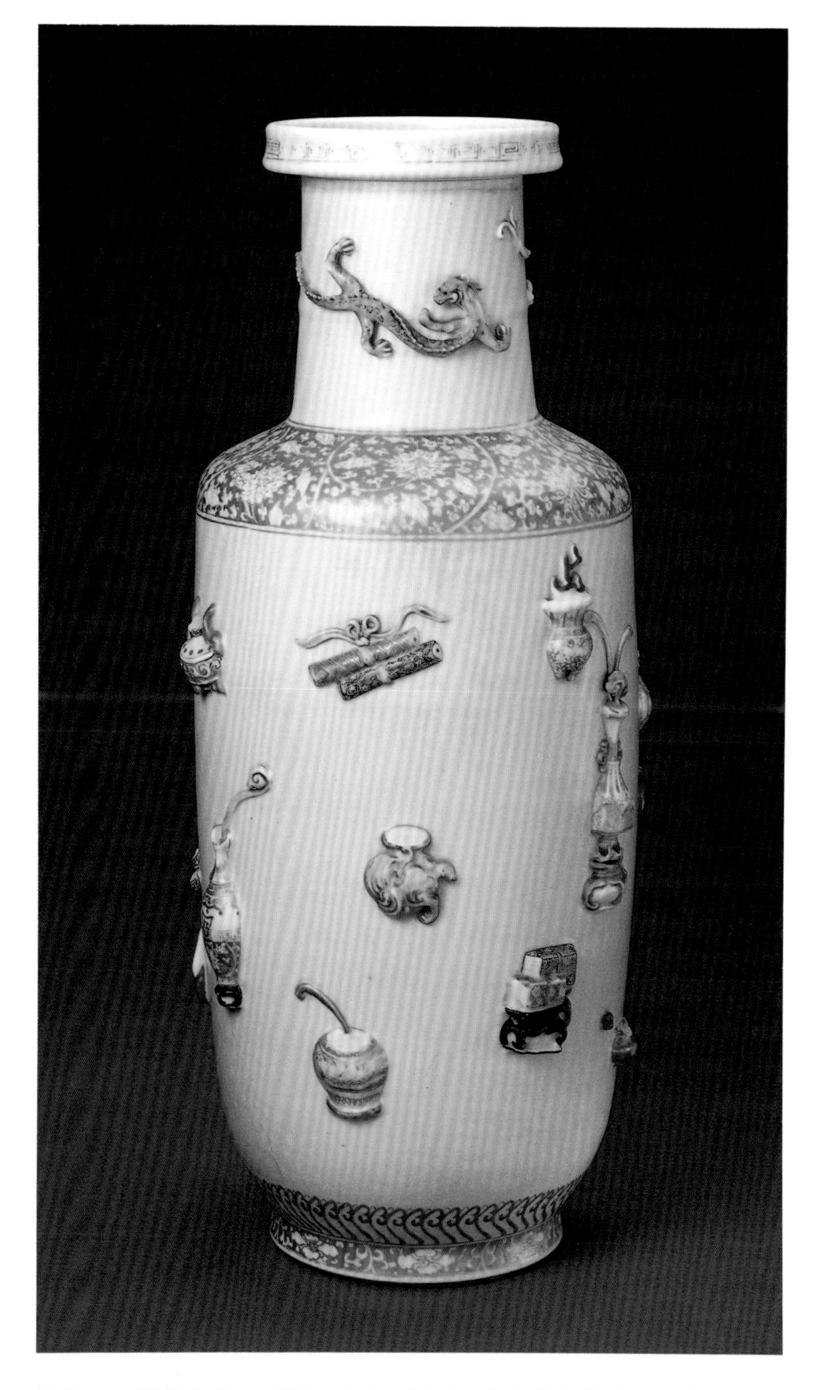

瓶洗口，頸部出弦，折肩，直腹，圈足。此瓶特色為金彩配合塑貼作裝飾。頸部塑貼紅、綠螭龍兩條，腹部塑貼博古琴、棋、書、畫、太平有象等紋飾，其上均敷以金彩。其他紋飾如口部回紋、肩部纏枝蓮花紋、近底處變形蕉葉紋、足上纏枝花卉紋等亦皆以金彩描繪。無款識。

五彩加金是康熙瓷器比較流行的裝飾技法之一，此瓶即具時代風尚，高貴典雅。

144

五彩團鶴“壽”字葫蘆瓶

清康熙
高42厘米　口徑7.6厘米
足徑13.4厘米
清宮舊藏

Polychrome gourd-shaped vase with design of medallions of cranes and characters "Shou" (longevity)

Kangxi period, Qing Dynasty
Height: 42cm
Diameter of mouth: 7.6cm
Diameter of foot: 13.4cm
Qing Court collection

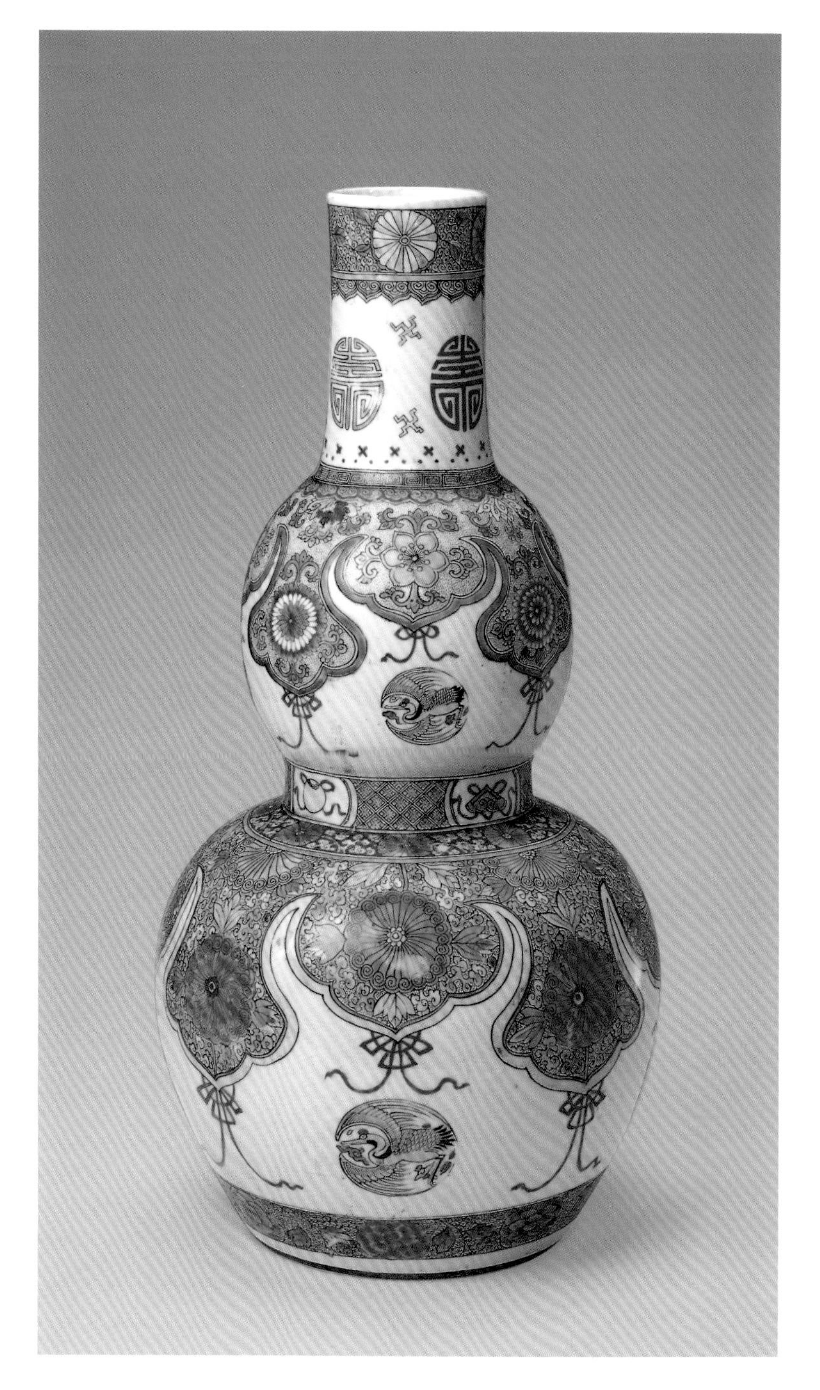

葫蘆形，直口，束腰，圈足。外壁通體暗花五彩裝飾。口部繪團花紋一周，頸繪四團壽字及萬字，上下腹均繪倒垂如意雲頭紋，內繪花卉，雲頭下有四團鶴，腰部錦地開光內繪雜寶紋，近足處繪朵花錦紋一周。上下腹均暗刻雲龍紋。外底施白釉，釉下暗刻“大明成化年製”六字草書仿款。

此瓶造型、紋飾都寓意吉祥長壽，構圖別致，以白地暗花雲龍托起五彩紋樣，技法繁雜，裝飾新穎，別具一格，具有極高的藝術欣賞價值。

145

五彩人物故事紋蓋罐

清康熙

通高21.7厘米　口徑17.4厘米　足徑18厘米

Polychrome covered jar with design of characters from a Chinese drama

Kangxi peroid, Qing Dynasty

Overall height: 21.7cm　Diameter of mouth: 17.4cm

Diameter of foot: 18cm

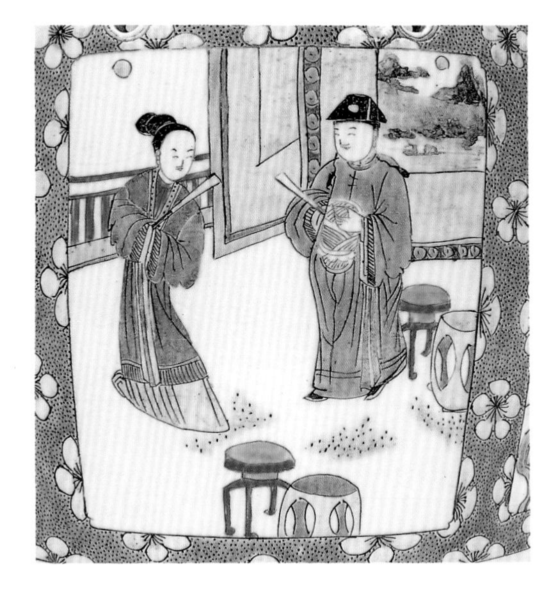

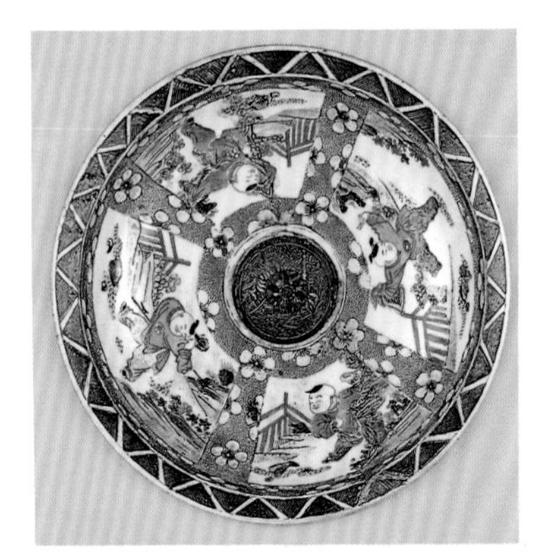

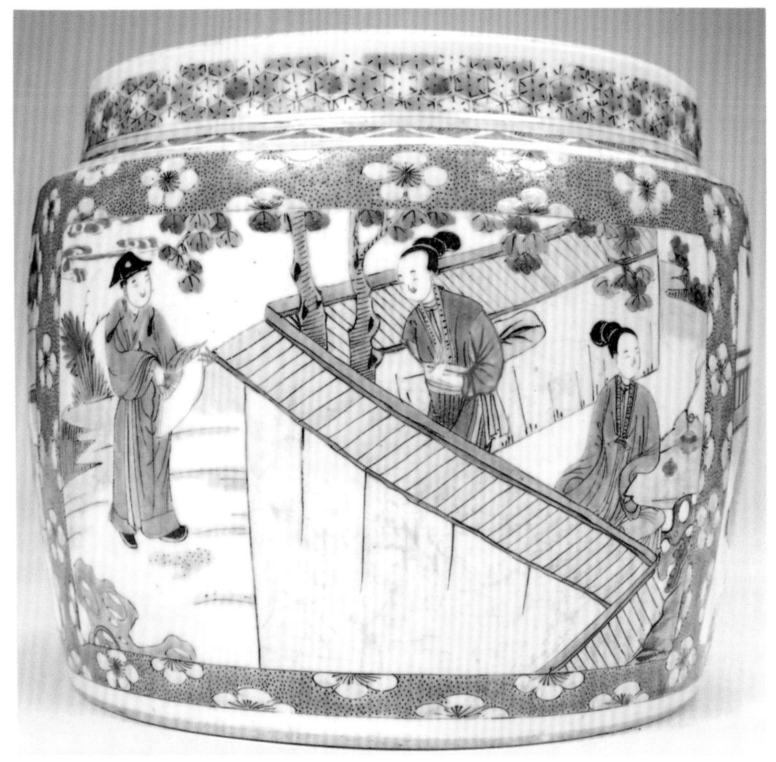

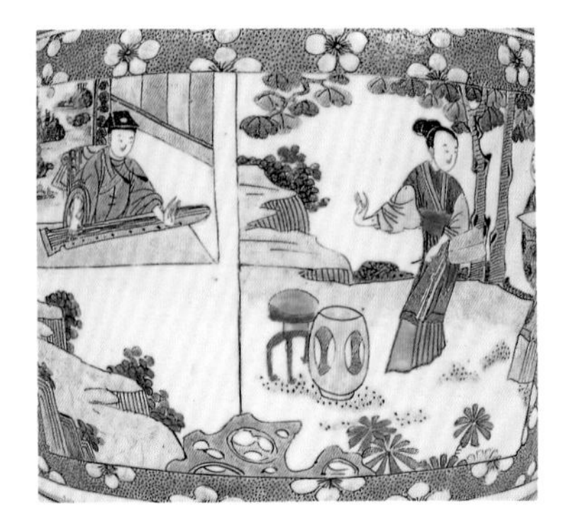

罐直口，短頸，溜肩，弧壁，圈足。通體暗刻纏枝菊紋，釉上五彩裝飾。罐身與蓋均於朵梅地開光內繪人物故事畫。罐身所繪為《西廂》人物故事，蓋部則為嬰戲習武圖四幅。其他配飾有頸部龜背錦紋和肩部幾何紋等。蓋為圓形出沿並有瓜形鈕，肩部有對稱雙孔，用以穿環。無款識。

此罐人物形象生動，綫條勾勒剛勁有力，大面積使用綠彩，紅、黃、黑彩作點綴，鮮明艷麗，堪稱佳品。

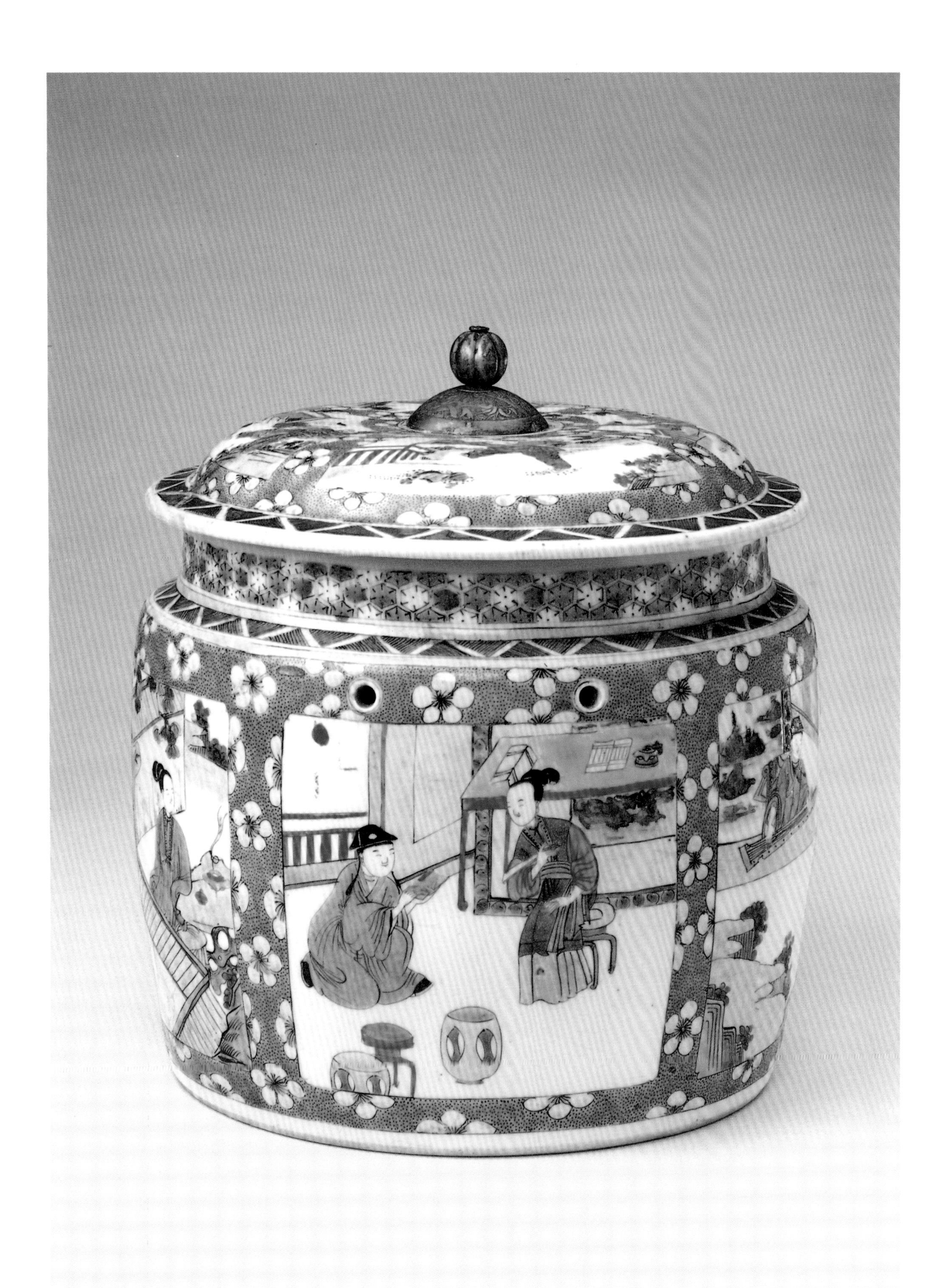

146

五彩海棠飛蝶紋碗
清康熙
高4.4厘米　口徑9.5厘米　足徑3.7厘米

Polychrome bowl with design of begonia and flying butterflies
Kangxi period, Qing Dynasty
Height: 4.4cm　Diameter of mouth: 9.5cm
Diameter of foot: 3.7cm

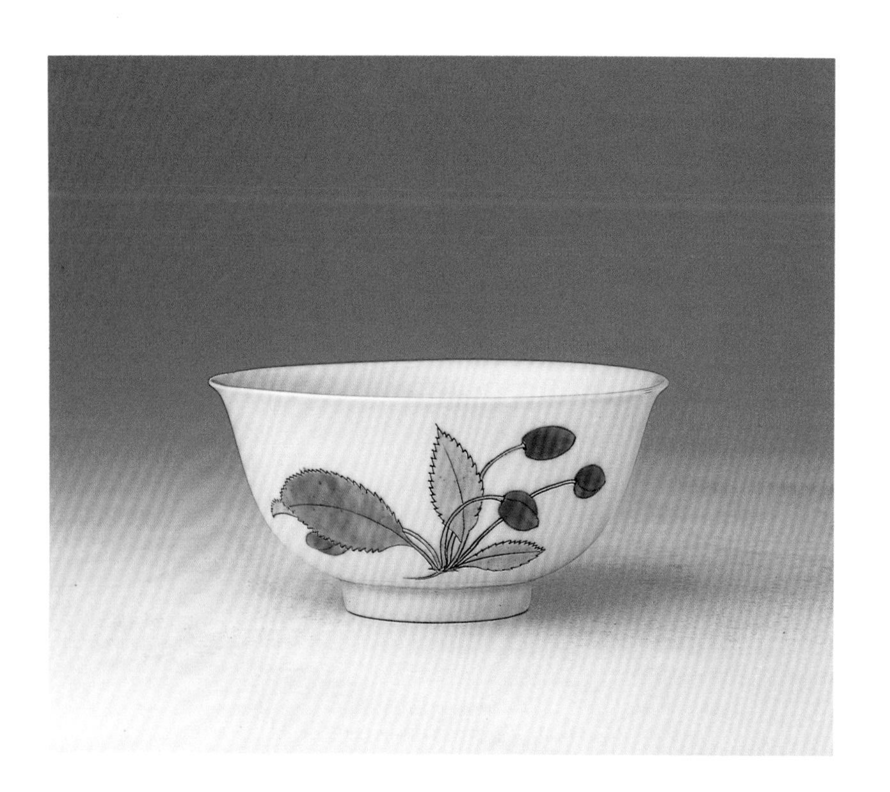

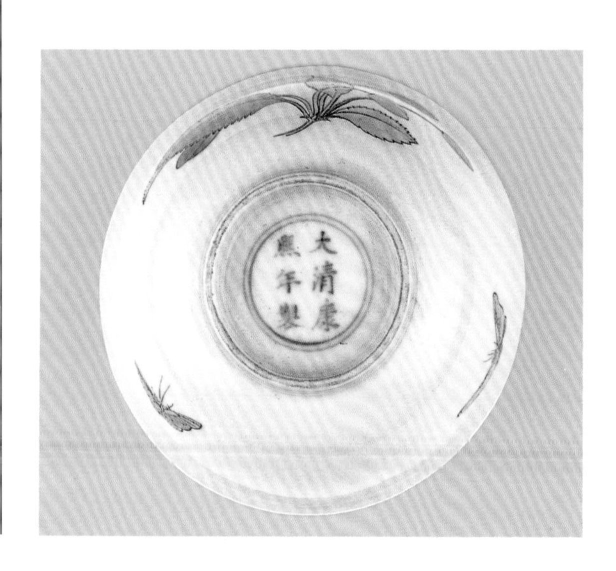

碗敞口，深腹，圈足。碗心暗刻靈芝形朵雲紋，內壁暗刻雙雲龍紋。外壁以紅、黃、綠、黑彩描繪折枝果一組及兩飛蝶。外底青花雙圈內有“大清康熙年製”六字楷書款。

此碗胎釉極薄，以黑彩勾描輪廓綫，再平塗紅、黃、綠等彩，紋飾洗練，色彩清雅柔和。內壁釉下刻雲龍紋，外壁釉上繪花果紋，明、暗紋結合巧妙，反映了當時瓷器燒製工藝的高超水平。

147

五彩開光山水人物花鳥紋筆筒

清康熙
高14厘米　口徑10.5厘米　底徑10.5厘米
清宮舊藏

Polychrome brush holder with design of landscape, figures, birds and flowers within reserved panels

Kangxi period, Qing Dynasty
Height: 14cm　Diameter of mouth: 10.5cm
Diameter of bottom: 10.5cm
Qing Court collection

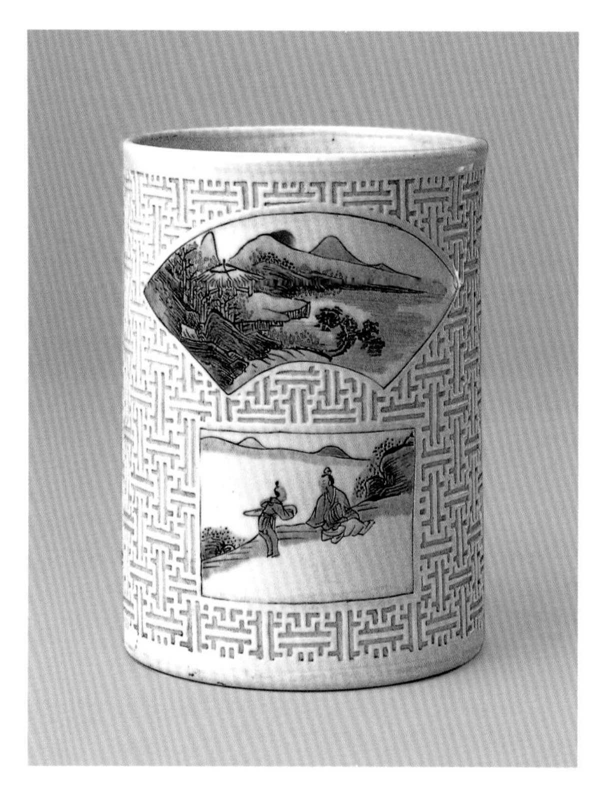

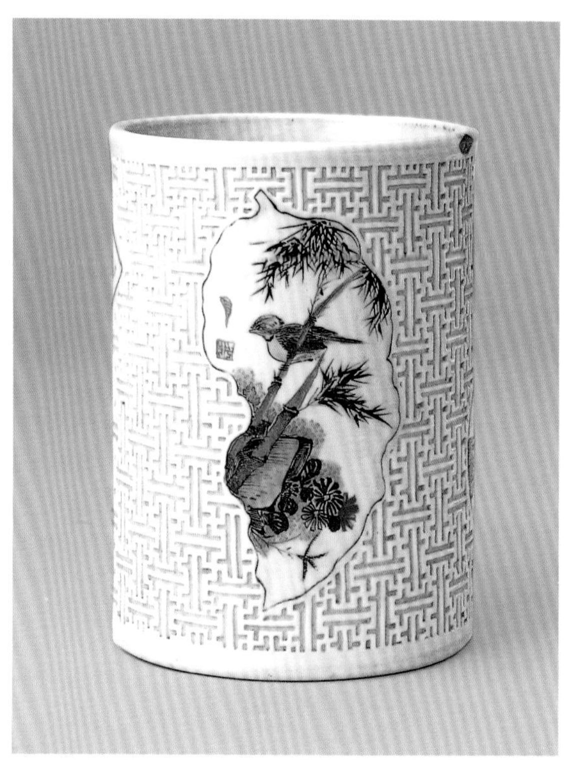

圓筒形，口底相若，玉璧形底。裏施白釉，釉色泛青，外壁以雕釉萬字錦紋為地，上有圓形、長方形、扇形、樹葉形等開光，內繪五彩山水、花鳥、鵲竹、樵夫及俞伯牙攜琴訪友圖等。無款識。

此器裝飾手法新穎，雕釉開光內繪五彩紋飾在清代五彩瓷器中尚不多見。畫面色彩清新淡雅，突出使用黑彩，以紅、黃、綠、紫等色作點綴。

148

米黃釉五彩梅竹紋玉壺春瓶

清康熙
高26.6厘米　口徑7.4厘米　足徑8.8厘米
清宮舊藏

Beige glazed pear-shaped vase
with polychrome plum blossoms and bamboo design
Kangxi period, Qing Dynasty
Height: 26.6cm　Diameter of mouth: 7.4cm
Diameter of foot: 8.8cm
Qing Court collection

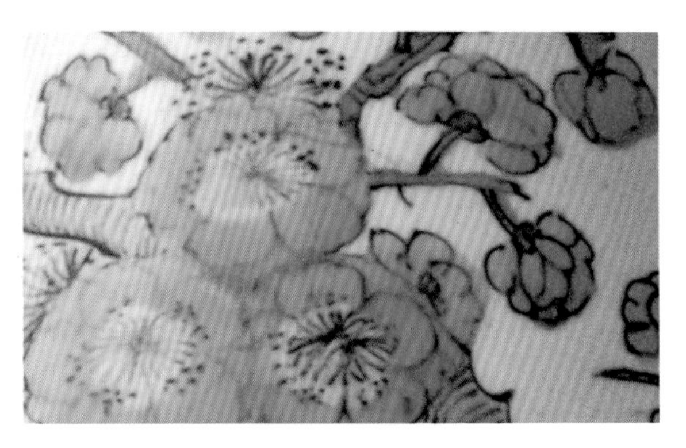

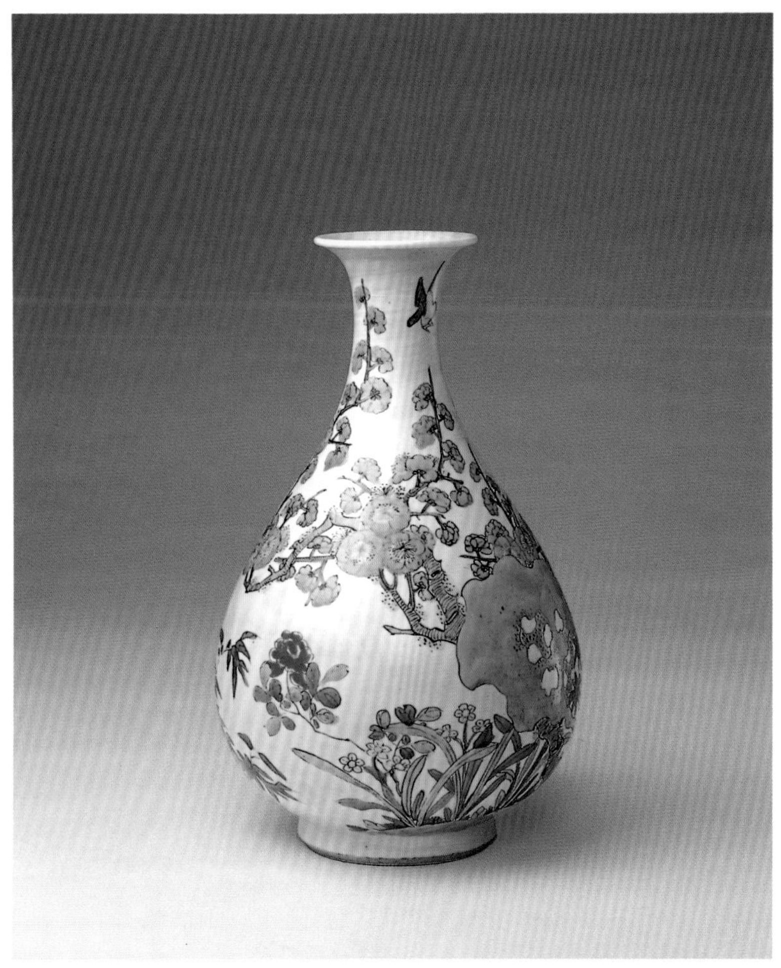

瓶撇口，短頸，頸以下漸向外闊，瓶腹圓鼓肥大，至近底處內斂，圈足微外撇。瓶為淺米黃釉地，通體五彩繪折枝綠梅、牡丹、翠竹。無款識。

此瓶於米黃釉上繪五彩紋飾，殊為罕見。構圖飽滿，疏密有致，花、竹皆採用勾綫填色法，筆法老練，色彩濃艷。

149

東青釉五彩描金花鳥紋花盆

清康熙
高33.3厘米 口徑61厘米 足徑39厘米
清宮舊藏

Pale green glazed flower pot
with polychrome bird and flower design traced in gold

Kangxi period, Qing Dynasty
Height: 33.3cm Diameter of mouth: 61cm
Diameter of foot: 39cm
Qing Court collection

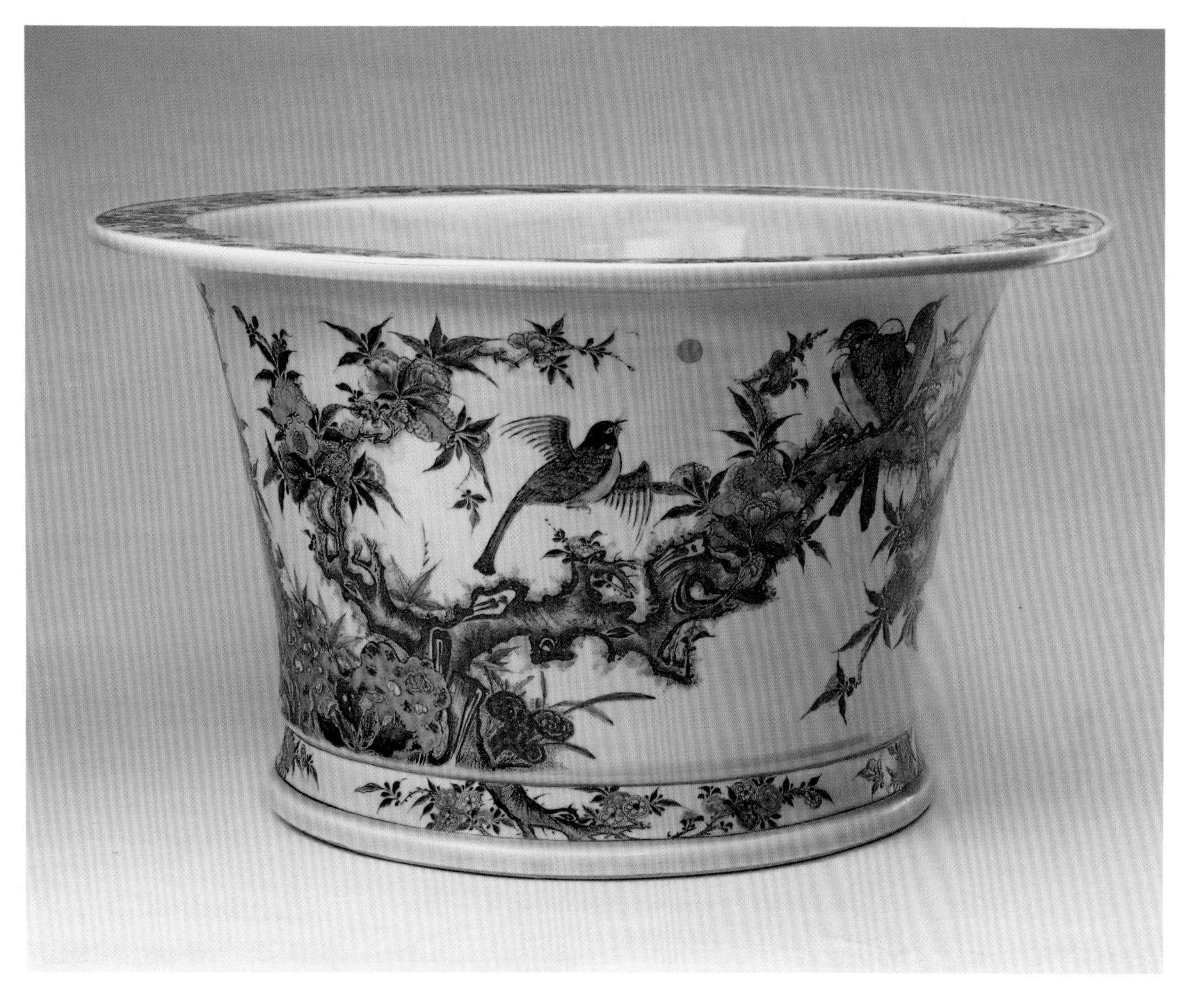

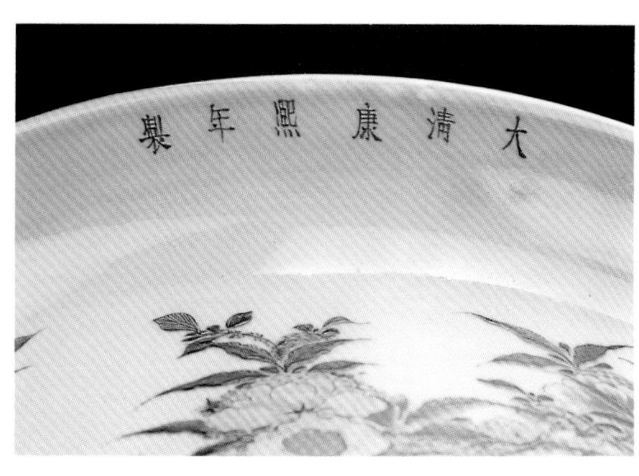

盆折沿，直身，盆身向下微斂，足稍外撇，底心有圓孔。花盆以東青釉為地，通體描金五彩花鳥紋裝飾。桃樹枝幹蒼勁，花葉繁茂，小鳥棲於枝上，渲染出鳥語花香之意境。花盆足邊取桃樹枝幹花葉的局部為裝飾，與盆身呼應，相得益彰。口沿下青花橫書“大清康熙年製”六字楷書款。

此花盆構圖舒展，畫筆既工細嚴謹，又蒼勁老練，色彩濃重鮮艷，風格典雅大方，具有較高的工藝水平。

150

青釉五彩山水人物紋葵口盤

清康熙

高3.3厘米　口徑22厘米　足徑12.5厘米

Green glazed mallow-petal plate with polychrome figure and landscape design

Kangxi period, Qing Dynasty

Height: 3.3cm　Diameter of mouth: 22cm

Diameter of foot: 12.5cm

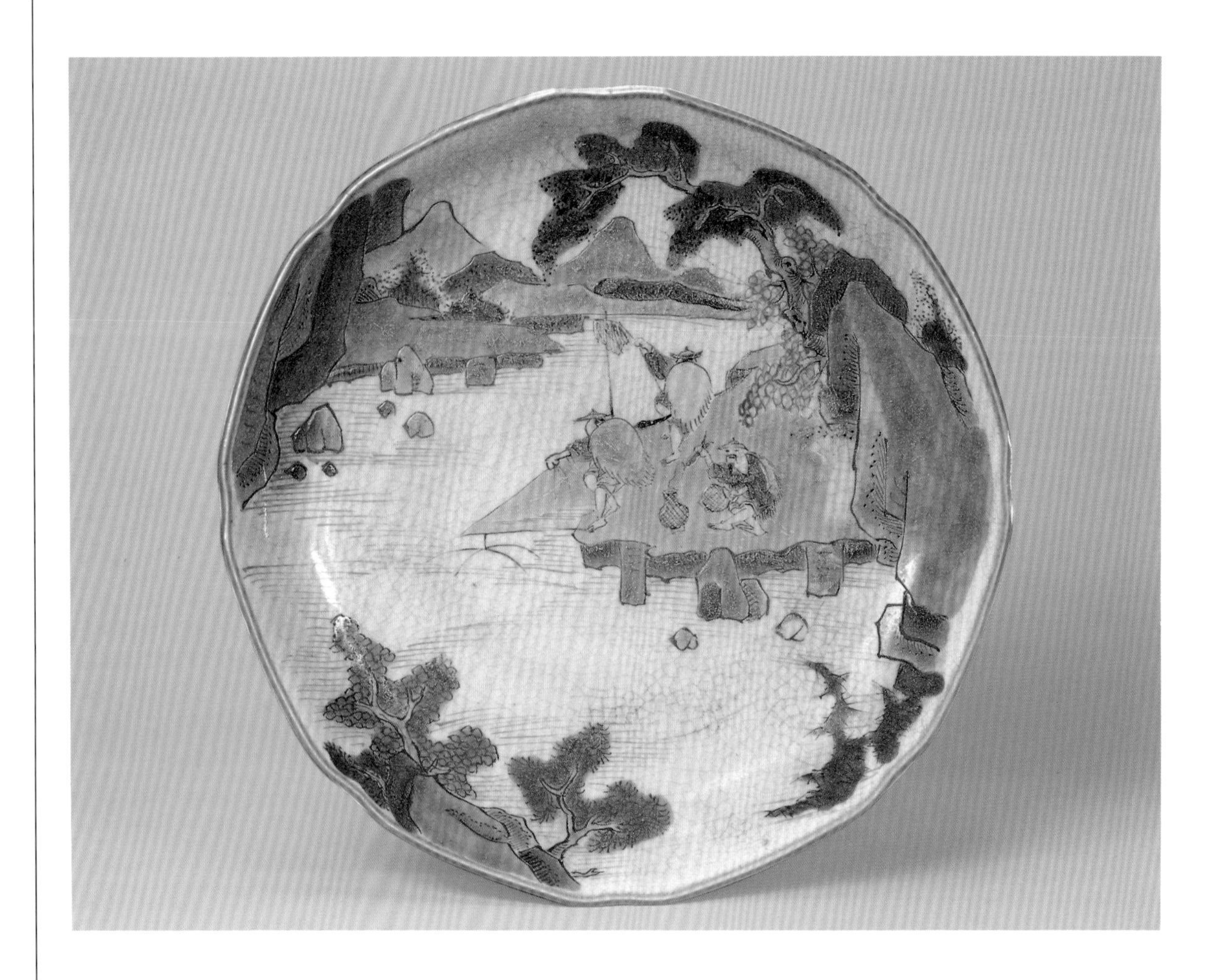

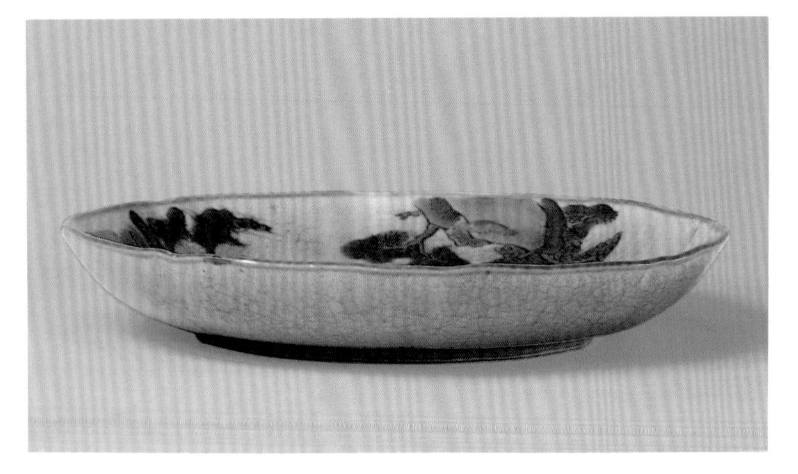

盤口呈八葵瓣式，弧壁，圈足，胎體厚重。通體片紋青釉為地，上施五彩。主題圖案繪三漁夫在江邊打魚，周圍襯以山石、花草、松樹。口沿施一周醬釉作邊飾。無款識。

畫面人物姿態各異，生活氣息濃厚。以片紋青釉襯托紋飾，意境深遠，是康熙朝民窰五彩瓷器中的佳品。

151

黃地五彩雲龍紋碗

清康熙

高6厘米　口徑12厘米　足徑4厘米

清宮舊藏

Bowl with polychrome dragon and cloud design over a yellow ground

Kangxi period, Qing Dynasty

Height: 6cm　Diameter of mouth: 12cm

Diameter of foot: 4cm

Qing Court collection

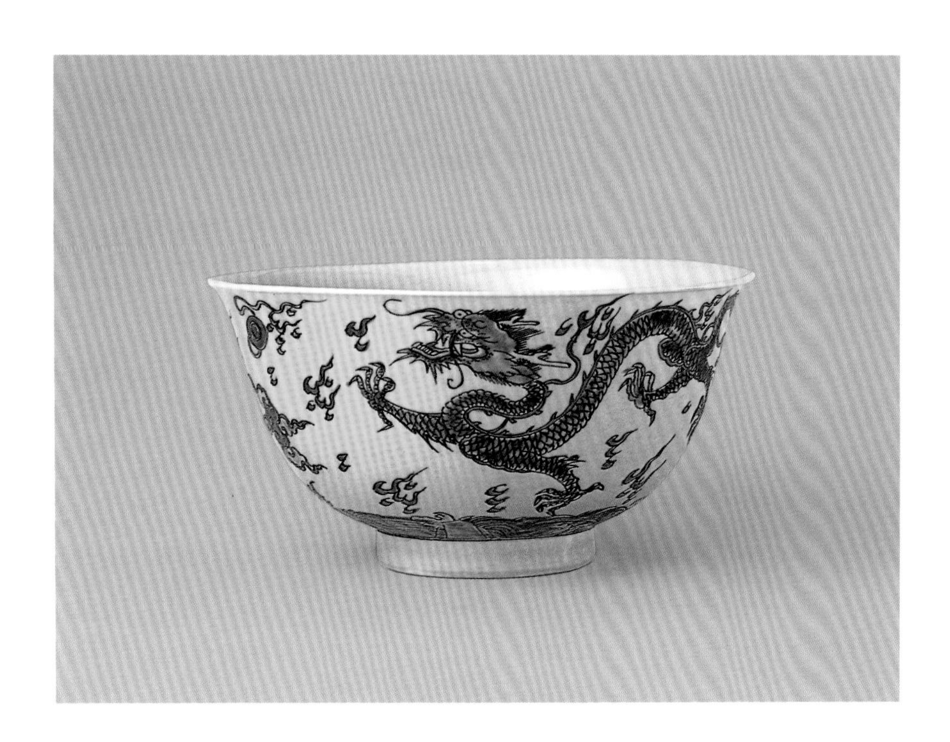

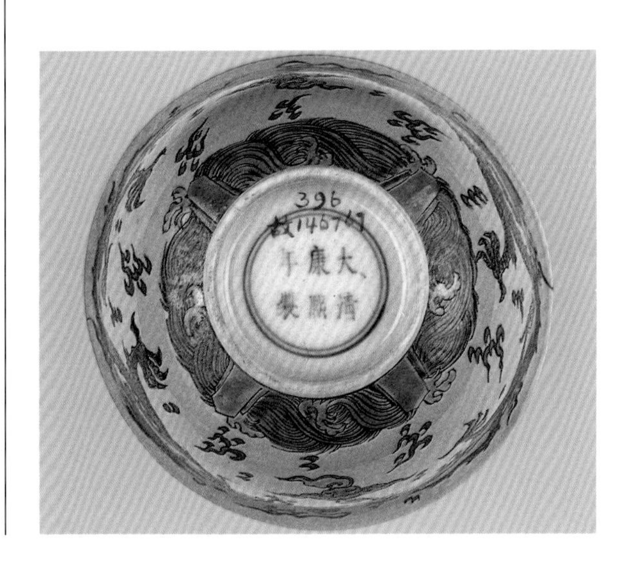

碗口微撇，深腹，圈足。外壁黃釉地上繪二條綠彩戲珠龍，火珠下為靈芝萬字雲，周圍有紅彩火焰，近足處綠彩繪一周江崖海水紋。外底青花雙圈內“大清康熙年製”六字楷書款。

康熙五彩以白地五彩居多，間有豆青地五彩、紅地五彩、藍地五彩和黑地五彩，黃地五彩傳世最少。此碗器型端莊，運筆流暢，敷彩嚴謹，是典型的官窰器，彌足珍貴。

152

東青釉五彩花果紋蓋碗

清康熙

通高8.2厘米　口徑11.8厘米　足徑4.3厘米

清宮舊藏

Pale green glazed covered bowl with polychrome flowers and fruits design

Kangxi period, Qing Dynasty

Height: 8.2cm　Diameter of mouth: 11.8cm

Diameter of foot: 4.3cm

Qing Court collection

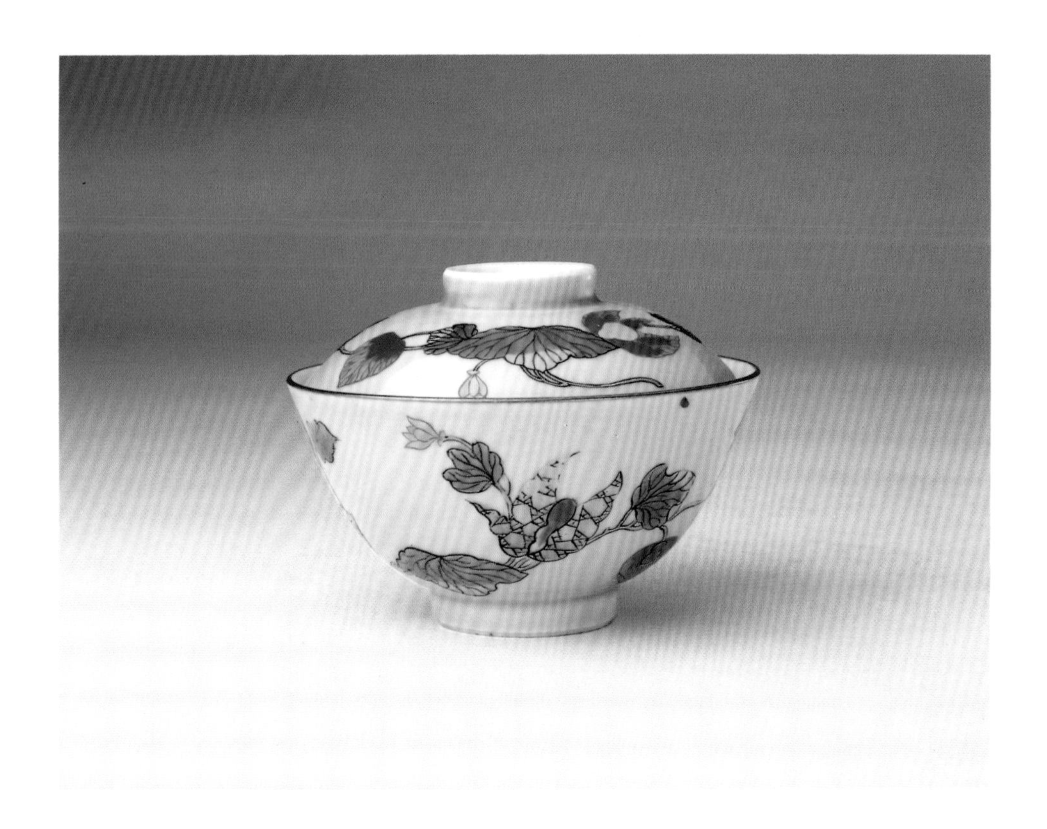

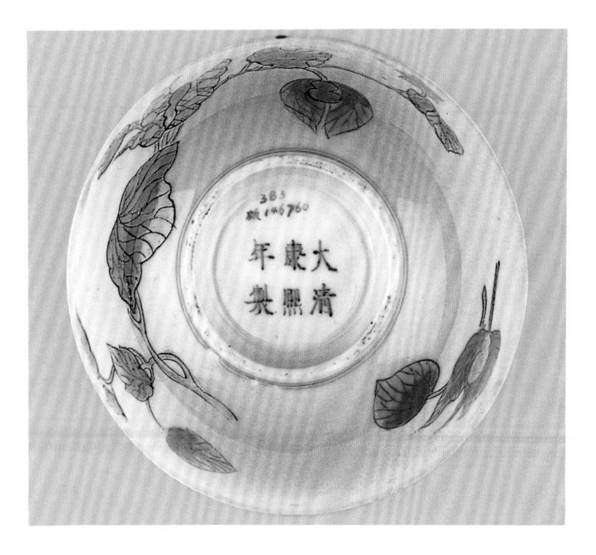

碗敞口，深腹，圈足。蓋呈淺碗形，圈形鈕。通體以東青釉為地，碗心青花雙圈內繪朵花紋，外壁繪五彩酸漿果，以醬色釉作邊飾，蓋面紋飾與碗身相同。碗外底與蓋頂均有青花楷書“大清康熙年製”六字款。

此器蓋口小於碗口，是康熙時期的創新品種，以後各朝均有燒製。此外，於東青釉上描繪五彩紋飾，亦屬創新之舉。

153

五彩仕女紋罐

清雍正

高34.1厘米　口徑14.6厘米　足徑15.3厘米

Polychrome jar with design of beautiful women

Yongzheng period, Qing Dynasty

Height: 34.1cm　Diameter of mouth: 14.6cm

Diameter of foot: 15.3cm

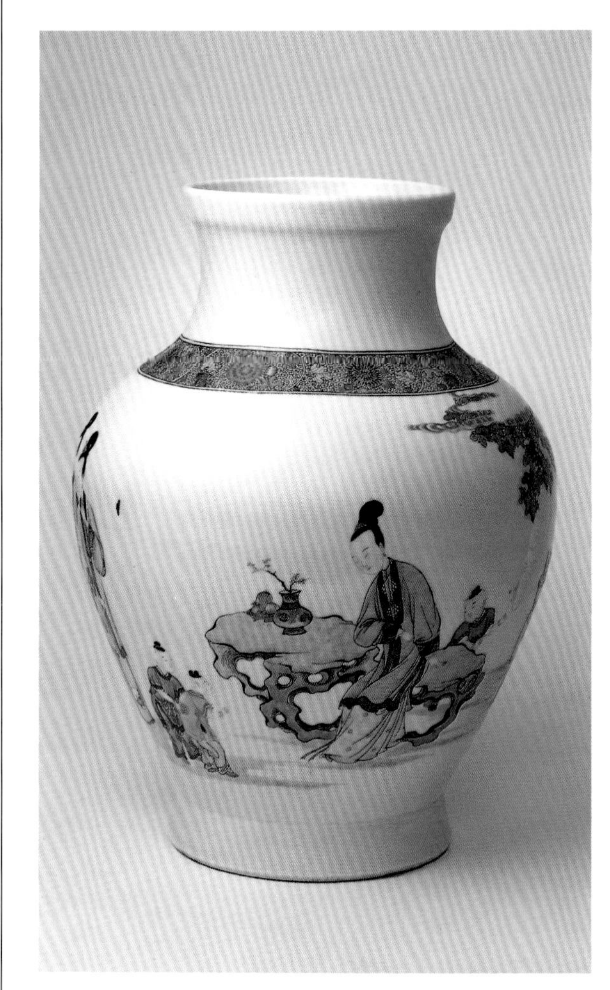

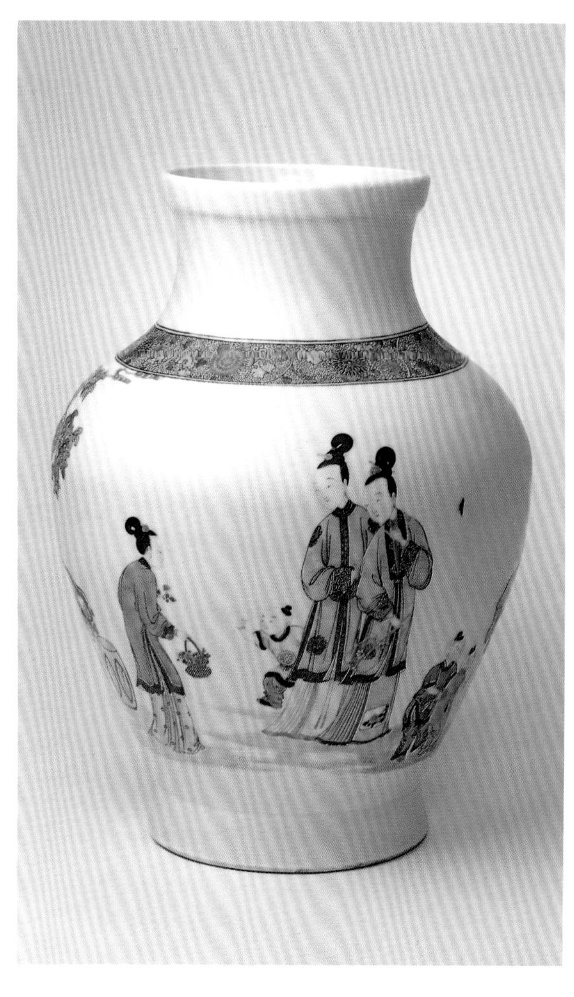

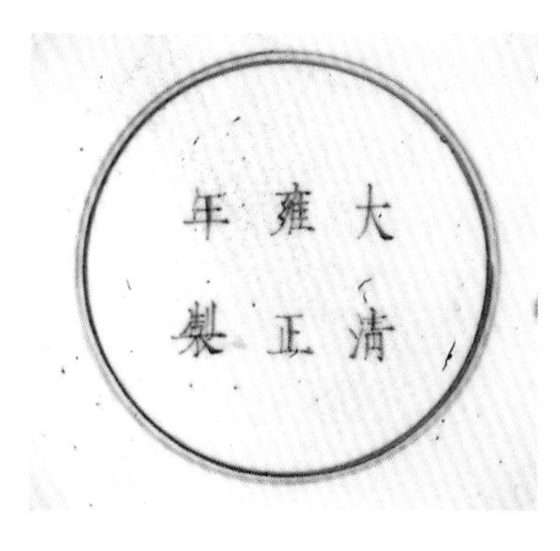

罐盤口，短頸，溜肩，圓腹，腹以下漸收，圈足外撇。主題紋飾為通景庭園仕女嬰戲圖。四仕女遊玩、憩息，四小童伴隨左右。一仕女手提花籃，其面前有兩仕女並肩相倚而立，身後閃出一小童趨前伸手取花。另一側桐樹下玲瓏剔透的矮石上，一秀裝仕女微傾身安坐凝視，一嬌小幼童遊戲其後，似不被所知。所繪仕女均髮髻高聳，面目清秀。施彩方面雲朵用紅彩勾邊填彩，其餘則以黑彩勾邊，根據需要隨紋敷彩，以淡綠、深綠色為主，間施紅、黃、褐、黑、藍等彩。罐肩飾有錦地纏枝菊紋。外底白釉青花雙圈內有"大清雍正年製"六字三行楷書款。

此罐造型規整，畫工精細，人物形象生動自然。雍正朝粉彩瓷器開始盛行，五彩瓷漸趨減少，此罐是研究雍正朝五彩瓷的重要資料。

154

五彩人物紋盤

清雍正

高3.4厘米　口徑15.8厘米　足徑9厘米

Polychrome plate with figure design

Yongzheng period, Qing Dynasty

Height: 3.4cm　Diameter of mouth: 15.8cm

Diameter of foot: 9cm

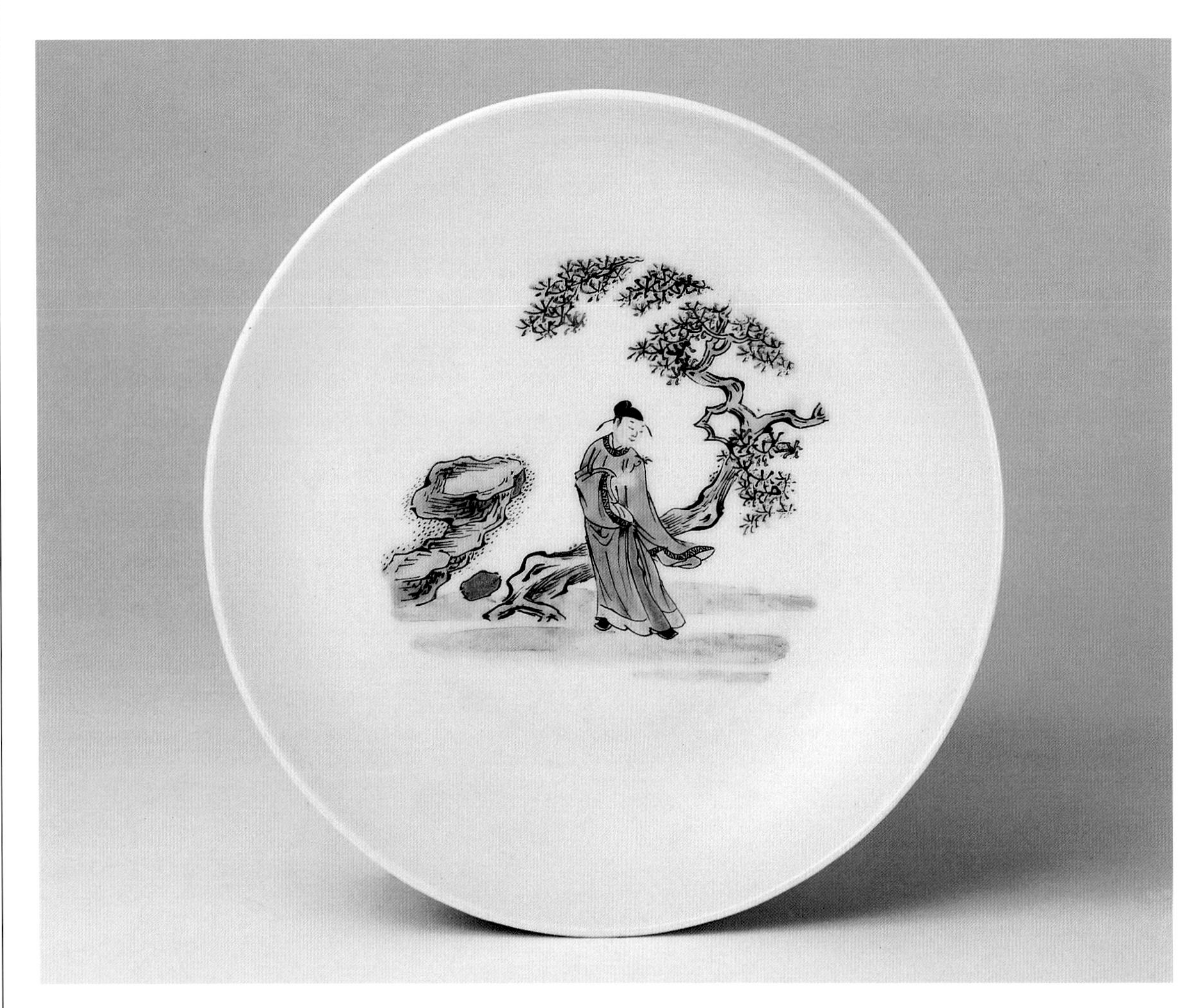

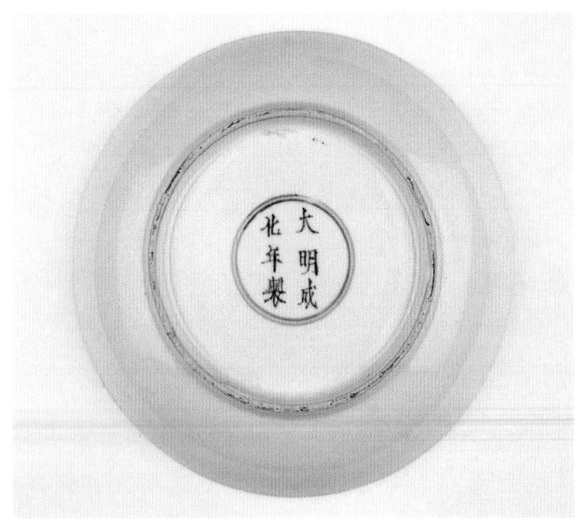

盤敞口，淺腹，圈足。外壁素面無紋飾，盤心繪蒼松古柏，下倚立一雅士。底白釉青花雙圈內楷書“大明成化年製”六字雙行仿款。

畫中人身着綠衣長衫，似在低首沉思，人物神態刻畫得細緻入微。紋飾以黑彩勾邊，再敷以深綠、淺綠、紫、紅、褐、黑等色，清新雅致，為雍正年間的一件精品。

155

五彩人物紋碗
清雍正
高4.6厘米　口徑9.6厘米　足徑3.6厘米

Polychrome bowl with figure design
Yongzheng period, Qing Dynasty
Height: 4.6cm　Diameter of mouth: 9.6cm
Diameter of foot: 3.6cm

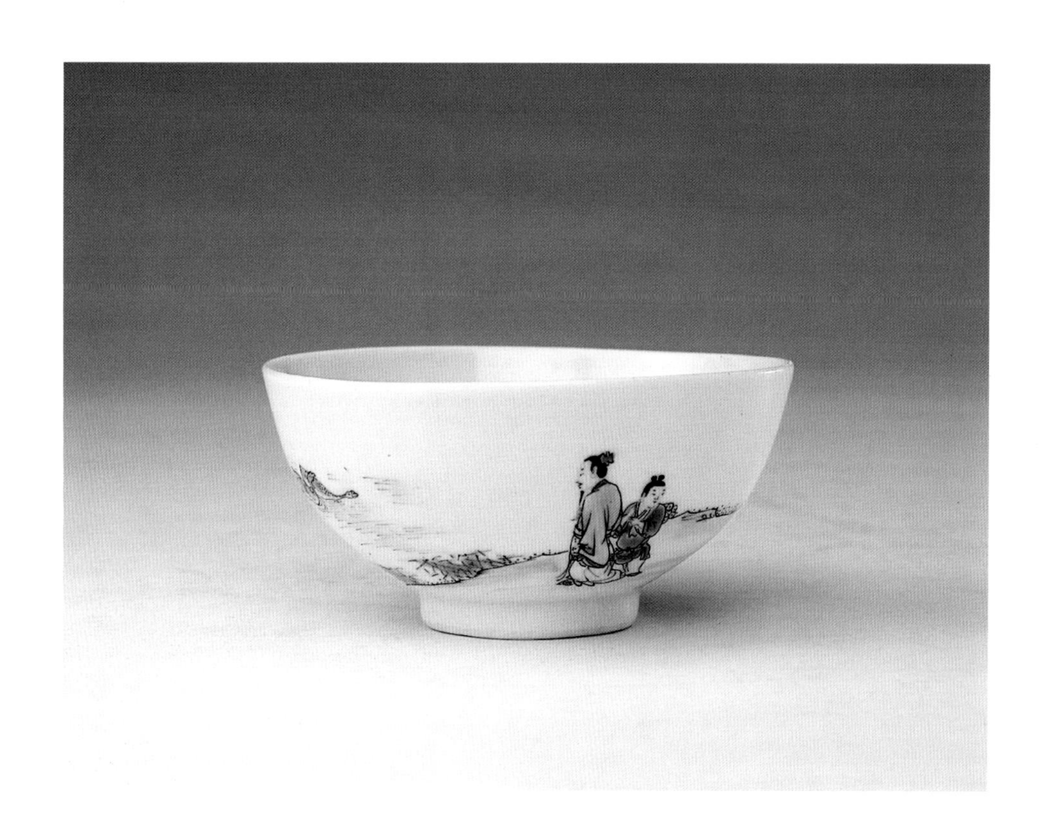

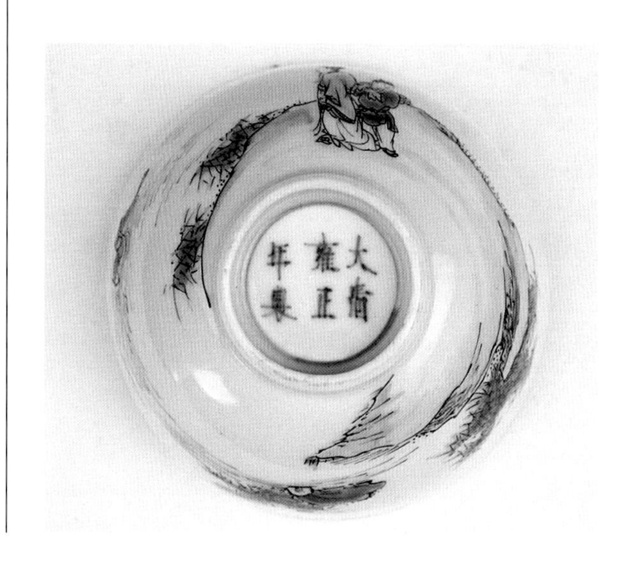

碗敞口，弧腹，圈足。外五彩繪通景人物，“王羲之愛鵝”圖。圖中王羲之垂手凝視河中雙鵝，侍童揹畫卷隨其後，河邊蘆葦叢生。外底青花單圈內書“大清雍正年製”六字三行款。

此碗人物刻畫生動，逼真傳神，以高士作畫寓意高風亮節。

156

五彩人物紋碗

清雍正

高4.6厘米　口徑9.6厘米　足徑3.6厘米

Polychrome bowl with figure design

Yongzheng period, Qing Dynasty

Height: 4.6cm　Diameter of mouth: 9.6cm

Diameter of foot: 3.6cm

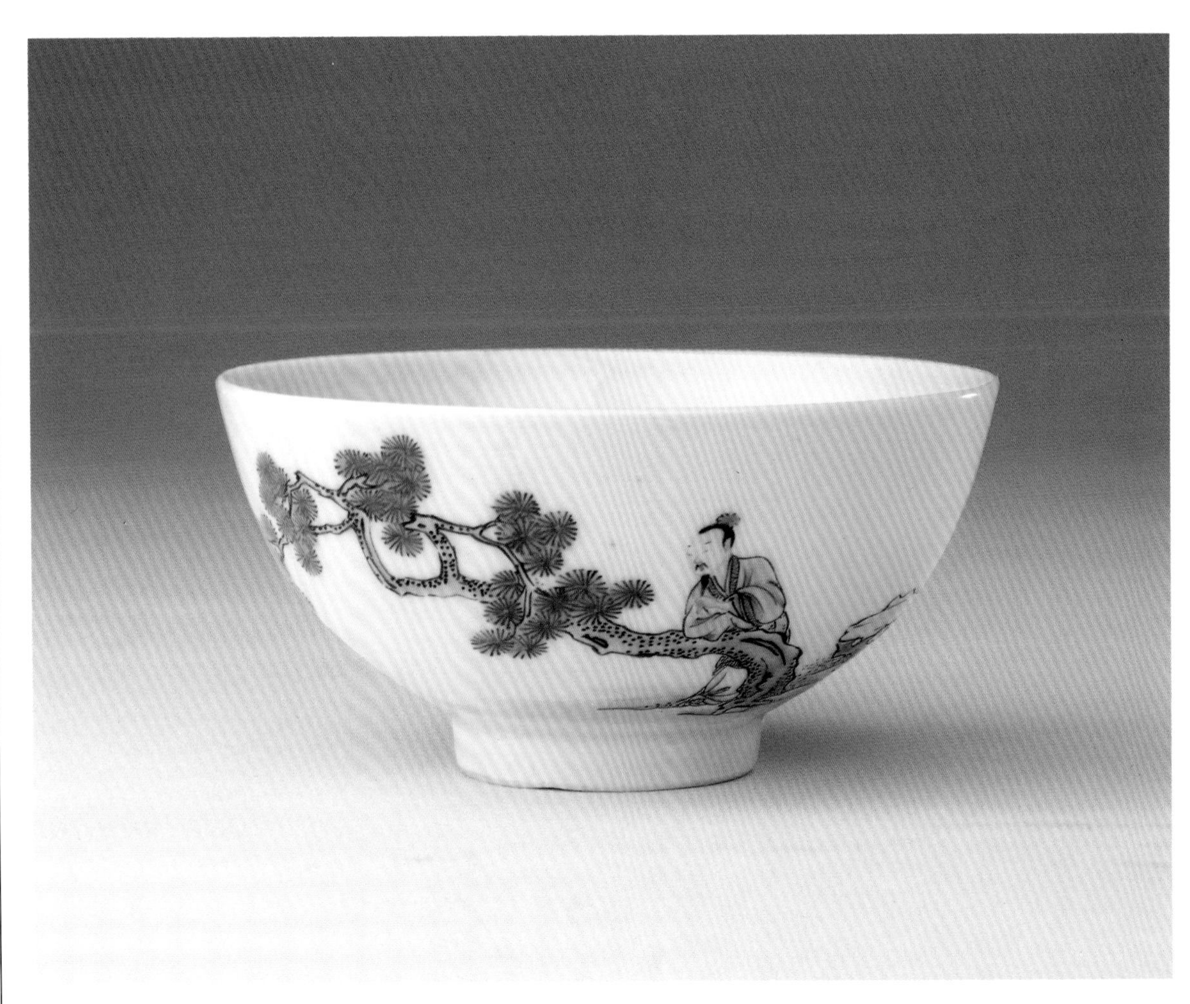

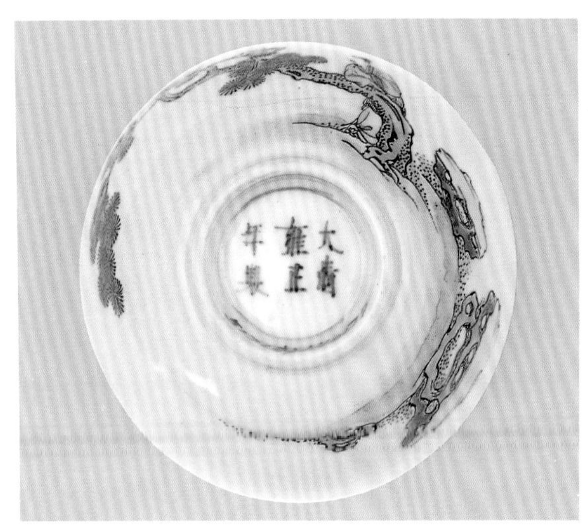

碗敞口，弧腹，圈足。外壁五彩繪通景人物，一老者倚樹凝思，身旁襯以蒼松、洞石。外底青花雙圈內書“大清雍正年製”六字三行款。

此碗造型規整小巧，釉彩調配得當，從施彩特點看應為雍正早期作品。

157

五彩蝙蝠葫蘆紋碗

清雍正

高5.8厘米　口徑11.9厘米　足徑4.6厘米

Polychrome bowl with bat and gourd design

Yongzheng period, Qing Dynasty

Height: 5.8cm　Diameter of mouth: 11.9cm

Diameter of foot: 4.6cm

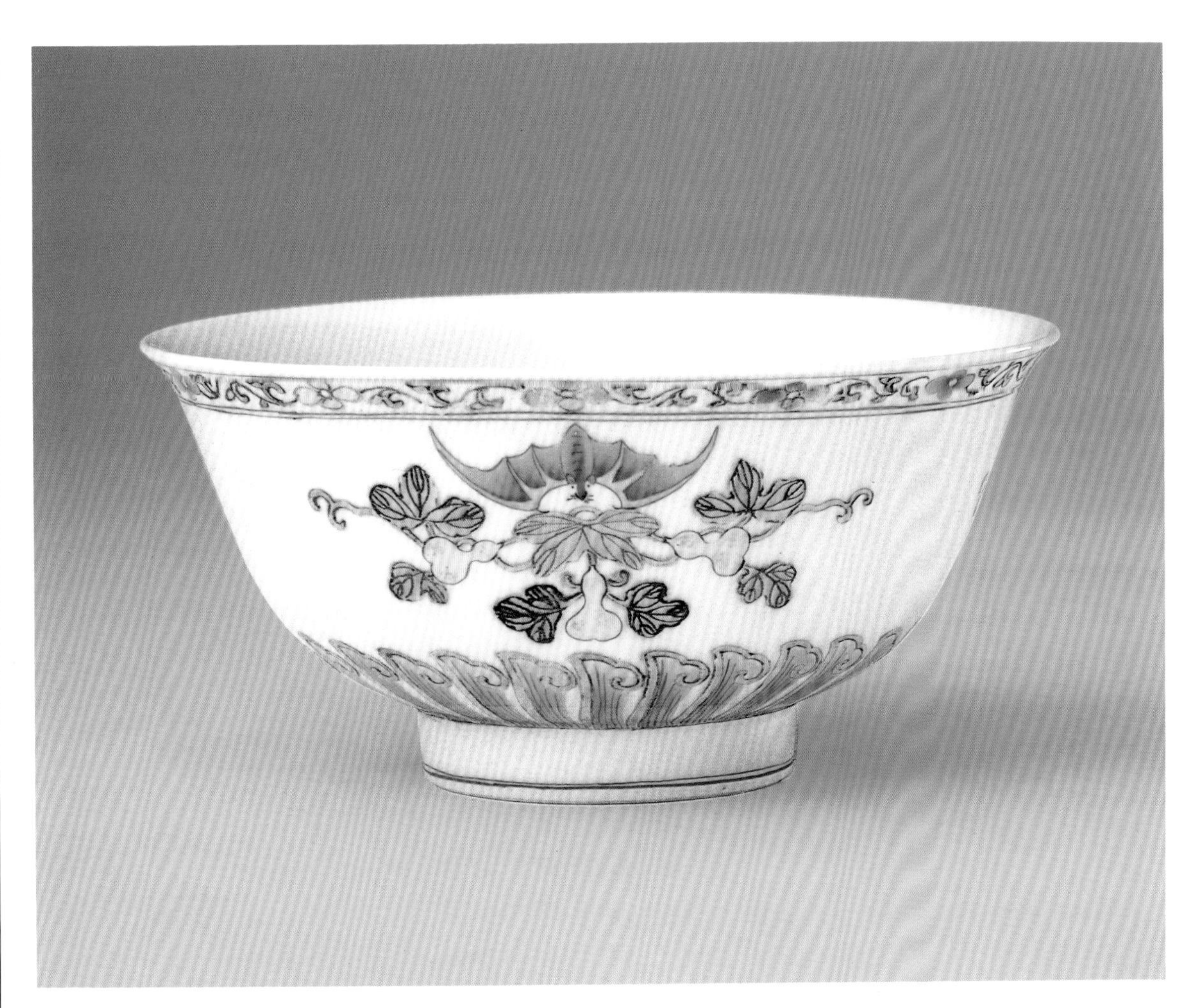

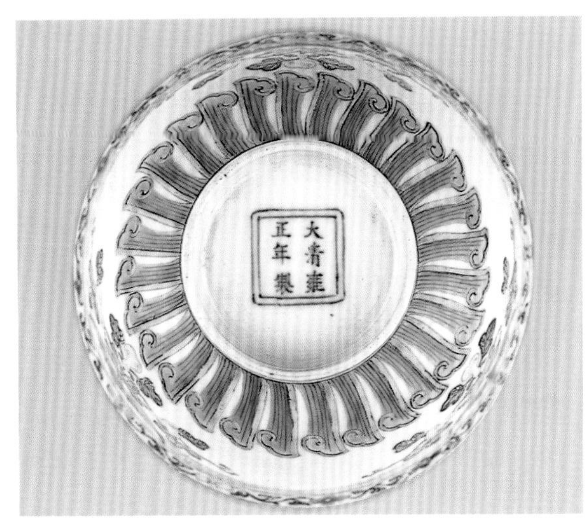

碗口微撇，圓腹，圈足。外壁主題為三組紅蝙蝠及葫蘆紋，寓意“福祿雙全”。口沿飾以串枝花，近底處繪變形蓮瓣紋。外底青花雙方欄內楷書“大清雍正年製”八字款。

此碗造型規整，紋飾描繪精細，尤其在五彩中又加入了粉彩，使器物色調更加鮮艷。雍正五彩瓷傳世不多，故此碗倍加珍貴。

158

五彩龍鳳紋碗
清乾隆
高7.4厘米　口徑15.5厘米　足徑6.3厘米
清宮舊藏

Polychrome bowl with dragon and phoenix design
Qianlong period, Qing Dynasty
Height: 7.4cm　Diameter of mouth: 15.5cm
Diameter of foot: 6.3cm
Qing Court collection

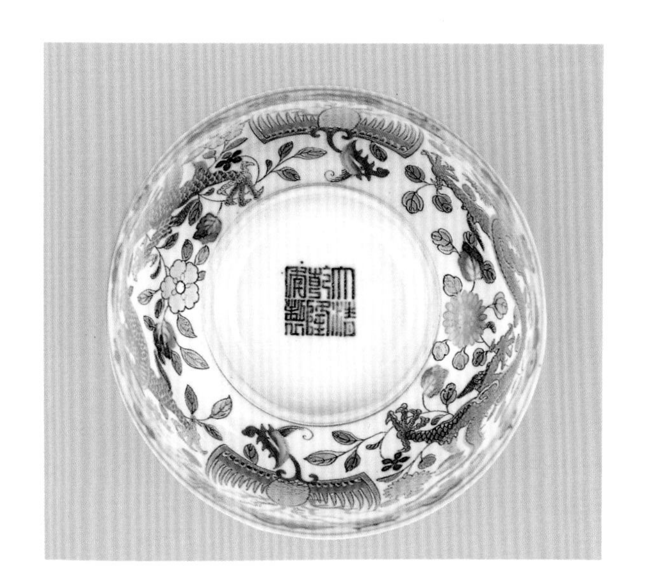

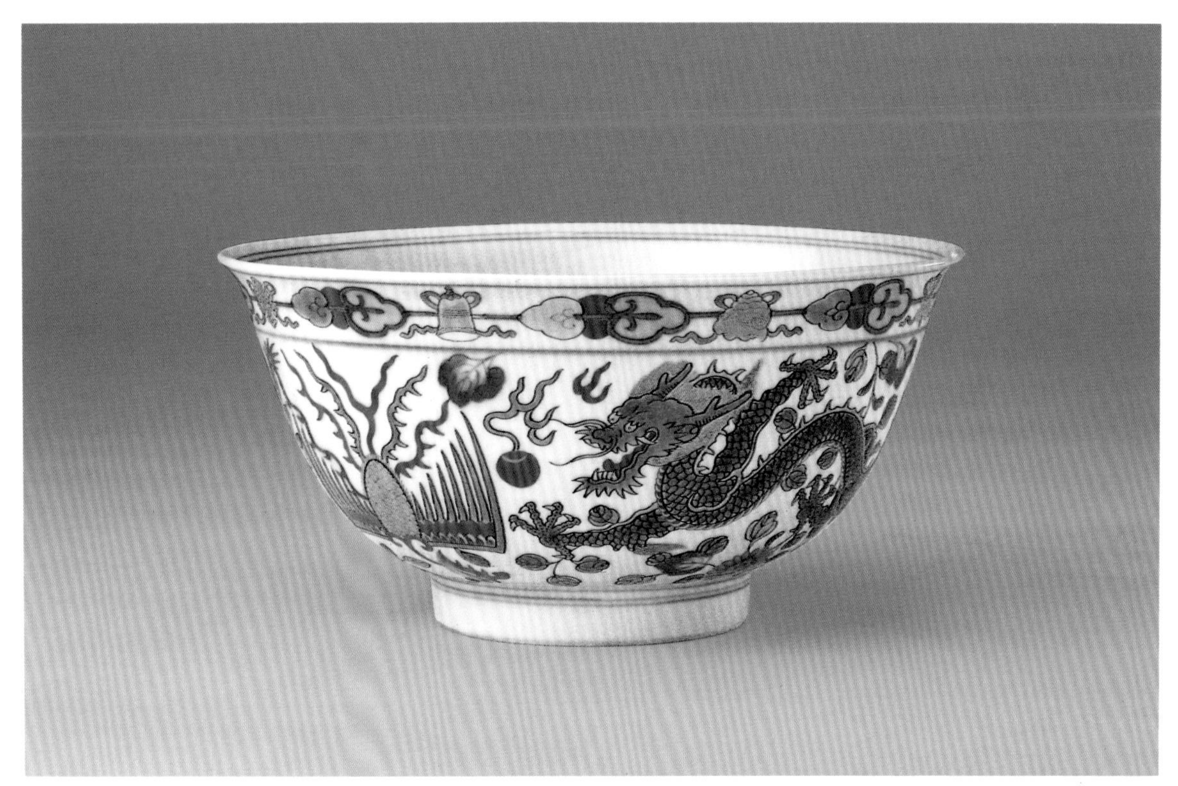

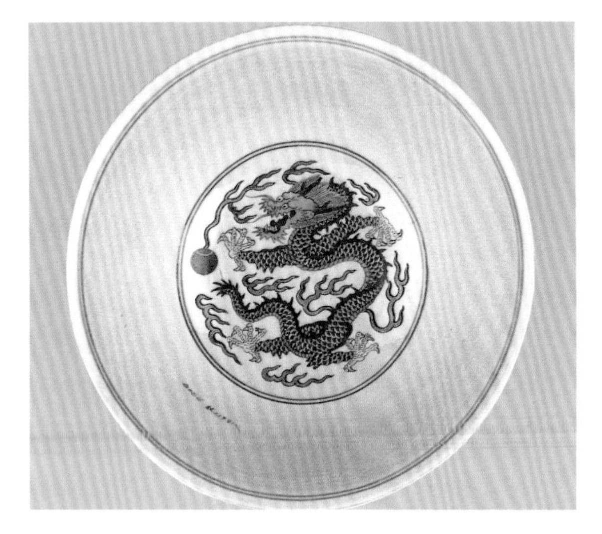

碗撇口，弧壁，圈足。腹部繪龍鳳穿花紋兩組，兩龍一紅一綠，空間襯以菊花、芙蓉。碗心青花雙圈內繪一戲珠龍，龍身施紅彩。外口沿以八寶紋間雙如意頭雲紋作邊飾。外底青花篆書“大清乾隆年製”六字款。

此碗造型規整，寓意“龍鳳呈祥”。

159

油紅地五彩描金嬰戲紋碗
清嘉慶
高9.7厘米　口徑21厘米　足徑7.5厘米

Polychrome bowl with design of children at play traced in gold over an oil red ground
Jiaqing period, Qing Dynasty
Height: 9.7cm　Diameter of mouth: 21cm
Diameter of foot: 7.5cm

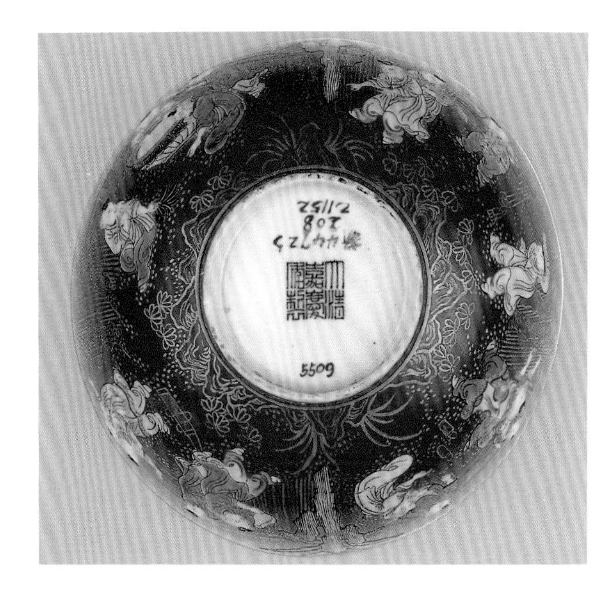

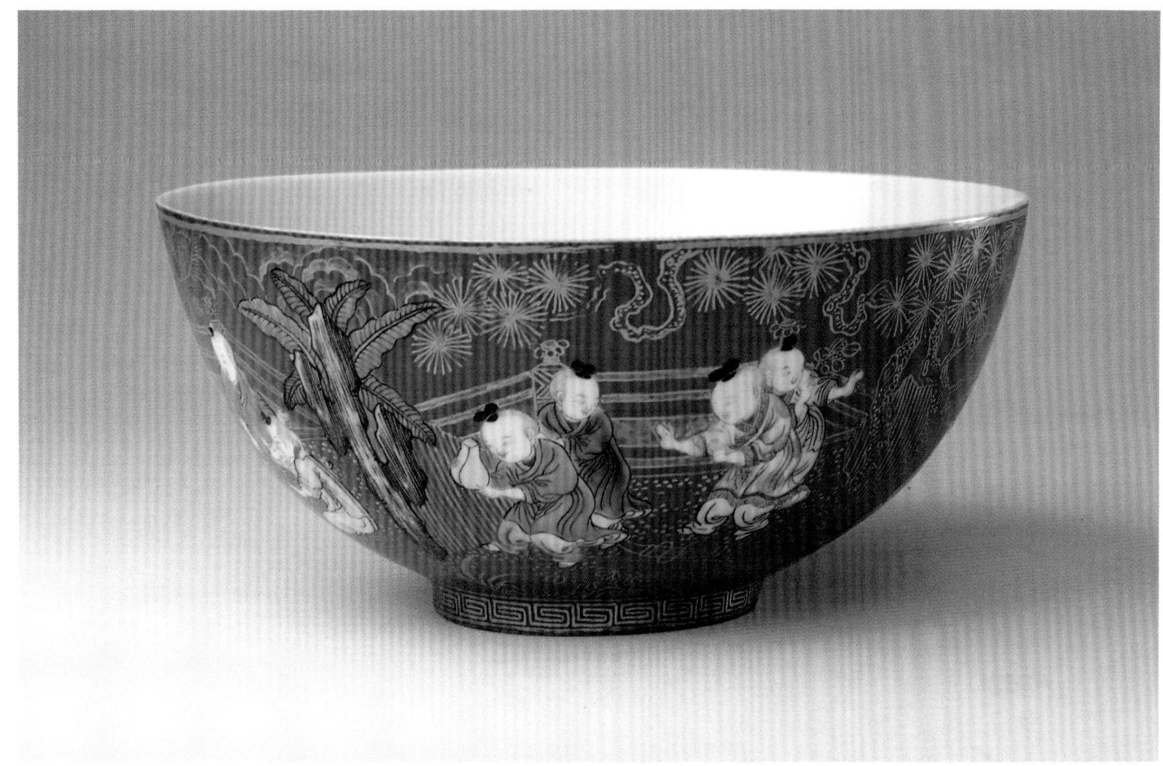

碗敞口，深弧腹，淺圈足。外壁油紅地五彩描金嬰戲紋裝飾。以松樹、欄杆為背景，共描繪四組小童，間以洞石棕櫚。每組有四小童在做不同的遊戲，有的戲水，有的鬥草，有的放爆竹，有的玩松鼠。小童均神態生動自然，頭梳髮髻，服飾色彩各異，即使同一人物，衣褲之配色亦為不同。底白釉青花篆書“大清嘉慶年製”六字三行款。

油紅地五彩描金嬰戲紋碗首見於康熙時期，此碗是以康熙朝作品為藍本製作而成，無論造型還是彩繪，均頗似康熙時原作，堪稱仿古精品。

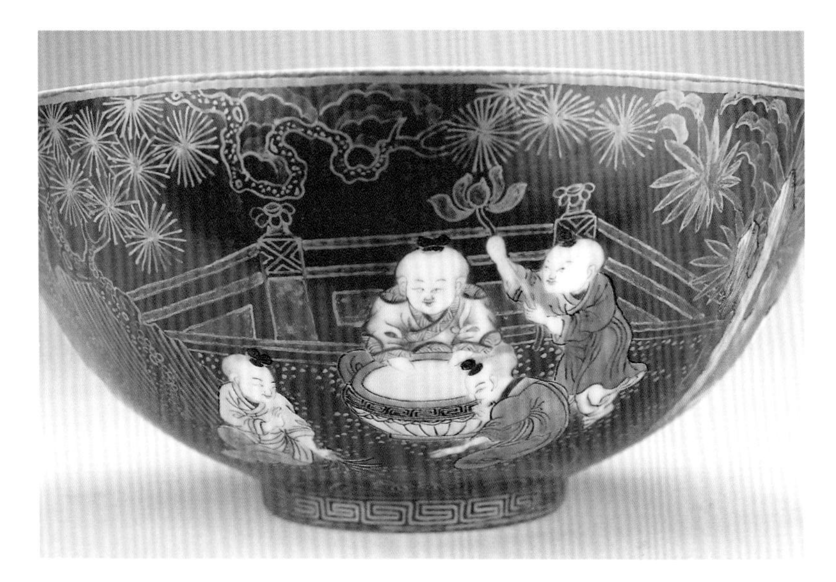

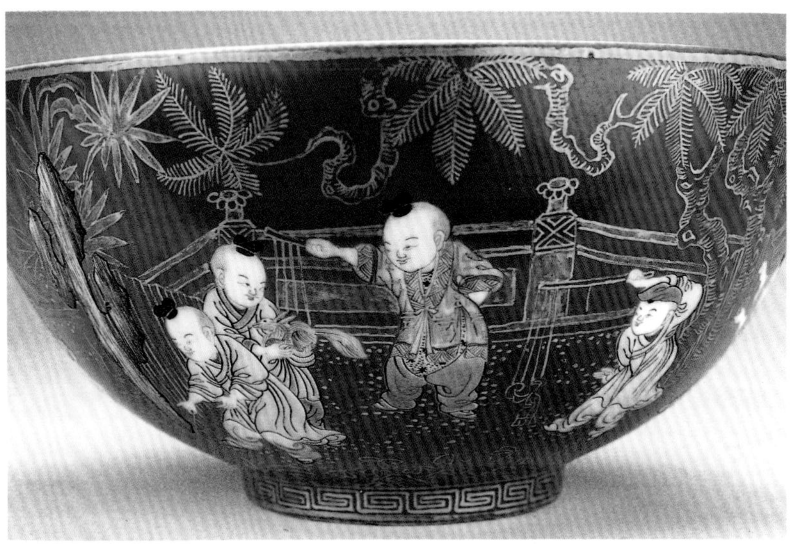

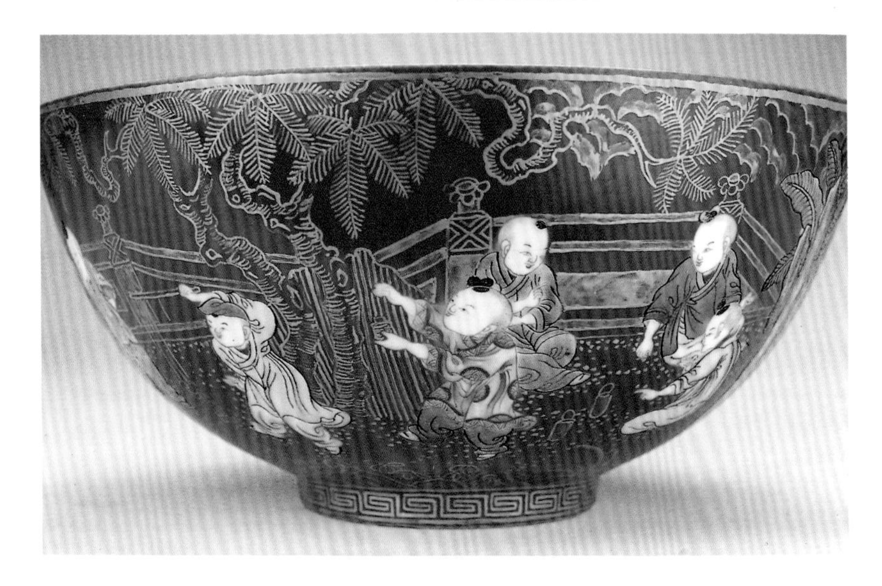

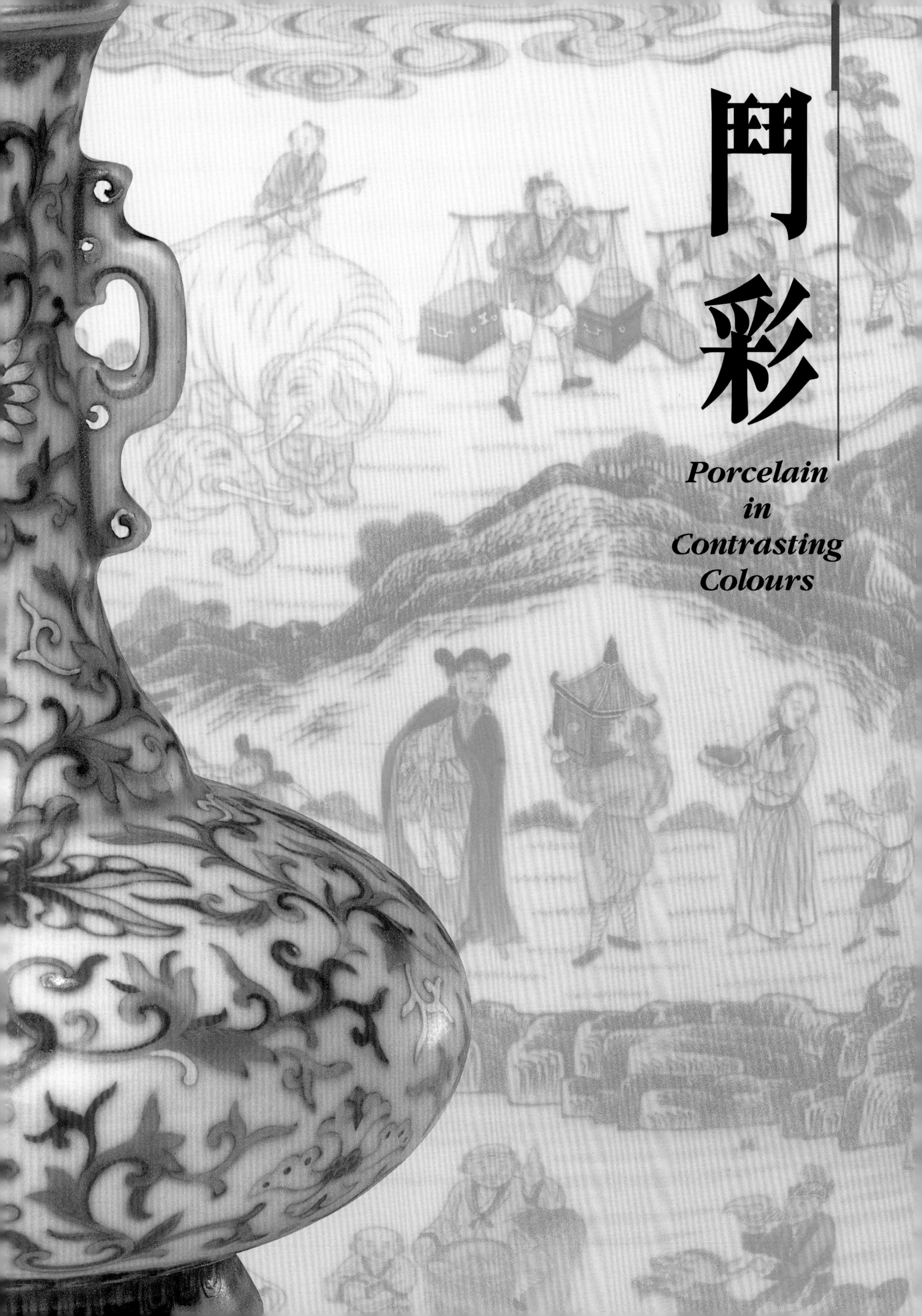

鬥彩

Porcelain in Contrasting Colours

160

鬥彩捲枝紋瓶

明成化
高18.7厘米　口徑4厘米　足徑8.5厘米
清宮舊藏

Vase with entwining vines design in contrasting colours

Chenghua period, Ming Dynasty
Height: 18.7cm
Diameter of mouth: 4cm
Diameter of foot: 8.5cm
Qing Court collection

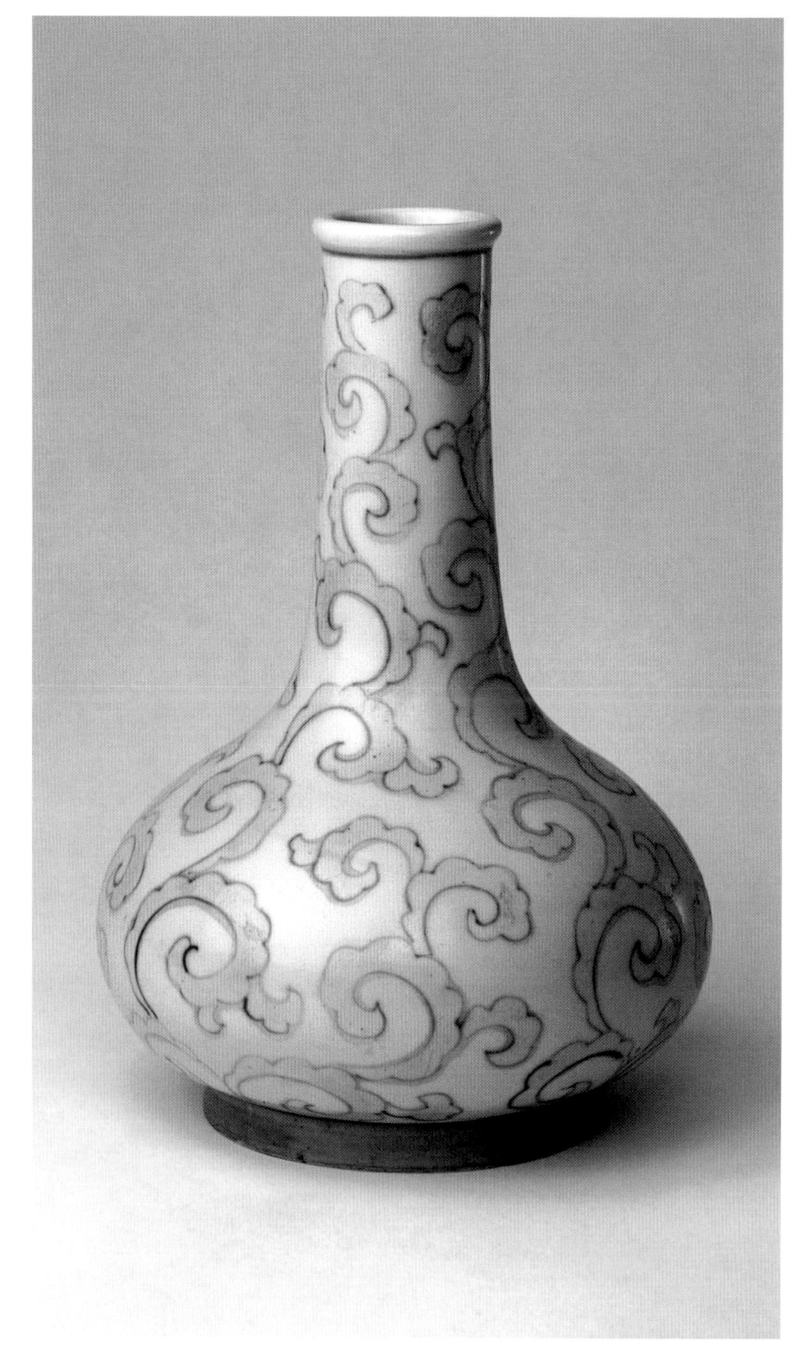

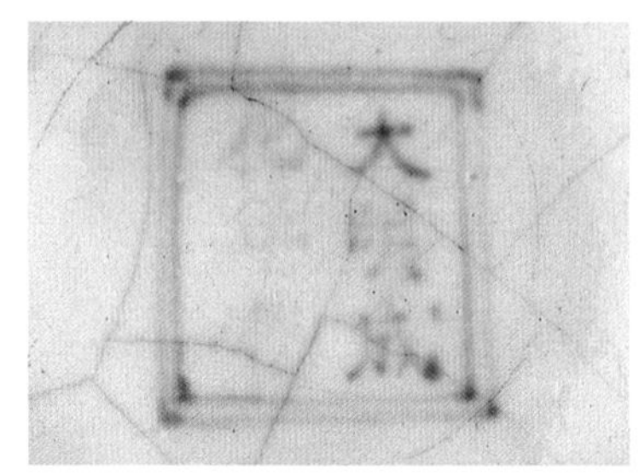

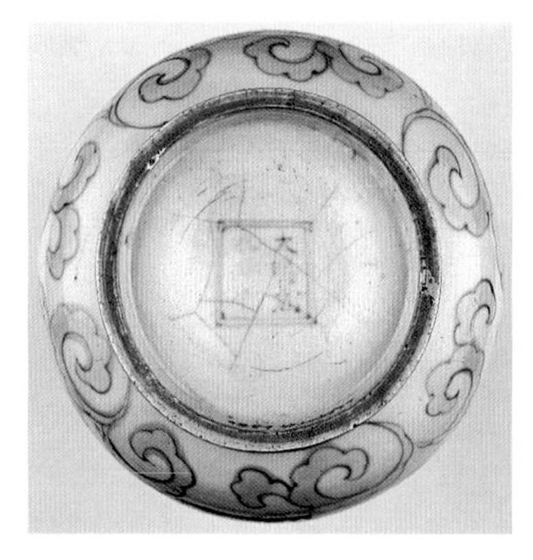

瓶唇口，直頸，扁圓腹，圈足。釉色青中泛灰，瓶身滿繪捲枝紋，以青花弦綫作邊飾，足及外底覆蓋綠彩。底心青花雙方框內楷書“大明成化年製”六字雙行款。

此瓶燒製方法是成型後先於胎體上以青花料雙勾圖案輪廓，燒成後再於釉上填以淡綠彩，亦即成化鬥彩中典型的“填彩法”。填彩常溢出輪廓綫，這是成化鬥彩的特點之一。

成化鬥彩瓷中瓶類器極罕見。此瓶將常用作邊飾的捲枝紋（又稱蔓草紋）作為主題紋飾，亦屬創新之舉，施彩方法不但單一用填彩法，所用色彩也僅淡綠一種，故顯得格外清新淡雅。

161

鬥彩海馬紋罐
明成化
通高10.2厘米　口徑5.5厘米　足徑7.2厘米
清宮舊藏

Covered jar with sea horse design in contrasting colours
Chenghua period, Ming Dynasty
Overall height: 10.2cm　Diameter of mouth: 5.5cm
Diameter of foot: 7.2cm
Qing Court collection

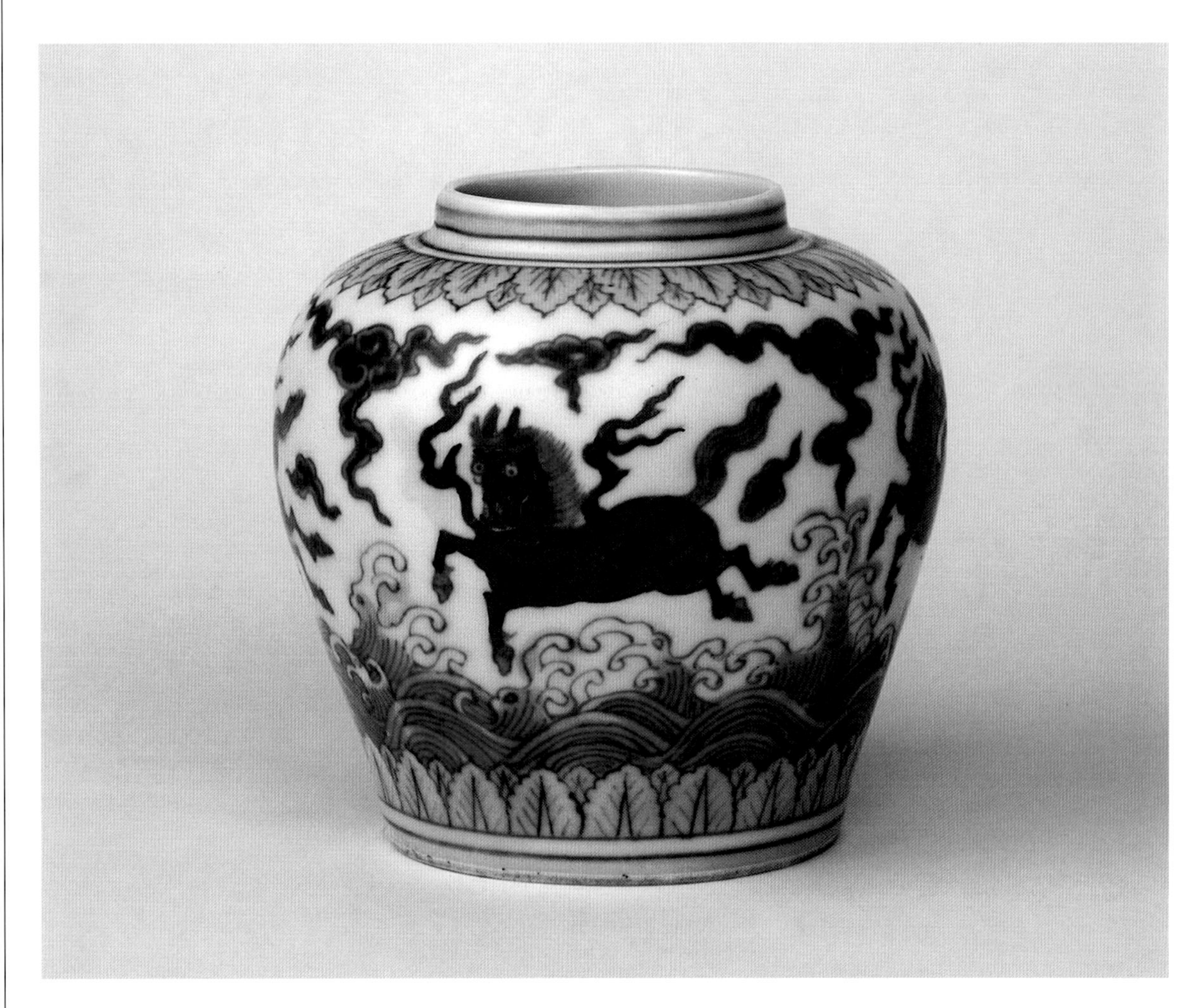

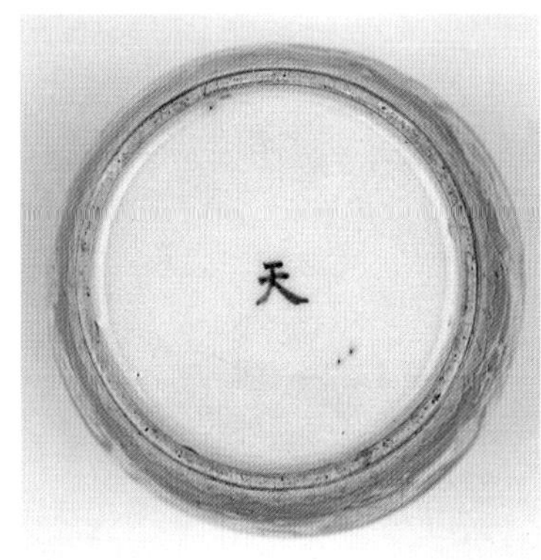

罐短直頸，豐肩，肩以下漸斂，近足處微外撇，圈足。蓋已佚。腹部主題紋樣為四匹神馬踏浪飛奔，俗稱"海馬紋"。海水覆以綠彩，四海馬均兩膊生焰，平填色彩，兩藍（青花）、一紅、一黃。罐肩、脛部分別繪黃彩覆仰雙重蕉葉紋，口，足處有黃彩邊飾。外底心青花楷書"天"字款，俗稱天字罐。這種成化鬥彩天字罐一直珍藏於宮中，清雍正、乾隆時宮廷檔案中稱之為"成窰五彩罐"或"成窰天字罐"。

此罐在青花勾出的浪花綫條外，塗染深淺相間的綠彩，從施彩技法上說，即所謂"染彩"。"海馬紋"在元代景德鎮青花瓷上已有使用，據考證，此種紋樣取材於帝王儀仗中的玉馬旗。成化鬥彩罐上的海馬紋與文獻所記載玉馬旗紋飾大致相同，只是以青花勾描後平填色彩，稱其為"鬥彩玉馬紋罐"似更為貼切。

162

鬥彩海水龍紋蓋罐
明成化
通高13.1厘米　口徑8.7厘米　足徑11.2厘米
清宮舊藏

Covered jar with waves and dragon design in contrasting colours
Chenghua period, Ming Dynasty
Overall height: 13.3cm　Diameter of mouth: 8.7cm
Diameter of foot: 11.2cm
Qing Court collection

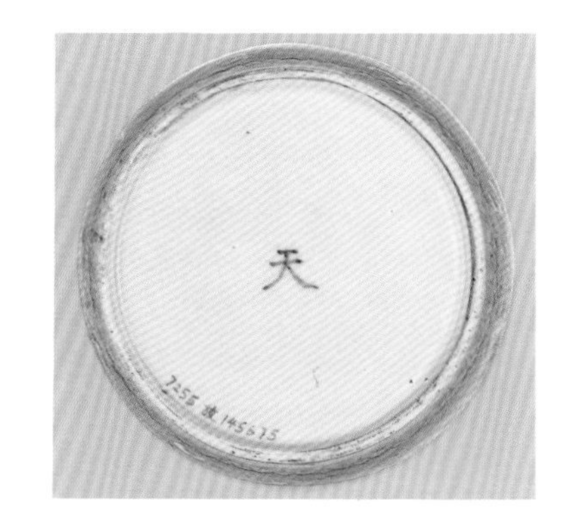

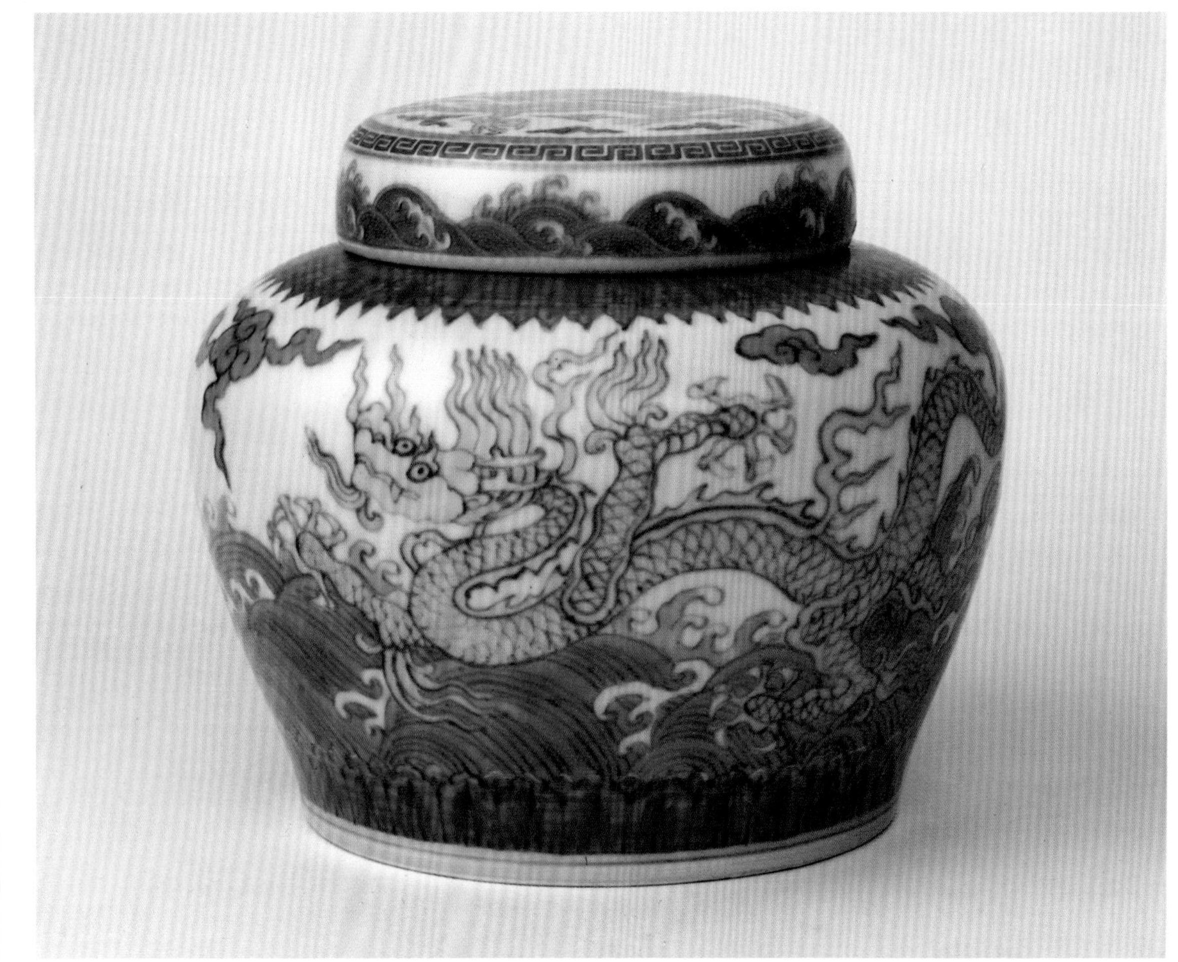

蓋罐短直頸，豐肩，肩以下漸收斂，圈足。腹部主題紋飾為海水雙雲龍，雙龍填黃彩，朵雲及海水填綠彩。所繪波濤紋係先在釉下以青花勾繪綫條，再於釉上覆蓋一層綠彩而成，此一施彩手法為"覆彩"。肩部及近足處以青花料分別繪覆仰蕉葉紋。蓋邊及足沿飾以黃彩。以黃彩作邊飾於當時同類罐中頗為常見。外底心有青花楷書"天"字款。

此罐原配蓋已佚，現有的平頂無鈕蓋當為雍正或乾隆時所配，蓋體大，略顯笨拙。蓋上雖繪與主題紋飾相應的海水龍紋，但色彩亦與罐體有別。

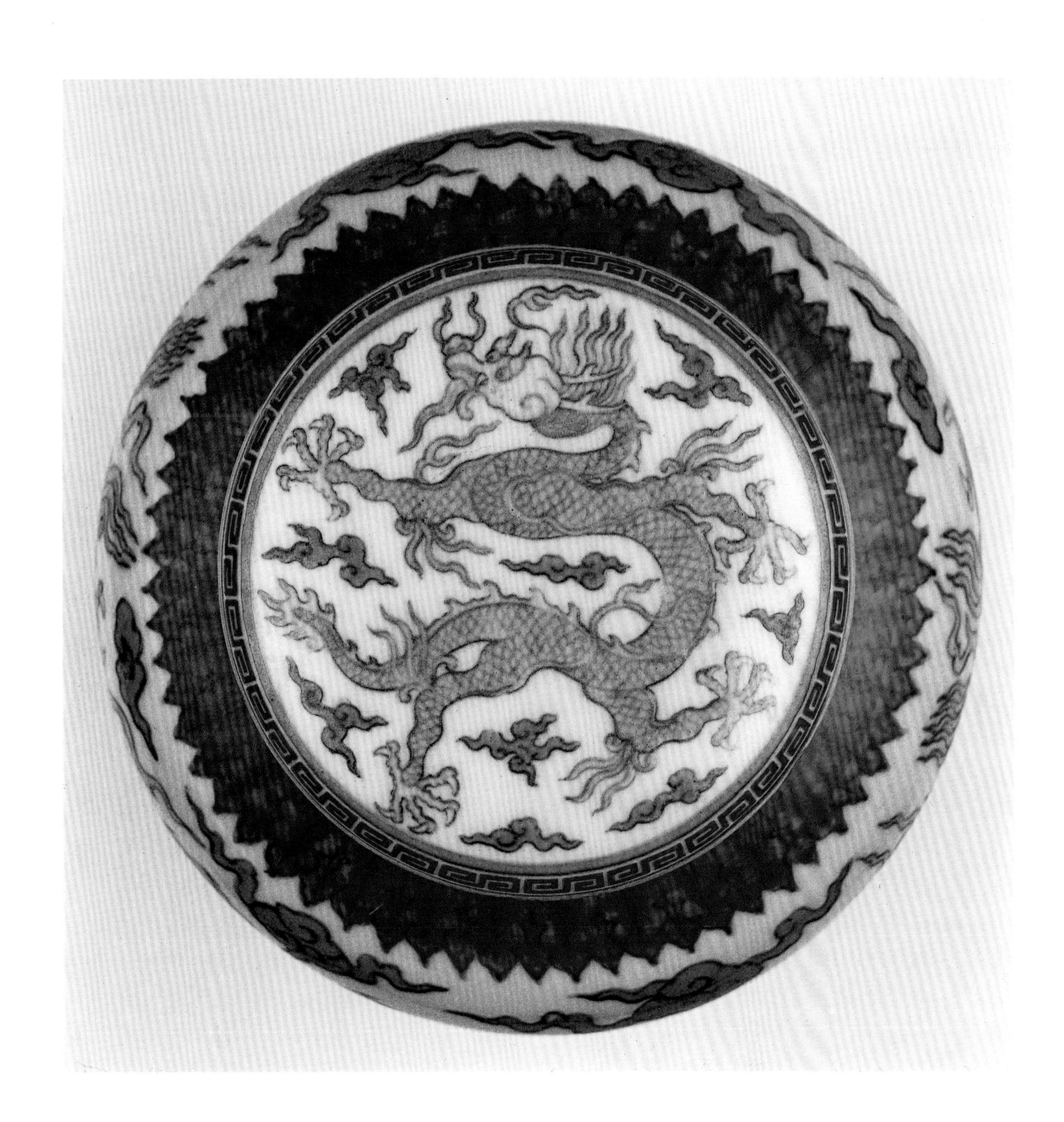

163

鬥彩海獸紋罐
明成化
高11.8厘米　口徑6.6厘米　足徑8.8厘米
清宮舊藏

Jar with sea animals design in contrasting colours
Chenghua period, Ming Dynasty
Height: 11.8cm　Diameter of mouth: 6.6cm
Diameter of foot: 8.8cm
Qing Court collection

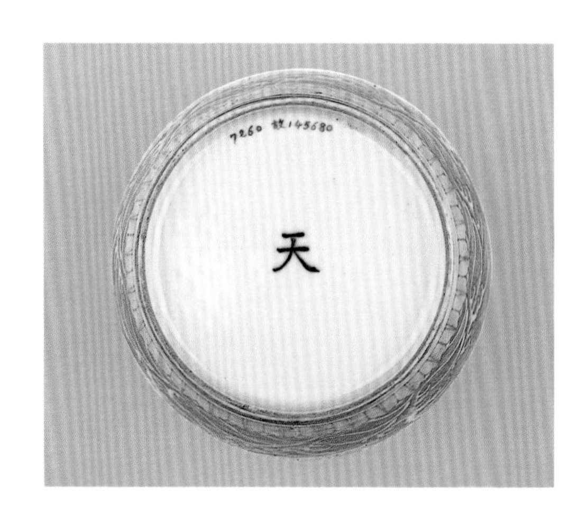

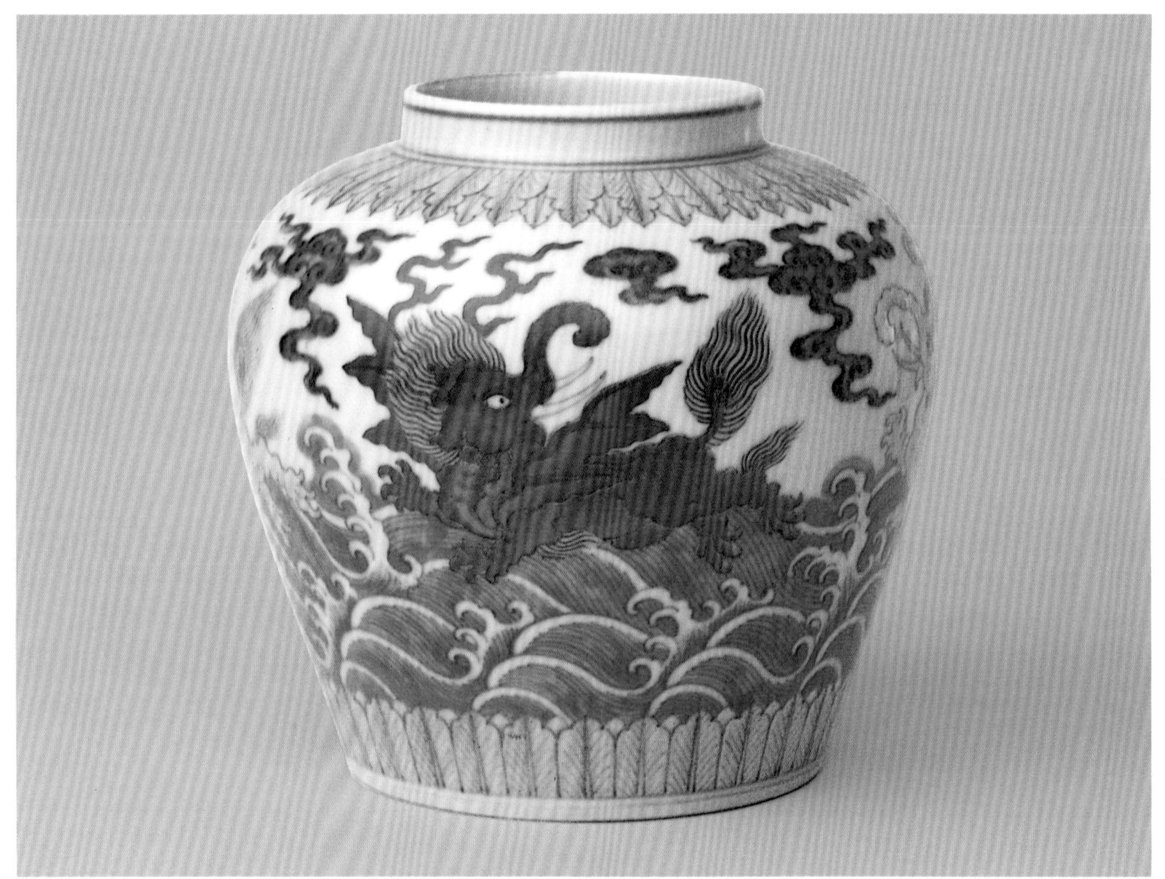

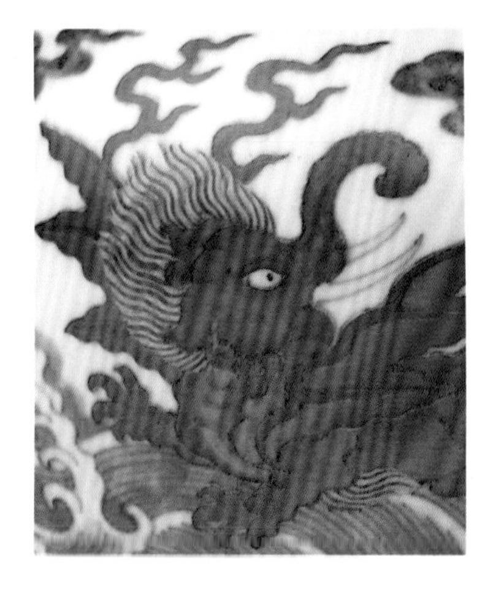

造型同鬥彩海馬紋罐。蓋已佚。腹部繪四異獸躍浪飛奔，俗稱“海獸”紋或“海怪”紋。海獸形體由象頭、獅身組成，體粗壯，四肢短健有力，穗尾蓬鬆，長鼻彎曲，呲長牙，兩膊生翼並有火焰，兇猛異常。怪獸兩填紅彩，兩填黃彩，相間排列，神態不一，紅者回首驚奔，黃者昂首飛騰。海獸間襯以大小朵雲，雲與海水均為深淺不一的青花藍色。肩、脛部分別以黃彩填繪覆、仰雙重蕉葉紋。外底心青花楷書“天”字款。

此罐胎體輕薄，透光度強，從內壁可窺見外壁的花紋。整體設色以釉下青花與釉上紅、黃、綠等彩相配，明麗悦目。考海獸紋始創於永樂官窰，宣德至成化早、中期都很流行，但一般多畫九種。成化鬥彩罐上的海獸紋則被簡化，只畫海馬或海象。

164

鬥彩纏枝蓮紋蓋罐

明成化

通高8.3厘米　口徑4.3厘米　足徑6.5厘米

清宮舊藏

Covered jar with design of interlocking lotus in contrasting colours

Chenghua period, Ming Dynasty

Overall height: 8.3cm　Diameter of mouth: 4.3cm

Diameter of foot: 6.5cm

Qing Court collection

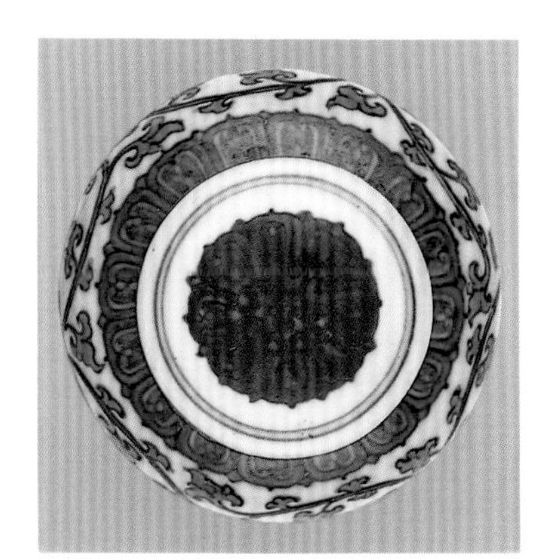

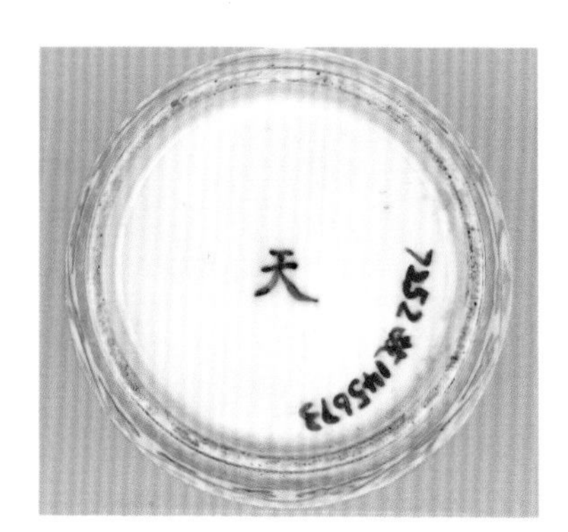

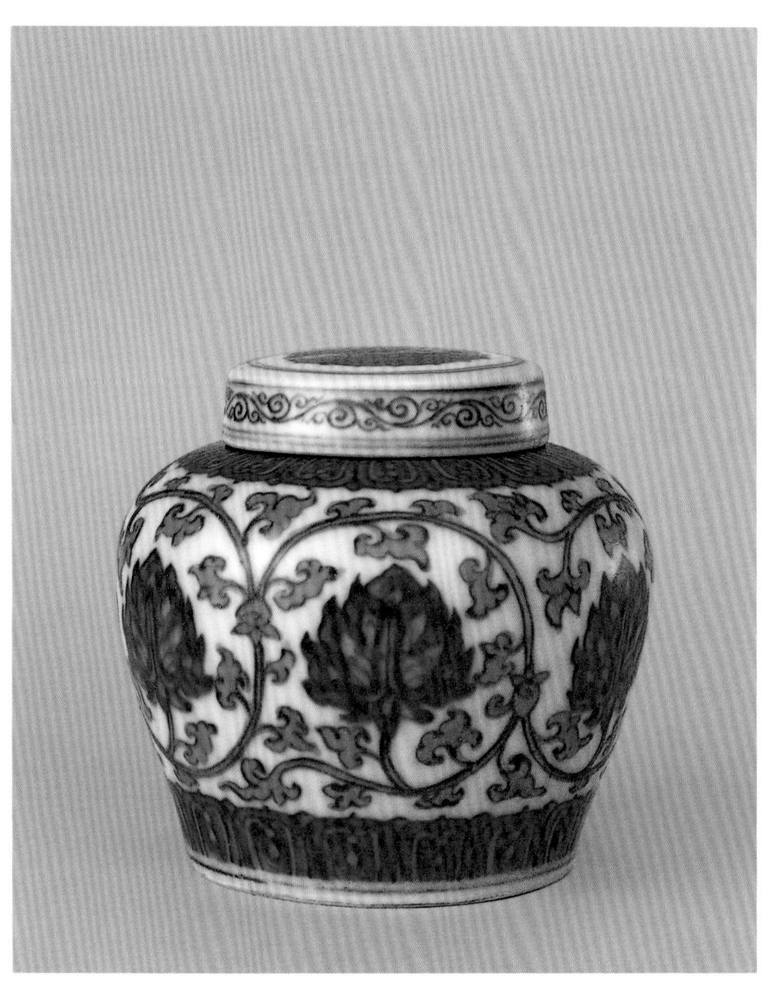

造型同鬥彩海水龍紋蓋罐。有平頂直邊圓蓋，蓋面微隆起。腹部主題繪纏枝蓮紋，六朵盛開的蓮花以青花繪出，不施釉上彩，莖蔓與葉片以青花雙勾後填以綠彩。肩、脛處以青花覆仰蓮瓣紋作配飾。蓋面中央繪青花團蓮一朵，覆以紅彩，蓋邊繪一周青花捲枝紋。外底心有青花楷書“天”字款。

此罐構圖雖飽滿，但虛實處理得當，毫無壅塞感。在色彩運用上，以單一的草綠色襯托淡雅的青蓮，越顯出蓮花清高典雅的風姿。成化鬥彩瓷器的畫面設色，以同時使用兩種以上釉上彩者較為多見，如此罐主體畫面只用一種釉上彩者較少見。成化至今已有五百多年歷史，鬥彩蓋罐中保留原蓋者不多，而此器之蓋完好無損，尤為難得。

165

鬥彩蓮花紋蓋罐

明成化
通高12.7厘米　口徑6.2厘米　足徑6.5厘米
清宮舊藏

Covered jar with lotus design in contrasting colours
Chenghua period, Ming Dynasty
Overall height: 12.7cm　Diameter of mouth: 6.2cm
Diameter of foot: 6.5cm
Qing Court collection

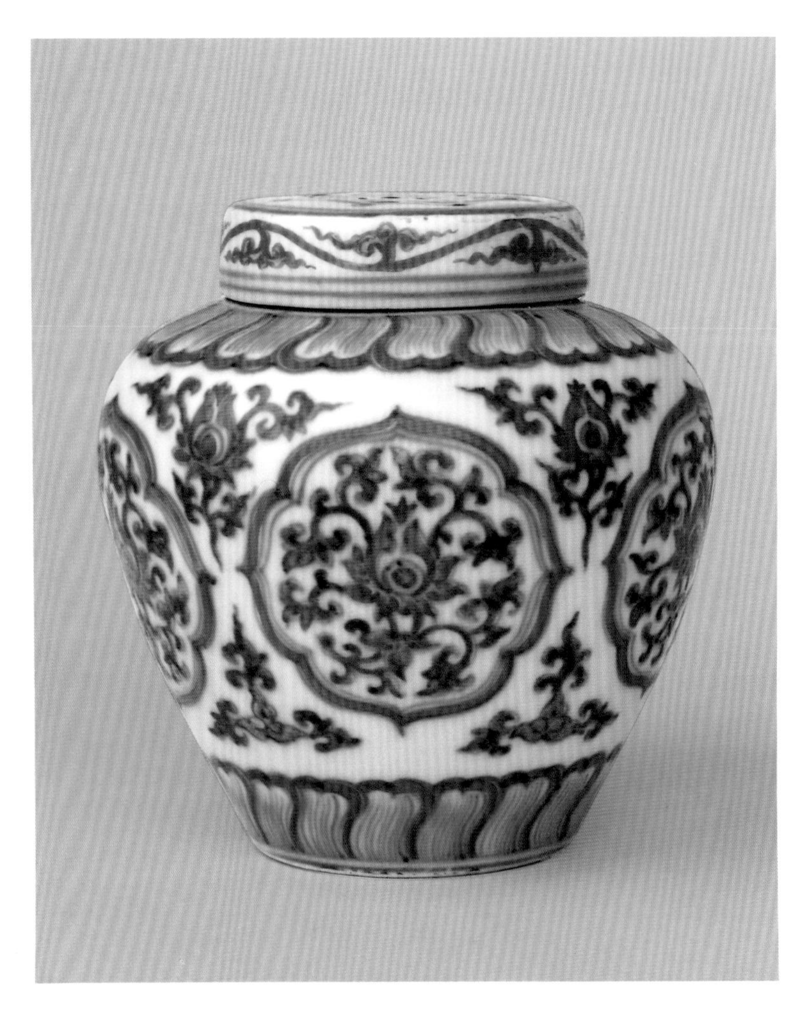

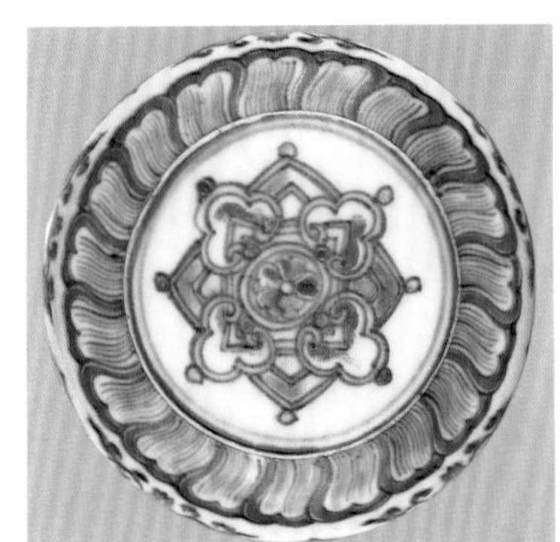

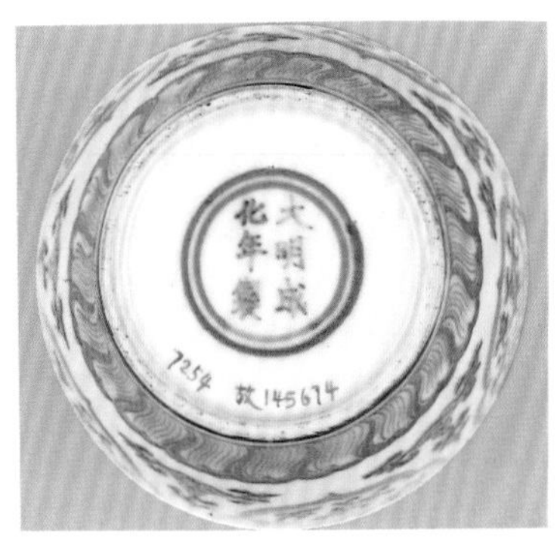

罐口與短直頸相連，闊肩，肩以下漸斂，近足處微外撇，圈足。有平頂直邊圓蓋。腹部均佈五個菱形開光，內繪折枝蓮紋，開光之間隔以上下呼應的小體折枝蓮和花葉紋。菱形開光和變體蓮瓣填紅彩，折枝蓮均為綠葉、黃芽、紅花。罐肩與脛部分別為覆、仰變體蓮瓣紋。蓋面上為青花雙勾正方形和如意頭紋上下疊錯組成的變形圖案，填塗紅、黃、綠等彩，蓋邊飾捲枝紋。足外底青花雙圈楷書“大明成化年製”六字雙行款。

此罐造型豐腴典雅，整體設色富寫實感。

166

鬥彩團花菊蝶紋蓋罐

明成化

通高11.1厘米　口徑5.3厘米　足徑5.6厘米

清宮舊藏

Covered jar with design of chrysanthemum and butterfly medallions in contrasting colours

Chenghua period, Ming Dynasty

Overall height: 11.1cm　Diameter of mouth: 5.3cm

Diameter of foot: 5.6cm

Qing Court collection

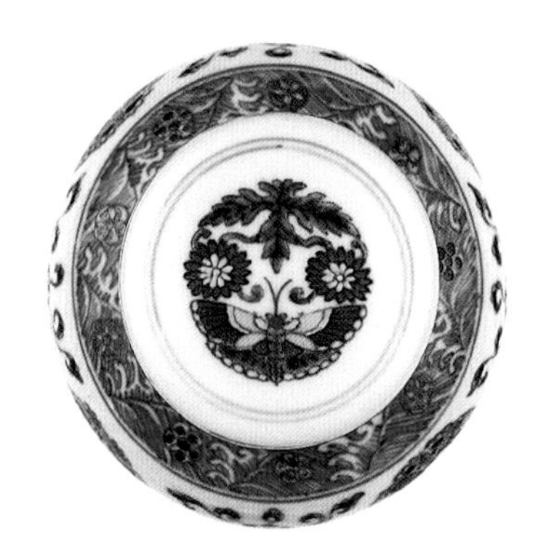

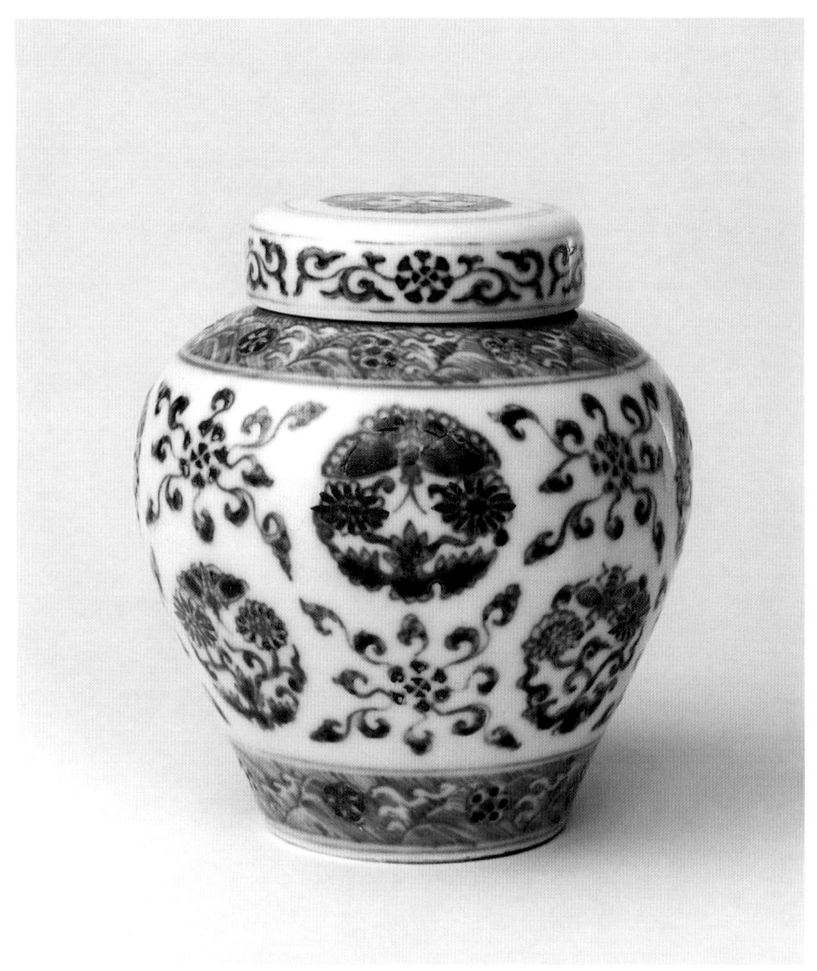

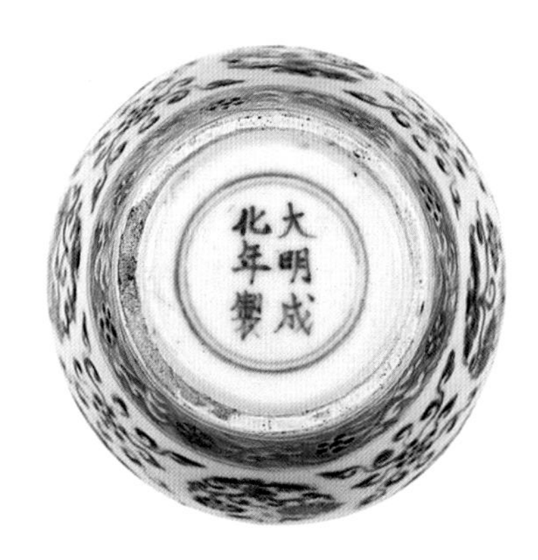

罐直口，豐肩，肩以下漸斂，近足處略外撇，圈足。腹部團花與勾葉朵花紋作交錯散點式排列。團花有兩種，為折枝菊搭配飛蝶或蜜蜂而組成。肩及脛部皆以淡淡的青花繪海水紋，水面漂浮紅、黃、綠相間排列的朵花，寓意“落花流水”。外底有青花楷書“大明成化年製”六字雙行款，外圍青花雙圈。蓋似為清雍正時所配，蓋面繪菊蝶紋，周邊繪折枝花紋，其上所填洋黃和豆綠彩是成化時所未見的。填彩技法也不同於成化朝，所填色彩皆嚴格控制在青花輪廓綫以內。

此罐全部紋樣均以青花勾畫輪廓，莖葉填綠彩，花朵填紅彩或黃彩，蝴蝶翅膀偶有填紫彩。這種紫彩乾澀無光，即所謂“姹紫”或“差紫”，為成化朝所獨有。

167

鬥彩花蝶紋罐

明成化

高10.5厘米　口徑10.8厘米　足徑9厘米

Jar with design of butterflies and flowers in contrasting colours

Chenghua period, Ming Dynasty

Height: 10.5cm　Diameter of mouth: 10.8cm

Diameter of foot: 9cm

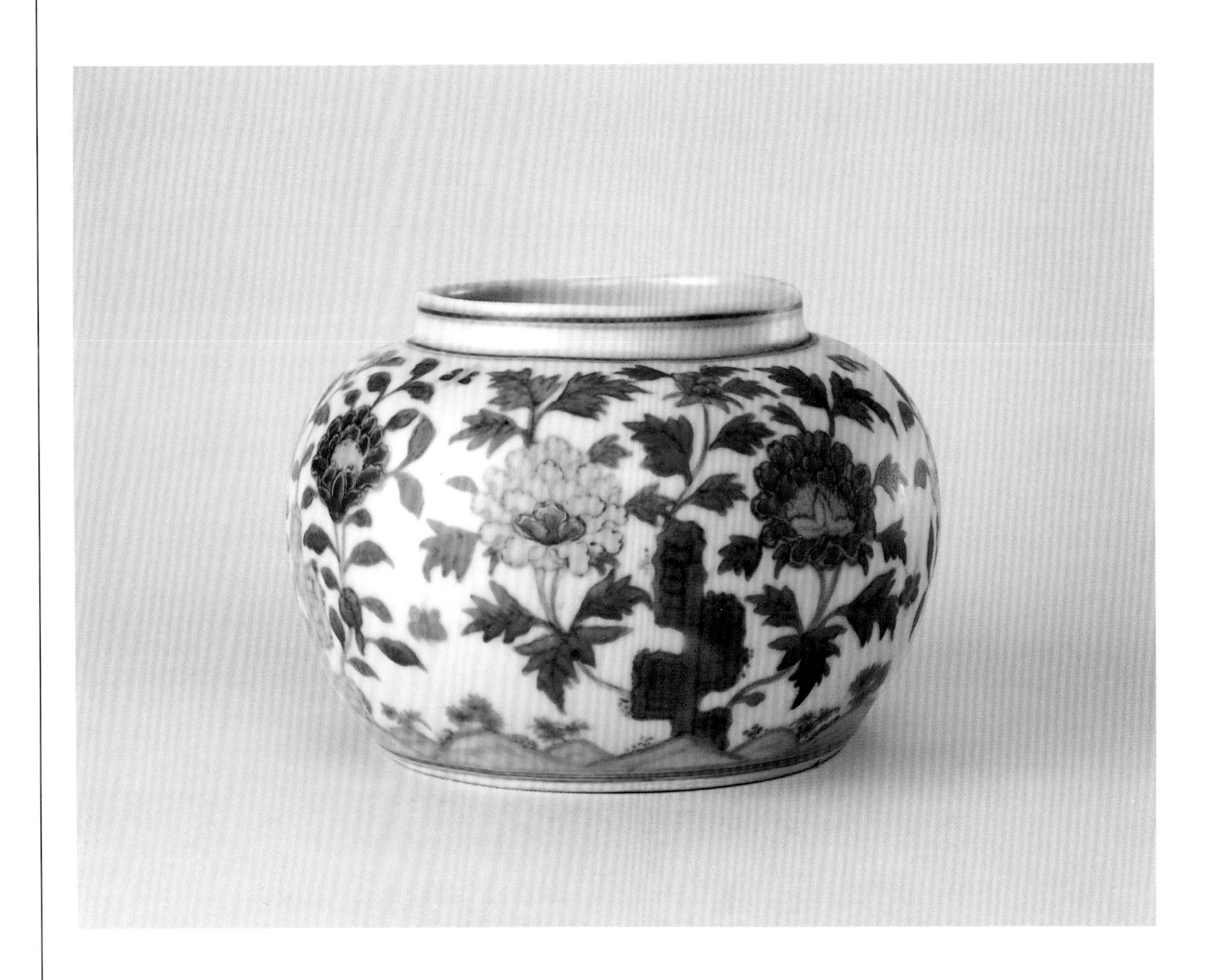

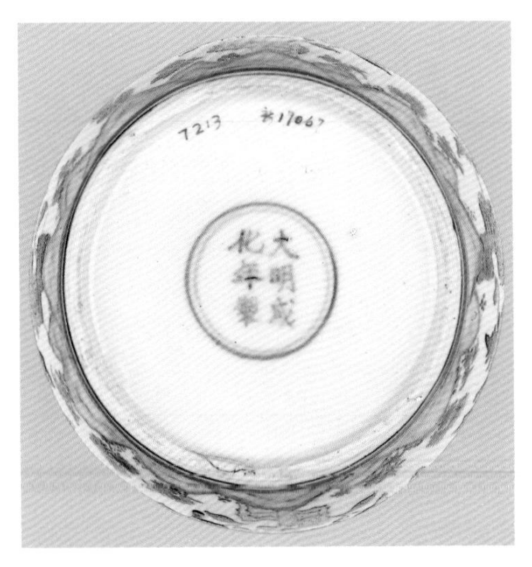

罐直口，短頸，溜肩，腹體矮碩，腹以下漸收至底，淺圈足。罐蓋已佚。腹部於坡地上繪柱石牡丹和柱石月季各兩組，相間排列，間以飛舞的蜂蝶。口、頸及近底處常見的青花弦綫上疊以紅彩弦綫。畫中柱石、花枝、蜂、蝶等皆以青花勾勒輪廓，以紅、黃、綠、紫等釉上彩填飾，色彩繽紛，清新艷麗。外底青花雙圈內楷書“大明成化年製”六字雙行款。

英國倫敦大維德基金會亦收藏一件成化鬥彩柱石花卉紋罐，造型與此罐相同，但腹部繪三組柱石月季，間以飛舞的蜂蝶。此種成化鬥彩罐形體飽滿，釉質白潤，畫意生動，堪稱一代絕品，可惜的是罐蓋均已佚。

168

鬥彩寶相花紋蓋罐

明成化

通高19.7厘米　口徑7.9厘米　足徑8.4厘米

Jar with rosette design in contrasting colours

Chenghua period, Ming Dynasty

Overall height: 19.7cm　Diameter of mouth: 7.9cm

Diameter of foot: 8.4cm

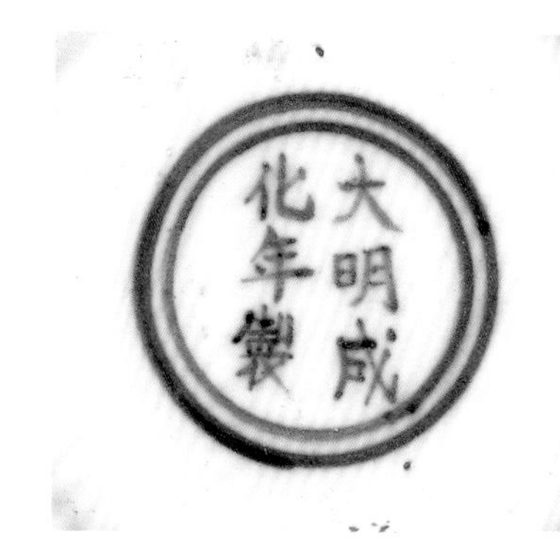

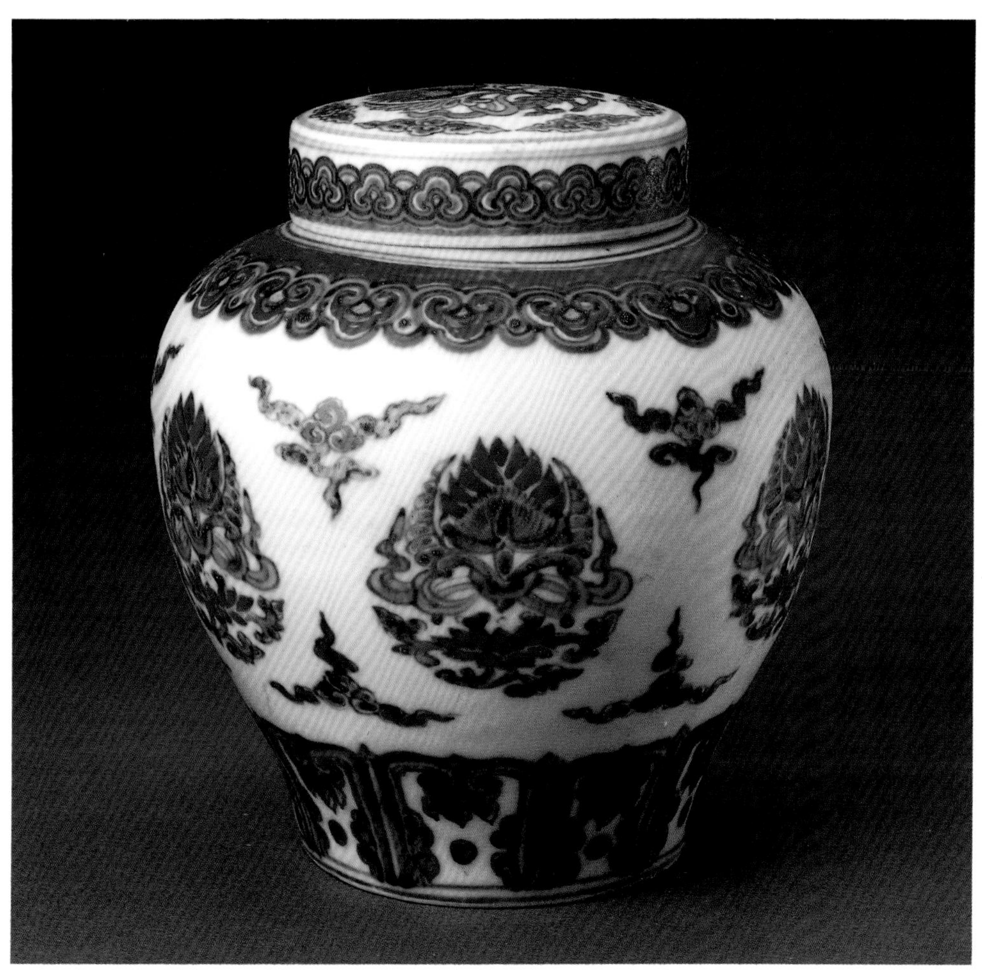

此罐為成化鬥彩罐中形體較大者。直口，豐肩，斂腹，淺圈足。腹部繪主題紋樣，六組由折枝花托寶相花組成的團花繞腹一周均勻分佈，團花間隔處上下均有對稱朵雲紋。肩部與脛部分別繪如意頭雲紋及變形仰蓮瓣紋。外底青花楷書“大明成化年製”六字雙行款，外圍青花雙圈。

蓋非原偶，按清代檔案記載，應為清雍正、乾隆時景德鎮御窰廠配製，蓋頂繪佛杵紋，周邊繪相間排列的朵雲和朵花。成化鬥彩罐以外底青花楷書“天”字款者較多見，極少數外底青花楷書六字雙行年款外圍青花雙圈，此罐即一例。

169

鬥彩花蝶紋蓋盒

明成化

通高8厘米　口徑14厘米　足徑9厘米

Covered box with design of butterflies and flowers in contrasting colours

Chenghua period, Ming Dynasty

Overall height: 8cm　Diameter of mouth: 14cm

Diameter of foot: 9cm

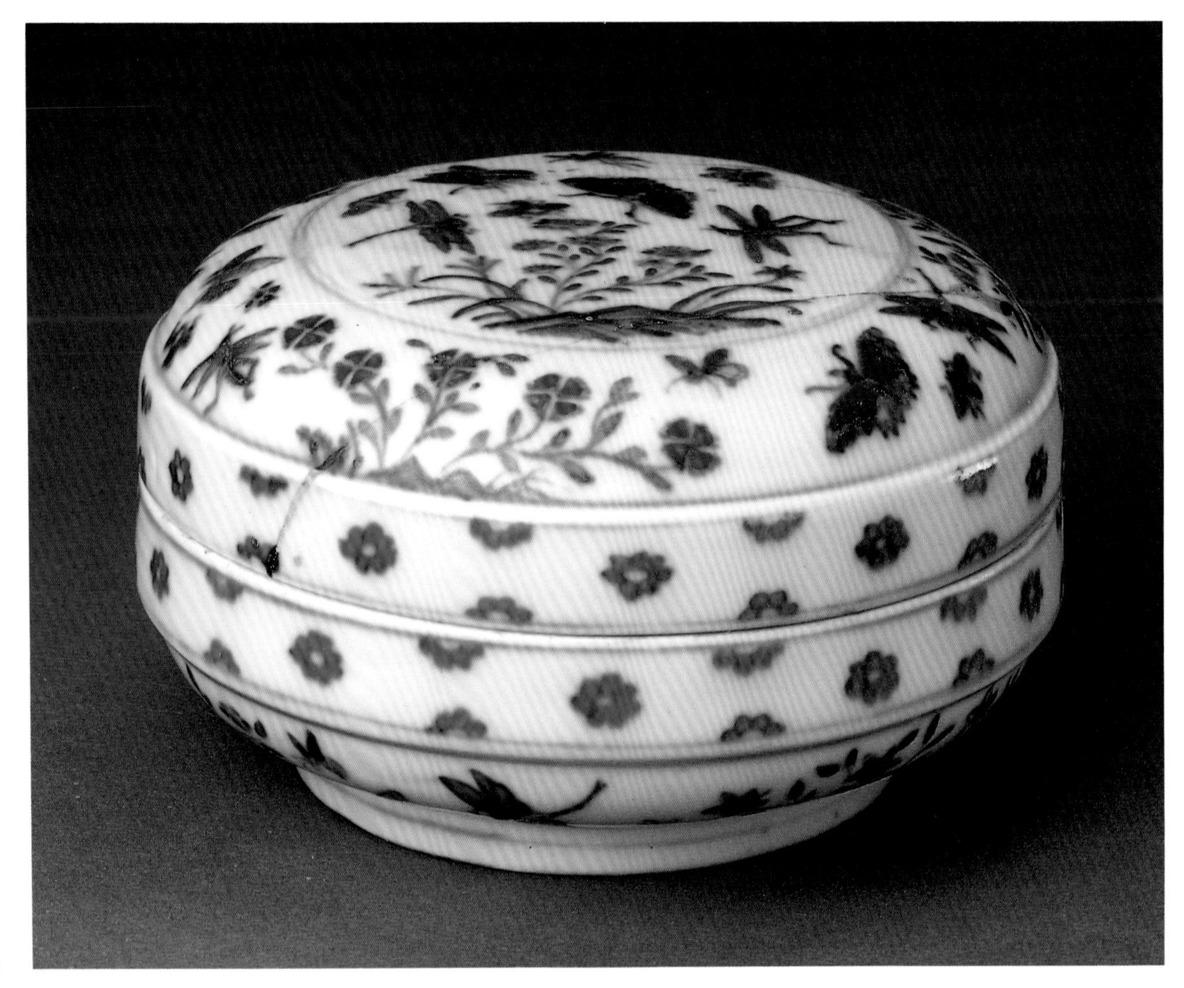

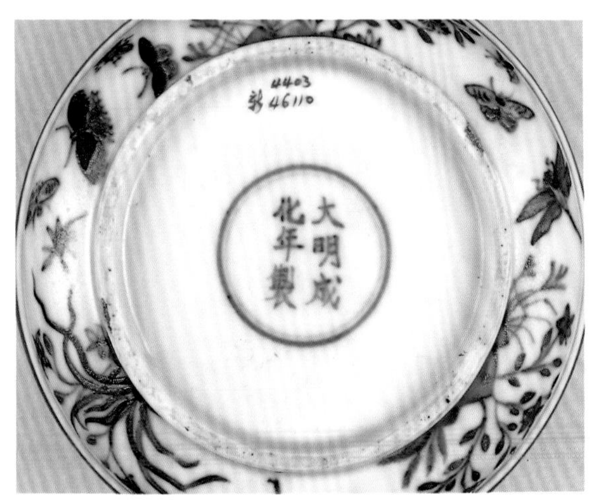

盒為扁圓形，平頂，直壁，圈足。蓋與盒身作子母口蓋合。主題紋飾為蓋面及盒身下部所繪秋草叢，空間均點綴蝴蝶、螞蚱、蜻蜓，直壁上繪朵花紋，作規則排列。全器以釉下青花配以釉上紅、黃、綠、紫諸彩，艷而不俗。外底青花雙圈內楷書“大明成化年製”六字雙行款。

傳世成化鬥彩瓷器中盒類器極罕見，故此器彌足珍貴。

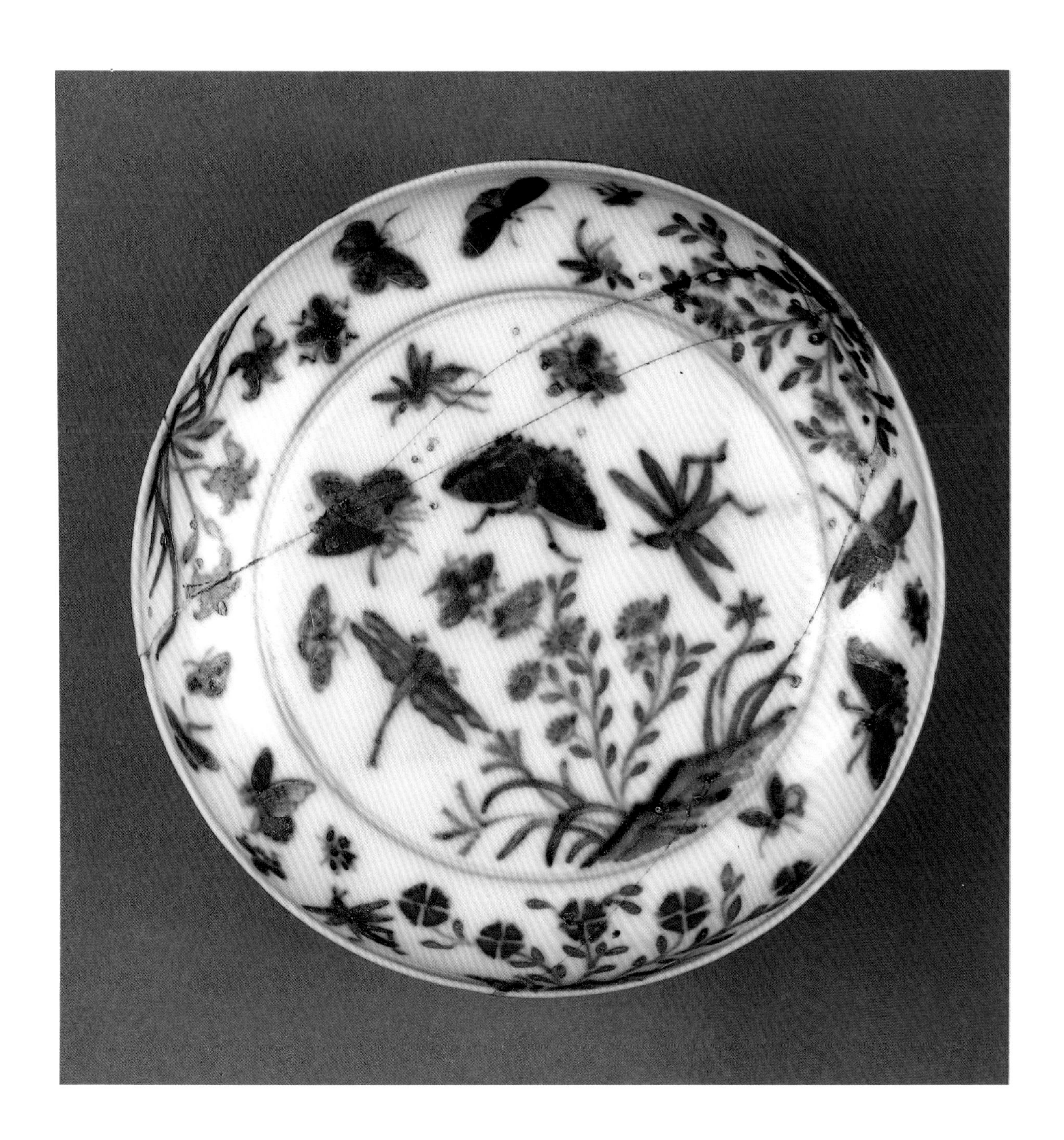

170

鬥彩果樹雙禽紋高足杯

明成化

高7.6厘米　口徑6.7厘米　足徑3.6厘米

清宮舊藏

Stem cup with design of fruit trees and birds in contrasting colours

Chenghua period, Ming Dynasty

Height: 7.6cm　Diameter of mouth: 6.7cm

Diameter of foot: 3.6cm

Qing Court collection

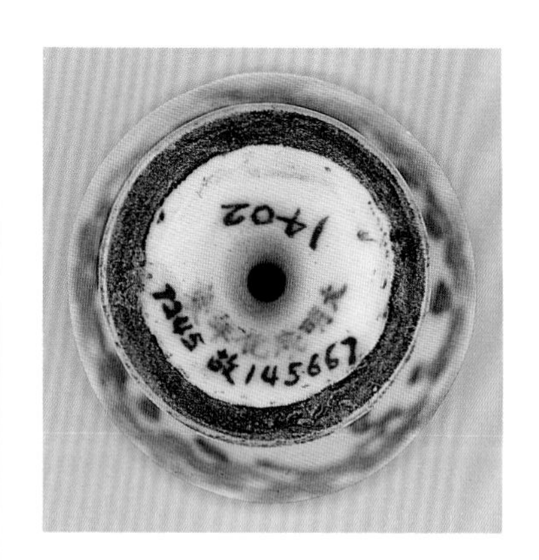

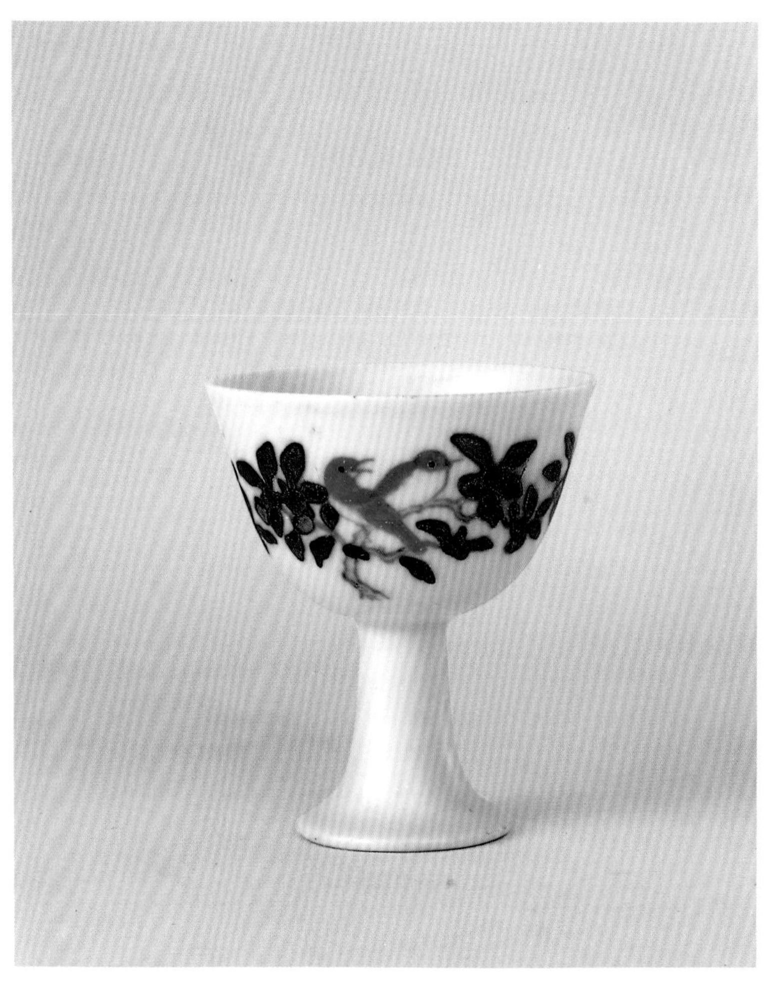

杯敞口，深弧腹，高足中空，近底處外展成喇叭狀。高足杯始燒於元代，因其足部稍高，可用手擎之，故名。杯外壁飾以兩組鬥彩小鳥果樹圖。一組繪兩小鳥分棲果樹左右兩枝，前鳥啼囀，後鳥靜默。果樹樹幹矮短，枝平而長，碩果纍纍，畫面約佔外壁的三分之二。另一組則枝短果疏，兩隻小鳥棲於一處，前鳥回首鳴叫，後鳥默望。兩組小鳥均為藍（青花）羽白腹，雙睛點以赭彩。足內亮釉處以青花料自右向左繞書“大明成化年製”六字款。

此杯為御用酒具，是成化鬥彩瓷中的名品，明代文獻美其名曰“鸚鵡啄金杯”或“一平雙喜杯”。畫面藍本應為當時宮廷畫家所設計。該杯在裝飾上的最大特點是口沿和近足處不飾青花弦綫，更加突出了紋飾的清柔婉麗之美，同時也是目前僅見的一件不飾青花弦綫的成化鬥彩高足杯。

171

鬥彩葡萄紋高足杯（二件）
明成化
高6.8厘米　口徑8厘米　足徑3.5厘米
高6.7厘米　口徑7.9厘米　足徑3.7厘米
清宮舊藏

Stem cups with grape design in contrasting colours
Chenghua period, Ming Dynasty
Height: 6.8cm　Diameter of mouth: 8cm
Diameter of foot: 3.5cm
Height: 6.7cm　Diameter of mouth: 7.9cm
Diameter of foot: 3.7cm
Qing Court collection

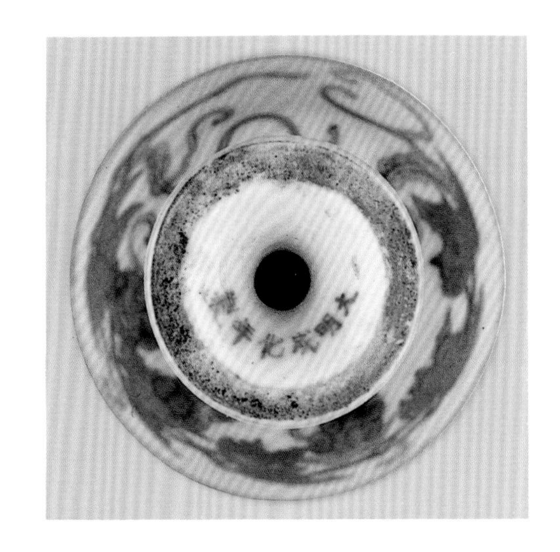

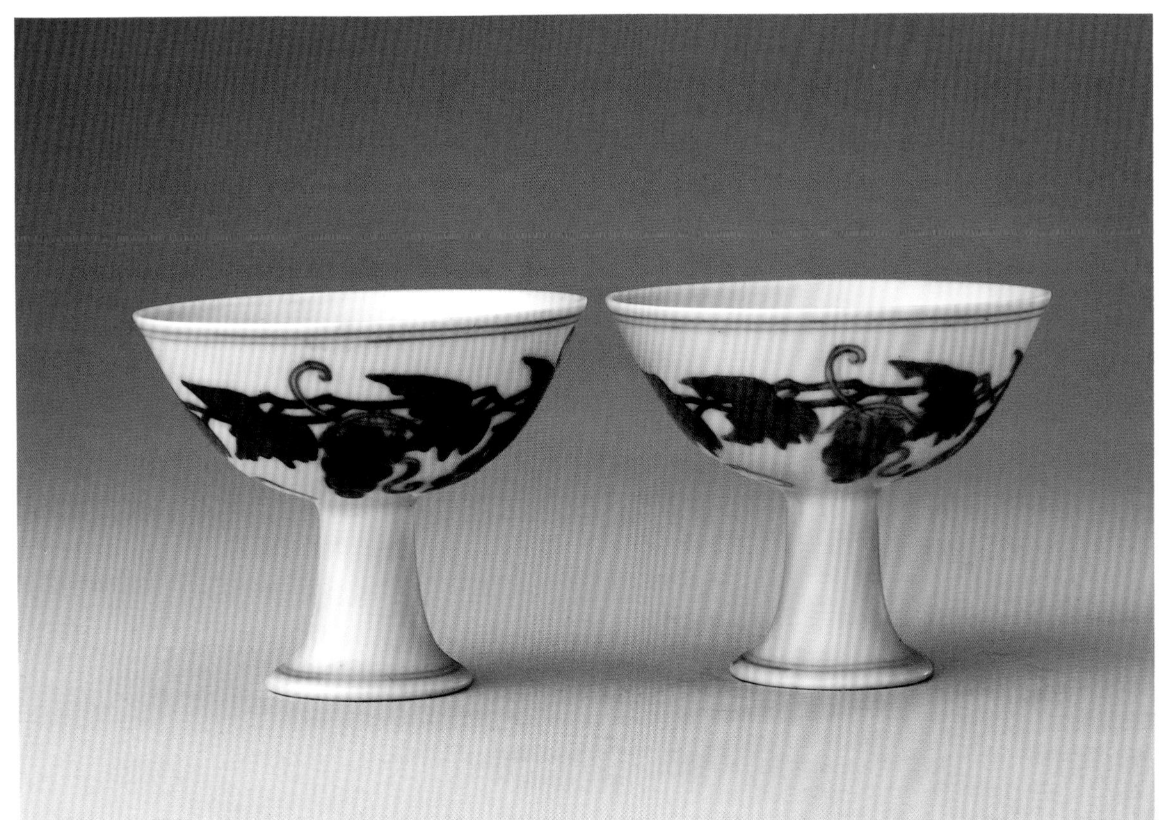

杯敞口，口微撇，淺弧腹，下承以喇叭狀細高足，高足中空。腹部飾鬥彩折枝葡萄紋。一串成熟了的葡萄環飾杯壁，運用覆彩、填彩等手法加以裝飾。其彎曲的莖蔓上填以黃色，黃彩略微閃綠，色澤光亮。其主枝葉子與果實部位覆以濃重的紫色，葉子呈赭紫色，枝幹與果實則近黑紫色，紫色上面多有一層亮麗藍紫相間的色光，恰好表現了葡萄熟時特有的晶瑩色調與質感，使物象極盡寫生之妙。杯近口沿處及近足底處均飾以青花雙弦綫。足沿內亮釉處以青花料自右向左橫書“大明成化年製”楷書六字款。

此杯屬成化官窰創新器型，其藍本似為元代高足杯。與元高足杯相比，其腹部斜收趨扁，高足近底處則更擴展，從而使整個形體越顯輕盈秀美。

172

鬥彩團蓮紋高足杯（二件）

明成化
高7.2厘米　口徑6.7厘米　足徑3.4厘米
高8.2厘米　口徑6.3厘米　足徑3.4厘米
清宮舊藏

Stem cups with design of lotus medallions in contrasting colours

Chenghua period, Ming Dynasty
Height: 7.2cm　Diameter of mouth: 6.7cm
Diameter of foot: 3.4cm
Height: 8.2cm　Diameter of mouth: 6.3cm
Diameter of foot: 3.4cm
Qing Court collection

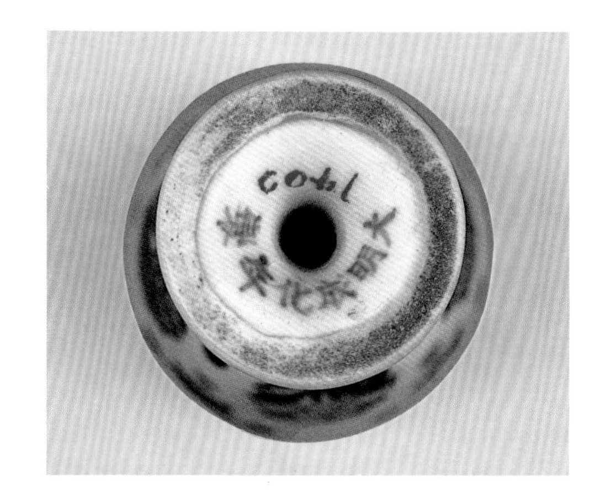

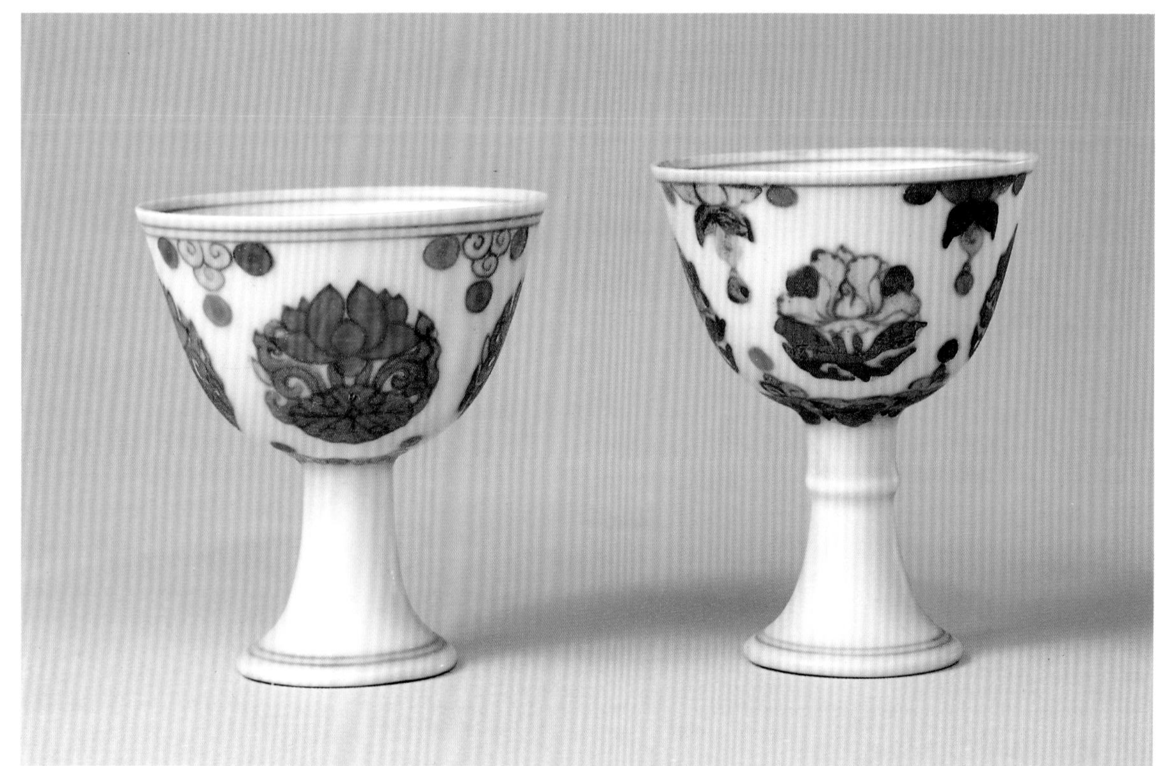

一件杯口略小，足略高，高足自底往上三分之二處起竹節。內、外近口沿處各有青花弦綫一道，近足處有青花弦綫兩道。外腹壁飾以四組鬥彩團荷蓮紋，兩黃色蓮朵和兩褐色蓮朵相間排列，間以上下對稱的變形花葉紋。團蓮的莖、葉皆填褐彩。足內沿自右向左青花楷書“大明成化年製”六字橫款。

另一件高足上不起竹節，足略矮。內壁近口沿處有青花弦綫一道，外壁近口沿處和近底足處各有青花弦綫兩道。外腹壁以鬥彩裝飾。上下對稱的勾雲圓點紋將腹壁均勻地分割成四個空間，空間內各繪一團蓮紋，兩紅蓮朵和兩青花蓮朵相間排列，均為綠葉黃芽。足底沿自右向左青花楷書“大明成化年製”六字橫款。

故宮博物院珍藏數件鬥彩團蓮紋高足杯，製作皆精美，此為其中兩件。此種高足杯造型秀巧，圖案新穎。所繪荷葉筋脈畢露，富有寫實感。第一件高足杯以青花、褐、黃彩相配，素淡雅致；第二件高足杯以青花、紅、綠、黃彩相配，清新艷麗。

173

鬥彩纏枝蓮紋高足杯

明成化

高8.7厘米　口徑7.4厘米　足徑3.7厘米

清宮舊藏

Stem cup with design of interlocking lotus in contrasting colours

Chenghua period, Ming Dynasty

Height: 8.7cm　Diameter of mouth: 7.4cm

Diameter of foot: 3.7cm

Qing Court collection

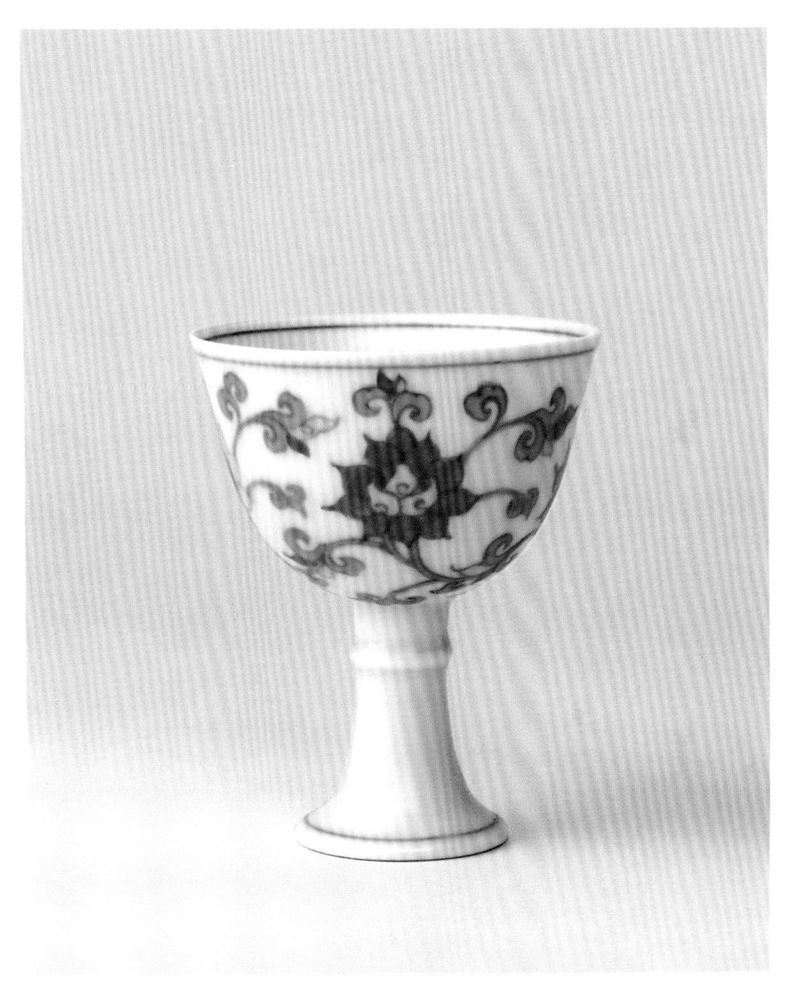

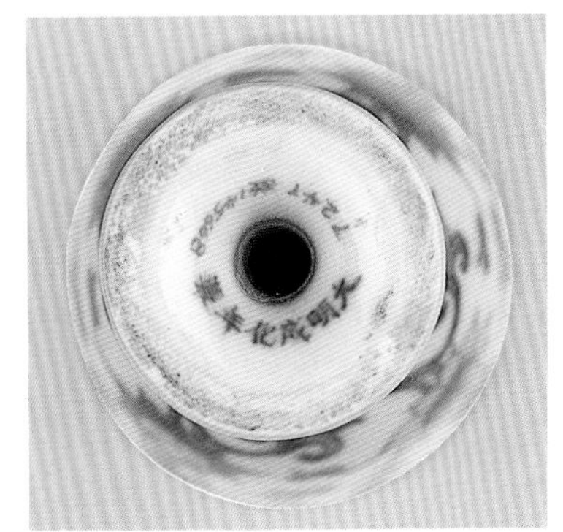

杯敞口，深腹，腹部斜收，瘦底，下承以喇叭狀高足。外壁作鬥彩纏枝蓮紋裝飾，以常見的青花弦綫作邊飾，高足自底往上三分之二處起竹節。足內沿自右向左青花楷書“大明成化年製”六字橫款。

故宮博物院珍藏數件成化鬥彩纏枝蓮紋高足杯，此為其中一件。此杯造型雋秀，色彩明麗，因以纏枝西番蓮環繞腹際，故文獻稱之為“西番蓮杯”。小巧的杯體配以婉轉流利的纏枝花紋，明快活潑。有研究者認為，成化鬥彩吸收或借鑒了元代以來掐絲琺瑯的技法，從勾勒方法和填彩效果看，此杯堪稱模仿掐絲琺瑯的典型器物。

纏枝蓮高足杯屬成化鬥彩名品，歷史上曾被仿製，北京故宮博物院藏有清雍正官窰仿品，造型、紋飾和色彩近似原作，足內沿自右向左青花楷書“大清雍正年製”六字橫款。

174

鬥彩高士杯

明成化
高4.4厘米　口徑7.2厘米　足徑3.4厘米
清宮舊藏

Cup with noble scholar design in contrasting colours
Chenghua period, Ming Dynasty
Height: 4.4cm　Diameter of mouth: 7.2cm
Diameter of foot: 3.4cm
Qing Court collection

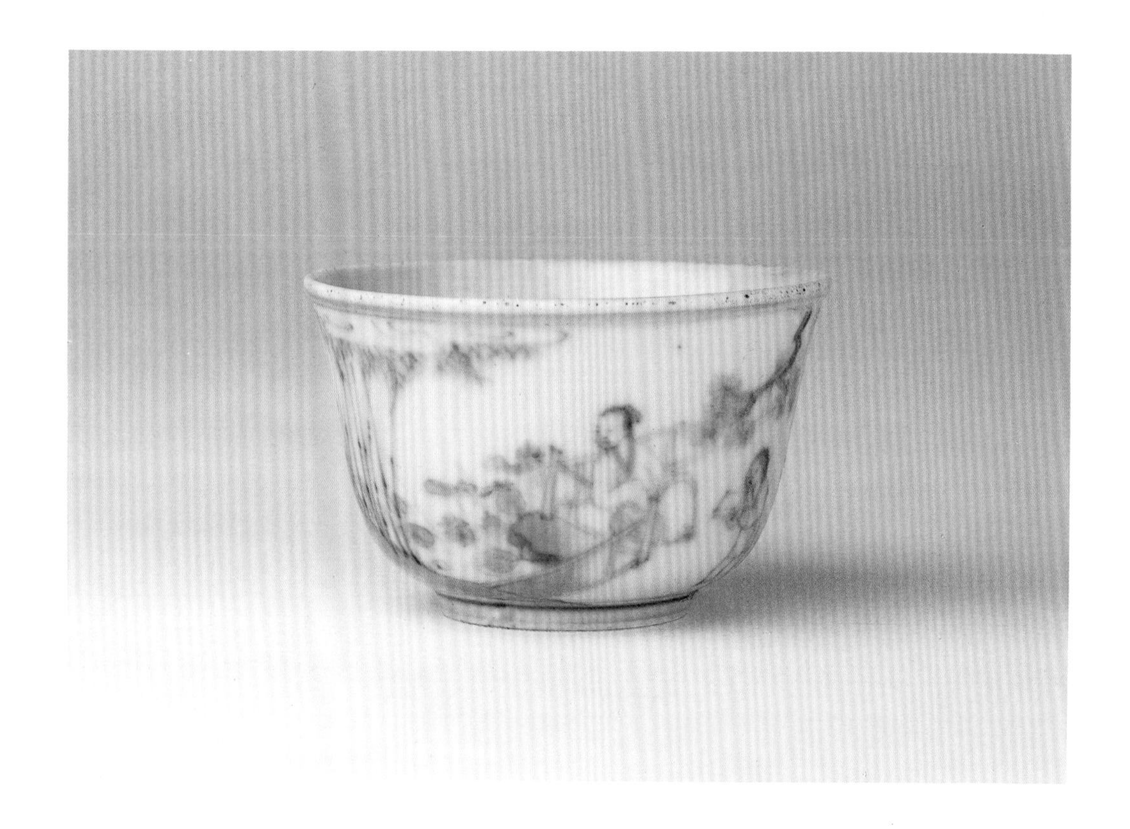

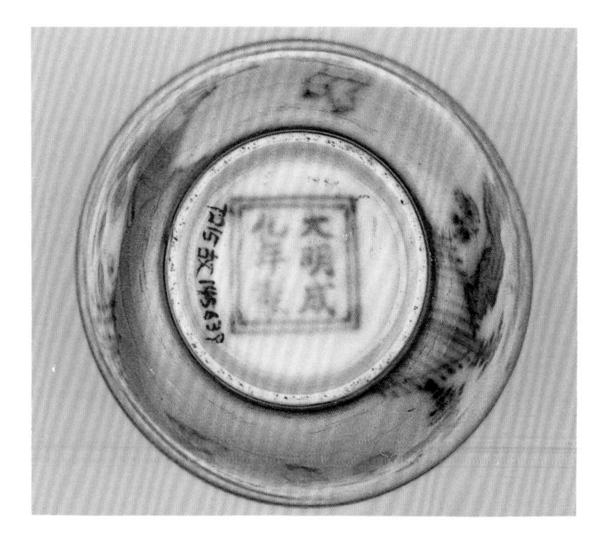

造型同圖181之靈芝紋杯，敞口，口邊微撇，深腹，豐底，圈足。杯外壁繪圖兩組，一組為“陶淵明愛菊”，盆菊盛開，陶潛立於竹林下，側首觀賞侍童捧至面前的菊花；另一組為“周敦頤愛蓮”，蓮池旁，周敦頤依欄而坐觀賞荷塘白蓮，侍童側立一旁。兩組畫面之間襯以翠竹、青松、盆菊、葛籐等。構圖平遠開闊，意境高雅恬靜。從施彩技法上看，此杯畫面上的人物、樹林、坡地、盆花等皆以釉下青花繪出，只是在釉上點綴少許紅、黃、綠彩，屬典型的“點彩”法，呈色古雅而不清冷，是成化鬥彩瓷器中別具一格之作。外底青花雙方框內楷書“大明成化年製”六字雙行款。

175

鬥彩高士杯

明成化

高3.4厘米　口徑6.1厘米　足徑2.6厘米

清宮舊藏

Cup with noble scholar design in contrasting colours

Chenghua period, Ming Dynasty

Height: 3.4cm　Diameter of mouth: 6.1cm

Diameter of foot: 2.6cm

Qing Court collection

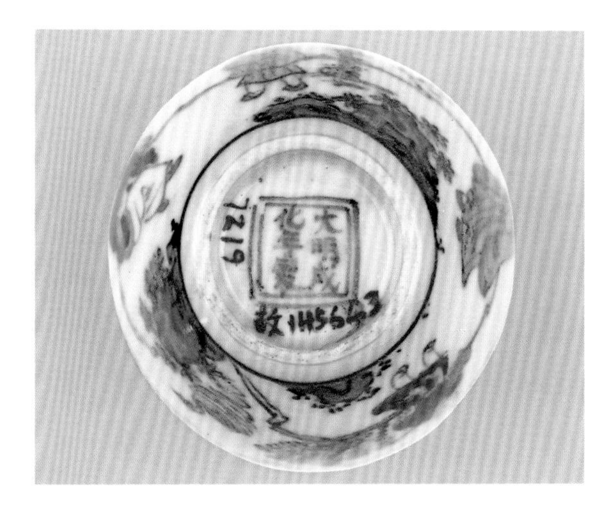

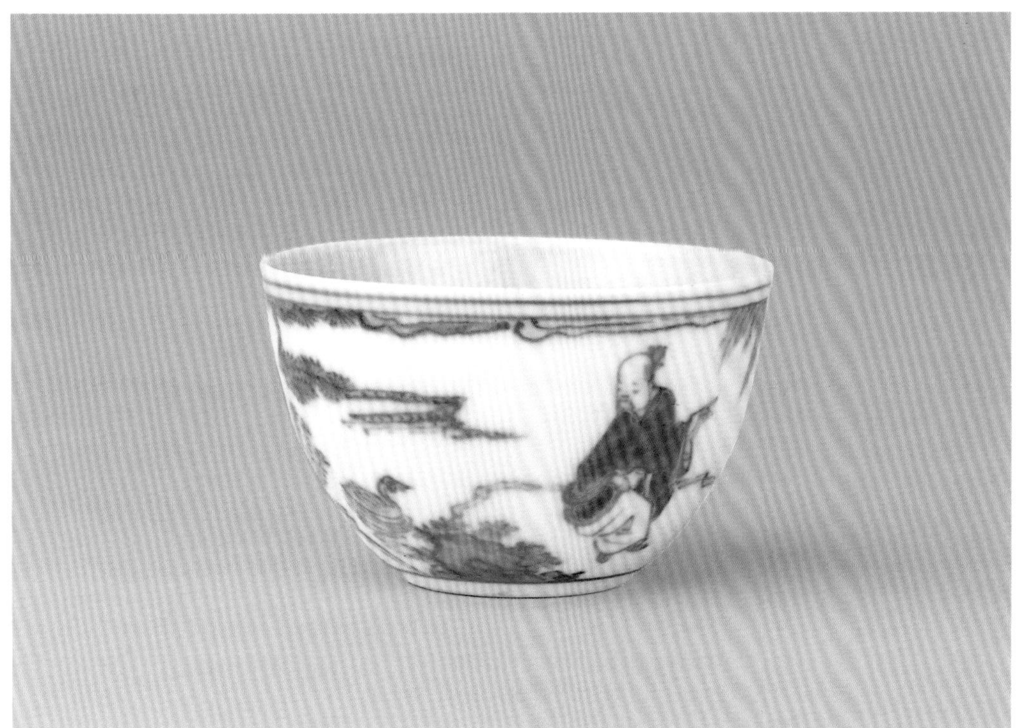

敞口，口沿微撇，口以下漸內斂，淺圈足。杯內外施潔白瑩潤的白釉，外壁繪兩組鬥彩紋飾，一為“王羲之愛鵝”，一為“俞伯牙攜琴訪友”，故有“高士杯”之稱。此杯上王羲之身穿紅衣，臨池側坐坡石上，俯視水中游鵝。一綠衣童子，手捧書卷旁立，四周伴以垂柳、野花，彩雲輕飄。身穿綠衣的俞伯牙穩步前行，頭紮雙髻，一紅衣書童攜琴隨後，四周松柏蒼翠，野菊叢簇，秋意濃鬱。兩組畫面設色以釉下青花和釉上紅、水綠為主，略施黃、赭二彩，鮮麗明快。外底青花雙方欄內楷書“大明成化年製”六字雙行款。

此為成化時景德鎮御窰廠新創的一種杯型，造型輕盈、飽滿。畫面構圖虛實得當，主次分明，意境深遠，畫風受同期畫家沈周（1427－1509年）、吳偉（1459－1508年）等影響。

176

鬥彩嬰戲紋杯（二件）

明成化
高4.8厘米　口徑6厘米　足徑2.7厘米
高4.8厘米　口徑5.9厘米　足徑2.6厘米
清宮舊藏

Cups with design of children at play in contrasting colours

Chenghua period, Ming Dynasty
Height: 4.8cm　Diameter of mouth: 6cm
Diameter of foot: 2.7cm
Height: 4.8cm　Diameter of mouth: 5.9cm
Diameter of foot: 2.6cm
Qing Court collection

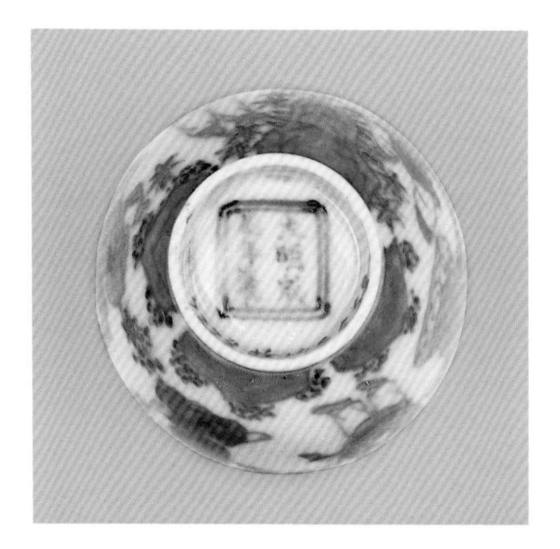

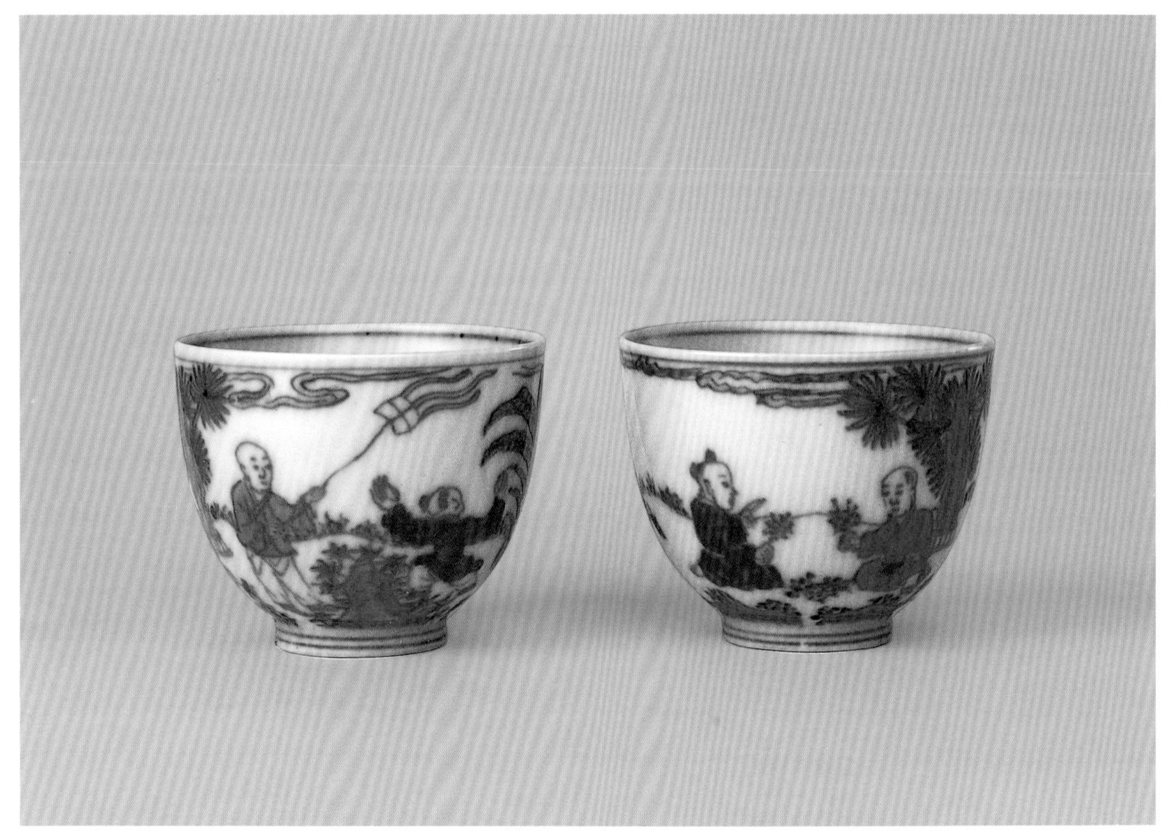

杯為深式，直口，口以下漸收，圈足。外壁飾鬥彩嬰戲紋，畫面可分成兩組，一組為兩小童放風箏，另一組為三童鬥草，小童之衣衫以紅、綠、淡紫等彩及青花染繪。畫面襯以柱石、棕櫚、芭蕉、流雲等，春意融融，是一幅絕好的庭園嬰戲圖。外底青花雙方框內青花楷書“大明成化年製”六字雙行款。

此二杯原藏乾清宮，為乾隆皇帝的珍賞器，胎薄釉潤，輕盈秀雅。成化鬥彩嬰戲紋杯以其靈巧的形體、鮮嫩的色彩、生動的畫面而聞名於世。明代嘉靖時景德鎮官窯有仿製品，為美國克利夫蘭美術館、北京故宮博物院及台北故宮博物院所收藏。

177

鬥彩雞缸杯（二件）

明成化
高3.3厘米　口徑8.3厘米　足徑4.1厘米
高3.4厘米　口徑8.3厘米　足徑4.3厘米
清宮舊藏

Urn-shaped cups with chicken design in contrasting colours
Chenghua period, Ming Dynasty
Height: 3.3cm　Diameter of mouth: 8.3cm
Diameter of foot: 4.1cm
Height: 3.4cm　Diameter of mouth: 8.3cm
Diameter of foot: 4.3cm
Qing Court collection

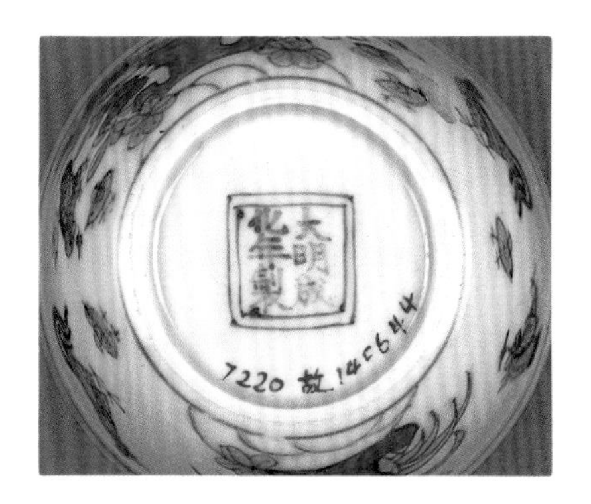

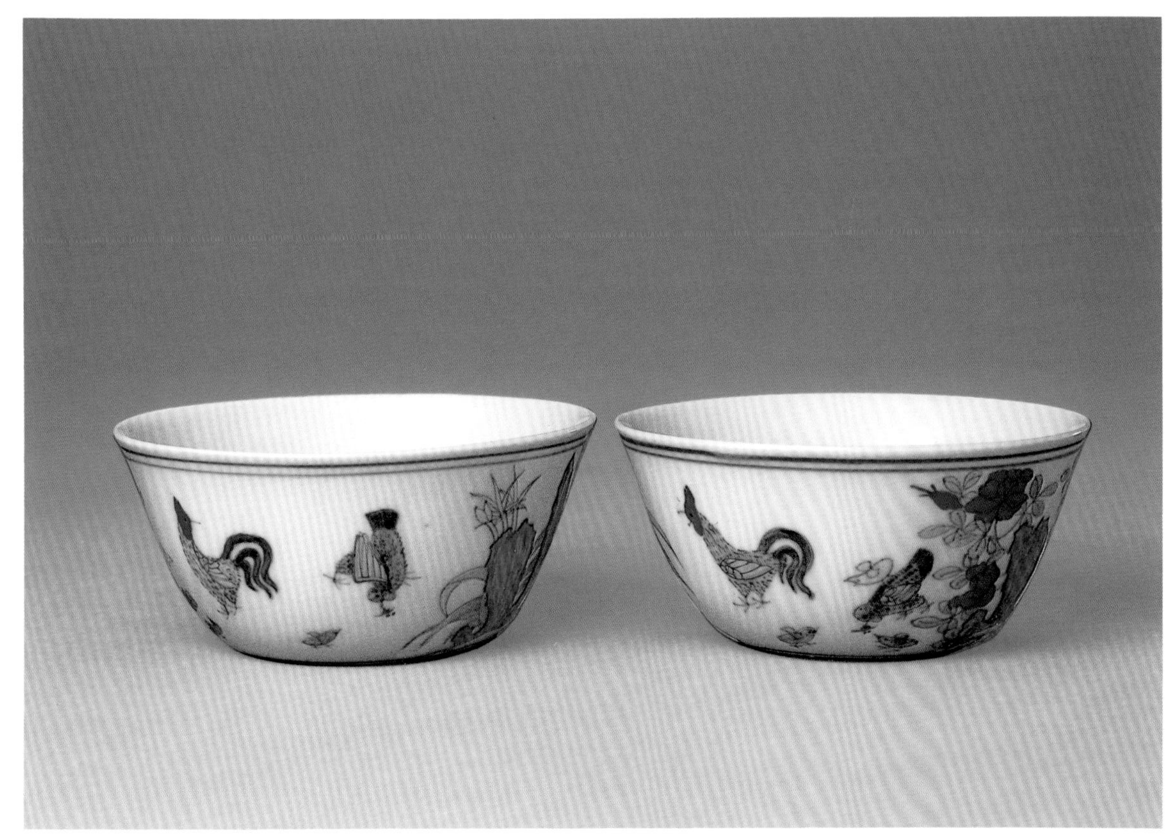

雞缸杯為成化官窰新創之造型，因杯似缸形又外繪子母雞而得名，是成化鬥彩瓷中的名品，屬御用酒具。據文獻記載："神宗時尚食，御前成化彩雞缸杯一雙，值錢十萬。"當時已貴重如此。

杯敞口，口微撇，口以下漸內收，豐底，卧足。其胎體輕薄，幾同蟬翼，可以照見指紋。外腹部繪鬥彩雞羣兩組，以洞石花卉兩組相間。兩組雞羣均為一雄，一雌，三雛，但畫面不同。一組為雄雞引頸高吭，雌雞啄蟲哺雛，一雛頑皮地立於母雞背上戲耍，另兩隻爭食小蟲。另一組中母雞神態緊張，翻身振翅奮啄一蜈蚣，前面的公雞似被驚動，回首張望，而雛雞則於一旁嬉耍。畫工以簡練的筆觸描繪出人們習見的雞羣活動場景，背景中湖石玲瓏，蘭花清幽，月季嬌艷，皆刻畫得生動真切。整個畫面構圖疏朗，設色則用淡雅的鈷藍配以絢麗的紅、鵝黃、薑黃、水綠、紫等色，典雅而又鮮麗。外底青花雙方欄內青花楷書"大明成化年製"六字雙行款。

成化鬥彩雞缸杯以其新穎的造型、精湛的畫工、清麗的設色而聞名於世，後世多有仿製，所見有清康熙、雍正、乾隆等朝的仿品，其中以康熙時仿技最高，幾可亂真。

178

鬥彩菊花紋杯（二件）

明成化
高5厘米　口徑5.4厘米　足徑2.4厘米
高4.8厘米　口徑5.4厘米　足徑2.5厘米
清宮舊藏

Cups with chrysanthemum design in contrasting colours

Chenghua period, Ming Dynasty
Height: 5cm　Diameter of mouth: 5.4cm
Diameter of foot: 2.4cm
Height: 4.8cm　Diameter of mouth: 5.4cm
Diameter of foot: 2.5cm
Qing Court collection

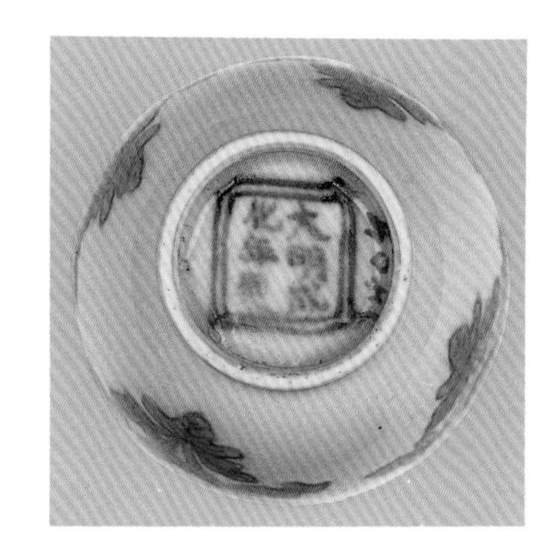

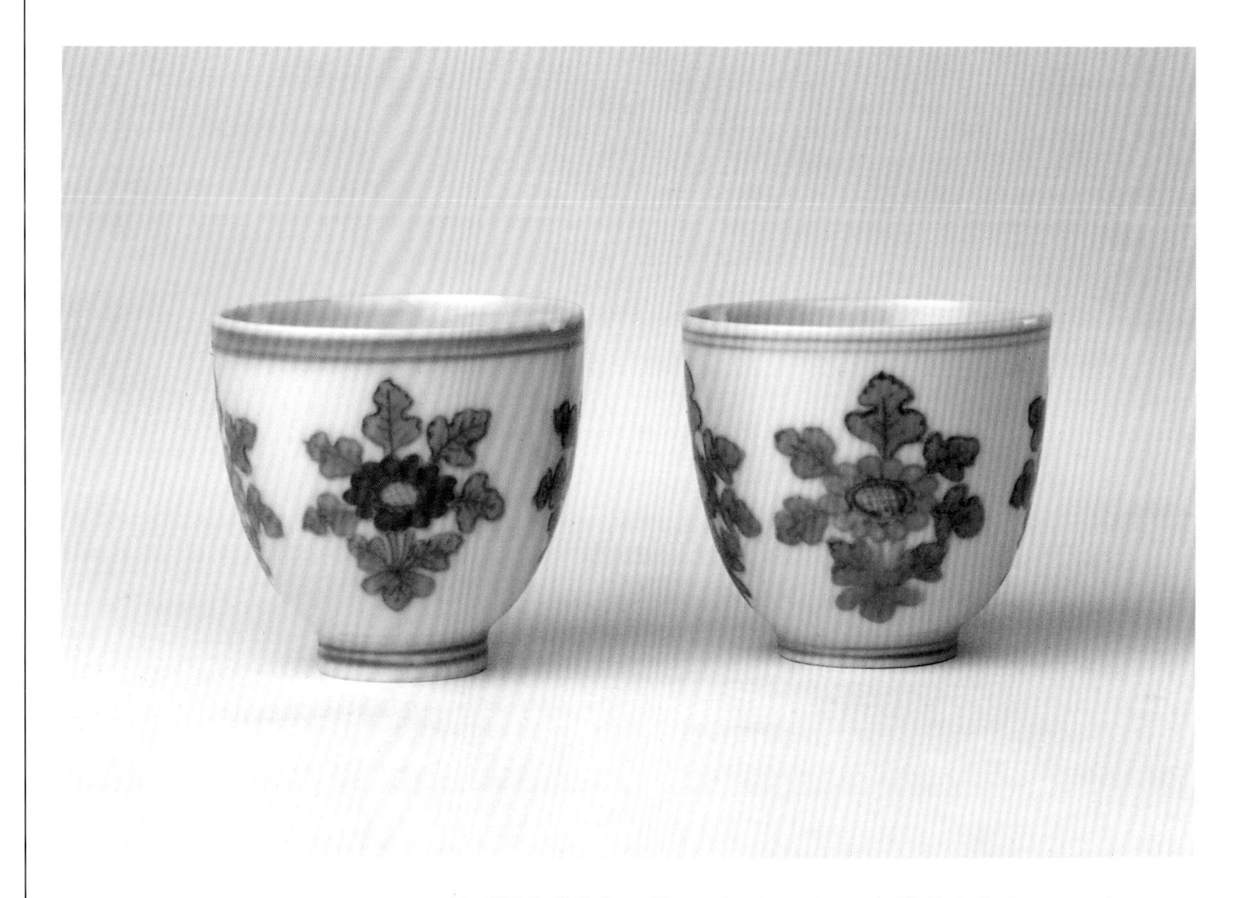

造型同葡萄紋杯，敞口，深腹，圈足，杯體輪廓綫由口至足漸內收。外壁四組鬥彩折枝菊花均等地飾於杯面。這種四面堆畫折枝花果紋飾者古有“錦盆堆”、“錦灰堆”之稱。每枝菊花均由七片嫩葉托起一盛開的花朵，呈現向上伸展的姿態，與秀巧的杯形相配，十分和諧。四菊朵均為黃蕊，但花瓣設色不同，以兩青花與兩礬紅相間排列。每片綠葉均以纖細的青花勾出葉脈，生動寫實。外底青花雙方欄內楷書“大明成化年製”六字雙行款。

北京故宮博物院收藏有三件相同的成化鬥彩菊花紋小杯，此為其中二件。杯形如蓮子，輕靈秀美，屬御用酒具。

179

鬥彩葡萄紋杯（二件）
明成化
高4.8厘米　口徑5.5厘米　足徑2.5厘米
高4.8厘米　口徑5.5厘米　足徑2.4厘米
清宮舊藏

Cups with grape design in contrasting colours
Chenghua period, Ming Dynasty
Height: 4.8cm　Diameter of mouth: 5.5cm
Diameter of foot: 2.5cm
Height: 4.8cm　Diameter of mouth: 5.5cm
Diameter of foot: 2.4cm
Qing Court collection

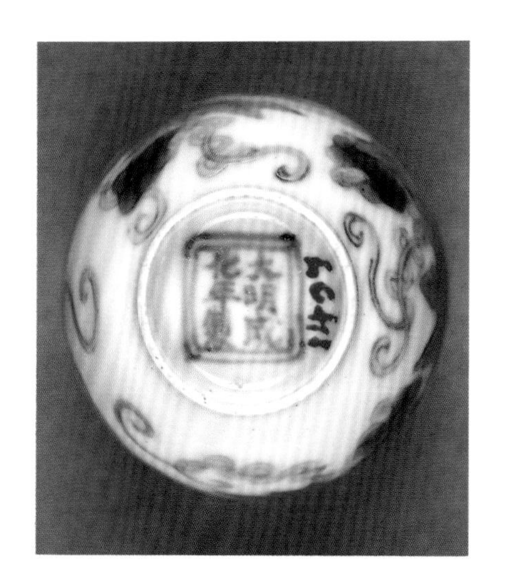

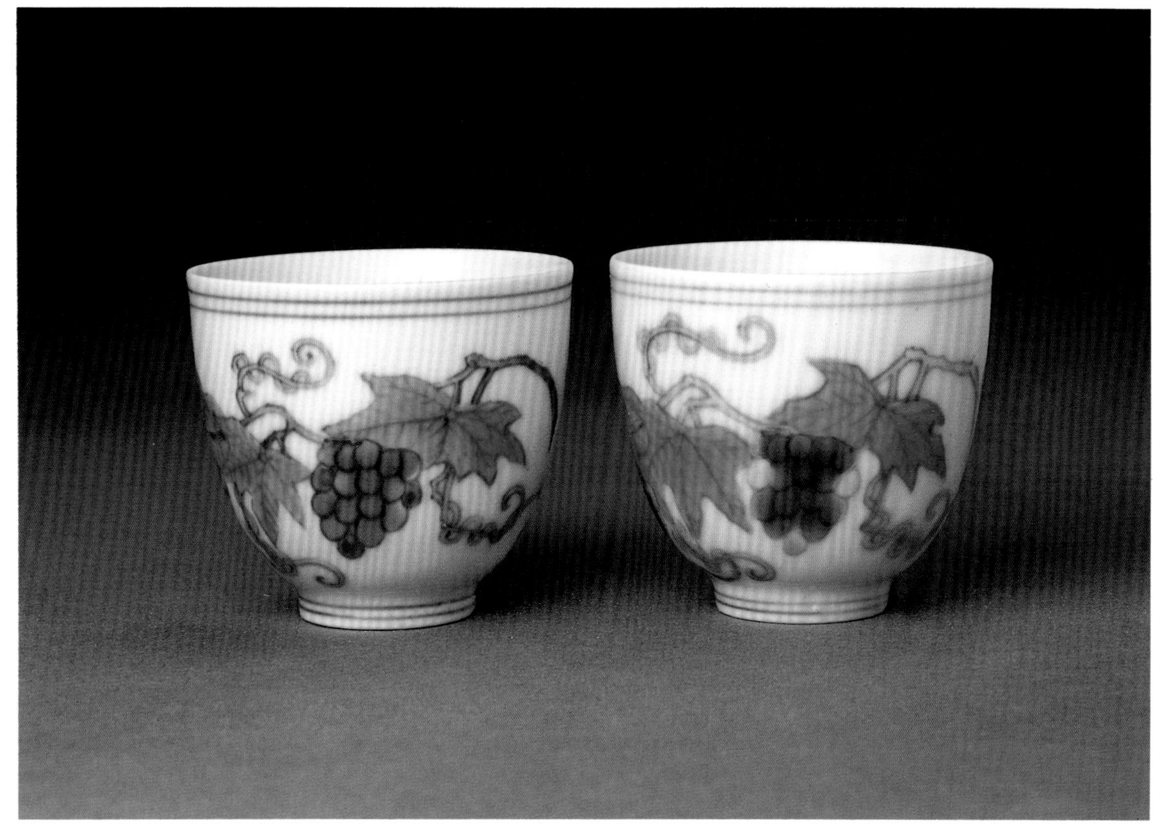

造型同嬰戲紋杯、折枝菊紋杯。外壁飾鬥彩折枝葡萄紋。畫面上枝延蔓繞，碩果翠葉，葉、果、莖間多有留白，以虛托實，頗有國畫的意境。圖案設色求實，赭色籐枝，黃色鬚蔓，葉片油綠瑩澈，筋脈畢露，紫彩果實飽滿成熟。外底青花雙方框內楷書“大明成化年製”六字雙行款。

此種鬥彩葡萄紋杯，形如蓮子，靈巧秀雅，故宮收藏不只此二件，台北故宮亦有收藏，製作皆精妙。

180

鬥彩三秋杯
明成化
高3.9厘米　口徑6.9厘米　足徑2.6厘米

Cup with design of autumn flowers and plants in contrasting colours
Chenghua period, Ming Dynasty
Height: 3.9cm　Diameter of mouth: 6.9cm
Diameter of foot: 2.6cm

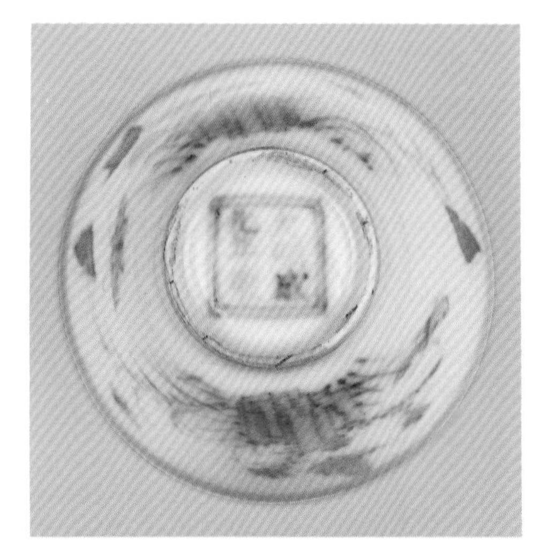

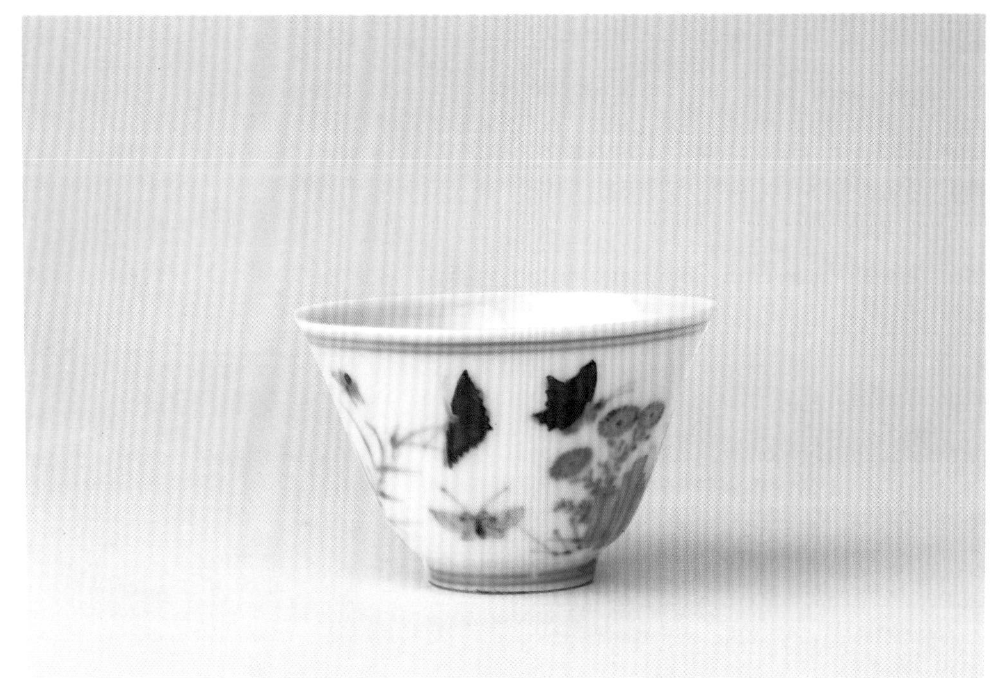

此杯造型屬成化鬥彩杯之一種。敞口微撇，瘦底，圈足。釉色青中泛灰。杯外壁繪兩組鬥彩山石花草，間以飛舞的蝴蝶，主要以青花描繪花草、山石和蜂蝶，並採用釉上覆彩、點彩、加彩三種施彩技法。如蝴蝶或覆紫彩，或覆黃彩，花枝與蜂尾加點以紅彩，頗顯自然樸實，野趣橫生。紫蝶所施即所謂的"姹紫"，其特點是色濃而無光，是成化鬥彩所僅有，也是後世仿品望塵莫及的。由於描繪的是秋天庭院或花園中的景色，故此杯又名"三秋杯"。三秋此處指秋季共三個月，與作三年解的三秋含意不同。外底青花雙方欄內楷書"大明成化年製"六字雙行款。

此杯造型輕靈娟秀，胎體薄如蟬翼，施彩典雅，畫面清新。特別是嬉戲於花草間的彩蝶，欲落還飛，鬚足畢具，栩栩如生，體現出畫工高超的技藝和藝術修養。

181

鬥彩靈芝紋杯（二件）

明成化
高4.4厘米　口徑7.5厘米　足徑3.5厘米
高4.4厘米　口徑7.5厘米　足徑3.5厘米
清宮舊藏

Cups with magic fungus design in contrasting colours
Chenghua period, Ming Dynasty
Height: 4.4cm　Diameter of mouth: 7.5cm
Diameter of foot: 3.5cm
Height: 4.4cm　Diameter of mouth: 7.5cm
Diameter of foot: 3.5cm
Qing Court collection

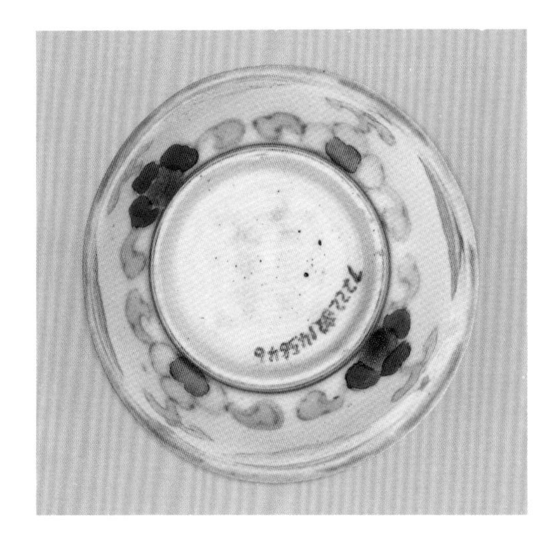

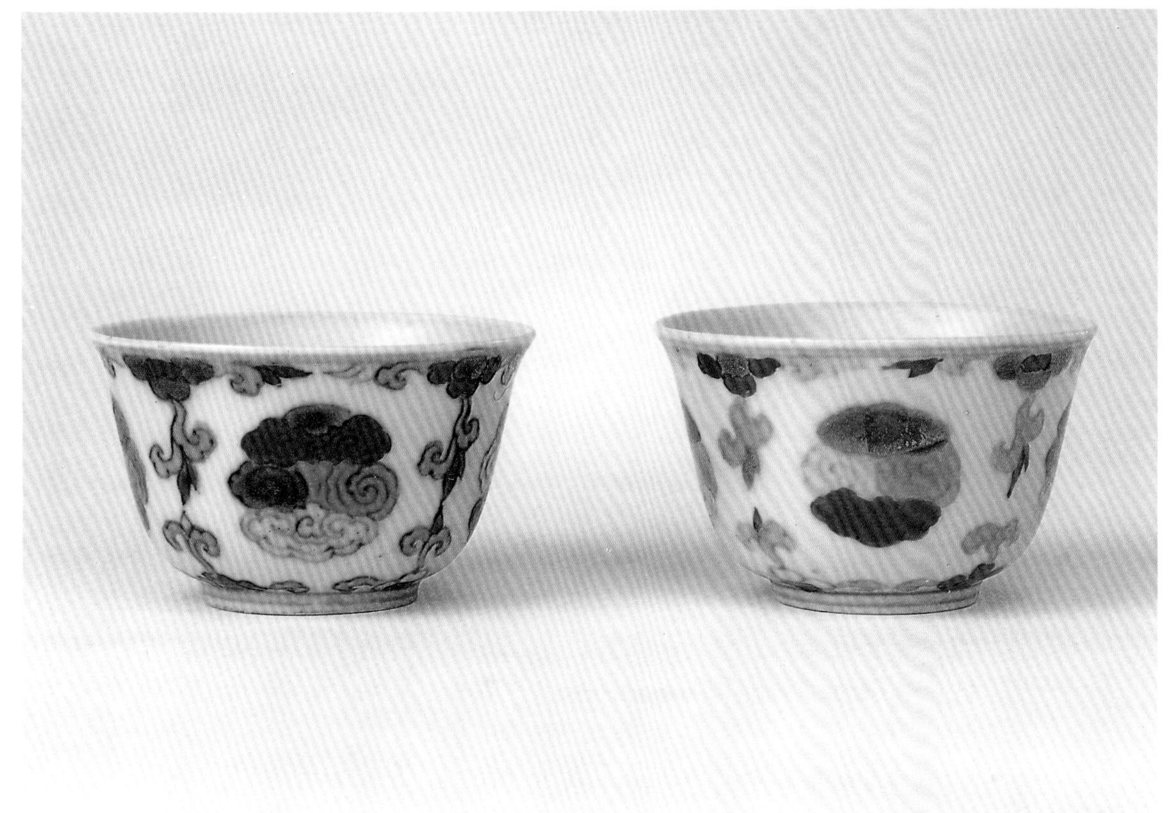

造型同鬥彩高士杯（圖174），敞口，口邊微撇，深腹，豐底，圈足。上下對稱的花草將整個外壁分成四個略呈圓形的空間，內各填繪一團狀靈芝。靈芝由上下兩芝頭聯體而成，中間繪有芝莖和芝葉。外底有青花楷書“大明成化年製”六字雙行款，外圍青花雙方框。

由於團狀靈芝以繁密的青花綫條繪作翻騰的雲霧狀，遠看頗似一團祥雲，故亦名“靈雲杯”。此杯構圖新穎別致，使人耳目一新。靈芝和花草均施以礬紅、鵝黃、水綠彩和青花等四色，只是搭配上有所變化。但由於高溫燒製不夠理想，致使釉色白中泛灰黃，青花發色藍中泛灰。然而從視覺效果上看，這種不成功的色調與鮮艷的紅色、嬌嫩的水綠、透明的鵝黃相配，又使裝飾色彩艷而不俗，增添了沉穩典雅的藝術韻致。

182

鬥彩折枝花紋淺碗
明成化
高3.4厘米　口徑7.4厘米　足徑4.8厘米
清宮舊藏

Shallow bowl with design of plucked floral sprays in contrasting colours
Chenghua period, Ming Dynasty
Height: 3.4cm　Diameter of mouth: 7.4cm
Diameter of foot: 4.8cm
Qing Court collection

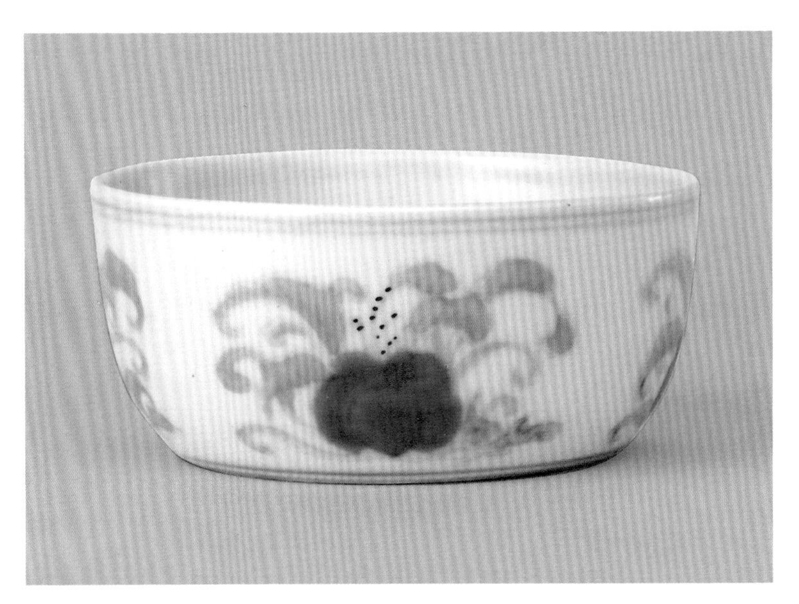

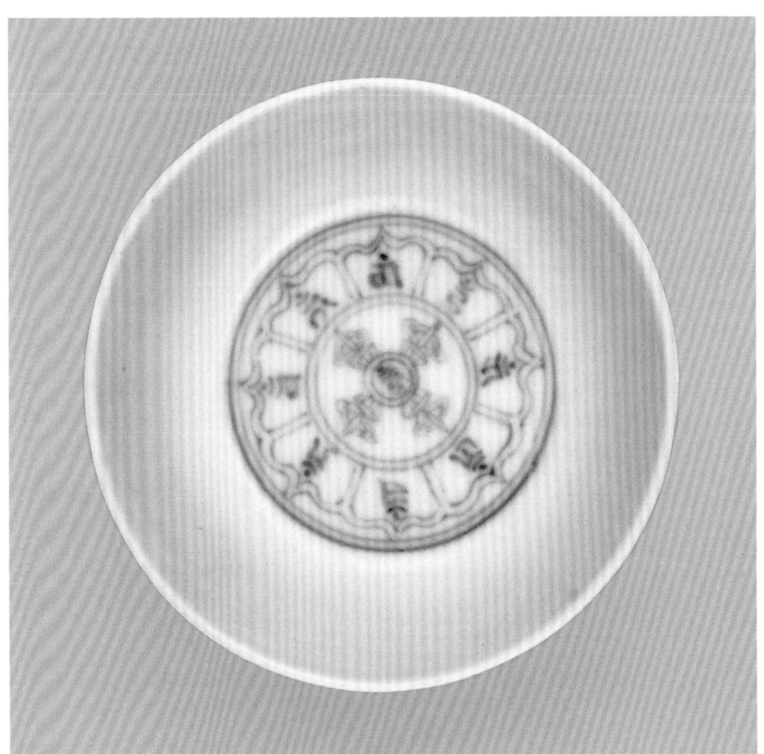

碗為缸形，腹壁矮淺，圈足。碗心繪青花紋飾，中心為十字寶杵，內書一梵文，外環圍八片雙勾蓮瓣，內又各書一梵文。外壁飾四組鬥彩折枝花紋。外底釉及年款疑被後人磨去，細砂底，無款識。故宮博物院收藏的此種成化鬥彩淺碗，有的底款於明代隆慶時被磨去，加署“大明隆慶年造”六字雙行紅彩款，外圍紅彩雙方框，顯示出隆慶時，對成化鬥彩既喜愛，卻又望塵莫及。

此杯造型和紋飾均很新穎，屬成化官窰新創的形制，色彩清新淡雅。其施彩方法是先以青料於坯體上勾勒圖案輪廓，並塗染花朵，施釉燒成後，花莖填赭彩，花葉填水綠，花蕊點紅彩。明官窰瓷器以梵文為飾始於永樂年間，宣德時亦有生產，但以成化時最盛，當為宮廷禮佛祈福所用。

183

鬥彩鴛鴦卧蓮紋碗

明成化

高8.3厘米　口徑18.9厘米　足徑7.6厘米

Bowl with design of mandarin ducks among lotus in contrasting colours

Chenghua period, Ming Dynasty

Height: 8.3cm　Diameter of mouth: 18.9cm

Diameter of foot: 7.6cm

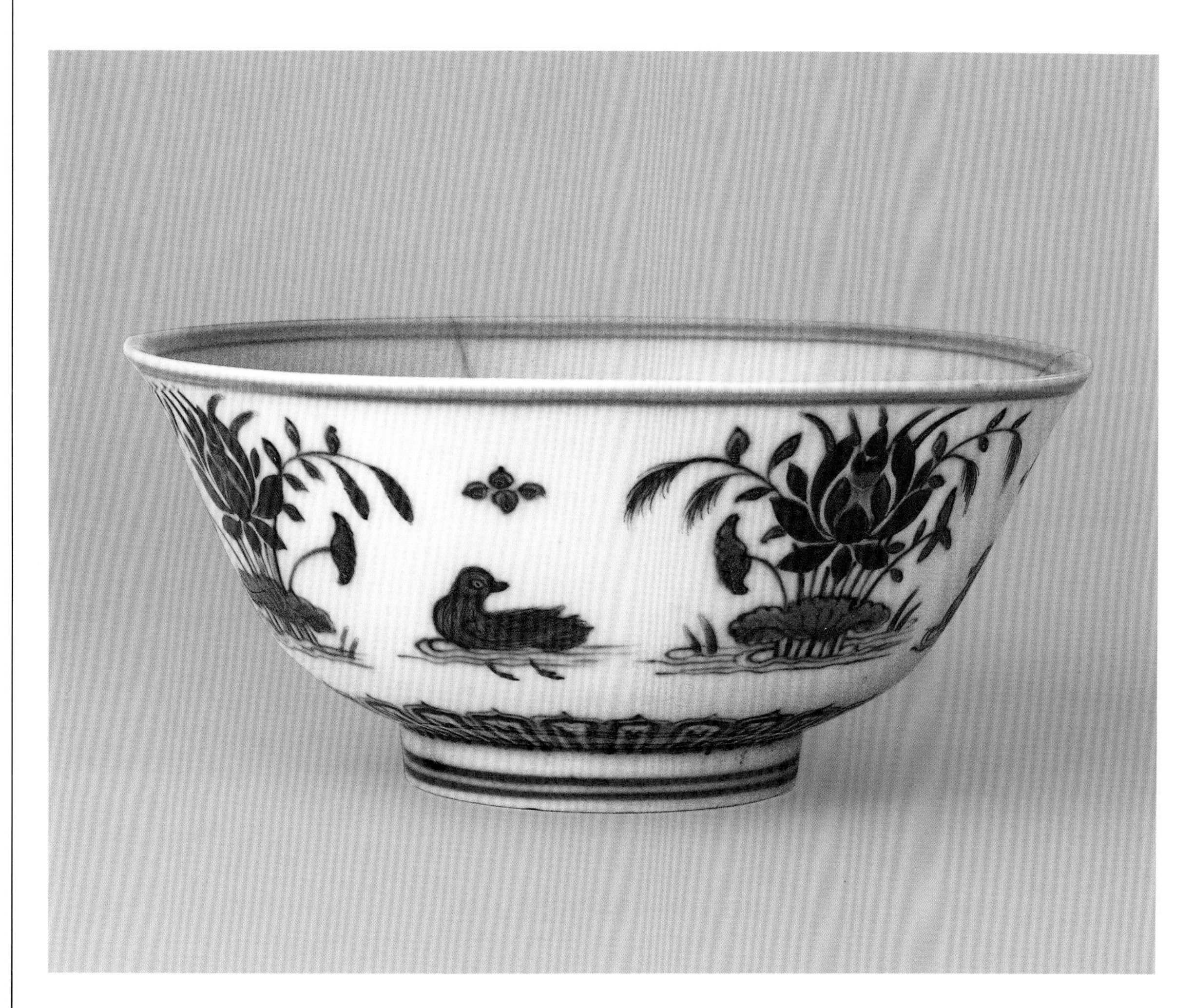

碗撇口，弧壁，瘦底，圈足，足之外牆微向內斂。外壁繪四組蓮荷並點綴以紅蓼、茨菇、浮萍，兩對鴛鴦相互呼應，游戲於蓮荷間。碗心繪與外壁相配的一對鴛鴦和四組蓮荷。腹下飾以變形蓮瓣紋一周。紋飾以紅、黃、綠、紫等釉上彩繪製而成。無款識。

鴛鴦卧蓮又稱“蓮池鴛鴦”，是我國工藝美術品傳統的裝飾題材，象徵美好的愛情。此種鬥彩鴛鴦卧蓮紋碗對後世影響很大，晚清道光、咸豐時，景德鎮御窰廠仍有生產。

184

鬥彩纏枝蓮紋盤

明嘉靖

高5.3厘米　口徑22.4厘米

足徑13.5厘米

Plate with interlocking lotus design in contrasting colours

Jiajing period, Ming Dynasty

Height: 5.3cm

Diameter of mouth: 22.4cm

Diameter of foot: 13.5cm

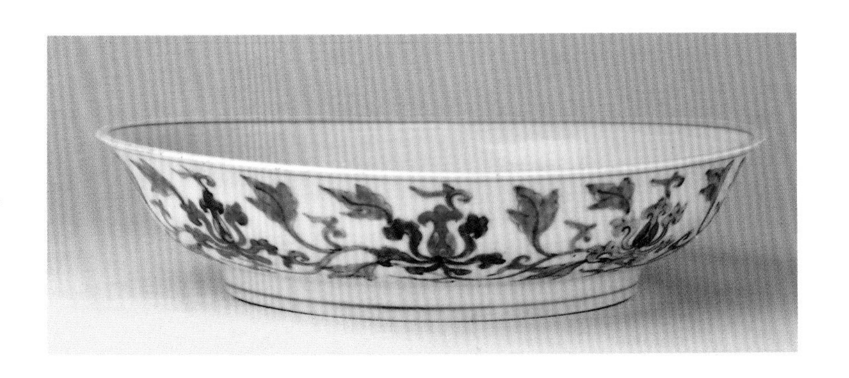

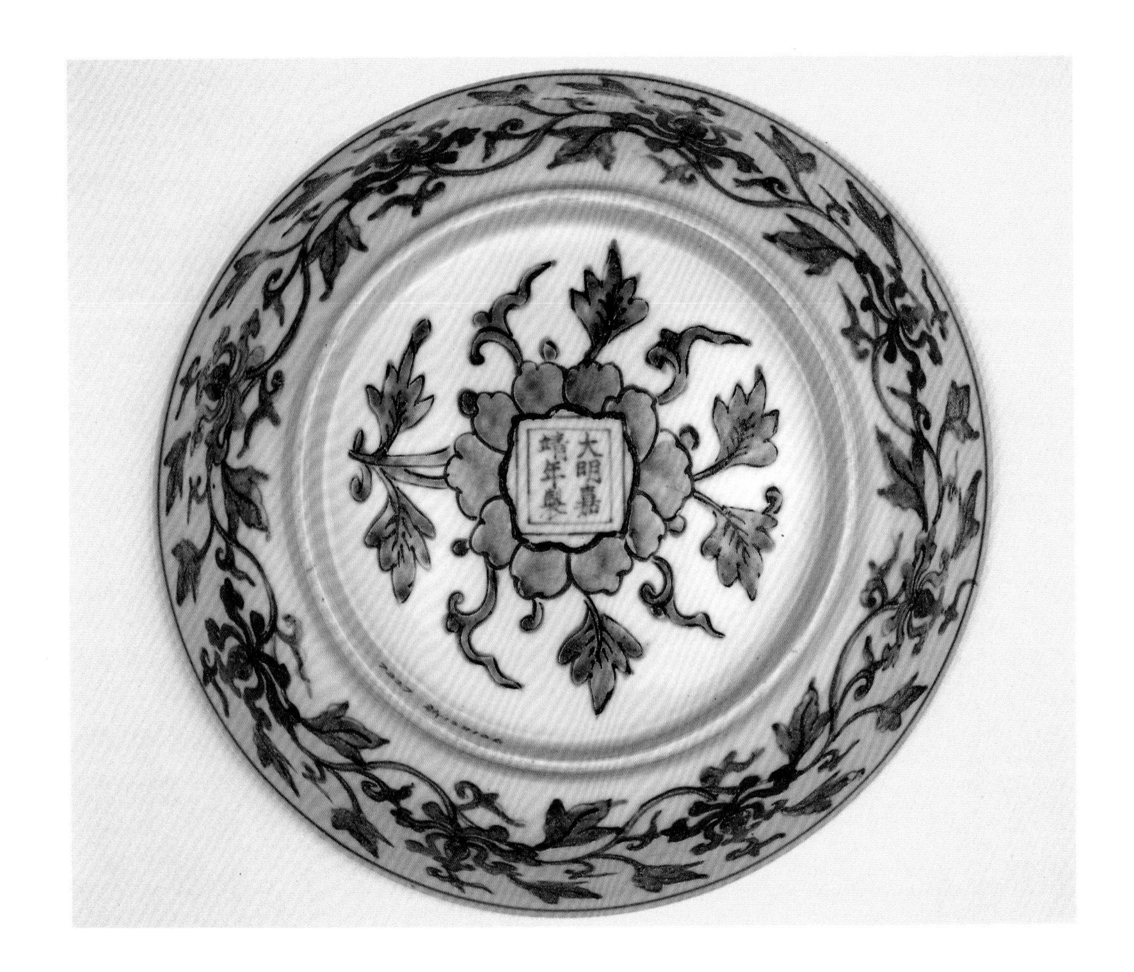

盤撇口，弧腹，圈足，挖足較深，足之外牆內斂，內牆外侈，底微塌。壁繪纏枝蓮紋，曲蔓上結有八朵盛開的蓮花。莖、蔓、葉皆填綠彩，花朵色彩不一，兩朵為藍（青花）花瓣，花蕊填紅、黃彩；四朵為紅花瓣，花蕊為藍（青花）加綠彩；另兩朵為黃花瓣，花蕊一為藍（青花）加黃彩，一為藍（青花）加紅彩。

外底有花形款，整個圖案為一折枝牡丹，薑黃色花瓣外有綠色莖葉，以黑彩勾邊及畫出葉脈。牡丹中心有青花雙方框，內楷書“大明嘉靖年製”六字雙行款。花形款在明初永樂、宣德瓷器上已出現，嘉靖、萬曆時雖仍使用，但數量極少。

185

鬥彩靈芝紋盤
明嘉靖
高3.6厘米　口徑14.8厘米　足徑8.6厘米
清宮舊藏

Plate with magic fungus design in contrasting colours
Jiajing period, Ming Dynasty
Height: 3.6cm
Diameter of mouth: 14.8cm
Diameter of foot: 8.6cm
Qing Court collection

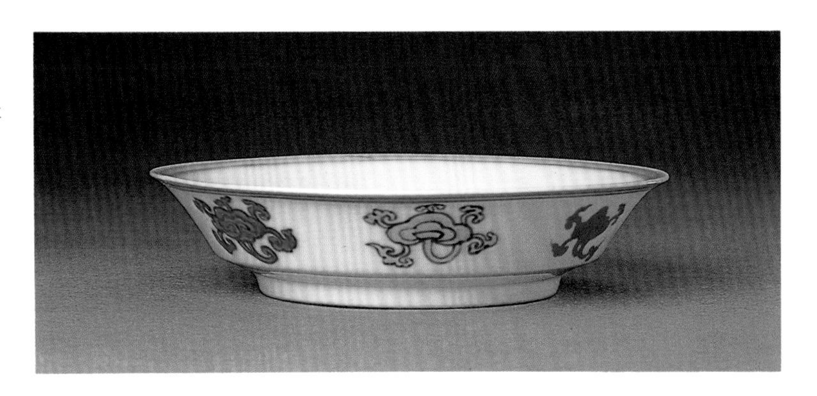

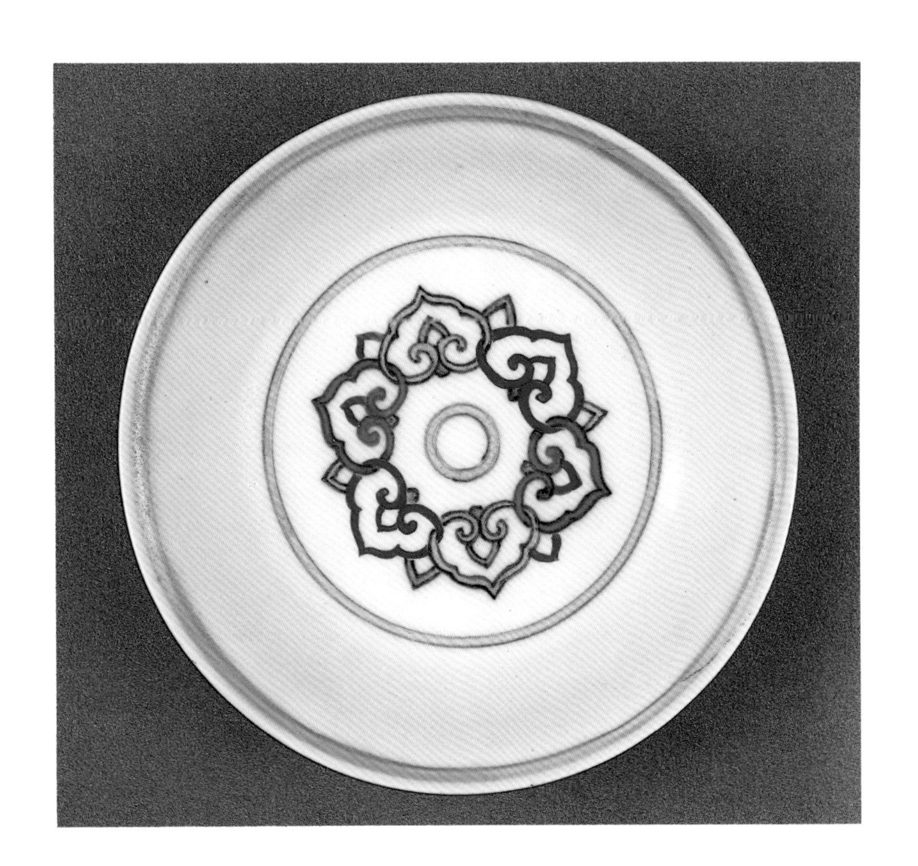

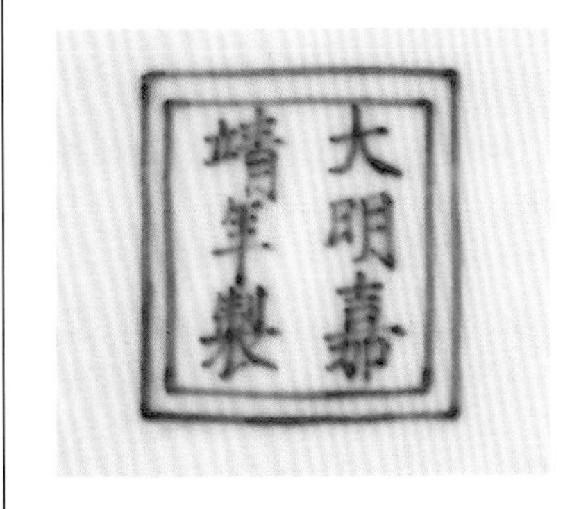

盤撇口，折腹，圈足。盤心環套如意頭紋飾，外壁繪七朵靈芝，分別施以紅、藍、黃三色。外底青花雙方框內楷書“大明嘉靖年製”六字雙行款。

嘉靖鬥彩製作比較精細，其器型和紋飾等多與成化鬥彩相似。此件器物造型小巧精細，紋飾簡練，如意頭紋和靈芝紋寓意“吉祥祈福”，是嘉靖鬥彩瓷的佳作。

186

鬥彩嬰戲紋杯
明嘉靖
高4.9厘米　口徑6.1厘米　足徑2.8厘米
清宮舊藏

Cup with design of children at play in contrasting colours
Jiajing period, Ming Dynasty
Height: 4.9cm　Diameter of mouth: 6.1cm
Diameter of foot: 2.8cm
Qing Court collection

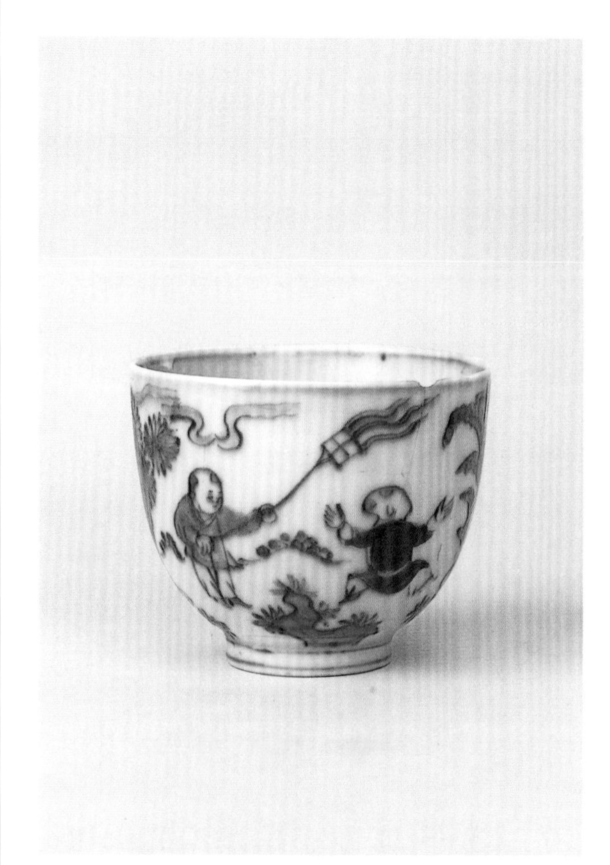

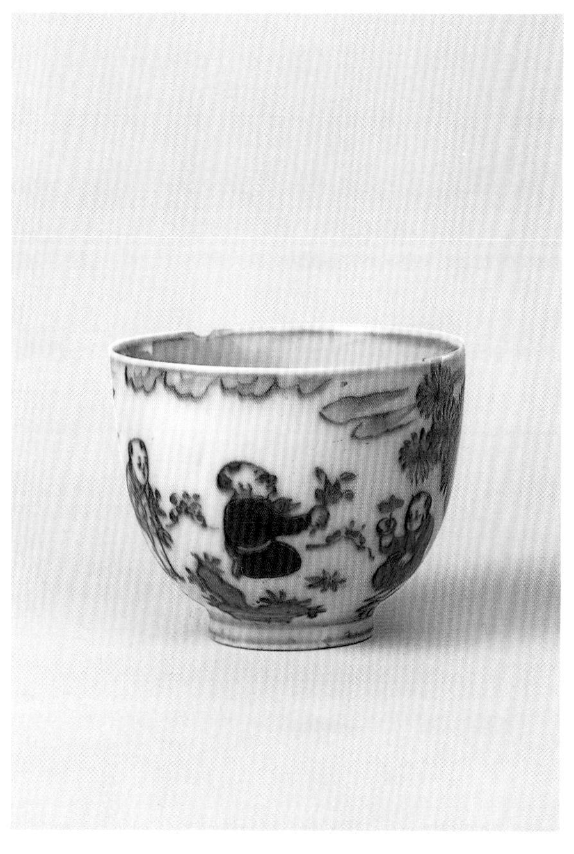

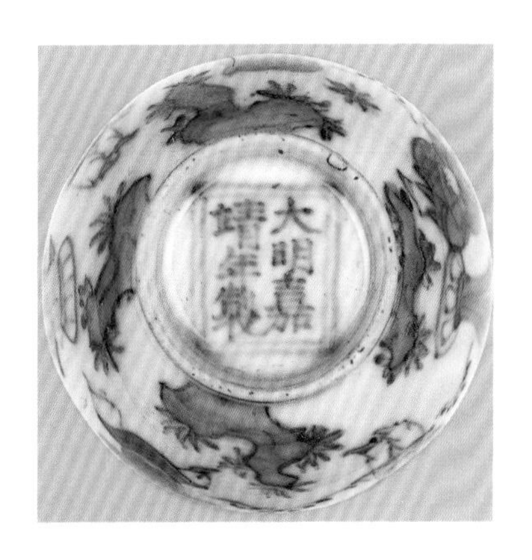

杯為深式，口以下漸收，圈足。外壁鬥彩繪五子嬉戲圖，一童奔跑拉拽風箏，一童在旁觀望，另外三童在做鬥草遊戲。空間處襯以流雲、葵樹、柱石、芭蕉、蘭草等。外底青花雙方框內楷書“大明嘉靖年製”六字雙行款。

此杯造型秀巧，胎薄體輕，形制大小、花紋佈局完全依照成化鬥彩嬰戲杯，筆法則更顯稚拙樸實，釉上施以紅、綠、赭等彩。青花的顏色由於原料不同，與成化製品相比有明顯差異。嘉靖時期使用的是回青和石子青，回青藍中泛紫，石子青藍中泛灰，無法再現成化青花的淡雅透亮。此杯的青花呈鮮艷濃翠的藍色，時代特徵鮮明。

187

鬥彩八寶紋碗

明萬曆

高8.7厘米　口徑16.5厘米　足徑7.1厘米

Bowl with design of the eight Buddhist emblems in contrasting colours

Wanli period, Ming Dynasty

Height: 8.7cm　Diameter of mouth: 16.5cm

Diameter of foot: 7.1cm

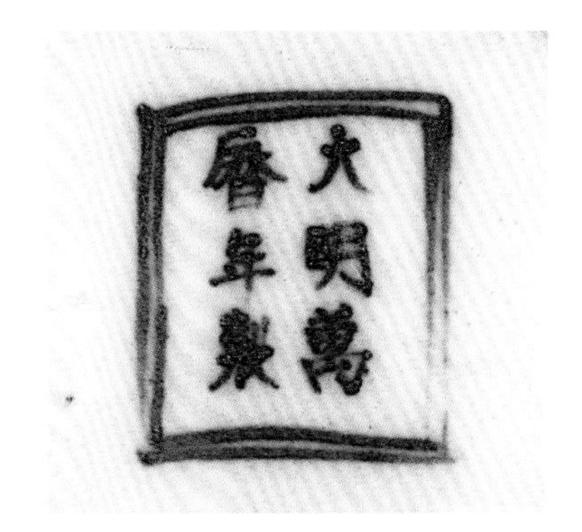

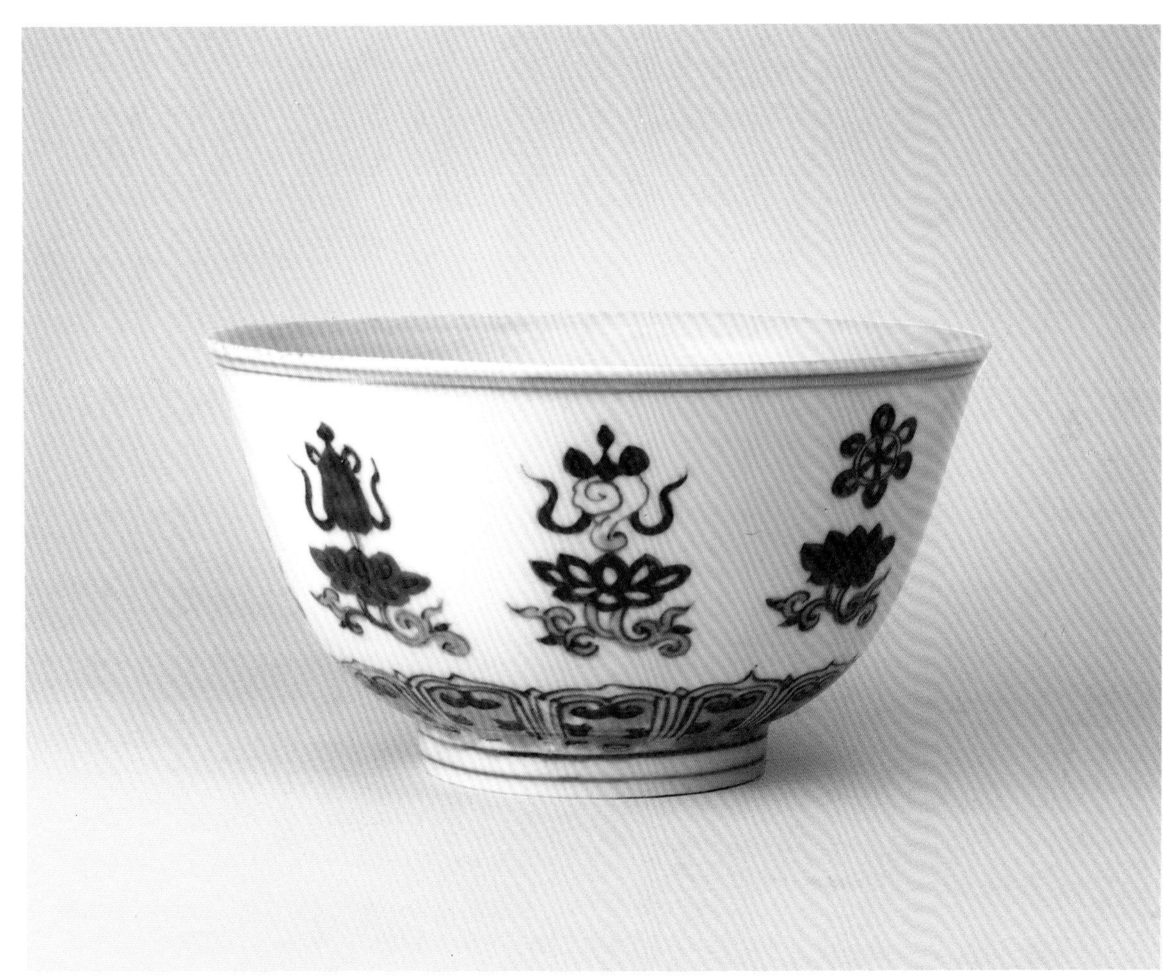

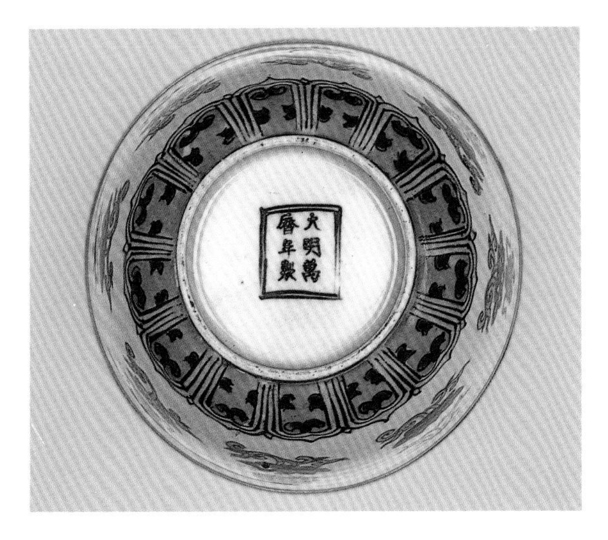

碗敞口微撇，深腹，圈足。碗心繪折枝靈芝，外壁繪蓮花托八寶，近足處飾以蓮瓣紋。外底青花雙方框內楷書“大明萬曆年製”六字雙行款。

萬曆鬥彩器物不多，其器型及紋飾仍宗奉成化鬥彩，但所繪青花與彩色的色調都比成化鬥彩明顯加重。此碗形制秀美，紋飾簡明，色彩艷麗，是萬曆朝鬥彩器物的代表作。

188

鬥彩人物紋玉壺春瓶

清康熙

高36.7厘米　口徑12厘米　足徑12.4厘米

Pear-shaped vase with figure design in contrasting colours

Kangxi period, Qing Dynasty

Height: 36.7cm　Diameter of mouth: 12cm

Diameter of foot: 12.4cm

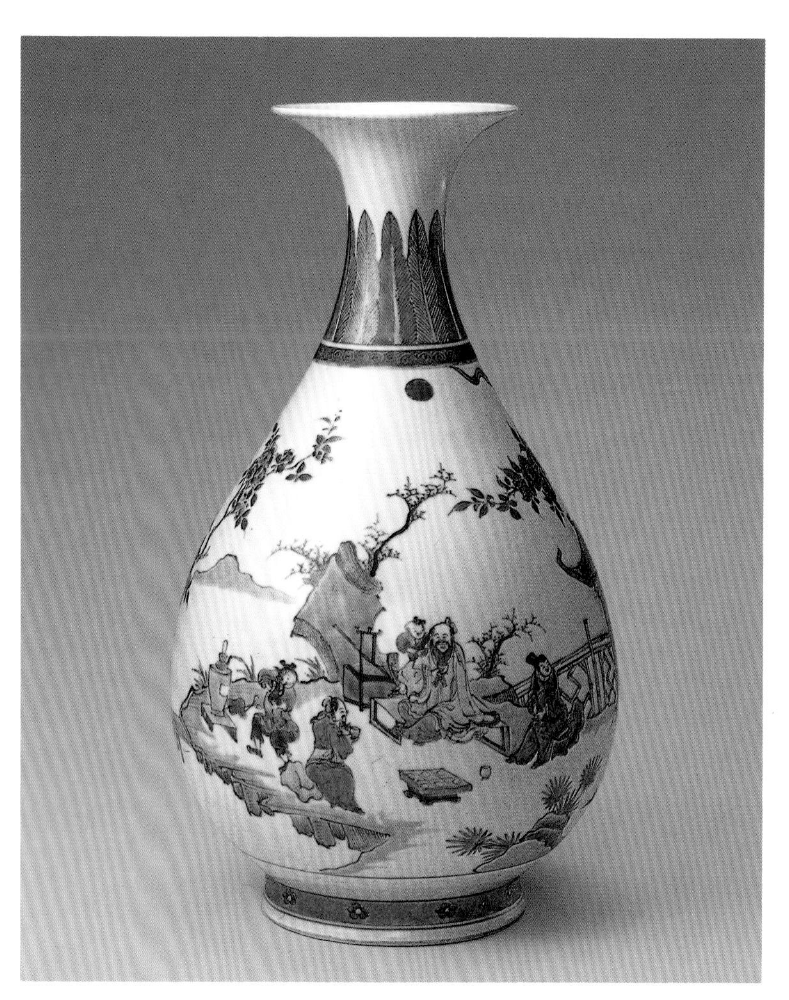

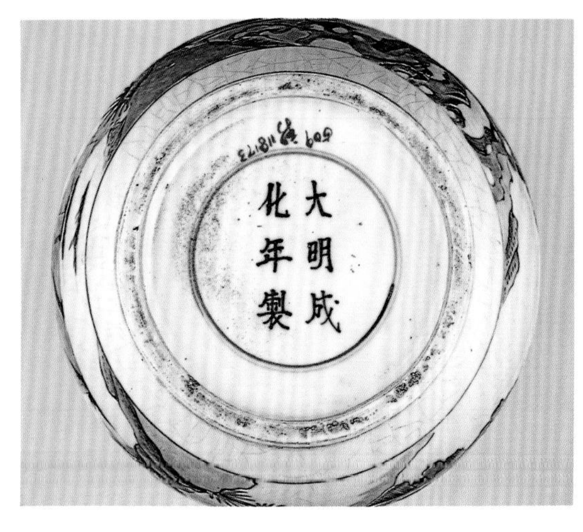

瓶撇口，細頸，溜肩，圓腹，圈足。主題紋飾可分為兩組，一組繪一女子吹簫，一貴婦於涼棚內飲茶聽樂，旁女僕執壺侍奉。另一組繪老翁、稚童、官人等五人下棋。瓶頸部與足外牆分別配襯以蕉葉紋和朵花紋。外底青花雙圈內楷書“大明成化年製”六字雙行仿款。

康熙鬥彩玉壺春瓶多大撇口、垂腹，瓶身短碩而顯敦厚。其胎體較重，胎質堅硬，所繪色彩鮮麗，圖紋精細。

189

鬥彩竹紋竹節式蓋罐

清康熙
通高16.7厘米　口徑4.2厘米　足徑11.7厘米
清宮舊藏

Covered bamboo-joint jar with bamboo design in contrasting colours

Kangxi period, Qing Dynasty
Overall height: 16.7cm　Diameter of mouth: 4.2cm
Diameter of foot: 11.7cm
Qing Court collection

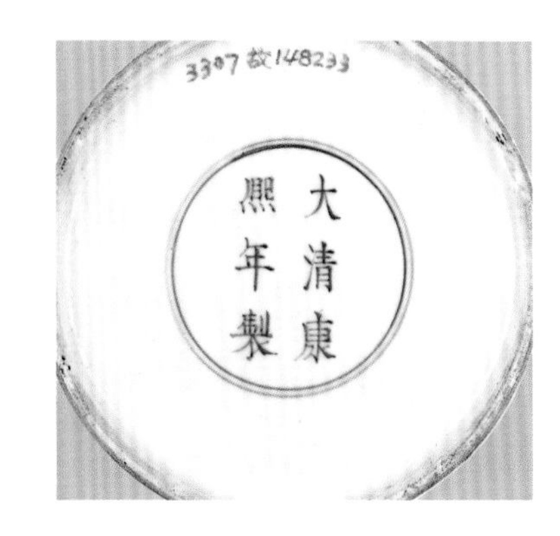

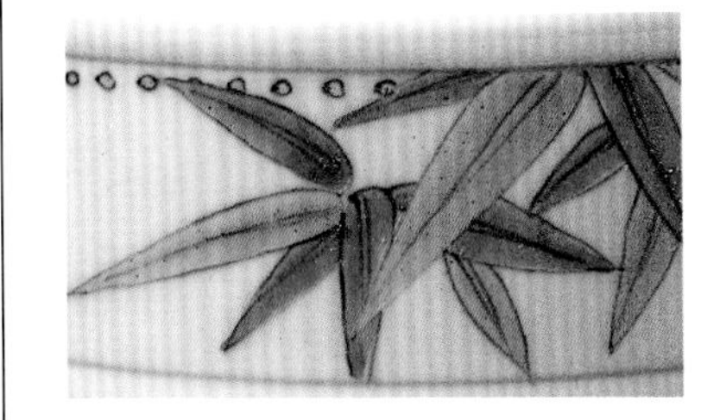

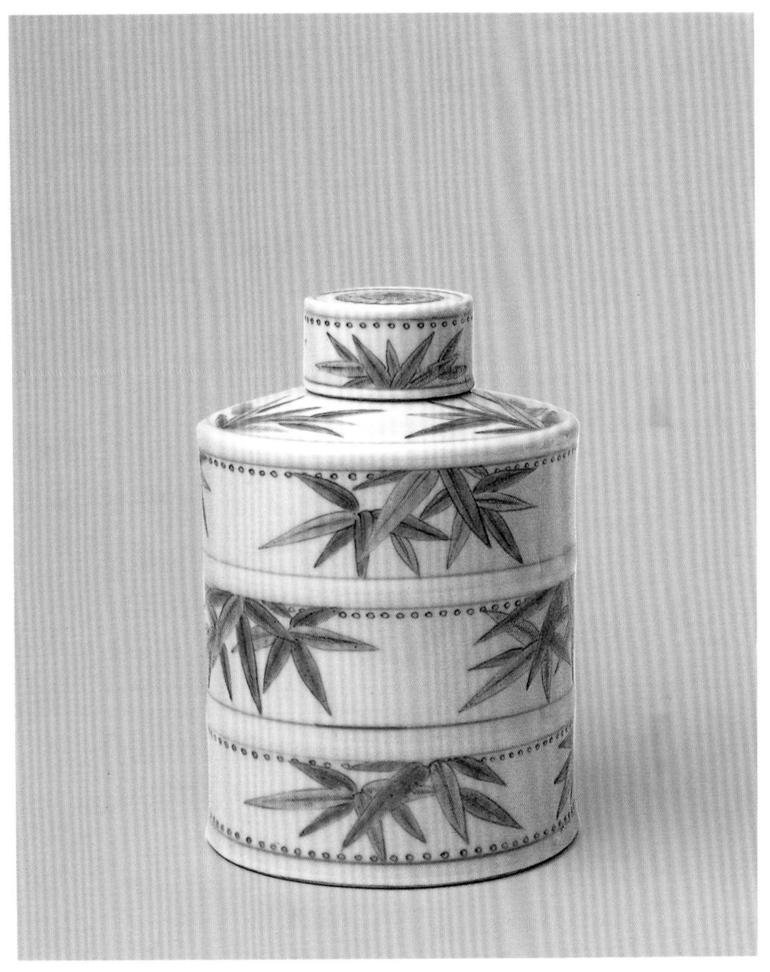

小口，直頸，折肩，圈足。罐身為三段竹節式，間以圓點紋，肩部及三段竹節上均繪三組竹葉。蓋以覆彩技法繪團菊紋，黃蕊紅瓣，竹葉則填彩。裝飾上僅單一大量使用綠彩，屬鬥彩瓷器中的特殊品種。外底青花楷書“大清康熙年製”六字雙行款，外圍青花雙圈。

此罐仿竹節形燒製，用於盛裝茶葉，雖色彩單一，卻給人以清新雅淡之趣。

這種單一色彩在成化鬥彩中已有所見，如前述成化鬥彩捲枝紋瓶（圖160），即只用淺綠彩填飾。北京故宮博物院還藏有康熙鬥彩綠雲龍紋蓋罐，而台北故宮博物院亦藏有成化鬥彩綠雲龍紋盤。

190

鬥彩八吉祥雲龍紋蓋罐

清康熙

通高22.5厘米　口徑6.3厘米　足徑7.8厘米

清宮舊藏

Covered jar with design of dragon, clouds and the eight emblems of good augury in contrasting colours

Kangxi period, Qing Dynasty

Overall height: 22.5cm

Diameter of mouth: 6.3cm

Diameter of foot: 7.8cm

Qing Court collection

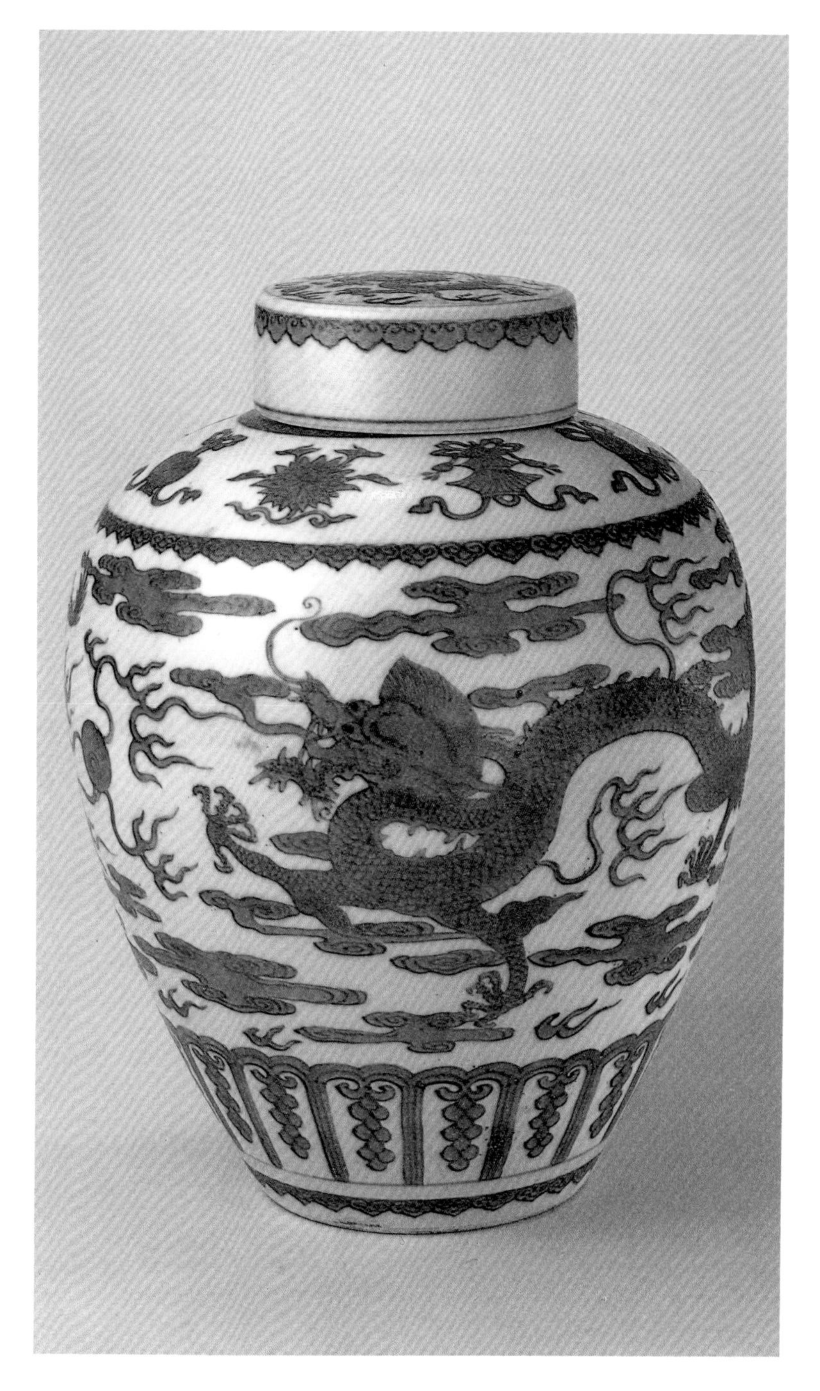

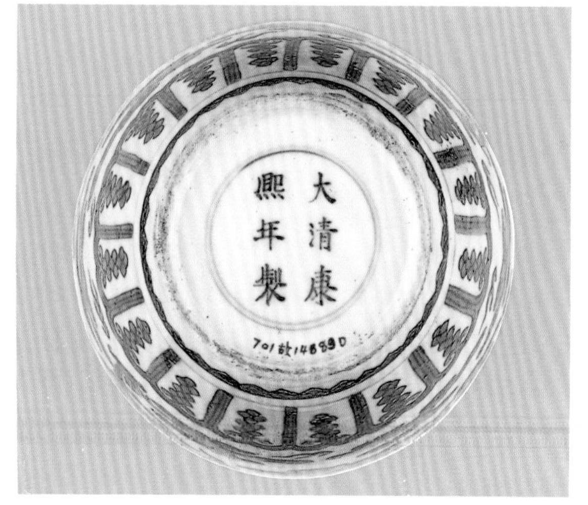

罐小口，圓肩，鼓腹，內圈足。附平頂圓蓋。腹部主題為二龍趕珠紋，配襯紋飾有肩部八吉祥紋、脛部變形蓮瓣紋和近足處如意頭紋。蓋面繪雲龍搶珠紋。外底白釉青花雙圈內楷書“大清康熙年製”六字雙行款。

此罐屬鬥彩器中的單彩瓷品，即釉上彩只使用單一的綠彩覆蓋龍體，清新素雅。

191

鬥彩纓絡紋賁把壺

清康熙
通高23.2厘米　口徑5厘米
足徑9.1厘米
清宮舊藏

Benba pot with design of pearl and jade necklace in contrasting colours

Kangxi period, Qing Dynasty
Overall height: 23.2cm
Diameter of mouth: 5cm
Diameter of foot: 9.1cm
Qing Court collection

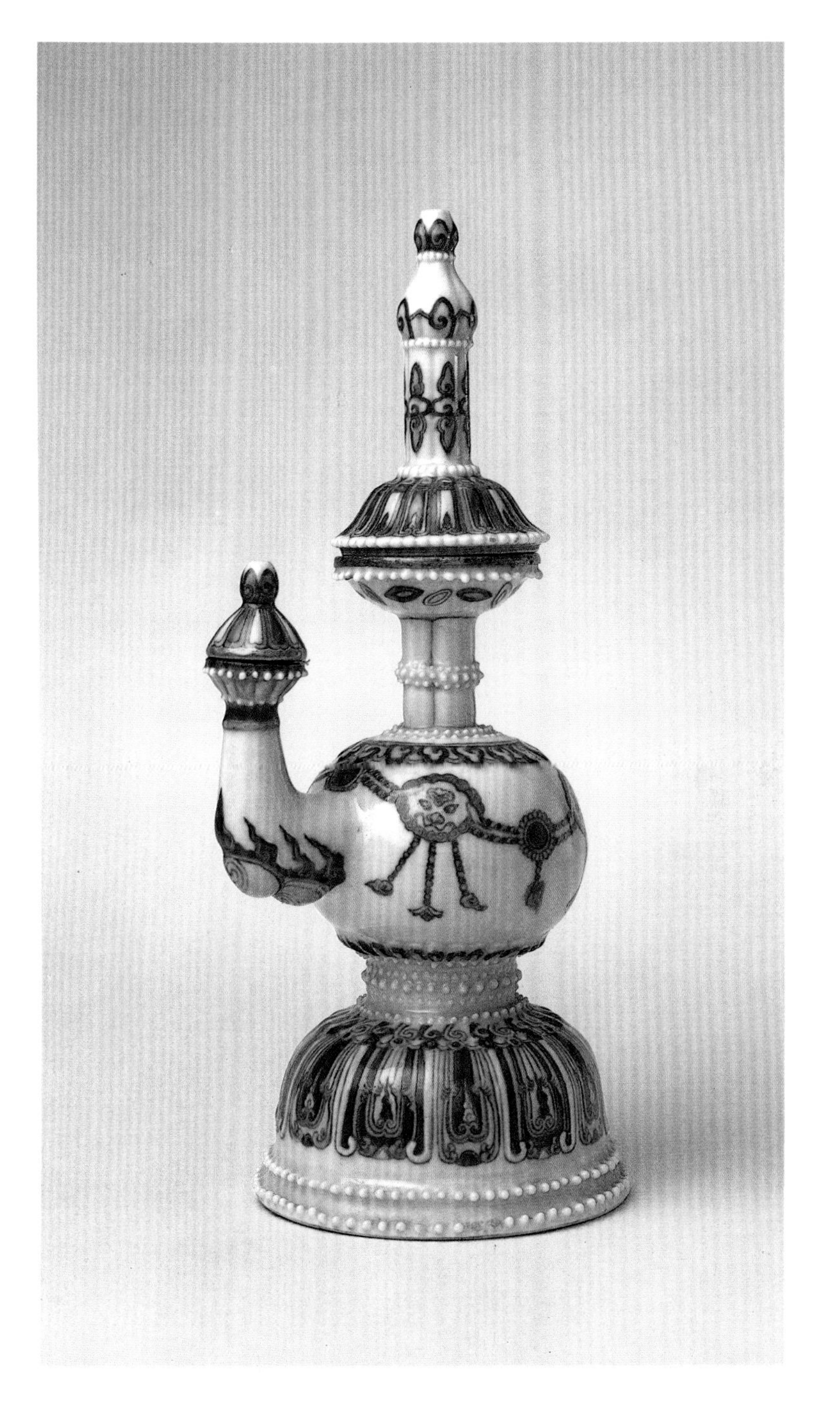

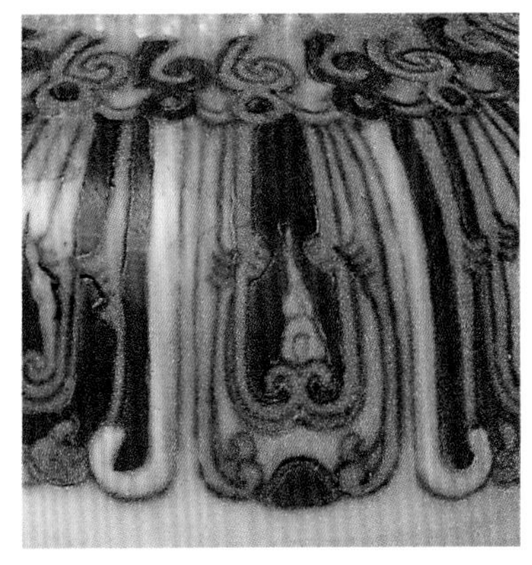

器型似寶塔，有一口一流，均附傘形蓋，口直通頸、腹，流以直角彎管與腹相通。腹圓略扁，下承以須彌座形中空高足。壺身自上而下凸起串珠紋十七道，流口凸起串珠紋兩道。蓋上繪勾雲覆蓮瓣紋，腹部飾獸面纓絡紋，高足上繪覆蓮瓣紋。所填釉上彩有紅、黃、綠等，蓋及壺口沿塗金彩。直角彎管下凸起鼓釘兩個，四周勾畫火焰紋。無款識。

賁把壺為藏傳佛教使用的法器，用於淨手，唐宋時稱為“淨瓶”。北京故宮博物院收藏有唐代青銅淨瓶，唐代亦見白瓷製品。宋代北方定窰曾大量生產，此外尚見有耀州窰青釉及北方其他窰口的綠釉製品。

192

鬥彩人物紋菱花式花盆

清康熙

高31.8厘米　口徑59.3／41.5厘米　足徑45.5／26.7厘米

清宮舊藏

Flower-pot in the shape of water chestnut flower with figure design in contrasting colours

Kangxi period, Qing Dynasty

Height: 31.8cm　Diameter of mouth: 59.3/41.5cm

Diameter of foot: 45.5/26.7cm

Qing Court collection

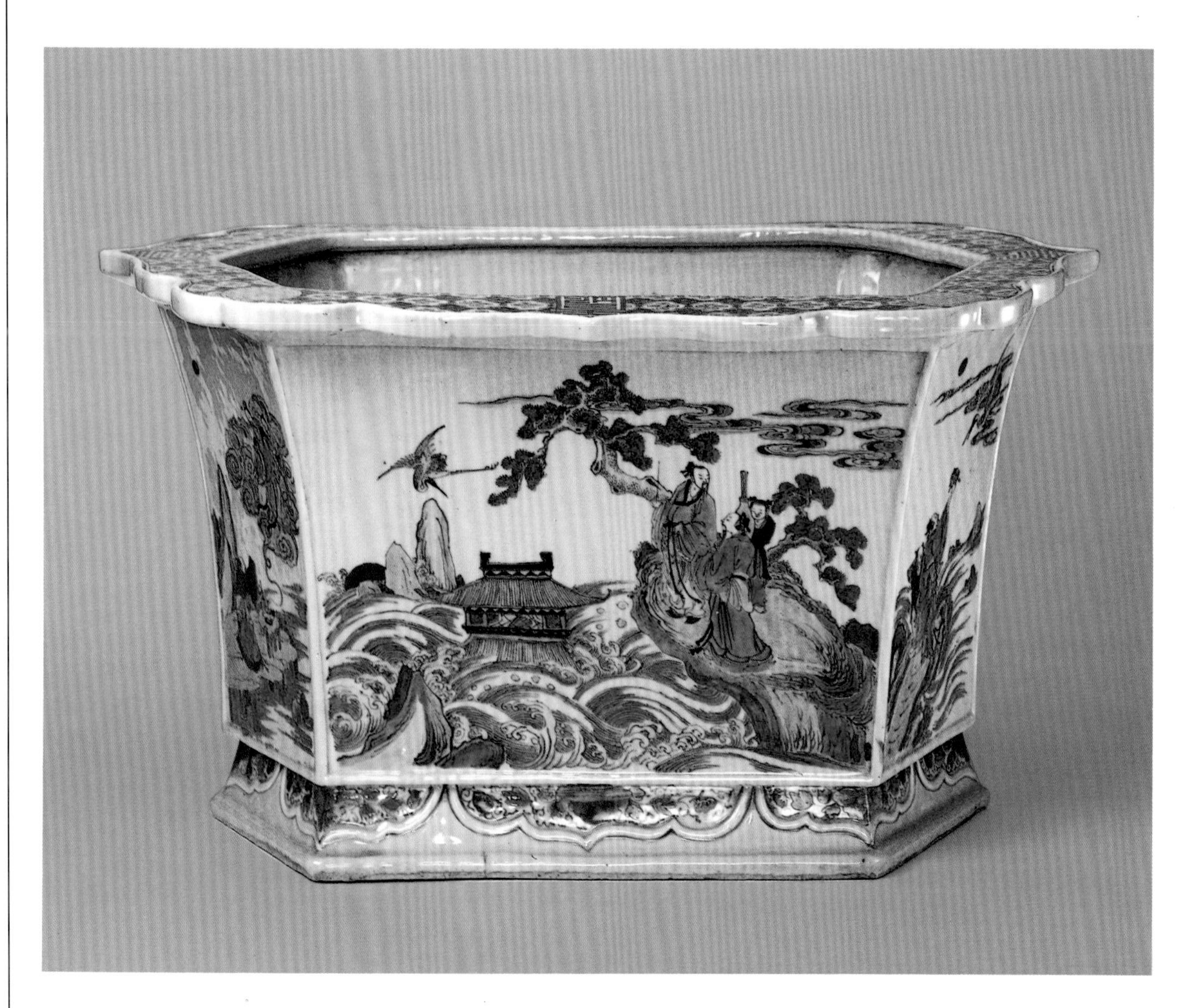

盆通體呈六方形，折沿，沿邊為菱花形。盆身以人物為主題，一面繪“海屋添籌”圖，另五面均繪仙人祝壽等吉祥圖案。折沿上繪錦地水綠、鵝黃、淡紫朵花紋，上有四個紅彩團“壽”字，和兩黃、兩淡紫篆“壽”字相間排列。足外壁凸起如意頭紋八個，內繪折枝牡丹。施彩先以青花繪圖案局部或勾勒輪廓，再覆以釉上黃、綠、淡紫、紅、黑等彩，黑彩使用較少，起畫龍點睛之效。折沿下自右向左以青花料楷書“大清康熙年製”六字橫款。底有兩圓孔。

此器造型規整，畫工細膩，人物刻畫生動，是康熙鬥彩瓷器中的上乘之作。

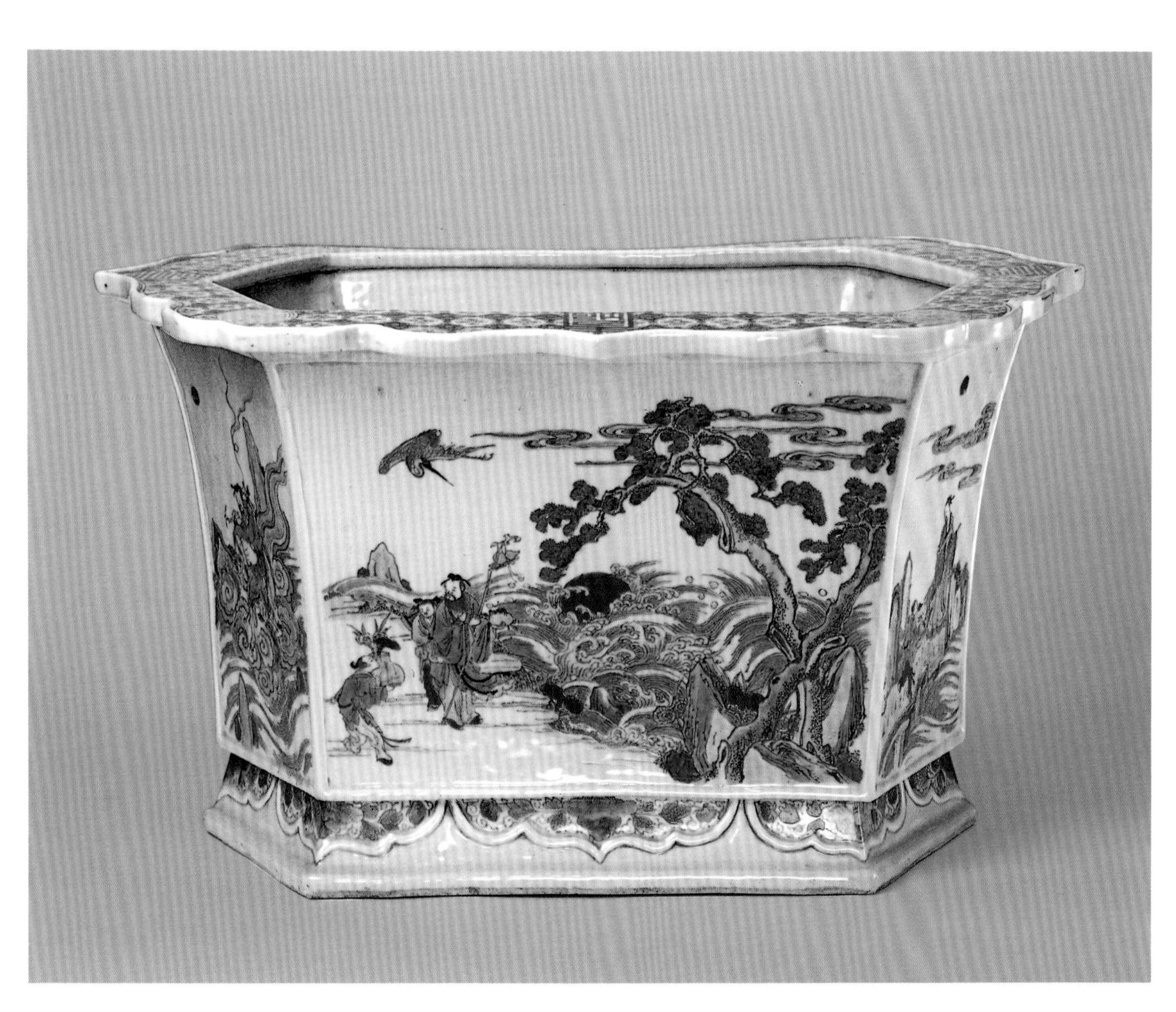

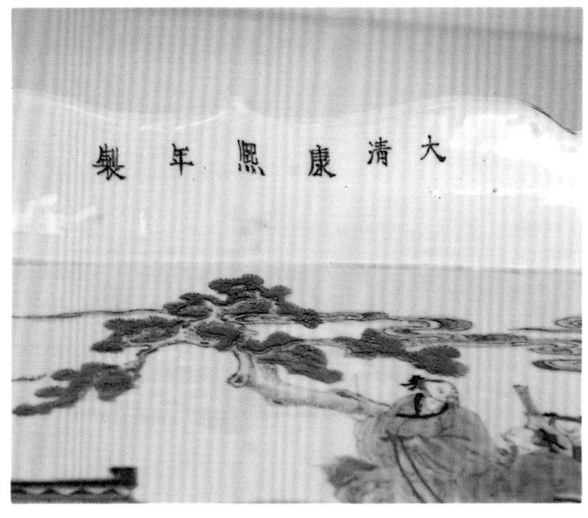
大清康熙年製

193

鬥彩梅鵲紋盤

清康熙

高3.6厘米　口徑15.7厘米　足徑10.2厘米

Plate with design of plum and magpie in contrasting colours

Kangxi period, Qing Dynasty

Height: 3.6cm　Diameter of mouth: 15.7cm

Diameter of foot: 10.2cm

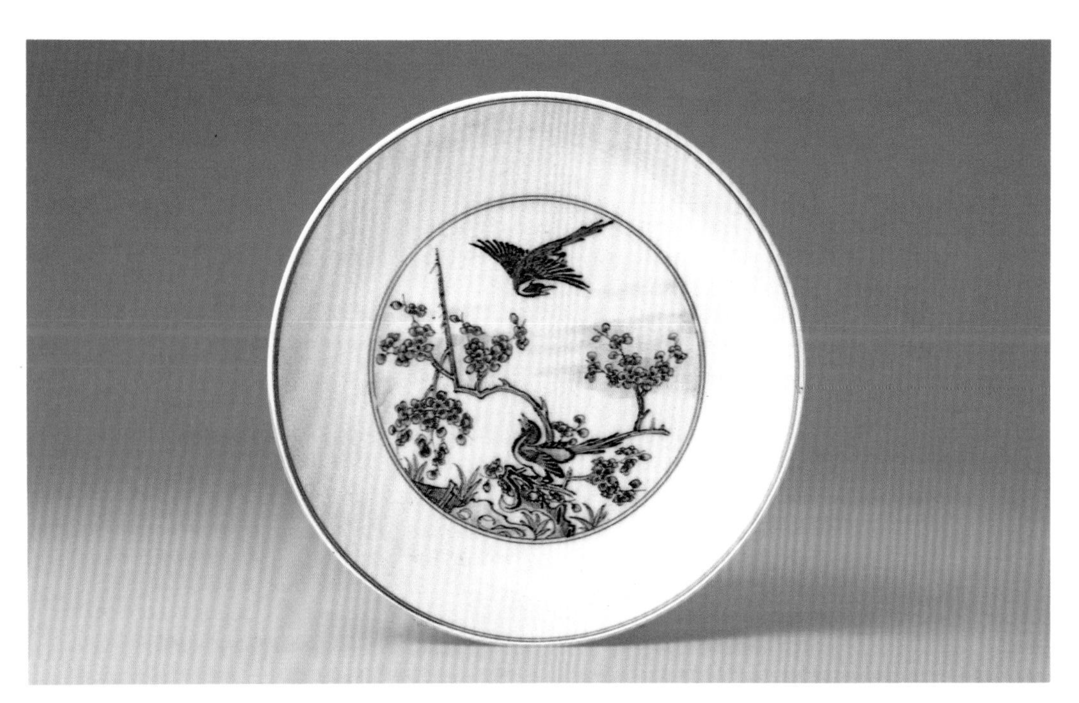

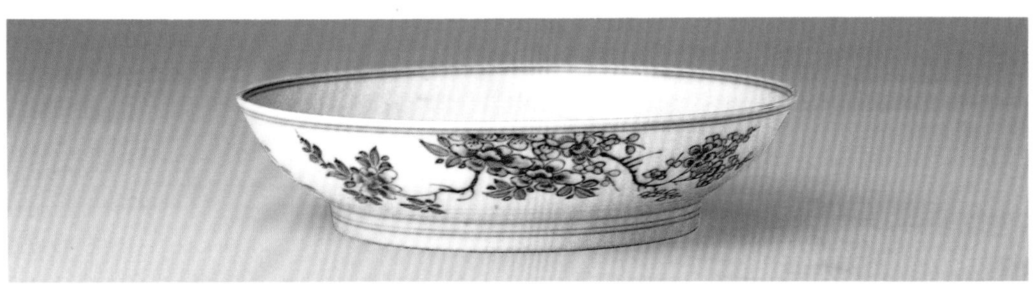

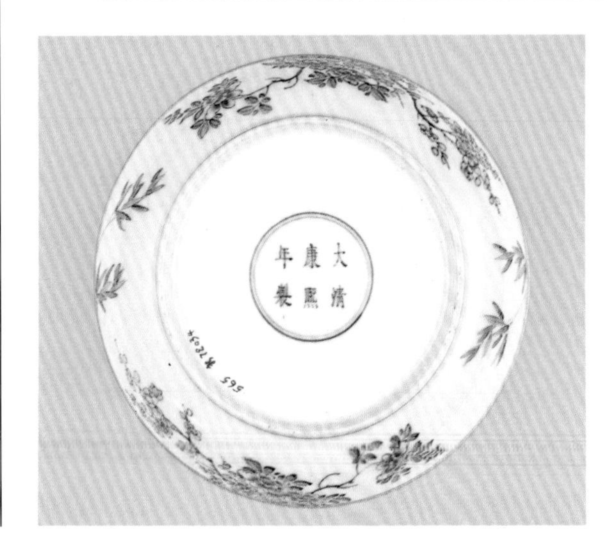

盤敞口，弧壁，圈足。盤心青花雙圈內繪鬥彩喜鵲登梅圖，外壁繪梅、竹相間的紋飾各兩組。外底青花雙圈內楷書“大清康熙年製”六字三行款。

康熙鬥彩瓷器所署“大清康熙年製”款有兩種排列方式，一種為六字三行，一種為六字雙行，值得注意的是六字三行款的“清”字，其“月”部常寫成“円”。

194

鬥彩龍鶴紋盤
清康熙
高3.3厘米　口徑14.7厘米
足徑9.1厘米

Plate with design of dragons and cranes in contrasting colours
Kangxi period, Qing Dynasty
Height: 3.3cm
Diameter of mouth: 14.7cm
Diameter of foot: 9.1cm

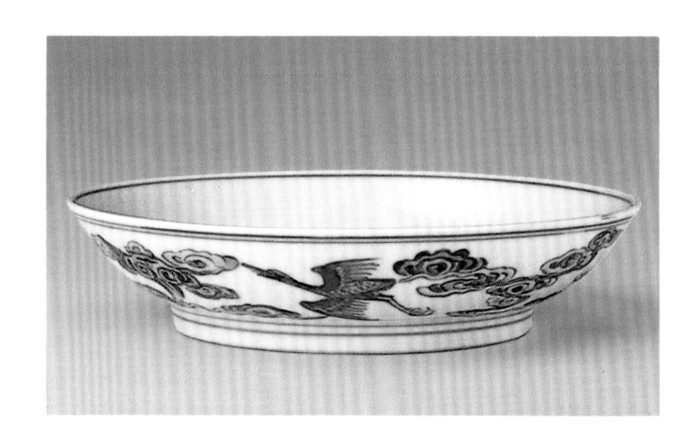

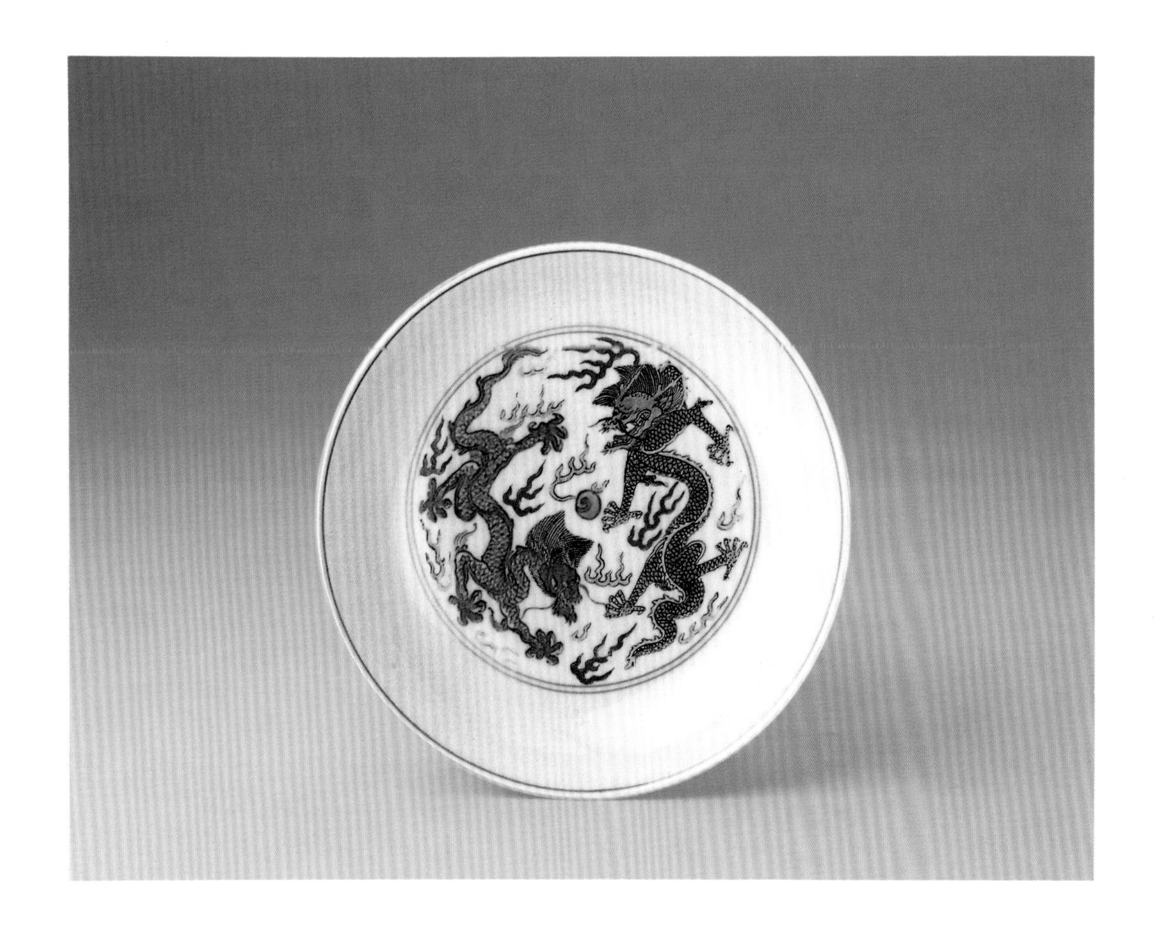

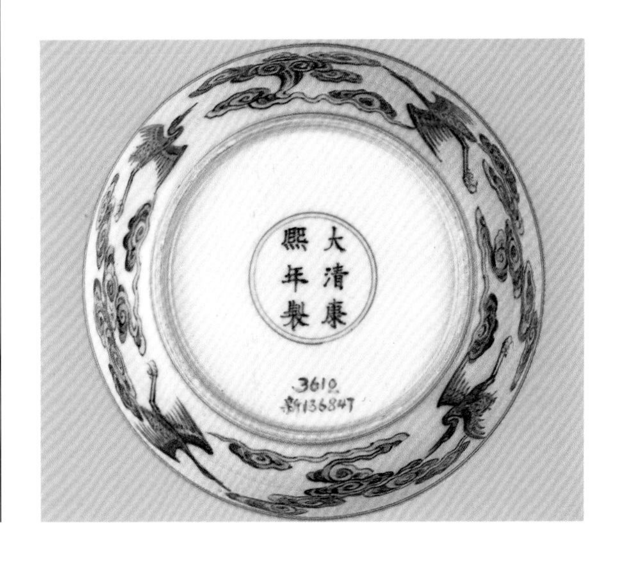

盤敞口，弧壁，圈足。盤心青花雙圈內繪二龍戲珠紋，外壁繪四隻飛翔的仙鶴，間以祥雲紋。此盤在施彩方面突出使用青花，如四隻仙鶴均以青花繪出，僅在鶴頭點以紅彩，亦即典型的“點彩”技法。外底青花雙圈內楷書“大清康熙年製”六字雙行款。

195

鬥彩團螭龍紋杯

清康熙

高5厘米　口徑7.4厘米　足徑3厘米

Cup with design of hydra medallions in contrasting colours

Kangxi period, Qing Dynasty

Height: 5cm　Diameter of mouth: 7.4cm

Diameter of foot: 3cm

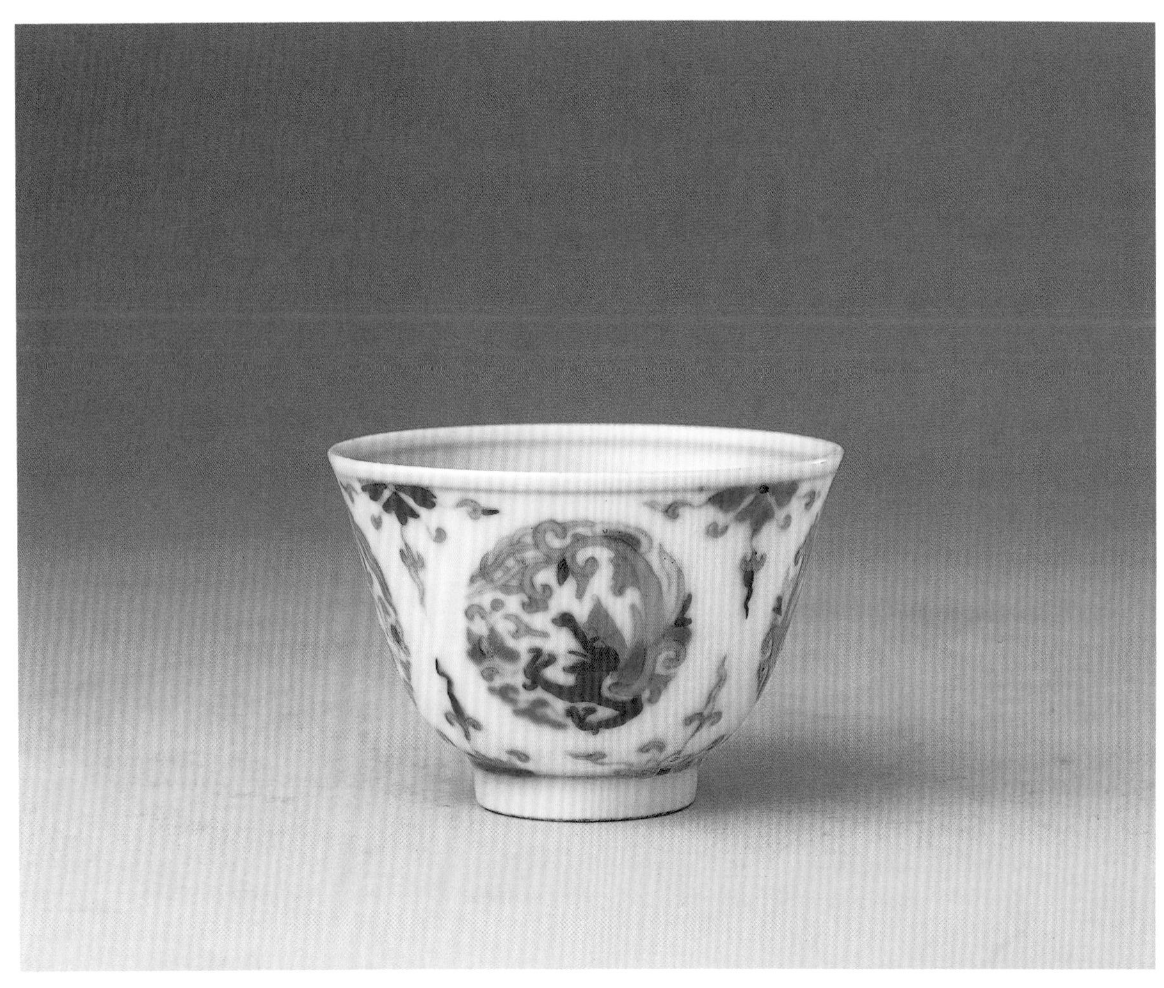

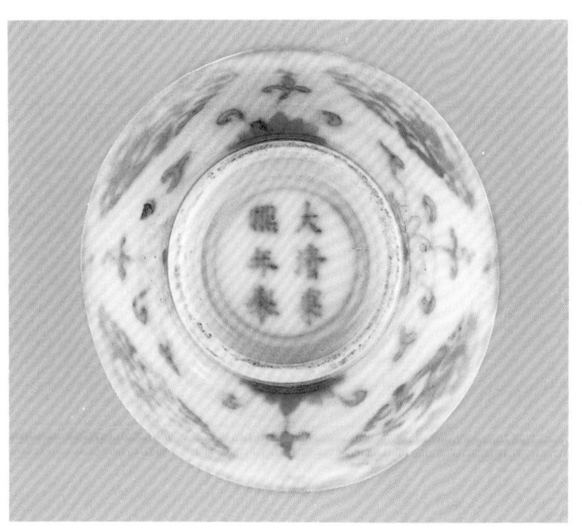

杯敞口，深腹，圈足。外壁繪四組鬥彩團龍紋飾，團龍之間繪有上下相應的花草紋。外底青花雙圈內楷書“大清康熙年製”六字雙行款。

此杯形體秀巧，配以靈活多變的團狀螭龍圖案，相得益彰。

196

鬥彩花鳥紋碗

清康熙

高7.8厘米　口徑15.3厘米　足徑7.2厘米

Bowl with design of flowers and birds in contrasting colours

Kangxi period, Qing Dynasty

Height: 7.8cm　Diameter of mouth: 15.3cm

Diameter of foot: 7.2cm

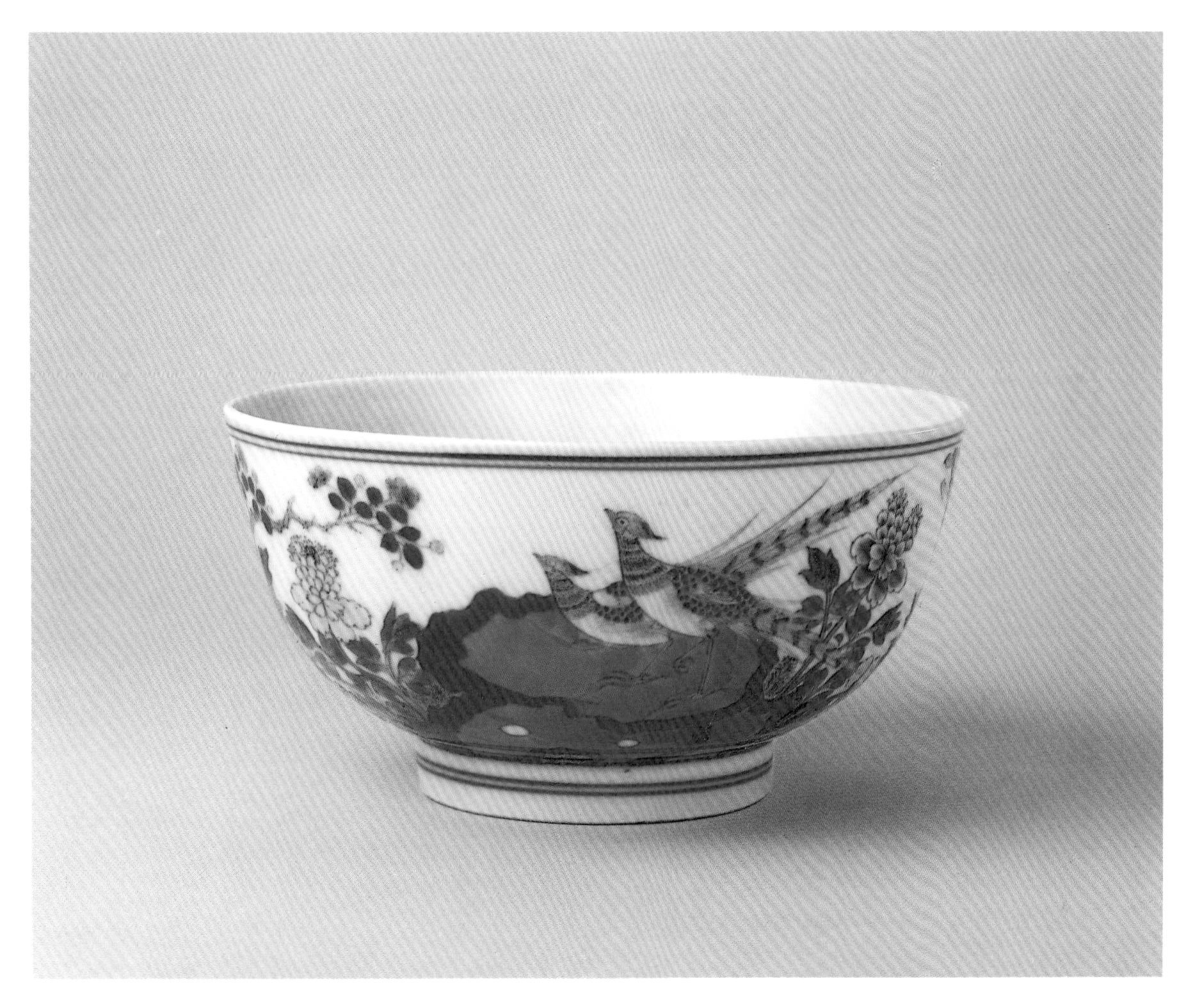

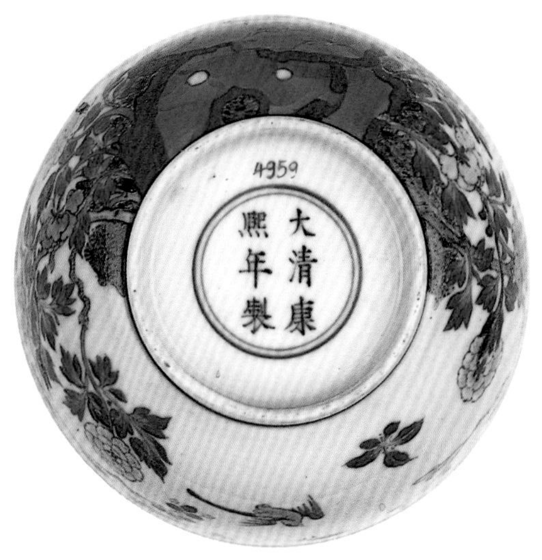

碗呈墩形，敞口，深腹，圈足。外壁鬥彩裝飾從技法上看應屬"青花加彩"。外壁繪山石花鳥紋，一面繪雉雞立於山石，襯以牡丹、玉蘭；一面繪牡丹、海棠、雙飛燕。此題材具有玉棠富貴，喜報春來的寓意。此碗畫面構思巧妙，圖案渲染光感逼真。兩雉雞立於山石上，昂首遠眺，尾巴一垂一翹，神態安然；兩燕子上下翻飛，動感強烈，可謂花、鳥皆傳神。雉雞、山石、燕子均以青花料描繪，採用分水法表現陰陽向背。牡丹花呈色不一，有紅、黃、綠、淡紫等，繽紛艷麗。牡丹花朵皆出犄，俗稱"出犄牡丹"，是康熙瓷器上習用的畫法。碗近口沿處及足上皆有青花弦綫，碗型器多以此作邊飾。外底青花雙圈內楷書"大清康熙年製"六字雙行款。

197

鬥彩團花紋碗

清康熙

高6.4厘米　口徑13.9厘米　足徑5.3厘米

清宮舊藏

Bowl with posy design in contrasting colours

Kangxi period, Qing Dynasty

Height: 6.4cm　Diameter of mouth: 13.9cm

Diameter of foot: 5.3cm

Qing Court collection

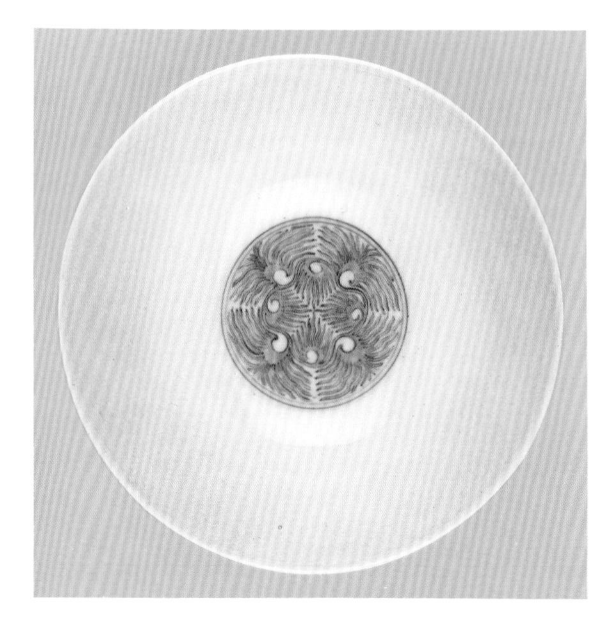

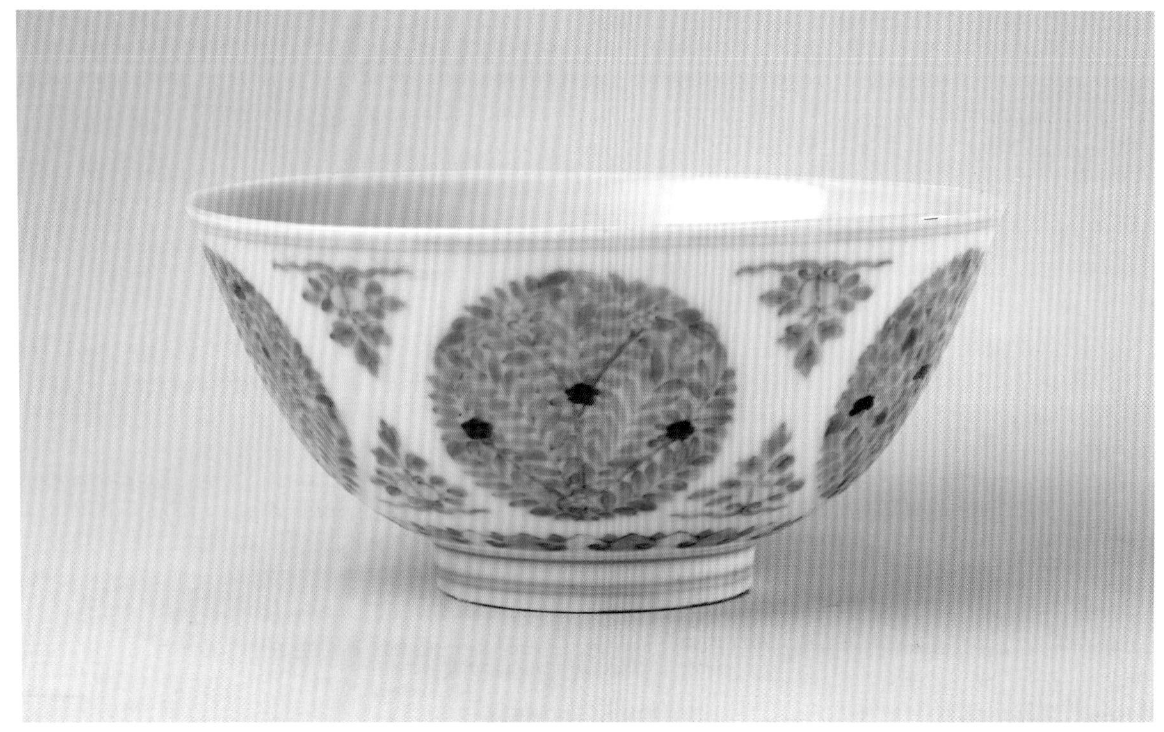

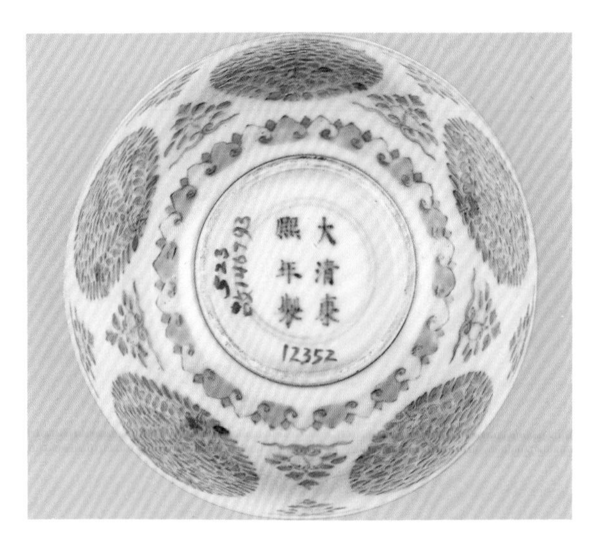

碗敞口微撇，深腹，圈足。碗心青花雙圈內繪團狀花草紋。外壁繪五組團花，間以上下對稱的折枝石榴。近足處飾以一周蓮瓣紋。外底青花雙圈內楷書“大清康熙年製”六字雙行款。

此碗形體規整，釉上彩以綠彩為主，點綴紅、黃、紫等彩，呈色柔和淡雅。

198

鬥彩竹鳳紋碗
清康熙
高4.2厘米　口徑9.6厘米　足徑3.6厘米

Bowl with design of bamboo and phoenix in contrasting colours
Kangxi period, Qing Dynasty
Height: 4.2cm　Diameter of mouth: 9.6cm
Diameter of foot: 3.6cm

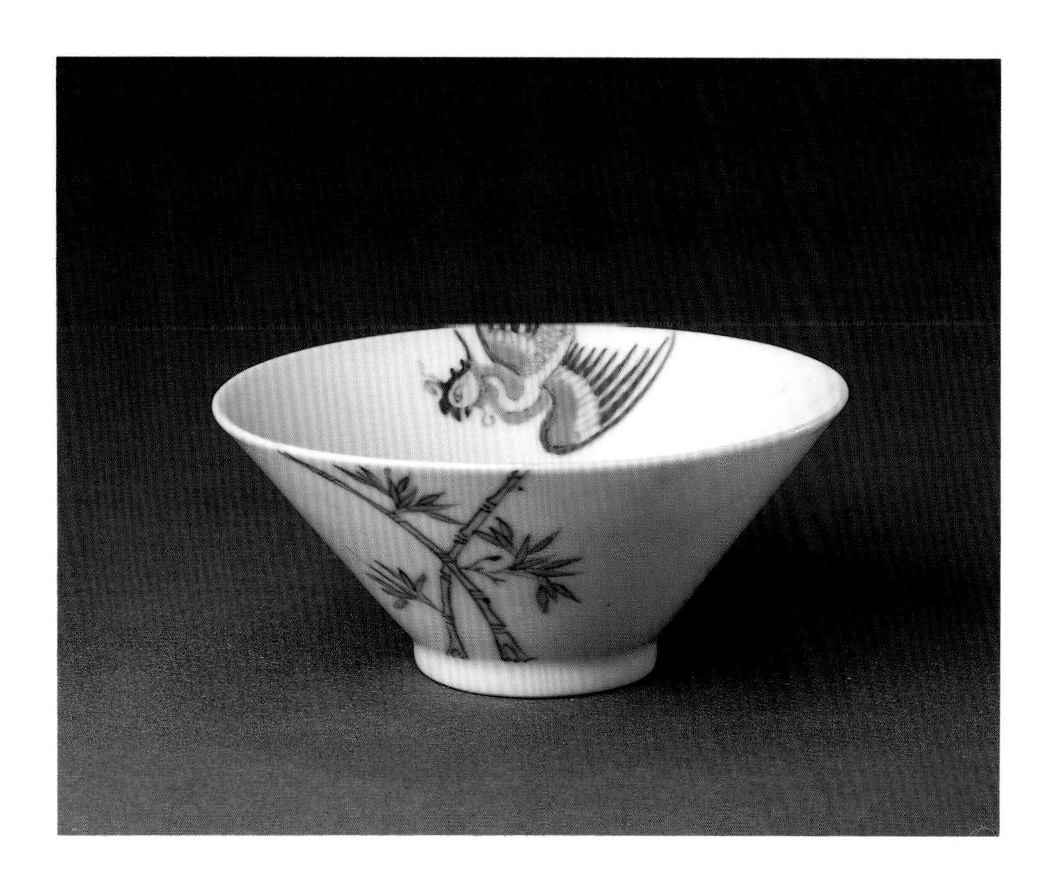

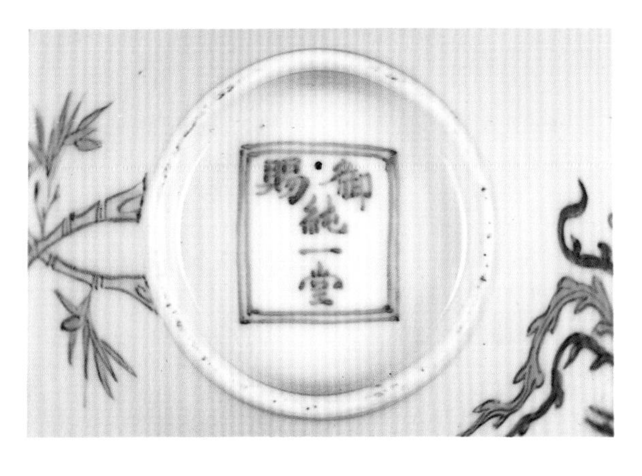

碗撇口，斜壁，圈足，呈斗笠式。內外壁繪鬥彩過枝竹鳳紋，內壁繪竹鳳圖之上部，外壁繪竹之中下部及鳳的羽翼和鳳尾。底青花雙方框內書“御賜純一堂”五字楷書款，是為康熙朝所獨有的堂名款。

此碗採用過枝技法裝飾，內外壁一竹一鳳呈對稱構圖，別具一格。竹與鳳紋皆以青花勾飾輪廓綫，竹幹及竹葉填以黃、綠彩，鳳冠、翅及尾填礬紅彩，而鳳身及翅膀的一部分覆以黃、綠、淺紫等彩，此種填彩與覆彩施於一器的作法為康熙時期鬥彩器常見的施彩技法。

199

鬥彩人物紋碗

清康熙

高5.5厘米　口徑9.4厘米　足徑4.4厘米

Bowl with figure design in contrasting colours

Kangxi period, Qing Dynasty

Height: 5.5cm　Diameter of mouth: 9.4cm

Diameter of foot: 4.4cm

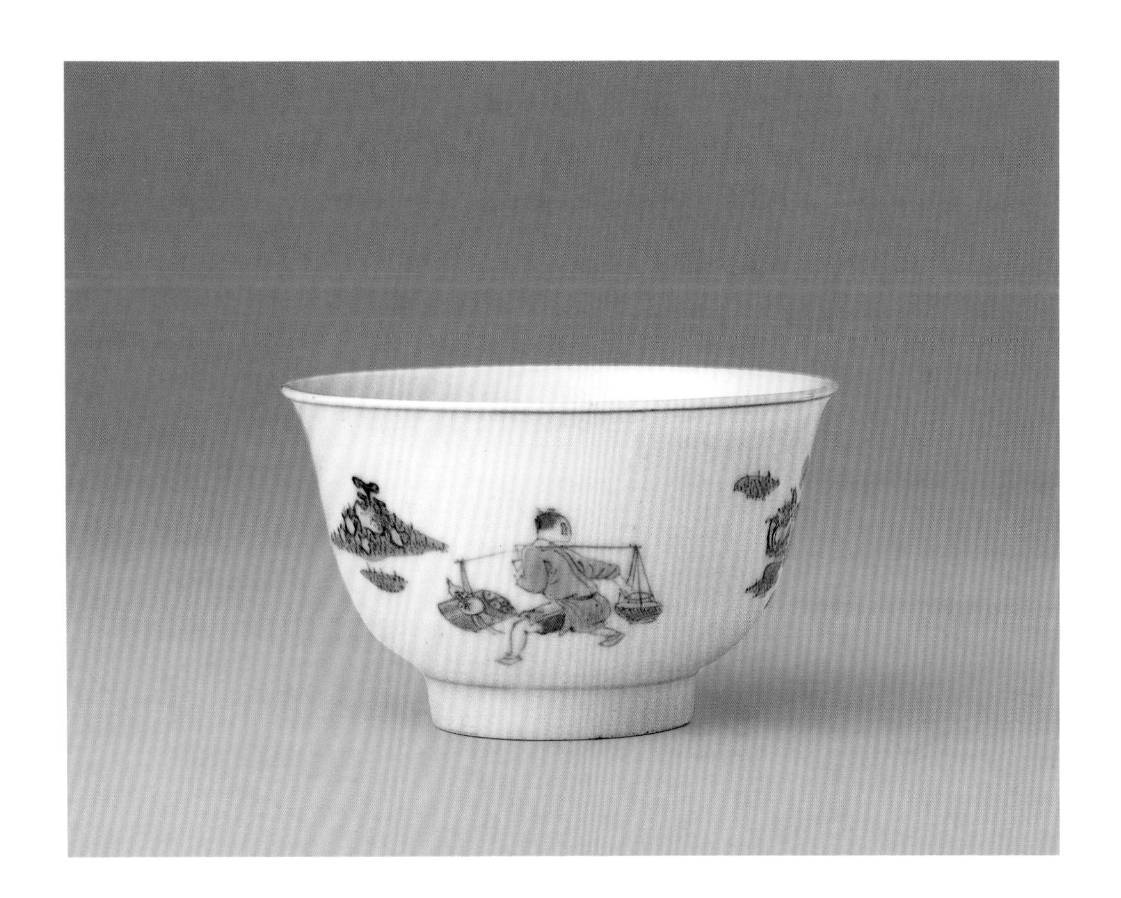

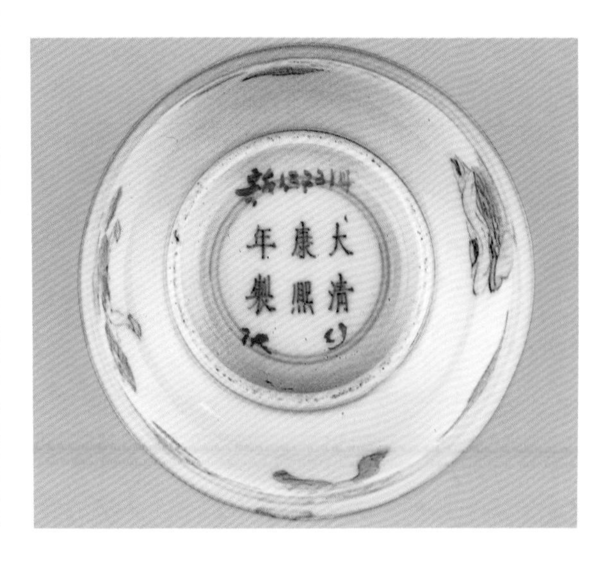

碗撇口，深腹，圈足。外壁繪主僕三人，間以坡地花草、雲龍紋。主人行於前，肩扛壽桃的僕人走在中間，緊跟其後的僕人前挑一綑書畫，上掛一酒葫蘆，後擔一酒罈。外底青花雙圈內楷書"大清康熙年製"六字三行款。

此碗圖中，主僕三人通過手的指向與頭的顧盼形成連動關係，使畫面生動而有整體感，堪稱傑作。

200

鬥彩人物紋碗
清康熙
高7厘米　口徑14.8厘米　足徑6.6厘米

Bowl with figure design in contrasting colours
Kangxi period, Qing Dynasty
Height: 7cm　Diameter of mouth: 14.8cm
Diameter of foot: 6.6cm

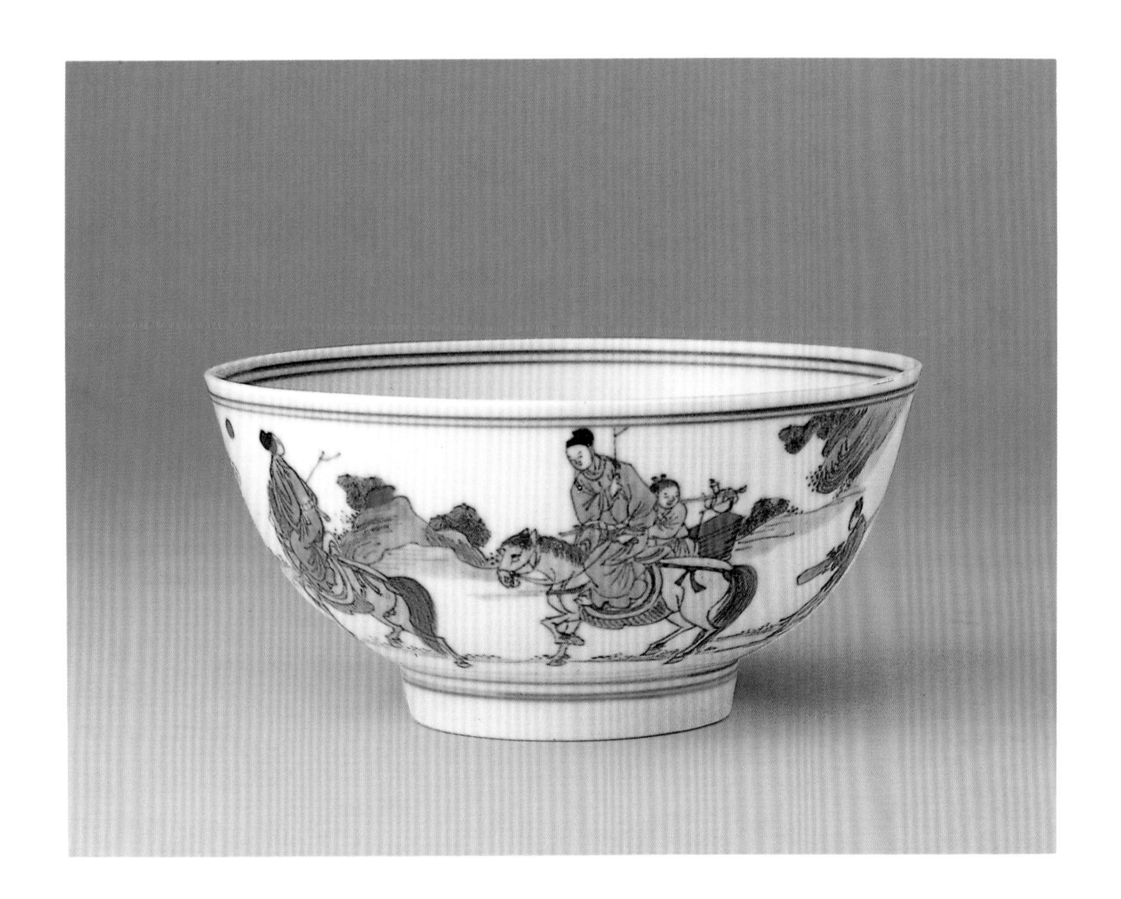

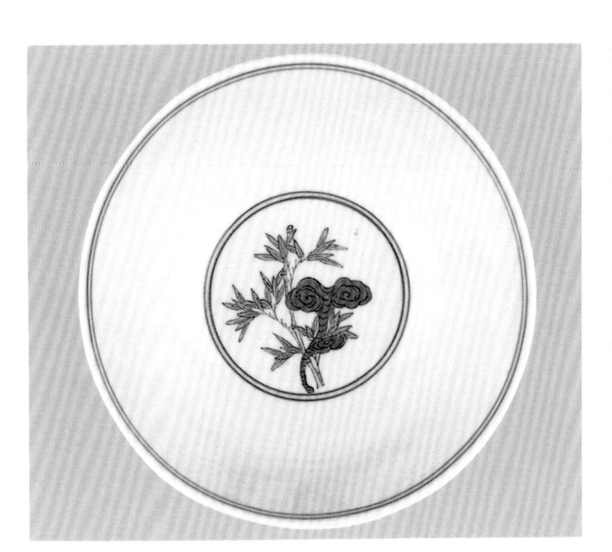

碗敞口，深腹，圈足。碗心青花雙圈內繪紅靈芝綠竹紋，外壁繪垂柳山石和兩秀才攜書童趕考圖。一紅衣秀才騎紫馬行於前，綠衣秀才騎黃馬隨其後，旁有一侍童挑擔子，一僕人抱琴隨行。無款識。

康熙鬥彩瓷器或署“大清康熙年製”款，或署“大明成化年製”仿款。此器雖無款識，但從其造型、青花色澤及繪畫技法等方面看，均具康熙鬥彩之特徵。

201

鬥彩夔龍紋碗
清康熙
高8厘米　口徑15厘米　足徑7厘米

Bowl with Kui-dragon design in contrasting colours
Kangxi period, Qing Dynasty
Height: 8cm　Diameter of mouth: 15cm
Diameter of foot: 7cm

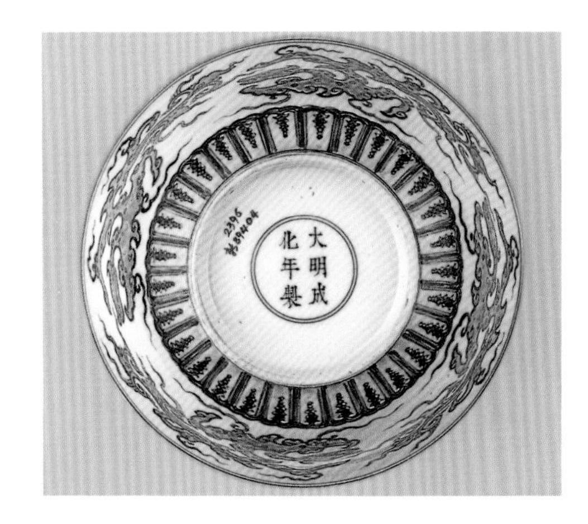

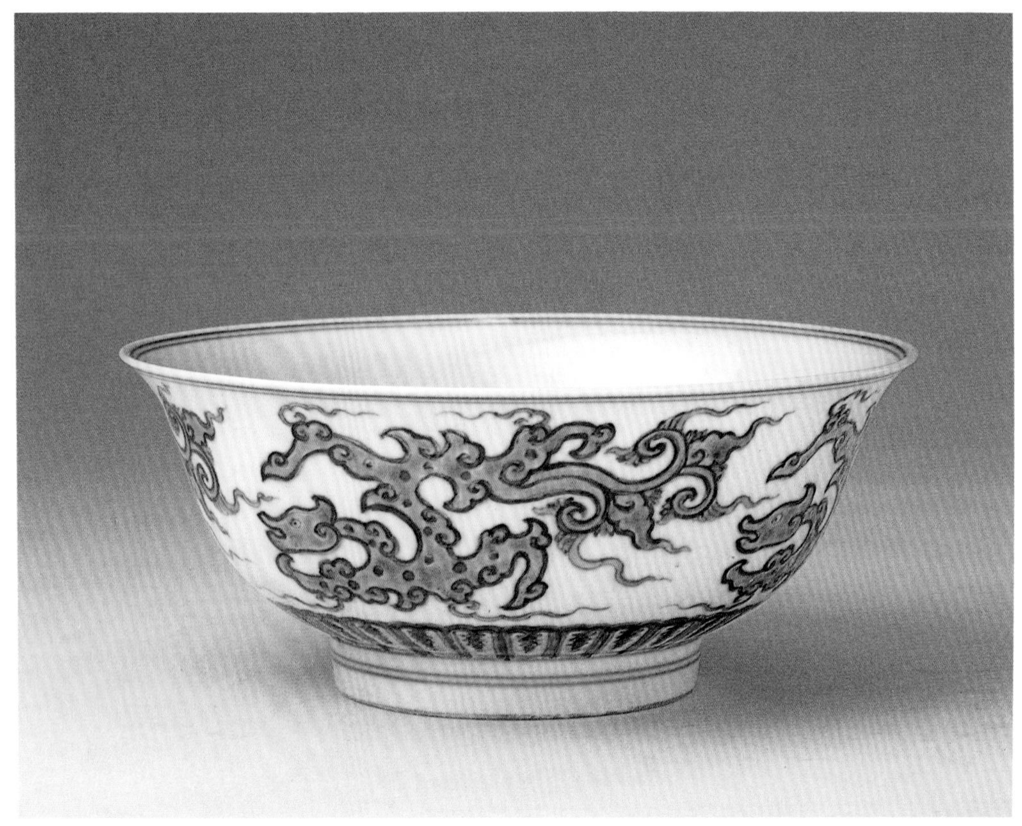

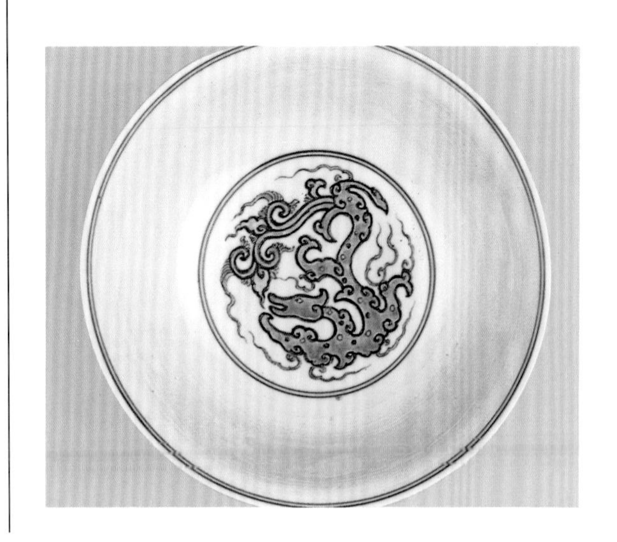

碗撇口，深腹，圈足。碗心青花雙圈內繪一夔龍紋，外壁繪相同的夔龍紋四組，近足處繪蓮瓣紋一周。外底青花雙圈內楷書“大明成化年製”六字雙行仿款。

此碗以夔龍紋飾為主，康熙時期繪製龍鳳圖案的官窰鬥彩器物製作精細，為數較多。此器所繪夔龍，於釉上按青花輪廓綫復勾以紅彩，其內再填黃、綠彩，而不直接在青花輪廓綫內填彩，這在康熙時期比較少見，別具特色。

202

鬥彩串枝桃紋碗

清康熙

高8厘米　口徑14.3厘米　足徑5厘米

Bowl with design of training sprays of peach in contrasting colours

Kangxi period, Qing Dynasty

Height: 8cm　Diameter of mouth: 14.3cm

Diameter of foot: 5cm

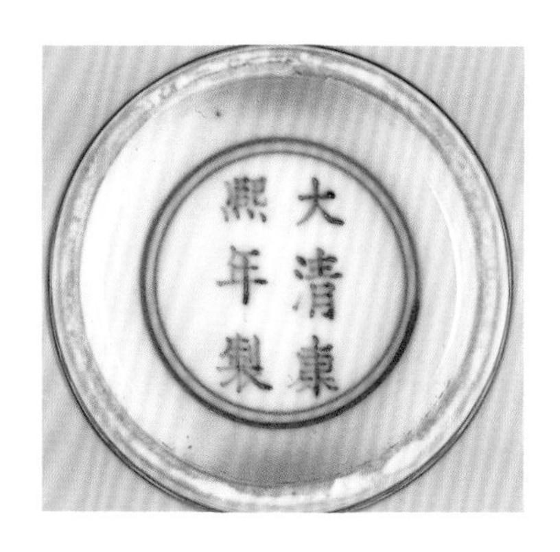

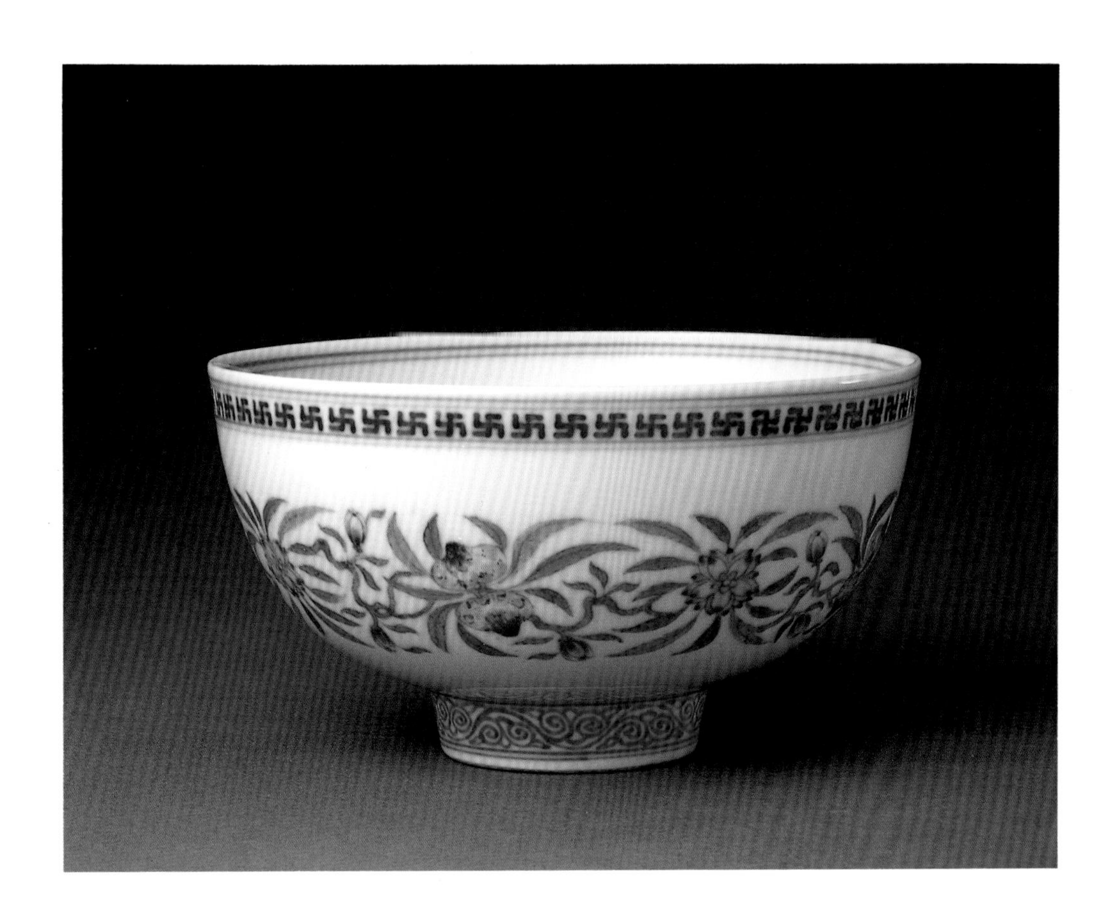

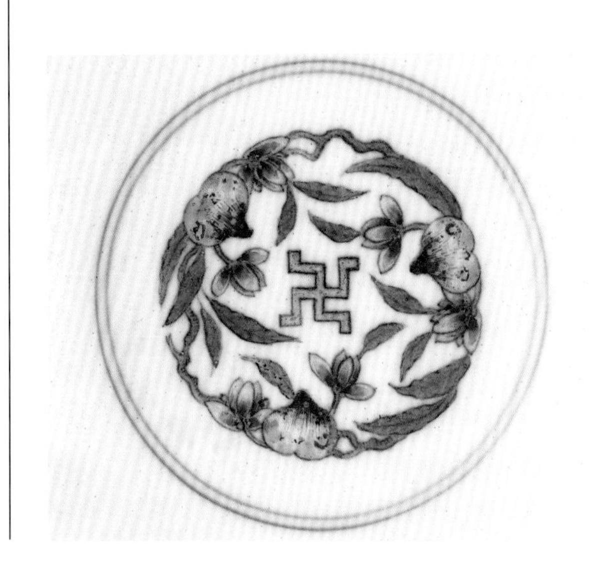

碗敞口，深腹，圈足。碗心以團狀折枝桃圍一“卍”字。外壁以串枝桃紋為主，口沿繪青花“卍”字紋一周，足牆飾以捲枝紋。外底青花雙圈內楷書“大清康熙年製”六字雙行款。

此碗紋飾以“卍”字與桃實寓意“萬壽”。構圖上僅在腹部以串枝桃作主題紋飾，整齊勻稱，以虛托實，別具一格。

203

鬥彩團花牡丹紋碗
清康熙
高6.7厘米　口徑14.3厘米　足徑5.1厘米
清宮舊藏

Bowl with design of peony medallions in contrasting colours
Kangxi period, Qing Dynasty
Height: 6.7cm　Diameter of mouth: 14.3cm
Diameter of foot: 5.1cm
Qing Court collection

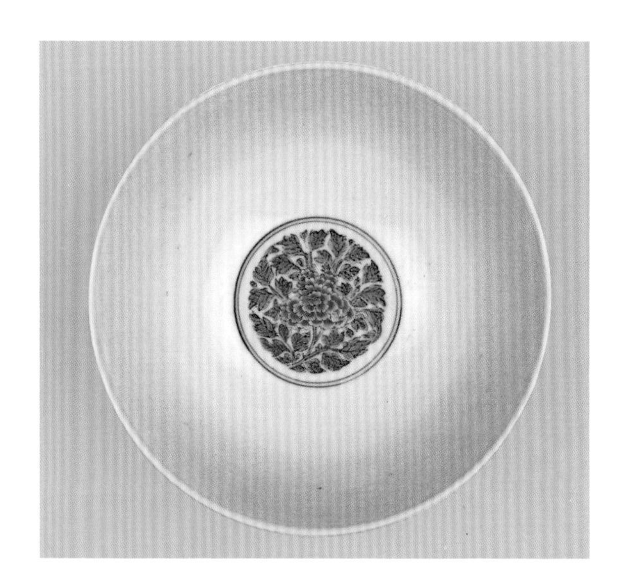

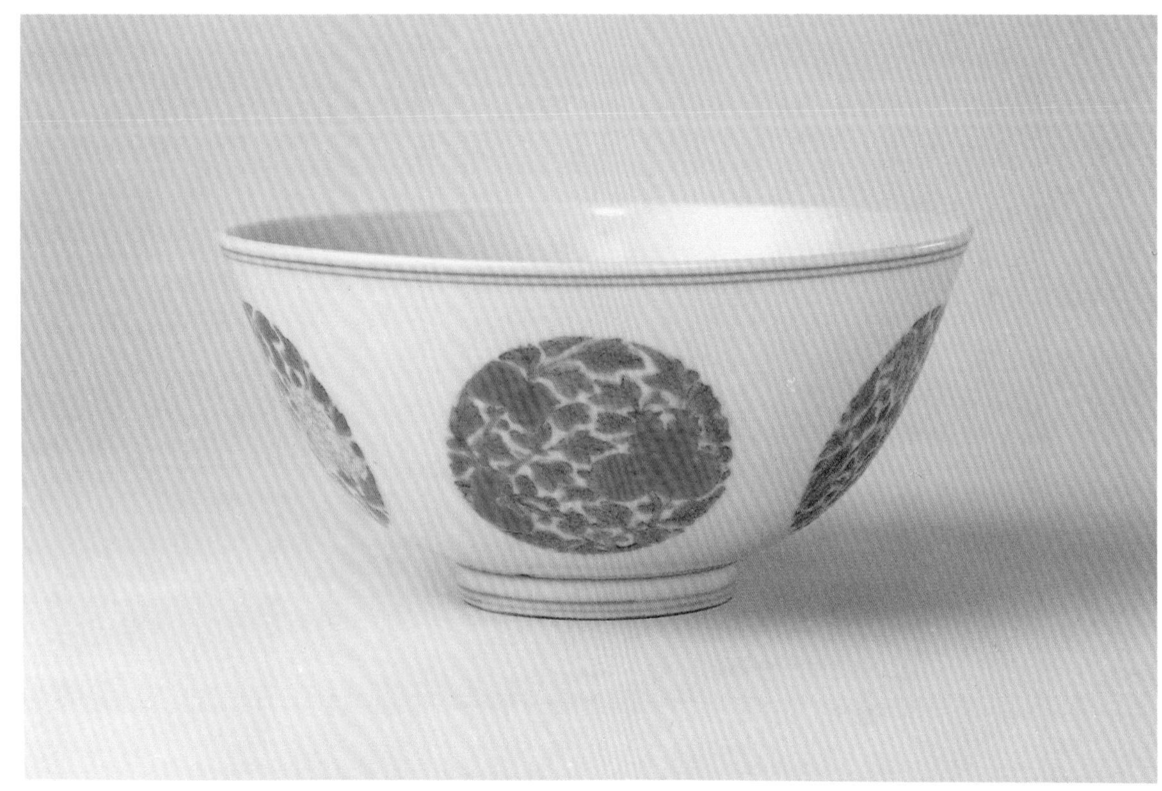

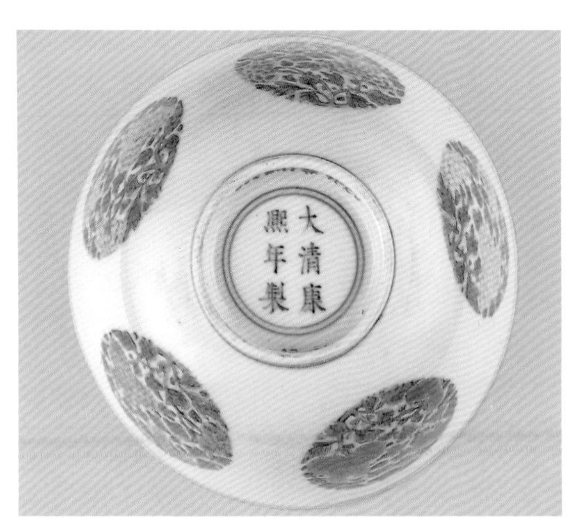

碗敞口，弧腹，瘦底，圈足。內底心青花雙圈內繪折枝牡丹，紅花綠葉。外壁繪團花牡丹五組，每組繪盛開的牡丹三朵，其中一朵為雙犄牡丹。五組牡丹顏色各異，兩紅、一淡綠、一淡紫、一鵝黃，襯以綠彩莖葉，色彩繽紛，嬌艷華麗。外底青花雙圈內楷書“大清康熙年製”六字雙行款。

團花又稱“繡球花”，明代永樂、宣德時景德鎮瓷器上已有應用，成化鬥彩、青花瓷器上更大量使用。由於其具有靈活多變、裝飾性強的特點，清代乃至當今仍被廣泛用於瓷器裝飾。

204

鬥彩落花流水紋碗

清康熙

高8.4厘米　口徑18.2厘米　足徑7.8厘米

Bowl with design of flowers on the surface of the flowing water in contrasting colours

Kangxi period, Qing Dynasty

Height: 8.4cm　Diameter of mouth: 18.2cm

Diameter of foot: 7.8cm

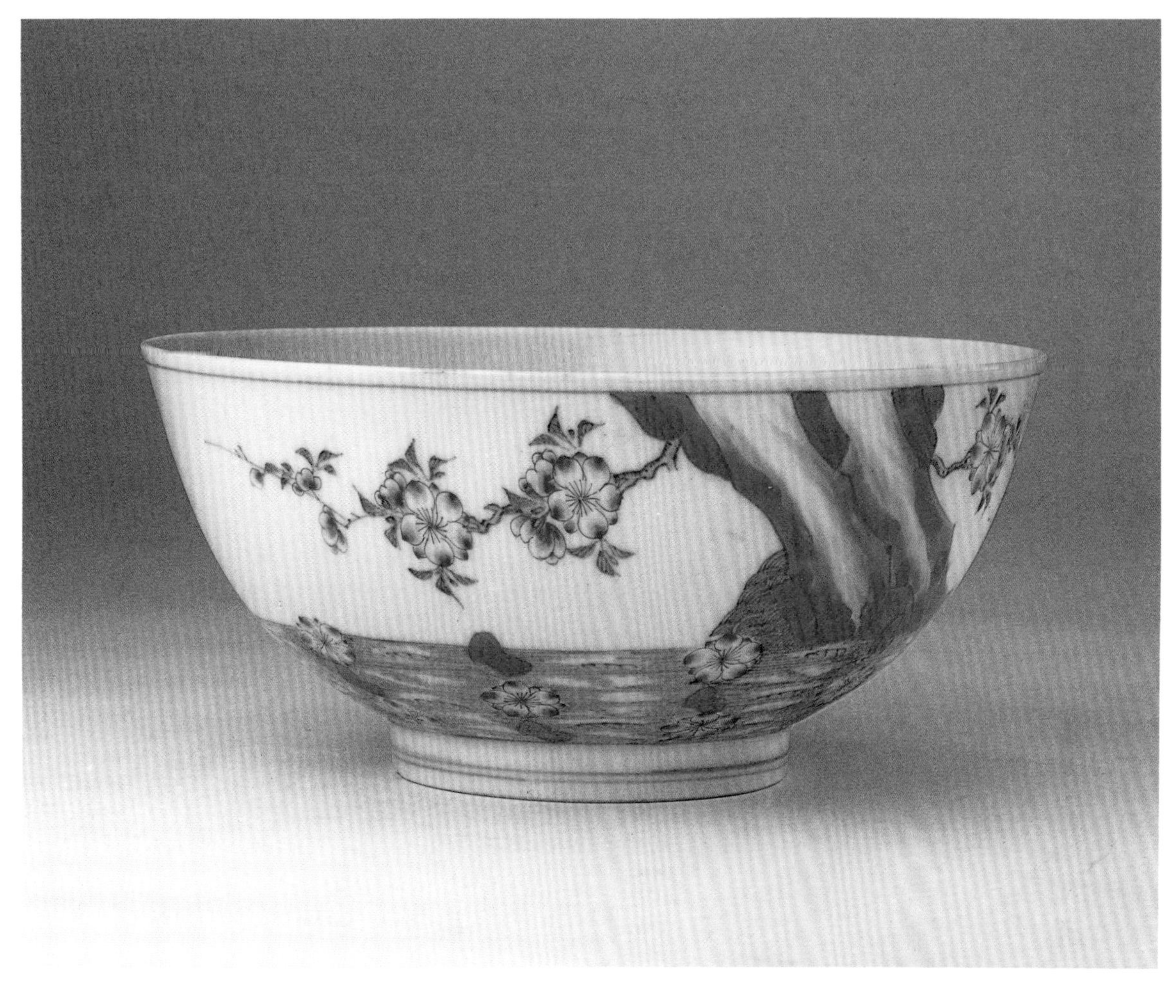

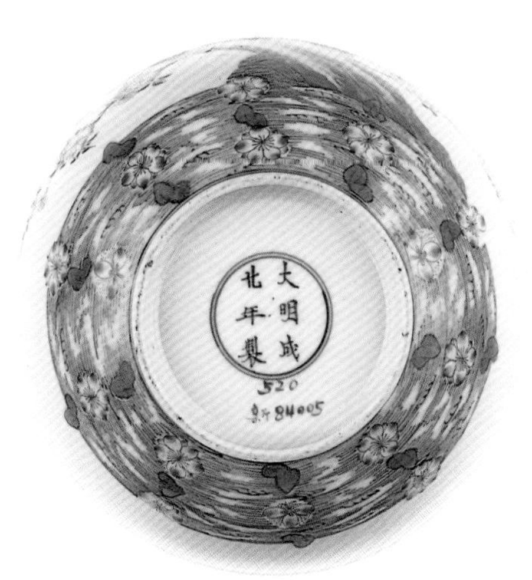

碗敞口，深腹，圈足。主題紋飾為落花流水紋。外底青花雙圈內楷書“大明成化年製”六字雙行仿款。

此碗構圖疏朗簡潔，以虛當實，虛實相生。施彩以淡雅取勝，意境幽深。“落花流水”取意“落花流水春已去”，是康熙瓷器上常見的裝飾題材。

205

鬥彩菊花紋碗

清康熙

高5.1厘米　口徑11.3厘米　足徑5.1厘米

Bowl with chrysanthemum design in contrasting colours

Kangxi period, Qing Dynasty

Height: 5.1cm　Diameter of mouth: 11.3cm

Diameter of foot: 5.1cm

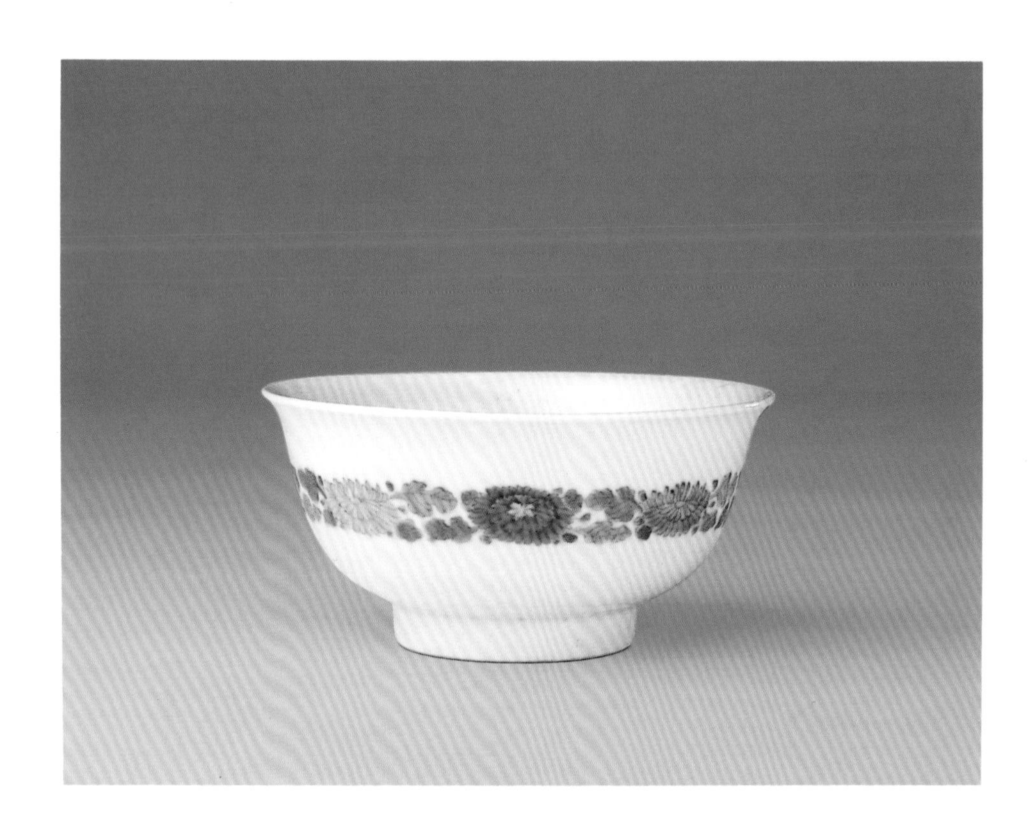

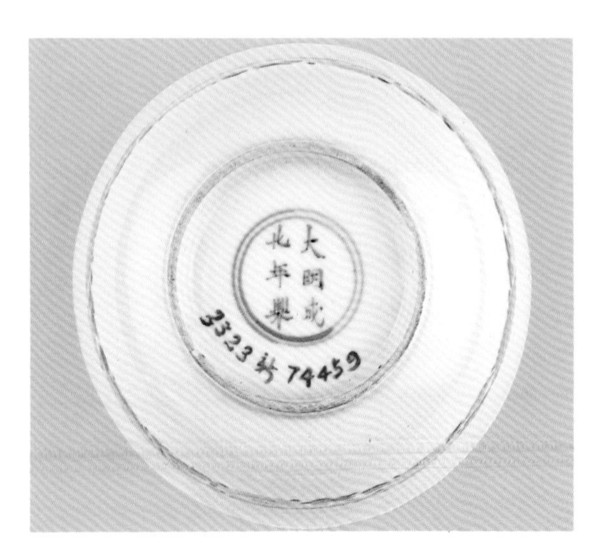

碗口微撇，口以下漸收，圈足。外壁繪串枝菊裝飾帶，菊朵四紅、兩黃、兩紫相間。外底青花雙圈內楷書“大明成化年製”六字雙行仿款。

此碗造型規整，構圖簡潔，色彩鮮亮雅致。

206

鬥彩鳳穿牡丹紋盤

清康熙

高3.8厘米　口徑20.3厘米

足徑12.6厘米

Plate with design of phoenixes among flowers in contrasting colours

Kangxi period, Qing Dynasty

Height: 3.8cm

Diameter of mouth: 20.3cm

Diameter of foot: 12.6cm

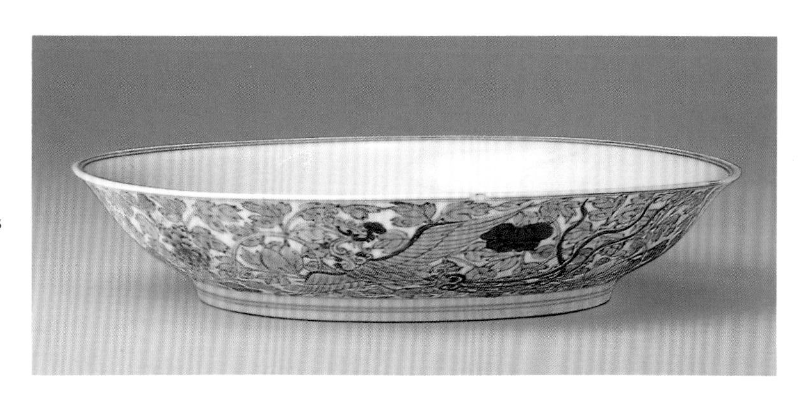

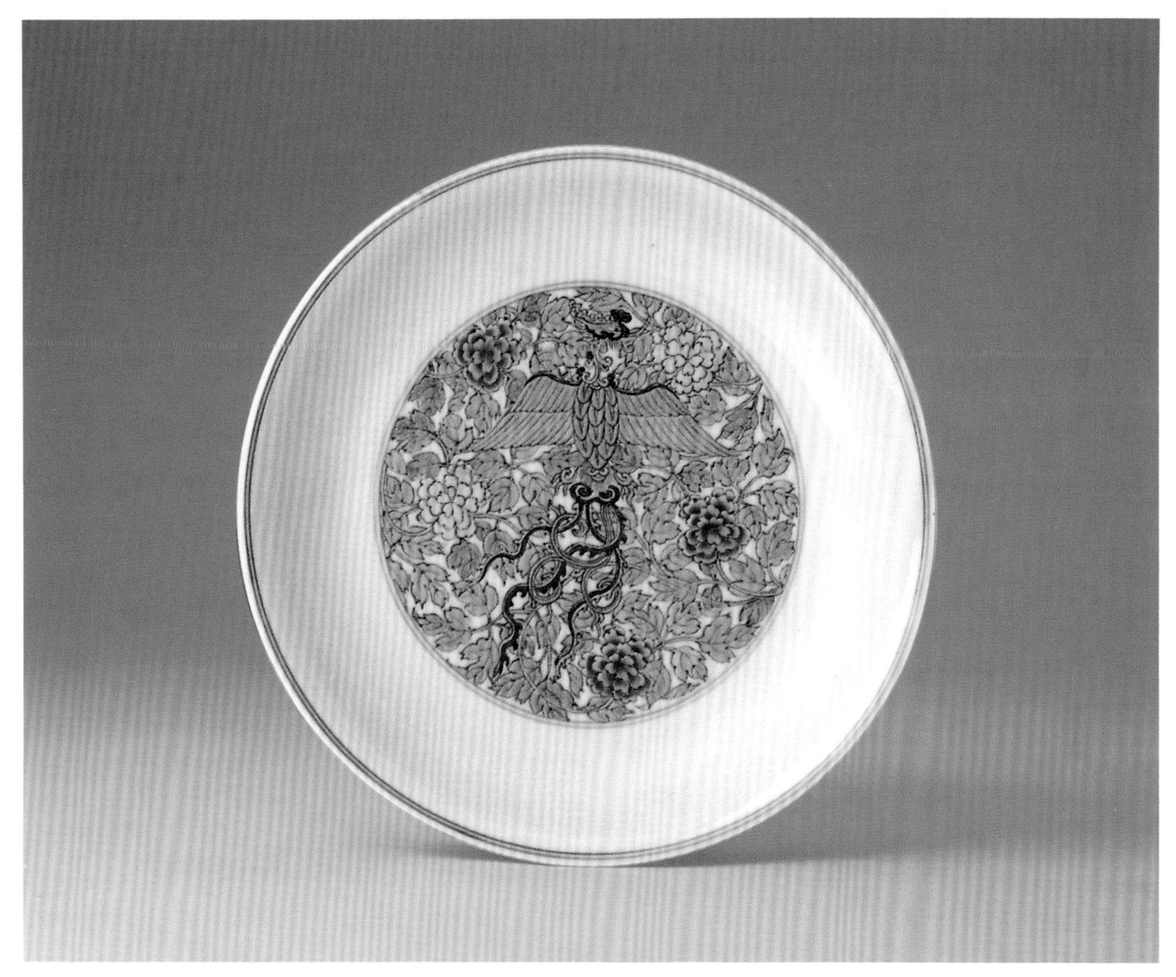

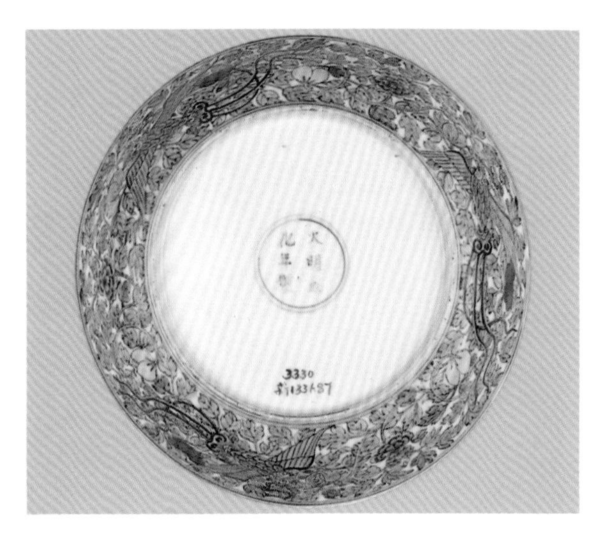

盤撇口，弧壁，圈足。盤心與外壁均繪鳳穿牡丹紋，內壁有暗花裝飾，兩夔龍、兩夔鳳相間排列。外底青花雙圈內楷書“大明成化年製”六字雙行仿款。

此器獨特之處在於內壁暗刻夔龍、夔鳳紋，在鬥彩瓷器中殊為少見。

207

鬥彩團龍紋碗

清康熙

高7.5厘米　口徑14.5厘米　足徑7.5厘米

Bowl with design of dragon medallion in contrasting colours

Kangxi period, Qing Dynasty

Height: 7.5cm　Diameter of mouth: 14.5cm

Diameter of foot: 7.5cm

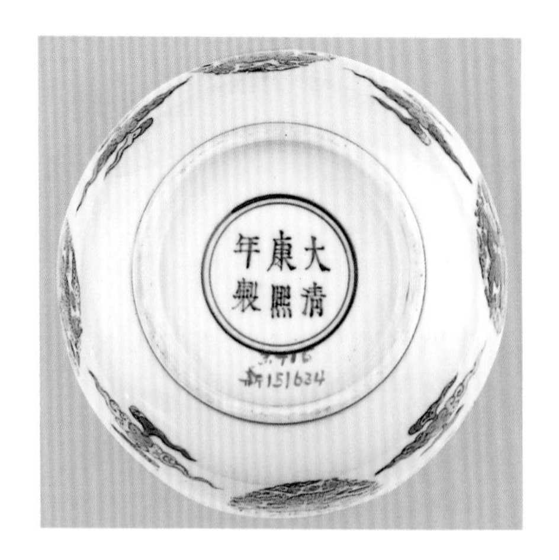

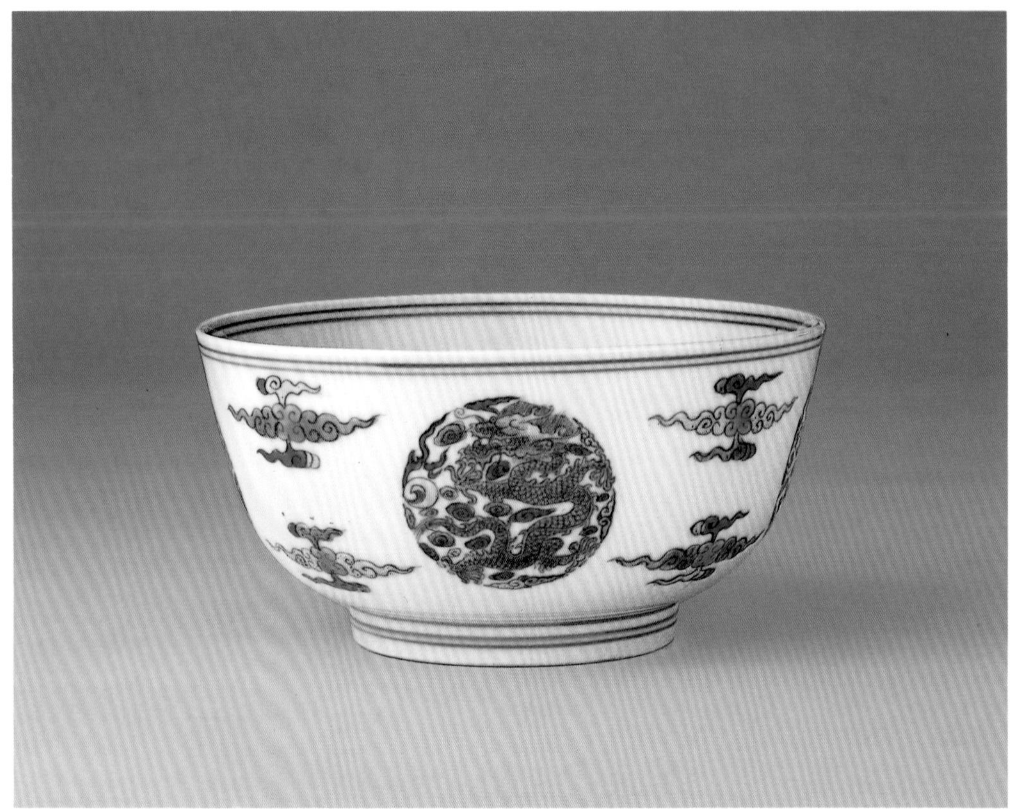

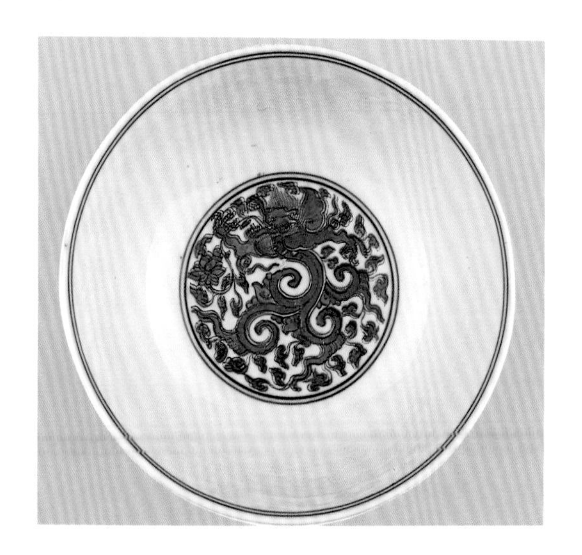

碗呈墩形，豐底，圈足。碗心青花雙圈內繪夔龍穿花紋，外壁繪鬥彩團龍戲珠紋四組，間以上下對稱的“壬”字形朵雲。外底青花雙圈內楷書“大清康熙年製”六字三行款。

此碗造型墩實，俗稱“墩式碗”，是康熙瓷器中常見的器型。裏青花外鬥彩裝飾是康熙朝的創新技法。

208

鬥彩龍鳳紋蓋罐

清康熙
通高13.1厘米　口徑4.6厘米
足徑10.4厘米
清宮舊藏

Covered jar with design of dragon and phoenix in contrasting colours

Kangxi period, Qing Dynasty
Overall height: 13.1cm
Diameter of mouth: 4.6cm
Diameter of foot: 10.4cm
Qing Court collection

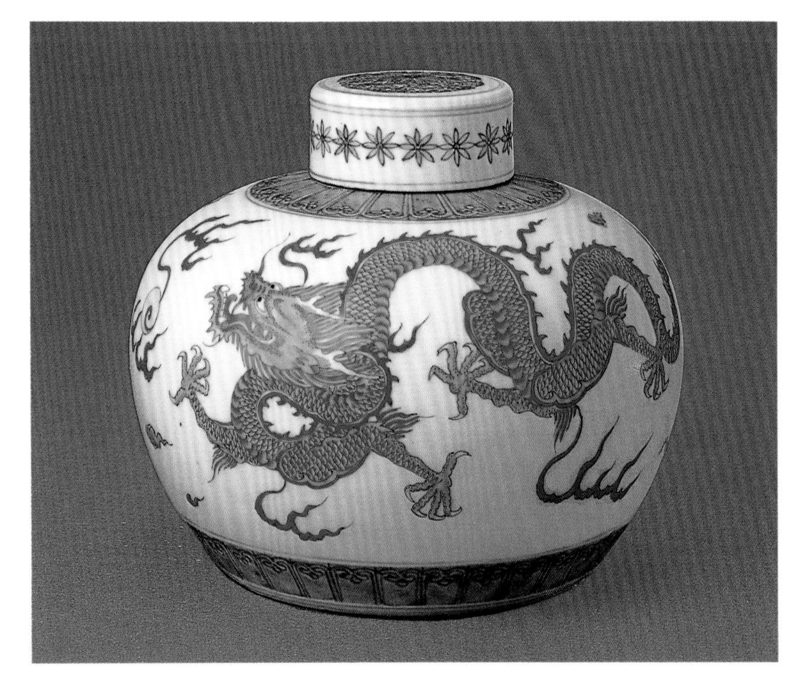

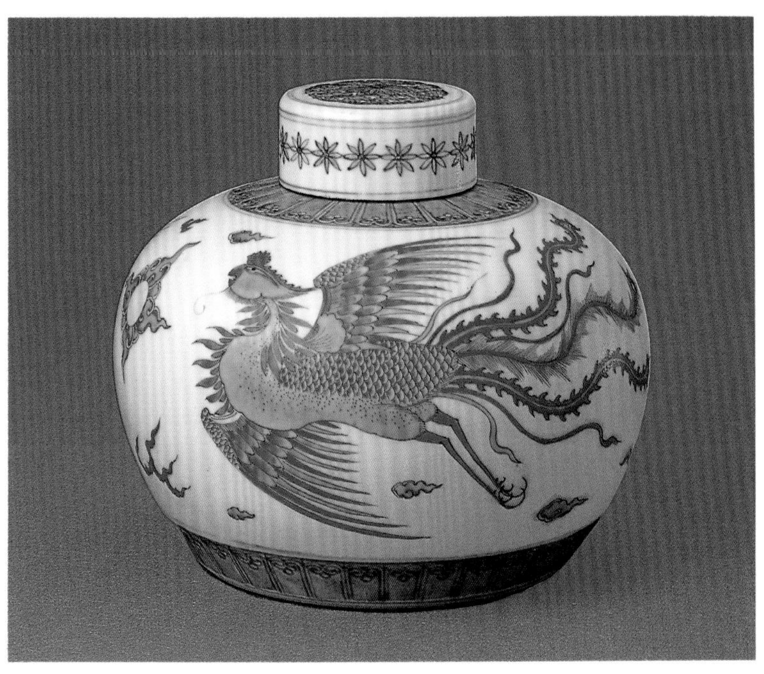

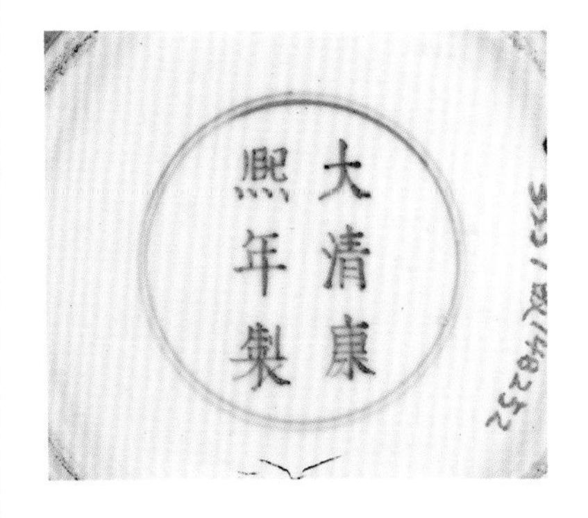

小口，豐肩，扁圓腹，圈足。腹部主題紋飾不用鬥彩裝飾，而以礬紅彩描繪雲龍、雲鳳戲珠紋，火珠填黃彩。鬥彩只用作裝飾頸、肩、脛、蓋等處的配襯紋飾。肩、脛處分別繪紫、綠覆仰蓮瓣紋，蓋面繪團菊紋，紅花綠葉。蓋周邊繪朵花十六個，依黃、綠、淡紫、綠的順序作二方連續。外底青花雙圈內楷書“大清康熙年製”六字雙行款。

此器以鬥彩作邊飾，襯托礬紅彩龍鳳紋，具有特殊的藝術效果，是康熙鬥彩瓷器中綜合裝飾技法的具體體現。

209

鬥彩雉雞牡丹紋碗
清康熙
高7.9厘米　口徑15.4厘米　足徑7厘米

Bowl with design of pheasants and peony in contrasting colours
Kangxi period, Qing Dynasty
Height: 7.9cm　Diameter of mouth: 15.4cm
Diameter of foot: 7cm

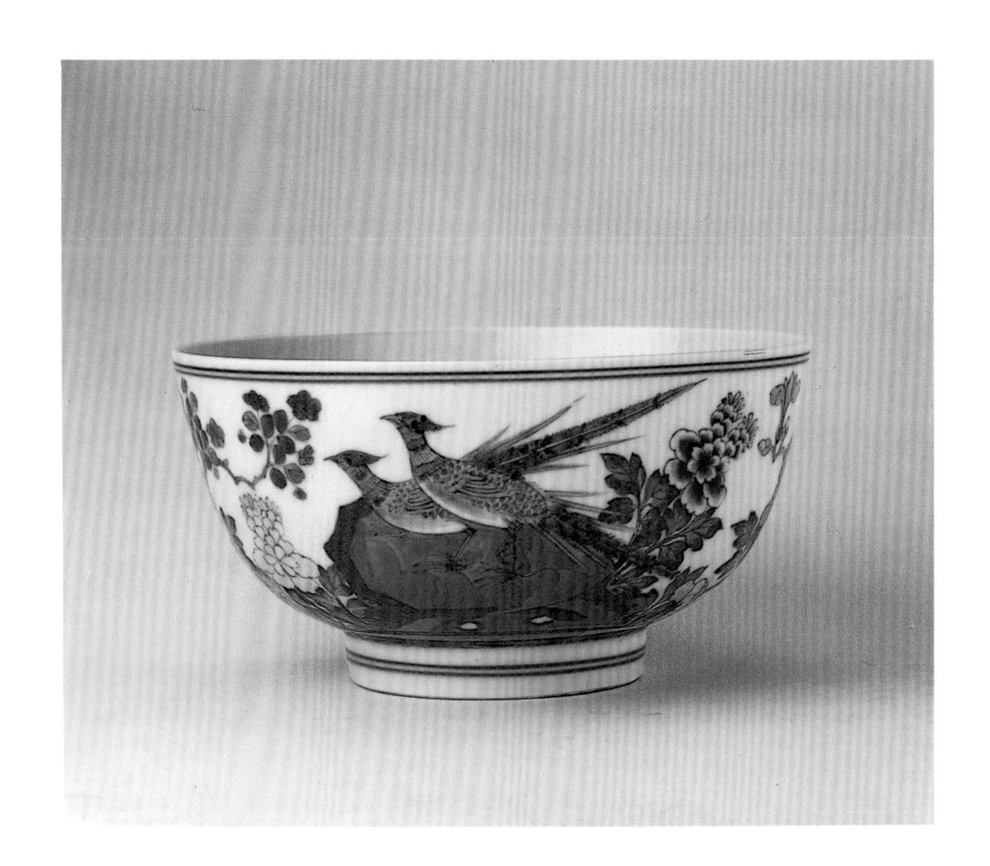

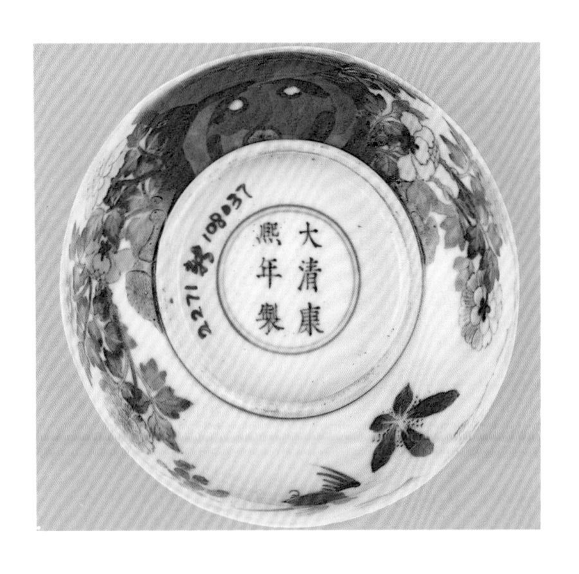

碗敞口，深腹，圈足。外壁主題紋飾為雉雞牡丹紋。兩雉雞昂首立於石上，尾巴一翹一垂，山石周圍襯以雙犄牡丹、玉蘭、菊花等，外壁另一面繪雙飛燕。外底青花雙圈內楷書“大清康熙年製”六字雙行款。

鬥彩瓷器通常以釉下青花與釉上彩相結合，此碗卻獨具匠心，採用釉下青花、釉裏紅與釉上彩相結合，即在雉雞、燕子及花朵上均使用釉裏紅作彩飾。釉裏紅的燒成難度很高，此器卻大膽地使用釉裏紅代替釉上紅彩，且發色純正，反映了當時製瓷技藝之高超，亦是康熙鬥彩之創新之舉。

210

黃地鬥彩龍鳳紋盤

清康熙

高4.8厘米　口徑21.2厘米　足徑13.2厘米

清宮舊藏

Plate with design of dragon and phoenix in contrasting colours over a yellow ground

Kangxi period, Qing Dynasty

Height: 4.8cm　Diameter of mouth: 21.2cm

Diameter of foot: 13.2cm

Qing Court collection

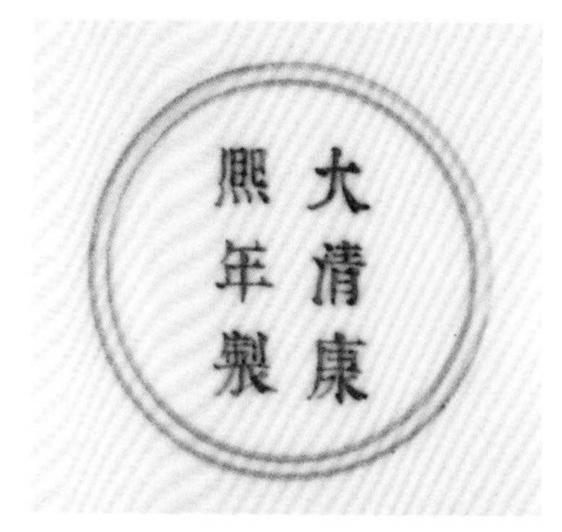

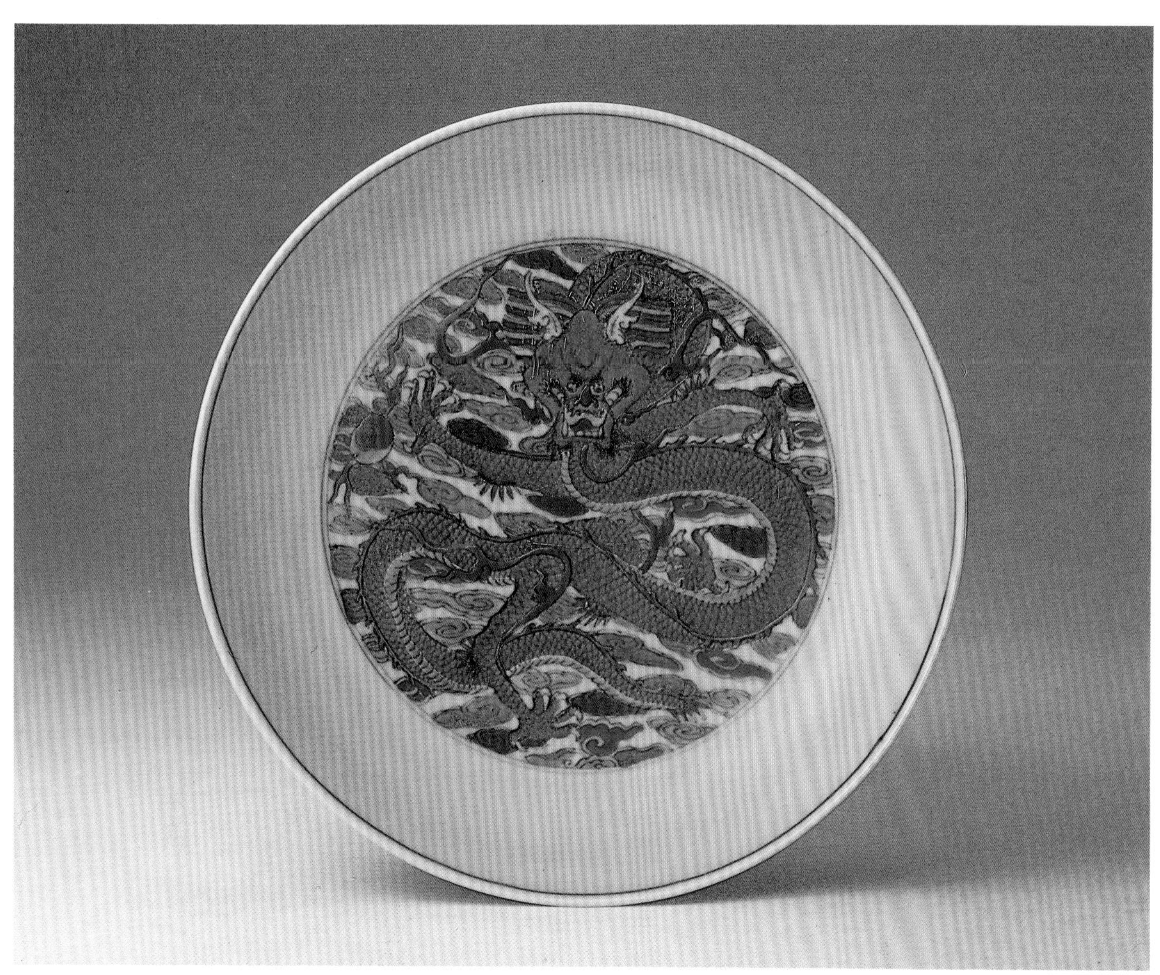

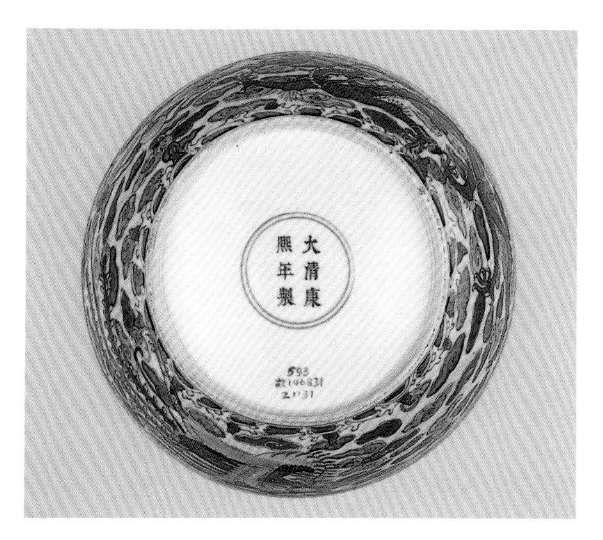

盤敞口，弧壁，圈足，裏外均為黃地鬥彩紋飾。盤心繪正面龍一條襯以火珠雲紋，外壁主題紋飾為雲龍、雲鳳趕珠紋，近足處繪海水江崖。外底青花雙圈內楷書“大清康熙年製”六字雙行款。

黃地鬥彩器於整個鬥彩發展史上屬罕見，故此盤極為珍貴。

211

鬥彩花蝶紋蓋罐

清康熙

通高11.7厘米　口徑7.5厘米　足徑9厘米

Covered jar with design of butterflies amidst flowers in contrasting colours

Kangxi period, Qing Dynasty

Overall height: 11.7cm　Diameter of mouth: 7.5cm

Diameter of foot: 9cm

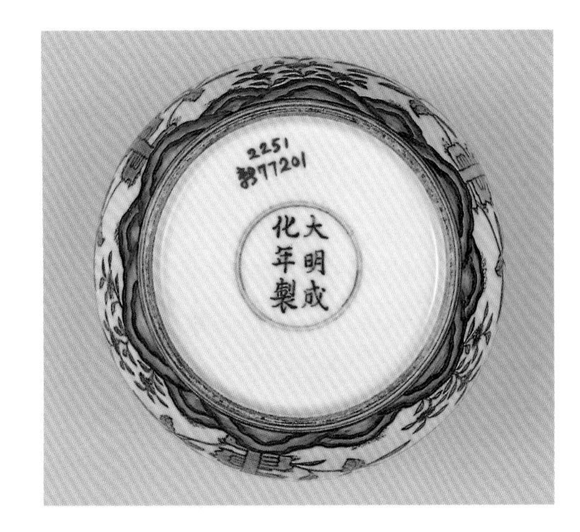

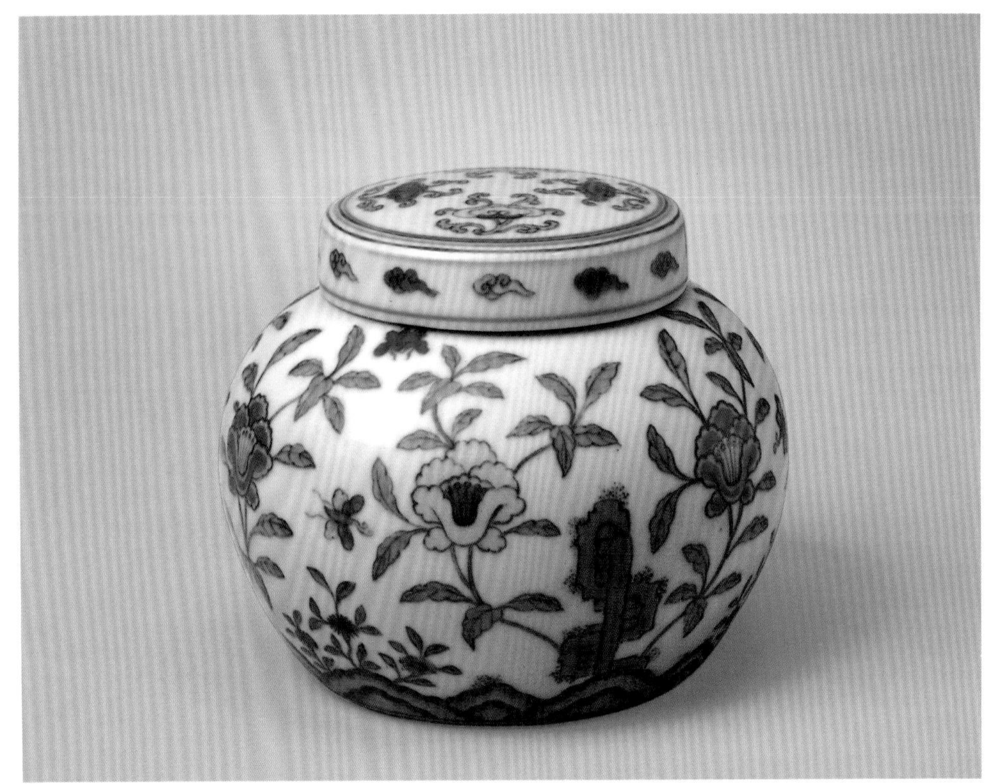

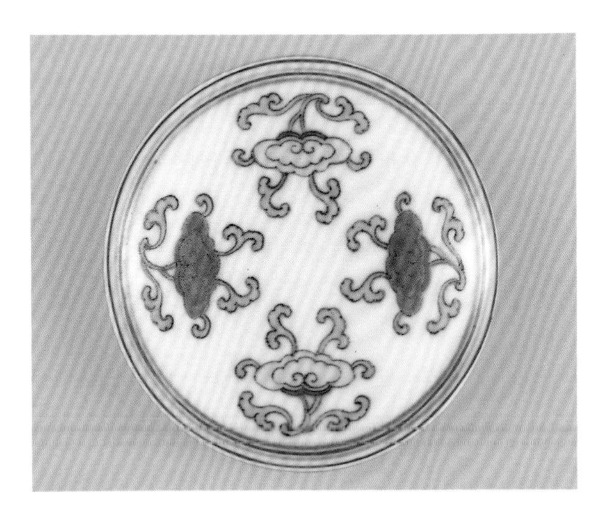

罐直口，短頸，肩、腹渾圓，腹下略收，圈足。蓋直口、平頂。通體繪鬥彩山石花卉，以紅、黃、綠、赭、青花等色繪六朵折枝花，數彩蝶飛舞其間。蓋面以紅、黃彩繪四朵靈芝花。外底青花雙圈內楷書“大明成化年製”六字雙行仿款。

康熙鬥彩瓷早期仍保留晚明施彩遺風，有濃艷之感，中後期的彩色則顯得清新淡雅。仿成化鬥彩器頗具特色，釉下青花勾繪的物象有濃淡層次，雖不及成化鬥彩古雅凝重，但在寫真傳神上更勝一籌。此蓋罐造型美觀，構圖舒展，鬥彩顏色鮮麗，是康熙朝仿明成化鬥彩器的成功之作。

212

鬥彩雞缸杯

清康熙

高3.7厘米　口徑8.1厘米　足徑3.9厘米

Urn-shaped cup with chicken design in contrasting colours

Kangxi period, Qing Dynasty

Height: 3.7cm　Diameter of mouth: 8.1cm

Diameter of foot: 3.9cm

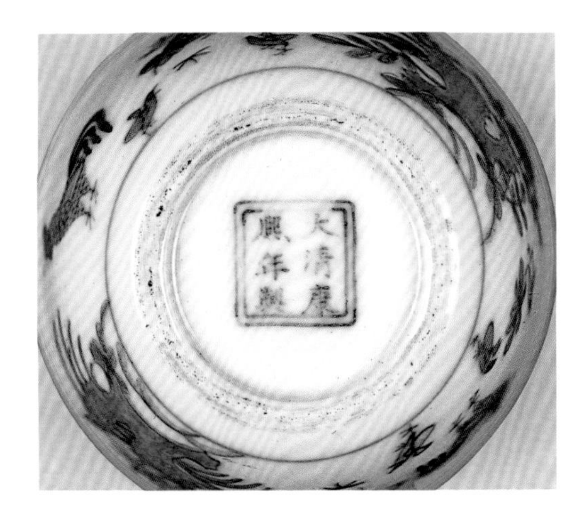

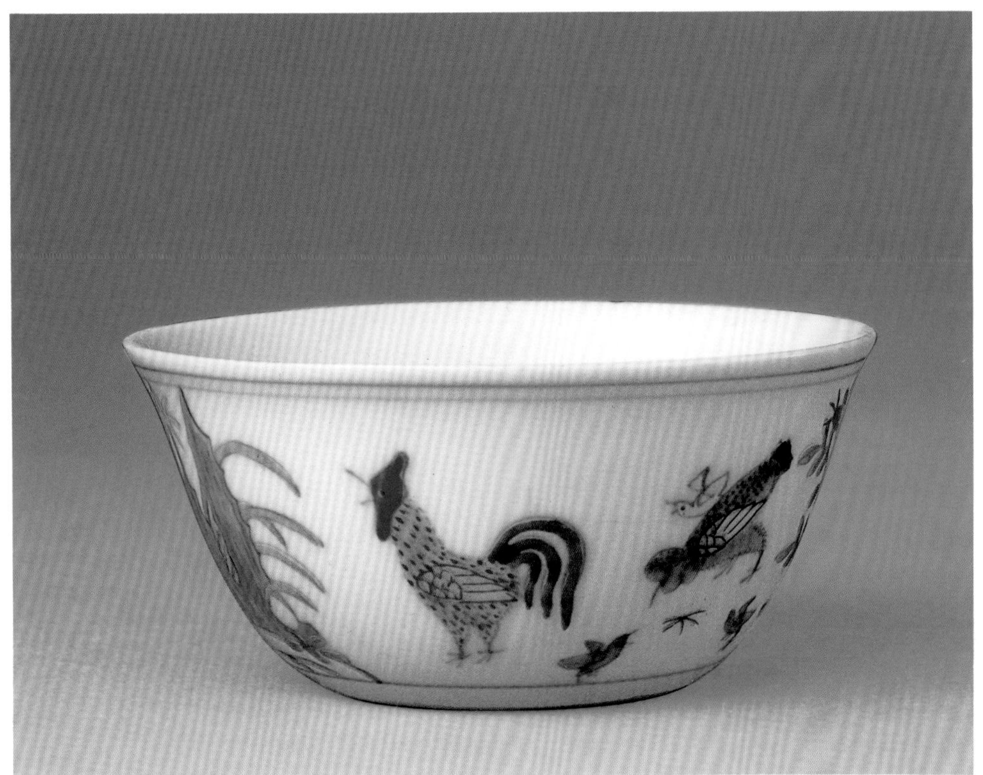

杯撇口，深腹，卧足。外壁繪子母雞兩組以洞石月季、洞石蘭花相間。外底青花雙方框內楷書"大清康熙年製"六字雙行款。

此杯造型及圖案均仿著名的成化鬥彩雞缸杯，但除所施色彩有別之外，其紋飾亦不如成化器生動。故宮博物院藏有十餘件康熙仿成化鬥彩雞缸杯，所署款識除本朝年款外，尚有"大明成化年製"、"自怡堂玩"及康熙三十年時後加的紅彩"外膳房"款。

213

鬥彩花蝶紋燈籠瓶
清雍正
高22.3厘米　口徑6.8厘米　足徑9厘米
清宮舊藏

Lantern-shaped vase with design of flowers and butterflies in contrasting colours
Yongzheng period, Qing Dynasty
Height: 22.3cm
Diameter of mouth: 6.8cm
Diameter of foot: 9cm
Qing Court collection

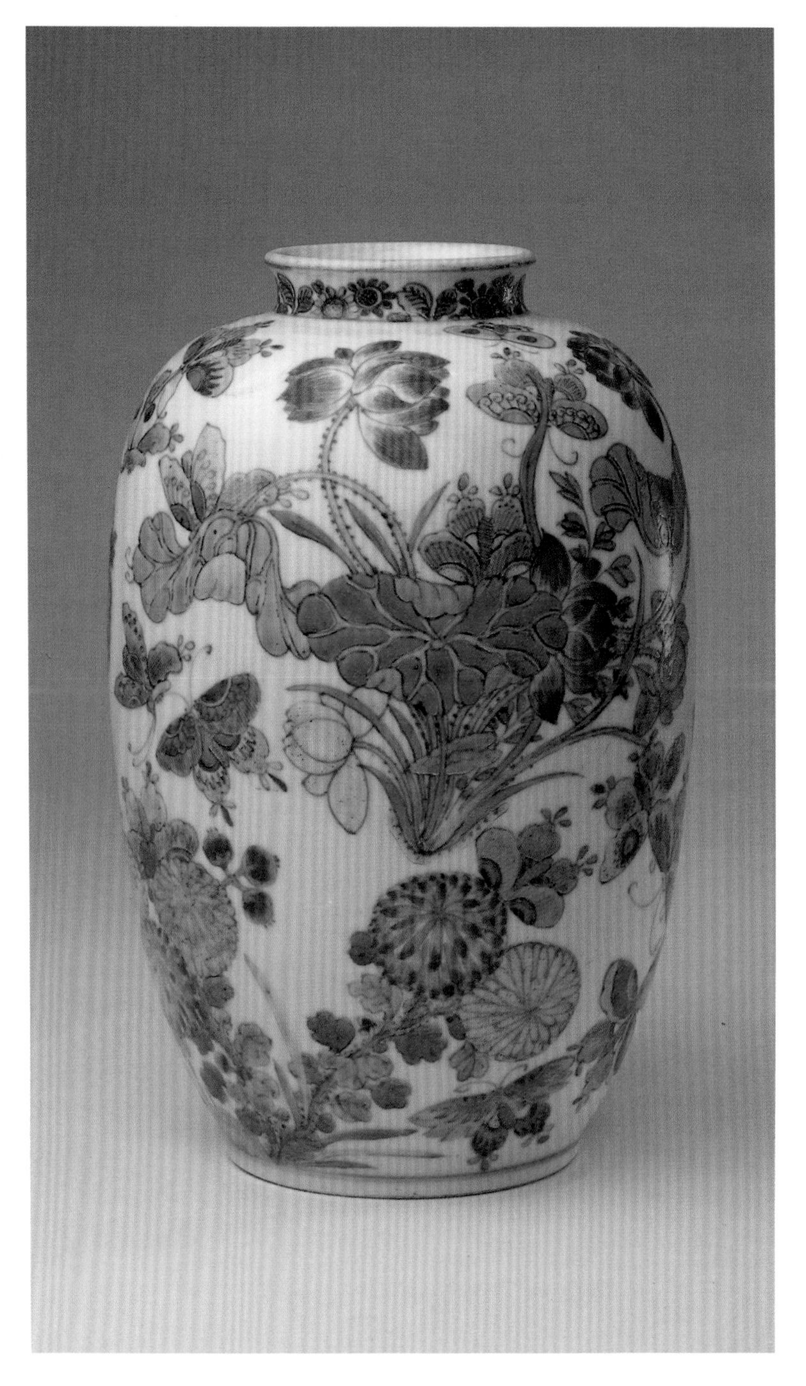

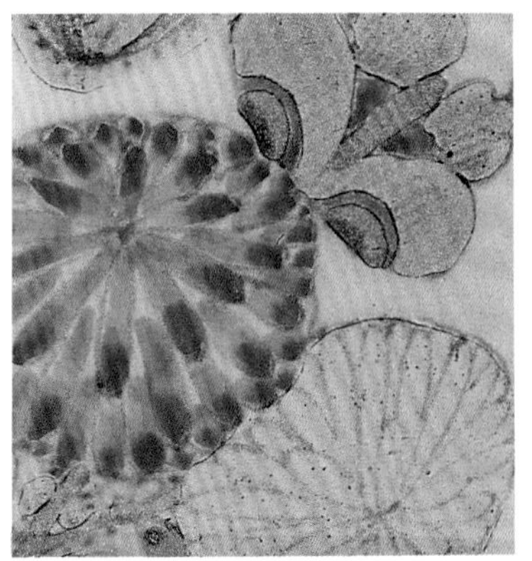

瓶撇口，短頸，溜肩，長圓腹，腹下漸收，圈足。瓶身滿繪花蝶紋，上腹繪荷蓮、牡丹各一叢，下腹繪菊花、梅花各一叢，以飛蝶點綴其間。頸部配襯以折枝菊紋。無款識。

此器造型規整，釉質白潤，花紋密佈卻繁而不亂。

214

鬥彩雲龍紋蓋罐
清雍正
通高10.4厘米 口徑5.7厘米 足徑7.8厘米
清宮舊藏

Covered jar with design of dragons among clouds in contrasting colours
Yongzheng period, Qing Dynasty
Overall height: 10.4cm Diameter of mouth: 5.7cm
Diameter of foot: 7.8cm
Qing Court collection

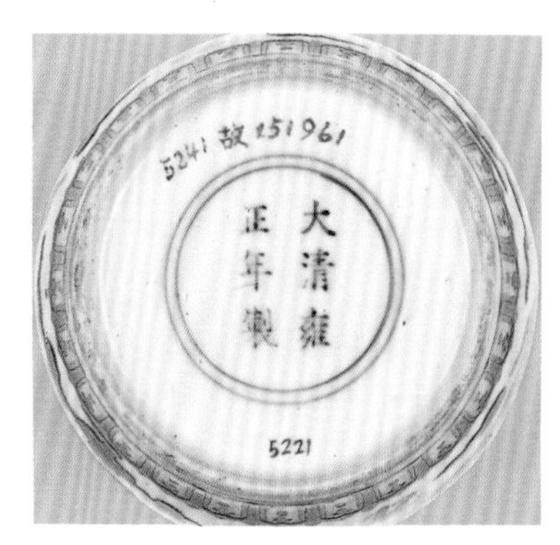

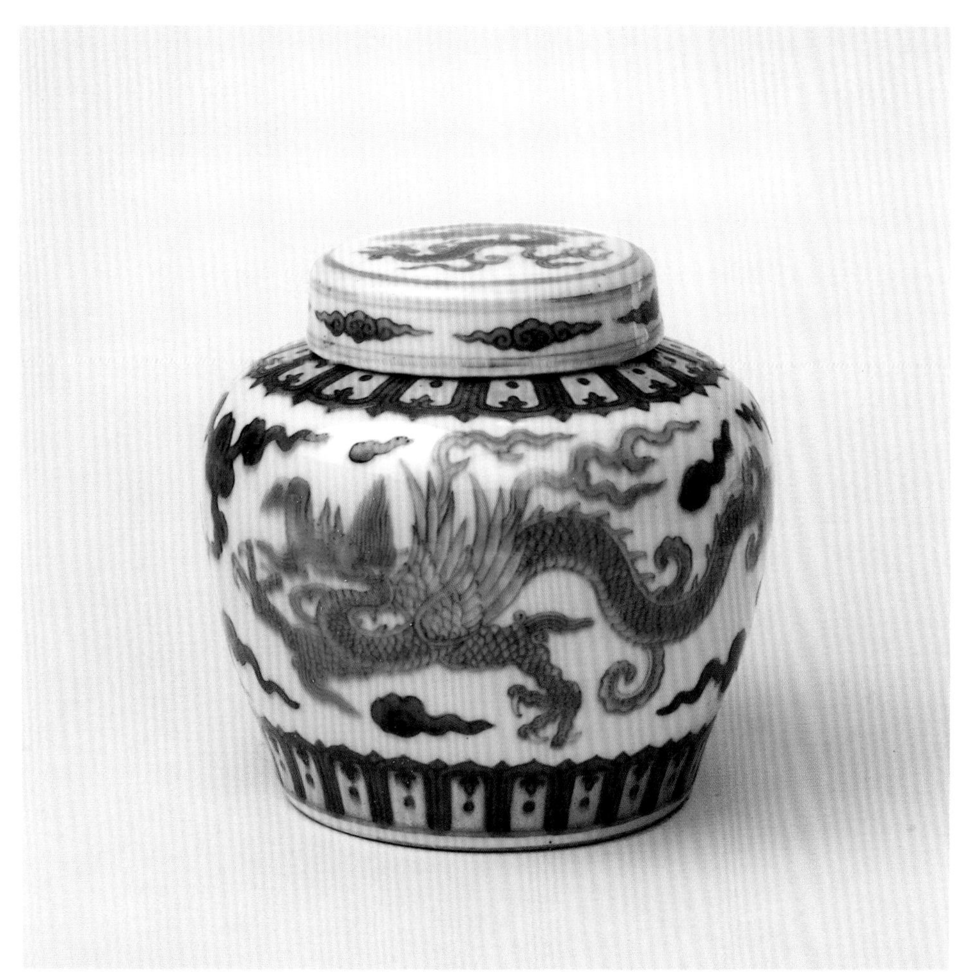

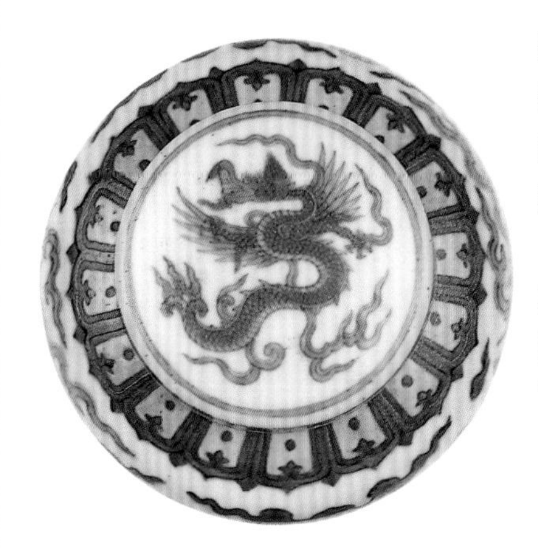

罐直口，豐肩，圈足。腹部主體紋飾為青花三爪飛龍兩條，間以綠彩朵雲。肩、脛部黃、紅、綠彩分別繪覆、仰蓮瓣紋。蓋面紋飾與腹部主題配套。外底青花雙圈內楷書“大清雍正年製”六字雙行款。

此罐造型模仿成化鬥彩罐，規整端莊。所繪雲龍紋形象生動，動感強烈，色彩以釉下藍（青花）和釉上綠彩為主，清逸秀雅，是雍正官窰在模仿成化鬥彩基礎上的創新之作。

215

鬥彩花卉紋蓋盒
清雍正
高6.6厘米　口徑13.3厘米　足徑8.2厘米

Covered box with floral design in contrasting colours
Yongzheng period, Qing Dynasty
Height: 6.6cm　Diameter of mouth: 13.2cm
Diameter of foot: 8.2cm

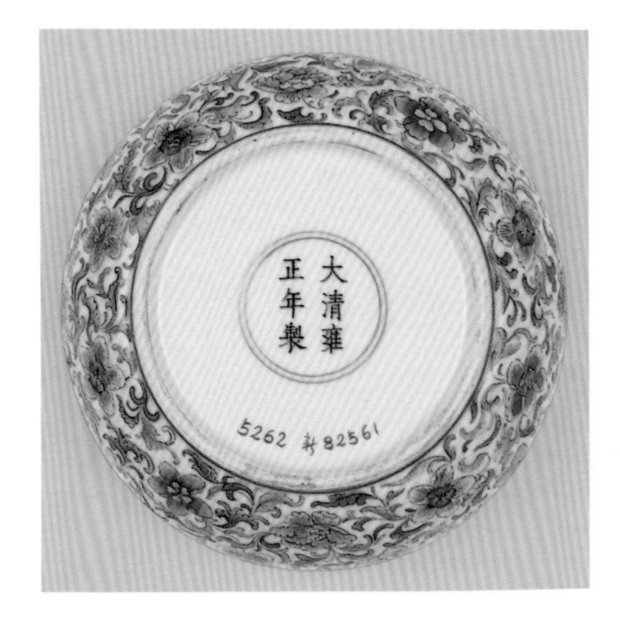

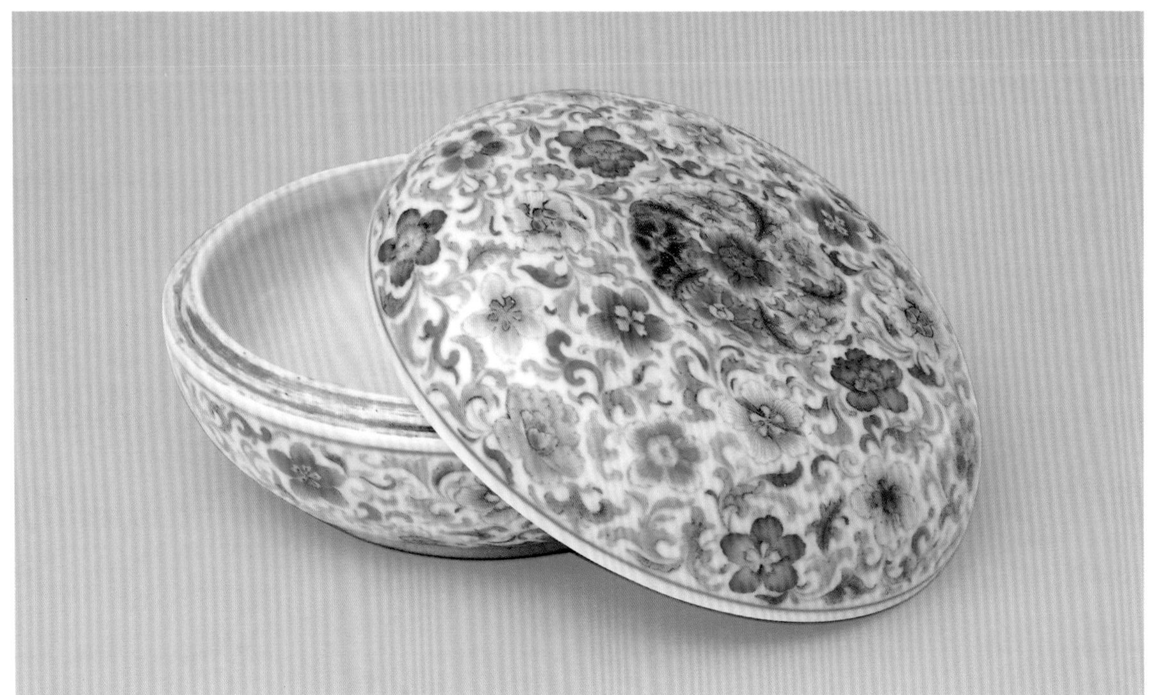

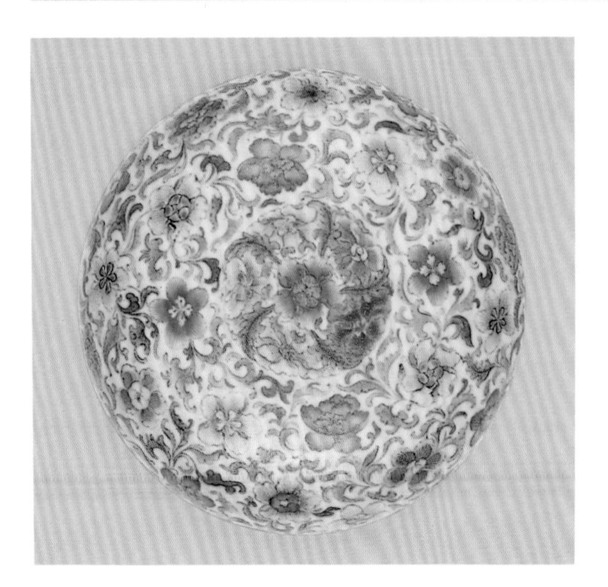

盒為扁圓形，圈足，上下子母口蓋合。盒身通體鬥彩纏枝花卉紋裝飾。整個圖案以釉下青花勾出輪廓綫，釉上填繪綠、紅、藕荷等彩。外底青花雙圈內楷書“大清雍正年製”六字雙行款。

雍正鬥彩盒類器極少見，故此器彌足珍貴。

216

鬥彩蓮池鴛鴦紋卧足盤

清雍正

高3.8厘米　口徑17.5厘米　足徑6.6厘米

Concave-footed plate with design of mandarin ducks in the lotus pond in contrasting colours

Yongzheng period, Qing Dynasty

Height: 3.8cm　Diameter of mouth: 17.5cm

Diameter of foot: 6.6cm

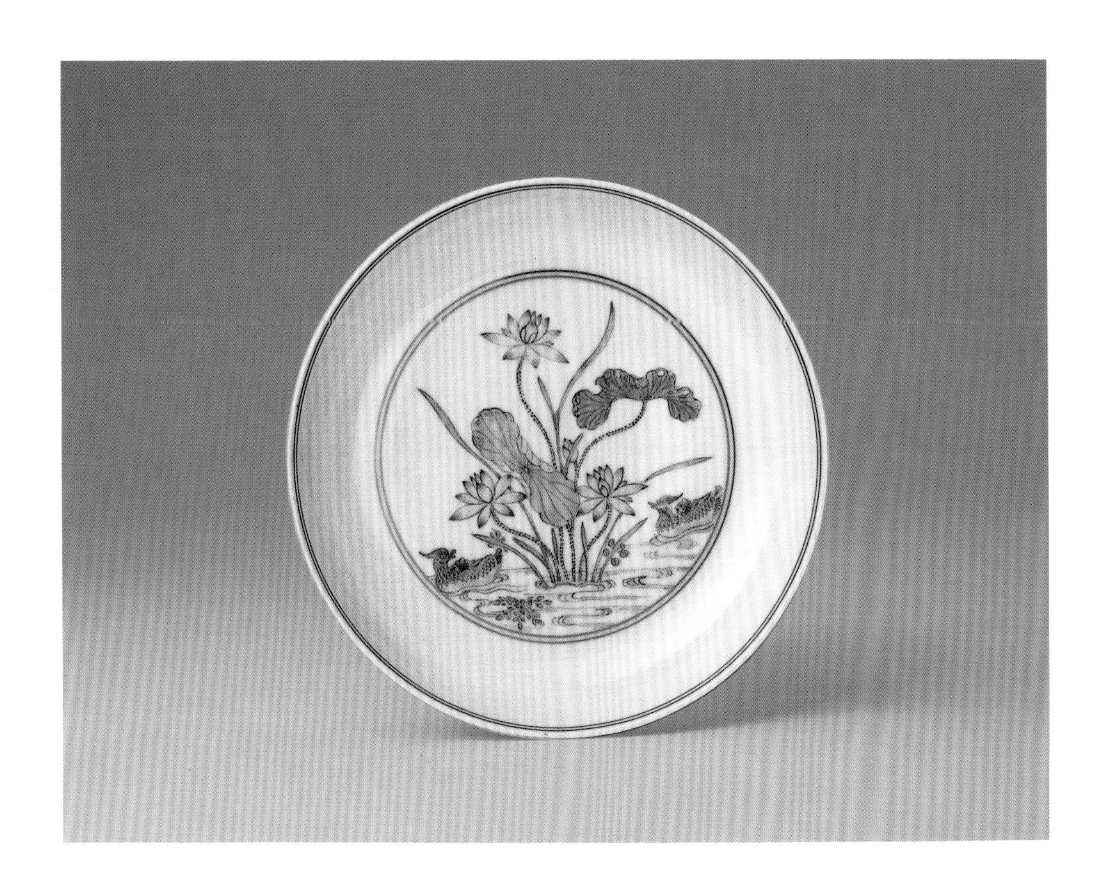

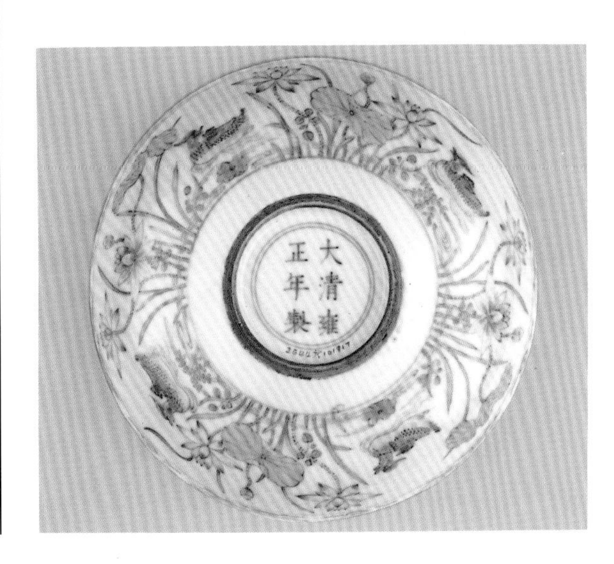

盤敞口，深腹，卧足。盤心與外壁均繪鴛鴦蓮池圖。外口沿飾以龍趕火珠紋，六條行龍，間以火珠。外底青花雙圈內楷書“大清雍正年製”六字雙行款。

此盤造型新穎，四隻鴛鴦姿態各異，戲於蓮池中，畫面具有繪畫的藝術效果。

217

鬥彩龍鳳紋盤

清雍正

高9.5厘米　口徑44.5厘米　足徑25.5厘米

Plate with design of phoenix and dragon in contrasting colours

Yongzheng period, Qing Dynasty

Height: 9.5cm　Diameter of mouth: 44.5cm

Diameter of foot: 25.5cm

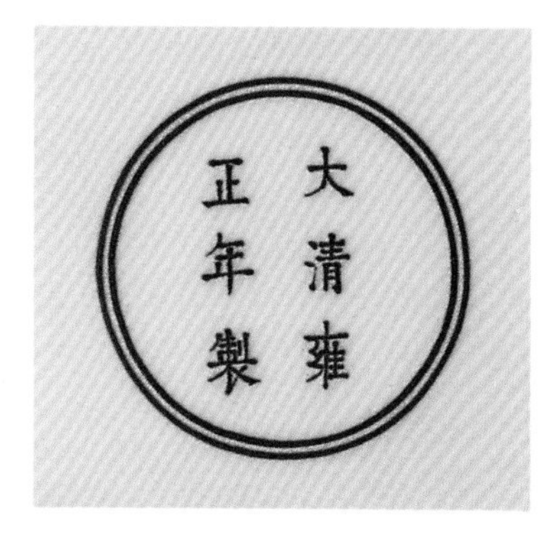

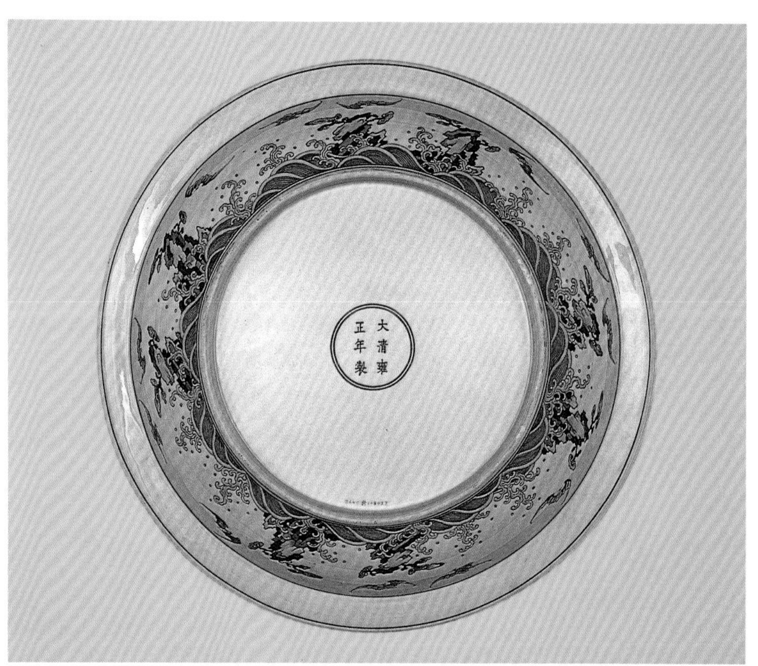

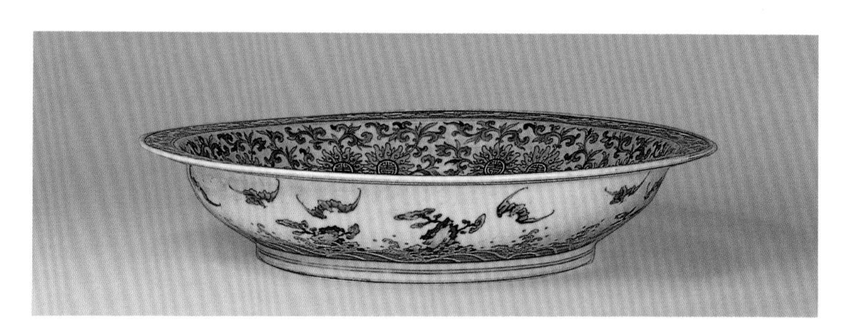

盤折沿，弧腹，圈足。盤心繪飛龍、飛鳳戲珠紋，內壁繪八對一紅、一綠相間排列的纏枝並蒂蓮，蓮朵中心有一篆書團"壽"字。折沿上滿繪祥雲紋。盤外壁繪海水、山石、靈芝、蝙蝠紋。外底青花楷書"大清雍正年製"六字雙行款。

此盤雖尺寸較大，但形體規整，盤心所繪龍鳳戲珠紋寓意"龍鳳呈祥"，外壁紋飾寓意"壽山福海"。

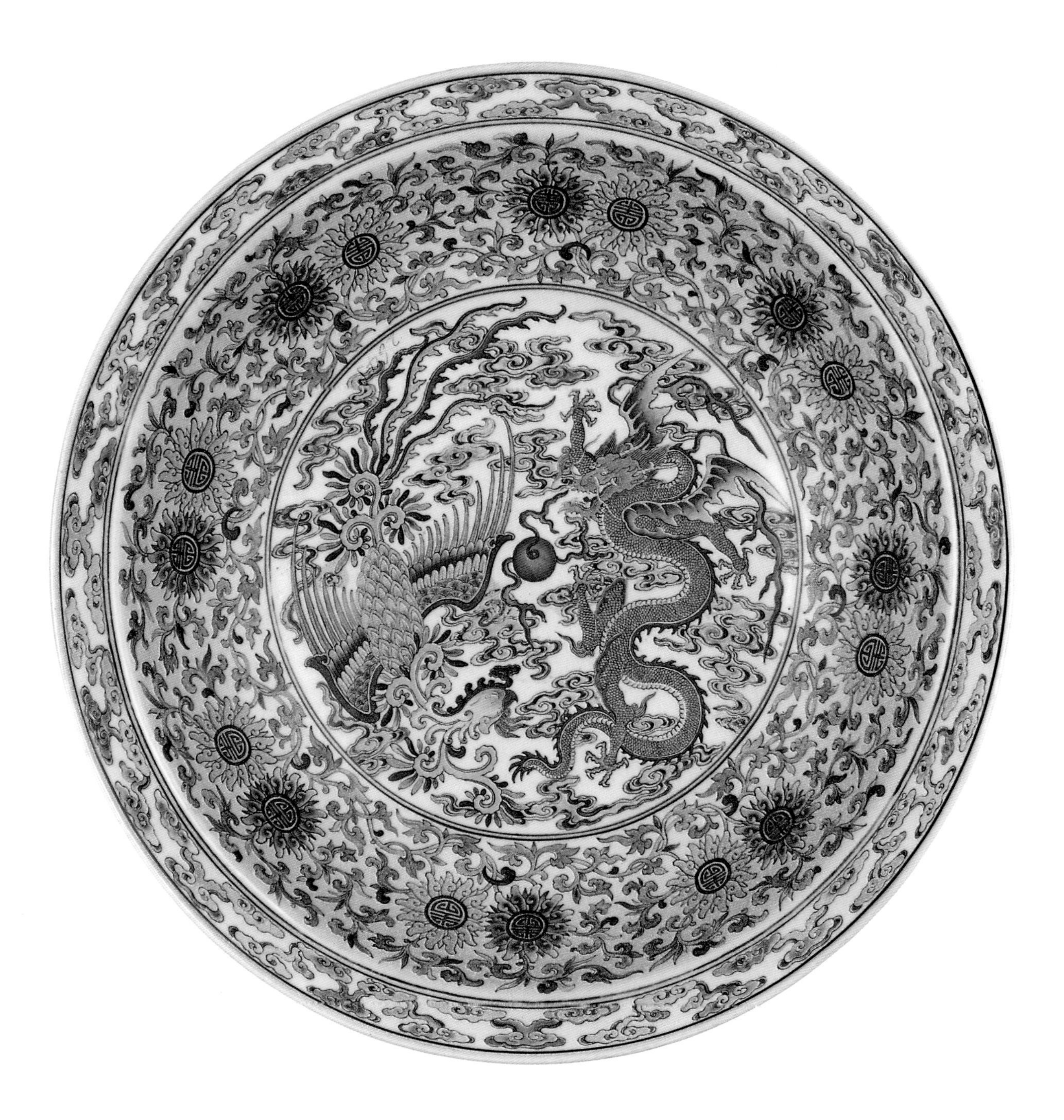

218

鬥彩海水異獸紋盤

清雍正

高3.5厘米　口徑20.1厘米　足徑12.3厘米

Plate with design of auspicious animal and waves in contrasting colours

Yongzheng period, Qing Dynasty

Height: 3.5cm　　Diameter of mouth: 20.1cm

Diameter of foot: 12.3cm

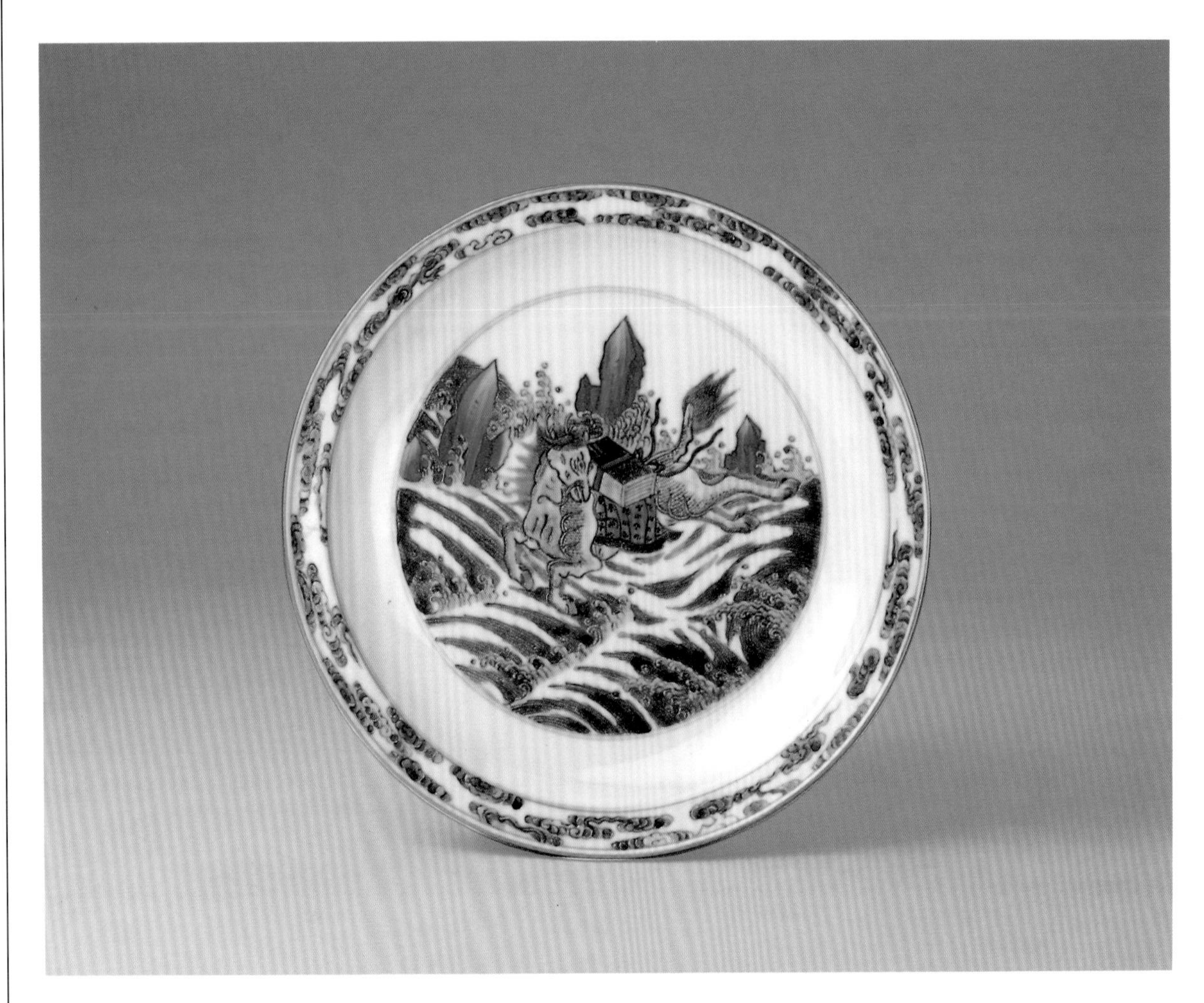

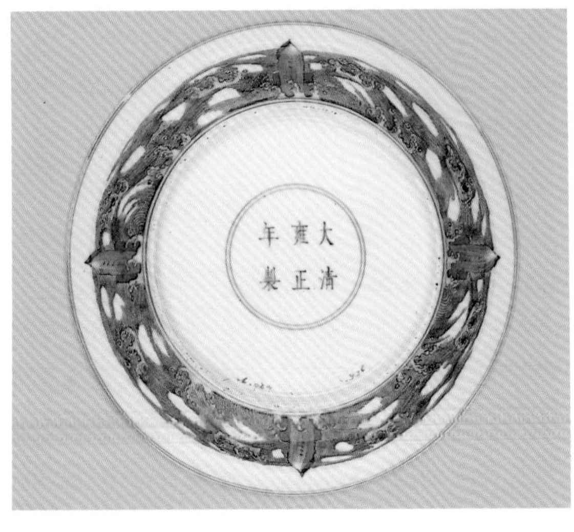

盤折沿，弧腹，圈足，底微塌。內、外鬥彩裝飾，折沿上繪祥雲，沿邊施金彩。盤心繪一瑞獸馱書奔騰於海水浪花間，外壁繪海水江崖紋。外底青花楷書“大清雍正年製”六字三行款。

盤心主題畫面是根據古代傳說“河圖洛書”而繪製。古代儒家迷信傳說伏羲氏時，有龍馬從黃河出現，揹負“河圖”，有神龜從洛水出現，揹負“洛書”，二者都是“天授神物”。漢儒孔安國認為“河圖”即“八卦”（《周易》卦象），“洛書”即“洪範九疇”（《尚書．洪範》）。

219

鬥彩八仙人物紋盤
清雍正
高2.8厘米　口徑15.3厘米　足徑9.5厘米

Plate with design of the Eight Immortals in contrasting colours
Yongzheng period, Qing Dynasty
Height: 2.8cm　Diameter of mouth: 15.3cm
Diameter of foot: 9.5cm

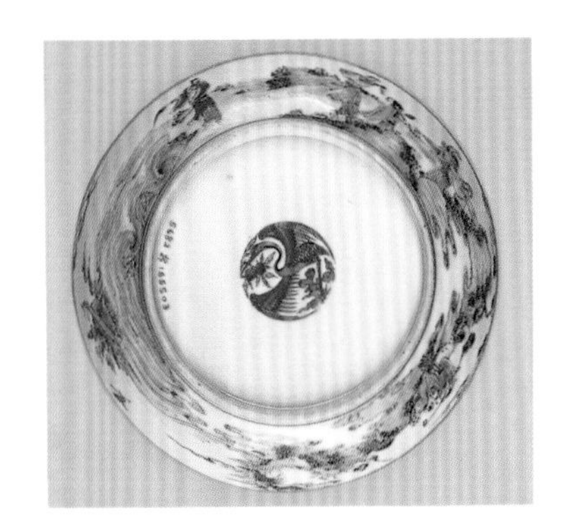

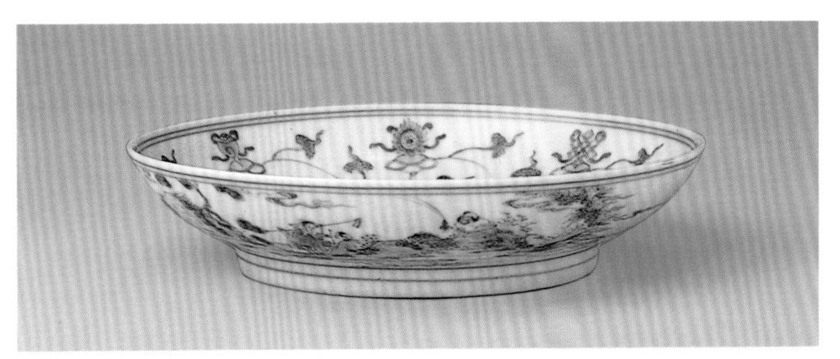

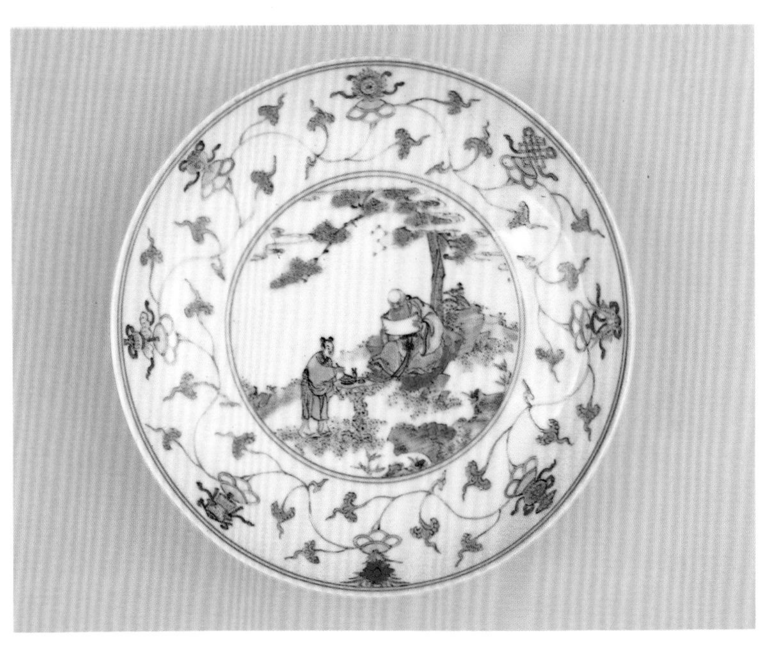

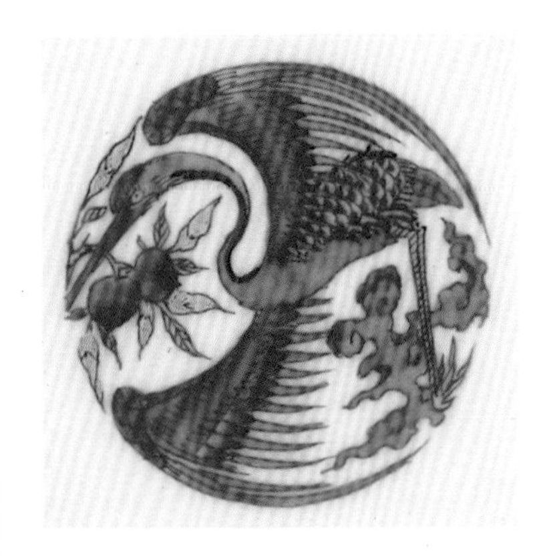

盤敞口，弧壁，圈足。盤心繪松下壽星觀畫，旁站一書童執筆試墨，樹後有一鹿，天空繪星座圖，內壁繪纏枝花托八吉祥紋。外壁繪八仙人物及海屋添籌圖。外底有紅、綠彩團雲鶴啣折枝桃紋。

此盤畫面以壽星、八仙、八吉祥為主，在一定程度上反映了帝王崇尚黃老之道的思想。

220

鬥彩團花菊蝶紋碗
清雍正
高6.6厘米　口徑14.3厘米　足徑5.7厘米
清宮舊藏

Bowl with design of chrysanthemum and butterfly medallions in contrasting colours
Yongzheng period, Qing Dynasty
Height: 6.6cm　Diameter of mouth: 14.3cm
Diameter of foot: 5.7cm
Qing Court collection

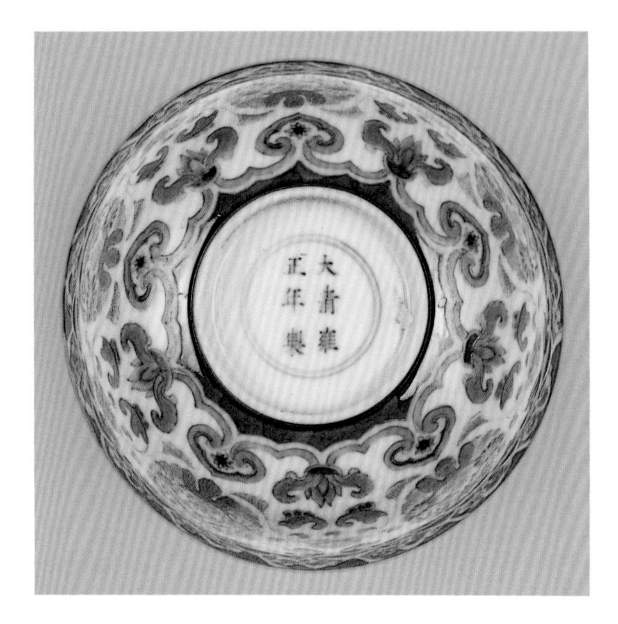

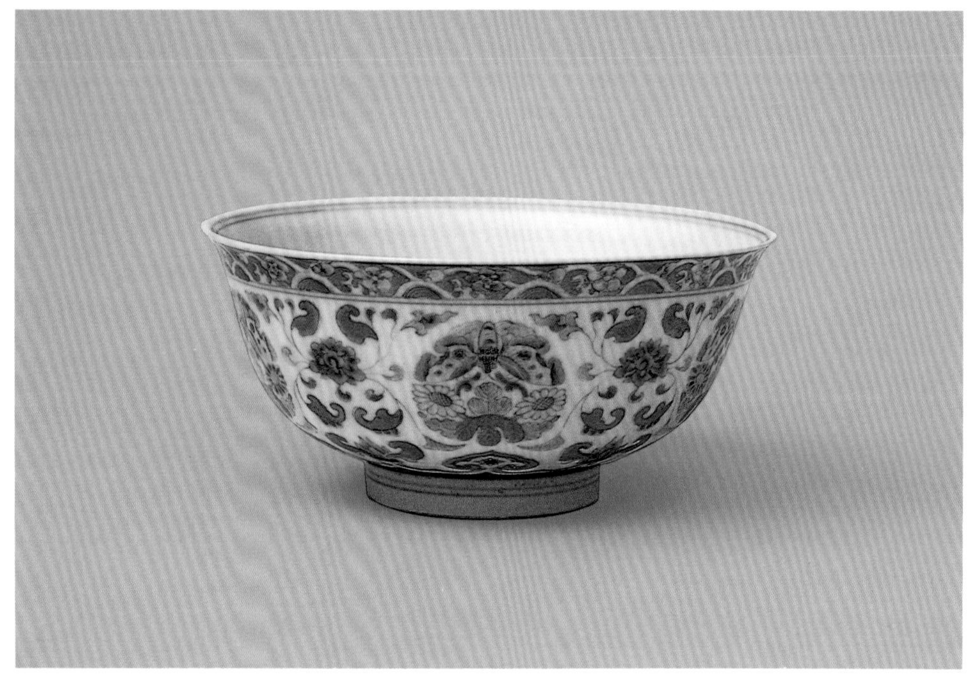

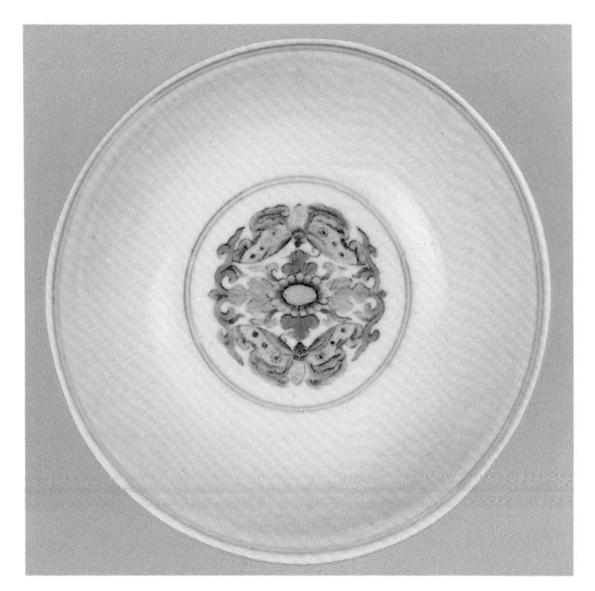

碗撇口，深腹，圈足。碗心繪團花菊蝶紋，腹部主題紋飾為五組團花菊蝶紋，間以折枝寶相花紋。外壁口沿下有一條落花流水紋裝飾帶，近足處繪如意頭五個，內各繪一朵花，如意頭相連接處均托一蓮花。外底青花雙圈內楷書“大清雍正年製”六字雙行款。

通體紋飾以釉下青花與釉上紅、淡黃、水綠、淡紫相結合，繽紛艷麗。

221

鬥彩竹紋碗

清雍正
高4.5厘米　口徑9.3厘米　足徑3.5厘米
清宮舊藏

Bowl with bamboo design in contrasting colours
Yongzheng period, Qing Dynasty
Height: 4.5cm　Diameter of mouth: 9.3cm
Diameter of foot: 3.5cm
Qing Court collection

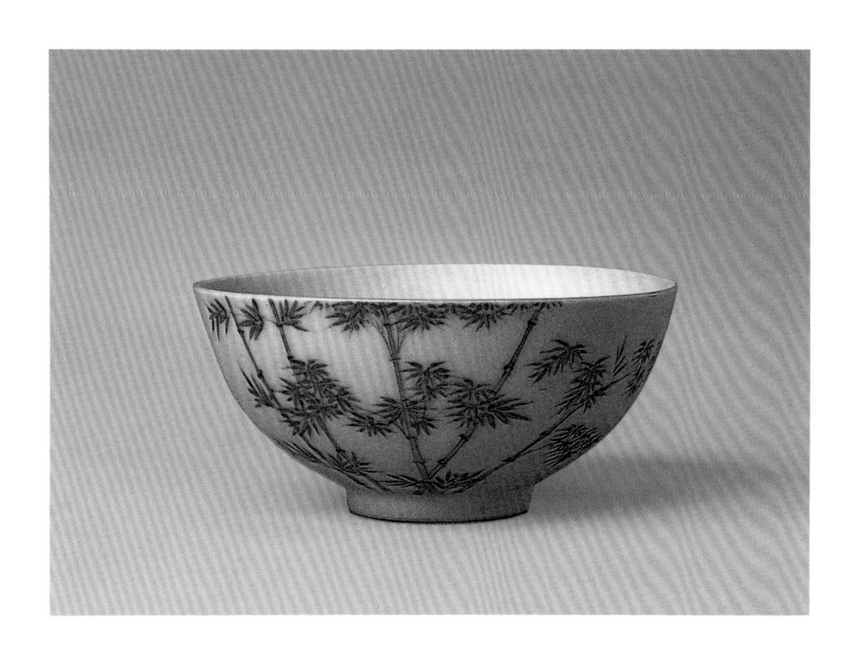

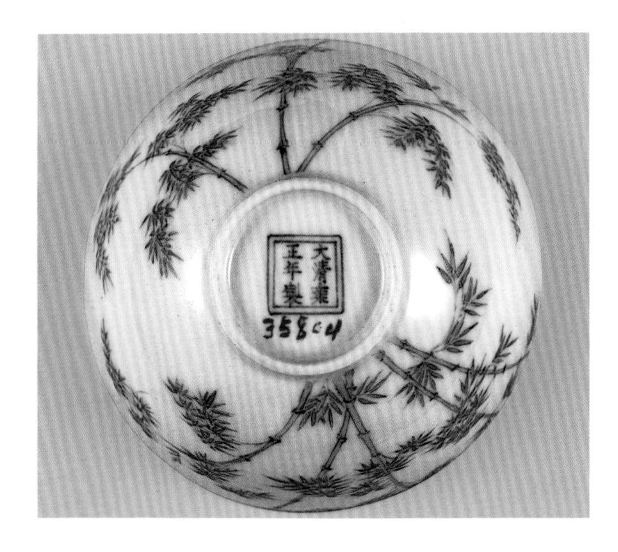

碗敞口，弧腹，圈足。外壁繪綠竹兩叢，竹幹、竹葉均以青花勾輪廓綫，內填單一綠彩。外底青花雙方框內青花楷書“大清雍正年製”六字雙行款。

此碗形體小巧，胎薄體輕，僅施單一的綠彩，越顯清新淡雅。

222

鬥彩草蟲花卉紋天雞鈕蓋碗

清雍正

通高14厘米　口徑14.3厘米　足徑10厘米

Covered bowl with a cock-shaped knob decorated with design of flowers, grass and insects in contrasting colours

Yongzheng period, Qing Dynasty

Overall height: 14cm　Diameter of mouth: 14.3cm

Diameter of foot: 10cm

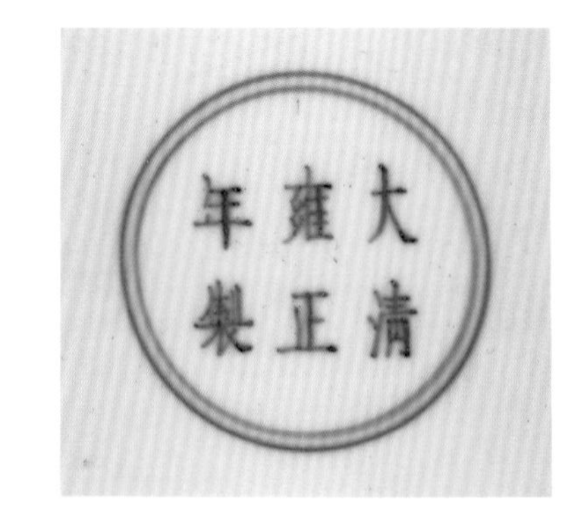

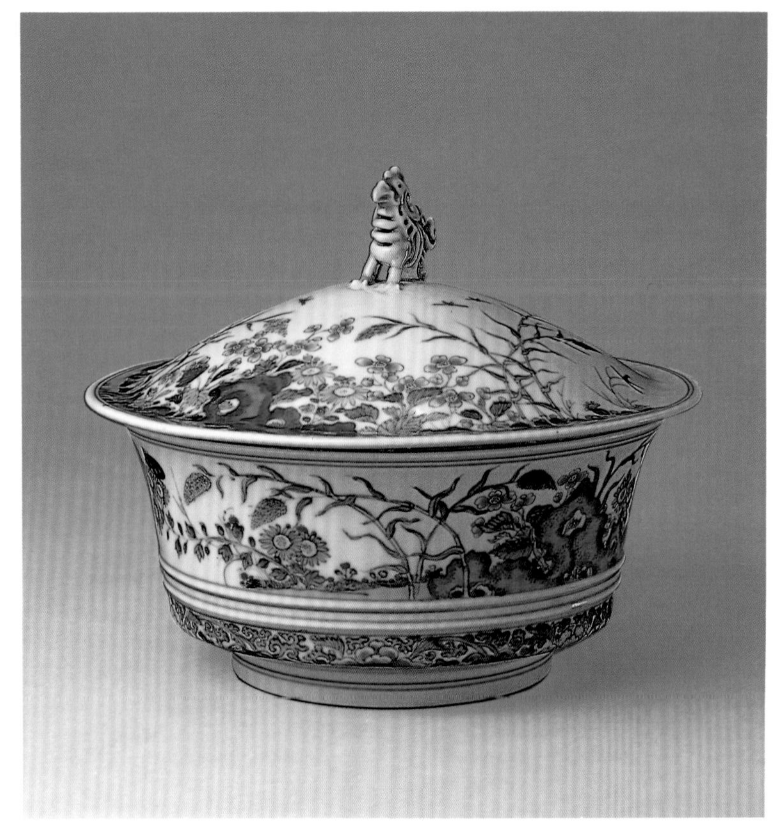

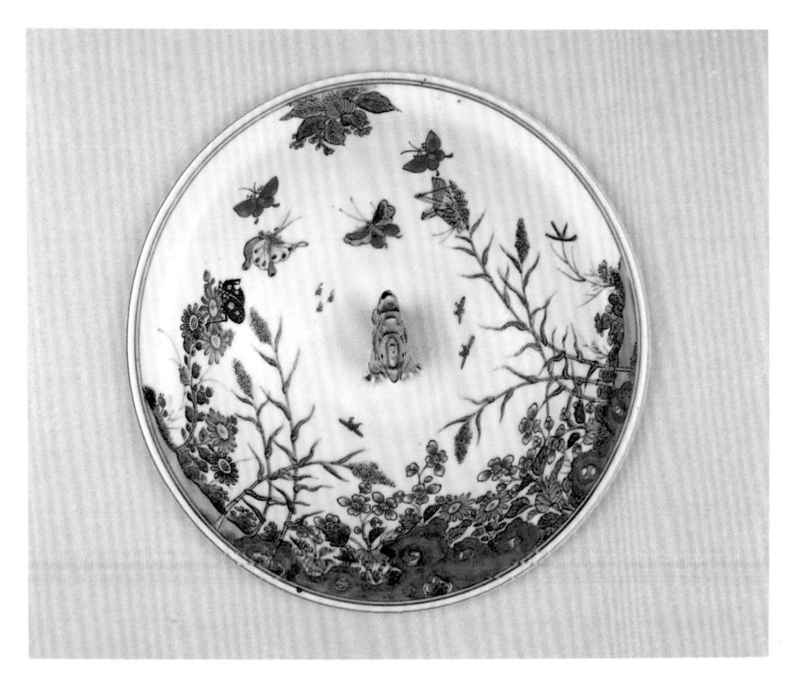

碗撇口，曲腹，折底，圈足。上腹繪花蝶紋，下腹繪串枝牡丹，附圓頂蓋，蓋頂有一青釉天雞鈕。蓋沿大於碗口，蓋面亦飾花蝶紋。碗內底青花雙圈內楷書“大清雍正年製”六字三行款，蓋內頂心亦有相同款識，款上覆蓋粉彩蝴蝶花卉紋。

蓋碗是雍正瓷器中常見的造型，但此蓋碗內底和蓋內頂均署官窰年款，殊為少見。

223

鬥彩花鳥紋蓋碗

清雍正
通高13.2厘米　碗口徑19.3厘米　足徑6.1厘米
蓋口徑18.3厘米　蓋頂圈徑5.6厘米
清宮舊藏

Covered bowl with design of flowers and birds in contrasting colours

Yongzheng period, Qing Dynasty
Overall height: 13.2cm　Diameter of mouth: 19.3cm
Diameter of foot: 6.1cm
Diameter of cover mouth: 18.3cm　Diameter of cover top: 5.6cm
Qing Court collection

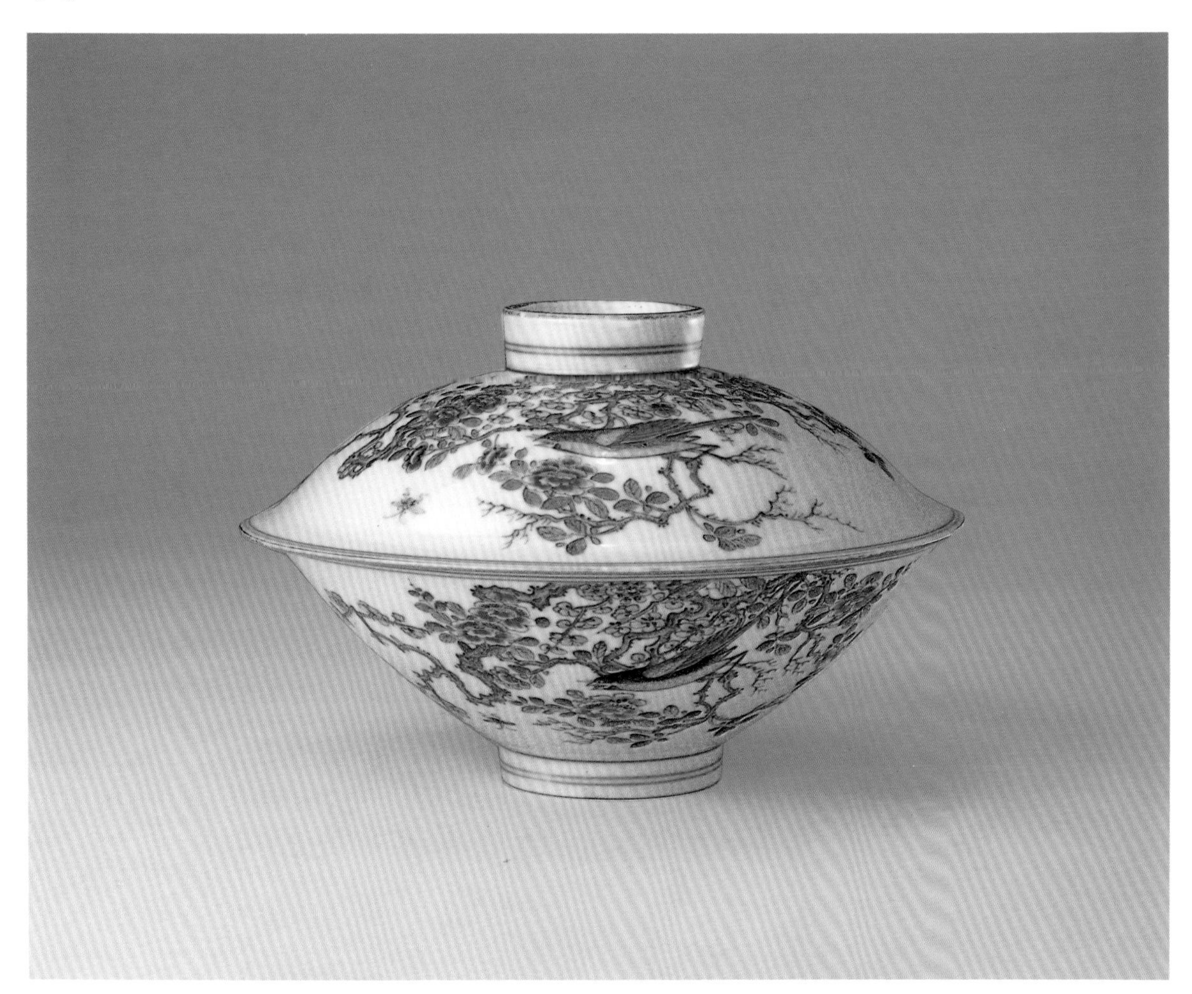

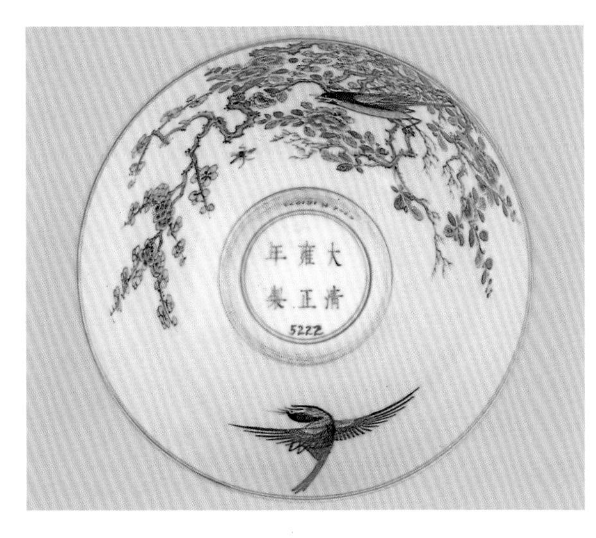

碗撇口，斜壁，圈足。外壁繪鬥彩花鳥紋，一喜鵲棲息於梅花和芙蓉花枝上，另一喜鵲展翅空中。蓋呈傘形，蓋面紋飾與碗外壁相同，邊沿處皆描金彩。外底青花雙圈內楷書“大清雍正年製”六字三行款。

雍正鬥彩的填彩技法純熟，以青花勾綫，釉上所填的各種色彩都準確地填在框綫內。此碗造型規整，胎薄體輕，繪畫紋飾生動逼真，達到了爐火純青的程度。碗身和碗蓋的圖案畫面相同，相互對應，且色彩瑰麗，是一種很別致的裝飾手法。此器蓋與碗能嚴密扣合，但如將蓋與碗身分開，又可成為一對大撇口碗。

224

鬥彩花卉紋如意耳蒜頭口瓶
清雍正
高26厘米　口徑5.2厘米
足徑11.8厘米

Garlic-head vase with Ruyi-shaped ears decorated with floral design in contrasting colours
Yongzheng period, Qing Dynasty
Height: 26cm
Diameter of mouth: 5.2cm
Diameter of foot: 11.8cm

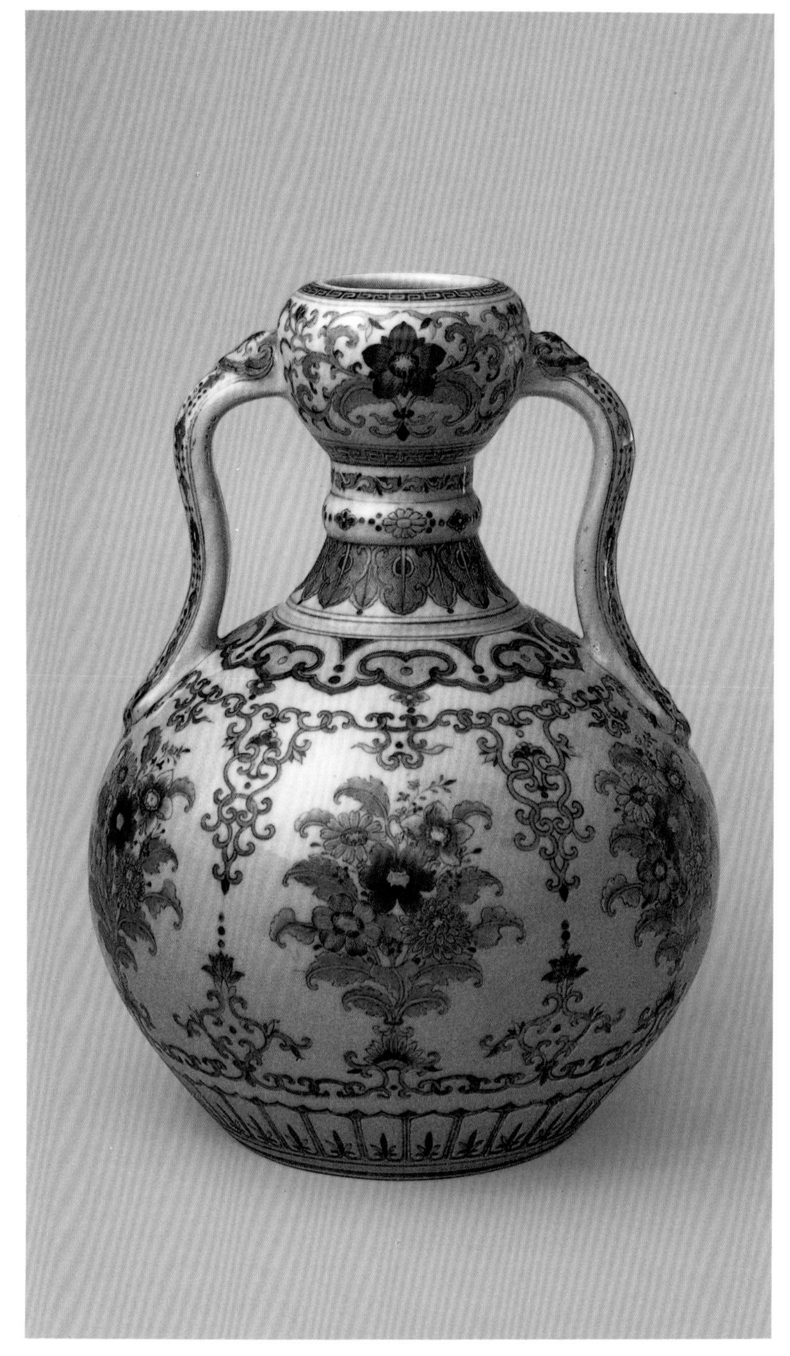

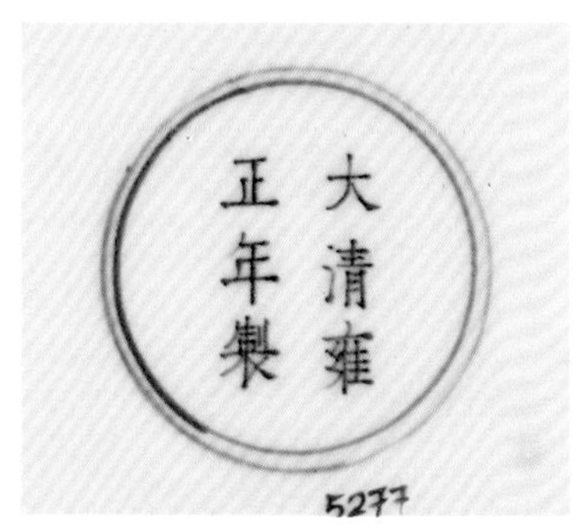

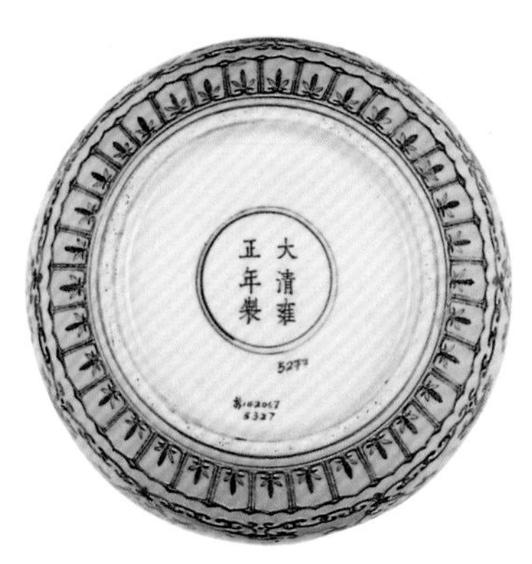

瓶為蒜頭形口，束頸，溜肩，圓腹，圈足。蒜頭口外壁繪折枝花卉，配以回紋作邊飾。口、肩之間置對稱如意耳，耳上繪纓絡紋。頸上起棱，共有三層紋飾，上為捲草，中為朵花，下為變形蕉葉。肩、脛分別繪如意頭雲紋和變形蓮瓣紋。腹部主題紋飾為折枝四季花卉六組，隔以上下對稱的勾蓮紋。外底青花雙圈內楷書"大清雍正年製"六字雙行款。

此為雍正時新創的造型，以釉下青花雙勾圖案輪廓，釉上填繪各色粉彩，包括胭脂紅、蛋黃（銻黃）、水綠、紫等，柔和淡雅，圖案寫實，其藝術效果同釉下青花與釉上五彩相結合明顯不同。將粉彩引入鬥彩器，是雍正時的創舉。此瓶除鬥彩品種外，雍正時尚見有青花、粉青釉、天藍釉和茶葉末釉等品種。

225

鬥彩花卉紋梅瓶
清雍正
高26.3厘米　口徑5.5厘米
足徑11.9厘米
清宮舊藏

Prunus vase with floral design in contrasting colours
Yongzheng period, Qing Dynasty
Height: 26.3cm
Diameter of mouth: 5.5cm
Diameter of foot: 11.9cm
Qing Court collection

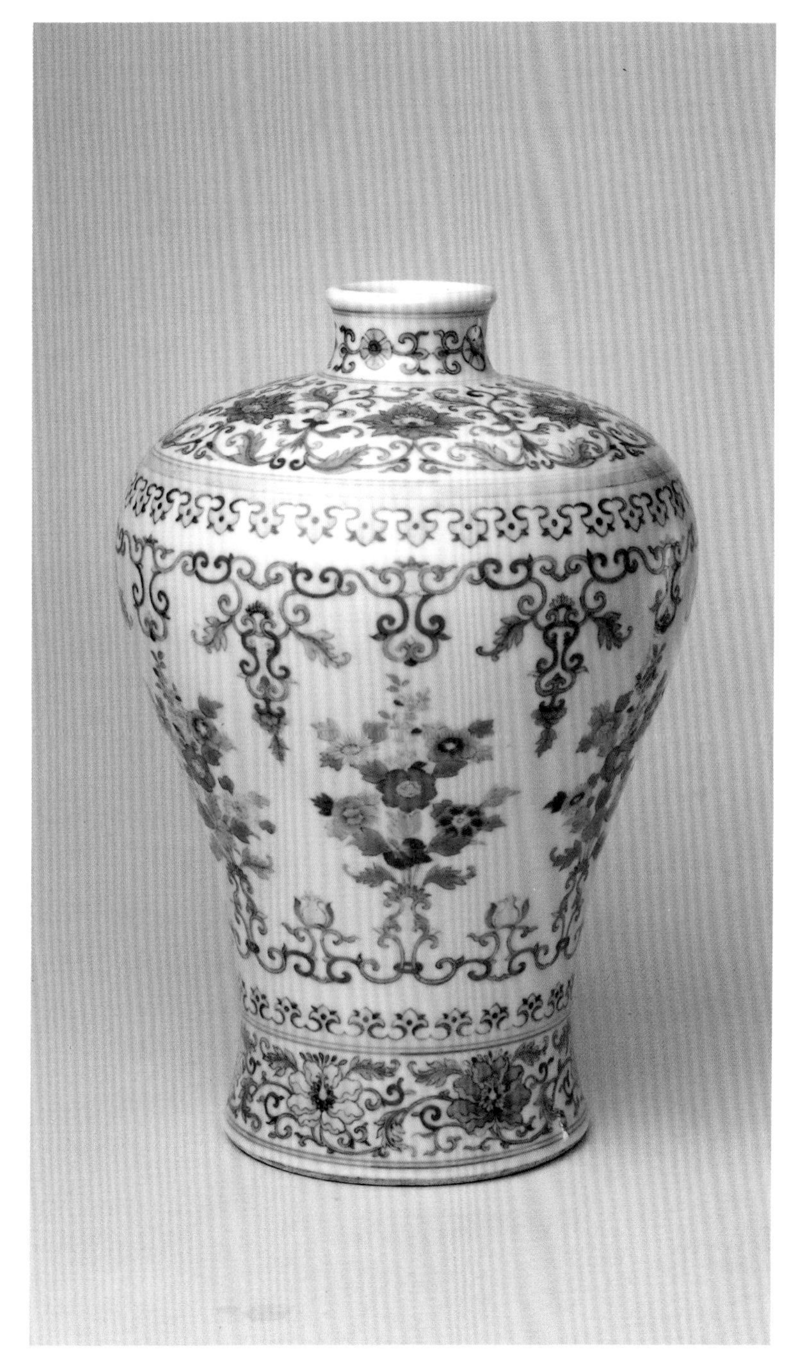

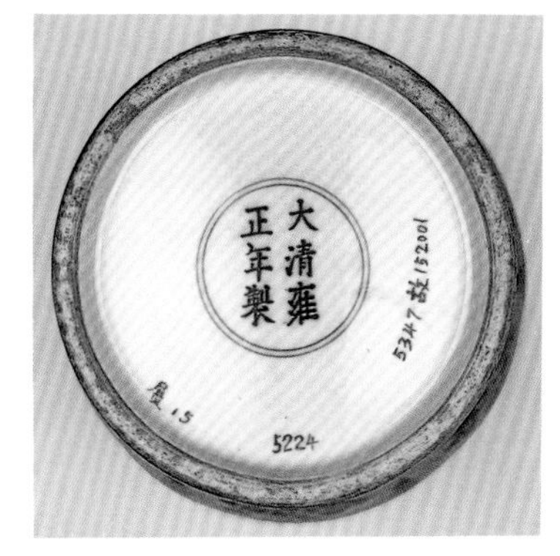

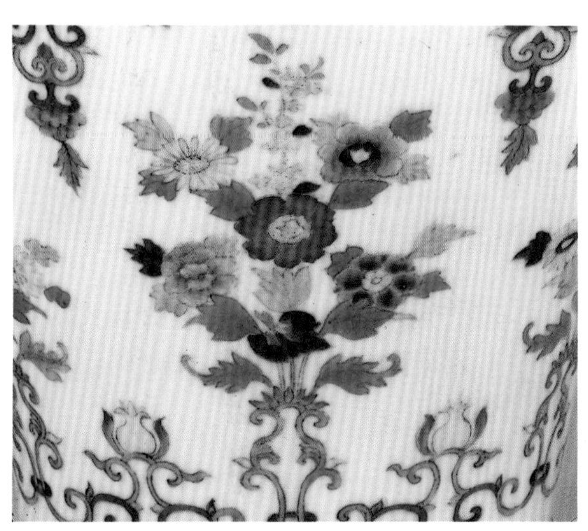

瓶小唇口，短頸，豐肩，肩以下漸斂，近足處外撇，內圈足。瓶通體鬥彩花卉紋裝飾，頸部繪四組朵花紋，肩部勾蓮紋，腹部以六組折枝花卉為主題紋飾，上下間以勾連變形花卉，脛部繪纏枝寶相花紋。外底青花雙圈內楷書"大清雍正年製"六字雙行款。

所用釉上彩除紅、綠、黃外，尚有珍貴的胭脂紅彩，使所繪花卉更顯富麗。由此器亦可看出，雍正鬥彩已突破了釉下青花與釉上五彩相結合的裝飾技法，而將當時的粉彩彩料胭脂紅等引入畫面，形成多種彩飾的綜合性裝飾。

226

鬥彩團花菊蝶紋蓋罐

清雍正

通高10.4厘米　口徑5厘米　足徑5.4厘米

清宮舊藏

Covered jar with design of chrysanthemum and butterfly medallions in contrasting colours

Yongzheng period, Qing Dynasty

Overall height: 10.4cm　Diameter of mouth: 5cm

Diameter of foot: 5.4cm

Qing Court collection

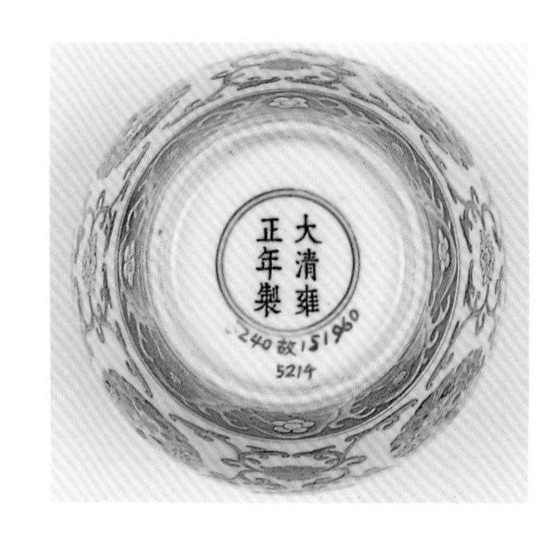

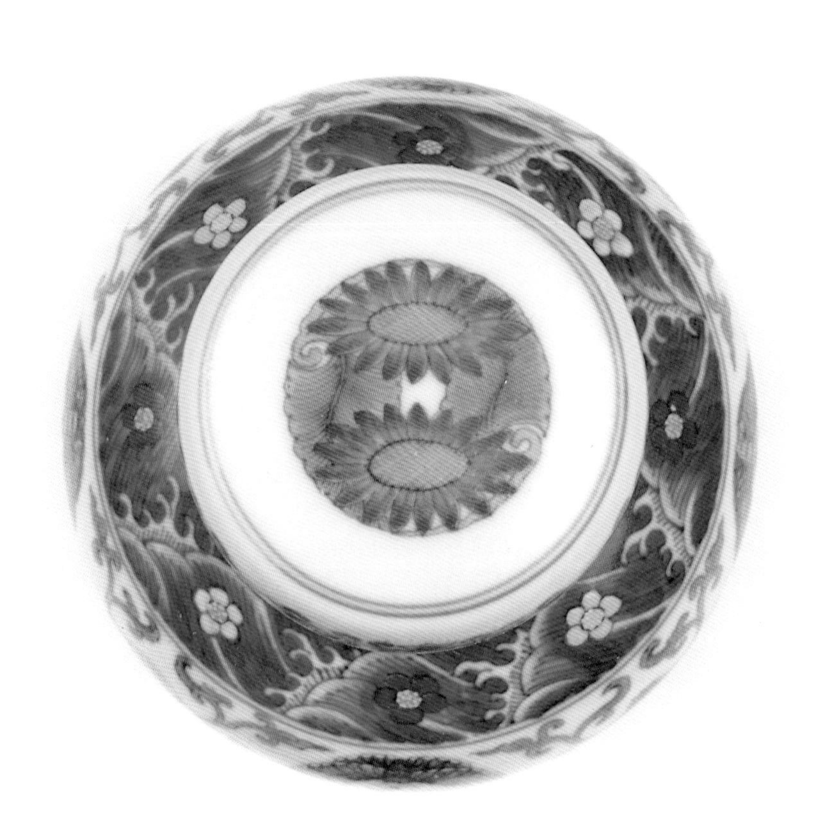

罐直口，豐肩，瘦底，圈足。腹部上下各四組團狀花紋作交錯散點式排列，團花由折枝菊和飛蝶組成，空間繪折枝寶相花。肩、脛部各有一條落花流水紋裝飾帶。蓋面亦繪一組團花菊蝶紋，蓋周邊繪折枝花卉紋。外底青花雙圈內楷書“大清雍正年製”六字雙行款。

此罐是按前述成化鬥彩團花菊蝶紋蓋罐（圖166）為藍本製成，二者從形體到紋飾都基本相同，只是細部略有差別。例如雍正罐形體略小，圈足略深。成化罐釉面稍豐厚，釉色白中泛青；雍正罐釉面則顯白潤。成化罐紋飾側重寫意，細部處理不甚講究，填彩常溢出青花雙勾綫，純用五彩平塗，諸彩之中以“姹紫”最具時代特徵；雍正罐紋飾則注重寫實，填彩嚴格控制在青花雙勾綫內，尤其是蝴蝶畫得頗為細膩，力求以多種彩色表達物象的自然美，翅上絨毛和經脈紋路清晰自然，這是鬥彩使用粉彩技法的效果。可見在仿古同時，此罐亦注重發揮自身優勢，其款識落本朝年款而不落成化年款，即以示本朝製瓷技藝之精湛。

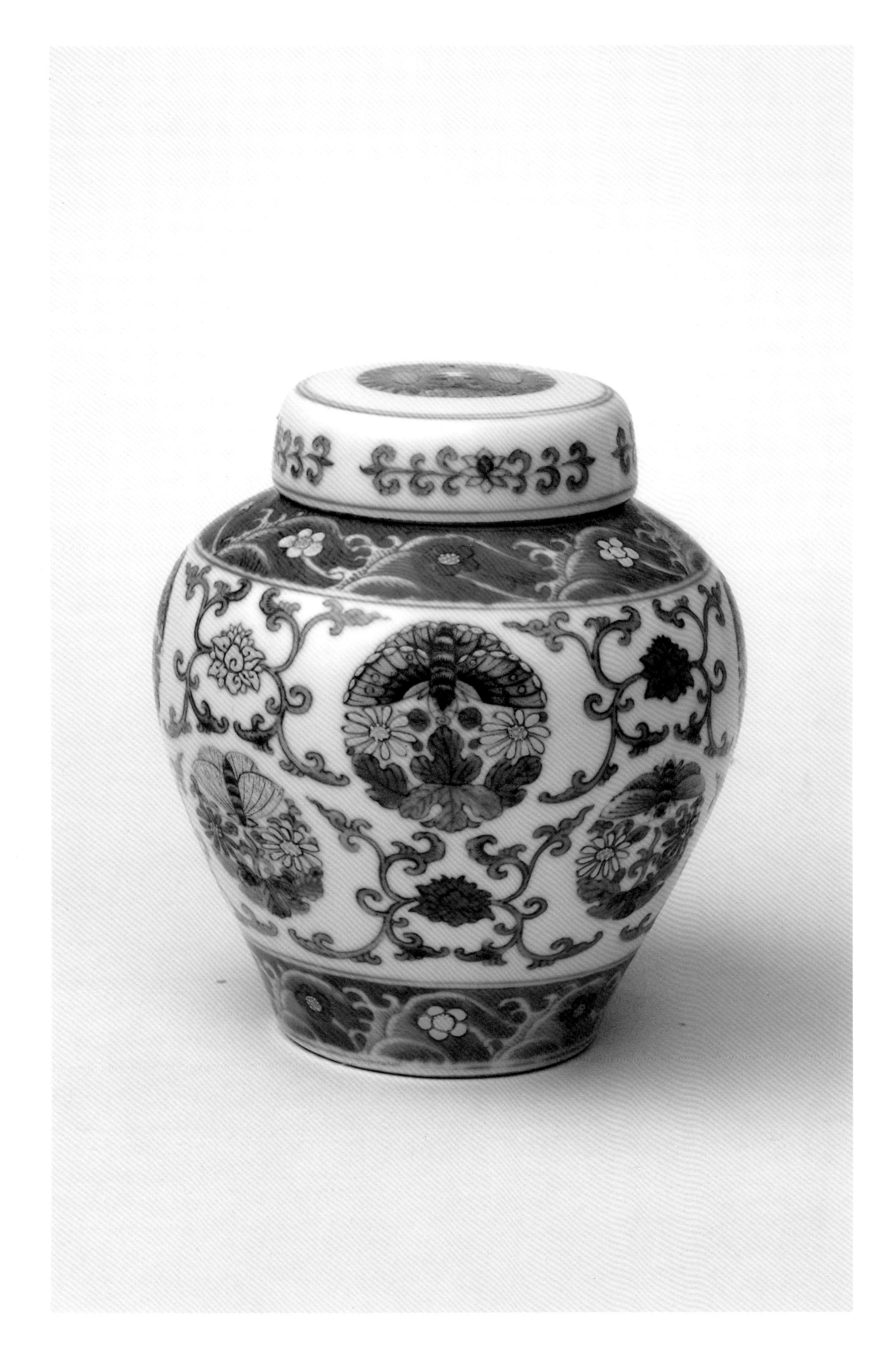

227

鬥彩團花紋罐
清雍正
高17.2厘米　口徑8.4厘米　足徑7.8厘米
清宮舊藏

Jar with posy design in contrasting colours
Yongzheng period, Qing Dynasty
Height: 17.2cm　Diameter of mouth: 8.4cm
Diameter of foot: 7.8cm
Qing Court collection

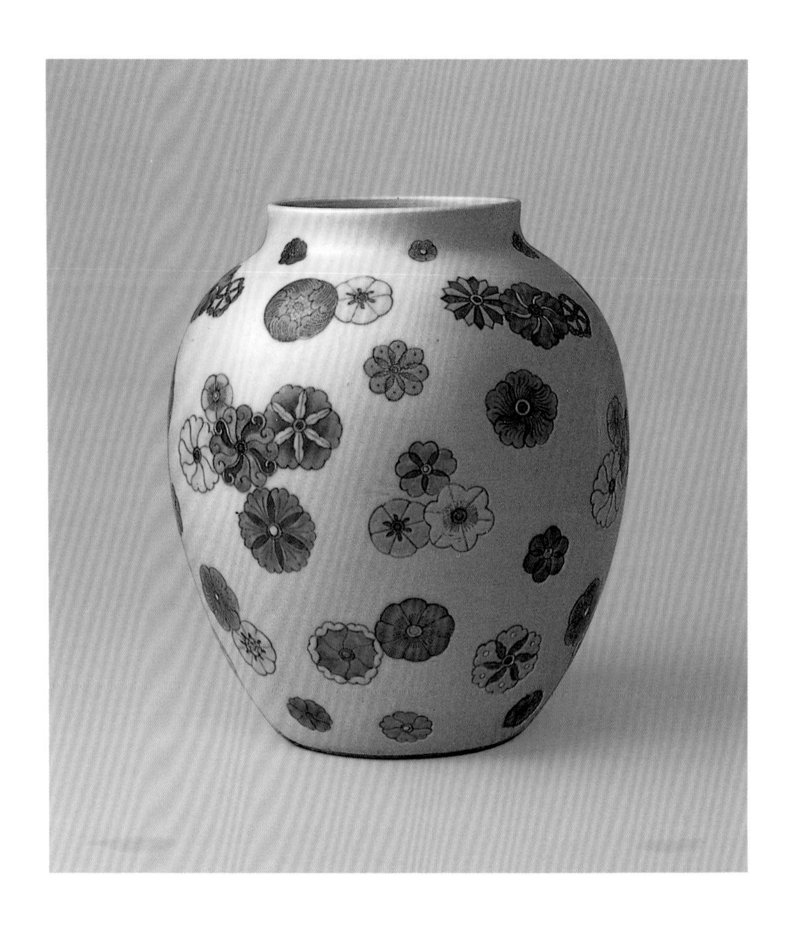

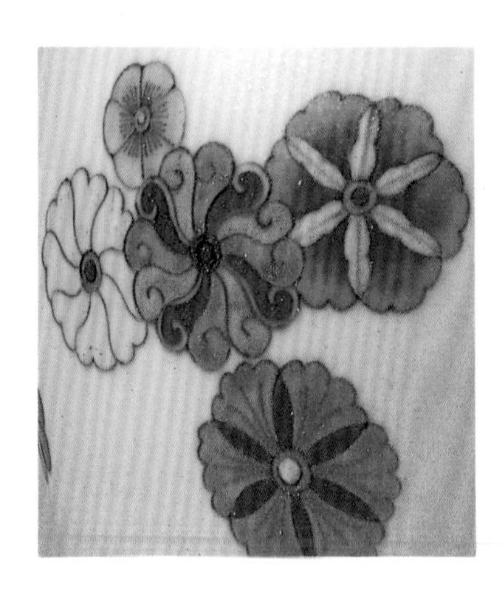

罐直口微撇，短頸，圓肩，長圓腹，腹以下漸瘦，圈足。裏外施白中泛青的釉，釉質光潤。罐滿身繪大小不等的團花共七十五個，腹部團花或二、或三、或五朵連成一組。團花均以青花料於釉下勾邊，燒成後於釉上覆以紅、綠、紫等彩，而洋黃、水綠等粉彩色料的引入，使所繪圖案更加富麗。全罐大大小小的團花錯落有致，繁而不亂，別具情趣。無款識。

團花是工藝美術品上常用的一種裝飾圖案，俗稱“皮球花”。清代景德鎮官窰生產的青花、粉彩、鬥彩等瓷器使這一裝飾題材得以充分地表現。

228

鬥彩花卉紋菊瓣尊

清雍正

高25.7厘米　口徑22厘米　足徑15.6厘米

清宮舊藏

Chrysanthemum-petal Zun (jar) with floral design in contrasting colours

Yongzheng period, Qing Dynasty

Height: 25.7cm　Diameter of mouth: 22cm

Diameter of foot: 15.6cm

Qing Court collection

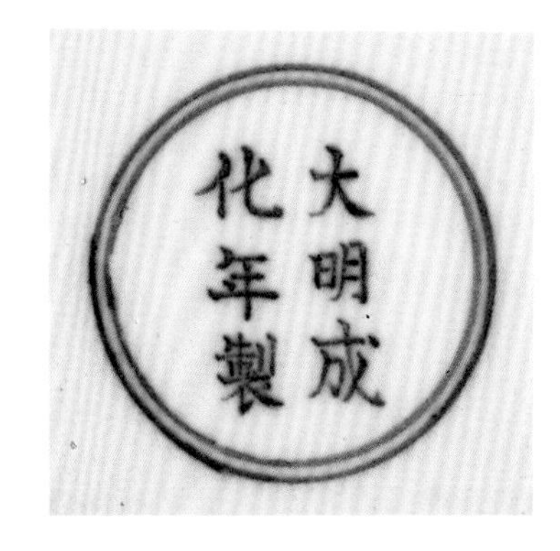

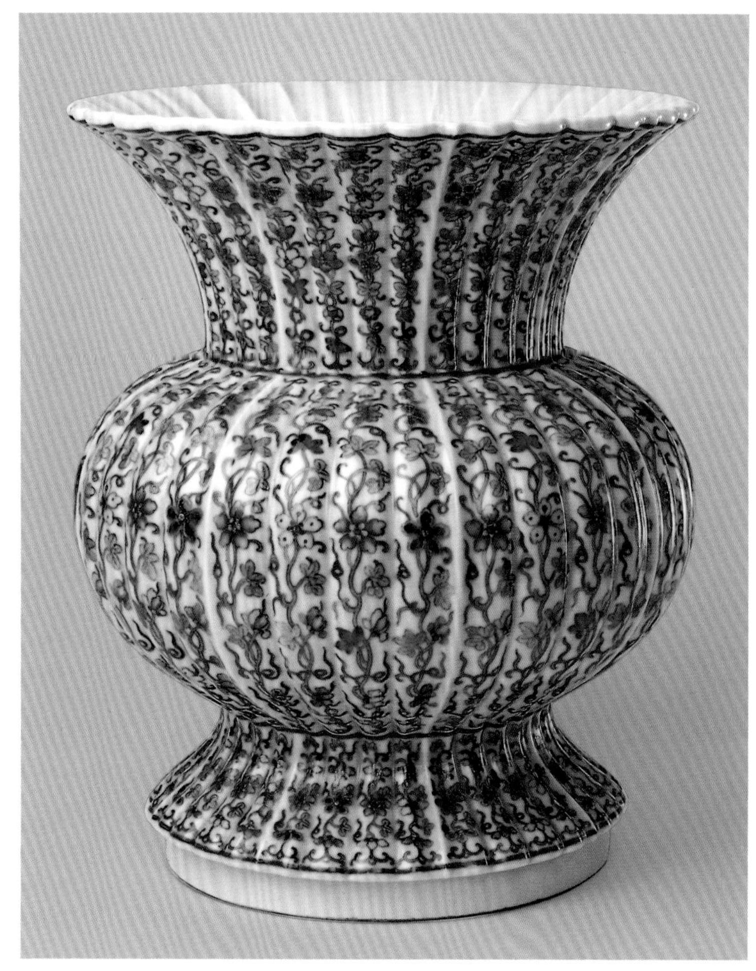

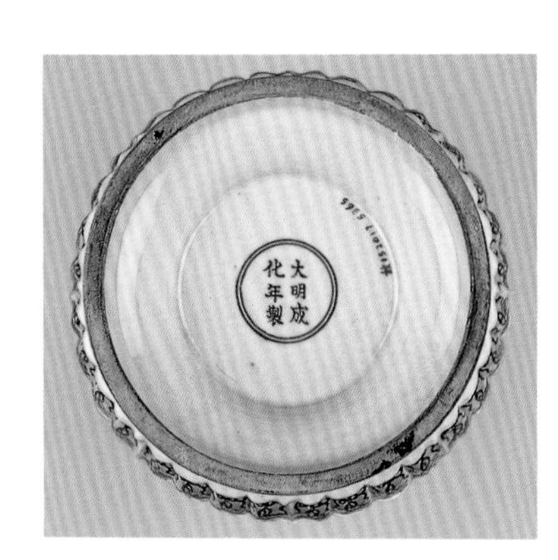

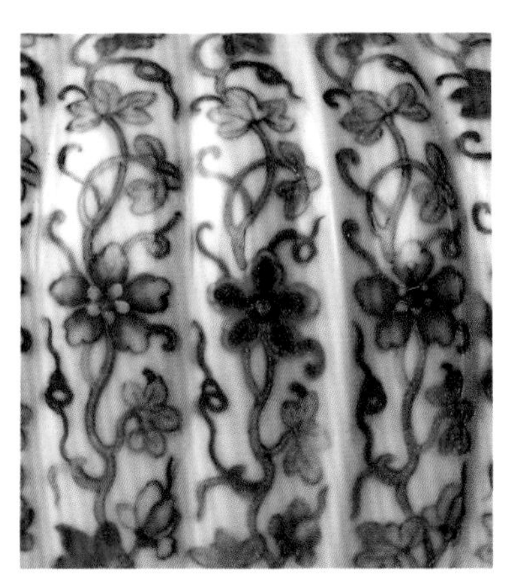

尊通體呈菊瓣形，撇口，扁圓腹，下承以中空外撇高圈足。工匠們充分利用花瓣形狀的器身，順着花棱將連枝花繪成直條狀，使造型與圖案相得益彰，構思巧妙。所施色彩薄而淺淡，紅彩油潤，綠彩明澈，黃彩耀眼，青花綫條在諸色彩中起統一調和的作用，紋飾佈局繁而不亂，藝術效果非凡。雍正鬥彩填彩準確以及在釉上彩中引入粉彩的這兩個特點在此器上均有體現。外底青花雙圈內楷書“大明成化年製”六字雙行仿款。

雍正瓷器中雖常見菊瓣式造型，但以盤、壺等小件器物為多，如此大尊則較罕見。此尊成型工藝複雜，燒成後仍能保持規整的形體，實屬不易。

229

鬥彩團花紋碗

清雍正

高7厘米　口徑22.3厘米　足徑6.5厘米

Bowl with posy design in contrasting colours

Yongzheng period, Qing Dynasty

Height: 7cm　Diameter of mouth: 22.3cm

Diameter of foot: 6.5cm

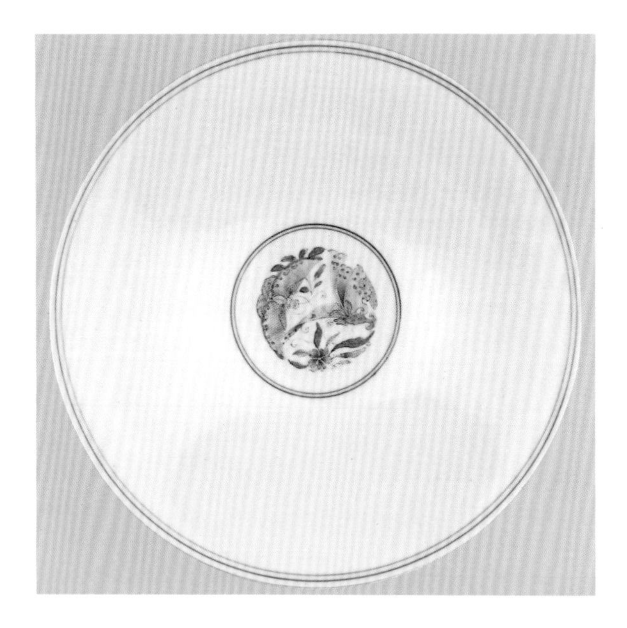

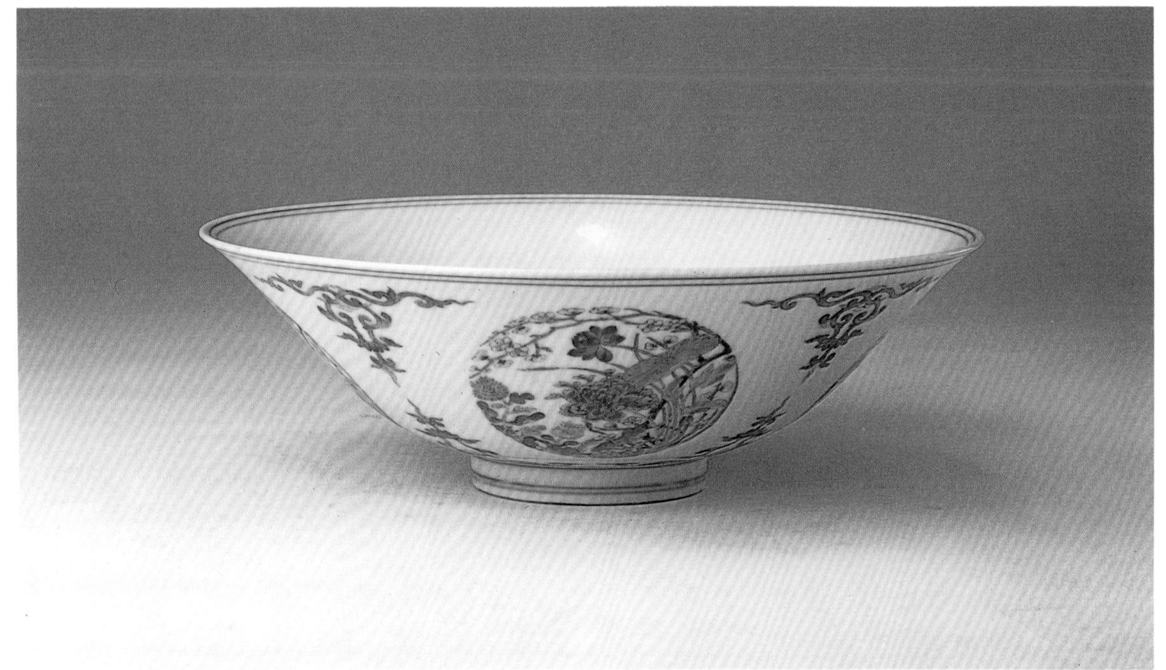

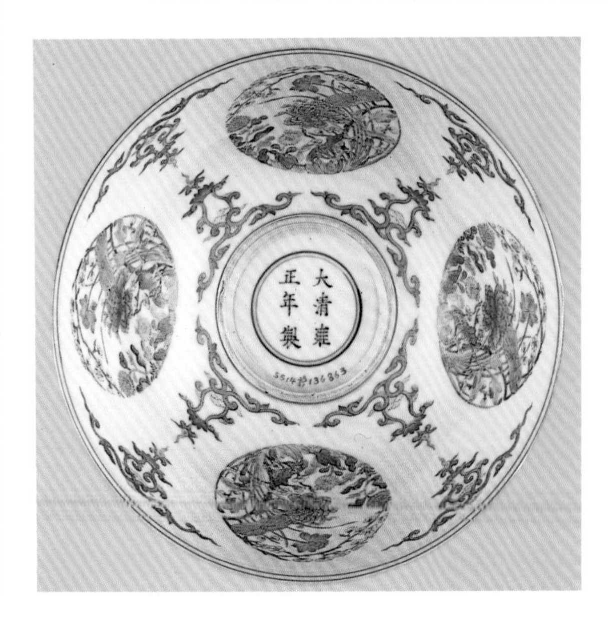

碗侈口，淺弧壁，圈足。碗心青花雙圈內繪鬥彩團形雙蝶花卉紋，外壁繪鬥彩團形花卉紋四組，以仰俯勾蓮紋相間。外底青花雙圈內楷書“大清雍正年製”六字雙行款。

雍正鬥彩瓷器首創於鬥彩中施加粉彩，製品具有鮮麗清逸之氣。此碗以綠色作為紋飾的主體顏色，伴以紅、黃、紫、赭等色，特別是在團花紋中的菊花、牡丹、荷花上點以胭脂色，襯托出紋飾的清雅柔麗。所繪綫條清晰挺秀，極為工巧，是雍正鬥彩器典型之作。

230

鬥彩雲龍紋蓋碗

清雍正
通高12.5厘米　碗口徑19.3厘米　足徑6.1厘米　蓋口徑18.3厘米
蓋頂圈徑5.6厘米

Covered bowl with design of dragons and clouds in contrasting colours

Yongzheng period, Qing Dynasty
Overall height: 12.5cm　Diameter of mouth: 19.3cm
Diameter of foot: 6.1cm　Diameter of cover mouth: 18.3cm
Diameter of cover top: 5.6cm

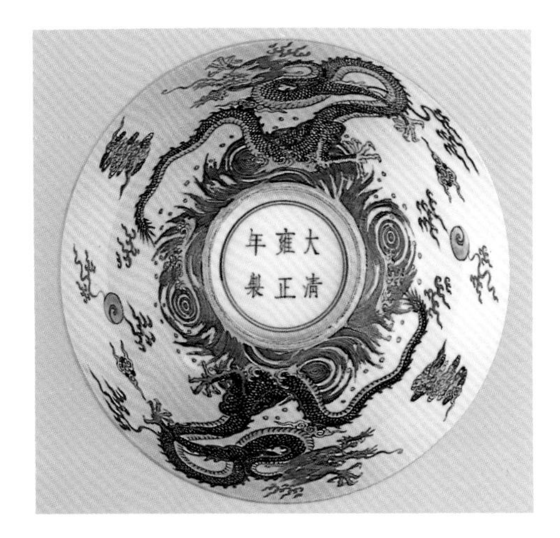

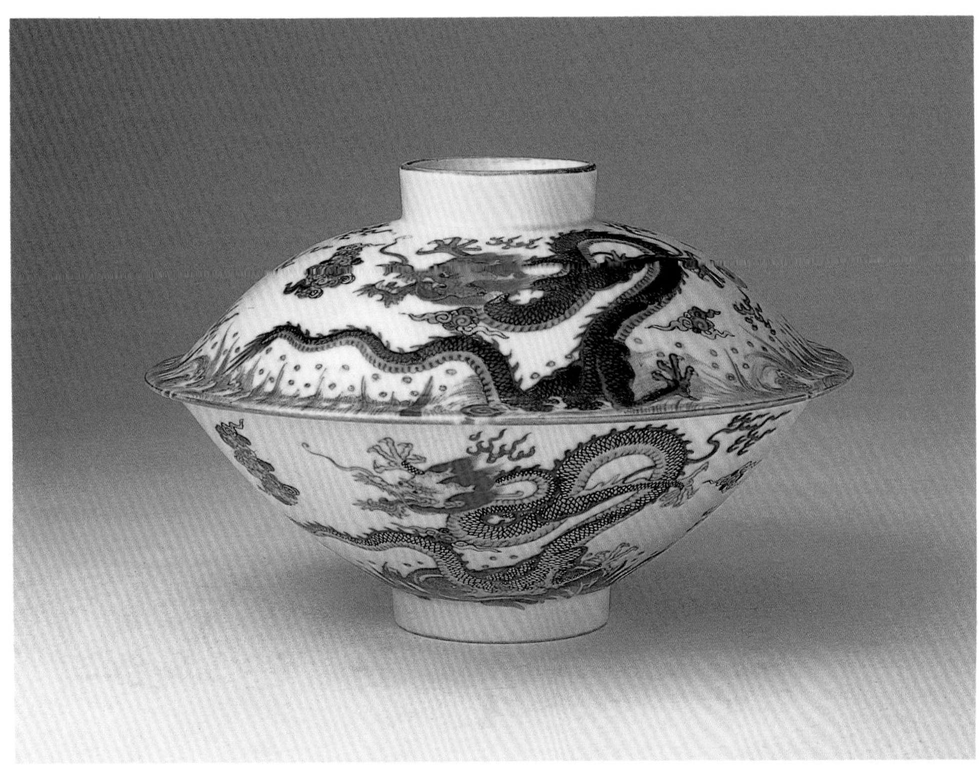

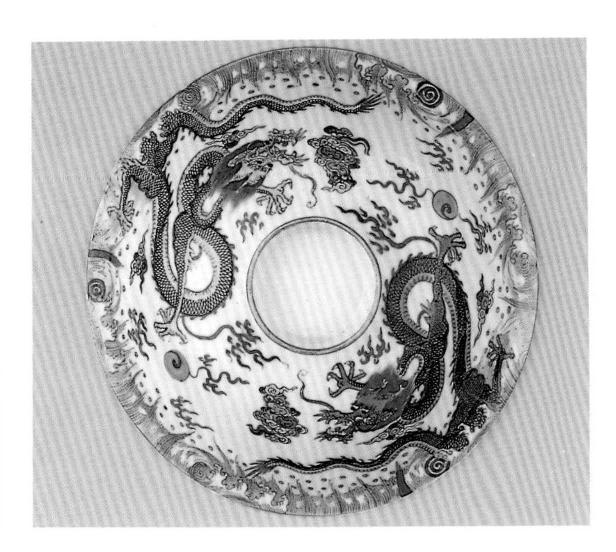

碗侈口，口沿呈六瓣花形，斜壁，圈足。外壁繪鬥彩海水雙龍戲珠紋。附傘形蓋，蓋面紋飾與碗外壁相同，口沿亦呈六瓣花式。碗身與蓋邊沿處皆塗金彩。外底青花雙圈內楷書“大清雍正年製”六字三行款。

此碗在裝飾技法上以鬥彩為主，兼用五彩，其中的火珠純以釉上紅彩描繪，小雲朵則純以釉上五彩繪出。

231

鬥彩夔鳳八寶紋盤
清雍正
高9厘米　口徑45.5厘米　足徑29厘米
清宮舊藏

Plate with design of the eight Buddhist emblems and Kui-phoenix in contrasting colours
Yongzheng period, Qing Dynasty
Height: 9cm　Diameter of mouth: 45.5cm
Diameter of foot: 29cm
Qing Court collection

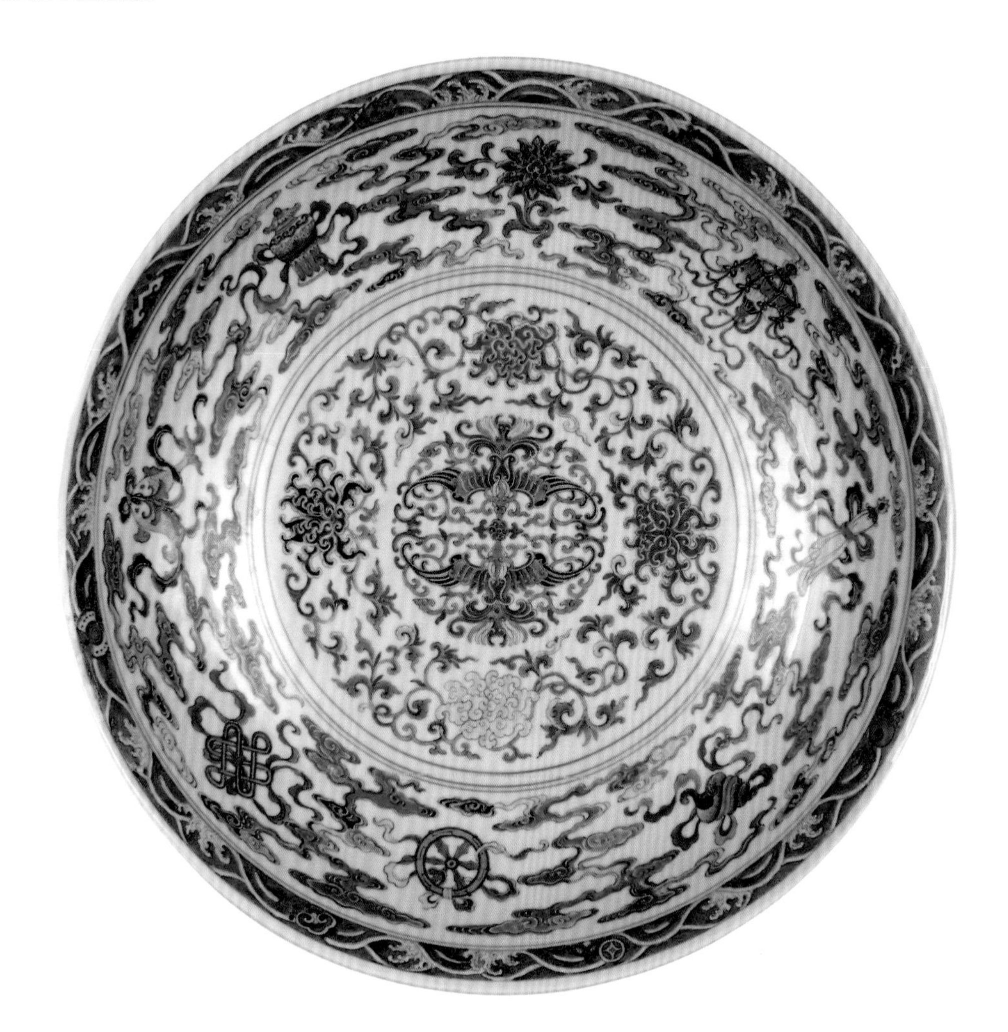

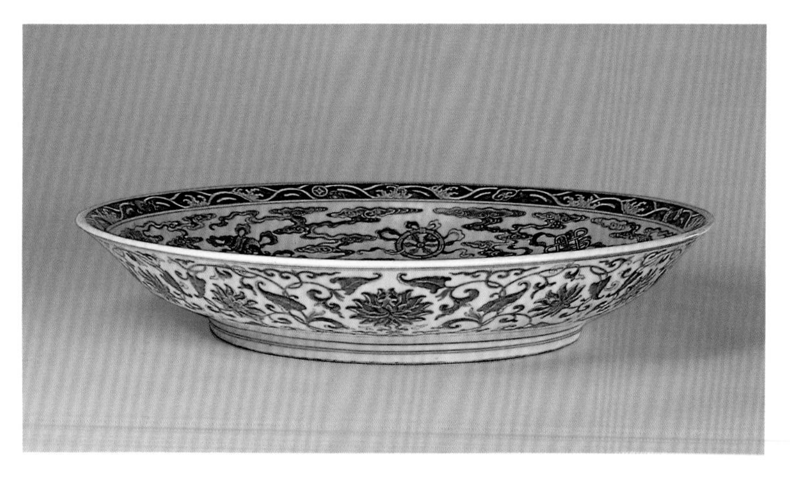

盤撇口，弧壁，圈足。盤心繪雙夔鳳啣花紋，周圍環以四折枝西番蓮。內壁繪八吉祥紋，間以祥雲，口沿以海水雜寶紋作邊飾。外壁繪十二朵大葉纏枝蓮花。外底青花雙圈內楷書“大清雍正年製”六字雙行款。

此盤形體碩大，規整端莊。釉上彩除使用綠、礬紅、醬彩外，還使用了當時特有的藍、紫、黃等琺瑯彩料，使畫面更加富麗。

232

鬥彩花蝶紋蓋罐
清雍正
通高10.6厘米　口徑7.4厘米　足徑8.8厘米
清宮舊藏

Covered jar with design of butterflies among flowers in contrasting colours
Yongzheng period, Qing Dynasty
Overall height:10.6cm　Diameter of mouth: 7.4cm
Diameter of foot: 8.8cm
Qing Court collection

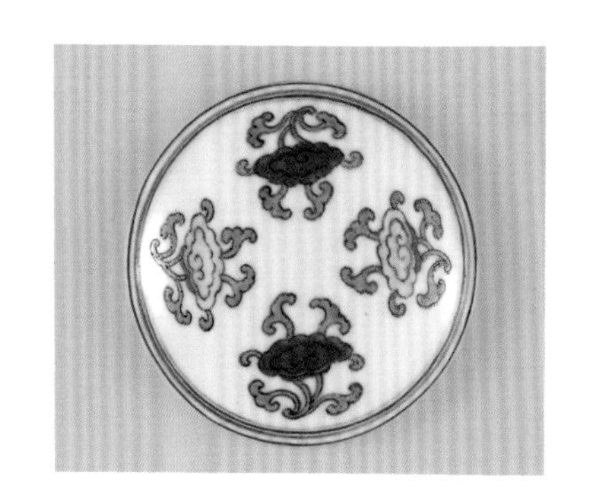

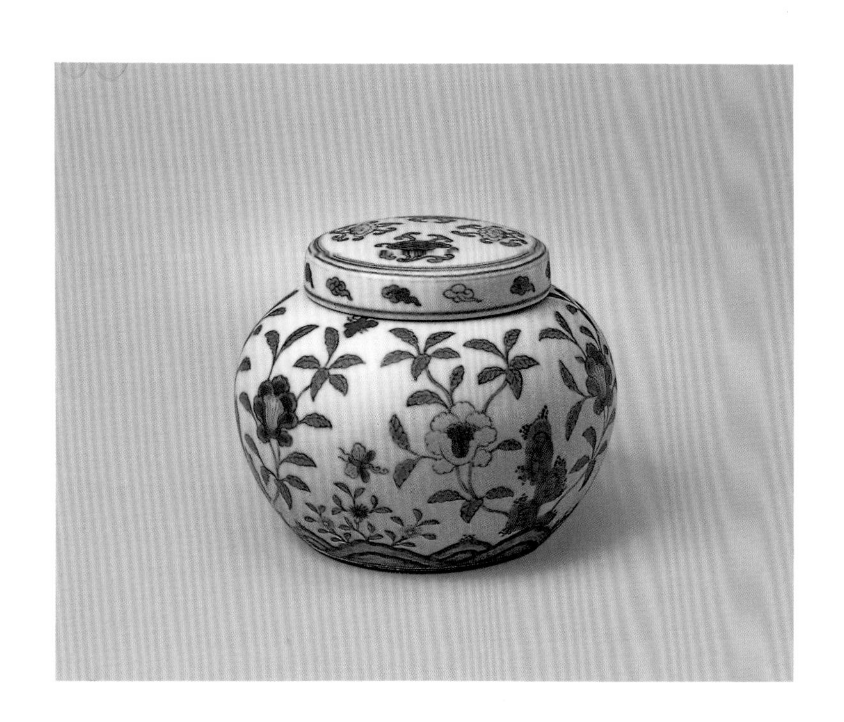

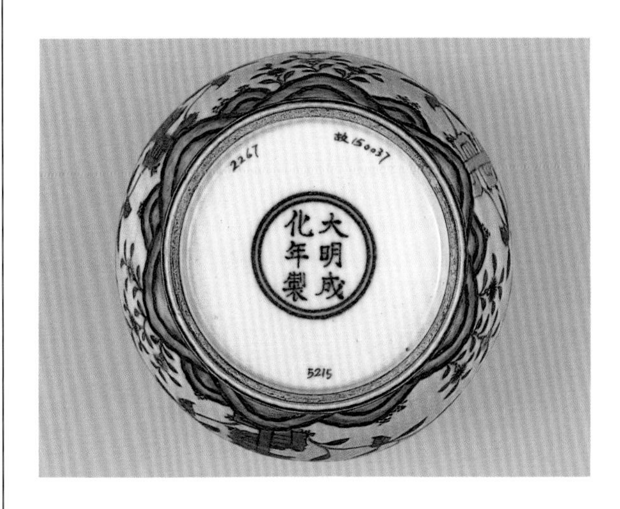

罐直口，短頸，扁圓腹，腹下略收，內圈足。通體繪山石花卉，以紅、黃、綠、赭、青花等色繪折枝花六朵，數隻彩蝶飛於花間。蓋直口，平頂。蓋面以紅、黃彩繪四朵靈芝。外底青花雙圈內楷書“大明成化年製”六字雙行仿款。

此罐按成化鬥彩花蝶紋罐仿製而成。雍正時期仿明成化鬥彩作品非常成功，此罐無論釉色、紋飾及器型大小都十分接近成化作品，堪稱一代名品。

233

鬥彩海水異獸紋蓋罐
清雍正
通高11.3厘米　口徑5.8厘米　足徑7.7厘米
清宮舊藏

Covered jar with design of auspicious animals among waves in contrasting colours
Yongzheng period, Qing Dynasty
Overall height: 11.3cm　Diameter of mouth: 5.8cm
Diameter of foot: 7.7cm
Qing Court collection

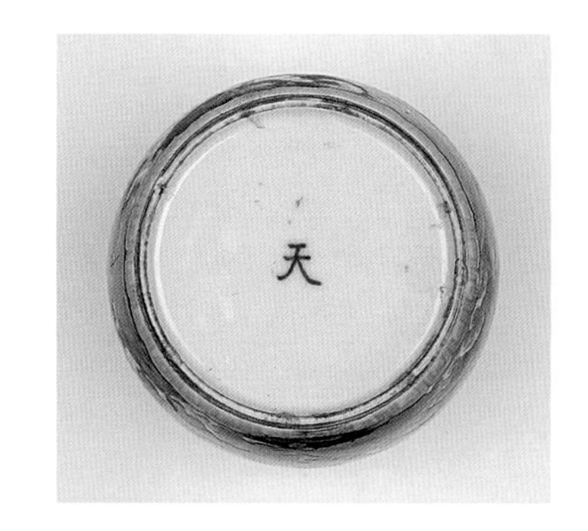

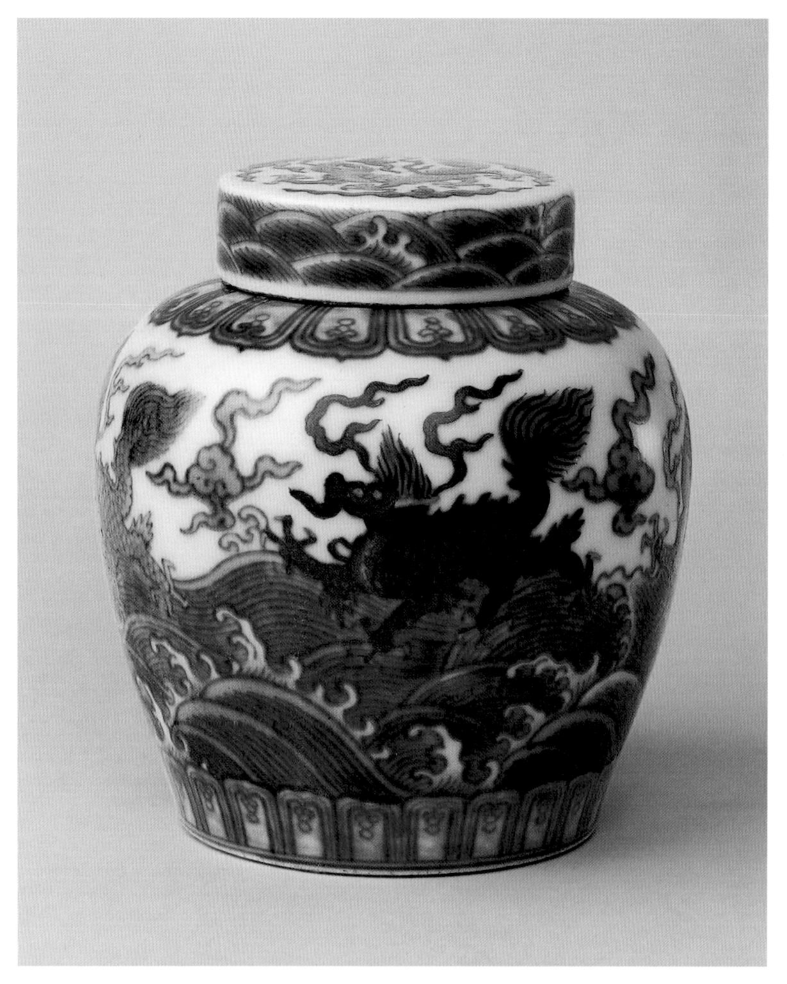

罐直口，短頸，豐肩，肩以下漸斂，近足處外撇，淺圈足。腹部繪二紅二黃四異獸奔騰於海水朵雲間，海水、朵雲皆填綠彩。肩部和近足處各飾以青花變形蓮瓣紋一周。蓋平頂無鈕，蓋面紋飾與罐身相配。外底有青花楷書“天”字款。

此罐為雍正官窰仿成化鬥彩的成功之作，仿技足以亂真。但與成化鬥彩罐仔細對比後仍可看出其胎質雖細卻略顯輕薄，白釉不及成化時豐厚，釉面較鬆軟，紅彩欠鮮艷，圖案繪畫雖整齊，落筆卻略欠柔和，款識筆法亦相差甚遠。

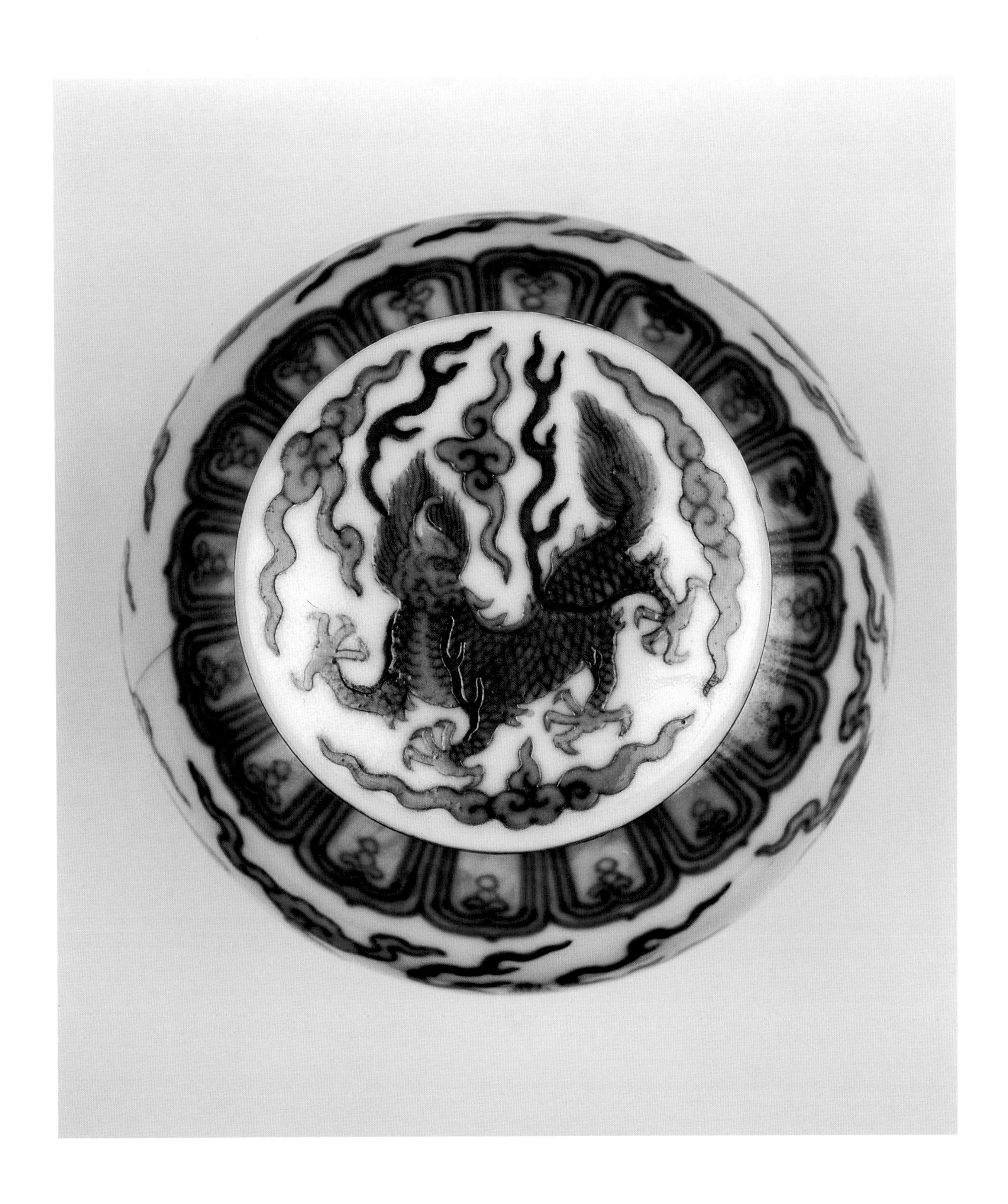

234

鬥彩雞缸杯

清雍正

高4.5厘米　口徑9.9厘米

足徑4厘米

Urn-shaped cup with chicken design in contrasting colours

Yongzheng period, Qing Dynasty

Height: 4.5cm

Diameter of mouth: 9.9cm

Diameter of foot: 4cm

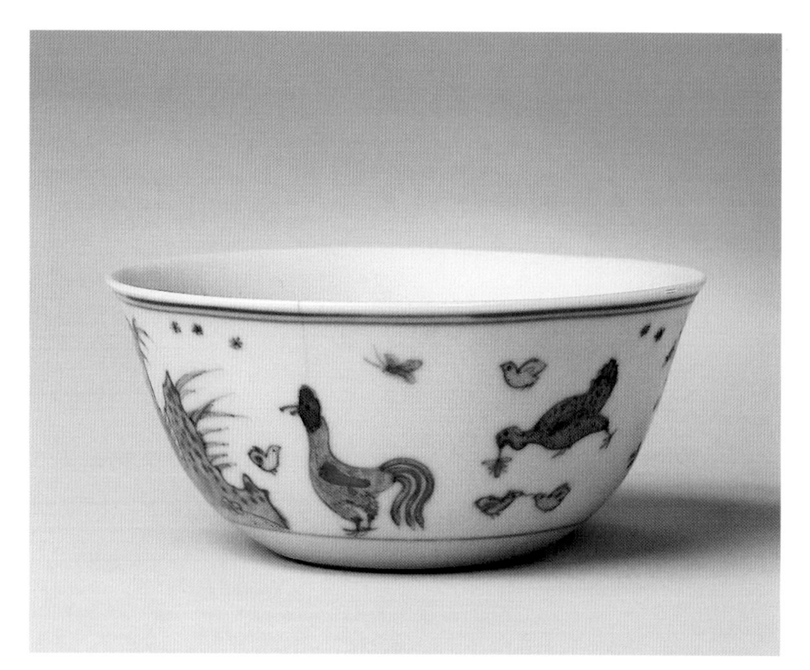

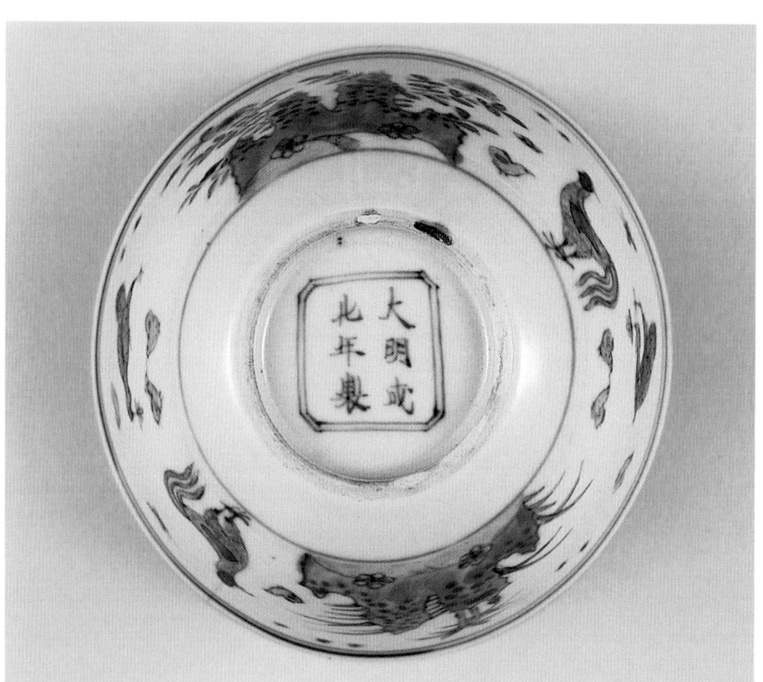

杯撇口，深腹，卧足。外壁繪子母雞兩組，間以洞石月季和洞石蘭花。外底青花雙方框內楷書“大明成化年製”六字雙行仿款。

此杯造型、紋飾均模仿著名的成化鬥彩雞缸杯（圖177），但形體略大，呈色較深，構圖不拘泥於成化形式，變化較大。所仿款識筆法則纖細柔弱，與真品相去甚遠。

235

鬥彩靈芝紋杯
清雍正
高4.3厘米　口徑7.2厘米　足徑2.9厘米

Cup with magic fungus design in contrasting colours
Yongzheng period, Qing Dynasty
Height: 4.3cm　Diameter of mouth: 7.2cm
Diameter of foot: 2.9cm

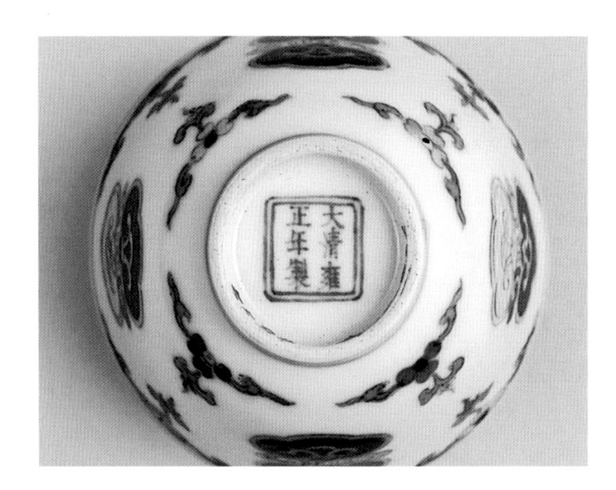

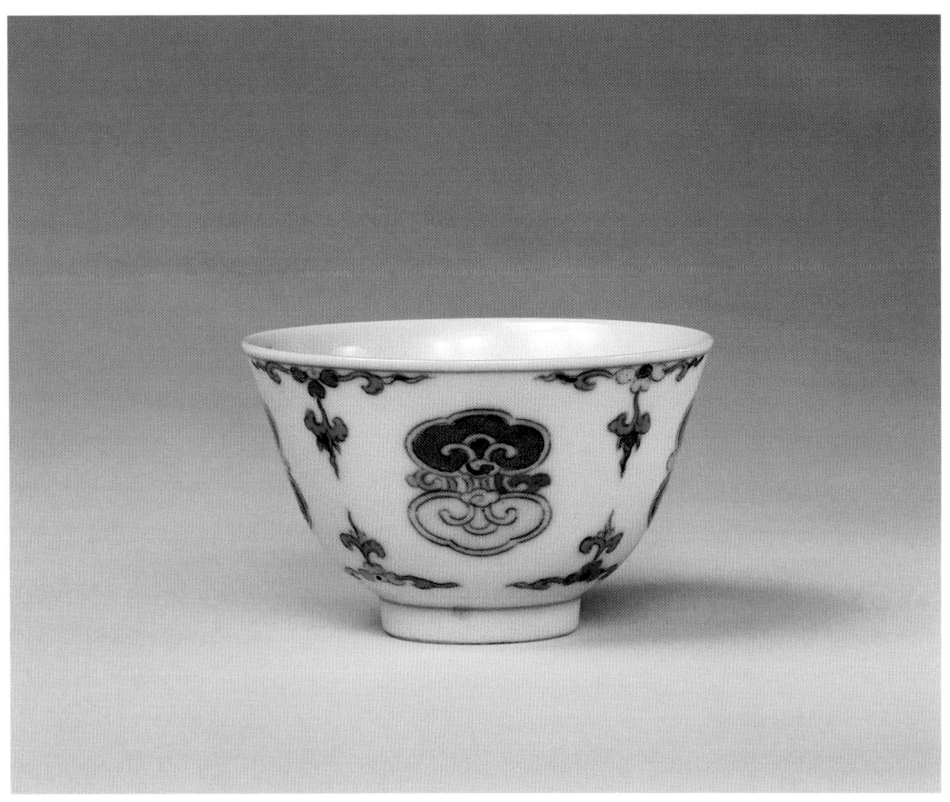

杯口微撇，深腹，圈足。外壁以釉下青花和釉上紅、綠、黃、紫彩描繪四組團狀靈芝，間以上下對稱的花草。外底青花雙方框內青花楷書“大清雍正年製”六字雙行款。

此杯造型、紋飾及配色均模仿著名的成化鬥彩靈芝紋杯（圖181）。

236

鬥彩纏枝蓮紋高足杯
清雍正
高7.2厘米　口徑4.3厘米　足徑2.9厘米
清宮舊藏

Stem cup with design of interlocking lotus in contrasting colours
Yongzheng period, Qing Dynasty
Height: 7.2cm　Diameter of mouth: 4.3cm
Diameter of foot: 2.9cm
Qing Court collection

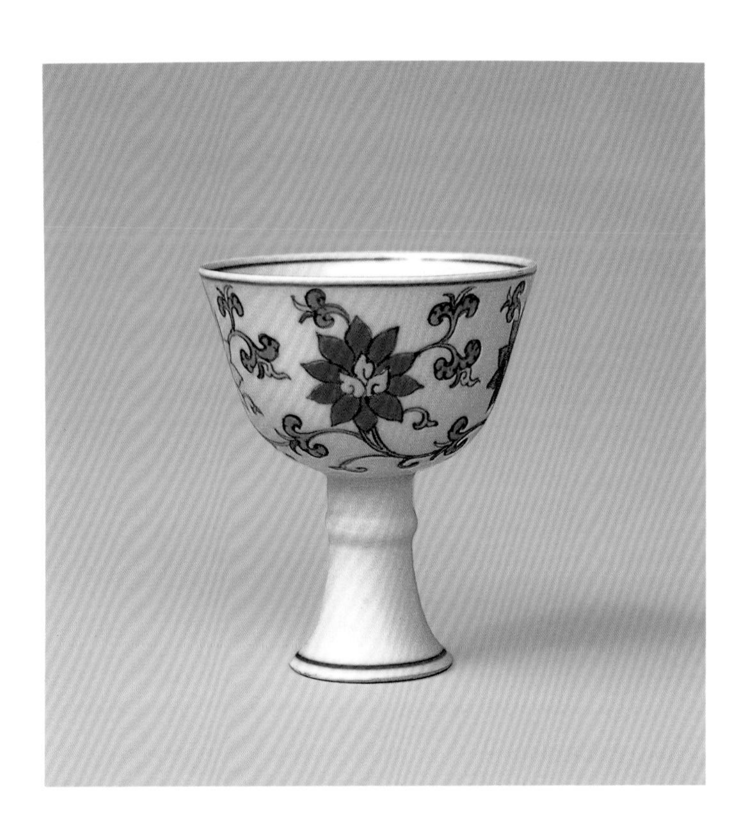

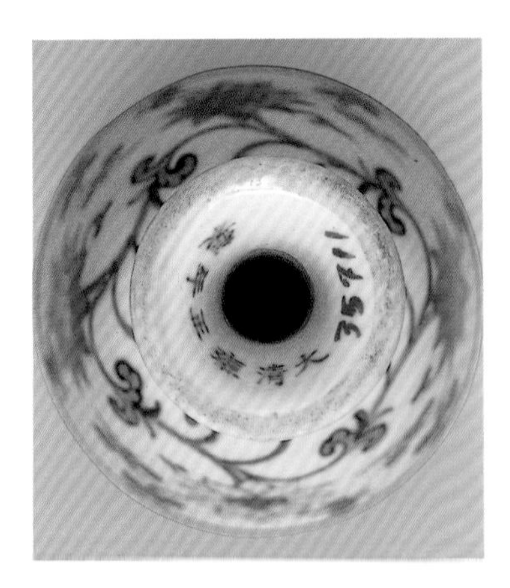

杯口微撇，深腹，瘦底，下承以喇叭狀中空高足，高足自下而上三分之二處有竹節狀凸起。外腹壁以釉下青花和釉上紅、綠、黃彩描繪纏枝蓮紋，莖、葉填綠彩，嫩芽填紅彩或黃彩，四蓮朵配色不一，分別為紅瓣藍蕊，藍瓣紅蕊，紅瓣黃蕊和黃瓣紅蕊。足底內沿自右向左青花楷書“大清雍正年製”六字款。

此杯造型、紋飾及設色均仿成化鬥彩纏枝蓮紋高足杯。（圖173）

237

鬥彩龍鳳穿花紋梅瓶

清乾隆

通高43.6厘米　口徑5.4厘米　足徑14厘米

清宮舊藏

Prunus vase with design of dragon and phoenix among flowers in contrasting colours

Qianlong period, Qing Dynasty

Overall height: 43.6cm　Diameter of mouth: 5.4cm

Diameter of foot: 14cm

Qing Court collection

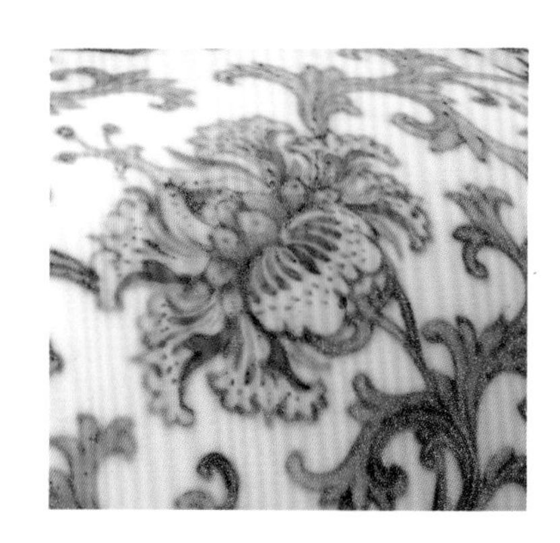

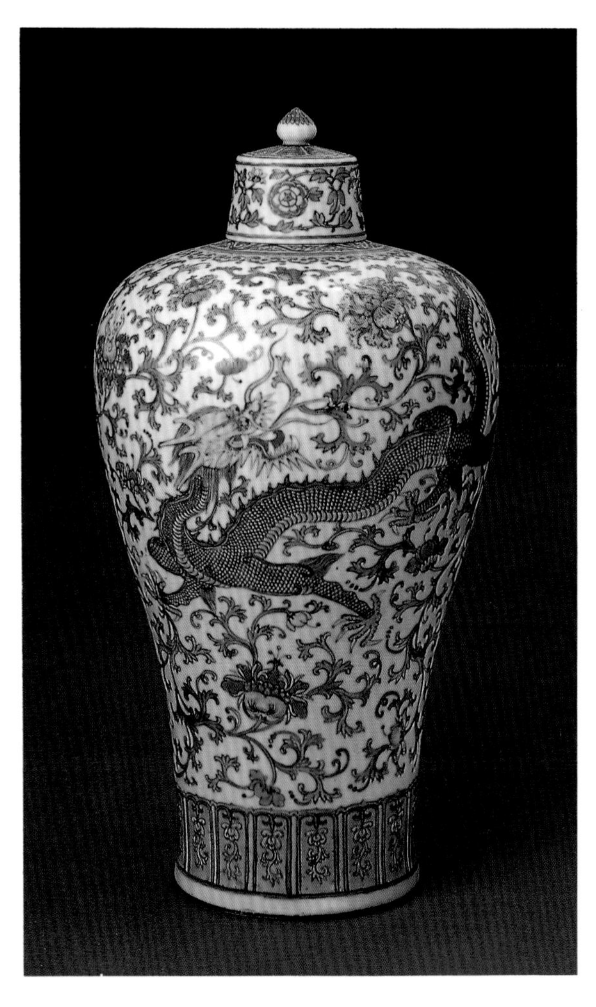

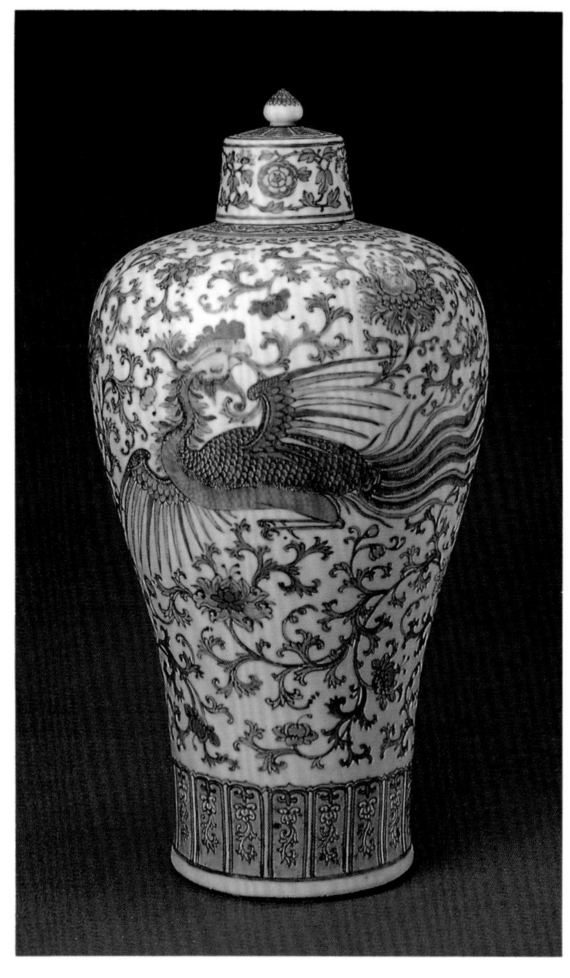

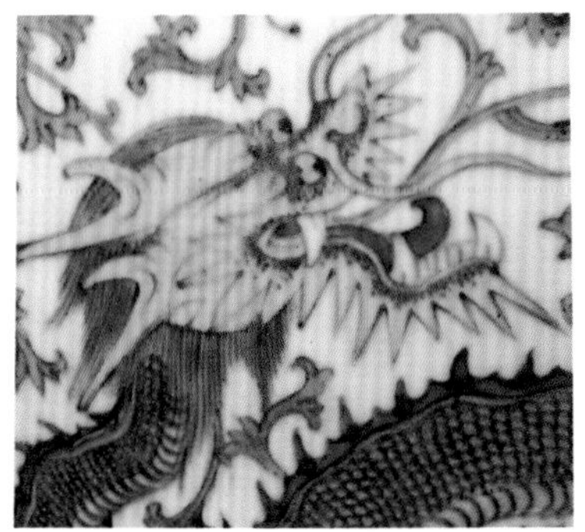

瓶唇口，短頸，豐肩，斂腹，圈足。腹部主題繪龍鳳穿花紋，其他配襯紋飾頸部有變形葉紋，肩繪捲枝、如意頭紋，近足處飾變形蓮瓣紋。附鐘形蓋，頂有寶珠鈕，蓋內有圓管狀榫。蓋面飾蓮瓣紋，周邊繪纏枝花紋。無款識。

238

鬥彩八寶團龍紋蓋罐

清乾隆
通高21.2厘米　口徑6.6厘米　足徑8.5厘米
清宮舊藏

Covered jar with design of dragon medallions and the eight Buddhist emblems in contrasting colours

Qianlong period, Qing Dynasty
Overall height: 21.2cm　Diameter of mouth: 6.6cm
Diameter of foot: 8.5cm
Qing Court collection

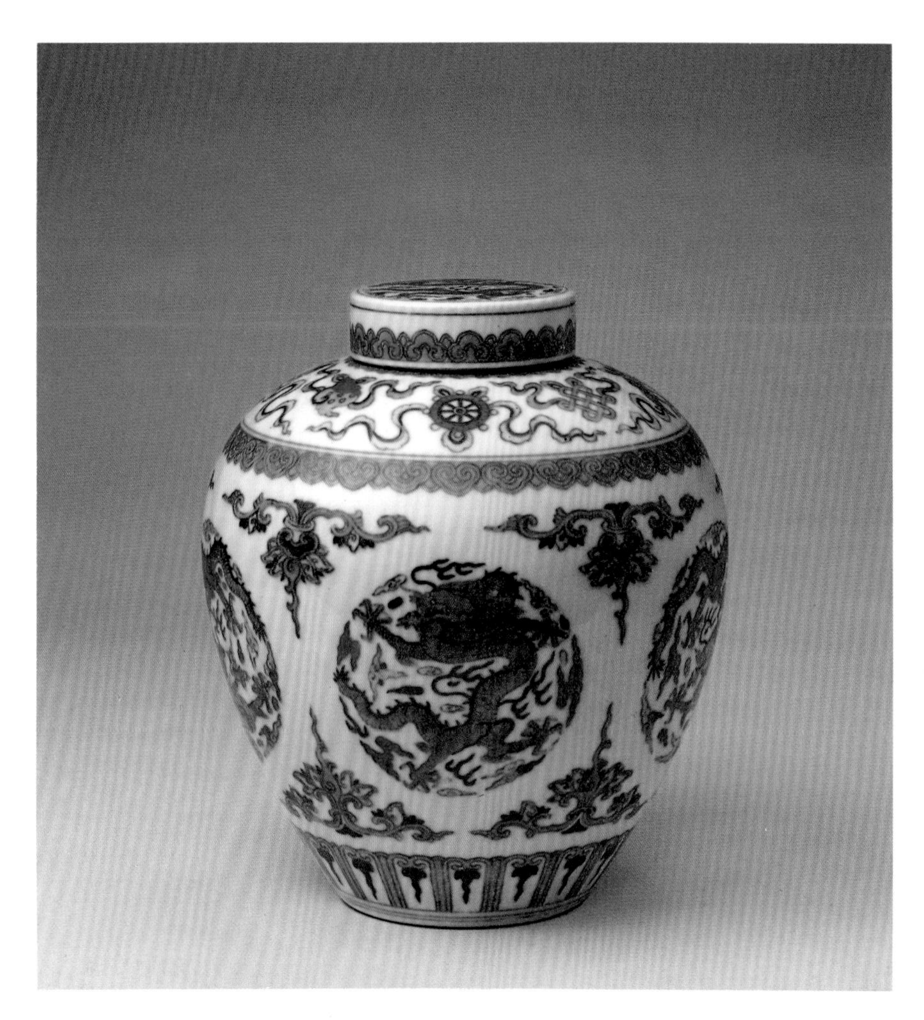

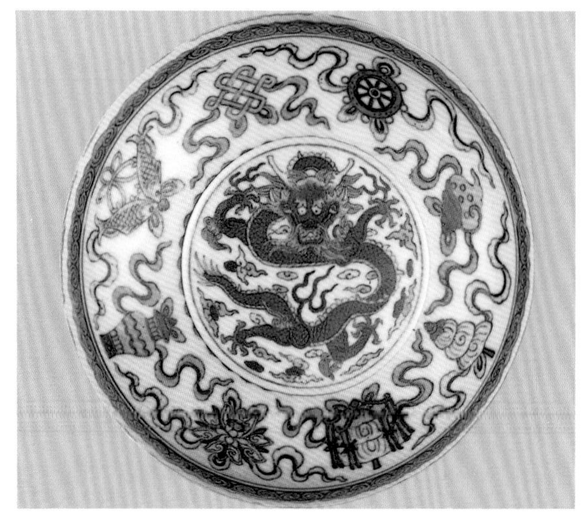

罐直口，圓肩，肩以下漸收斂，圓腹，圈足。腹部主題為五團雲龍紋，間隔處均有仰覆寶相花相對應，頸下一周靈芝頭邊飾，肩繪八寶綬帶紋，近足處繪變形蓮瓣紋一周。蓋圓形，平頂，蓋面繪雲龍紋，周壁為變形蓮瓣。無款識。

此罐造型規整，胎堅釉潤。乾隆鬥彩器物紋飾一般都精細規整，此器亦不例外，所繪紋飾精巧，色彩鮮艷，以青花勾繪輪廓綫，再以填彩繪團龍與八寶，和諧美觀。

239

鬥彩螭龍穿花紋僧帽壺
清乾隆
通高26.7厘米　口徑14厘米　足徑10.5厘米
清宮舊藏

Monk's cap jug with design of hydras amidst flowers in contrasting colours
Qianlong period, Qing Dynasty
Overall height: 26.7cm　Diameter of mouth: 14cm
Diameter of foot: 10.5cm
Qing Court collection

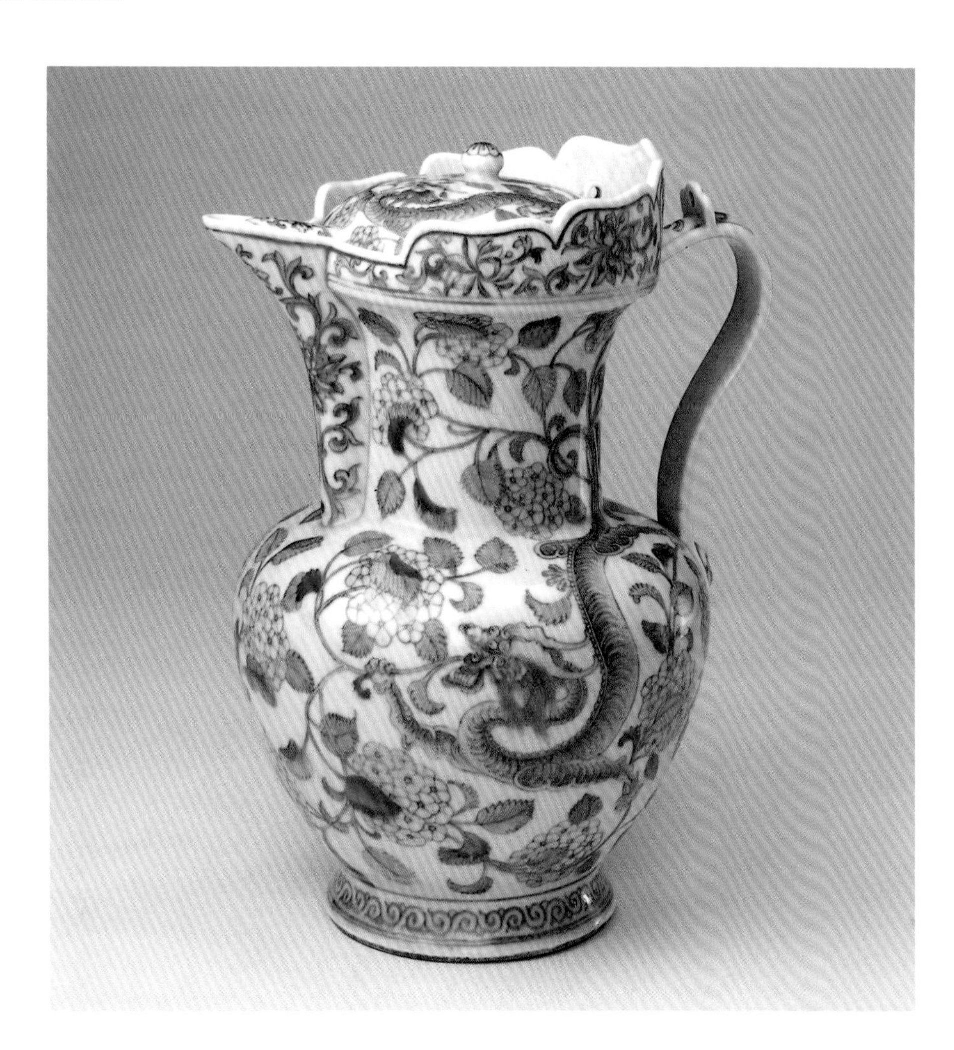

壺口作僧帽式，闊頸，鼓腹，圈足。一側出流，一側曲柄，帽與流各置一小繫。帽與流繪纏枝菊花紋，頸與腹部繪雙螭龍穿花圖，柄作如意式，繪有朵花、磬、鈴鐺纓絡紋等，足外牆繪青花捲草紋一周。附圓形蓋，頂有寶珠鈕，蓋面繪龍穿花紋。無款識。

此壺造型規整，釉色淡雅，裝飾紋樣新穎，螭龍口爪並用，啣握花枝，形象生動。

240

鬥彩鴛鴦戲蓮紋臥足碗

清乾隆

高7.5厘米　口徑16.2厘米　足徑10.5厘米

清宮舊藏

Concave-footed bowl with design of mandarin ducks playing with lotus in contrasting colours

Qianlong period, Qing Dynasty

Height: 7.5cm　Diameter of mouth: 16.2cm

Diameter of foot: 10.5cm

Qing Court collection

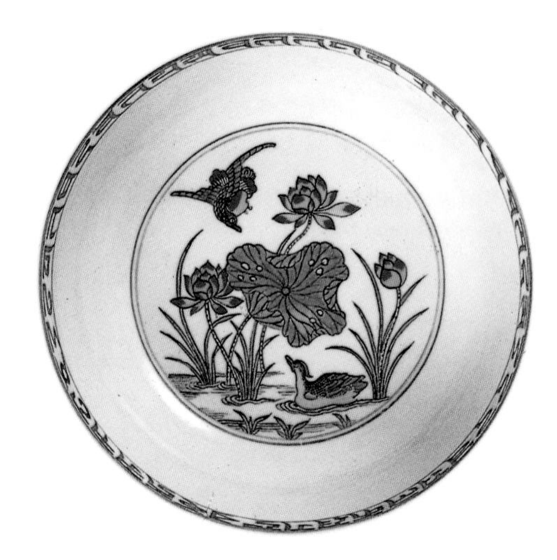

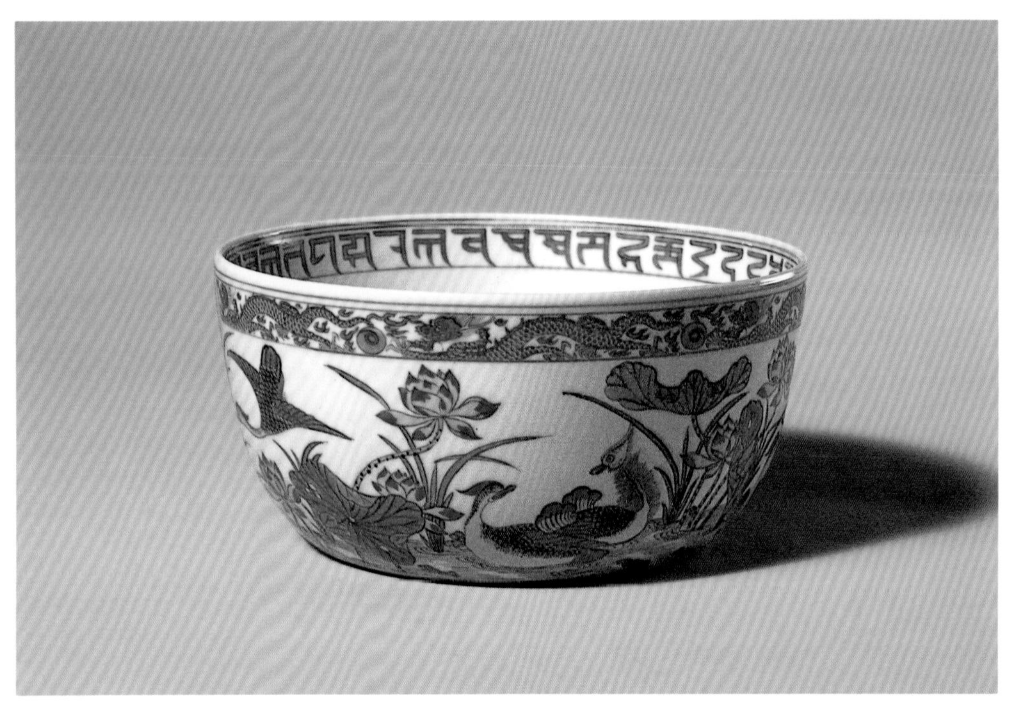

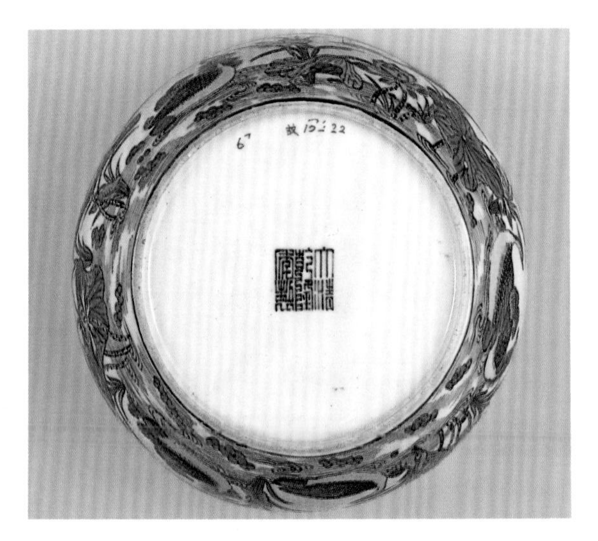

碗敞口，深腹，腹以下微收，臥足。碗內壁青花書梵文一周，外口沿青花飾龍趕珠紋一周，腹部為鬥彩鴛鴦戲蓮紋。外底白釉青花篆書“大清乾隆年製”六字三行款。

此碗形制秀美，以純青花邊飾與鬥彩紋飾相互映襯，別具特色。

241

鬥彩雲龍紋螭耳扁瓶

清乾隆

高24.3厘米　口徑4厘米　足徑7.7/5.2厘米

清宮舊藏

Flat vase with hydra-shaped ears decorated with design of dragons and clouds in contrasting colours

Qianlong period, Qing Dynasty

Height: 24.3cm　Diameter of mouth: 4cm

Diameter of foot: 7.7/5.2cm

Qing Court collection

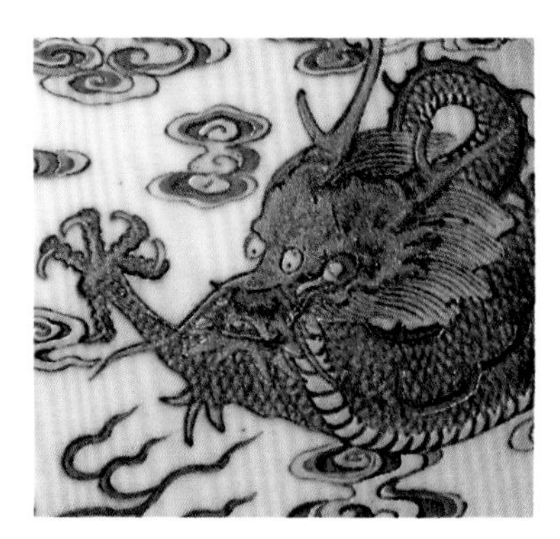

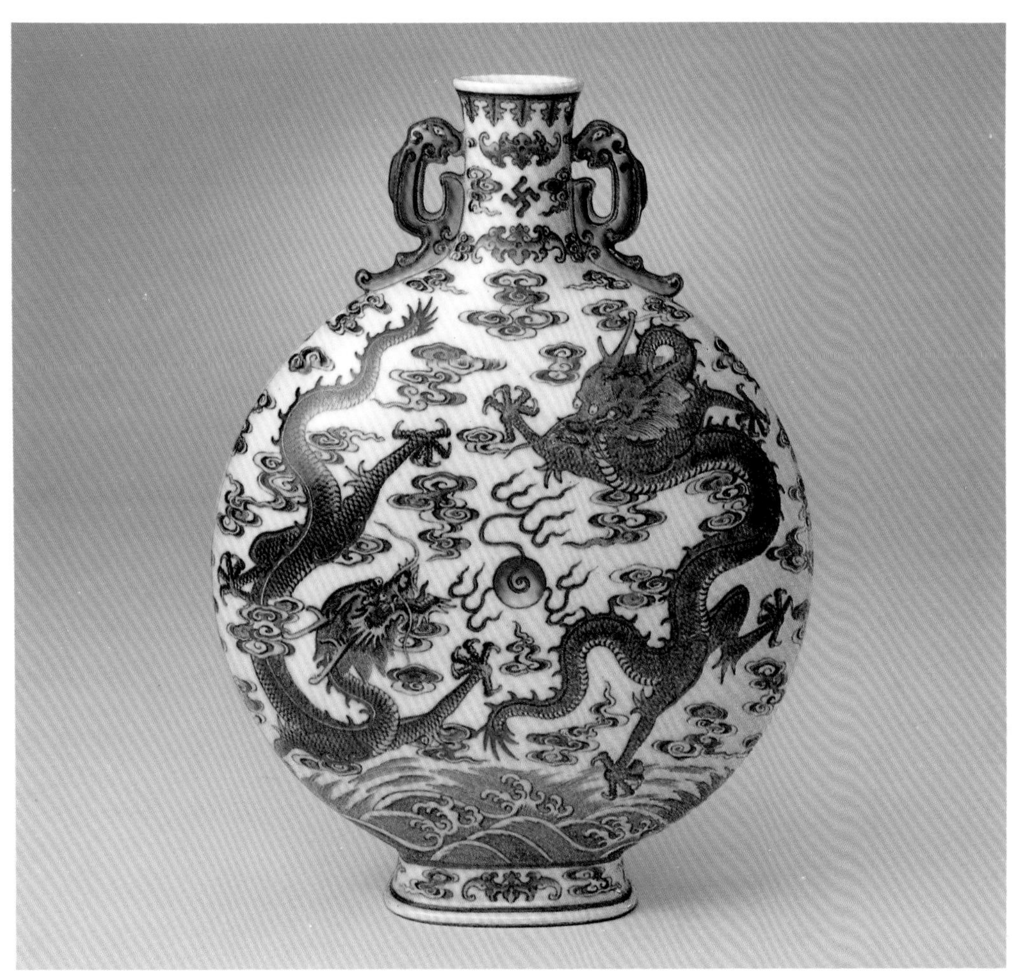

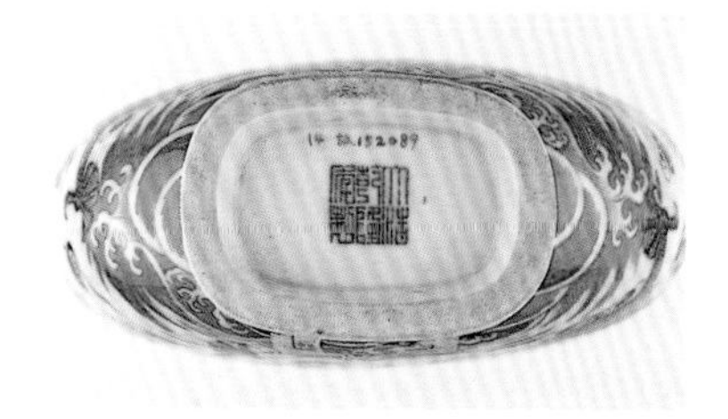

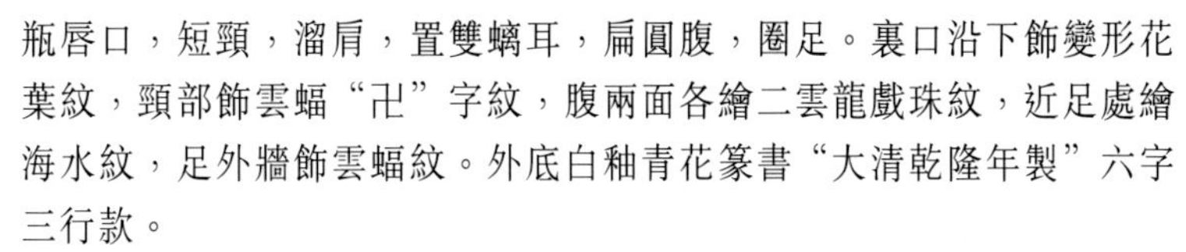

瓶唇口，短頸，溜肩，置雙螭耳，扁圓腹，圈足。裏口沿下飾變形花葉紋，頸部飾雲蝠“卍”字紋，腹兩面各繪二雲龍戲珠紋，近足處繪海水紋，足外牆飾雲蝠紋。外底白釉青花篆書“大清乾隆年製”六字三行款。

此瓶造型端莊，紋飾精細，主要以鬥彩裝飾，但在耳部及火珠紋上使用了粉彩技法。二龍戲珠紋飾寓意吉祥。

242

鬥彩勾蓮紋戟耳瓶
清乾隆
高20.9厘米　口徑5.5厘米　足徑7厘米
清宮舊藏

Vase with halberd-shaped handles decorated with design of delineated lotus in contrasting colours
Qianlong period, Qing Dynasty
Height: 20.9cm　Diameter of mouth: 5.5cm
Diameter of foot: 7cm
Qing Court collection

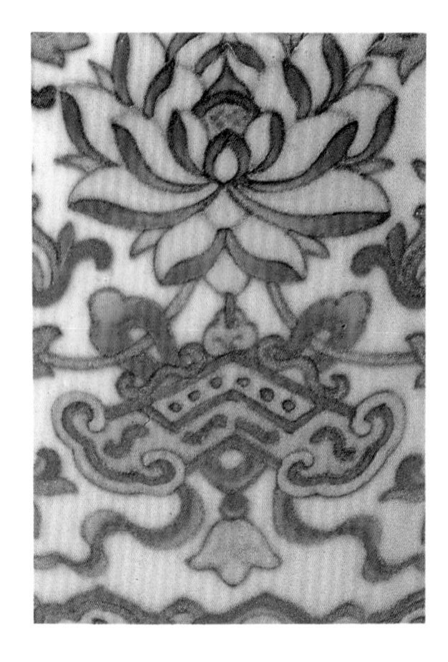

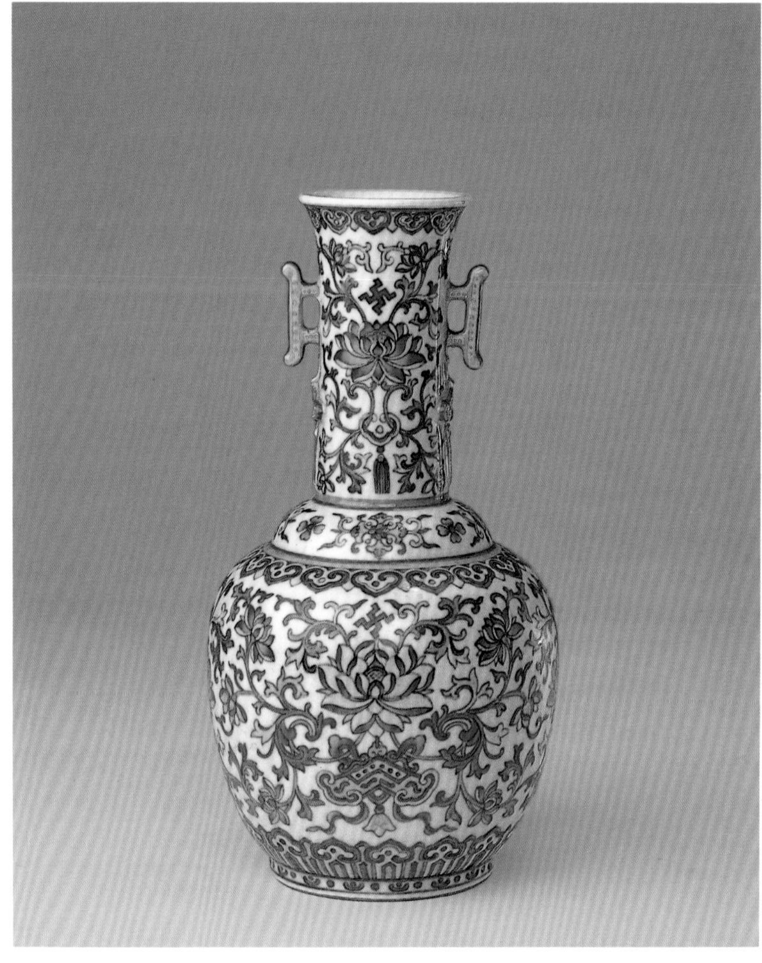

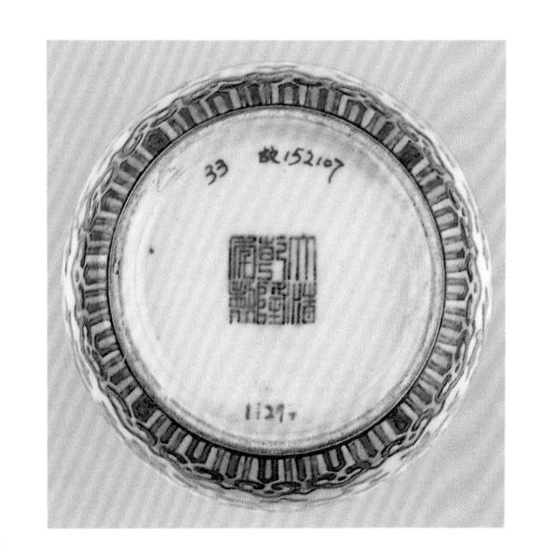

瓶撇口，直頸，頸、肩相接處凸起，溜肩，直腹，圈足。頸部飾對稱戟耳啣磬裝飾。口沿下飾如意頭紋一周，頸部飾纏枝蓮啣如意頭紋，頸肩相接處飾寶相花，肩部飾如意頭紋一周，腹飾勾蓮啣磬紋，近足處飾如意頭花瓣紋，足外牆飾花瓣紋一周。外底青花篆書“大清乾降年製”六字三行款。

此瓶以鬥彩裝飾為主，但在耳部使用了金彩、粉彩技法。戟耳啣磬是少見的耳飾，寓意“吉慶”。

243

鬥彩花卉紋扁瓶
清乾隆
高26.7厘米　口徑4厘米　足徑9.5/6.2厘米

Flat vase with floral design in contrasting colours
Qianlong period, Qing Dynasty
Height: 26.7cm　Diameter of mouth: 4cm
Diameter of foot: 9.5/6.2cm

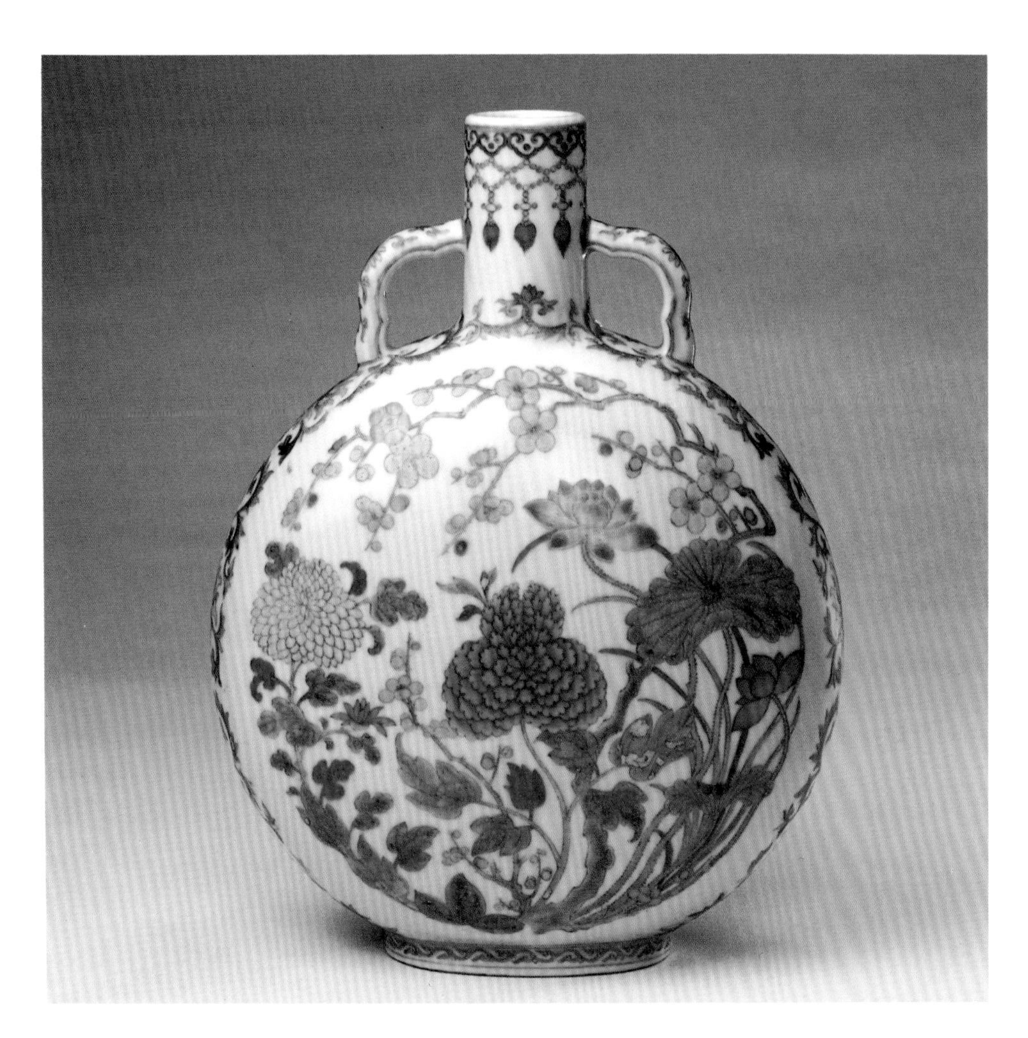

瓶直口，扁圓腹，圈足。頸、肩處置對稱如意耳。口沿下飾如意頭垂掛纓絡紋，腹兩側飾勾蓮紋，前、後兩面繪牡丹、菊花、梅花、荷花等折枝花紋，足外牆飾捲草紋。無款識。

此瓶造型仿永樂青花扁瓶。釉上彩除五彩外還加進粉彩技法，使所繪花卉更趨自然逼真。

244

鬥彩纏枝蓮紋盒式瓶
清乾隆
通高24厘米　口徑8.3厘米　足徑8.5厘米
清宮舊藏

Box-shaped vase with design of interlocking lotus in contrasting colours
Qianlong period, Qing Dynasty
Overall height: 24cm　Diameter of mouth: 8.3cm
Diameter of foot: 8.5cm
Qing Court collection

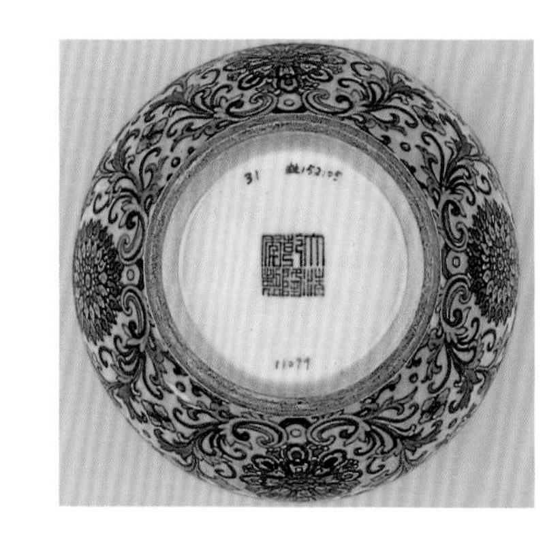

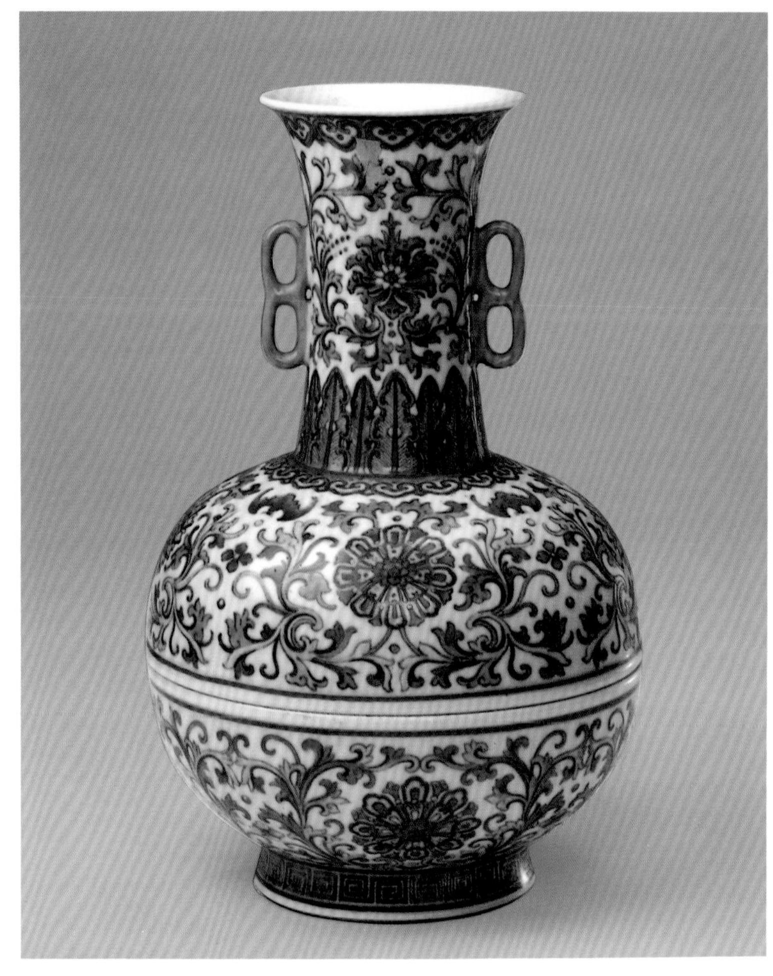

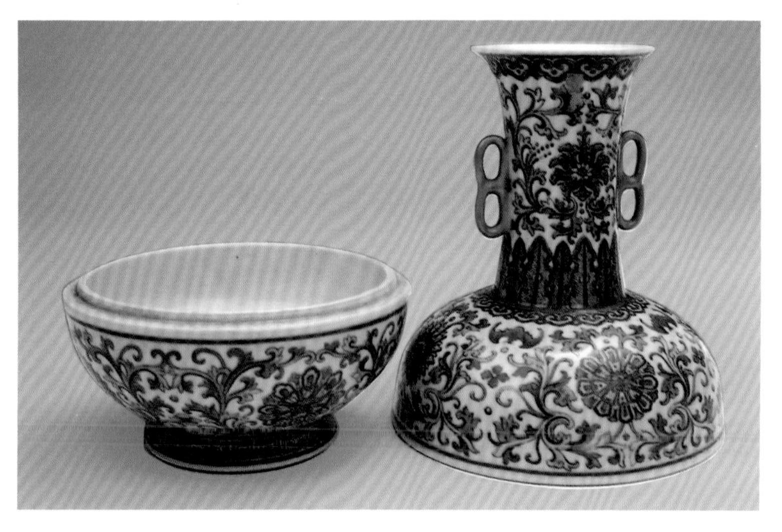

瓶撇口，直頸，溜肩，圓腹，腹以下漸收，圈足微外撇。瓶身主要以勾蓮紋裝飾，頸、脛部分別配以變形蕉葉紋和如意頭紋，足外牆飾回紋一周。頸置雙耳，上施珊瑚紅釉。外底白釉青花篆書“大清乾隆年製”六字三行款。

盒式瓶為乾隆時期新創的器型之一。以腹部為界，可分為上下兩節，上為完整的瓶，下為盒體，上下扣合，為一完整器，故也稱盒瓶，寓意“心平氣和”。

245

鬥彩夔龍穿花紋罐

清乾隆

高12厘米　口徑6厘米　足徑5.7厘米

清宮舊藏

Jar with design of Kui-dragon amidst flowers in contrasting colours

Qinglong period, Qing Dynasty

Height: 12cm　Diameter of mouth: 6cm

Diameter of foot: 5.7cm

Qing Court collection

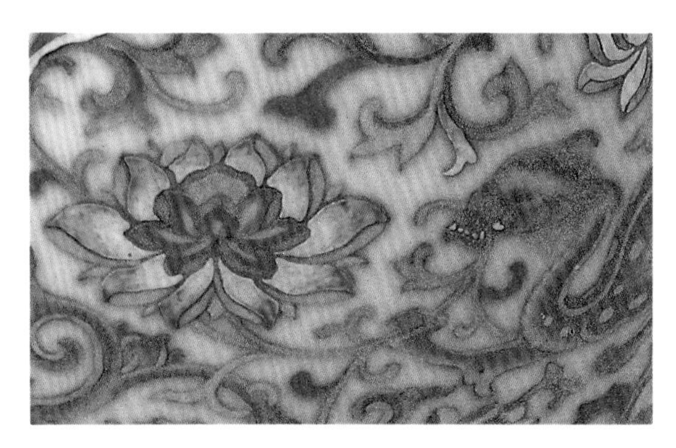

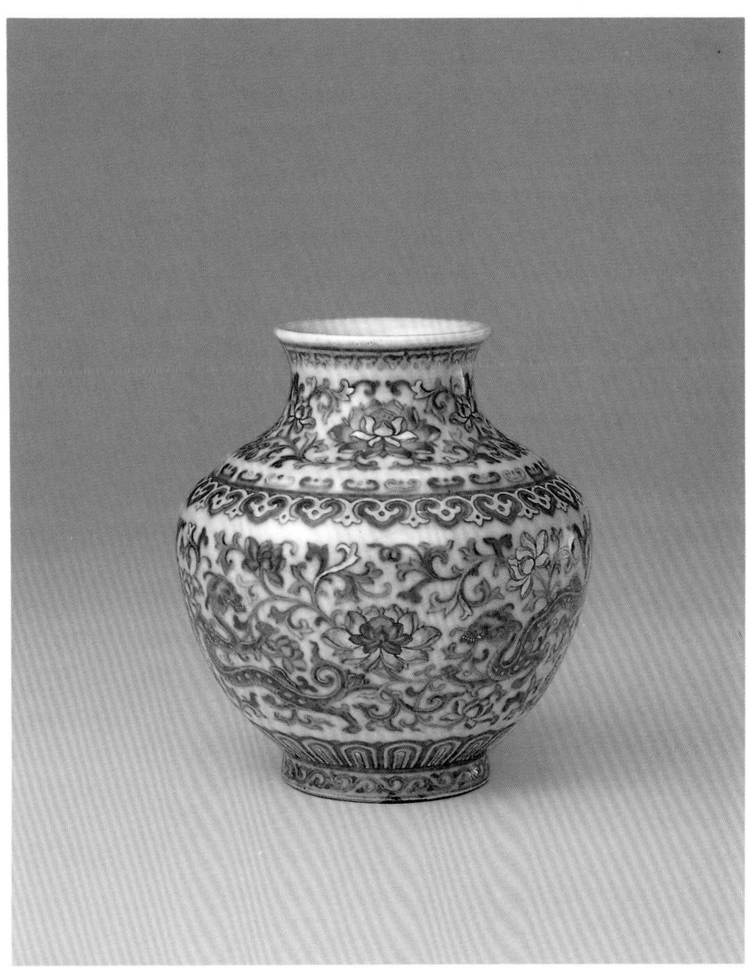

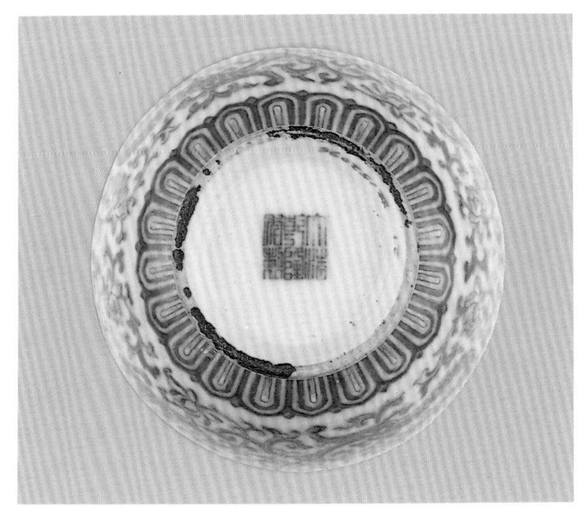

罐撇口，短頸，溜肩，肩部凸棱，肩以下漸收，圈足。罐身滿繪勾蓮紋，腹部夔龍穿梭其間，肩部配飾變形花瓣紋及如意頭紋，近底處繪變形蓮瓣紋，足外牆繪捲草紋。外底青花篆書“大清乾隆年製”六字三行款。

此罐造型規整，裝飾華麗，夔龍穿行勾蓮中，具有典型的時代風格。

246

鬥彩雞紋筆筒
清乾隆
高15.5厘米　口徑13厘米　足徑12.8厘米
清宮舊藏

Brush-holder with chicken design in contrasting colours
Qianlong period, Qing Dynasty
Height: 15.5cm　Diameter of mouth: 13cm
Diameter of bottom: 12.8cm
Qing Court collection

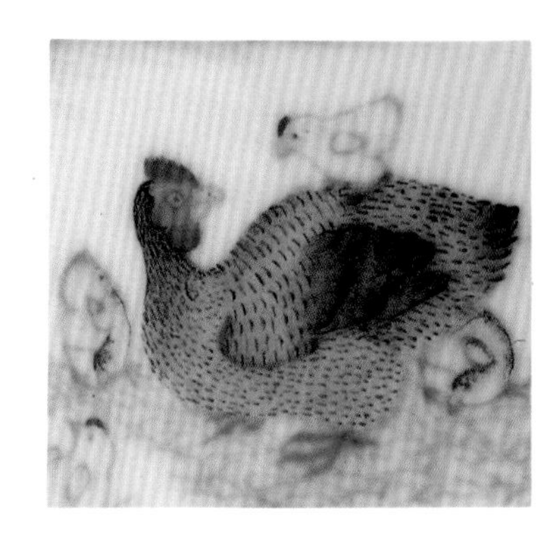

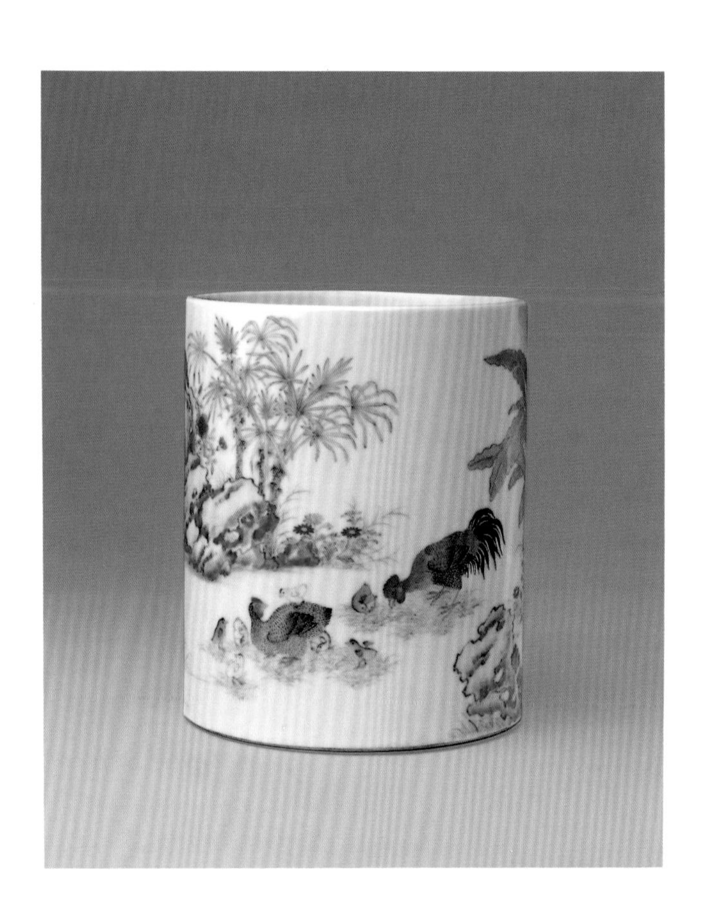

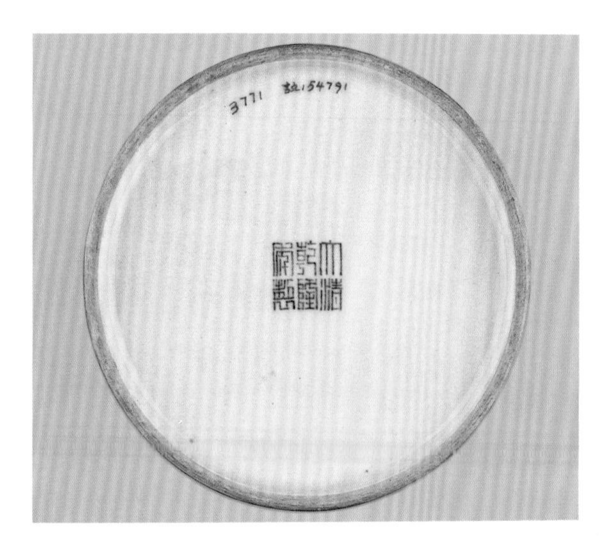

圓筒形，圈足。外壁繪成化鬥彩雞缸杯上的紋飾，子母雞和雄雞啄食、啼鳴，配以山石、蕉葉、竹子等紋飾，外底青花篆書“大清乾隆年製”六字三行款。

此筆筒造型規整，紋飾精細，由於鬥彩紋飾中加入了粉彩技法，表現出物象的濃淡凹凸、陰陽反側的藝術效果，使器物色彩更顯艷美。

247

鬥彩勾蓮紋螭耳扁瓶

清乾隆
高31.8厘米　口徑5.9厘米　足邊長10.5/6.5厘米
清宮舊藏

Flat vase with hydra-shaped ears decorated with design of delineated lotus in contrasting colours

Qianlong period, Qing Dynasty
Height: 31.8cm　Diameter of mouth: 5.9cm
Diameter of foot: 10.5/6.5cm
Qing Court collection

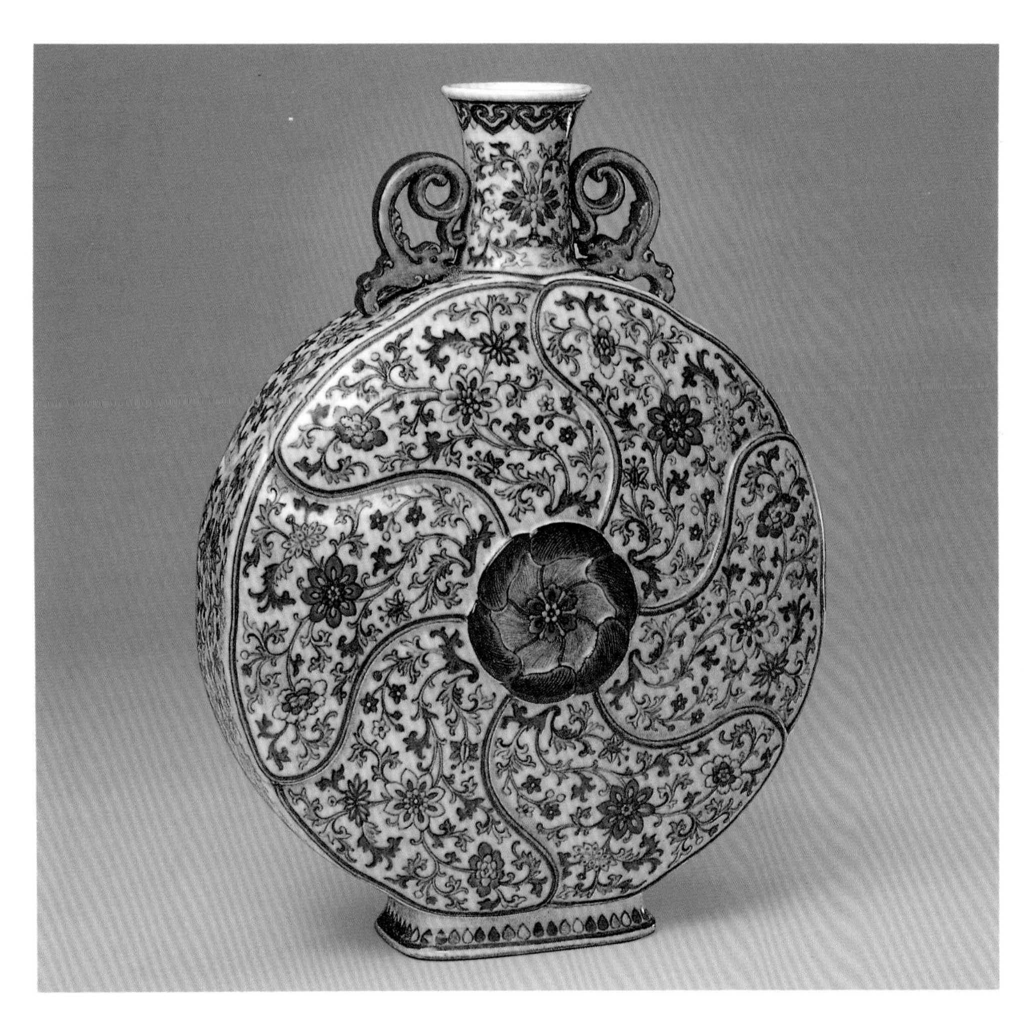

瓶口微撇，短頸，圓肩，扁腹，肩置雙螭耳，圈足。瓶身滿繪鬥彩纏枝花卉紋，腹兩側中部凸起團花裝飾，圍繞花心呈輪狀凸起六花瓣形，口沿下及足外牆分別飾如意頭紋和幾何紋作邊飾。足內青花篆書“大清乾隆年製”六字三行款。

乾隆時期鬥彩器物以花卉紋飾居多，此瓶造型美觀大方，紋飾密而不繁，彩色鮮麗。

248

鬥彩勾蓮紋瓶

清乾隆
高17.8厘米　口徑4.3厘米
足徑5.7厘米
清宮舊藏

Vase with design of delineated lotus in contrasting colours

Qianlong period, Qing Dynasty
Height: 17.8cm
Diameter of mouth: 4.3cm
Diameter of foot: 5.7cm
Qing Court collection

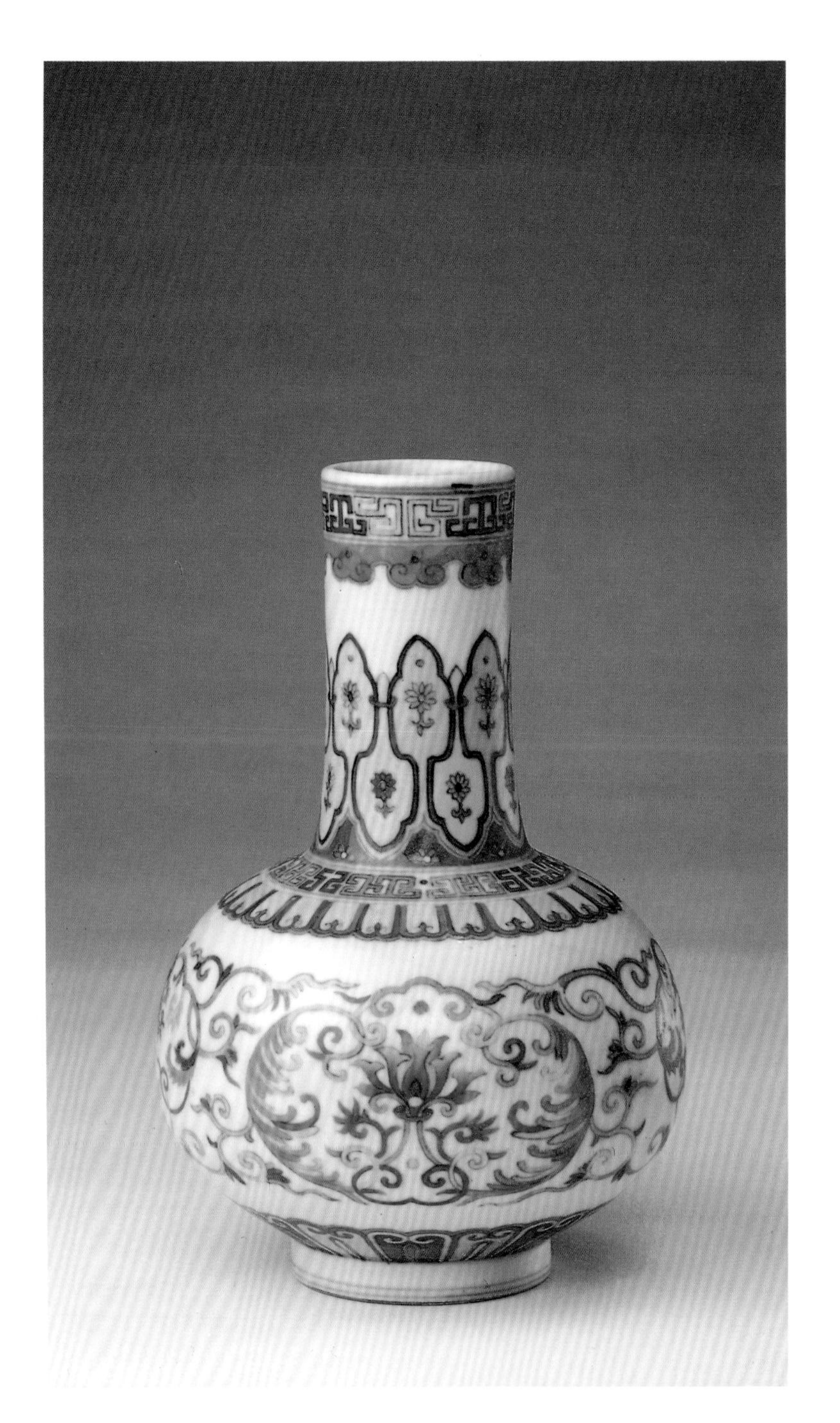

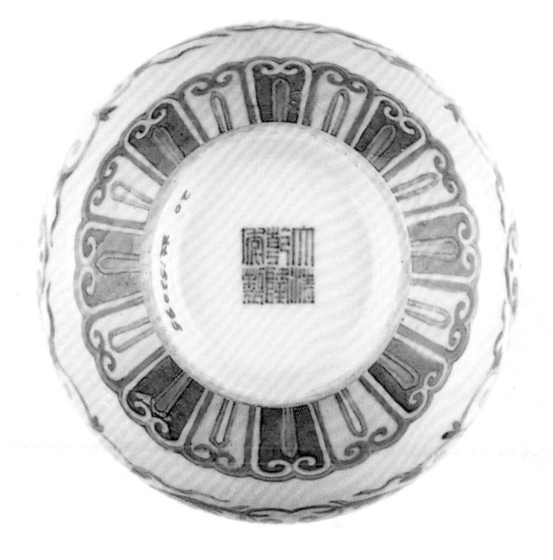

瓶直口，長頸，碩腹，圈足。口沿下飾古銅紋和如意頭雲紋各一周，頸繪變形蕉葉紋，肩飾古銅紋和蓮瓣紋各一周，腹繪勾蓮紋，近足處飾蓮瓣紋一周。外底青花篆書“大清乾隆年製”六字三行款。

乾隆時期的瓷器造型端莊規整，大小器物均甚精緻。此瓶器型小巧卻頗有氣勢，紋飾規整，施彩技法精確，色彩明亮艷麗，使器物越顯典雅別致。

249

鬥彩勾蓮紋瓶

清乾隆
高24.4厘米　口徑8厘米
足徑8.4厘米
清宮舊藏

Vase with design of delineated lotus in contrasting colours

Qianlong period, Qing Dynasty
Height: 24.4cm
Diameter of mouth: 8cm
Diameter of foot: 8.4cm
Qing Court collection

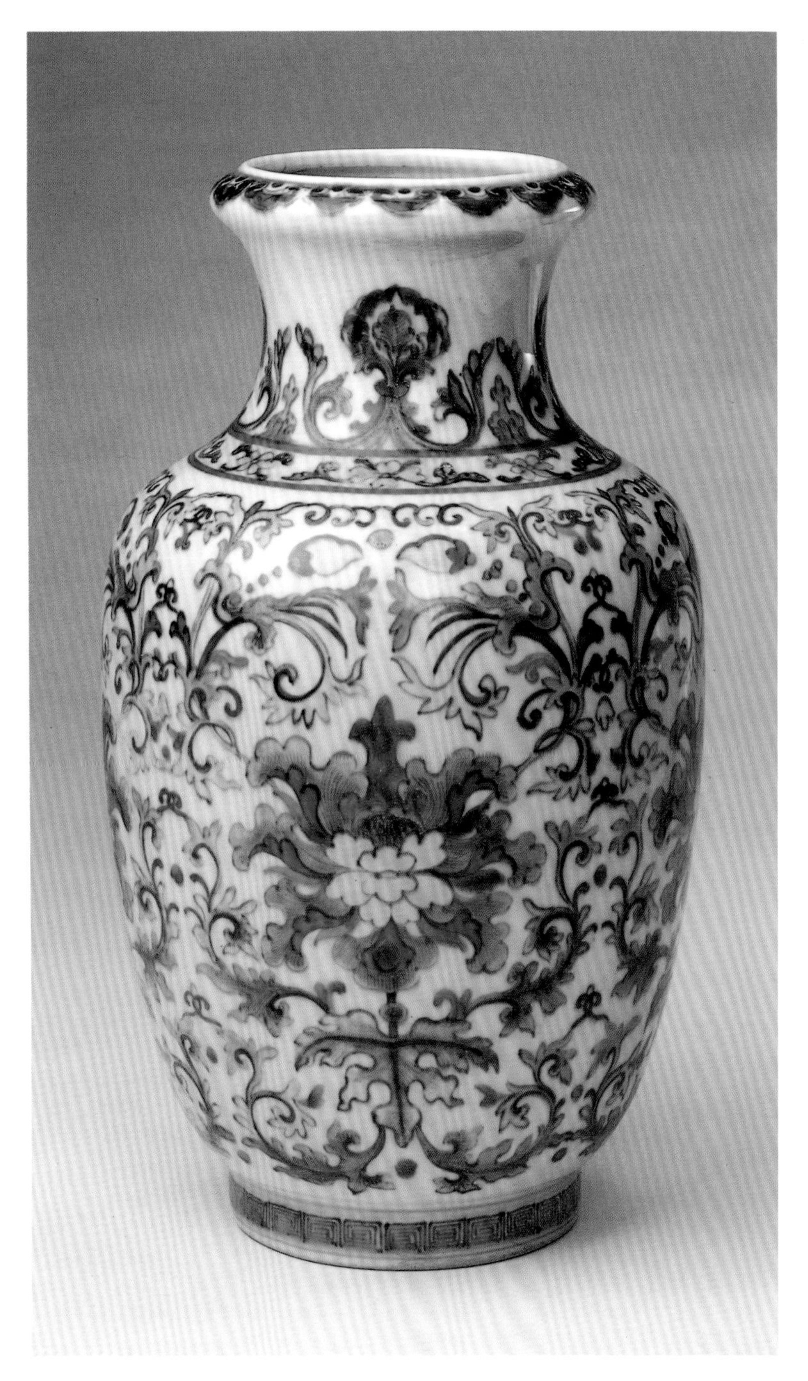

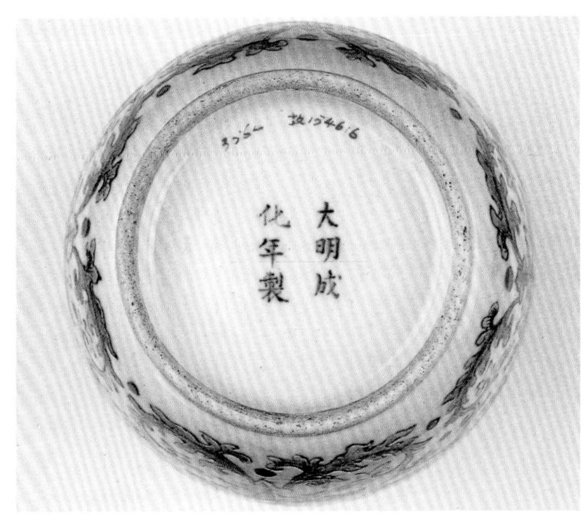

瓶斂口，短頸，溜肩，長圓腹，圈足。瓶頸部繪變形花卉紋，腹繪勾蓮紋，兩組紋飾以一周黃地朵花紋相隔。口沿及足外牆分別以如意頭和回紋裝飾。外底白釉青花楷書“大明成化年製”六字雙行仿款。

此瓶雖書成化年款，但所繪圖案是乾隆瓷器上的典型紋樣，釉上洋黃彩亦為乾隆鬥彩喜用之彩。

250

鬥彩描金嬰戲紋玉壺春瓶

清乾隆

高21.5厘米　口徑6.9厘米　足徑7.4厘米

清宮舊藏

Pear-shaped vase with design of children at play in contrasting colours with gold tracery

Qianlong period, Qing Dynasty

Height: 21.5cm　Diameter of mouth: 6.9cm

Diameter of foot: 7.4cm

Qing Court collection

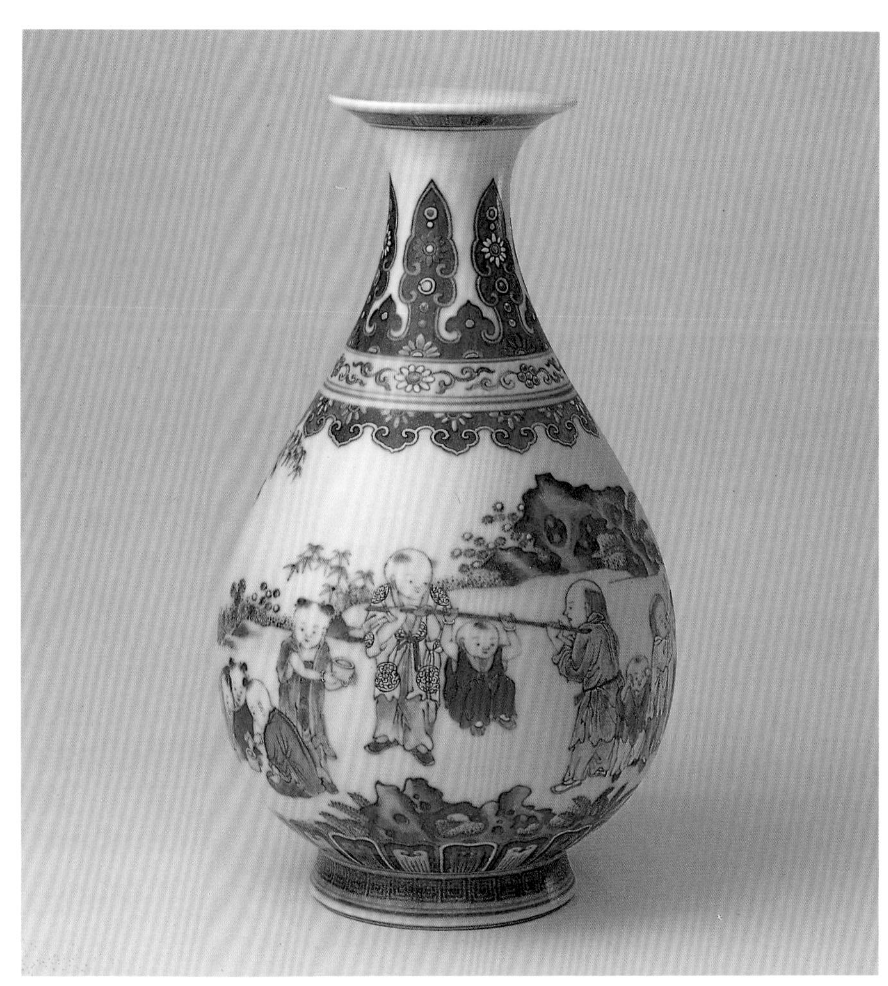

瓶撇口，細頸，斜肩，腹下部飽滿，圈足外撇，俗稱“玉壺春瓶”。通體鬥彩描金裝飾。腹部主題紋飾是庭園嬰戲圖，共繪十六小童，或捉迷藏，或鬥蟋蟀、鬥草、抬槓等，空間襯以竹石、芭蕉、欄杆、野花。小童衣服色彩各異，或紫衣黃褲，或綠衣黃褲，或紅衣藍褲，並有描金。瓶頸部配襯以變形蕉葉紋、黃地折枝花紋和垂如意頭紋。近足處繪變形蓮瓣紋，足外牆飾回紋一周。外底有青花篆書“大清乾隆年製”六字三行款。

將金彩引入鬥彩畫面是乾隆鬥彩瓷器的顯著特徵，它既豐富了釉上彩的種類，又使畫面呈現出富麗堂皇的藝術效果。

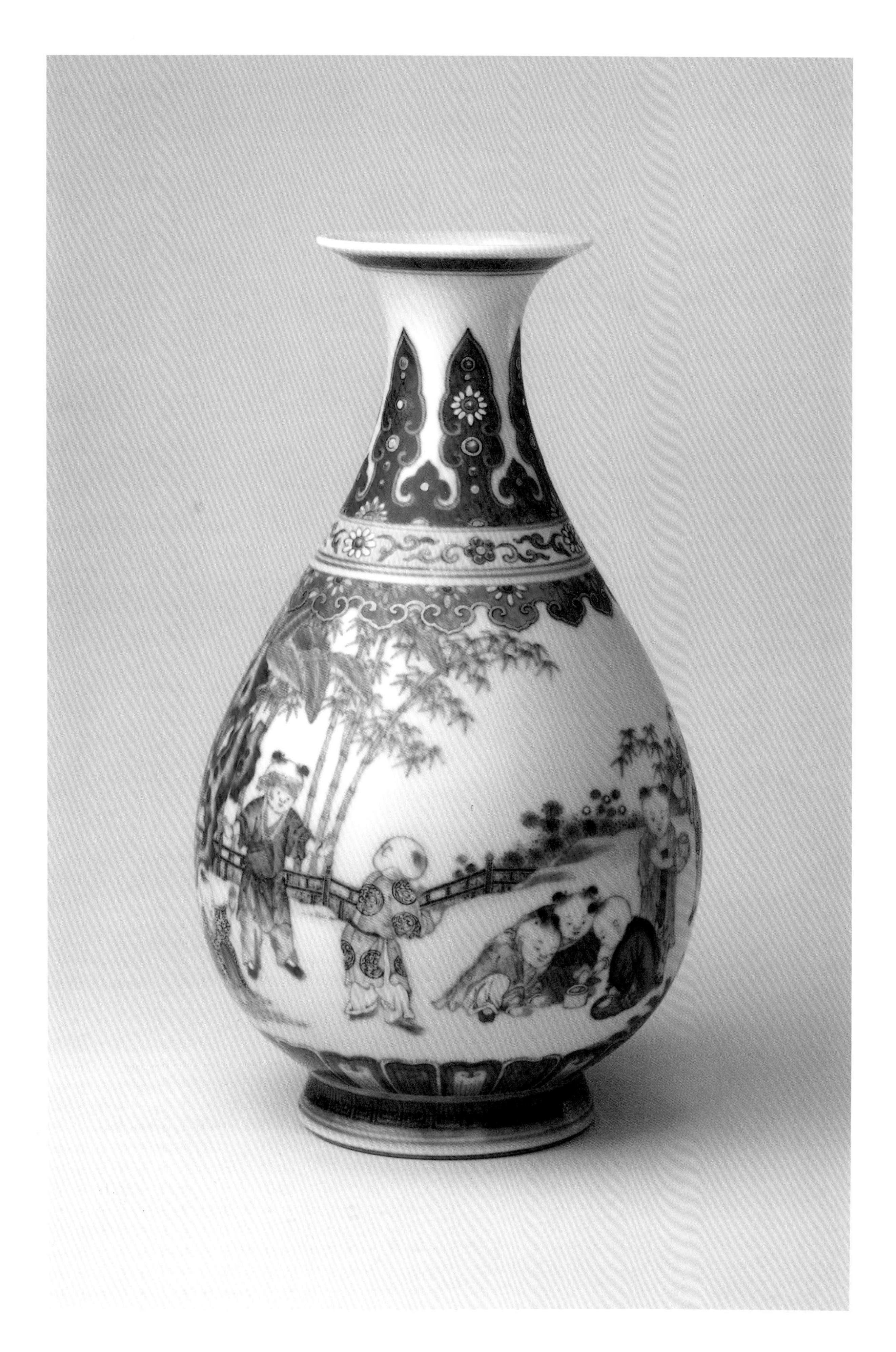

251

鬥彩描金進寶圖雙螭耳瓶
清乾隆
高71.5厘米　口徑23.5厘米　足徑23厘米
清宮舊藏

Vase with double-hydra ears decorated with figures presenting treasures in contrasting colours with gold tracery
Qianlong period, Qing Dynasty
Height: 71.5cm　Diameter of mouth: 23.5cm
Diameter of foot: 23cm
Qing Court collection

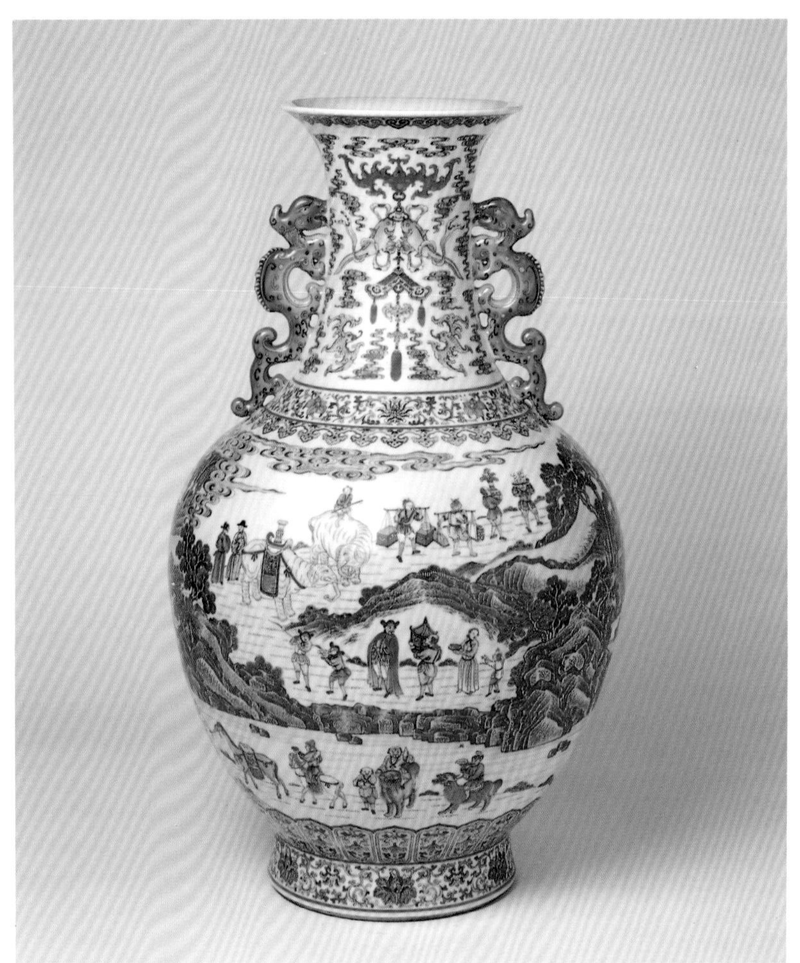

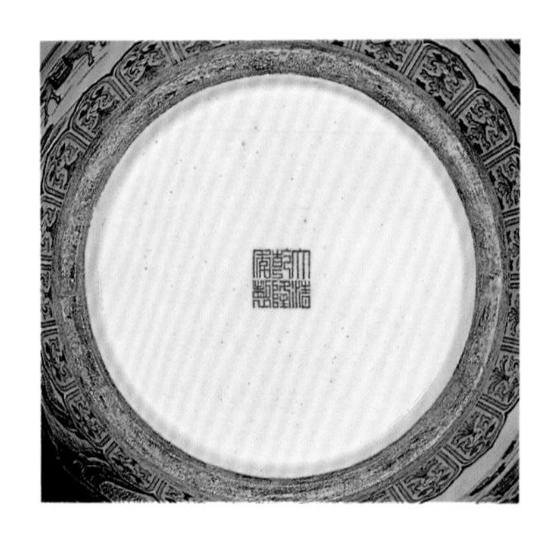

瓶撇口，長頸，鼓腹，腹下漸收，圈足外撇。頸部繪蝙蝠啣雙魚、磬等吉祥物，兩側置雙螭耳。腹部繪進寶圖，人物形象刻畫得逼真傳神。山石部分以青花描繪，細處如人物衣衫等，則以粉彩填飾。外底白釉青花篆書“大清乾隆年製”六字三行款。

此瓶體型碩大，造型極規整，胎體厚重，釉色亮麗，彩色鮮艷，工藝水平甚高。

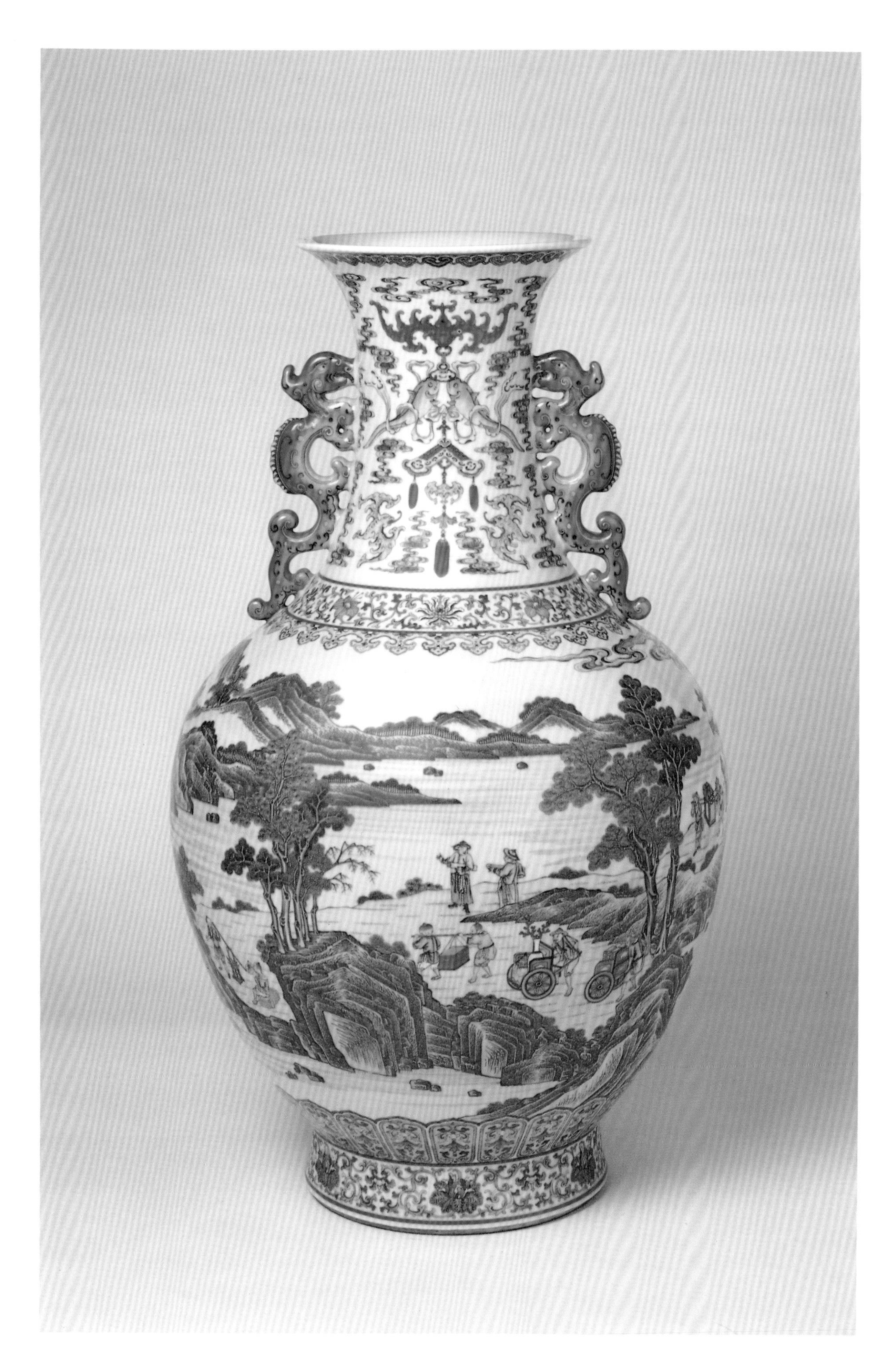

252

鬥彩描金花卉紋雙耳活環瓶

清乾隆

高22.3厘米 口徑4.3厘米 足徑5.5厘米

清宮舊藏

Vase with two ears holding loose ring decorated with floral design in contrasting colours with gold tracery

Qianlong period, Qing Dynasty

Height: 22.3cm

Diameter of mouth: 4.3cm

Diameter of foot: 5.5cm

Qing Court collection

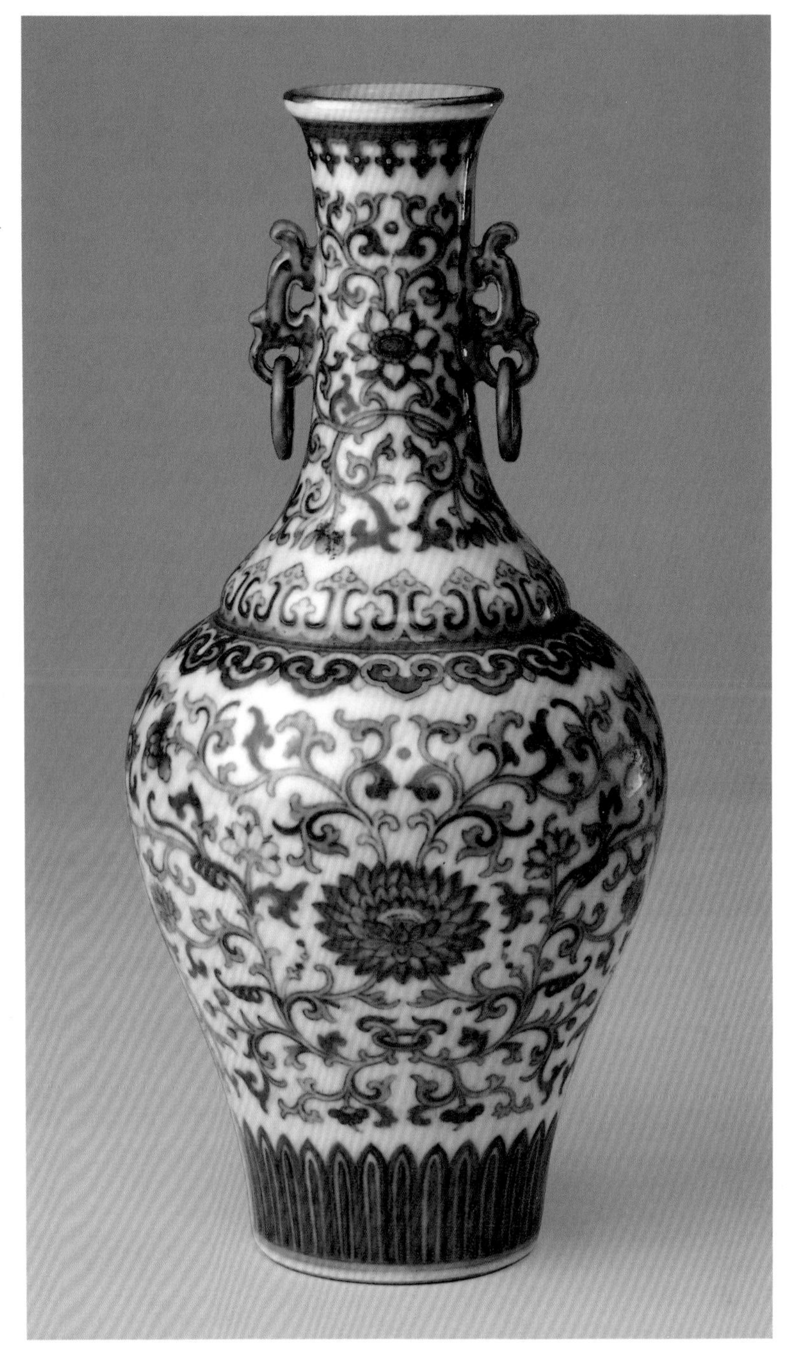

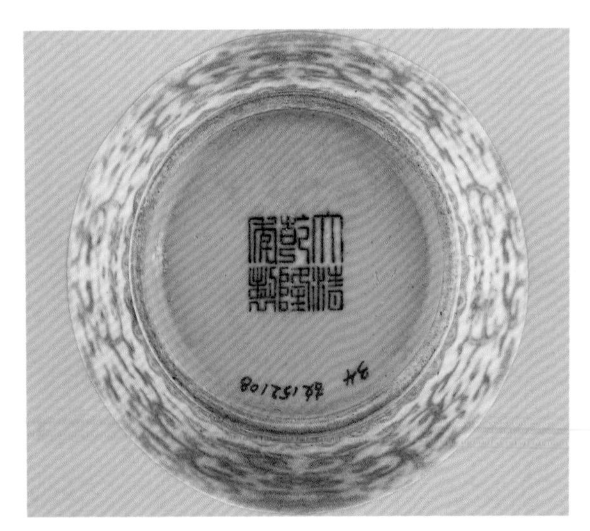

瓶撇口，細長頸，頸部置對稱夔龍耳啣活環，鼓腹，瘦脛，內圈足。裏松石綠釉，外通體鬥彩裝飾。瓶身主要以纏枝花卉紋裝飾，口沿及頸肩交接處飾花葉紋，肩部飾如意頭紋，近足處飾變形蕉葉紋一周。外底松石綠釉地青花篆書“大清乾隆年製”六字三行款。

此瓶造型舒展，紋飾佈局繁密而條理清晰。釉下青花勾勒出紋飾輪廓，釉上填紅、黃、綠、紫、金彩。對稱夔龍耳垂啣活環，頗具裝飾特色。

253

鬥彩描金勾蓮紋雙耳瓶
清乾隆
高14.7厘米　口徑4厘米　足徑6.4厘米
清宮舊藏

Double-handled ears vase with design of delineated lotus in contrasting colours with gold traccry
Qianlong period, Qing Dynasty
Height: 14.7cm　Diameter of mouth: 4cm
Diameter of foot: 6.4cm
Qing Court collection

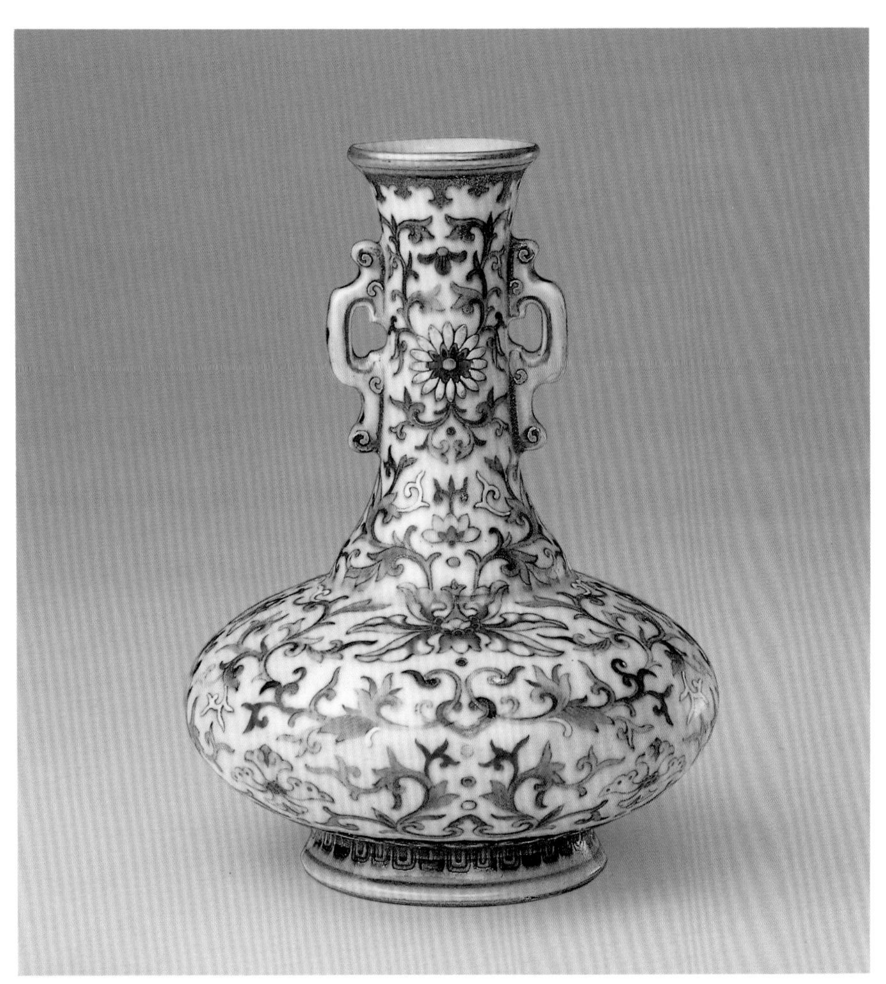

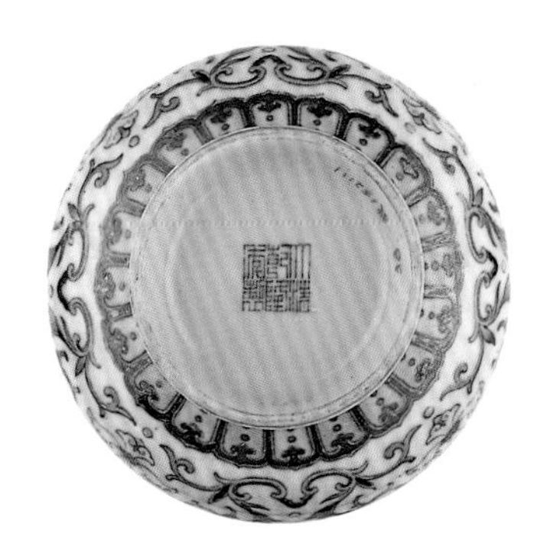

瓶撇口，細長頸，扁圓腹，圈足。頸兩側各置一拐耳，上施青釉。瓶內施松石綠釉，外壁鬥彩描金裝飾。頸部繪纏枝菊花紋，腹繪纏枝勾蓮紋，金彩口沿下以花葉紋作邊飾，足外牆繪變形蓮瓣紋。以金彩塗飾口沿，於同類瓶中頗為常見。

此瓶所施釉上彩除常見的紅、黃、綠彩外，還使用了金彩和白彩，尤其是白彩，在鬥彩瓷器上極少使用。而局部紋飾如朵菊，則使用粉彩技法繪出。外底施松石綠釉，款處留白，青花篆書“大清乾隆年製”六字三行款。

此瓶造型俊俏，裝飾紋樣纖巧華麗，紋飾佈局疏密得當，釉下青花與釉上彩相互映襯，頸部雙耳使器物比例協調。

254

鬥彩描金海水雲龍紋扁瓶
清乾隆
高49.5厘米　口徑8厘米
足徑18/12.5厘米
清宮舊藏

Flat vase with design of dragon, clouds and waves in contrasting colours with gold tracery
Qianlong period, Qing Dynasty
Height: 49.5cm
Diameter of mouth: 8cm
Diameter of foot: 18/12.5cm
Qing Court collection

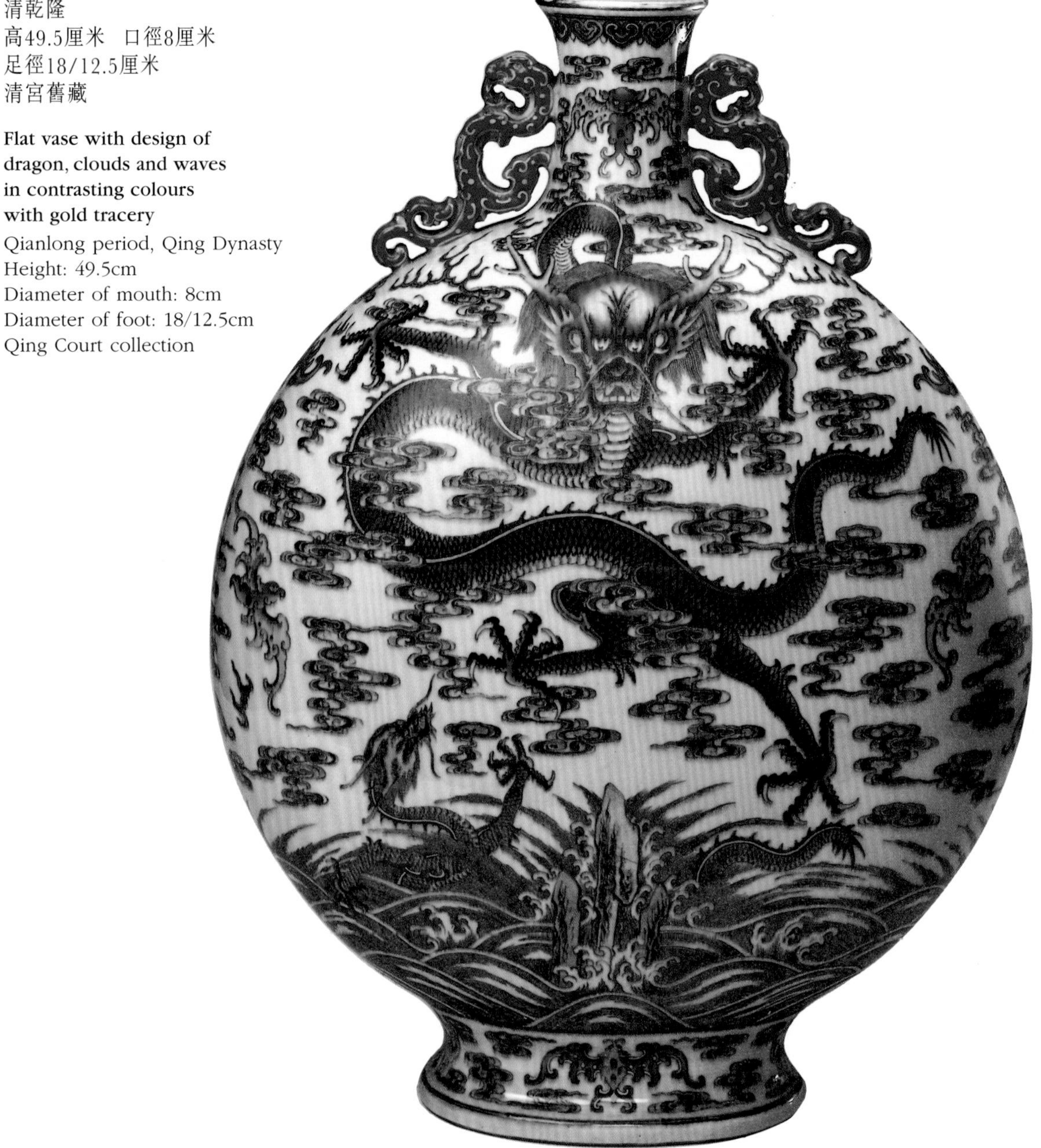

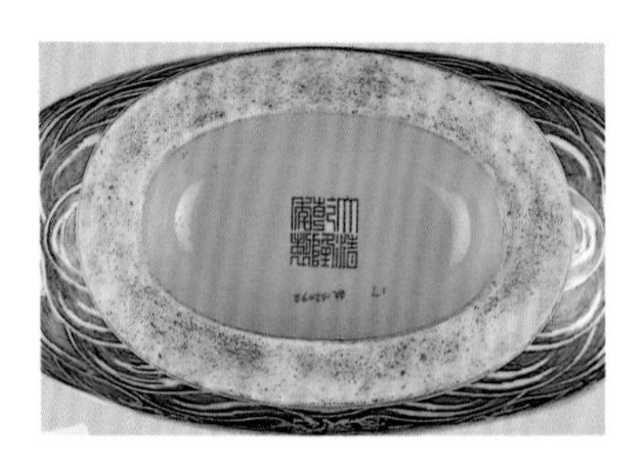

瓶撇口，短頸，頸飾對稱夔龍耳，扁腹，圈足。裏施淡松石綠釉，外通體鬥彩描金裝飾。主題紋飾為腹部海水雲龍紋，口沿飾如意頭紋一周，頸與足外牆均飾雲蝠紋。外底松石綠釉地青花篆書“大清乾隆年製”六字三行款。

此瓶紋飾精美，畫面為游龍出沒於驚濤駭浪之中。瓶耳及畫中龍脊描金，龍身以青花勾勒輪廓，填以黃彩，行雲與海水均以青花和綠彩描繪，浪濤則不施彩，顯出白浪滔天的氣勢。此器製作精細，氣勢雄偉，是乾隆時期的一件代表作。

255

鬥彩描金勾蓮紋螭耳瓶

清乾隆
高18.5厘米 口徑3.3厘米 足徑4.3厘米
清宮舊藏

Vase with hydra-shaped ears decorated with design of delineated lotus in contrasting colours with gold tracery

Qianlong period, Qing Dynasty
Height: 18.5cm
Diameter of mouth: 3.3cm
Diameter of foot: 4.3cm
Qing Court collection

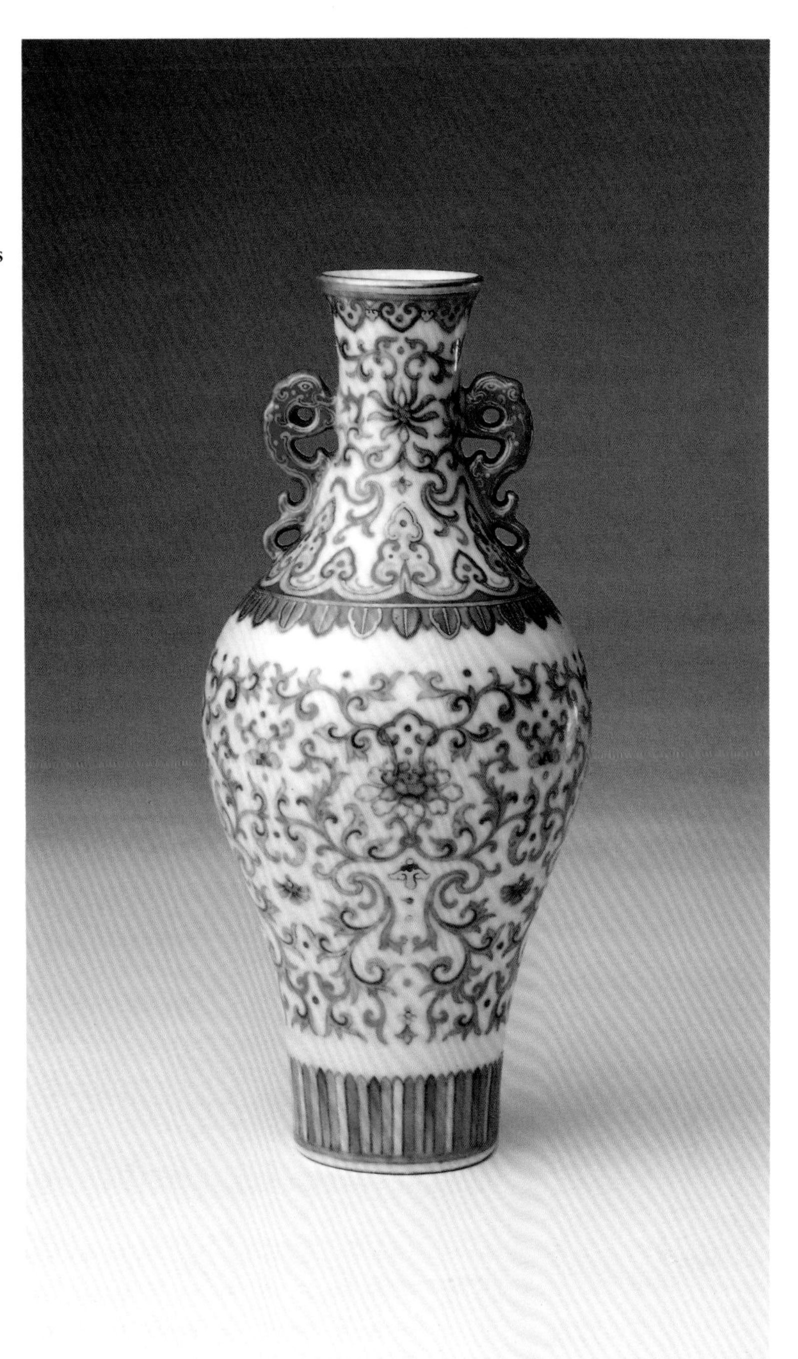

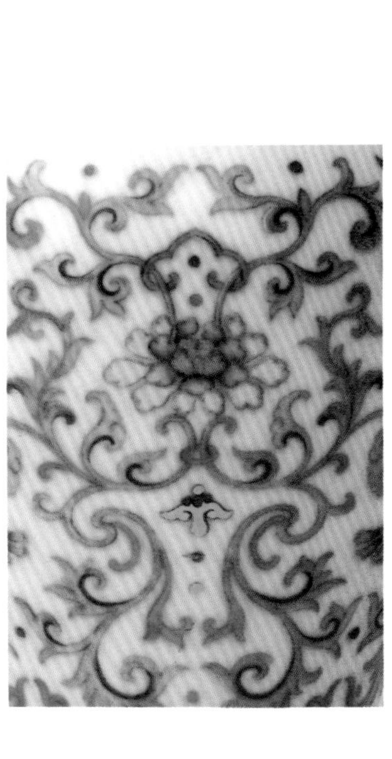

瓶撇口，束頸，頸部兩側各置一螭耳，溜肩，肩以下漸收，圈足。瓶身主要繪勾蓮紋，肩部變形仰覆蕉葉紋把主體紋飾一分為二。口沿和近底處分別以如意頭紋、蓮瓣紋作邊飾。兩螭耳上珊瑚紅釉描金裝飾。外底白釉青花篆書“大清乾隆年製”六字三行款。

此瓶造型俊秀新穎，紋飾纖巧華麗，釉上彩中使用了醒目的洋黃和金彩，顯示出乾隆鬥彩的特色。

256

鬥彩描金蓮蝠紋龍耳蓋瓶

清乾隆

通高31.5厘米　口徑9厘米　足徑9厘米

清宮舊藏

Covered vase with dragon-shaped ears decorated with design of bats and lotus in contrasting colours with gold tracery

Qianlong period, Qing Dynasty

Overall height: 31.5cm　Diameter of mouth: 9cm

Diameter of foot: 9cm

Qing Court collection

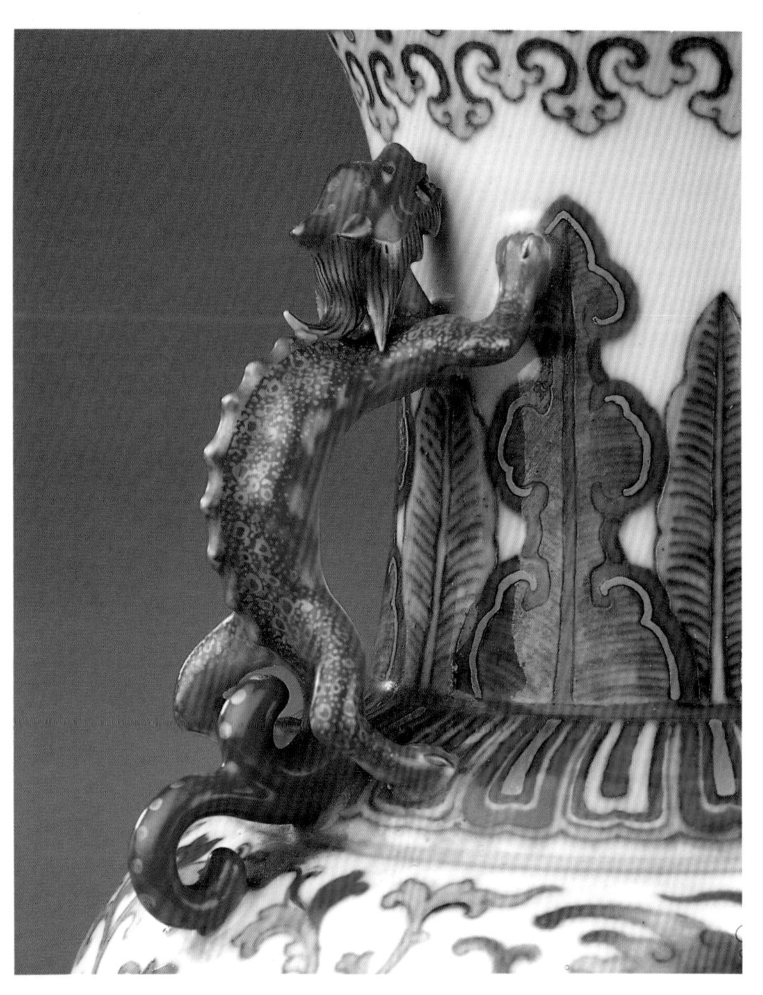

瓶口微撇，短頸，頸肩處置對稱龍耳，圓腹，圈足微外撇。瓶、蓋均內施松石綠釉，外通體鬥彩描金裝飾。頸部與近足處分別繪描金仰、覆蕉葉紋，腹部繪蝙蝠、靈芝、蓮花纏枝紋，頸下飾以蓮瓣紋。龍耳珊瑚紅釉描金裝飾，附圓形蓋，頂有寶珠鈕。蓋面鬥彩繪蝙蝠、纏枝花卉和花葉形紋，蓋鈕藍地描金。外底松石綠釉地青花篆書"大清乾隆年製"六字三行款。

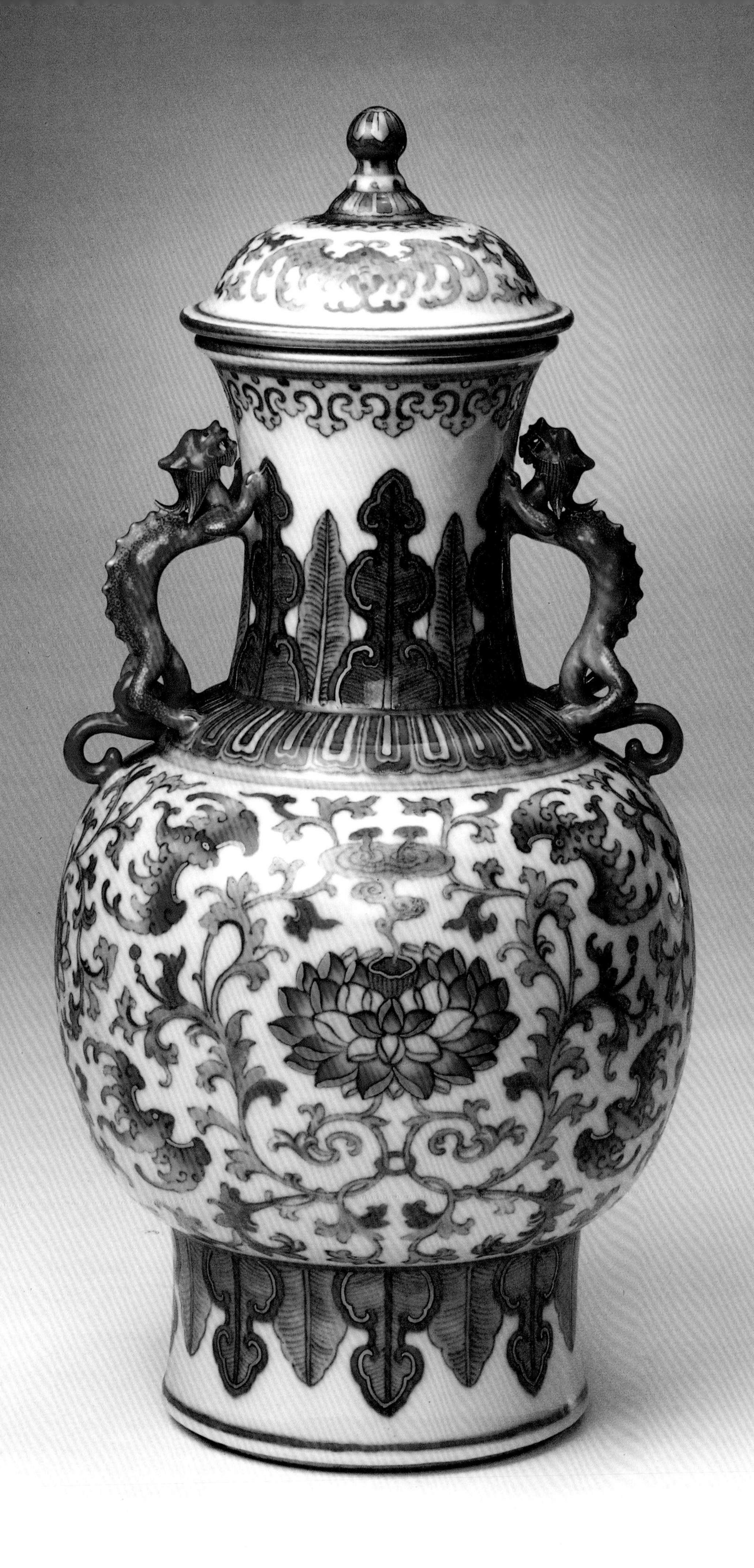

257

鬥彩描金勾蓮紋雙貫耳瓶
清乾隆
高26厘米　口徑8.5厘米　足徑10.5厘米
清宮舊藏

Vase with double pierced handles decorated with design of delineated lotus in contrasting colours with gold tracery
Qianlong period, Qing Dynasty
Height: 26 cm
Diameter of mouth: 8.5cm
Diameter of foot: 10.5cm
Qing Court collection

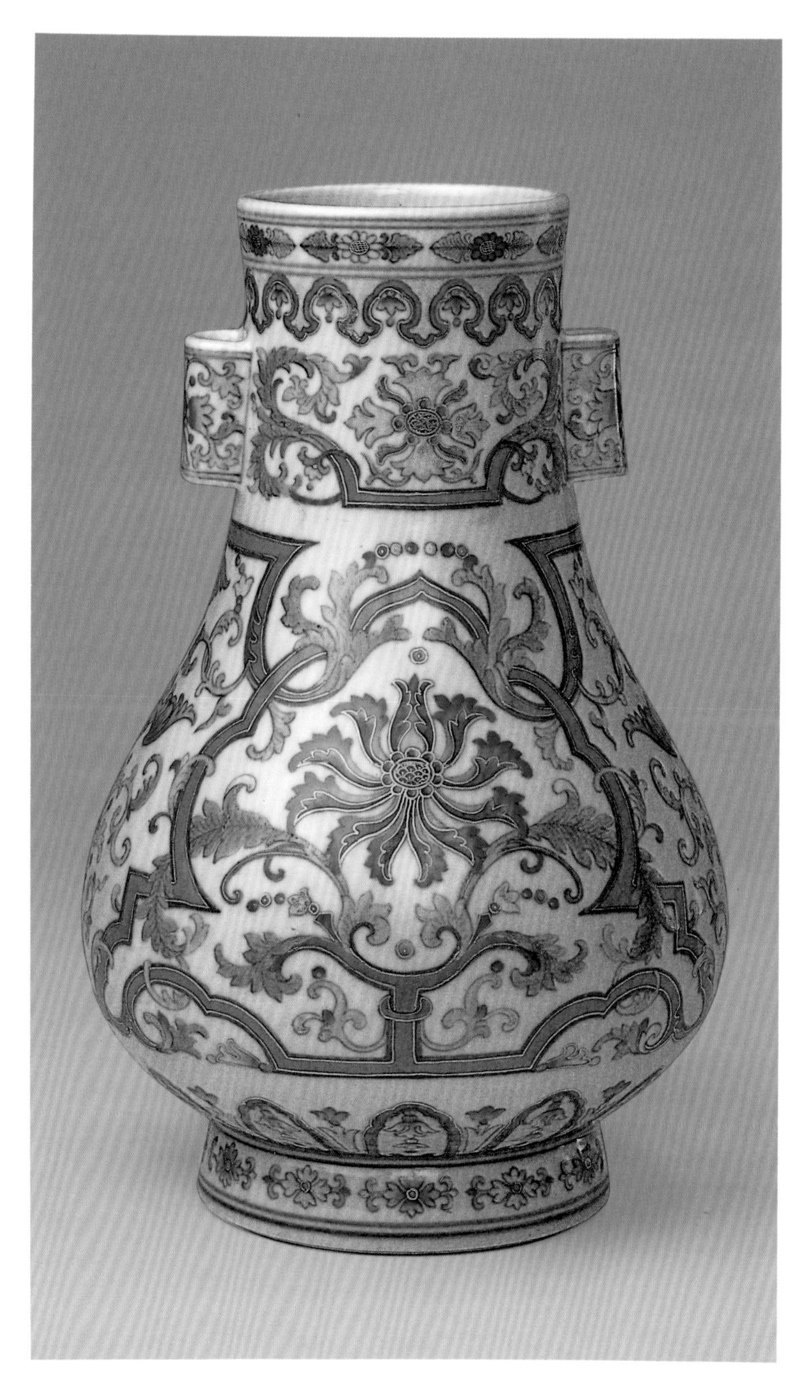

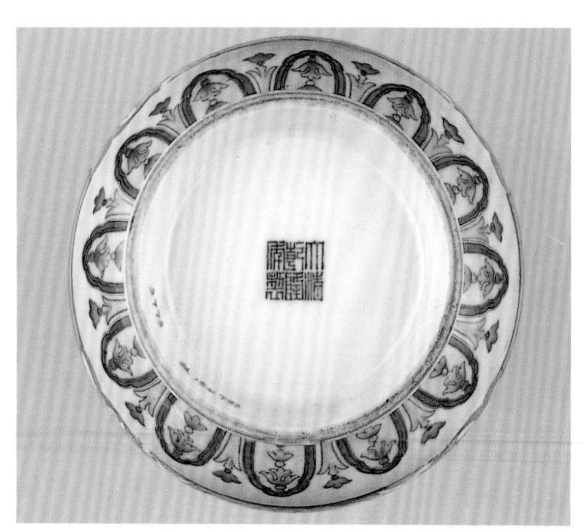

尊直口，短頸，頸置對稱貫耳，垂腹，圈足。口沿下飾花卉紋和變形如意頭紋，頸部飾勾蓮紋，腹部於環套古銅紋輪廓內飾勾蓮、蝙蝠紋，近足處飾蓮瓣紋，足外牆飾花葉紋，貫耳飾蓮花紋。外底白釉青花篆書“大清乾隆年製”六字三行款。

乾隆時期鬥彩瓷器製作工藝精良，設色與施彩技法均有獨到之處。此瓶造型莊重大方，紋飾佈局得當，色彩淡雅，除使用紅、綠、黃等釉上彩外，還使用了金彩，使整個畫面更加富麗。

258

鬥彩描金纓絡八吉祥紋雙耳罐

清乾隆

高12.2厘米　口徑4.6厘米　足徑5.5厘米

清宮舊藏

Vase with two ears decorated with design of jade necklace and the eight Buddhist emblems of good augury in contrasting colours with gold tracery

Qianlong period, Qing Dynasty

Height: 12.2cm　Diameter of mouth: 4.6cm

Diameter of foot: 5.5cm

Qing Court collection

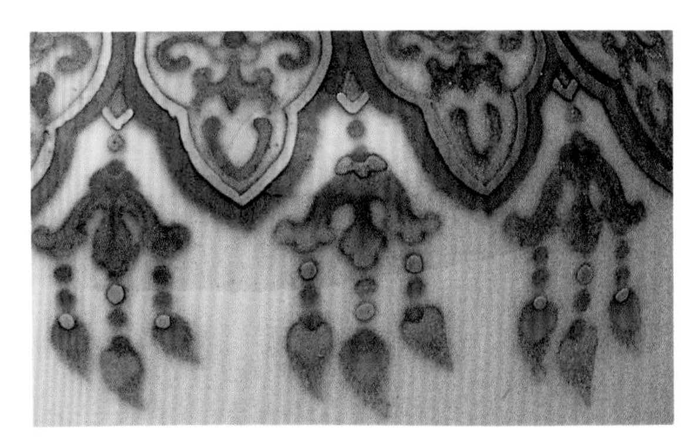

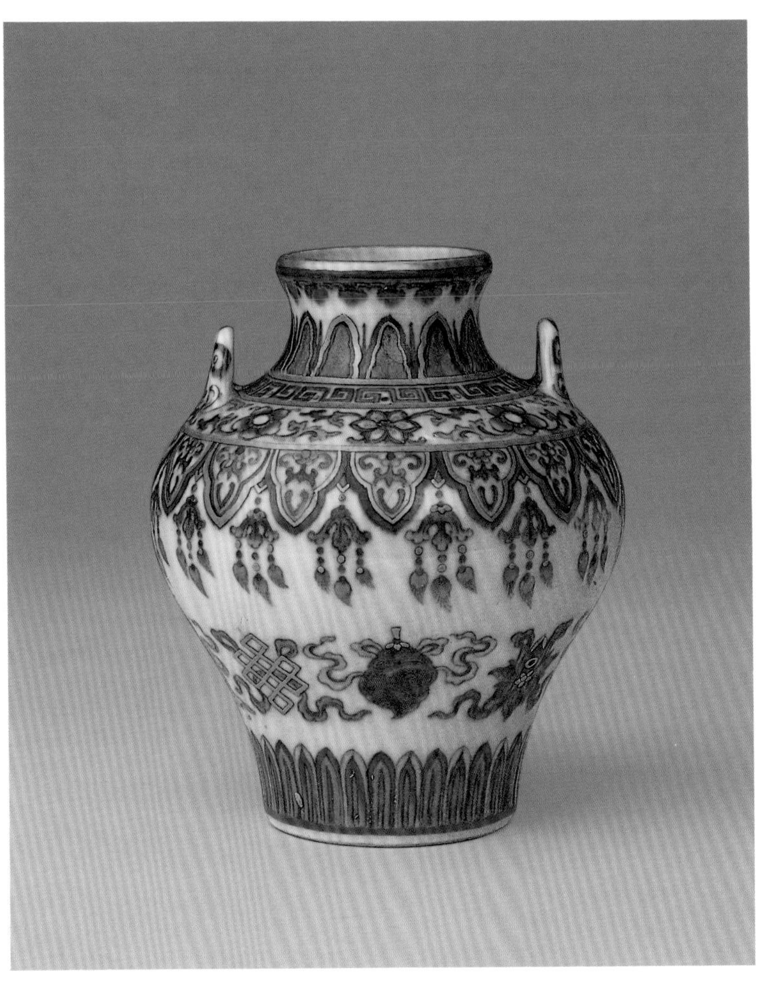

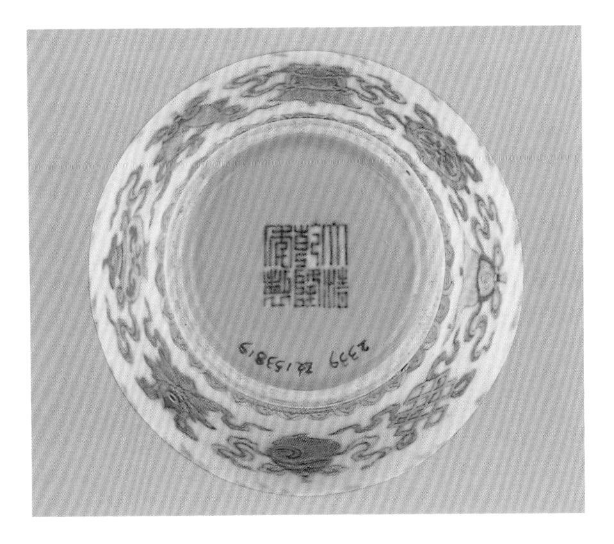

罐撇口，短頸，溜肩，肩兩側各置一環形耳，肩以下漸收，圈足。罐內施松石綠釉，外部通體鬥彩描金紋飾。此罐紋飾層次分明，沿下繪花葉形紋，頸部繪蕉葉紋，肩繪回紋和花卉紋，腹上部繪變形焦葉紋、花卉紋和纓絡紋，下部繪八吉祥紋，近底處繪蕉葉紋，兩耳上繪變形花瓣紋。外底施松石綠釉，中間一正方形留白，內青花篆書“大清乾隆年製”六字三行款。

此罐造型規整秀美，裝飾紋樣華麗，釉下青花與釉上填紅、黃、綠彩互相拼鬥，相映成趣，腹下八寶紋飾寓意富貴吉祥。釉上彩除常見的紫、綠、紅外，還加施金彩、洋黃，顯得華貴富麗。

259

藍地鬥彩荷蓮紋繡墩

清乾隆

高52.9厘米　面徑31厘米

清宮舊藏

Garden-stool with lotus design in contrasting colours

Qianlong period, Qing Dynasty

Height: 52.9cm

Diameter of top: 31cm

Qing Court collecion

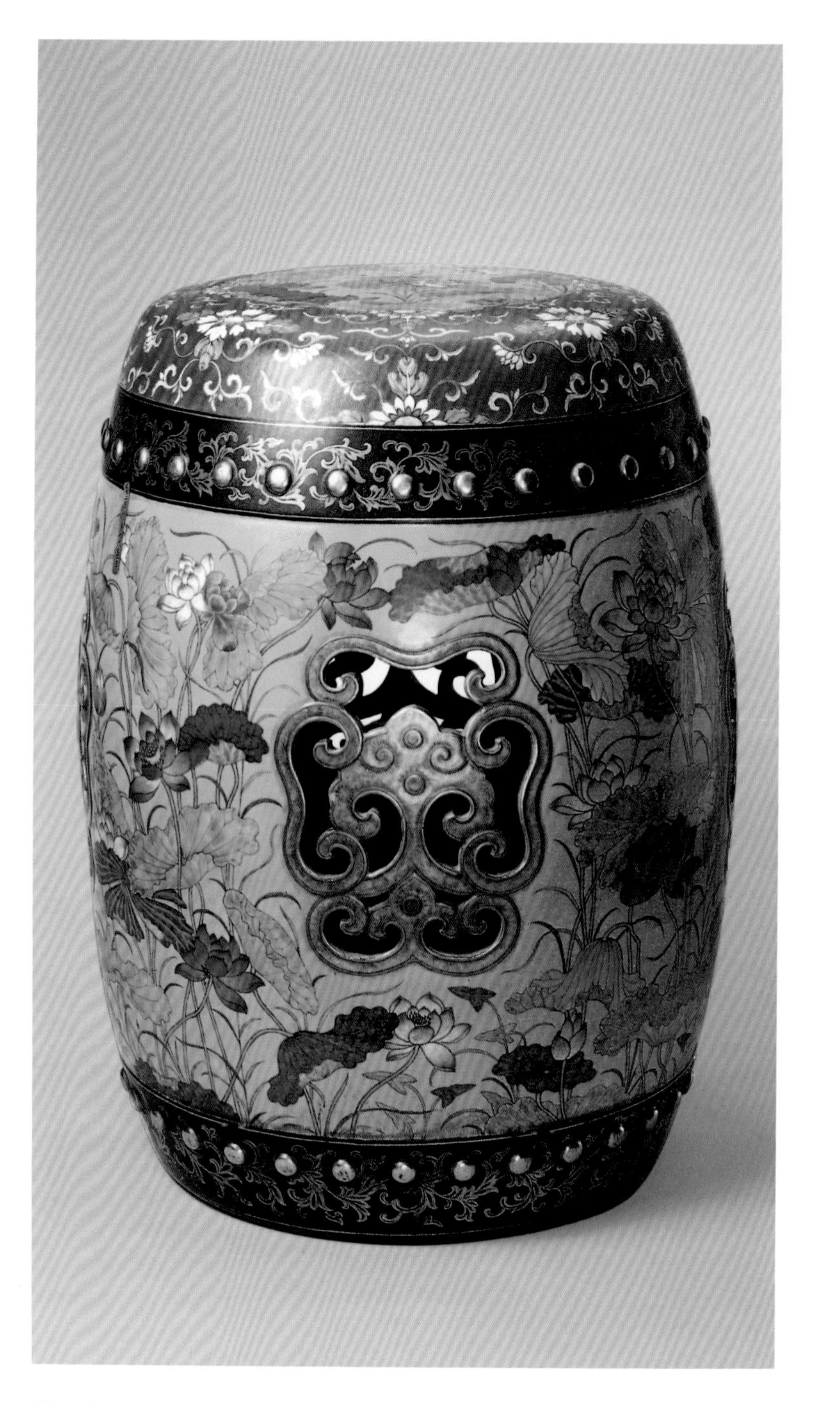

墩呈鼓形，上下面徑相若，器身呈長圓形，有四雲頭形鏤空裝飾。墩面為紫地軋道粉彩工藝，其中心則為天藍地鬥彩裝飾技法。器身大面積荷蓮紋為藍地鬥彩加繪粉彩，釉上填礬紅、綠、藍、白、紫、青花等彩料，上下各有一周紫地鼓釘裝飾紋樣，層次分明。

繡墩又稱坐墩，盛行於明清兩代。此繡墩為乾隆時代表作品，製作精美，應用了多種彩飾工藝，使繡墩端莊古樸的造型透出幾分俏麗的情調。色地上以鬥彩進行裝飾本已艷麗，此器又增加了粉彩軋道工藝，越顯奢華。

260

鬥彩鳳穿牡丹紋梅瓶
清嘉慶
通高39厘米　口徑5.4厘米　足徑13.5厘米
清宮舊藏

Prunus vase with design of dragon and phoenix amidst flowers in contrasting colours
Jiaqing period, Qing Dynasty
Overall height: 39cm　Diameter of mouth: 5.4cm
Diameter of foot: 13.5cm
Qing Court collection

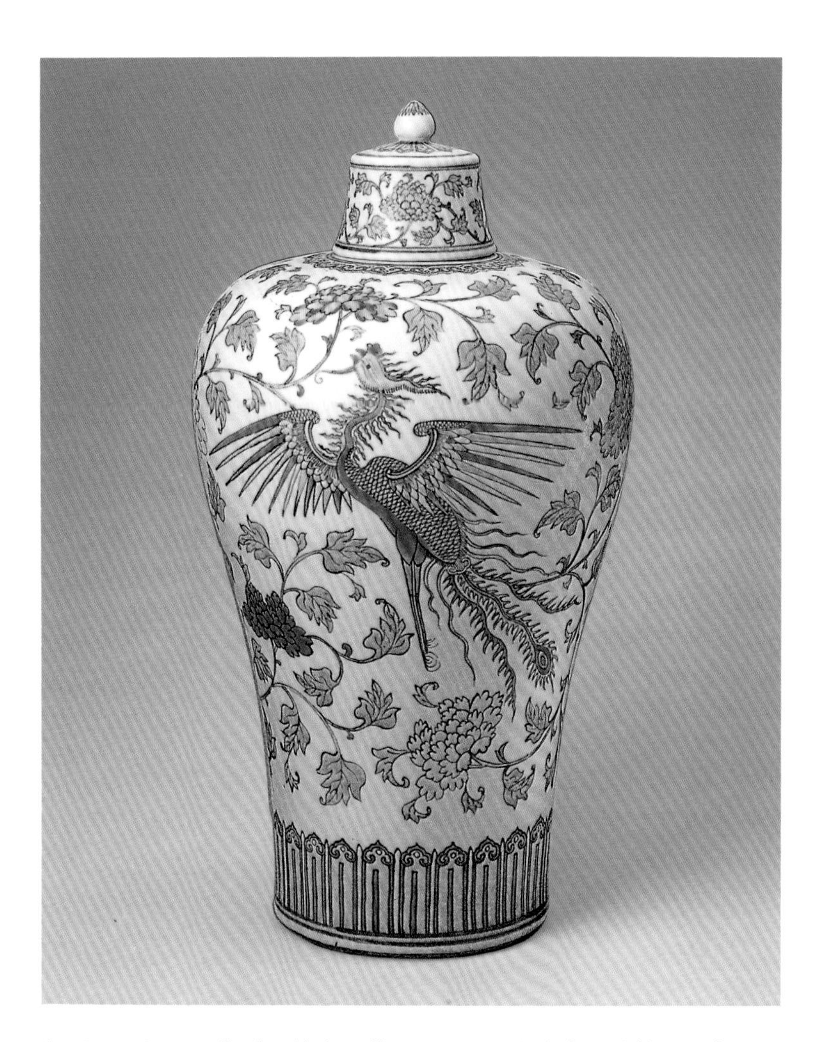

瓶唇口，短頸，豐肩，鼓腹，斂脛，圈足。瓶身主題繪龍、鳳穿牡丹花紋，其他配襯紋飾包括頸部有花葉紋，肩處飾如意頭紋和近足處飾變形蓮瓣紋。附鐘形蓋，頂有寶珠鈕，鈕上飾朵菊，蓋頂繪變形蓮瓣紋，周邊飾纏枝牡丹紋。無款識。

此瓶造型、紋飾完全模仿乾隆器，只是形體略小。

261

鬥彩花鳥紋雙耳瓶

清嘉慶

高36.2厘米　口徑9.7厘米　足徑10.2厘米

Vase with two ears decorated with design of flowers and birds in contrasting colours

Jiaqing period, Qing Dynasty

Height: 36.2cm　Diameter of mouth: 9.7cm

Diameter of foot: 10.2cm

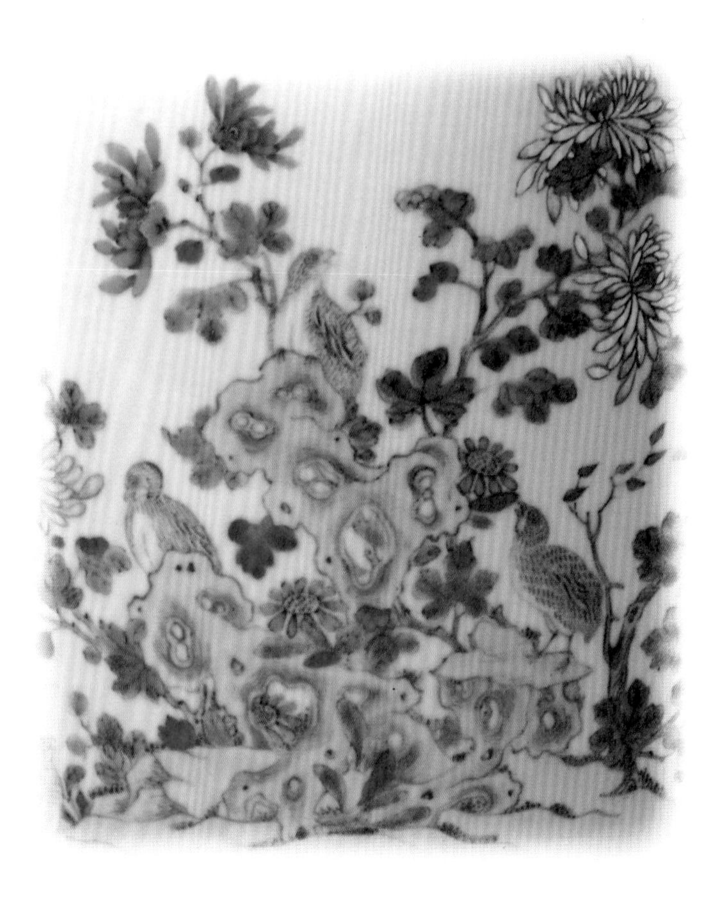

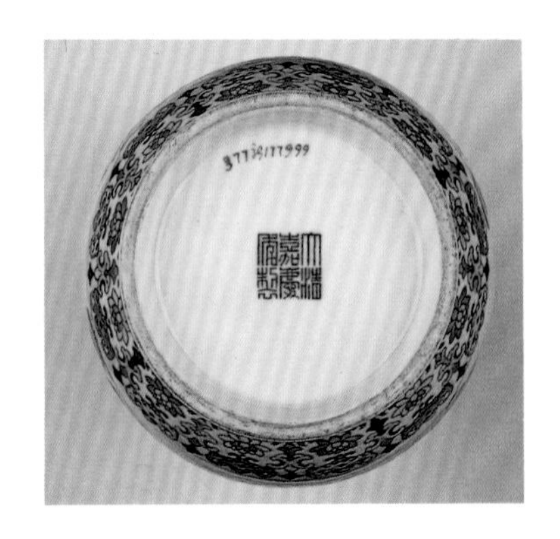

瓶盤口，長頸，折肩，直腹，斂脛，圈足。頸兩側各飾一戟耳啣磬飄帶。口沿下繪如意頭紋，此瓶紋飾主要分為兩部分，一為頸、肩及近底處的圖案式花卉紋，另一部分為腹部所繪洞石、菊花、鵪鶉的寫生。頸部繪以纏枝菊，肩有蝙蝠、花卉紋裝飾帶，近底處有蝙蝠、荷花邊飾，下繪蕉葉紋。底白釉青花篆書“大清嘉慶年製”六字三行款。

嘉慶朝，景德鎮御窰廠已無專司其事的督陶官。瓷器製作由地方官兼管，基本上處於因循守舊狀態，但亦偶有佳作，即如此尊，造型美觀，紋飾細膩，釉色鮮艷，是當時的優秀作品。花鳥紋飾仍為這一時期官窰瓷的主要裝飾題材。

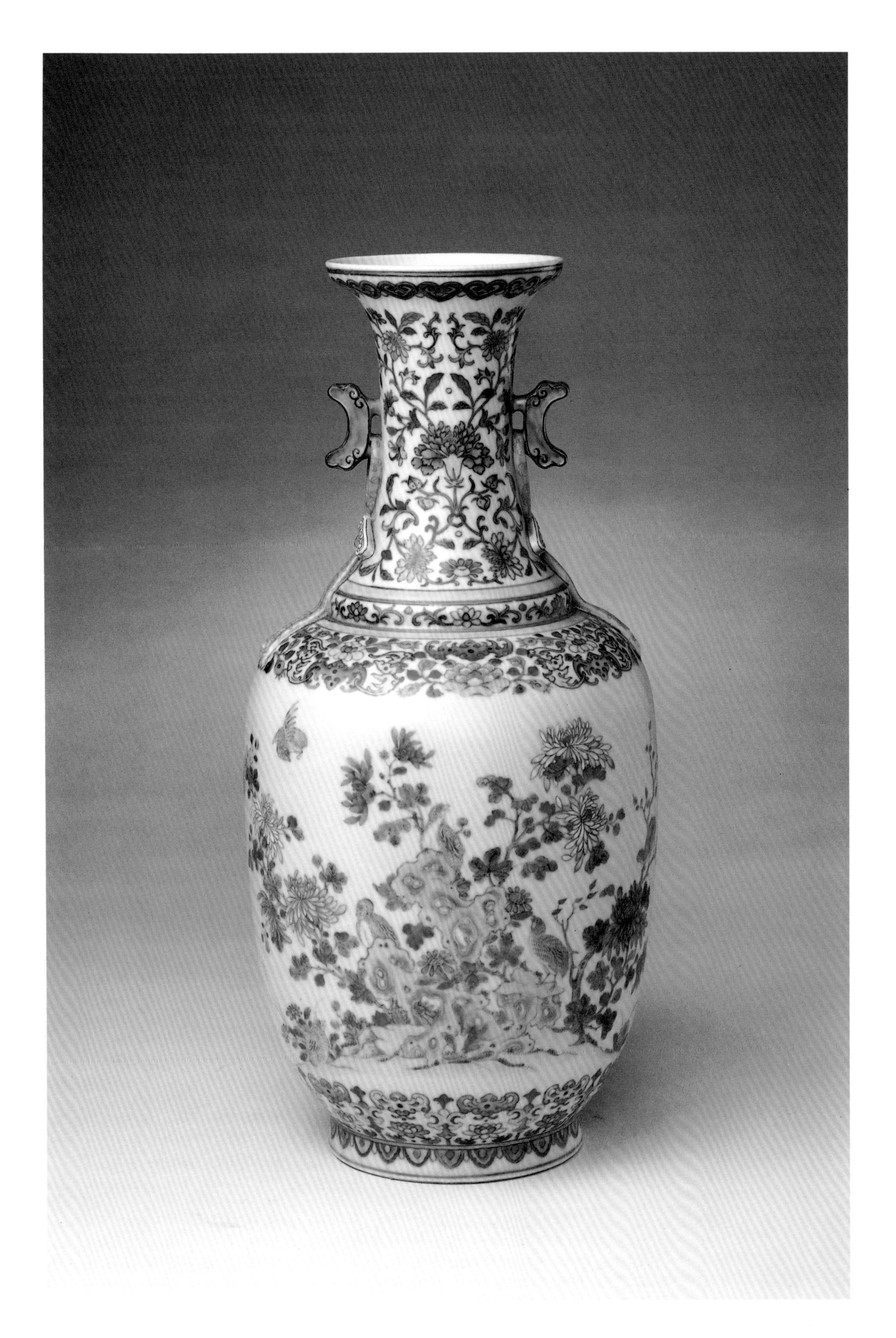

262

鬥彩纏枝瓜蝶紋瓶
清嘉慶
高36厘米　口徑8厘米　足徑10.5厘米
清宮舊藏

Vase with design of interlocking melons and butterflies in contrasting colours
Jiaqing period, Qing Dynasty
Height: 36cm　Diameter of mouth: 8cm
Diameter of foot: 10.5cm
Qing Court collection

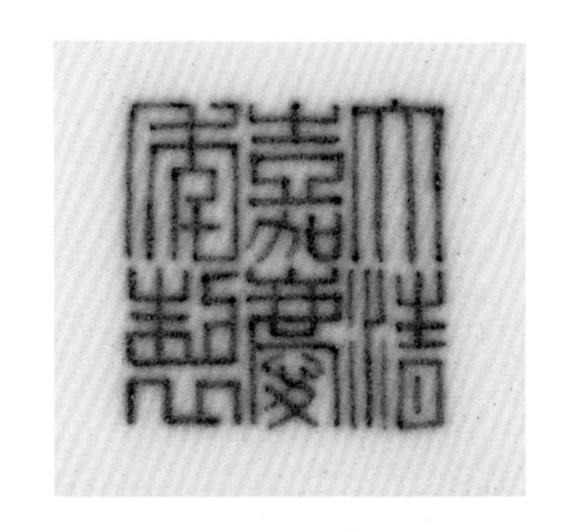

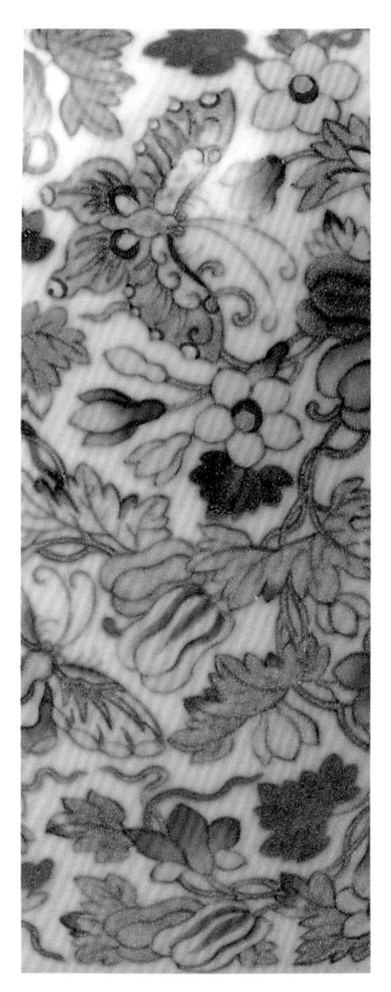

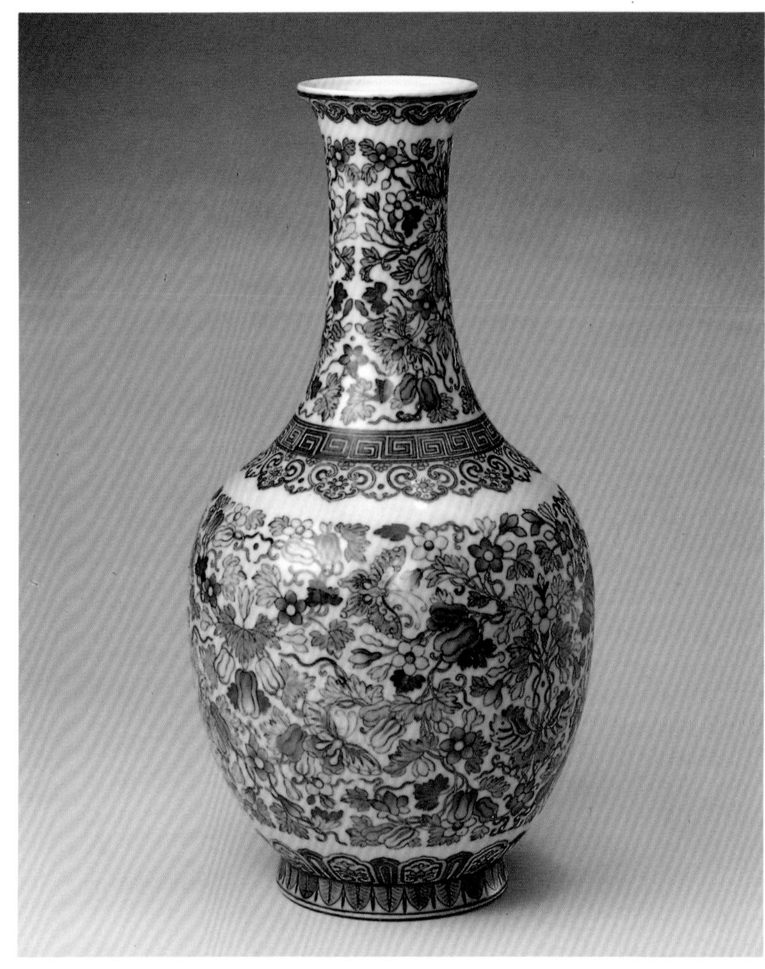

瓶口微撇，長頸，溜肩，圓腹，圈足。瓶頸及腹部均飾以纏枝瓜蝶紋，中間以回紋和如意花卉紋相隔，近足處飾蓮瓣紋。口沿下與足外牆分別以如意頭紋和蕉葉紋作邊飾。外底青花篆書“大清嘉慶年製”六字三行款。

花卉題材是嘉慶瓷器裝飾的主要內容。此瓶造型舒展，纏枝瓜蝶紋滿佈器身，紋飾繪製精細，但略覺繁縟。

263

鬥彩蓮蝠紋蓋罐

清嘉慶

通高33.7厘米　口徑11.5厘米　足徑11.5厘米

清宮舊藏

Covered jar with design of bats and lotus in contrasting colours

Jiaqing period, Qing Dynasty

Overall height: 33.7cm　Diameter of mouth: 11.5cm

Diameter of foot: 11.5cm

Qing Court collection

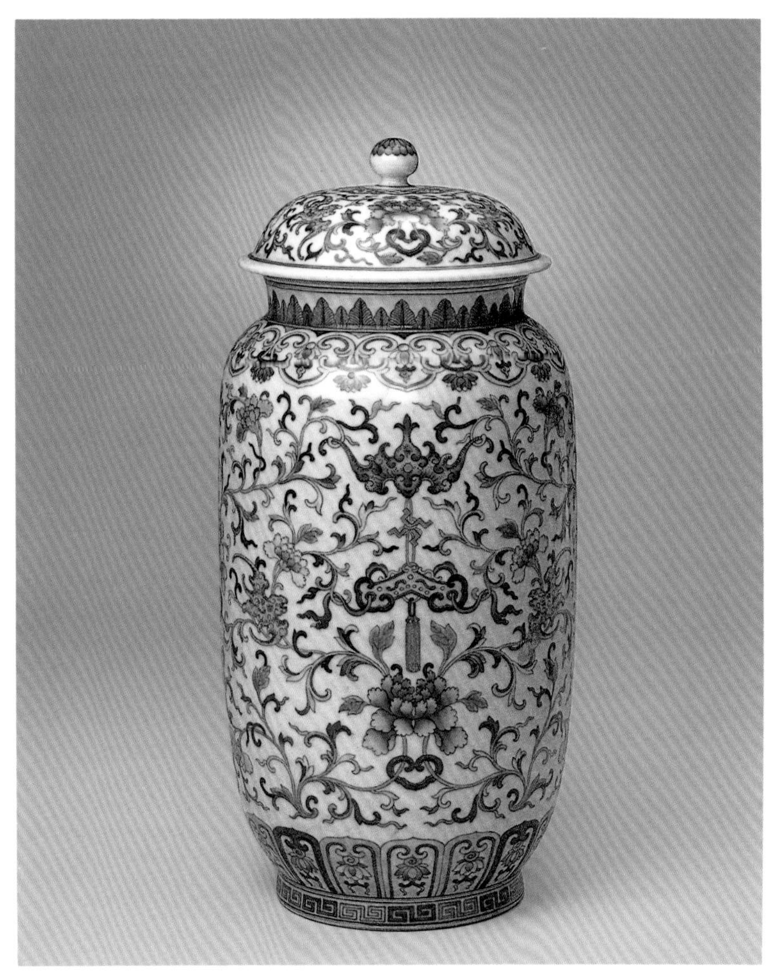

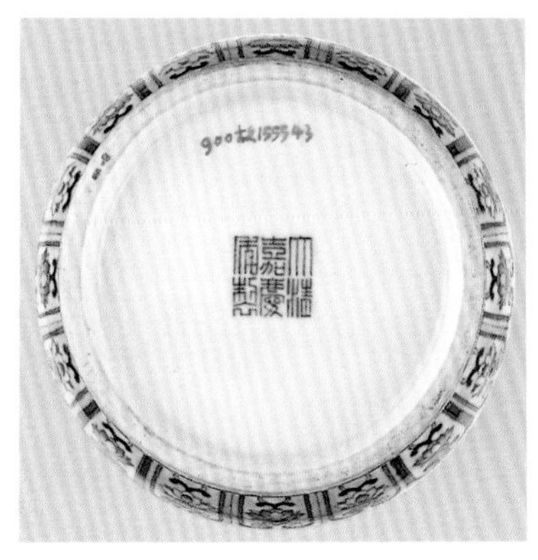

罐直口，短頸，筒腹，圈足。腹部主題紋飾繪纏枝牡丹啣如意盤腸、瓔絡紋、蝙蝠啣萬字、磬等。配襯紋飾有頸部蕉葉紋，肩上如意頭花葉紋和近足處蓮瓣紋。頂有寶珠鈕蓋，蓋壁紋飾與罐腹部配套。底白釉青花篆書“大清嘉慶年製”六字三行款。

嘉慶瓷器的造型，較前朝無大的變化，乾隆朝的傳統類型及前時創燒的新品種基本延續下來，此罐造型莊重，胎質及釉色均為上乘，紋飾精細，堪稱佳作。

264

鬥彩團龍紋蓋罐
清道光
通高21厘米　口徑7厘米　足徑18.5厘米
清宮舊藏

Covered jar with design of dragon medallions in contrasting colours
Daoguang period, Qing Dynasty
Overall height: 21cm　Diameter of mouth: 7cm
Diameter of foot: 18.5cm
Qing Court collection

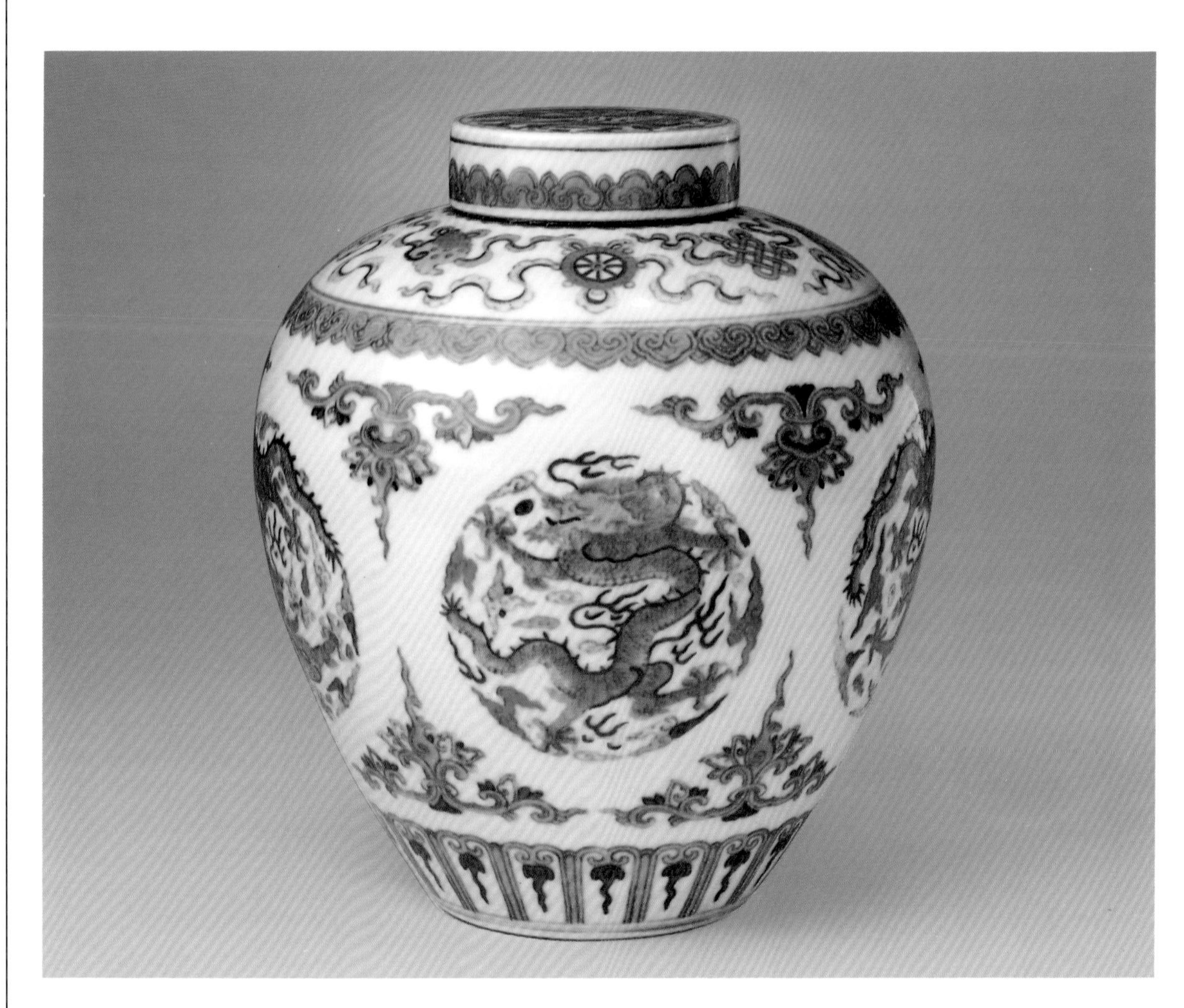

罐直口，短頸，溜肩，鼓腹，瘦脛，圈足。腹部主題為四團龍，間以上下對稱的花葉紋。肩上飾如意頭紋和八吉祥紋各一周，近底處繪仰蓮瓣紋。附平頂式圓蓋，蓋面飾雲龍紋，周壁飾如意頭紋。無款識。

此罐在用彩方面突出青花和綠彩，畫面清新明麗。在龍的脊背、尾、鬚以及朵雲、花卉等紋飾上恰到好處地使用少量紅彩，使畫面更加鮮麗。

265

鬥彩人物紋詩句筆筒
清道光
高11.5厘米　口徑6.4厘米　足徑6.3厘米

Brush-holder decorated with figure design and verses in contrasting colours
Daoguang period, Qing Dynasty
Height: 11.5cm　Diameter of mouth: 6.4cm
Diameter of foot: 6.3cm

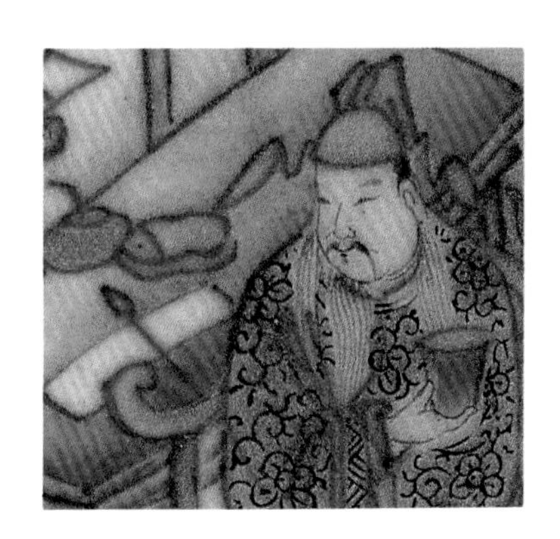

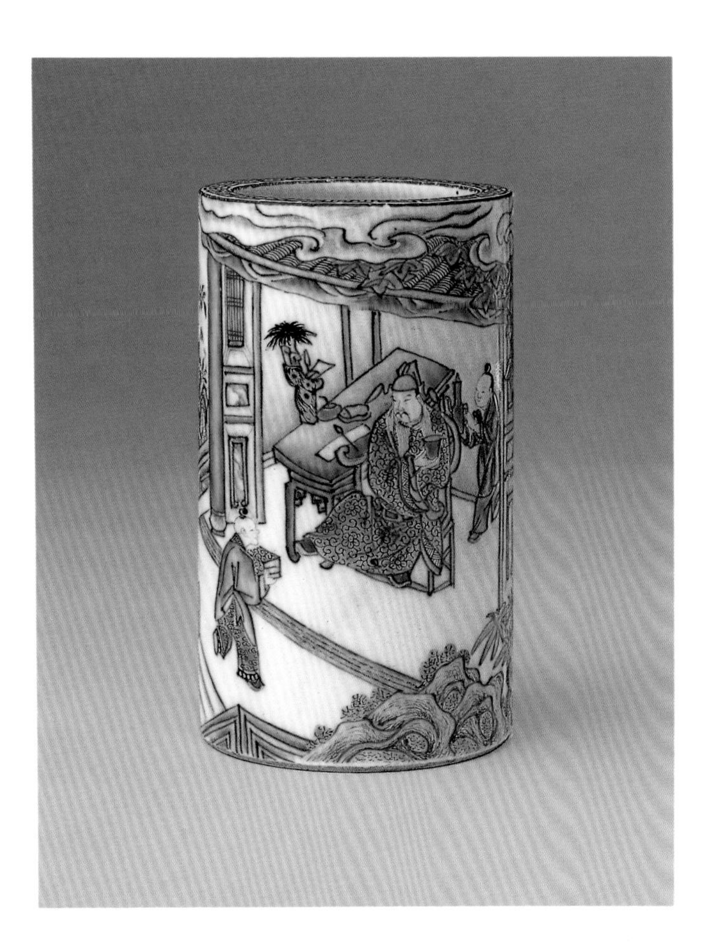

圓筒形，圈足。外壁繪李白飲酒圖，並題詩："李白一斗詩百篇，長安市酒上家眠。天子呼來不上船，自稱臣是酒中仙。"引首有"片石"，句末有"雅"、"玩"紅印章款。口沿上飾以"卍"字紋，外底白釉紅彩篆書"大清道光年製"六字三行款。

道光朝官窰瓷器的圖案紋飾繁縟，綫條纖細，人物形神的描繪略遜於前朝。但此件太白醉酒圖筆筒製作小巧，紋飾生動，是道光時期難得的一件佳作。

266

鬥彩描金纏枝花紋碗

清咸豐

高5.8厘米　口徑10.5厘米　足徑4.8厘米

清宮舊藏

Bowl with design of interlocking flowers in contrasting colours with gold tracery

Xianfeng period, Qing Dynasty

Height: 5.8cm　Diameter of mouth: 10.5cm

Diameter of foot: 4.8cm

Qing Court collection

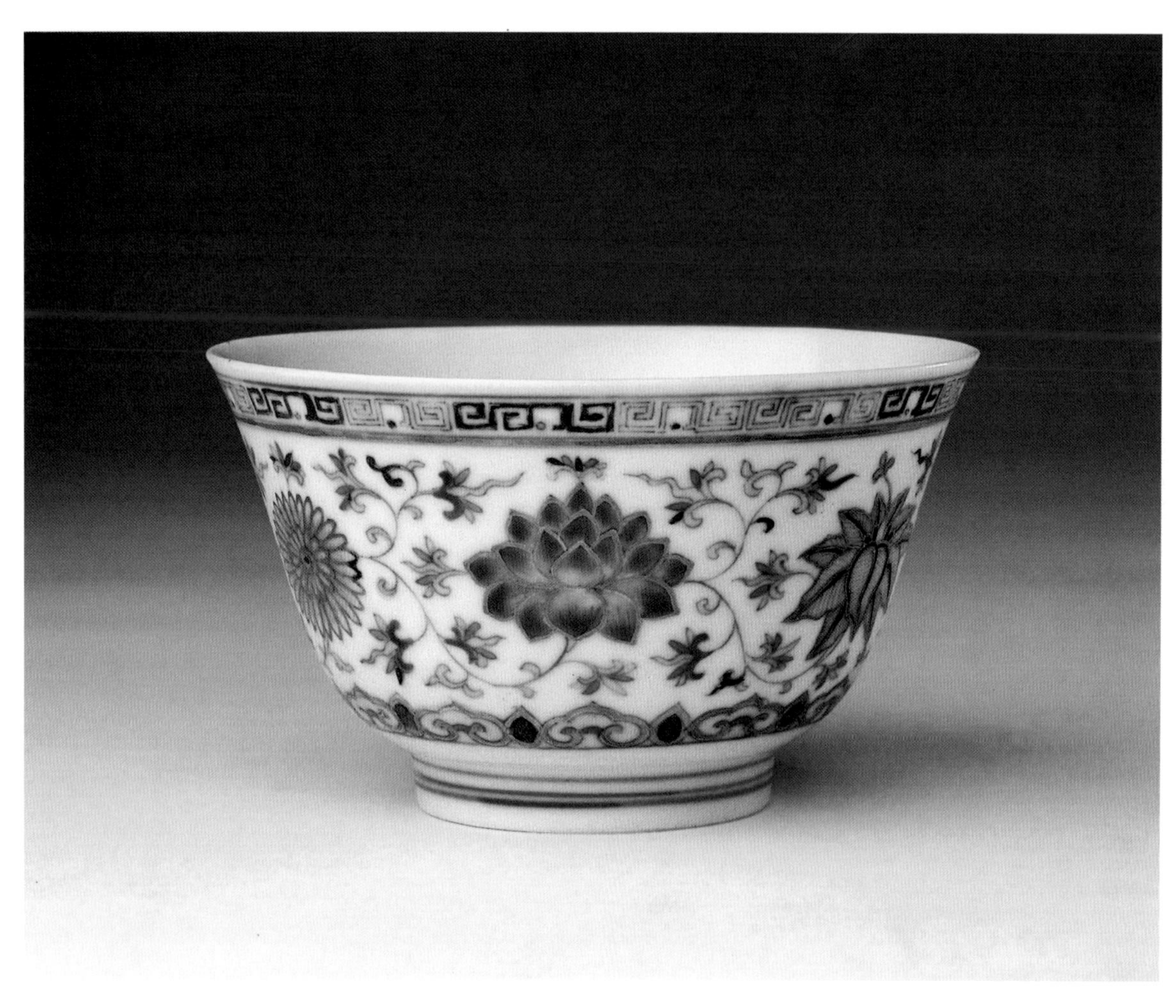

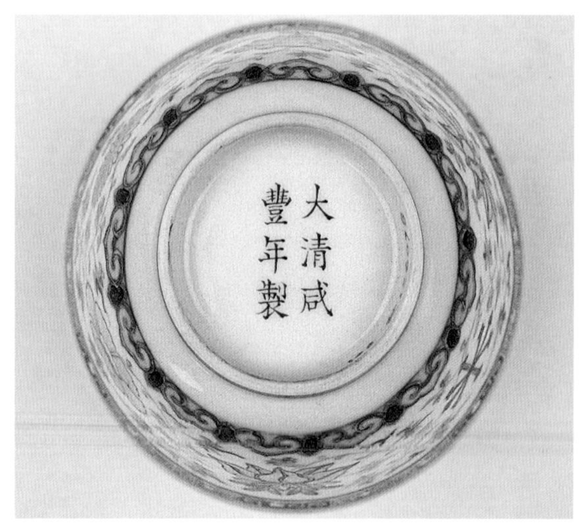

碗撇口，深腹，圈足。腹部主題為纏枝花卉，近底處繪如意頭紋一周，以回紋和青花弦綫作邊飾。外底白釉紅彩楷書“大清咸豐年製”六字雙行款。

此碗在施彩技法上別有特色，即在外壁釉上描繪六朵花時，先在青花輪廓綫上描繪金彩，再於其內填飾粉彩。咸豐官窰鬥彩瓷器非常少見，此碗造型規整，筆法纖巧，用彩淡雅，是一件難得的佳作。